W0039176

Simon Ings

TRIUMPH
UND
TRAGÖDIE

———

Stalin und die Wissenschaftler

Aus dem Englischen
von Brigitte Döbert

Hoffmann und Campe

Die Originalausgabe erschien 2016 unter dem Titel
Stalin and the Scientists. A History of Triumph and Tragedy 1905–1953 bei
Faber & Faber, London.

1. Auflage 2018
Copyright © 2016 by Simon Ings
Für die deutschsprachige Ausgabe
Copyright © 2018 by Hoffmann und Campe Verlag, Hamburg
www.hoca.de
Satz: Dörlemann Satz, Lemförde
Gesetzt aus der Sabon LT Pro
Druck und Bindung: Friedrich Pustet, Regensburg
Printed in Germany
978-3-455-50283-1

HOFFMANN
UND CAMPE

Ein Unternehmen der
GANSKE VERLAGSGRUPPE

Meinen Kindern –

*Leo, der mehr oder weniger jedes Weihnachtsfest mit
einem Christbaum verbrachte, auf dem ein selbstgebastelter
Papp-Stalin thronte,*

und Natalie, die den Klebstoff für selbigen besorgte.

INHALT

VORWORT

Kommt, Brüder, lasst uns in das Grab
voll Asche und Staub blicken, aus denen
wir gemacht sind.

Aus einer orthodoxen Totenmesse

Dieses Buch über Wissenschaft in der Sowjetunion von ihren Anfängen bis Mitte der fünfziger Jahre entstand nicht, weil mich Josef Stalin fasziniert hätte.

Mich fasziniert Alexander Romanowitsch Lurija. Mit seiner neuropsychologischen Fallstudie *Kleines Porträt eines großen Gedächtnisses*[1] prägte er ein neues Genre. Der schmale Band über die seltsame Welt des Solomon Schereschewski, der an seinem extrem guten Gedächtnis zugrunde ging, war eines der ersten populärwissenschaftlichen Bücher überhaupt.

Vor einigen Jahren dachte ein anderer Lurija-Fan in meinem Beisein laut darüber nach, ob es nicht Zeit wäre, eine neue Biographie über diesen ungewöhnlichen Wissenschaftler zu schreiben. Ich recherchierte ein bisschen und kam nicht weit. Lurija hat in seinem Leben ungeheuer viel geleistet und dabei ein ganz normales Leben geführt. Ein glücklicher Ehemann und Familienvater, einer, der regelmäßig mit ausländischen Kollegen und Freunden korrespondierte und ebenso brillante wie bodenständige Arbeiten verfasste, nirgends der Hauch eines Skandals. Wissenschaftlich ist er unendlich aufregend, doch für einen Biographen gibt er nichts her. Über sein Leben kann man nichts Neues erzählen.

Doch immerhin hat er sich, obwohl Jude in einem Land mit staatlich gefördertem Antisemitismus, immer wieder politisch exponiert, er wurde mehrfach verhört, entlassen und abgemahnt, und sein Werk stand auf dem Index. Lurijas Karriere illustriert

Winston Churchills Bonmot, Erfolg heiße, von Fehlschlag zu Fehlschlag zu eilen, ohne den Mut zu verlieren.

Um diese Dimension seines Lebens zu verstehen, musste ich in seine Welt eintauchen, und je mehr ich mich mit seinem Leben und Werk befasste, desto größer wurde meine Achtung vor seiner Generation. Die Revolution erlebten sie als Jugendliche oder junge Erwachsene, und sie ließen sich von Stalin nicht in die Knie zwingen.

Da wuchs sich mein Plan aus: Ich erzähle von einer Handvoll verarmter, unter- oder prekär beschäftigter Hochschulabsolventen, Professoren, Initiatoren und Sammler, die der Sowjetunion trotz unfähiger Regierung zum Status einer Supermacht verhalfen. Und ich erzähle von Scharlatanen.

Russlands politische Eliten umgarnten sie, dirigierten sie, vergötterten sie, wollten gar selbst Wissenschaftler sein. Diese Entwicklung gipfelte 1939 in der Auslobung des Stalinpreises, eines Staatspreises, dem der oberste Patron der sowjetischen Wissenschaft seinen Namen gab. Die Akademie der Wissenschaften der UdSSR, die wichtigste Wissenschaftsinstitution des Landes, wählte ihn im Gegenzug zum Ehrenmitglied.

Verdächtigt, beneidet und ängstlich beäugt vom Möchtegern-Wissenschaftler Stalin kämpften Forscher verschiedenster Disziplinen – von der Physik über Psychologie und Genetik bis hin zur Gerontologie (einer sowjetischen Erfindung) – gegen die zahlreichen Katastrophen, mit denen das Land konfrontiert war: Hungersnöte, Dürren, Bodenerschöpfung, Krieg, Alkoholismus, Seuchen, unzählige Waisen, eine Lebenserwartung, die zeitweise bei dreißig Jahren lag. Ihre Leistungen, Schriften und Fehden, die sie untereinander und mit den Mächtigen austrugen, prägten den globalen Fortschritt mehr als ein Jahrhundert lang.

Zar Alexander II., erfolgreicher Kriegsherr und Diplomat, hatte ehrgeizige Pläne. Nach seiner Krönung 1856 reformierte er die Streitkräfte, die Verwaltung und das Steuersystem und förderte die Industrialisierung. Doch sein Einsatz für Russlands Modernisierung entgleiste 1861, als er zwanzig Millionen Leibeigene »befreite« und sie damit der Armut und Obdachlosigkeit anheimgab. Etliche Mordanschläge auf ihn waren die Folge, mehrmals entkam er knapp, doch schließlich beendete ein Attentat sein Leben. Nikolaus II. trat 1894 seine Nachfolge an, zu einer Zeit, als die zunehmende Industrialisierung eine revolutionäre sozialistische Bewegung hervorgebracht hatte. 1905, nach einer Reihe beschämender militärischer Niederlagen, war das Vertrauen in die ohnehin schon unbeliebte Regierung aufgebraucht. In Sankt Petersburg schossen Soldaten in eine friedlich demonstrierende Menge: der Beginn der »liberalen« Revolution.

Der Erste Weltkrieg und die folgende Krise legten schonungslos offen, wie wenig Russland seine natürlichen Ressourcen unter Kontrolle hatte. Aufgrund von Kriegsverlusten und Missernten brach die Wirtschaft zusammen; in Sankt Petersburg, inzwischen hieß die Stadt Petrograd, gingen die Menschen wieder auf die Straße.[2]

Nikolaus II. dankte am 2. März 1917 ab, eine schwache provisorische Regierung übernahm die Staatsgeschäfte. Am 7. November[3] ergriffen die Bolschewiki unter Führung von Wladimir Ilitsch Uljanow, genannt Lenin, die Macht, waren aber weit davon entfernt, das ganze Land zu beherrschen. Es kam zum Bürgerkrieg. 1922 war Russland vom Kriegsgeschehen, von Massenhinrichtungen und einer ungeheuren Hungersnot verwüstet. Diese Erfahrung prägte viele der im Folgenden vorgestellten Wissenschaftler.

Lenins Neue Ökonomische Politik lockerte ab 1921 den Griff, mit dem die revolutionäre Regierung die Wirtschaft gelenkt hatte, und ließ in begrenztem Rahmen wieder privatwirtschaftliche Unternehmen zu. Das war der Auftakt zu einer Phase außerordentlichen sozialen und kulturellen Wandels. So besuchte Stalins Sohn eine experimentelle Schule, die von den Psychoanalytikerinnen Sabina Spielrein und Wera Schmidt geleitet wurde. Der Lyriker und Ingenieur Alexej Gastew, eine Leitfigur während Russlands Industrialisierung, bildete Zehntausende in der subtilen Kunst der Fließbandfertigung aus. Isaak Spielrein, Sabinas Bruder, gründete einen »psychotechnischen« Verein, der sich die physische und psychische Emanzipation sowjetischer Arbeiter zum Ziel setzte. Lew Semjonowitsch Wygotski, Alexander Romanowitsch Lurija und Alexej Nikolajewitsch Leontjew stellten die Psychologie auf neue Grundlagen – ein ambitioniertes, ja schwindelerregendes Projekt. Dabei konnten sie auf ihren Erfahrungen mit Hirnverletzten oder Waisenkindern, auf Erkenntnisse, die mittels des Lügendetektors (den sie erfanden) gewonnen wurden, oder etwa auf Expeditionen ins tiefste Usbekistan aufbauen.

Nach Lenins Tod im Januar 1924 wurde die Kommunistische Partei von internen Machtkämpfen zerrissen. Sämtliche Anwärter auf die Führungsposition wie etwa Trotzki wurden von einem Mann an den Rand gedrängt und letztlich vernichtet, der in der Oktoberrevolution kaum eine Rolle gespielt hatte, allerdings im Kaukasus ein wichtiger bolschewistischer Kader gewesen war. Josef Stalin hatte Kampftrupps aufgebaut, Streiks angezettelt, die Werbetrommel gerührt und mit Banküberfällen, Kidnapping und Erpressung Geld organisiert. Seine Konkurrenten unterschätzten die Möglichkeiten, die sich ihm durch seine Wahl zum Generalsekretär der Kommunistischen Partei 1922 eröffneten. Stalin erkannte sofort, dass er in dieser Position andere Posten mit seinen Leuten besetzen konnte. So baute er eine Gefolgschaft auf, mit der er den Machtkampf für sich entschied. Ein Vierteljahrhundert lang herrschte er über die Sowjetunion und wurde einer der mächtigsten, mörderischsten Diktatoren der Geschichte.

Stalin stellte Lenins Neue Ökonomische Politik ein und ersetzte sie durch von oben dirigierte Fünfjahrespläne. Einigen Wissenschaftszweigen sicherte die Planwirtschaft schier unbegrenzte Mittel. Für andere war sie eine Katastrophe.

Die Industrialisierung des großen Landes wurde in einem mörderischen Tempo durchgesetzt, und dabei spielte als ein Motor dieses Prozesses das berüchtigte Gulag-System eine wichtige Rolle, riesige Lager, in denen oft aus politischen Gründen verschleppte Häftlinge zu schwerster Fronarbeit gezwungen wurden. Rund achtzehn Millionen Menschen waren im Gulag interniert, eine Art schwarzer Spiegel des Staates, der sich seiner Wirtschaft und Wissenschaft rühmte. Mehrere Wissenschaftler von Weltrang verbrachten ihr Berufsleben in »Forschungsgefängnissen«. Letztlich zählte Willfährigkeit. Stalin sah die Wissenschaft als Magd des Staates. Nicht unmittelbar anwendungsorientierte Forschung war nicht bloß überflüssiger Luxus, sie galt als Sabotage. Stalin investierte in die Wissenschaft, sorgte aber gleichzeitig für die Entlassung, Verhaftung und Ermordung einzelner Wissenschaftler. Ergonomieberater und Betriebspsychologen verschwanden spurlos. Psychoanalyse wurde verboten. Genetiker, Botaniker und Agrarwissenschaftler wurden in Arbeitslager deportiert.

Auch auf der Verwaltungsebene wütete der Staat, legte willkürlich Institute zusammen und zentralisierte so lange, bis sich Kollegen an die Gurgel gingen, weil jeder um seine berufliche Existenz bangte. Dabei dachte niemand daran, ein Höchstalter einzuführen, bis zu dem gearbeitet werden durfte. Männer, die auf Machthunger und Ehrgeiz getrimmt waren, klammerten sich an ihre Lehrstühle. Ganze Disziplinen waren miteinander verfeindet. Physiologen attackierten Psychologen. Pathologen denunzierten Kliniker.

Zur Zeit von Stalins Tod am 5. März 1953 verfügte die Sowjetunion über den größten, bestausgestatteten wissenschaftlichen Betrieb der Geschichte. Er sorgte für den Ruhm und gab den Gebildeten zugleich Anlass zu Hohn und Spott.

Triumpf und Tragödie ist die Geschichte von Politikern, Philosophen und Forschern, die ein halbes Jahrhundert lang, zum Teil gezwungenermaßen, jeweils im Gebiet des anderen wilderten. Wir schütteln über solche Praktiken gern den Kopf. Priester haben in der Tagespolitik nichts verloren. Wissenschaftler sollten sich nicht über Religion lustig machen. In den Industriestaaten kennen wir klare Grenzen zwischen verschiedenen Diskursen und reagieren mit Unverständnis, wenn jemand die Wege verlässt und quer über den Rasen läuft.

Das war nicht immer so. Mitte des neunzehnten Jahrhunderts erschien es Europäern noch möglich, dass sich Religion, Philosophie, Psychologie, Naturwissenschaften und Politik vereinen könnten. Selbst die Bolschewiki waren sich nicht zu schade, Religion psychologisch zu interpretieren und in ihre Vorstellungen vom guten Leben zu integrieren.

Doch die Disziplinen konnten sich erst treffen, wenn die Dinge sich vollständig in ihre Bestandteile zergliedern ließen. Der Traum der Gelehrten Mitte des neunzehnten Jahrhunderts sah ungefähr so aus: Psychologie wird auf Physiologie reduziert, die auf Biologie reduziert wird, die auf Chemie reduziert wird, die auf Physik reduziert wird.

Friedrich Engels, der sich den dialektischen Materialismus als marxistische Variante des kritischen Denkens hat einfallen lassen, glaubte an die Einheitswissenschaft, glaubte, dass irgendwann in der Zukunft alle Einzeldisziplinen zu einer Wissenschaft zusammenfänden und dass diese eine Wissenschaft der Menschheit einen riesigen gesellschaftlichen Fortschritt bringen würde. In dieser Hinsicht ist sein Denken gähnend langweilig und konventionell.

Der Traum von der Einheitswissenschaft erodierte dank neuer Entdeckungen, und was dann passierte, ist Thema dieses Buches. *Triumpf und Tragödie* beschreibt, was dieser geplatzte Traum in einem Staat bedeutete, der sich auf die Wissenschaft als sein Fundament berief und seine eigene Wissenschaft, den Marxismus, für den Höhepunkt der geistigen Entwicklung im neunzehnten Jahrhundert hielt: eine allumfassende Wissenschaft. Es ist die Geschichte von ungeduldigen Gläubigen, die von Wissenschaftlern verlangten, dass die Zukunft sofort beginne.

Kein Wunder, dass sie ungeduldig waren. Kein Wunder, dass sie dachten, sie könnten damit durchkommen. Das frühe zwanzigste Jahrhundert war eine traumatische Zeit des Übergangs. Damals nahm das Universum Dimensionen an, die sich dem menschlichen Vorstellungsvermögen entziehen. 1917 wies der amerikanische Astronom Heber Curtis nach, dass eine Nova in einem bestimmten Spiralnebel hundertmal weiter entfernt ist als eine Nova in unserer eigenen Galaxie. 1924 bezifferte sein Zeitgenosse Edwin Hubble die Distanz zur nächstgelegenen Spiralgalaxie: zwei Millionen Lichtjahre. Und sie fanden heraus, dass das Universum expandiert. 1922 und 1924 errechnete der russische Physiker und Mathematiker Alexander Alexandrowitsch Friedmann, einer der Begründer der modernen Kosmologie, dass das Universum nicht, wie bis dahin allgemein angenommen wurde, statisch sein muss und der Raum sich ausdehnen könnte: Ideen, die später zur Urknalltheorie führten.

Die sichtbare Welt entpuppte sich als winziger Ausschnitt des Ganzen. 1895 hatte Guglielmo Marconi ein paar Kilometer weit langwellige Radiosignale gesendet, und seitdem war kaum ein Jahr vergangen, in dem nicht Wissenschaftler irgendeine Art von Wellen entdeckt hatten. Doch all das wurde 1933 von Fritz Zwicky in den Schatten gestellt: Er erkannte, dass ein erheblicher Teil der Masse des Universums unsichtbar ist. Die fehlende Masse wurde als dunkle Materie bekannt, deren Existenz sich anhand von Gravitationseffekten nachweisen ließ.

Das war der Moment, in dem endgültig klar wurde, dass das Universum schwer durchschaubaren, ja sogar unheimlichen Gesetzen folgt. Die Physik entwickelte neue Gebiete wie Relativitätstheorie und Quantenmechanik. Die Biologie ließ ihre deskriptiven Anfänge hinter sich und kämpfte jahrelang um die Vereinbarkeit von natürlicher Auslese und Genetik. Überall erkannte man unerwartete Beziehungen zwischen dem Lebenden und dem Unbelebten, dem ganz Großen und dem ganz Kleinen. 1917 entdeckte William Harkins, dass leichte Elemente durch Kernfusion zu schweren Elementen werden und dass unsere ganze Welt buchstäblich aus Sternen besteht. Ein Jahr später wies der französische Biologe Paul Portier nach, dass Mitochondrien, die »Kraftwerke« von Zellen, direkte Nachfahren von Bakterien sind.

Die Welt wurde komplex. Der englische Biologe Ronald Fisher wollte, ebenfalls 1918, mittels statistischer Methoden die Veränderungen großer Populationen verstehen. Seine Kollegen zerbrachen sich jahrzehntelang den Kopf, um die seinen Thesen zugrunde liegende Mathematik nachzuvollziehen. Ab 1920 experimentierte Hermann Staudinger mit Makromolekülen und warf damit einen ersten Blick in die unvorstellbar komplizierte Welt der Polymere, eine Arbeit, für die er später den Nobelpreis bekam.

Die Welt wurde reich. Wissenschaftliche Forschung, die einst in privaten und universitären Laboratorien stattgefunden hatte, wurde nun von der Industrie finanziert. Die Massenproduktion entwickelte sich. Wir lernten, über Kabel miteinander zu kommunizieren. Wir lernten das Fliegen.

Die Welt wurde gesund. Menschen leben seither besser und länger. Die Medizin veränderte sich grundlegend durch neue Möglichkeiten der Schmerzbekämpfung, das Wissen um Keime und Bakterien, chemische Laboranalysen, neue diagnostische Instrumente und Medikamente.

Die Welt wurde beseelt. 1894 zog der spanische Mediziner Santiago Ramón y Cajal die Verbindung zwischen neuronalem Wachstum und Lernen: Einsichten, die die Physiologie unendlich bereicherten, während gleichzeitig die von Freud, Jung und Spielrein entwickelte Psychoanalyse einen ganz anderen, faszinierenden Zugang zu geistigen und seelischen Prozessen eröffnete.

Zu diesem Nährboden steuerten sowjetische Wissenschaftler jene Neuerungen, Erkenntnisse und Entdeckungen bei, die Gegenstand meines Buches sind. Sie begannen als Zoologen, Psychologen, Geologen und Botaniker, waren tief in den klassisch-deskriptiven Traditionen der »Lebenswissenschaft« des neunzehnten Jahrhunderts verwurzelt und gelangten über verschlungene Wege zu ganz neuen Forschungsfeldern. Meine Protagonisten sind Helden – vom Biologen, der die physiologischen Auswirkungen der Ursache seines eigenen Todes festhält, bis zum Botaniker, der in einem dunklen Verlies wissenschaftliche Vorträge hält, während seine Frau, weil sie es nicht besser weiß, Lebensmittelpakete ans falsche Ende Russlands schickt; vom Biologen, der sich mittels Diebstahl, Betrug und Entführung einen Arbeitsplatz einrichtete, bis zu dem dichtenden Experten für Ergonomie und seinem allen Ernstes in Angriff genommenen Projekt, eine Maschine – eine richtige Maschine mit Strippen und Knöpfen – zu bauen, die neue Formen menschlichen Seins ausspucken sollte; von der Psychoanalytikerin, die den Begriff »Todesinstinkt« prägte, zum Zoologen, der in Guinea Menschen und Schimpansen miteinander kreuzen wollte. (Der Film *King Kong* wurde ein Jahr später gedreht.)

Diese Pioniere arbeiteten daran, die menschliche Lebenserwartung zu erhöhen, erforschten Sprache, Hirnfunktionen und die kindliche Entwicklung, gründeten die erste Managementberatung, erkundeten die Auswirkungen lebender Materie auf Felsen und Mineralien und entwickelten daraus ein Evolutionsmodell der Biosphäre; sie zeigten, wie sich Darwins These von der natürlichen Auslese mit genetischen Befunden vereinbaren ließ, erfanden die moderne Naturschutzbewegung und sammelten jahrzehntelang auf weltweiten Expeditionen Pflanzen für eine Saatgutbank, die zu den wissenschaftlichen Wundern ihrer Zeit gehört. (Während des Zweiten Weltkriegs setzte Adolf Hitler eine Sondereinheit auf diese Samensammlung an, in der Hoffnung, die weltweite Nahrungsmittelversorgung unter seine Kontrolle zu bringen.)

Der Preis, den sie für die erstaunliche, sonderbare und letztlich tragische Ehe zwischen Staat und Wissenschaft zahlten, war immens. Umso wichtiger ist es mir, zu zeigen und zu würdigen, was sowjetische Wissenschaft für die Menschheit geleistet hat.

PROLOG: DIE LUNTE BRENNT

(1856–1905)

Seit Jahrhunderten betrachtet die Regierung
Wissen als notwendiges Übel.[1]

Wladimir Wernadski

Zwischen 1550 und 1800 eroberten die Zaren Jahr für Jahr im Schnitt ein Gebiet von der Größe der Niederlande; erst im neunzehnten Jahrhundert dämmerte »Besuchern aus Westeuropa, dass ihr Patrimonium an Größe die Oberfläche des Vollmondes übertreffe«.[2]

Mangels nennenswerter natürlicher Grenzen konnte sich Russland nur durch die Unterwerfung der Nachbarvölker schützen, es nutzte sie als Puffer gegen potenzielle Angriffe. Zu diesem Zweck baute es im neunzehnten Jahrhundert das mit Abstand größte stehende Heer Europas auf, eine Armee, die schon in Friedenszeiten zwei Drittel des Staatsbudgets verschlang. (Auf Bildung und Gesundheit entfielen sieben Prozent.)

Mit seiner gewaltigen Anhäufung rückständiger Kolonien, die nur von militärischer Gewalt und Alkohol zusammengehalten wurden, stand das Imperium auf tönernen Füßen.[3] Für einen Ausbau der Verkehrsverbindungen gab es kein Geld, geschweige denn für Hospitäler oder Schulen. Darunter litt auch die Armee: Da es kein strategisch durchdachtes Schienennetz gab, war eine Truppenverlegung per Eisenbahn nicht möglich. 1875, anlässlich des letztlich per Vertrag beigelegten Konflikts um die Kohlevorkommen auf Sachalin, teilte das Kriegsministerium in Sankt Petersburg dem Befehlshaber mit, er könne gern mehr Männer haben, müsse allerdings ein Jahr auf die Verstärkung warten, weil sie von Europa nach Asien laufen müssten.

Ohne eine funktionierende Verwaltung lässt sich schlecht

19

Politik machen. In Russland gab es keine Institutionen, die Reformer hätten reformieren können, weder Ratsversammlungen noch Gewerkschaften, noch Gilden, noch Standesvertretungen, es gab wenige Schulen und kaum ein Krankenhaus, das den Namen verdient hätte, vielerorts existierten noch nicht einmal Straßen. Peter der Große wollte die Modernisierung mit einer »preußischen Lösung« vorantreiben, um das riesige, weit verstreut lebende, unkultivierte Volk regierbar zu machen. Er schickte die Söhne des Adels zum Studium ins westliche Ausland und erwartete, dass sie seine Untertanen im immer noch feudalen System an die Kandare nahmen. Für die große Masse der Bevölkerung bedeutete Modernisierung Einschüchterung, Reglementierung, Ausgangssperren und drakonische Strafen zur Abschreckung.[4]

Gegen Ende des neunzehnten Jahrhunderts war die russische Gesellschaft vielschichtiger geworden, es gab zarte Ansätze eines politischen Lebens. Doch die Hoffnung, die Obrigkeit möge das Land per Gesetz modernisieren, blieb – selbst die Anarchisten teilten sie. Von den Zaren bis zu deren erbittertsten Gegnern traute niemand den ungebildeten, argwöhnischen Massen zu, dass sie eigene Regierungsformen entwickeln könnten. Lenins gouvernantenhaftes Staatsverständnis speiste sich aus diesem Misstrauen. Die von Stalin durchgepeitschte Kollektivierung der Landwirtschaft übertraf die Megalomanie der Zaren bei weitem, und unter Leonid Breshnew nahm der staatliche Größenwahn, der sich berechtigt sah, Dissidenten kurzerhand in Nervenkliniken zu sperren, gespenstisch surreale Züge an. Die kommunistische Idee ist nicht gescheitert, sie wurde nie ausprobiert, und der lange Schatten der preußischen Lösung lag – und liegt noch immer – über allem.

Das ist schade, zumal Russland nie arm war. Anfang des zwanzigsten Jahrhunderts exportierte das Land so viel Getreide wie kein anderes, es stand unter den führenden Industrienationen an fünfter Stelle. »In Bezug auf die Bevölkerungsgröße nimmt Russland den ersten Rang unter den zivilisierten Ländern der Erde ein«, prahlte ein amtliches statistisches Jahrbuch 1905.[5] Nach fast allen anderen Maßstäben bildete Russland allerdings das Schlusslicht. 1913 hatte das Zarenreich das zweitniedrigste Pro-Kopf-Einkommen Europas, nur im Osmanischen Reich verdiente die Bevölkerung noch weniger. Und auch in puncto Lebenserwartung – dreißig Jahre – lag es weit abgeschlagen zurück, in Großbritannien und den Vereinigten Staaten wurden die Menschen seit 150 Jahren deutlich älter.

Russlands Rückständigkeit erklärt sich durch seine Regierungsform. Jahrhundertelang hatten die Zaren das Leben der Nation bis ins kleinste Detail bürokratisch geregelt – ein gutes Mittel, um riesige Territorien zu erobern und dem eigenen Herrschaftsgebiet einzuverleiben, aber hoffnungslos ineffizient beim Aufbau einer Volkswirtschaft.

Westliche Beobachter führten die Entwicklungshemmung auf Russlands Unfähigkeit zurück, den Kapitalismus zu übernehmen: Wie sollte es sich ohne freie Marktwirtschaft aus dem dunklen Zeitalter befreien? Das ist nicht falsch: Der Kapitalismus hätte Russland genauso stark verändert wie den übrigen europäischen Kontinent und eine Insel zwischen Nordsee und Atlantik, die dank seiner zum Zentrum eines Imperiums wurde, in dem die Sonne nie unterging.

Doch der Kapitalismus scheiterte an der ehernen Natur des Landes selbst, er holte sich bei jedem Versuch, ins russische Kernland vorzustoßen, schlicht einen Schnupfen und starb.

Kapitalismus braucht Mehrwert. Bauern produzieren Nahrungsüberschüsse, um die Städter zu ernähren, und die Fabriken in den Städten bauen Maschinen, mit denen die Bauern noch mehr Nahrung produzieren können. Dieser Kreislauf ist das Schwungrad kapitalistischen Wirtschaftens. Aber russische Bauern haben niemals derartige Überschüsse produziert. Ihre Landwirtschaft war nicht darauf ausgerichtet, die Städter mit Lebensmitteln zu versorgen. Sie sollte verhindern, dass die Landbevölkerung verhungerte. Wir haben gutes Datenmaterial zu Landwirtschaft und Klima in Russland vom Jahr 873 an. In diesen gut tausend Jahren erlebte das Reich hundert Mangeljahre und über 120 Hungersnöte.

Russland ist groß, kalt und unwirtlich, je weiter östlich, desto kälter. Wenn der frierende Epichodow in Tschechows *Kirschgarten* seufzt: »Unser Klima kann einfach nicht zuträglich sein«, ist das kein Witz – ein Drittel Russlands hat der Permafrost fest im Griff. Russlands Flüsse fließen fast alle Richtung Norden ins Polarmeer, weg von den eigentlich fruchtbaren Böden in Zentralasien. Drei Viertel der russischen Bevölkerung und Industrie haben nur zu einem Sechstel der Wasservorkommen direkten Zugang. Und Ackerland war und ist knapp. Es ist kaum zu glauben, aber wahr: Ein Reich, größer als die sichtbare Fläche des Mondes, hat nicht genug fruchtbaren Boden, um seine Menschen zuverlässig zu ernähren. Es hängt von einem schmalen Band fetter schwarzer Erde ab, das sich von der Donau durch den Nordosten der Ukraine und das Gebiet nördlich des Schwarzen Meeres bis Akmolinsk (heute Astana) im Osten zieht. Südlich davon ist die Niederschlagsmenge mit 250 Millimeter pro Jahr zu gering für ertragreichen Ackerbau, nördlich davon stimmt zwar die Niederschlagsmenge, aber die Böden sind zu karg, die Wachstumsperiode ist zu kurz und der winterliche Frost streng. In den 1880er Jahren konnte der fruchtbare Gürtel nicht einmal mehr ansatzweise den Bedarf decken, der mit der Bevölkerungsexplosion wuchs. (Zwischen 1890 und 1913 schoss die Getreideproduktion um ein Drittel in die Höhe, wurde aber sofort verbraucht.)

Studenten und Agrarreformer machten sich voller Enthusiasmus an die Neuzüchtung von Getreide, Früchten und Gemüse, neue Sorten, die auf ärmeren Böden, in kälteren und trockeneren Regionen gediehen und auf die Russland dringend angewiesen war. Leider war keiner dieser im Westen ausgebildeten Akademiker ein echter Landwirt, keiner hatte den politischen Status, um Millionen halb verhungerter Bauern zu überzeugen. Die verbesserten Getreidesorten waren Ladenhüter, die Leute bevorzugten ihr eigenes Saatgut, auch wenn es stark mit Unkrautsamen verunreinigt war.

Die Landwirtschaft in Russlands Norden war nicht eigentlich primitiv, war keine reine Subsistenzwirtschaft. Sie war ein kommunales Geschäft, eine Angelegenheit der Dorfgemeinschaft – und die brauchte keine nennenswerten Überschüsse.

In Mittel- und Südrussland herrschte hingegen eine feudalistische Landwirtschaft vor, Leibeigene unterstanden dem direkten Befehl adliger Grundherren. Das hemmte den nationalen Fortschritt so offensichtlich, dass sogar der nicht gerade für liberale Ansichten bekannte Nikolaus I. Ausschüsse bildete, die Reformvorschläge ausarbeiten sollten.

Aber erst Alexander II., erfolgreicher Feldherr und gewiefter Diplomat, packte den Stier bei den Hörnern. 1861 entließ er 22 Millionen Menschen, nahezu die Hälfte der Gesamtbevölkerung, aus der Sklaverei, indem er die Leibeigenschaft verbot. Riesige Flächen wechselten die Besitzer, denn viele Adlige stießen ihre Landgüter ab und verschwanden ins Ausland. Nur wenige nutzten die großzügigen staatlichen Entschädigungen, um ihre Güter zu modernisieren. Gleichzeitig war die Abschaffung der Leibeigenschaft damit verbunden, dass den Bauern dreizehn Prozent weniger Land zugesprochen wurde, als sie vordem bewirtschaftet hatten. In den fruchtbaren Landesteilen mussten die Landbewohner sogar auf fast die Hälfte der bislang bebauten Fläche verzichten.

Auf Grundbesitz wurden Steuern erhoben, und in die Bemessung wurden die Löhne der gerade befreiten jungen Männer einbezogen, die in die Städte abwanderten. Das Problem war, dass diese frischgebackenen Fabrikarbeiter es vorzogen, ihr sauer verdientes Geld in Kneipen und Läden auszugeben, anstatt es den Lieben daheim zu schicken. Insbesondere Moskau mit seiner wilden Mischung aus modernen Häusern und abbruchreifen Bretterbuden, Palais und Fabriken, schmalen Gassen und breiten Straßen, Plätzen und Boulevards zog junge Männer aus dem Umland an. Die Dorfgemeinschaften bluteten aus: Nur noch Frauen und alte Leute blieben, die landwirtschaftlichen Erträge sanken. Ein zeitgenössischer Bericht aus Klin, einem Rajon nordwestlich von Moskau, lässt erahnen, wie dramatisch die Lage war: »Die in Moskau lebenden Männer schicken so wenig Geld, dass es nicht einmal für die Hälfte der fälligen Steuern reicht, und die Familien kommen mit Ach und Krach halb verhungert übers Jahr. Und die Männer, die zu Hause geblieben sind und den Niedergang mitansehen müssen, betrinken sich lieber, als die Felder zu bestellen – die Zahl der Schenken hat massiv zugenommen, seit einigen Jahren gibt es in fast jedem Dorf mindestens zwei.«[6]

Als Maßnahme, um die Landflucht (und die Nahrungsmittelknappheit, die sich in den Städten zum Dauerzustand entwickelte) einzudämmen, wurde 1861 das Passgesetz verschärft. Väter straffällig gewordener Söhne hatten nun ein legales Mittel an der Hand, die schwarzen Schafe auf den Hof zurückzuholen: »Wenn du nicht antrittst, du Kanaille, verlängere ich deinen Pass nicht. Ich lasse dich von der Polizei nach Hause bringen, und wenn sie dich hier abliefern, verprügle ich dich im Distriktbüro vor den Augen anständiger Menschen eigenhändig mit der Birkenrute ...«[7] Infolge des Passgesetzes hinterließ jeder Russe sein Leben lang aktenkundige Spuren.

Dann bekamen die Dorfgemeinschaften weitgehende Selbstverwaltungsrechte – mehr oder weniger ein Eingeständnis der Regierung, dass die ländlichen Gebiete unregierbar waren. Das war eine Neuerung, die besonders für junge Männer nichts Gutes verhieß. Ländliche Gemeinden standen traditionell in dem Ruf, ihre soziale Kontrolle mit recht drastischen Mitteln durchzusetzen. Öffentliche Auspeitschungen waren keine Seltenheit.

Die Erfahrungen mit der Aufhebung der Leibeigenschaft nährten in der winzigen liberalen Oberschicht die Überzeugung, dass einzig und allein demokratische Strukturen den Karren aus dem Dreck ziehen könnten. Unter den in städtischen Elendsvierteln zusammengepferchten unterernährten, unterbezahlten, unterbeschäftigten jungen Männern braute sich indes eine revolutionäre Stimmung zusammen.

Am 13. März 1881 fuhr Zar Alexander II. durch Sankt Petersburg zur Michaelsmanege, einem neoklassizistischen Gebäude, das seiner Leibgarde als Reithalle diente. Wie jeden Sonntag wollte er dort den Appell abnehmen. An diesem Tag stürzte sich Nikolai Iwanowitsch Ryssakow ins Menschengewühl auf den engen Bürgersteigen. Der junge Mann gehörte der Narodnaja Wolja (Volkswille) an, einer Gruppe, die mit allen Mitteln eine Revolution entfachen wollte. Sein Mittel war ein kleines, in ein Taschentuch gewickeltes weißes Päckchen.

> Nach kurzem Zögern warf ich die Bombe den Pferden zwischen die Hufe, in der Annahme, dass sie unter der Kutsche hochgehen würde ... Die Explosion drückte mich in den Zaun.[8]

Die Bombe demolierte nur die gepanzerte Kutsche des Zaren, ein Geschenk von Napoleon III. Der Herrscher stieg schockiert, aber unverletzt aus – und eine Sekunde später warf Ignati Ioachimowitsch Grinewizki sein Päckchen Alexander II. vor die Füße.

Die Narodnaja Wolja hatte Russland vor der Autokratie des Monarchen bewahren wollen, aber ihr Attentat sicherte die Herrschaft der Zarenfamilie eher und führte dazu, dass die Unterdrückung noch verschärft wurde. Der Thronfolger verwand den schrecklichen Tod seines Vaters – die Beine weggerissen, der Bauch aufgeplatzt, das Gesicht entstellt – zeitlebens nicht. Die Hoffnung, die zaristische Regierung sei zu Reformen fähig, war von Anfang an gering gewesen. Unter Alexander III. zerstob sie endgültig.

ERSTER TEIL

KONTROLLE

(1905–1929)

*Und es schien, nur noch ein bisschen – und die
Lösung würde gefunden, und dann würde ein neues,
wunderbares Leben beginnen; und ... [es] war doch klar,
dass es bis zum Ende noch weit, sehr weit war und dass
das Komplizierteste und Schwierigste gerade erst begann.*

ANTON TSCHECHOW,
»Die Dame mit dem Hündchen«, 1899

Vorige Seite: Sowjetische Bürgerwissenschaft: ein Aero-Veloziped, erfunden von einem Moskauer Arbeiter. Bei Versuchen kam es auf durchschnittlich 140 Stundenkilometer.

1. GELEHRTE

*Ende des neunzehnten Jahrhunderts entstand in
Russland eine fundamental wichtige Gesellschaftsgruppe:
eine starke, gut ausgebildete Intelligenzija mit
unerschütterlichen Prinzipien, die auf geistigen Werten
beruhten. Dieses Milieu brachte Revolutionäre, Lyriker
und Ingenieure hervor, die überzeugt waren, man müsse
etwas aufbauen, etwas Nützliches tun.*[1]

Der Physiker Jewgeni Feinberg über seinen
Doktorvater Igor Tamm

Wenn man in Moskau morgens Richtung Südost losfährt, erreicht man bei Einbruch der Dunkelheit Tambow. Nahe der
Stadt steht mitten im Wald ein hübsches, einstöckiges Holzhaus,
das, abgesehen von den modernen Schildern, einem Roman Tur-
genjews entsprungen sein könnte und als Museum genutzt wird.

»Fremde Bedürfnisse wie eigene behandeln«: Wladimir Wernadski
(sitzend, rechts) und seine idealistischen Freunde 1884 an der
Universität von Sankt Petersburg.

Drinnen sind Wladimir Iwanowitsch Wernadskis Arbeitszimmer, Bibliothek und Wohnzimmer zu besichtigen, man erfährt Rudimentäres über sein Leben und seine Politik, etwa, dass er James Lovelocks Gaia-Hypothese, der zufolge Lebewesen und Geologie ein dynamisches System bilden, um ein Jahrhundert vorweggenommen habe. Über seine Rolle als Pate der russischen Atomenergie schweigen sich die Tafeln weitgehend aus.

Sein Vater Iwan Wernadski, Lehrer für Wirtschaft und Statistik am Elite-Lyzeum Zarskoje Selo nahe Sankt Petersburg, heiratete nach seiner Ehe mit einer frühen Feministin des Reiches – Russlands erster Wirtschaftswissenschaftlerin Marija Schigajewa, die viel zu jung an Tuberkulose starb – 1862 die Musiklehrerin Anna Petrowna Konstantinowitsch, Wladimirs spätere Mutter, eine entfernte Verwandte seiner ersten Frau, lebhaft und warmherzig, allerdings ohne deren intellektuelle Ambitionen.

1868 erlitt Iwan Wernadski während einer hitzigen Debatte in der Kaiserlichen Freien Ökonomischen Gesellschaft einen Hirnschlag, gab seine Stelle am Lyzeum auf und zog mit der Familie nach Charkiw (russisch Charkow), wo er die örtliche Niederlassung der Nationalbank leitete. Hier verlebte der 1863 geborene Wladimir eine glückliche Kindheit, und seine Erinnerungen an sie beginnen nicht in den frühen Sankt Petersburger Jahren, sondern in der ukrainischen Bezirkshauptstadt, wo er stundenlang den Ausführungen seines eigensinnigen Onkels Ewgraf Korolenko lauschte, eines im Haus der Familie lebenden alten Herrn mit weißem Rauschebart.

Viele Jahre später, 1886, schrieb Wladimir Wernadski seiner Braut:

Ich erinnere mich an kalte, klare Winternächte. Onkel ging vorm Schlafengehen gern spazieren, wann immer möglich, begleitete ich ihn. Ich liebte es, in den Himmel zu schauen. Die Milchstraße faszinierte mich, und an diesen Abenden hörte ich ihm gebannt zu, wie er von den Sternen erzählte. Danach lag ich lange wach. In meiner Phantasie wanderten wir immer weiter durch die endlose Weite des Weltalls … Seine Geschichten hatten so großen Einfluss auf mich, dass ich mich bis heute nicht davon befreit habe ... Manchmal denke ich, ich bin es ihm und nicht nur mir schuldig, Großes zu leisten, denn sonst wäre auch sein Leben vergebens gewesen.[2]

1876 kehrte die Familie nach Sankt Petersburg zurück. Dort durchforstete der inzwischen dreizehnjährige Wladimir die Buchhandlungen, trug alles zusammen, was er über die verlorene Heimat finden konnte, brachte sich selbst Ukrainisch bei und lernte obendrein Polnisch, weil viele Bücher über die Ukraine in dieser Sprache verfasst waren.

Als Student an der Universität Sankt Petersburg war er – so beschreibt ihn Wladimir Alexandrowitsch Posse, ein Kommilitone – »eine sehr zarte Erscheinung, aber äußerst zielstrebig, wenn er sich etwas in den Kopf gesetzt hatte«. Laut Posse, damals angehender Mediziner, später ein führender marxistischer Journalist, waren Wernadski und dessen engster Freund, Sergej Fjodorowitsch Oldenburg, »bereits fest entschlossen, nicht nur Professoren, sondern darüber hinaus auch Mitglieder der Akademie der Wissenschaften zu werden«.[3]

Wernadski und sein Freundeskreis an der Universität waren reicher als die meisten ihrer Kommilitonen. Wernadski hatte von seinem Vater eine Liegenschaft mit 750 Hektar in Wernadowka nordöstlich von Tambow im Süden Russlands geerbt. Die jungen Männer diskutierten ganze Nächte durch. Einmal schlug einer von ihnen den gemeinschaftlichen Erwerb eines Landguts vor. Es sollte »prijut«, »Heimstatt«, heißen. Der Plan wurde verworfen, aber die Gruppe hatte einen Namen: die Heimstatt-Bruderschaft. Man spürt den Einfluss Tolstois – die jungen Männer wollten ihr Leben dem russischen Volk widmen und dafür, so Oldenburgs Formulierung, »so viel wie möglich arbeiten und schaffen, so wenig wie möglich konsumieren und fremde Bedürfnisse wie eigene behandeln«.[4]

Die Gruppe zog viele gleichaltrige Frauen an, die von höherer Bildung ausgeschlossen waren und sich geistige Anregungen holten, wo immer sie konnten.[5] Deshalb engagierten sie sich gern in der Alphabetisierungskampagne der Bruderschaft, suchten geeignete Lesestoffe aus, stellten Lektürelisten zusammen und organisierten einen Buchverleih.

Nicht nur Wernadski fand in diesem weit mehr als geistigen Miteinander seine Frau, allerdings führten sich seine Heimstatt-Kumpel bei seiner Heirat recht schnöselig auf – sie blieben ihr fern. Wladimir Iwanowitsch und Natalja Starizkaja gaben sich mit dem ganzen Programm von verschnörkelten Einladungskarten über Frack und Hochzeitskleid bis zur Musikkapelle das Jawort.

Wernadski, der Mineraloge in spe, studierte zur richtigen Zeit am richtigen Ort: In Sankt Petersburg lehrten Dmitri Iwanowitsch Mendelejew, Alexander Michailowitsch Butlerow und Wassili Wassiljewitsch Dokutschajew. Dokutschajew, Professor für Mineralogie, schickte seinen Schüler auf spannende, manchmal auch gefährliche Expeditionen in die exotischsten Ecken Russlands. Butlerow war ein Vorreiter der modernen Chemie. Rund zehn Jahre bevor Becquerel 1896 die Radioaktivität entdeckte, widersprach Butlerow der Ansicht, Atome seien unteilbar, und stritt darüber mit Mendelejew. Wernadski wurde Zeuge so mancher lebhafter Diskussion. Mendelejew hatte das Periodensystem entwickelt. Hielt er Vorlesungen, war der Hörsaal immer gerammelt voll. Seinen Gedanken zu folgen, bedeutete, so Wernadski, »eine neue, wundersame Welt zu betreten ... ein Gefühl, als werde man aus der Umklammerung eines eisernen Schraubstocks befreit«.[6] Seine drei Mentoren prägten Wernadskis Verständnis des Planeten: Alles ist im Wandel, auch die chemischen Elemente, die sich in geologischen Zeiträumen ihren Weg durch die Erdkruste bahnen.

Wie in seiner Generation üblich, führte Wernadski sein Studium im Ausland fort. In Neapel musste er allerdings feststellen, dass der weltweit anerkannte Kristallograph Arcangelo Scacchi senil wurde, und wechselte daraufhin nach München ins Labor des Mineralogen Paul Groth. Aus Wernadskis Korrespondenz wissen wir, dass er sich dort wie im intellektuellen Schlaraffenland fühlte.

1887 wurde ihm ein Sohn, Georgi, geboren (der sich als George

Vernadsky in den USA einen Ruf als Historiker erwarb). Natalja zog sich mit dem Säugling nach Finnland in die Datscha ihrer Familie zurück, Wladimir blieb in München, knüpfte und pflegte Kontakte, die seiner späteren Karriere sehr förderlich waren. Im Sommer 1888, beim Wandern in den Alpen, hatte er ein für ihn entscheidendes Heureka-Erlebnis: Betreibt man, überlegte er, Mineralogie auf die richtige Weise, nämlich als Wissenschaft vom Wandel und Energietransfer, ließe sich durch sie die Geschichte des Weltalls mit der des Lebens verbinden. Wernadski blieb von der Idee der Entwicklung der Erde im kosmischen Maßstab zeitlebens fasziniert, obwohl er befürchtete, Wissenschaftler wie Groth würden ihn dafür als Phantasten abstempeln.[7]

1889 wechselte er ans Collège de France in Paris (»die herrlichste Stadt, die ich je gesehen habe«). Auf einen Russen musste das Collège tiefen Eindruck machen: keine eingeschriebenen Studenten, nur Professoren (die trotzdem verpflichtet waren, Vorlesungen zu halten), kleine Laboratorien und eine unglaublich gut sortierte Bibliothek. Hier herrschten optimale Bedingungen für Wissensvermittlung und Forschung. Die Wissenschaftler waren gut ausgestattet, und ihre Ideen wurden ernst genommen. Man konnte ungeschützt reden, ohne Gefahr zu laufen, ins Visier der Obrigkeit zu geraten. Es war eine Stätte von anderer Lebensart.

In Wernadskis Heimat waren Universitäten Unterrichts-, keine Forschungseinrichtungen und schon gar keine intellektuellen Schmelztiegel. (Die zaristische Verwaltung rekrutierte ihren Nachwuchs aus einer Handvoll teurer Institute, die nur Kindern des Adels zugänglich waren: der Kadettenschule genannten Militärakademie, dem Alexander-Lyzeum Zarskoje Selo und der Reichsakademie für Rechtswissenschaften.)

In den dreißig Regierungsjahren von Nikolaus I. war die Bildungspolitik ausgesprochen repressiv. Inspektoren überwachten die Studenten und stellten unordentliche Uniformen oder lange Haare unter Strafe. In Kiew wurde beispielsweise ein Student, der unangemessen gekleidet zum obligatorischen Gottesdienst erschienen war, der Kirche verwiesen und am nächsten Tag exmatrikuliert.

Nach dem Tod von Nikolaus I. 1855 wurden die Vorschriften gelockert. Prompt marschierten in Kiew begeisterte polnische Studenten in Nationaltracht durch die Straßen. Studenten an der Kasaner Universität streiften sich Tierfelle über. In Moskau und Sankt Petersburg wurde es unter Kommilitonen Mode, bäuerliche Kleidung zu tragen, aus Solidarität mit den damals noch nicht befreiten Leibeigenen. Fassungslos über diese von ihr ausgelösten Auswüchse, zog die Regierung die Zügel sofort wieder an, erhöhte die Studiengebühren, verbot studentische Versammlungen, führte die alten Benimmregeln und Uniformen wieder ein. Die neuerliche Repression hatte über Jahrzehnte Bestand. Jedweder Zusammenschluss von Studenten, ob sie Lesestuben, Mensen, Imbissstände, Theateraufführungen, Konzerte oder Bälle organisierten, alles, was nicht akademischen Charakter hatte, war untersagt, und wehe dem, der in der Vorlesung Beifalls- oder Missfallensäußerungen von sich gab. All das konnte Verwarnungen, bis zu vier Wochen Karzer, einen befristeten Verweis oder den Ausschluss vom Lehrbetrieb nach sich ziehen.

Als Wernadski, einem Ruf an die Moskauer Universität folgend, nach Russland zurückkehrte, stellte er rasch fest, dass sich während seiner Abwesenheit wenig geändert hatte. Die Stadt stank, war staubig und provinziell, die staatliche Überwachung allgegenwärtig. Trat Wernadski morgens aus dem Haus, standen stets einige Männer mittleren Alters, bekleidet mit Trenchcoat und Melone, in der Nähe. Er begann, sie freundlich zu grüßen, bis er eines Tages, als er eine Auslandsreise antreten wollte, bemerkte, wie ihm einer der Herren am Bahnhof hinterherschlich, und ihm klar wurde, dass es sich um Spitzel handelte. In seiner Polizeiakte heißt es:

Anfang der Neunziger verlegte Wernadski seinen Lebensmittelpunkt ... nach Moskau, wo er weiterhin seine dubiosen Bekanntschaften pflegte und aktiv an von Studenten der Moskauer Universität organisierten Abenden teilnahm und diese nutzte, um Vorträge über die Notwendigkeit zu halten, dass Lehrende und Lernende zum Zwecke der politischen Jugendbildung und des Kampfes gegen die gegenwärtige Regierung zusammenarbeiten müssten.[8]

Der Fachbereich war erbärmlich ausgestattet, selbst Grundlagenliteratur nicht zugänglich, die mineralogische Sammlung seit 1850 nicht abgestaubt, geschweige denn katalogisiert worden. Korruption trieb üppige Blüten, nachgeordnete Verwaltungsbeamte vermieteten unter der Hand Räume, die für Laboratorien vorgesehen waren, als Studentenunterkünfte. Wernadski konnte sich offenbar recht konkret vorstellen, wie das enden würde, und brachte Wernadowka für den Fall der Fälle auf Vordermann.

Falls es hart auf hart kommen und er aus der Universität fliegen sollte, wollte er mit seiner Familie ganzjährig bequem auf und von seinem Landgut leben können. Doch der Herbst 1891 erschütterte Wernadski und trieb ihn in die Politik. Die Ernte im lebenswichtigen schmalen Gürtel fruchtbaren russischen Ackerlandes fiel aus. In Tambow und an vielen anderen Orten wütete eine Hungersnot.

Die Krise kam nicht über Nacht. Der Herbst 1890 war zu trocken gewesen, um die Saat für das Wintergetreide rechtzeitig auszubringen, der Winter setzte früher ein als sonst, und zu allem Überfluss schneite es kaum. Die ungeschützten Samenkörner erfroren.

Ganz Osteuropa litt unter Missernten, aber die anderen Länder hatten Geld und konnten den Mangel durch Einfuhren ausgleichen. In Russland dagegen war die Sommergetreideernte unverzüglich für den Export beiseitegeschafft worden, und die Bevölkerung darbte.

Sogar in Moskau und Sankt Petersburg wurde das Getreide knapp. Lenin beschrieb das Hungerbrot jener Zeit als »einen Klumpen harter schwarzer Erde, umgeben von einer Schimmelkruste«. Die Landbevölkerung streckte ihr Brot und ihren Brei mit Spreu und Gras.

Im weiteren Verlauf des Jahres wuchs sich die schlimme Lage zur Katastrophe aus: 1891 fiel fünf Monate lang kein Tropfen

Regen, der Sommer war zu heiß für Gemüsesetzlinge, aber den Bauern blieb keine Wahl, sie mussten es versuchen, und die Pflänzchen verdorrten auf den Feldern. Im Herbst goss es wie aus Kübeln, sintflutartige Regenfälle spülten die Wintersaat fort.

Im Frühjahr 1892 blies der Wind den Bauern die kostbare Krume vom Acker, Sandstürme verdunkelten die Sonne und ließen den Tag zur Nacht werden. Zeitzeugen – wie der Bodenkundler Per Semjatschenski – berichten einhellig, das Phänomen habe die Menschen so erschreckt, dass die Angst vorm Weltuntergang umging.[9] Züge konnten wegen Sandverwehungen auf den Schienen nicht fahren, Feldfrüchte verfaulten unter Staubschichten. In manchen Gegenden starb die gesamte Flora ab, nicht einmal Gräser überlebten. Die Bauern schlachteten ihr Vieh, sie wären sonst verhungert.

Es war eine Katastrophe biblischen Ausmaßes. Nach einer Schätzung des britischen Wirtschaftsattachés in Sankt Petersburg, E. F. G. Law, stand die russische Regierung vor der Aufgabe, Maßnahmen gegen die Hungersnot von über 35 Millionen Menschen in sechzehn Rajons zu ergreifen. Selbst in der Oblast Tambow, die relativ gut dastand, halbierte sich der Viehbestand. Wernadskis Gutsverwalter schrieb seinem Dienstherrn, die Bauern würden ihre Tiere zu Spottpreisen an den Landadel verkaufen, ein Viertel nage bereits buchstäblich am Hungertuch, die Frauen streckten die schwindenden Roggenmehlvorräte mit Heu und Ziegelstaub. Sie stünden in Wernadowka vor der Tür und bettelten um Hilfe.

Wernadski blieb in Moskau, überzeugt, dort mehr bewirken zu können. Er war ein begnadeter Organisator und rief mit seinen Freunden eine Hilfsaktion ins Leben. Ein pensionierter Tambower Nachbar, W. W. Keller, erkundete die Lage vor Ort und hielt ihn auf dem Laufenden. Keller und L. A. Oboljaninow, auch er ein Freund Wernadskis, informierten sich bei Lew Tolstoi über dessen Maßnahmen und übertrugen die von ihm erprobte Organisationsform auf Wernadowka. Der Historiker Alexander Kornilow kündigte in Moskau seinen Beamtenposten und beteiligte sich. Iwan Grews, ein Mittelalterspezialist, schloss sich an. Weitere Männer, unter Wahrung strikter Anonymität sogar der Onkel des Zaren, Großherzog Nikolai, folgten dem Beispiel. Später wechselten sie allesamt in die Politik. Ihre spontane Hilfe erreichte mehr, als sie sich hätten träumen lassen, und bestärkte diese liberalen Köpfe. Im Juli 1892 war die akute Krise beigelegt, in Tambow versorgten 121 Hungerküchen 6000 Menschen, tausend Pferde wurden vor dem Abdecker bewahrt, 220 weitere per Los Familien ohne Pferd kostenlos zugeteilt.

Daraus ergab sich eine Frage: Wenn all das einer Handvoll Professoren gelang, warum nicht der Regierung?[10]

Die Hungersnot 1891 verschaffte der liberalen Opposition – jenen erschlafften Intellektuellen, die Turgenjew und Tschechow in ihren Erzählungen gern aufs Korn nahmen – das kurze Vergnügen, politische Macht auszuüben. Sie genossen die Zeit, machten das Beste daraus, bewiesen sich selbst, dass sie etwas bewirken konnten: Sie hatten Blut geleckt. Ihre vorbildliche Reaktion auf die Hungersnot – rational, wissenschaftlich, bürokratisch im besten Sinne – gab den gebildeten Schichten Russlands Hoffnung. Wernadski und seine Freunde hatten exemplarisch gezeigt, wie es aussehen könnte, wenn fähige Leute in der Regierung säßen. Die Idee zog weite Kreise. Aber um sie in die Tat umzusetzen, musste man sich organisieren.

Der im Juli 1903 gegründete »Bund der Befreiung« warb in aller Öffentlichkeit friedlich für ein Ende der Alleinherrschaft der Zaren. Die wenigen Mitglieder, rund zwanzig Liberale und Radikale, trafen sich in Wernadskis Moskauer Wohnung. Wernadski schrieb seiner Frau: »Für mich ist wissenschaftlicher Fortschritt untrennbar mit Demokratie und philanthropischer Gesinnung verbunden – und umgekehrt.«[11]

Jenseits der gut betuchten liberalen Enklaven in Moskau und Sankt Petersburg war es schwer, für solche Ideen Unterstützer zu gewinnen.

Am 22. Januar 1905, einem Sonntag, marschierten mehr als hunderttausend streikende Arbeiter mit ihren Familien zum Petersburger Winterpalais. Sie hielten Ikonen hoch und sangen Kirchenlieder, wollten den Zar um eine Verbesserung ihrer Arbeitsbedingungen bitten, um den Achtstundentag. Soldaten schossen in die Menge, töteten und verwundeten Hunderte. An diesem Tag starb ein junger Geologe, B. A. Luri, Wernadskis begabtester Schüler, der mit einem Köfferchen im Alexander-Garten unterwegs war und von zwei Kugeln in den Rücken getroffen wurde. Außer sich vor Wut schrieb Wernadski an eine der führenden liberalen Zeitungen Russlands, »ein weiteres Opfer in der langen Märtyrergeschichte der russischen Intelligenzija« sei zu beklagen. Doch die Zeit für erboste Leserbriefe war längst abgelaufen.

Nach dem Massaker streikten die Studenten, was dazu führte, dass die Regierung – eine ganz untypische Geste – bei den Fakultätsräten anfragte, ob die Lehrtätigkeit fortgesetzt werden sollte oder nicht. Vielleicht wollten sie den Professoren das Gefühl vermitteln, man lege Wert auf ihre Meinung. So oder so, die Antwort fiel eindeutig aus. Keine einzige Universität plädierte für Wiederaufnahme der Vorlesungen. Die Räte erklärten, ohne politische Reformen käme das akademische Leben nicht zur Ruhe. Wernadski appellierte an seine Kollegen, mit der Tradition zu brechen. Sie seien nicht Handlanger der Obrigkeit, sondern unabhängige, freie Menschen, die sich nicht herumschubsen ließen, als würden sie »auf einer gottverlassenen Philippinen-Insel lehren«.[12]

Und so taten die Ordinarien etwas ganz und gar Illegales: Sie schlossen sich zusammen und erklärten, die Freiheit der Alma Mater sei mit der derzeitigen russischen Regierungsform unvereinbar. Bis August trat mehr als die Hälfte der Universitätsprofessoren Russlands dem Akademikerbund bei.

Ihnen fehlte nur ein nationales Ereignis, das ihnen Raum ließ, Mut zu beweisen. Es trat vier Monate später in Gestalt der Seeschlacht im Japanischen Meer ein, in deren Verlauf Admiral Tōgō Heihachirō am 27. und 28. Mai 1905 die halbe russische Kriegsflotte in der Koreastraße versenkte. Das war *die* Chance für den Akademikerbund – und die Herren Gelehrten vergeigten sie komplett.

»Alle Mittel sind jetzt erlaubt, um die Gefahr abzuwenden, die ein Fortbestehen unserer derzeitigen Regierung darstellen würde«, hieß es in dem dramatischen Appell des Zusammenschlusses ver-

schiedener Professorenverbände, zu der auch der Akademikerbund gehörte, und weiter: »Die Verbrecherbande, die die Macht
an sich gerissen hat, muss aus dem Amt gejagt und durch eine
gesetzgebende Versammlung ersetzt werden ... die den Krieg und
das gegenwärtige Regime schnellstmöglich beendet.«[13]

Und wo war der Akademikerbund? Seine Mitglieder saßen
brav zu Hause. Ihnen war ihr Dachverband zu radikal geworden,
sie boykottierten dessen Versammlungen.

Dann machten die Studenten etwas völlig Unerwartetes und
lösten damit eine Kettenreaktion aus, die Mitte Oktober 1905
zum Generalstreik und zur Revolution führte: Sie kehrten in die
Alma Mater zurück.

Allerdings nicht allein. Nach einer Reihe öffentlicher Kundgebungen schauten sich neugierige Arbeiter in den Universitäten
um. Keiner wusste so recht, was man mit ihnen anfangen sollte.
»Wir hatten keine Tagesordnung und keine Rednerliste«, erinnert sich ein Zeitzeuge. »Ich sprach einige Willkommensworte
und eröffnete die Diskussion dann für alle Anwesenden. Die
Aussprache war total chaotisch. Einige, die sich zu Wort gemeldet hatten, konnten sich überhaupt nicht artikulieren.«[14]

Die Polizei hielt sich zurück, eine Nachricht, die sich bei den
Arbeitern schnell herumsprach. Aus einigen Neugierigen wurden Menschenmassen. Ganze Fabrikbelegschaften belagerten
die Hörsäle. So mancher erhob sich und las selbstgeschriebene
Gedichte vor. Im Oktober war es so weit, dass die Statik der Gebäude dem Ansturm nicht mehr gewachsen schien.

Der Moskauer Polizeichef ließ verlautbaren, wenn die Versammlungen auf die Straße übergriffen, werde scharf geschossen. Der Rektor der Moskauer Universität, Fürst Sergej Nikolajewitsch Trubezkoj, veranlasste die Schließung: »Die Universität
ist kein Ort für politische Versammlungen. Sie kann und soll kein
öffentlicher Platz sein, und umgekehrt kann ein öffentlicher Platz
keine Universität sein. Jeder Versuch, die Universität zu einem öffentlichen Versammlungsraum zu machen, wird sie zerstören.«[15]

Angesichts der Verantwortung konnte Fürst Trubezkoj kaum
anders handeln. Aber er schickte die Arbeiter damit faktisch di-

rekt vor die Gewehrläufe der Moskauer Sicherheitskräfte. Die Gewalt auf der Straße eskalierte.

Am 4. Oktober fasste kein Geringerer als Lenin die Zwickmühle, in die sich die Professoren manövriert hatten, ohne sonderliches Mitgefühl in einem Artikel zusammen:

> Sie schlossen die Universität in Moskau, weil sie ein Gemetzel in der Universität befürchteten. Sie riefen dadurch nur noch rascher ein viel größeres Gemetzel auf der Straße hervor. Sie wollten die Revolution in der Universität ersticken und entfachten nur die Revolution auf der Straße. Sie sind gehörig in die Klemme geraten ...[16]

Im Juni 1905 entartete in Odessa ein Generalstreik zu Kämpfen zwischen Streikenden, Reaktionären und Ordnungskräften, und im Hafen meuterte die Besatzung des Panzerkreuzers »Potemkin«. Die Bilanz: zweitausend Tote, dreitausend Verwundete.

Am 8. Oktober legten die Eisenbahner in Moskau die Arbeit nieder. Andere schlossen sich an, am 13. Oktober ging in Russland nichts mehr. Zwei Tage später rief der Zar seine engsten Berater zu sich. Er stand vor einer haarsträubenden Wahl: umfassende Reformen gestatten oder die Regierungsgeschäfte an Militärs abtreten. Zwei Tage später versprach Nikolaus II., als zweite Kammer neben dem Reichsrat eine gewählte Nationalversammlung – die Duma – zu schaffen und sie mit legislativen Befugnissen auszustatten. Wernadski und einige weitere Aktivisten unter den Intellektuellen gründeten in aller Hast die Konstitutionell-Demokratische Partei, genannt die Kadetten, als Sprachrohr liberaler Politik. (Kritiker bezeichneten sie auch spöttisch als Professorenpartei.)

Doch der schwache, verspätete Versuch einer parlamentarischen Demokratie funktionierte nie richtig. Die Kluft zwischen Großgrundbesitzern und Volk, Reaktionären und Radikalen, Jungen und Alten war zu groß, und außerdem hatte die »liberale Revolution« mit einem Blutbad angefangen. 1905 kamen weit mehr Menschen ums Leben als bei der Revolution 1917. Eine Woche der Pogrome folgte auf den Zarenerlass, in deren Verlauf am Erhalt des Status quo interessierte Bürger – Tagelöhner, kleine Händler und Handwerker – jene angriffen, die sie ihrer Meinung nach ruiniert hatten. Dazu zählten insbesondere Studenten, Liberale und Juden.

Um die Ordnung wiederherzustellen, rückte die Armee in Moskau ein. Im Dezember 1905 nahm sie die Stadt unter Beschuss, über tausend Menschen starben.

Die Bauern revoltierten. Um die Aufstände der Landbevölkerung niederzuschlagen, wurden Unzählige standrechtlich abgeurteilt und rund 14 000 Menschen hingerichtet. Strafexpeditionen durchkämmten brandschatzend, plündernd und mordend weite Gebiete des Baltikums, Polens und entlang der transsibirischen Eisenbahnstrecke. »Spart nicht an Munition«, hatte man den Soldaten aufgetragen, »und macht keine Gefangenen.«

Der Landadel sah zu, dass er seine Ländereien losschlug. Immobilienpreise und Pachteinnahmen befanden sich im freien Fall.

Im Winter 1905 herrschte eine Hungersnot, nicht in dem Ausmaß wie 1891/92, aber bedrohlich genug, um das politische Chaos noch weiter zu verschlimmern. Wernadski organisierte mit seinem Ältesten und dem Gutsverwalter von Wernadowka Hilfe für die Hungernden und wies bei der Gelegenheit die Bauern auf die anstehenden Parlamentswahlen hin. Prompt wurde das Trio verhaftet. Der Sohn kam nach einer Woche frei, aber Wernadski musste beim Premierminister, Graf Sergej Witte, vorsprechen, bevor der Verwalter und dessen Familie aus der Haft entlassen wurden.

In der Hauptstadt Sankt Petersburg »drang ein eisiger Schauder des Verdrusses über Parteien, Politiker und Verbände wie ein Messer in die Herzen der Menschen. Bitterer Zank entbrannte, und am Ende scherte sich niemand um irgendetwas … Jeglicher Glaube und jegliches Vertrauen waren erloschen.«

Der Lyriker und politische Aktivist Alexej Kapitonowitsch Gastew, der im Frühjahr 1906 aus Schweden zurückkehrte, zeichnete ein düsteres Bild der Stadt:

Verzweifelte, erschöpfte Menschen taumeln den herrlichen Newa-Prospekt hinunter. In ihrem Elend, dem Gefühl der Sinnlosigkeit ertränken sie sich in der Newa, in den Kanälen der Fontanka und der Mojka, werfen sich von hohen Gebäuden aufs Trottoir, erschießen sich, schlucken Gift oder erhängen sich an Grabkreuzen. Selbstmord ist so üblich geworden, dass die Zeitungen nur noch über die »interessantesten« Fälle berichten.[17]

Die erste Duma konstituierte sich im April 1906. Sie war nur ein Schatten dessen, was der Zar versprochen hatte, und als die Kadetten dagegen protestierten, wurde sie umgehend aufgelöst. Der zweiten Duma setzte Premierminister Pjotr Arkadjewitsch Stolypin in seinem erbitterten Kampf gegen radikales Gedankengut 1907 ein Ende. Jeder sah zu, wo er blieb, die Kadetten kämpften auf verlorenem Posten. Die dritte Duma war eine vom Landadel dominierte Jasagerfraktion. Zar Nikolaus II. pochte zunehmend auf seine royalen Vorrechte, warf sämtliche verlässlichen Berater hinaus und umgab sich mit Speichelleckern und Scharlatanen wie Rasputin.

Untergangsstimmung machte sich breit. Die zeitgenössischen Romane, Gedichte und Theaterstücke zeugen von bleierner Hoffnungslosigkeit. Autoren wie Blok, Bjely und Brjussow schrieben, als nahte das Ende der Zeit oder als wäre es bereits angebrochen. Jahre vor seinem dystopischen Roman *Wir* verfasste der Satiriker Jewgeni Samjatin Erzählungen, die Katastrophen als schnellsten Ausweg aus Russlands politischer Sackgasse preisen.

Am 20. November 1910 starb Lew Nikolajewitsch Tolstoi. Seine politischen Auffassungen waren überholt, aber die jungen Leute liebten ihn. Studenten an Universitäten im ganzen Reich hielten Gedenkstunden ab und verabschiedeten Resolutionen, in denen sie versprachen, sich im Geiste Tolstois gegen die Todesstrafe einzusetzen. In Sankt Petersburg demonstrierten Tausende Kommilitonen auf dem Newski-Prospekt und liefen der Polizei in die Arme. Als Iwan Andrejew, der Prorektor der Staatlichen Universität, versuchte, sie davon abzuhalten, hoben sie ihn einfach hoch und trugen ihn auf den Schultern zu ihrer Kundgebung.

Ende November saßen über vierhundert Studenten im Gefängnis. Die liberale Moskauer Zeitung *Russkije Wedomosti* (Russische Nachrichten) berichtete:

> Zahlreiche Polizisten patrouillieren mit Gewehren und Bajonetten in den langen Fluren der Universität; Professoren werden zusammen mit einer Handvoll Studenten zu Vorlesungen eskortiert. Bewaffnete Ordnungshüter sichern die Hörsäle. Diese werden von Studenten gestürmt, die versuchen, die Vorlesungen mit Trillerpfeifen, Reizgasen und dem Absingen von Revolutionsliedern zu stören.[18]

Ein Professor brach unter den Anfeindungen eines Studenten in einem Anfall von Hysterie zusammen und musste fortgetragen werden.

Die Polizei besetzte die Moskauer Universität. Der Rektor und seine beiden Stellvertreter legten ihr Amt nieder. Ein Drittel des Lehrkörpers, darunter auch Wladimir Wernadski, gab den Lehrauftrag zurück. Die Hochschule war kompromittiert und schien am Ende. Aber das bereitete weder den Professoren noch den Studenten viel Kopfzerbrechen, denn sie wussten Besseres mit ihrer Zeit anzufangen.

Warum sollte man sich für ein marodes staatliches Bildungssystem verausgaben, wo sich doch die Möglichkeit bot, es einfach durch andere Einrichtungen zu ersetzen? Wie das geht, hatte Deutschland mit der Gründung der Kaiser-Wilhelm-Gesellschaft und ihrer großzügig geförderten Forschungsinstitute vorgemacht. Konnten betuchte russische Unternehmer nicht etwas Ähnliches auf die Beine stellen?

Die meisten Moskauer Professoren kamen aus Kaufmannsdynastien oder hatten zumindest gute Beziehungen zu Kaufleuten und Industriellen der Stadt. Sie gründeten nach deutschem und britischem Vorbild eigene unternehmerisch ausgerichtete Organisationen, für die sie Gelder einwerben konnten, und lehrten, finanziert von liberal gesinnten, philanthropischen Großbürgern, an Privatuniversitäten oder renommierten Frauenseminaren. Viele der Professoren, die aus Protest gekündigt hatten, kehrten nie an die Moskauer Universität zurück. Außerhalb des Systems boten sich ihnen mehr Freiheiten, etwa in der Städtischen Volksuniversität, 1908 gestiftet von Alfons Schanjawski, einem polnischen General a. D. und Goldbaron, der zuvor schon die medizinische Ausbildung von Frauen mit riesigen Summen gefördert hatte.

Absolventen solcher Hochschulen konnten nicht mit einer Anstellung beim Staat rechnen, jedenfalls nicht auf derselben Ebene wie die Inhaber »richtiger« Abschlüsse, aber was machte das? Kaum jemand konnte sich vorstellen, dass das Zarenreich den nächsten Winter überstehen würde. Seminare in Verwaltungslehre, für Kooperativen, öffentliche Gesundheitsvorsorge und Bildung bereiteten eine neue Generation auf eine neue Ära vor.

Nach seinem Rückzug aus der Universität Moskau wurde Wladimir Wernadski in die Akademie der Wissenschaften aufgenommen und zog nach Sankt Petersburg. Als fähiger Administrator hegte er ehrgeizige Pläne, insbesondere was die Ausbildung in Naturwissenschaften betraf. Gemeinsam mit seinem Lieblingsschüler Alexander Fersman antichambrierte er bei Regierungsstellen, sie sollten die Erschließung russischer Bodenschätze fördern. Seit Jahren hatte er mit seinen Studenten auf Expeditionen in abgelegene Regionen des Landes reichhaltige Aluminiumvorkommen kartographiert. Doch er mühte sich vergebens ab. Von einem internationalen Geologenkongress in Kanada, den er im Sommer 1913 besuchte, schrieb er seiner Frau:

Im letzten Jahrzehnt sind die Vereinigten Staaten in den Naturwissenschaften gewaltig vorangekommen. Amerika ist nicht mehr auf die Unterstützung deutscher Universitäten angewiesen, die bis vor kurzem noch als unverzichtbar galt. Mir drängt sich der Vergleich mit Russland auf, das Treiben von Kasso und Konsorten, der ganzen Bande, die unser Reich regiert, und das macht mich traurig und bange.

Als mitten im Krieg eine ergiebige Wolfram-Lagerstätte in Turkestan nicht genutzt werden konnte, weil das Gebiet einem Großherzog gehörte, äußerte sich ein anderer Wissenschaftler, der Mathematiker Alexej Krylow, noch deutlicher. Wenn Russland den Krieg verliere, giftete er, verlören nicht nur die Großfürsten all ihren Besitz, sondern die ganze Dynastie werde dann zum Teufel gehen.[19]

Nach dem Attentat auf den österreichischen Thronfolger Franz Ferdinand, das Russland mit in den Krieg riss, zeigte sich eine entscheidende Schwäche des Zarenreiches: seine Abhängigkeit von guten Handelsbeziehungen zu Deutschland. Seine Wissenschaft, seine Industrie, seine ganze Wirtschaft kamen nicht ohne das Land aus, das jetzt zum Kriegsgegner geworden war.

Einer der später führenden Genetiker der Sowjetunion, Alexander Sergejewitsch Serebrowski, brachte die hoffnungslose Lage in bewegenden Worten auf den Punkt. Am 18. Juli 1914, mitten in den Kriegsvorbereitungen, schrieb er in sein Tagebuch:

Ich bin jetzt Soldat. Die Stadt ist geschmückt mit Fahnen und so weiter. Gott, wie ist das nur alles verlogen … Viele meiner Bekannten warteten auf eine Erklärung zur Gleichberechtigung der Nationalitäten. Juden marschierten mit der Thora und sangen »Gott, schütze den Zar«. Einige Intellektuelle riefen Hurra, als der Zar vorüberfuhr.

All diese Erwartungen waren für die Katz. Der Zar besaß nicht genug staatsmännische Weitsicht. Mit einem Federstrich hätte er seinen Thron auf Jahre hinaus sichern können, Russland hätte ihm vertraut, er hätte die Menschen hinter sich gehabt, auch die Intelligenzija. Er hätte Volk und Regierung zusammenschweißen können. Oh, ich weiß, ich wäre dann mit einem ganz anderen Gefühl, einer ganz anderen Geisteshaltung an die Front gezogen … Sie haben die Erwartungen bis zum Äußersten hochgetrieben, haben selbst Straßenbahnfahrer an Paraden beteiligt – und nichts gegeben …

Ich liebe Russland zu sehr, um ihm den Sieg zu wünschen. Wenn Russland den Krieg gewinnt, fällt es um Jahrhunderte zurück. Verliert es ihn, liegt eine glänzende Zukunft vor ihm.[20]

2. REVOLUTIONÄRE

*Rund um den Erdball, von einem Ende der Welt
zum anderen, ertönt das Geheul der Revolution. Der
Krieg, begonnen zum Vergnügen der Könige, Zaren,
Präsidenten, ist zum Wirbelsturm angeschwollen, der
kaiserliche Schlösser hinwegfegt, königliche Mäntel ins
Feuer bläst, Kronen in den Staub schleudert und gekrönte
Häupter zu Asche verbrennt. Ihre Welt, in der alles
wundervoll geordnet schien, liegt in Trümmern ... Und
wir werden die Erneuerer sein, werden den Vorhang von
den Städten, den Straßen, den Werkstätten, den Basaren
ziehen ... Wir sollten unsere Kunstfabrik unverzüglich
zum Summen bringen.*[1]

Alexej Gastew

Karl Marx und Friedrich Engels betrachteten ihre Arbeit gern als wissenschaftlich oder doch zumindest als wissenschaftsphilosophisch. Im Gegensatz zum Englischen, wo es eine klare Unter-

Am Ende einer Freundschaft: Wladimir Lenin und Alexander
Bogdanow spielen Schach während eines Aufenthalts bei Maxim
Gorki auf Capri, April 1908.

scheidung zwischen »science« und »humanities« gibt, ist das im Deutschen (wie auch im Russischen) möglich: Jeder, der in einer akademischen Disziplin forscht – egal, ob zum Beispiel als Physiker oder als Kunsthistoriker –, kann mit Fug und Recht von sich behaupten, er betreibe Wissenschaft.

Diese sprachliche Gepflogenheit – sie trifft auch auf das russische Wort »nauka« zu – ist ein Erbe der kulturellen Blüte im Europa des neunzehnten Jahrhunderts. Damals konnte man noch die Auffassung vertreten, das ganze Universum sei grundsätzlich erkennbar und jede Art von Erkenntnis lasse sich, zumindest im Prinzip, mit jeder anderen Art von Erkenntnis in Einklang bringen. Das Universum, so glaubte man, dulde keine Widersprüche.

Der Traum, sämtliche Wissenszweige unter einem Dach zu vereinen, motivierte Friedrich Engels, auf ihm ein ganzes Gedankengebäude zu errichten, den »neuen Materialismus«. (Später führte der Philosoph Georgi Plechanow den etwas verwirrenden Begriff des »dialektischen Materialismus« ein.)

Der »neue« Materialismus sollte den »alten« Materialismus von Newton ablösen. Natürlich lässt sich nicht ernsthaft bestreiten, dass seine Mechanik ein wissenschaftlicher Triumph war und ein erhellendes, leistungsfähiges Modell physikalischer Abläufe liefert. Das Problem ist: Je mehr wir die Bereiche ausweiten, auf die wir dieses Modell anwenden, desto fremder kommt uns die Welt vor, die wir uns mit seiner Hilfe erklären wollen. Newtons Erfolg setzte eine Religion voraus, die bedeutende Lücken seiner Weltbeschreibung füllte. (Isaac Newton war – selbstverständlich – ein tiefgläubiger Mensch.)

Zu Beginn des neunzehnten Jahrhunderts häuften sich allerdings die Erkenntnisse, die gegen das »offenbarte Wissen« der Bibel sprachen, in einem Ausmaß, das es unmöglich machte, sie länger zu ignorieren. Naturforscher und Philosophen mussten sich anderweitig nach einer Erklärung für Vorgänge umschauen, die Newtons Mechanik nicht abdeckt: Phänomene wie Liebe, Trauer, Erinnerungen, die Farbe Grün.[2]

Engels' Philosophie ist »materialistisch«, weil sie solcherart subjektive Erfahrungen im Physischen verortet; sie braucht keine vom Materiellen abgelöste geistige Sphäre. »Dialektisch« ist sie in dem Sinne, dass Wissen mittels rationaler Erörterung und Nachforschung erworben wird. Unser Wissen ist vorläufig, weil wir selbst in jedem Moment nur vorläufig sind. Niemand ist heute derselbe Mensch wie gestern, und keiner von uns lebt ewig. Wissen wird somit permanent neu überprüft, bestätigt, geglaubt.

Der dialektische Materialismus interessiert sich für den Wandel der Dinge. Ihm zufolge hat alles Vergangenheit und Zukunft, und ohne diese Historizität lässt sich die Welt nicht verstehen.

Marx, der sich lebhaft für Wirtschaft, Geschichte und Psychologie interessierte, war ein überzeugter Anhänger des im neunzehnten Jahrhundert verbreiteten »Szientismus« und glaubte fest daran, dass sich das naturwissenschaftliche Paradigma mit Hilfe von Engels' elegantem »neuem« Materialismus auf alle Lebensbereiche übertragen lasse.

Und so glaubte er auch an eine wissenschaftlich fundierte Regierung.[3] Dabei schwebte ihm nicht vor, die exakten Wissenschaften zu politisieren; sein Gedanke war, naturwissenschaftliche Prinzipien auf die Politik auszudehnen, bis Wissen und Politik am Ende ununterscheidbar miteinander verschmolzen wären. 1894 schrieb Lenin über Marx:

Die unwiderstehliche Anziehungskraft, die diese Theorie auf die Sozialisten aller Länder ausübt, besteht gerade darin, dass sie (als das letzte Wort der Gesellschaftswissenschaft) strenge und höchste Wissenschaftlichkeit mit revolutionärem Geist vereint, und zwar nicht zufällig, nicht nur deshalb, weil der Begründer der Doktrin persönlich die Eigenschaften eines Gelehrten und eines Revolutionärs in sich vereinte, sondern, weil sie diese in der Theorie selbst innerlich und untrennbar vereint. In der Tat, als Aufgabe der Theorie, als Ziel der Wissenschaft wird hier direkt die Unterstützung der Klasse der Unterdrückten in ihrem ökonomischen Kampf gestellt, wie er sich in Wirklichkeit vollzieht.[4]

Lenins Wissenschaftsverständnis wurde von einer bemerkenswerten Persönlichkeit verkörpert, seinem universell gebildeten

Freund Alexander Alexandrowitsch Bogdanow, der ihm von 1904 an bei der Gründung der bolschewistischen Bewegung zur Seite stand. Später arbeitete er viele Jahre an seinem philosophischen Hauptwerk, *Allgemeine Organisationslehre, Tektologie*. Als er schließlich Anfang der zwanziger Jahre den dritten Band veröffentlicht hatte, sah er sich als Renegat abgestempelt, der von der Partei ausgeschlossen worden war, ein, wie er selbst es formulierte, »›offizieller Teufel‹, der ›abzuschwören‹ habe, der ›geschlagen und angespuckt‹ werden müsse wie Jesus vor dem Hohen Rat, zur Abschreckung anderer Abtrünniger, die in den Schoß der Doktrin gescheucht gehörten«.[5]

Bogdanow träumte von der Synthese aller Wissensbereiche und wollte seine Philosophie der ganzen menschlichen Erfahrung überstülpen.[6] Sein utopischer Roman *Ingenieur Menni* (1913) spielt auf dem Mars, wo sich eine sozialistische Gesellschaft etabliert hat, und handelt von der triumphalen Entstehung einer »Universalwissenschaft«, in deren Licht »jede Philosophie früherer Zeiten nichts als eine vage Vorahnung« ist. In ihrer Universalität erkläre sie alles in der Begrifflichkeit von allem anderen, was bedeute, dass auch Ungebildete in der Lage seien, sie zu verstehen.

Schuld an der Zerstückelung des Erkenntnisfortschritts sei, so Bogdanow, der Kapitalismus, der die Wissenschaft ebenso gründlich zerstöre wie einst Gott den Turm von Babel, was zur Folge habe, dass jede Disziplin ihre eigene, esoterische Sprache spreche. Mangels Kontakt zur Arbeitswelt mochten Wissenschaftler glauben, je unverständlicher ihr Fachgebiet für Außenstehende sei, desto näher komme es der Wahrheit. In Wirklichkeit jedoch sei solche »Wissenschaft um ihrer selbst willen« ein tragischer Irrweg. Erst in einem wirklich sozialistischen Sozialgefüge könnten Praxis und Theorie wieder zusammengeführt werden, und die Forschung könnte ihren Nutzen für die Gesellschaft entfalten. Ihrem Anspruch, echte Wissenschaft zu sein, könne sie nur gerecht werden, wenn sie dem Wohl der Menschheit diene.[7]

Auf den Punkt gebracht, lautete Bogdanows Botschaft: *So etwas wie reine Wissenschaft gibt es nicht.* In den folgenden sechzig Jahren musste sich diese Auffassung einer Realitätsprüfung unterziehen.

Die Lebenswege russischer Revolutionäre folgten einem vorhersehbaren Schema: Auf die Verbannung nach Zentralasien oder Sibirien folgte gewöhnlich die Flucht in eine westeuropäische Stadt, nach Genf, Paris, London, in irgendeine liberaler gesinnte Umgebung, wo sie unbehelligt aufrührerische Schriften verfassen und nach Russland schmuggeln konnten.

1883 gründeten einige russische Exilanten, unter ihnen Georgi Plechanow, in Genf die Gruppe »Befreiung der Arbeit«, die es sich zur Aufgabe machte, die sich formierende revolutionäre Bewegung ihres Landes mit marxistischer Literatur zu versorgen. Lenin[8] besuchte sie 1895, wurde nach seiner Rückkehr nach Russland verhaftet, wegen Agitation zu gut einem Jahr Gefängnis verurteilt und anschließend für drei Jahre nach Sibirien verbannt. 1900 reiste er erneut in die Schweiz, wo er mit Plechanow die Zeitschrift *Iskra* (Der Funke) gründete. Für sie schrieb er, inzwischen in München wohnend, programmatische Artikel, sorgte für ihren Druck in Deutschland und ihren illegalen Vertrieb in russischen Städten. Damit setzte er sich an die Spitze der Sozialdemokratischen Arbeiterpartei Russlands, in der sich verschiedene revolutionäre Gruppen zusammengeschlossen hatten. 1902 stieß Leo Trotzki zur *Iskra*-Redaktion, 1903 spaltete sich die Partei in die Mehrheitsfraktion der Bolschewiki (von *bolschoi,* groß) und die Minderheitsfraktion der Menschewiki (*mensche:* kleiner). Die Mehrheitsfraktion, darunter Lenin und damals auch noch Bogdanow, wollten eine streng organisierte Kaderpartei, in der nur Aktivisten, nur »Berufsrevolutionäre« Mitglieder werden durften, während die Menschewiki, darunter Leo Trotzki, gemäßigter für eine breitere Basis plädierten. Es war der alte Kampf zwischen reiner Lehre und Pragmatismus.

1905 hatten sich die beiden Lager so entfremdet, dass sie ihre Parteitage in verschiedenen Städten abhielten, die Bolschewiki in London, die Menschewiki in Genf, während die Revolution das Zarenreich erschütterte.

In den letzten Ausläufern dieser Revolution floh Bogdanow ins Exil zu Lenin nach Finnland und sekundierte ihm in der erbitterten Auseinandersetzung mit Trotzki. Lenin und Bogdanow waren eng befreundet, und auch zu Lenins Frau, Nadeshda Krupskaja, knüpfte Bogdanow ein scheinbar unverbrüchliches Band.

Zugleich aber war 1905 auch das Jahr, in dem sich sein Denken allmählich von dem löste, was Lenin als den rechten Weg bezeichnete. Das Scheitern der Revolution hatte Bogdanow zu der Überzeugung gebracht, dass das russische Proletariat nicht reif war, die Macht zu übernehmen. Er hatte Vorlesungen für Fabrikarbeiter gehalten, das war eine Quelle seiner politischen Bildung, und unter diesem Einfluss bedrängte er die Bolschewiki, sich mit Untergrundorganisationen der Arbeiter zusammenzuschließen. Lenins fortgesetzte Sperenzchen mit der Duma hielt er für Zeitverschwendung. Bogdanow ähnelte mehr und mehr den aufgeblasenen Linksintellektuellen, die Lenin verachtete: die Sorte Revolutionär, die der Kick des Konspirativen zur Partei hinzog, die aber weder die Geduld noch die Befähigung für den alltäglichen politischen Kleinkrieg aufbrachte.

Andererseits hatte Bogdanow ein außergewöhnliches Talent, Geld aufzutreiben. Jahrelang hatte er sich an Raubüberfällen auf die Vermögen von politischen Gegnern und deren Unterstützern beteiligt und so tatkräftig dazu beigetragen, die Bolschewiki zu finanzieren. Nachdem sich die Freunde überworfen hatten, wurde es für Lenin immer schwieriger, die Mittel für seine Projekte zu beschaffen.

Bogdanow war fasziniert von Proudhons Mutualismus, den Möglichkeiten der gegenseitigen Unterstützung zu beidseitigem Nutzen, von der Macht der Arbeiter und Gewerkschaften. Anders als Lenin interessierte er sich für die Entfremdung der Menschen von ihrer Lebenswelt und voneinander. Das Individuum, das »Ich«, so Bogdanow, sei eine kapitalistische Erfindung, Spiegelbild des Sozialprestiges von Privateigentum und Profit. In der sozialistischen Gesellschaft werde das Selbst zu einem Teil des Ganzen, und »die Menschen werden unsterblich«, indem sie »ihr

›Ich‹ über die Grenzen des Individuellen hinaus entfalten und mehr auf das Gelingen des Miteinanders richten«.[9]

Bogdanow trieb die Frage um, wie sich das entfremdete Ich zum sozialistischen Wir wandeln lässt, und da er Georges Sorels Werk *Über die Gewalt* (1907 ins Russische übersetzt) gründlich gelesen hatte, kam er zu dem Schluss, nur ein Mythos könne die Arbeiter zum Handeln motivieren.

Auch wenn spätere Ereignisse düstere Schatten auf Bogdanows Gedanken zum das Ich überwindenden Wir werfen, ist die Wut, mit der Lenin auf die gutmütigen Auslassungen seines Freundes reagierte, kaum nachzuvollziehen. Fakt ist, sie *machten* ihn wütend. Bogdanows zwischen 1904 und 1906 erschienenes dreibändiges Werk *Empiriomonismus* mit seinem ausgearbeiteten Programm zur Schaffung der neuen mutualen Kultur veranlasste Lenin, der sowieso in seiner Wortwahl wenig zimperlich war, zu einer derart ausfälligen Stellungnahme, dass Bogdanow ihm das lange Schreiben (es erstreckte sich über drei Notizbücher und trug die ironisch-aggressive Überschrift »Liebeserklärung«) mit der Anmerkung retournierte, wenn er, Lenin, sich seine Bekanntschaft erhalten wolle, müsse dieser Erguss als »ungeschrieben, nicht abgeschickt und ungelesen« erachtet werden.

Schon Zeitgenossen fanden, Lenin sei »nicht recht bei Trost«, sich derart über Bogdanows Philosophiererei aufzuregen. Doch wenn man sich das Dilemma des Bolschewismus in den ersten Jahren des zwanzigsten Jahrhunderts vergegenwärtigt, wird klar, was auf dem Spiel stand. Die beiden Männer kämpften um nicht weniger als die Seele der Revolution.

Marx und Engels sahen in der Geschichte der Naturwissenschaften einen Prozess ständiger Fortentwicklung. Aus ihrer Sicht strebt Wissenschaft nach einer vollständigen Erklärung der Welt, und auch wenn sie wie Zenons Schildkröte dieses hehre Ziel nie ganz erreichen wird, so füllt sie doch die Lücke zwischen dem, was wir wissen, und dem, was wir wahrnehmen, mehr und mehr auf: Sie kommt der Wahrheit immer näher.

Doch während Marxisten vom wissenschaftlichen Potenzial des Marxismus schwärmten, setzte bei einem Großteil der

Wissenschaftler ein Umdenken ein: *weg* vom Szientismus, *weg* vom Glauben an eine immer sinnvoller werdende Erklärung der Dinge, *hin* zu Beschreibungen der Welt, die der Intuition zuwiderliefen, sich nicht miteinander vereinbaren ließen und in manchen Fällen, insbesondere der Quantenmechanik, keinen erkennbaren Sinn ergaben.

Wenn wir uns auf ein Jahr festlegen müssten, in dem diese Entwicklung begann, wäre 1898 sicher nicht die schlechteste Wahl, das Jahr, in dem Henry Adams beobachtete, »dass der Wissenschaftler wirklich verschlafen gewesen sein musste, der nicht wie ein erschrockener Hund von seinem Stuhl aufsprang, als Mme Curie ... die metaphysische Bombe, die sie Radium nannte, auf seinen Tisch warf. Es blieb da kein Loch, in das man sich hätte verkriechen können. Sogar die Metaphysik überschwemmte die Wissenschaft mit dem grünen Wasser der Tiefsee, und niemand konnte länger hoffen, das Unerkennbare auszuschließen, denn das Unerkennbare war nun bekannt.«[10]

Die zuvor nicht bekannte Energie der unsichtbaren Strahlen, die Marie Curie entdeckt hatte, versetzte dem Szientismus einen heftigen Stoß. Fortan ging es in der naturwissenschaftlichen Forschung nicht mehr allein darum, *was* man beobachtet; jetzt musste zudem mit großer Sorgfalt berücksichtigt werden, *wie* man beobachtet, und das galt nicht nur für die Quantenphysik. Das gleiche Problem begegnete zum Beispiel Biologen bei ihren Versuchen, Mutationen von Taufliegen zu erzeugen, oder Physiologen, die den Speichelfluss von Hunden untersuchten.[11]

Einer der eloquenteren Theoretiker in diesem epochalen Umbruch des wissenschaftlichen Denkens ist Ernst Mach. Heute würdigt man den Österreicher vor allem für die erste exakte Bestimmung der Schallgeschwindigkeit, und insofern ist die verbreitete Annahme, er sei Physiker gewesen, berechtigt – aber sie stimmt nicht ganz. Machs interessanteste Arbeiten führten ihn in eine Terra incognita zwischen Physik, Physiologie und Psychologie.[12] Er befasste sich mit optischen Täuschungen, der Neurobiologie der Empfindung und damit, wie unsere Sinne die Welt recht clever, aber doch irgendwie unvollkommen erfassen. Dabei kam er zu niederschmetternden Schlüssen im Hinblick auf die Naturwissenschaften.

Sie lieferten, so Mach, keine Erklärungen für die innerste Natur der Realität. Wissenschaftler, schrieb er, könnten nicht mehr tun, als ihre Forschungsergebnisse möglichst elegant zu interpretieren. Die Ergebnisse seien nützlich, aber nicht *wahr*: Ein und derselbe Wissensstoff könne zu verschiedenen, gleichermaßen gültigen Schlüssen führen.

Der Marxismus sah sich selbst als Schlussstein einer wissenschaftlichen Entwicklung des neunzehnten Jahrhunderts. Und nun kam dieser Mach daher und brachte das ganze Gebäude zum Einsturz. Es war klar, dass Lenin Machs Empiriomonismus verabscheute und darin ein desaströses Programm sah: Abkehr von der realen Welt und Hinwendung zu idealistischer Gaukelei. Seine Antwort war schrill: »Denn die *einzige* ›Eigenschaft‹ der Materie, an deren Anerkennung der philosophische Materialismus gebunden ist, ist die Eigenschaft, *objektive Realität zu sein*, außerhalb unseres Bewusstseins zu existieren.«[13] Das klingt eher nach einem Aufschrei als nach einem Argument.

Machs (von der Entdeckung der Röntgenstrahlung und des Elektrons gestützte) Ansichten verunsicherten Lenin. Sie standen in krassem Widerspruch zu der Annahme, Materie sei real.

Bogdanow dagegen brachten Machs Thesen nicht aus der Ruhe. Im Gegensatz zu Lenin verstand er, dass Mach *für Wissenschaftler* über die Lücke zwischen unserer Erfahrung und der Welt schrieb, eine Lücke, die sich immer weiter schließt, aber niemals verschwindet. Sie wird nicht größer, wenn man sie auslotet: Lenins Ängste waren unbegründet.

Bogdanow war von dieser Lücke fasziniert. In der Beschäftigung mit ihr verfeinerte er unseren Begriff von »Erfahrung«. Stellen Sie sich vor, Sie würden dieses Buch für einen Moment beiseitelegen und durchs offene Fenster eine Rose aus dem Garten pflücken. Dann »erfahren« Sie die Rose auf zweierlei Weise. Sie können ihren Duft riechen, die Blüte betrachten, sich an den Dornen stechen. Und dann gibt es da noch *Ihre* Erfahrung der Rose: ihre Schönheit, ihre Vergänglichkeit, ihre Farbe, die Sie an die Farbe der Lippen Ihres Kindes erinnert oder an Ihre Lieblingseiscreme oder was auch immer.

Bogdanow spricht von *objektiven* und *subjektiven* Erfahrungen. Objektiv sind aus seiner Sicht all jene Wahrnehmungen, die »gesellschaftlich organisiert« sind, was bedeutet, dass im Prinzip alle Zugang zu ihnen haben und ein jeder sie kategorisieren kann. Objektiv sind aus seiner Sicht all jene Wahrnehmungen, die »gesellschaftlich organisiert« sind, also im Prinzip allen zugänglich und für jedermann kategorisierbar. Subjektive Wahrnehmungen sind dagegen »individuell organisiert«: Sie gehören einzig und allein zu einem singulären Bewusstsein. Dann vereinigte Bogdanow beides in einem philosophischen System namens Empiriomonismus, der »Organisation von Erfahrung«.

Sein Weg führte ihn zu einer Kognitionslehre und einer Philosophie des Geistes und fort von der Welt, die den großen materialistischen Denkern Marx und Engels so am Herzen lag. Der materiellen Welt. Der Welt, »wie sie ist«.

So viel zur Philosophie. Philosophie ist wichtig – wie wichtig, wird auf den folgenden rund vierhundert Seiten klar werden –, doch das reichlich abstruse Zerwürfnis zwischen zwei alten Freunden ist auch untrennbar mit der politischen Spaltung in Bogdanows Fraktion und Lenins Anhängerschaft verbunden. Die Kluft wuchs unaufhaltsam, trotz der unermüdlichen Versuche Maxim Gorkis, die Freunde wieder zusammenzubringen. 1908 besuchte Alexander Bogdanow den Schriftsteller auf seinem feudalen Anwesen auf Capri (einst Residenz römischer Imperatoren). Lenin, der damals in Genf lebte, war wie immer auch eingeladen, konnte aber erst nach längerem Zögern im April zur Überfahrt bewegt werden – und stritt sich im Handumdrehen auch mit seinem Gastgeber: »Ich weiß, Alexej Maximowitsch, Sie hoffen trotz allem auf eine Möglichkeit, mich mit den Machisten zu versöhnen, obwohl ich Sie in dem Brief gewarnt habe: Das ist unmöglich! Also sparen Sie sich alle Ihre Versuche.«[14]

Wahrscheinlich hat Gorki jene berühmte Schachpartie vorgeschlagen, um die atmosphärischen Störungen zu bereinigen: Auf dem von Filmregisseur Juri Sheljabushski aufgenommenen Foto sitzt Gorki im Hintergrund, das Tyrrhenische Meer im Rücken, und beobachtet Lenin, der zusehends die Kontrolle über das Spiel und jede Selbstbeherrschung verliert. Gorki staunte über diese Seite Lenins – »wenn er verlor, ärgerte er sich, er wurde sogar traurig wie ein Kind«.

Eines Abends, als Bogdanow und weitere Besucher spazieren gingen, schüttete Lenin Gorki und dessen Lebensgefährtin Marija Fjodorowna Andrejewa, sein Herz aus. »Nicht gerade fröhlich, mit tiefem Bedauern« soll er über Bogdanow und dessen Gefolgschaft gesagt haben: »Kluge, begabte Menschen sind es, sie haben nicht wenig für die Partei getan, sie könnten noch zehnmal mehr tun, aber – sie werden nicht mit uns gehen! Sie können es nicht. Und Dutzende, Hunderte solcher Menschen zerbricht, verkrüppelt diese verbrecherische Ordnung.«[15]

Lenin verabscheute Bogdanows Philosophie schon lange, wollte aber seinen Mitstreiter nicht öffentlich angreifen. Dessen im Januar 1908 in einem Sammelband veröffentlichte Abhandlung »Das Land der Idole und die Philosophie des Marxismus« bedrohte jedoch Lenins Stellung in der Partei, seine behutsame Politik der parlamentarischen Mitarbeit verlor gegenüber Bogdanows streitbarem Manifest an Boden.

Lenin reagierte mit einem Buch, der ausgearbeiteten Version seines langen Schreibens an den einstigen Weggefährten, einer Fundamentalabrechnung mit Bogdanows Philosophie. In größter Eile zwischen Februar und Oktober 1908 im Lesesaal des British Museum geschrieben (Lenin erwog sogar, den Drucker zu bestechen, um das Erscheinen zu beschleunigen), redet *Materialismus und Empiriokritizismus* einem grobschlächtigen Materialismus das Wort. Lenin lehnte jeden Zweifel an der Verstehbarkeit der Welt ab und berief sich dabei auf Engels, der in seiner Theorie der menschlichen Empfindungen und Vorstellungen von »Kopien, Bildern, Abbildern, Spiegelbildern der Dinge« spreche, und »der Begriff Materie bedeutet ... erkenntnistheoretisch nichts anderes als: die unabhängig vom menschlichen Bewusstsein existierende und von ihm abgebildete objektive Realität«.[16] Dann verstieg er sich – entgegen aller wissenschaftlichen Evidenz und Rationalität wie auch im Widerspruch zu jedem ernst zu nehmenden Denker seit Platon – zu der Behauptung, in unserem Kopf landeten *buchstäblich* Kopien externer Objekte.

Das Pamphlet irritierte zeitgenössische Rezensenten und vergiftet die marxistische Theorie bis heute, denn es ist nicht nur schrill und beleidigend, es ist über weite Strecken richtiggehend dumm.[17] Psychologisch lässt sich das nachvollziehen. Lenin wusste, wie dünn das Eis war, auf dem er sich bewegte, seine Panik ist spürbar. Die Partei blutete aus, die Mitgliederzahl sank von über 40000 im Jahr 1907 auf wenige hundert im Jahr 1910, und sie war in kleine, mit Spitzeln der zaristischen Geheimpolizei durchsetzte Zellen zersplittert.

Materialismus und Empiriokritizismus ging jedoch keineswegs als Machwerk in die Geschichte ein: Es galt als Lenins erster großer Versuch einer philosophischen Analyse und wurde im Laufe der Jahre zu einer Bibel. Genau das ist das Erschreckende an Lenins Traktat: die Art, wie die Nöte jener Phase der Ungewissheit in der Geschichte der Bolschewiki in Stein gemeißelt wurden, nicht nur in Form eines Druckwerks, sondern in der gesamten Politik.

Das Geflecht von Allianzen, das Europa Anfang des zwanzigsten Jahrhunderts verband, sollte die Diplomatie fördern und Krieg verhindern.

In den vier Wochen nach dem Attentat auf Erzherzog Franz Ferdinand am 28. Juni 1914 geschah das Undenkbare. Der Zar mobilisierte fünfzehn Millionen Mann, überwiegend Bauern. Die eingezogenen Soldaten wurden, oft über Tausende von Kilometern, Richtung Westen, vor allem Ostpreußen, transportiert oder in den Süden gebracht, um die Türkei anzugreifen. Im Sommer 1915 war eine Million von ihnen tot, verwundet oder vermisst und eine dreiviertel Million in Gefangenschaft. Russland zahlte im Ersten Weltkrieg einen noch höheren Blutzoll als die westeuropäischen Staaten. Rechnet man die Opfer des Bürgerkriegs und der nachfolgenden Hungersnot hinzu, summieren sich die Toten auf sechzehn Millionen.

Ende April 1915 starteten die Deutschen eine Reihe von Offensiven, die auf russischer Seite zum sogenannten Großen Rückzug führten. Die Armee des Zaren war viel zu schlecht ausgestattet. Ganze Einheiten wurden ausgelöscht, Rückzüge gerieten zur wilden Flucht, Hunderttausende russischer Soldaten – manche hatten keine Kugeln für ihre Gewehre, andere noch nicht einmal ein Gewehr – ergaben sich. Galizien ging verloren, Warschau, dann ganz Polen, Ende August stand Riga kurz vor dem Fall. Millionen halb verhungerter, kranker Flüchtlinge behinderten die abziehenden russischen Truppen.

Die politisch einflussreichen Schichten im angeschlagenen Zarenreich quittierten die Anhäufung von Mängeln, Debakeln und Versäumnissen mit Bestürzung und Wut. Sie setzten die Wiederaufnahme parlamentarischer Verhandlungen durch, die Staatsduma trat am 1. August zusammen, dem Jahrestag des Kriegsausbruchs. Sofort bildete sich eine Koalition, die auf soziale und politische Reformen drängte.

Man musste nicht dem »Progressiven Block« angehören, um den nächsten Schritt des Zaren als Akt eines Geistesgestörten zu betrachten. Nikolaus verkündete, er werde die Armee persönlich führen. Vermutlich vernahmen seine treuesten Anhänger diese Nachricht mit größtem Schrecken: Dem Zar würde jede künftige Niederlage angelastet werden. Um ihn zur Vernunft zu bringen, bot der Ministerrat seinen Rücktritt an. Der Zar nahm an, schloss die Duma für ein knappes halbes Jahr und setzte Reaktionäre und unqualifizierte Jasager auf die Posten der loyalen Männer, die er hatte gehen lassen. Als sich die Neuen als unfähig erwiesen, ersetzte er sie durch noch üblere Gestalten. In eineinhalb Jahren gaben sich in Russland vier Premierminister und fünf Innenminister die Klinke in die Hand. Unter solchen Bedingungen war Regieren unmöglich, und im Sommer 1916 wurde eine »temporäre Diktatur« installiert, um die zunehmenden Engpässe in der Lebensmittelversorgung zu beheben. Die Bauern wollten aber nicht noch größere Mengen von Getreide an die Regierung verkaufen, weil die kein Geld hatte, um es zu bezahlen. (Und überhaupt – was sollte ein Bauer schon mit Geld anfangen? Wegen des Kriegszustands gab es sowieso keine landwirtschaftlichen Geräte zu kaufen.) An der Front brach unterdessen die Disziplin zusammen. Auf den Schlachtfeldern waren 1917 neun von zehn Offizieren Reservisten mit so gut wie keiner Gefechtserfahrung, und immer mehr Truppenteile desertierten.

Im Februar 1917 (nach dem damals in Russland geltenden julianischen Kalender) schlugen Hungeraufstände in Sankt Petersburg, das seit Kriegsbeginn vorübergehend Petrograd hieß, in Antikriegsdemonstrationen um und dann in eine Revolution. Begrenzt auf die Hauptstadt und nur eine knappe Woche dauernd, war die Februarrevolution ein spontanes Aufbegehren. Nikolaus forderte von seinen Generälen loyale Truppen, um die Ausschreitungen zu beenden. Darauf gingen sie nicht ein und legten ihm stattdessen den Rücktritt nahe.

Ohne den Rückhalt der Armee blieb dem Zaren keine Wahl. Am 15. März 1917 dankte der letzte Romanow ab und wurde von einer provisorischen Regierung aus Liberalen und Sozialisten abgelöst. Parallel dazu bildeten die Sozialisten den Petrograder Sowjet, beide Institutionen teilten sich die Macht: So begann eine Zeit der Doppelherrschaft.

Wie üblich reichlich spät eilten die Bolschewiki in die Hauptstadt, um sich für die über das ganze Land verstreuten Sowjets einzusetzen, Arbeiter-, Soldaten- und Bauernräte, die große Unterstützung genossen und faktisch regierten, dabei aber keinerlei rechtmäßigen Status besaßen. Die Bolschewiki waren halbwegs erfolgreich. Abgesehen von dem Wunsch nach einem Friedensschluss, waren die Forderungen der Arbeiter eher pragmatisch denn politisch: Achtstundentag, höhere Löhne, respektvolle Behandlung am Arbeitsplatz. (Brutale, anmaßende Vorarbeiter und Betriebsleiter wurden verprügelt, manche auch rot angemalt oder in einen Sack gesteckt und einige wenige in einen Fluss geworfen.)

Lenin kam im April aus der Schweiz und rügte den verantwortlichen Bolschewikenführer, Josef Wissarionowitsch Stalin, wegen dessen enger Zusammenarbeit mit der Provisorischen Regierung – und die Umstände gaben ihm recht, denn diese vollführte alsbald eine Kehrtwende und verpflichtete Russland darauf, den Krieg fortzuführen. Der Proteststurm, der auf diese Erklärung hin losbrach, war so gewaltig, dass Außen- und Kriegsminister zurücktraten und die Bolschewiki, die einen baldigen gerechten Frieden versprachen, endlich an Zulauf gewannen.

Infektionskrankheiten breiteten sich während des Kriegs rasch aus. 1917 starb Wladimir Wernadskis Nichte, die bei der Familie lebte, an Tuberkulose. Auch Wernadski steckte sich an, und der Arzt riet zu einer Diät mit fermentierter Stutenmilch und einem Umzug in den Süden. Daher zogen die verbliebenen Wernadskis, ein traurig kleiner Haufen, im Juni 1917 in ihre Datscha ins ukrainische Schyschaky. Sohn Georgi hatte sich gegen den Rat des Vaters in den Kopf gesetzt, zur Armee zu gehen. (Resigniert hielt Wernadski fest, die Vernunft sei »nur allzu oft nicht die stärkste und wichtigste Kraft im Leben«.)

Aus dem neuen Zuhause schrieb Wernadski seinem einstigen Schüler Fersman, er fühle sich eingezwängt zwischen »extremistischen Ukrainern« und »extremistischen Russen«. Er misstraute den Bolschewiki, resümierte jedoch später: »Sowohl die [ukrainische] Freiwilligenarmee als auch die Bolschewiki haben unzählige Scheußlichkeiten begangen, und in abschließender Betrachtung waren die einen nicht besser als die anderen.«[18]

Sobald seine Kräfte es zuließen, arbeitete Wernadski wieder, ließ die Familie in der Datscha und verbrachte einige Wochen in der biologischen Forschungsstation der Akademie in Staroselski, einem Dorf am Dnjepr nicht weit von Wyschhorod. Das Glück, hatte Louis Pasteur gesagt, begünstigt den vorbereiteten Geist: Wernadski kam gerade rechtzeitig, um »das Erblühen des Wassers« zu sehen, wie es die Einheimischen nannten. Eine warme Nacht hatte eine gewaltige Algenblüte in Teichen und Brunnen hervorgebracht. Am Tag zuvor noch klare Gewässer waren plötzlich voller Klumpen von Leben. Das ist kein besonders seltenes Phänomen, doch die Größenordnung machte Wernadski stutzig: Wie viel dieses ganze Zeug wohl wiegen mochte?

So viel zum Glück, der Rest war Vorbereitetsein und Schwerstarbeit. Wernadski wusste, dass unterschiedliche Anteile verschiedener Elemente, die unter unterschiedlichen Bedingungen miteinander reagieren, zur Bildung unterschiedlicher Arten von Mineralien führen. Ihm kam die Idee, dass man Lebensprozesse genauso betrachten könnte: als Abfolge chemischer Reaktionen. Dabei war ihm klar, dass von dieser hochgradig reduktionistischen Methode keine tiefen Erkenntnisse zur Biologie des Lebens zu erwarten waren, aber vielleicht, überlegte er, ließe sich damit aufzeigen, wie lebende Organismen unbelebte Materie für ihr Wachstum und ihre Verbreitung verwerteten.

»Dort in den Auen arbeitete ich schnell«, erinnerte er sich später. »Ich entwickelte aus meinem eigenen Denken heraus die grundlegenden Begriffe der Biogeochemie, grenzte die Biosphäre klar von den anderen Hüllen der Erde ab und begann zu verstehen, was die Vervielfachung lebender Materie in der Biosphäre tatsächlich bedeutet.«[19]

Innerhalb eines Monats füllte Wernadski vierzig Blatt Millimeterpapier mit Notizen. Das Ergebnis war der Grundriss einer bis dato unbekannten Wissenschaft: der Ökologie.

Nach dem Monat in Staroselski fuhr Wernadski wieder nach Sankt Petersburg. Sein Freund und Förderer Sergej Oldenburg, Russlands versiertester Kenner des Buddhismus und Bildungsminister der Provisorischen Regierung, ernannte ihn unverzüglich zu seinem Stellvertreter.

Sie hielten sich noch einen Monat lang, von Ende Juli bis Ende August, aber das heikle politische Konstrukt einer Doppelherrschaft der Provisorischen Regierung und des Petrograder Sowjets war von vornherein zum Scheitern verurteilt. Die Rote Garde, die Arbeitermiliz der Bolschewiki, griff schließlich zu den Waffen und überwältigte ohne Blutvergießen die Regierungswachen am Winterpalais. Am 7. November 1917 (Ende Oktober nach damaliger russischer Zeitrechnung) wurde die Provisorische Regierung aufgelöst, und der Allrussische Sowjetkongress übernahm die Macht.

Einen Tag später legte Lenin, der Führer der Revolution, zwei Erlasse vor: eine Einladung an die Kriegsgegner, mit Russland sofortige Friedensverhandlungen aufzunehmen, und das Dekret über Grund und Boden. Die riesigen Ländereien, die sich im Besitz der Zarenfamilie, der Kirche, der Klöster und Großgrundbesitzer befanden, wurden entschädigungslos enteignet und an die Bauern verteilt.

Mit diesem brutalen Schnitt erreichten die Bolschewiki, was Alexander II. erfolglos versucht hatte: die Abschaffung der Leibeigenschaft. Die Rohheit der Verfügung war Absicht, das Chaos, das daraufhin ausbrach, hinderte Interessengruppen daran, das System abzuzocken – es gab kein System mehr.

Allerdings mussten die Bolschewiki den Geist wieder in die Flasche bugsieren und das größte Land der Erde unter Kontrolle bringen. Dass sie sich das zutrauten, sagt viel über ihren Optimismus, einen Optimismus, der über die Euphorie des Augenblicks hinaus anhielt. Für die Bolschewiki war Optimismus eine Tugend, ja, moralische Pflicht.

Sie waren wirklich davon überzeugt, dass praktische Regierungserfahrung mangelnde politische Kenntnisse ausgleichen könnte. Bewaffnet mit Marx' Staatstheorie, so glaubten sie, müssten sie nur Kurs halten, ihre Macht sichern, ihren Überzeugungen treu bleiben, dann würde die Wirklichkeit schon einlösen, was sie verhieß. In diesem Punkt sind sie eine Art Spiegelbild einer ganz anders gesinnten und viel neueren Spezies von Idealisten: den neoliberalen Marktanimisten der Wall Street und der Londoner City, die in den achtziger und neunziger Jahren behaupteten, ein freier Markt pendle sich *auf natürliche Weise*, ohne viel staatliche Regulierung, auf sein jeweils optimales Niveau ein. Beide Gruppen gaukelten ihrer Zeit eine »Wissenschaft« vor, die sich am Ende als Schimäre erwies. Schlimmer noch, beide glaubten selbst an die Wissenschaftlichkeit ihrer Mission.

Die Umstände, unter denen die Bolschewiki ihr wagemutiges Learning-by-doing-Experiment starteten, hätten schlimmer kaum sein können. Deutschland war noch nicht an einem Friedensschluss interessiert, warum auch? Es profitierte vom totalen Zusammenbruch der russischen Kriegsführung. Im Verbund mit österreichisch-ungarischen Truppen löste es die Ukraine aus der Besatzung der Russen und installierte dort eine Regierung, die vornehmlich die Aufgabe hatte, die Mittelmächte mit Getreide zu versorgen. Die südlichen Regionen der Ukraine wurden rasch zum Sammelplatz antibolschewistischer Kosaken und Weißgardisten.

Während der Friedensverhandlungen in Brest-Litowsk rechneten die Bolschewiki täglich auf Verstärkung. Ganz Europa wurde von ähnlichen Revolutionen erschüttert. Deswegen zogen sie die Verhandlungen möglichst in die Länge. Leo Trotzki, der Vorsitzende des Petrograder Sowjets und zweitmächtigster Mann der neuen Regierung, reiste zurück in die Hauptstadt, nachdem er schroff erklärt hatte, Sowjetrussland wolle »weder Krieg noch Frieden« und er werde keinerlei Vertrag unterzeichnen. Das deutsche Oberkommando, am Rande der Verzweiflung, nahm die Kampfhandlungen wieder auf.

Lenin überzeugte Parteiführung und Sowjetkongress schließlich, dass nur ein Friedensschluss die Revolution retten könne und sie die Bedingungen akzeptieren müssten. Zu dem Zeitpunkt waren deutsche Truppen allerdings schon 250 Kilometer tiefer ins Land vorgedrungen, und entsprechend höher fielen ihre Forderungen aus.

Der Friedensschluss von Brest-Litowsk, unterzeichnet am 3. März 1918 zwischen Russland und den vier Mittelmächten, gehört zu den rigorosesten politischen Verträgen der neueren Geschichte: Russland musste 3,4 Millionen Quadratkilometer seiner Fläche abtreten, verlor 34 Prozent seiner Bevölkerung, mehr als die Hälfte der Industriekapazität und unermessliche Bodenschätze. Außerdem verpflichtete es sich, die Armee zu demobilisieren. Acht Monate später, am 11. November 1918, wurde der Vertrag mit dem Waffenstillstandsabkommen zwischen Deutschland und den Alliierten nichtig, und die sowjetische Regierung holte sich die meisten verlorenen Territorien zurück. Aber es war viel Schaden entstanden. So bedeutete die in Brest-Litowsk von den Russen anerkannte Unabhängigkeit der Ukraine, dass das Getreide aus Regionen, die sich kaum selbst ernähren konnten, für ganz Sowjetrussland reichen musste. Der Vertrag ließ Russland verstümmelt, hungernd und ohne Freunde zurück und verschreckte selbst die mit den Bolschewiki verbündeten Sozialisten. Die Zeichen standen ohnehin auf Bürgerkrieg – jetzt war er unvermeidlich.

Die Bolschewiki hatten die Regierung übernommen, aber keineswegs das ganze Land im Griff. Nicht die kleine Partei der Bolschewiki hatte die Agrarwirtschaft und die Fabriken der Nation übernommen, sondern die Bevölkerung, und das ohne Ressourcen, ohne Bildung und Vorbereitung und auch nicht sonderlich diszipliniert. Vorarbeiter in den Fluss zu werfen ist einfach, nur – wie leitet man einen Betrieb?

Für das Volk hatten die Bolschewiki ihren großen Sieg errungen, aber sie konnten das Volk nicht halten. Es behandelte sie nicht anders als die alten Grundherren, die ihre Güter aus der Ferne regiert hatten: mit kriecherischer Unterwürfigkeit, hinter der sich eine gehörige Portion Arglist verbarg. Und am Ende des Bürgerkriegs war die Zahl der Industriearbeiter auf knapp über eine Million zusammengeschrumpft, ein Drittel des Stands von 1917.

Die Bolschewiki hatten nie vorgehabt, die Industrie im großen Maßstab zu verstaatlichen. Notgedrungen änderten sie nun den Kurs; Anfang 1919 gehörten fast alle großen Betriebe dem Staat. Der nächste Schritt war schwieriger: Es mussten Leute gefunden werden, die sie leiten konnten.

In ihren Bemühungen, die Wirtschaft in Schwung zu bringen, rieben sich Kommunisten, Fachleute und Gewerkschafter aneinander, was für keinen von ihnen erfreulich war. Der Biologe Michail Nowikow arbeitete eng mit der verstaatlichten Schwerindustrie zusammen, selbst während er als Rektor der Moskauer Universität Streiks organisierte. Wladimir Nikolajewitsch Ipatjew, ein Adliger und Monarchist – ihm gehörte der Landsitz, auf dem die Zarenfamilie am 17. Juli 1918 ermordet worden war –, leitete ab 1920 das Chemische Zentrallabor in Petrograd: Für Lenin war er der »Kopf unserer chemischen Industrie«.

Abgesehen von reizenden Ausnahmen war 1920 kein gutes Jahr für gebildete Leute. Ein offener Brief an Lenin, abgedruckt in der *Prawda*, vermittelt einen Eindruck von der Hatz auf Fachkräfte, die erst 1921 effektiv eingedämmt werden konnte:

> … diese frischgebackenen gewissenlosen Kommunisten, rekrutiert aus ehemaligen Kleinbürgerelementen, Dorfpolizisten, Amtsschimmeln, Ladenbesitzern … Man kann den ganzen Horror an Leid und Erniedrigung kaum beschreiben, den diese Leute verursachen. Schändliche Denunziationen und Verleumdungen, vergebliche, aber äußerst demütigende Nachforschungen, Androhung von Exekutionen, Requirierungen und Konfiszierungen, Einmischung in privateste Lebensbereiche. (Der Anführer eines Trupps bestand darauf, dass ich, der ich in der Schule, an der ich unterrichte, auch wohne, unbedingt im selben Bett wie meine Frau zu schlafen habe.)[20]

Die Allrussische Vereinigung der Ingenieure verbrachte viel Zeit damit, die Freilassung ihrer Mitglieder und freies Geleit für sie zu erwirken. Nicht selten kam es vor, dass jemand in der Uniform des bolschewistischen Geheimdienstes Tscheka in einem Planungsbüro aufkreuzte und einen zerzausten, unrasierten Gefangenen ablieferte, der sich dann als leitender Angestellter entpuppte.

Die technische Intelligenzija nahm solche Behandlung nicht widerspruchslos hin. Die meisten Mitglieder der Akademie der Wissenschaften – dieses altehrwürdigen, 1755 von Peter dem Großen gegründeten Gelehrtenzentrums – betrachteten die Machtübernahme der Bolschewiki als nationale Katastrophe. Wernadski und Oldenburg traten von ihren Ämtern im Ministerium zurück, und Wernadski ging noch einen Schritt weiter: Er beteiligte sich an dem Versuch der Provisorischen Regierung, ihre Arbeit im Untergrund fortzusetzen, obwohl die meisten Mitglieder bereits verhaftet waren.

Als die Akademie davon Wind bekam, dass Wernadski ganz

oben auf der Liste stand, schickte sie ihn »aus gesundheitlichen Gründen« in den Süden, woraufhin er umgehend die Rückreise in die Ukraine antrat und sich so in Sicherheit brachte.

Oldenburg bildete mit einigen Kollegen an der Akademie eine Delegation, um gegen die Verhaftungswut der Tscheka zu protestieren. Die Zentrale der Kommunistischen Partei befand sich an der Newa im Taurischen Palais und im nahegelegenen, als Meisterwerk des Sankt Petersburger Barock gerühmten Smolny-Kloster. Einst hatte in dem prunkvollen, eleganten Gebäudekomplex mit seinen weithin sichtbaren Kuppeln eine höhere Bildungsanstalt für Mädchen aus dem Adel residiert. Jetzt hallte das dumpfe Gepolter der dreckigen Stiefel von Tausenden Soldaten, Matrosen und Arbeitern durch die langen, von der maroden Elektrik nur spärlich beleuchteten Flure.

In einem der oberen Räume saß Wladimir Lenin, meist allein, und arbeitete. Selten ließ er sich bei den Genossen im Erdgeschoss blicken. Oldenburg hatte schon viel früher von ihm gehört. Jahrzehnte zuvor war Lenin als der jüngere Bruder eines Studenten bekannt geworden, der bei der Vorbereitung eines Anschlags auf Alexander III. ertappt und daraufhin zum Tode verurteilt worden war. Jetzt saß der mittlerweile zum ständigen Sekretär der Akademie aufgestiegene Orientalist dem mittlerweile zum neuen russischen Führer aufgestiegenen Politiker gegenüber und schlug ihm eine Art Tauschgeschäft vor.

Die Akademie war 1917 ziemlich klein, zählte nur 24 Vollmitglieder und 250 Mitarbeiter, genoss aber international einen exzellenten Ruf. Außerdem blickte die Institution auf eine lange Tradition zurück und hatte über Jahrhunderte als eine Art Expertenpool für den öffentlichen Dienst fungiert. Oldenburg versprach, die Gelehrten der Akademie würden beim Staatsaufbau helfen, wenn die Regierung die Akademie im Gegenzug finanziell wie politisch unterstütze. Die Offerte bot Lenin die Chance, sich ein Problem vom Hals zu schaffen – und da ihm mehr als den meisten anderen bewusst war, wie wichtig Spezialisten für den Staat sind, willigte er ein.

Und er hielt Wort. 1918 wollte der Volkskommissar für Bildung, Anatoli Wassiljewitsch Lunatscharski, ein alter Freund von Bogdanow, die Akademie von Grund auf reformieren. Lenins sechsundzwanzigjähriger Sekretär Nikolai Petrowitsch Gorbunow erfuhr davon, erzählte es brühwarm seinem Chef, und der warnte Lunatscharski: »Wenn in der Akademie Porzellan zu Bruch geht, bezahlst du die Rechnung.«[21]

Lunatscharski nahm von seinem Plan Abstand, die Akademie bekam etwas Geld, Bestrebungen, Teile des Gebäudes zu Wohnraum umzufunktionieren, wurden untersagt, und Lunatscharski musste sich verpflichten, die Publikationen der Akademie nicht zu zensieren. Lenin wies seinen Bildungskommissar an, die Öffentlichkeit über die Vereinbarung zu informieren: »Dass sie uns unterstützen wollen, ist gut. Lass die ganze Welt wissen, dass die Akademie der Wissenschaften die Regierung anerkannt hat.«[22]

Unter den Bolschewiki nahm das Ideal revolutionärer Gerechtigkeit kuriose Formen an. Ganz im Gegensatz zu den berüchtigten Pariser Tribunalen während der Schreckensherrschaft von Robespierre waren die sowjetrussischen Prozesse anfangs verhältnismäßig objektiv. Im ersten Halbjahr gab es kein einziges Todesurteil, viele angebliche Feinde des Regimes wurden freigesprochen.

Die Verhandlungen vor einem Tribunal sollten, so die Idee, die russische Bevölkerung über den neuen Staat und seine Funktionsweise aufklären. Im Grunde waren sie frühe Schauprozesse von eher harmloser Art. Sie zeigten in einfacher und eingängiger Form, was unter der neuen Regierung als Verbrechen galt. Sie wurden in ganz Russland nachgespielt, Schauspieler schlüpften in die Rollen von Angeklagten und Anklägern. (Ein riskanter Job: Mehr als einmal mussten sich Schauspieler, die Angeklagte spielten, vor der Lynchjustiz aufgebrachter Bauern in Sicherheit bringen.)[23]

Neben diesem gut gemeinten, aber wenig effektiven Mummenschanz existierte eine zweite Justiz: die schon erwähnte Tscheka. Gegründet, um Konterrevolutionären in den unmittelbaren Nachwehen der Oktoberrevolution das Handwerk zu legen, war die Geheimpolizei zu keinerlei Rechenschaft verpflichtet. Sie ging gegen politische Gegner nach eigenem Gutdünken vor. Ihr Leiter, Felix Edmundowitsch Dsershinski (Feliks Dzierżiński), ein aus dem verarmten polnischen Landadel stammender strammer Kommunist, erklärte, er suche nicht nach irgendeiner Form von revolutionärer Gerechtigkeit, denn: »Jetzt herrscht Krieg, Mann gegen Mann, ein Kampf bis aufs Blut.«

Wegen der Nahrungsmittelknappheit im Winter 1917/18 erließ Lenin am 21. Februar das Dekret »Das sozialistische Vaterland ist in Gefahr«, das dazu aufforderte, »feindliche Agenten, Spekulanten, Plünderer, Rowdys, konterrevolutionäre Agitatoren und deutsche Spione« auf der Stelle zu exekutieren. Die Tscheka gehorchte. Nach einem Anschlag auf Lenin, der ihn fast das Leben gekostet hätte, erlaubte ein Dekret vom 5. September 1918 der Tscheka, jeden Oppositionellen standrechtlich zu erschießen. Und das tat sie. Über fünftausend Tote gehen allein 1918 auf ihr Konto. Unzählige Monarchisten, Liberale, Menschewiki und sozialistische Revolutionäre wurden hingerichtet. Viele Fachleute und Spezialisten wanderten in den Knast. Der Rote Terror hatte begonnen.

Der neue Staat hatte 1918 viele Feinde, man musste nicht lange nach ihnen suchen. Zunächst einmal empfanden die Entente-Mächte Großbritannien und Frankreich und die mit ihnen assoziierte Macht USA Lenins Revolution als Affront. Mit deutscher Hilfe und deutschem Geld war der Bolschewikenführer aus dem Exil nach Russland und an die Macht gekommen. Als er dann den Krieg an der Ostfront beendete und enorme Gebiete an das Deutsche Reich abtrat, hielten ihn die Staaten der verbliebenen Koalition gegen die Mittelmächte für einen deutschen Agenten und fühlten sich verpflichtet, nun auch gegen den ehemaligen Verbündeten vorzugehen. Außerdem gab es in Russland noch erhebliche Mengen von Kriegsmaterial, mit dem die Westalliierten zuvor das Zarenreich unterstützt hatten. All das führte dazu, dass sie im März 1918, direkt nach der Unterzeichnung des Vertrags von Brest-Litowsk, mit einigen Truppen russische Häfen besetzten.

Im Mai 1918 spitzte sich die Lage für die Bolschewiki weiter zu. Noch unter dem Zaren waren 40 000 tschechische und slowakische Kriegsgefangene zur Tschechischen Legion zusammengefasst worden, die auf Seiten der Entente kämpfte. Mit dem russischen Kriegsaustritt war diese Bestimmung hinfällig und die Legion überflüssig. Nach endlosen Verhandlungen willigten die Männer ein, Russland mit der Eisenbahn durch Sibirien zu verlassen, um von Wladiwostok aus per Schiff nach Europa zu fahren. Entlang der Strecke kam es allerdings zu Zusammenstößen mit Bolschewiki, die Legionäre meuterten, brachten den Bahnverkehr der Transsib und damit den Zugang zu den unermesslichen, dünn besiedelten Landstrichen, die den Großteil des russischen Territoriums bilden, unter ihre Kontrolle. In der Wildnis Sibiriens formierten sich noch weitere Widerstandsgruppen. Im November 1918 putschte sich dort Admiral Alexander Koltschak an die Spitze der Weißen Armee. Mit Unterstützung der Alliierten und indem er jeden wehrfähigen Mann rekrutierte, den er in dieser verlassenen Gegend finden konnte, startete er im März 1919 eine Offensive.

Es war ein Krieg, der die Bevölkerung in riesigen Gebieten über eine ganze Generation und darüber hinaus zutiefst verstörte. Rote wie Weiße zwangen massenhaft Bauern in ihre Armeen, die in den immer erbitterter ausgefochtenen Kämpfen nichts zu gewinnen, aber alles zu verlieren hatten und schneller die Flucht ergriffen, als neue Soldaten ausgehoben werden konnten.

Und es war ein Krieg, der Militärhistoriker verwirren sollte, weil er Russland geographisch wie politisch in einen unbeständigen Flickenteppich autonomer Regionen verwandelte. Die Rote Armee schaffte es, die beiden Hauptstädte Petrograd und Moskau zu halten, doch wie der britische Spion und Kinderbuchautor Arthur Ransome beobachtet hat, »umfasste das von den Sowjets kontrollierte Territorium nur einen kleinen Teil Russlands und bestand überwiegend aus Gebieten, die sich schon in normalen Zeiten nicht oder nur mühsam selbst versorgen konnten. Die Revolution war von den wichtigsten Eisen-, Baumwoll-, Öl-, Fleisch- und Brotquellen abgeschnitten.«[24]

Der Künstler Juri Annenkow erinnerte sich an »endlose

Schlangen hungriger Menschen vor leeren ›Einkaufszentralen‹, halb verrottete, gefrorene Fleisch- und Fischabfälle, verschimmelte Brotrinden und ungenießbare Ersatzlebensmittel«.[25] Die Menschen waren ausgezehrt, in den Großstädten setzte bei mehr als der Hälfte der Frauen die Menstruation aus, die Sterblichkeit schlug alle Rekorde. In der eisigen Kälte platzten Wasserleitungen und Abflussrohre, Typhus, Ruhr und Cholera grassierten im ganzen Land. Schon vor Ausbruch der Kämpfe hatte die Malaria zahlreiche Opfer gefordert, nun breitete sie sich rasend schnell aus. An der größten Fleckfieberepidemie aller Zeiten starben zwei bis drei Millionen Menschen aus allen Gesellschaftsschichten. Flüchtlinge beförderten die Läuse, die den Erreger übertragen, in überfüllten Zügen kreuz und quer in alle Himmelsrichtungen und in die Städte, eine Katastrophe, die Lenin in seiner Rede auf dem VII. Sowjetkongress zu der Bemerkung veranlasste: »Entweder die Läuse besiegen den Sozialismus, oder der Sozialismus besiegt die Läuse.«

Lange Zeit hatten die Läuse die Oberhand: 1920 hatte sich die Einwohnerzahl Moskaus beinahe halbiert und lag bei einer Million Menschen. In Petrograd lebten nur noch 700 000 Einwohner, ein Drittel der Vorkriegszahl. Sieben Millionen Kinder zogen ohne Obdach durch die Straßen oder landeten in staatlichen Waisenheimen, wo fast die Hälfte starb.

Wladimir Wernadskis Aprikosenbäume in Schyschaky hatte jemand ausgegraben und gestohlen, und in die Datscha war eingebrochen worden. Doch solche Übergriffe, ärgerlich in Friedenszeiten, waren jetzt kaum der Rede wert. Wernadski berichtet ohne ein Wort der Klage in seinem Tagebuch über den Zustand des Familiendomizils in der neuerdings unabhängigen Ukraine.

Auf den Straßen Kiews war der Verkehr zum Erliegen gekommen, politisch herrschte Chaos. Zwischen 1918 und 1929 hatte die ukrainische Hauptstadt über ein Dutzend Regierungen. Einmal drang eine Bande Deserteure, die bereits die unteren drei Stockwerke ausgeraubt hatte, mit Getöse in Wernadskis Wohnung ein. Der drehte sich um und giftete: »Seht ihr nicht, dass ich arbeite?« Woraufhin sich die Einbrecher verblüfft zurückzogen. Der Familie war ohnehin nichts geblieben, was sich zu stehlen gelohnt hätte.

Als Gründer und Präsident der Ukrainischen Akademie der Wissenschaften, die erstaunlicherweise bis heute sämtliche politischen und militärischen Wechselfälle überlebt hat, war Wernadski damals im öffentlichen Leben der Stadt eine wichtige Figur. Doch diese Position änderte nichts daran, dass er ständig auf der Hut sein musste. Vom Frühling bis in den Sommer hinein besetzten die Bolschewiki Kiew, kidnappten reiche Leute und exekutierten einige hundert Personen, darunter Wernadskis engsten Mitarbeiter.

Wernadski suchte in der biologischen Forschungsstation in Staroselski Zuflucht, wo er zwei Jahre zuvor »das Erblühen des Wassers« beobachtet hatte. Ein Assistent, Theodosius Dobshanski – spätere Schreibweise Dobzhansky –, nahm den siebzehn Kilometer langen Weg von Kiew einmal pro Woche auf sich und brachte seinem Chef einen Rucksack voll Post und Lebensmittel. (Als Professor an einer »RabFak«, einer Arbeiterfakultät, konnte Dobshanski mit seinem Ausweis die bolschewistischen Checkpoints ungehindert passieren.) Wernadski nutzte die Zeit gut, erforschte die Biochemie verschiedener Tiere und fasste die Ergebnisse tabellarisch zusammen. 1922 konnte er nachweisen, dass über 50 der 92 damals bekannten Elemente in lebenden Organismen vorkommen und dass diese Elemente 99,6 Prozent der Masse der gesamten Erdkruste ausmachen. Daraus schloss Wernadski, dass lebende Organismen den Planeten genauso formen wie die rein physikalischen Kräfte. Es war der erste Schritt auf dem langen Weg zu seinem Begriff der Noosphäre – der Idee, dass das geologische System eine weitere auf die Entwicklung der Erde einwirkende Komponente hat, nämlich die Intelligenz, die sogar noch größere und bedeutendere Veränderungen herbeiführen kann als das Leben selbst.

Ende April 1919 reiste Wernadski aus Angst um seine ukrainische Akademie in den Süden des Landes, um die zuständigen Generäle aufzusuchen. Doch er bekam Fleckfieber, geriet zwischen die Fronten und saß auf der Krim fest. Im selben Zeitraum versetzte Michail Frunse, ein Berufsrevolutionär ohne jedwede militärische Ausbildung, der Weißen Armee einen so vernichtenden Schlag, dass sie sich aus der Südukraine zurückzog. Die endlose Weite Russlands erledigte den Rest. Die Weißen waren am Ende ihrer Kräfte und hatten nicht genug Nachschub. Ende Dezember 1919 eroberte die Rote Armee die wichtigsten ukrainischen Städte zurück, Ende März 1920 jagte sie die letzten Weißen Streitkräfte bei Noworossijsk ins Schwarze Meer und ließ ihnen nur die Krim als Zufluchtsstätte.

Wieder gesund gepflegt, fand sich Wernadski im Kreis alter Bekannter wieder, die an der neu gegründeten Taurischen Universität in Simferopol – Wernadski hielt sie für eine der besten Universitäten des Landes – lehrten und sich samt und sonders zur Emigration entschlossen hatten. Das galt auch für seinen Sohn Georgi und dessen Frau Nina. Sie verließen das Land, als die Rote Armee anrückte, und auch Wladimir Wernadski erwog eine Ausreise und nahm deswegen Kontakt zu britschen Kollegen auf.

Dann aber siegten sein Pflichtbewusstsein und sein ausgeprägtes Arbeitsethos. Wernadski blieb. Kurz vor dem Einmarsch der Roten Armee versorgte er, der inzwischen eine Stelle an der Taurischen Universität hatte, seine Bekannten unter den Weißen mit Studentenausweisen, ein ebenso simpler wie gerissener Trick, um sie vor der Rache der Sieger zu schützen. Die Roten kamen ihm auf die Schliche und verhörten ihn, es hätte ein böses Ende genommen, wäre nicht gerade noch rechtzeitig die Nachricht eingetroffen, Nikolai Alexandrowitsch Semaschko, der Volkskommissar für Gesundheitswesen, lasse Wernadski samt Familie sowie Sergej Oldenburgs Frau und Tochter mit einem Lazarettzug nach Moskau evakuieren. Semaschko war stolz darauf, bei Wernadski studiert zu haben (der sich nicht an den Mann erinnerte, dies aber für sich behielt), er rettete Wernadski zusammen mit Oldenburg das Leben.

Der Zug erreichte Moskau im März 1921. Die Polizei ließ Wernadski nicht sofort in Ruhe, steckte ihn wieder ins Gefängnis, aber Oldenburg löste ihn aus und holte ihn nach Petrograd, wo

Wernadski beglückt feststellte, dass in der Stadt »noch immer ein lebendiger Geist« herrschte. Beim Besuch seiner alten Wirkungsstätte traf er einen seiner Studenten an, Jewgeni Flint, vertieft in ein Experiment. Das jedenfalls dachte Wernadski.

Wie sich herausstellte, brannte Flint Schnaps, um ihn am Schwarzmarkt gegen Lebensmittel einzutauschen.

Anfang November 1920 überrannte die Rote Armee die schmale Landzunge zwischen Krim und Festland. Eine knappe Woche später war jeglicher Widerstand gebrochen.

Die letzte Hochburg der Weißen war eingenommen, aber der Sieg hinterließ schwere Schäden. Als nun auch die Rote Armee begann, die Getreidevorräte zu beschlagnahmen, die die Landbevölkerung selbst dringend brauchte, um den eigenen Hunger zu stillen, gingen Bauern, durch die ständige Erfahrung von Lebensmittelraub und Zwangsrekrutierungen zur Gewalt getrieben, auf die Barrikaden. Es kam zu Aufständen, die von den Bolschewiki erbarmungslos niedergeschlagen wurden. Zur Bekämpfung einer massiven Revolte in der Oblast Tambow setzten sie sogar Giftgas gegen Trupps der in die Wälder geflüchteten Bauern ein.

Auch in den Städten protestierte die hungernde Bevölkerung. In Kronstadt, einer Festungsanlage und Marinebasis auf einer Insel im Finnischen Meerbusen, rund dreißig Kilometer westlich der Hauptstadt, eskalierte die Situation während des X. Parteitags in Petrograd. Nach Streiks und vereinzelten Unruhen in Fabriken und Garnisonen erhoben sich die Matrosen unter der Parole »Alle Macht den Sowjets – keine Macht der Partei« gegen das Regime. In ihrer Zeitung erklärten die Aufständischen:

Polizeigewalt und Gendarmenmonarchie wurden von Kommunisten usurpiert, welche, statt dem Volke die Freiheit zu geben, die Menschen in ständiger Angst vor den Folterkammern der Tscheka halten, die viel mehr Schrecken verbreiten als der Gendarmenapparat des Zarenregimes.[26]

Das konnte General Michail Tuchatschewski nicht erweichen. Mit rund 50 000 Mann überquerte er im März 1921 das Eis, eroberte die Festung und füllte die Petrograder Gefängnisse mit verhafteten Rebellen. »Noch Monate später«, berichtet ein Zeitgenosse, »wurden sie in kleinen Gruppen erschossen, eine sinnlose, verbrecherische Quälerei.«

Es war ein Pyrrhussieg, und die Bolschewiki wussten das. Sie hatten es sich mit genau der Gesellschaftsklasse verscherzt, in deren Namen sie zu ihrem politischen Kampf angetreten waren. Parallel zu dem Drama von Kronstadt wurde auf dem Parteikongress in Petrograd Lenins »Neue Ökonomische Politik« diskutiert, kaum eine Woche nach der Niederschlagung des Aufstands wurde sie verabschiedet. Damit endete der »Kriegskommunismus«, die während des Bürgerkriegs durchgeführte komplette Verstaatlichung von Industrie und Handel, und Privatpersonen war es fortan wieder erlaubt, kleine Firmen zu gründen. Felix Dserschinskis Roter Terror wurde von einer sehr viel gezielteren Verfolgung Oppositioneller abgelöst. Der Tscheka-Boss hatte begriffen, dass die Überwachung von Personen, »die sich aktiv gegen uns erheben könnten«, effizienter war als direkte Repression: Ab September 1922 wurde die gesamte Intelligenzija beschattet und für jeden eine Akte angelegt.[27]

Am 14. Juli 1921 wurde Wladimir Wernadski verhaftet, und wieder einmal kam er nur knapp mit dem Leben davon, was er Alexander Petrowitsch Karpinski zu verdanken hatte, dem Präsidenten der Akademie der Wissenschaften, der an Lenin wie auch an die für Gesundheit und für Bildung zuständigen Volkskommissare, Nikolai Semaschko und Anatoli Lunatscharski, telegraphierte. Nach zweistündigem Verhör ließ die Geheimpolizei ihn laufen. Einen Tag später brach er krank und von Angst getrieben mit seiner Tochter Nina Richtung Kola auf, im Mai 1922 bekam die Familie Reisepässe, mit denen sie über Prag, wo sich Sohn Georgi niedergelassen hatte, nach Paris fuhr. Dort kamen sie am 8. Juli 1922 an.

Die Sorbonne bedachte Wernadski mit einem Lehrstuhl für

Geochemie, und auch Marie Curie und ihr Institut unterstützten ihn. Die Familie, zum dauerhaften Umzug bereit, bewohnte vom August 1922 bis zum September 1924 zwei kleine Zimmer in der Rue Toullier, mitten im Quartier Latin. Die Zeichen standen auf Emigration. Wernadski sondierte, ob sich ein geochemisches Labor in den USA finanzieren ließe, er fragte bei der British Association for the Advancement of Science, dem US National Research Council und der Carnegie Institution in Washington, DC, an, doch erhielt er nur abschlägige Bescheide. Frank Golder, ein guter Bekannter, der für die American Relief Administration tätig war, leitete sein Gesuch an die Stanford University weiter, und wieder kassierte Wernadski eine Absage. 1924 konzentrierte er seine Bemühungen auf Frankreich, wollte sein Labor dem Pariser Naturkundemuseum angliedern lassen, und erneut war dafür nicht genug Geld aufzutreiben.

Außerdem wollten ihn seine alten Kampfgefährten zu Hause nicht gehen lassen. Mangels Zuckerstückchen schwangen sie die Peitsche: Oldenburg und Fersman weigerten sich, seine Reiseerlaubnis für Paris über das erste Jahr hinaus zu verlängern, und kürzten, als die Frist abgelaufen war, sein Gehalt, sodass die Familie in einen Vorort ziehen musste, nach Bourg la Reine.

Wernadski konnte auf seine Pariser Freunde zählen, aber er wurde 1923 sechzig Jahre alt und merkte, dass ihn die Emigration zu viel Kraft kosten würde. »Wenn ich jünger wäre«, schrieb er einem Freund im Prager Exil, »würde ich auswandern. Aber in meinem Alter ist es schwer, wenn nicht gar unmöglich, weil man immer ein paar Jahre verliert, bis man seine Position gefestigt hat.«[28]

1925 hatten Oldenburg und die Akademie endlich gute Neuigkeiten – falls Wernadski zurückkehre, bekäme er freie Hand und die nötigen Mittel für seine Forschung. Gleichzeitig weckte Lenins Neue Ökonomische Politik die Hoffnung, der Bolschewismus habe sich ausgetobt.

Also kehrte Wernadski in die UdSSR zurück – jedenfalls versuchte er es. Er hatte gewaltige Probleme, ein Visum zu bekommen und die Reise zu finanzieren. Da sein Akademiegehalt nicht ausgezahlt wurde, bahnte er sich mühsam einen Weg durch Europa, trat, wo immer es ihm angeboten wurde, als Gastredner auf. Freunde und Kollegen legten zusammen, damit er sich für unterwegs warme Kleidung kaufen konnte. Endlich, im Frühjahr 1926, traf Wernadski in Leningrad ein.

Der Zustand der Stadt bestürzte ihn. Nicht zuletzt, weil viele seiner Bekannten tot waren.

3. MACHER

*Wir können den Kommunismus nur dann aufbauen,
wenn wir ihn mit den Mitteln der bürgerlichen
Wissenschaft und Technik den Massen zugänglicher
machen ... Ohne bürgerliche Spezialisten ist das
unmöglich ... Natürlich sind die meisten dieser
Spezialisten völlig von der bürgerlichen Weltanschauung
durchdrungen. Man muss sie in eine Atmosphäre
kameradschaftlicher Zusammenarbeit versetzen, ihnen
Arbeiterkommissare beigeben, sie mit kommunistischen
Zellen umgeben und in eine solche Lage bringen, dass sie
nicht aus der Reihe tanzen können ...*[1]

Wladimir Lenin auf dem VII. Parteitag der KPR(B),
März 1919

Die Hungersnot 1921/22 begann mit dem trockenen Winter
1920/21. Die miserable Ernte im folgenden Frühjahr war absehbar, die im Herbst nicht besser.

Eine grandiose Geste, die nie wiederholt wurde: Paul Dirac (links)
und andere Gäste des Sechsten Nationalkongresses des Russischen
Physikerverbands bei einer Fahrt auf der Wolga.

In den Dörfern standen [1922] zuhauf Häuser verlassen da, ihre Dächer, all ihre hölzernen Teile abgerissen zum Verfeuern, nur noch die Wände aus Lehm und Stroh rotteten dahin. Überall sahen wir ausgemergelte hungernde Kinder, die Bäuche aufgebläht von den Dingen, die sie verschlangen, Melonenrinden, Kohlblätter, was auch immer sie finden konnten, Hauptsache, es füllte den Magen, auch wenn es keinen Nährwert hatte ...[2]

Hilfe kam von privaten Organisationen wie dem Save the Children Fund, den Quäkern, aber auch indirekt von der US-Regierung über die American Relief Administration, die damals von dem späteren Präsidenten Herbert Hoover geführt wurde. Dem norwegischen Polarforscher Fridtjof Nansen wurde 1922 der Friedensnobelpreis für sein humanitäres Engagement, vor allem die Hungerhilfe in Sowjetrussland, verliehen. Trotz all dieser Bemühungen starben fünf Millionen Menschen.

Es war eine Zeit großer Errungenschaften, die Zeit der bahnbrechenden Romane von Babel, Bjely und Bulgakow, Platonow und Samjatin, der revolutionären Musik eines Prokofjew und Schostakowitsch, der Kunst eines Malewitsch, der Lyrik von Blok und Majakowski, der Filme von Wertow und Eisenstein, und im Theater setzten Meyerhold und Stanislawski Maßstäbe. Doch bei aller Kultur galt ein Leben nicht viel. Frank Golder, der für die American Relief Administration auf der Krim unterwegs war, erinnerte sich an die Reaktion einer Regierungsvertreterin. Als er ihr sagte, selbst Professoren würden auf der Krim Hungers sterben, erwiderte sie: »Ja, und? Dann sterben sie eben.«

Was sie dann auch taten. Allein in Petrograd verhungerten sieben von 44 Mitgliedern der Akademie der Wissenschaften. Der Physiologe Iwan Petrowitsch Pawlow, damals der einzige Nobelpreisträger Russlands, erlebte die Katastrophe in seinem geräumigen Quartier am Sitz der Akademie auf der Wassiljewski-Insel. Zwei seiner Nachbarn starben an Kälte und Hunger, andere mussten sich hilflos die Einquartierung wildfremder Leute gefallen lassen. Pawlows Preisgeld aus Stockholm und seine beiden Goldmedaillen von der Petersburger Universität und der

Akademie der Wissenschaften wurden konfisziert. Er sammelte das Holz zum Heizen selbst und ernährte seine Familie aus dem Garten, den er am Institut für experimentelle Medizin angelegt hatte.

1918 konnte Pawlow nicht weiterforschen, es fehlte an Assistenten, Versuchstieren und Tierfutter. Die Laborergebnisse gaben keinen Vorlesungsstoff her, geschweige denn Material für Publikationen. Der Winter stand vor der Tür, und er hatte »weder Kerzen noch Kerosin, die Stromversorgung ist auf wenige Stunden begrenzt. Das ist schlecht, sehr schlecht. Wann wird es wohl wieder aufwärtsgehen?«[3]

Im Frühjahr 1922 besuchte Frank Golder den ständigen Sekretär der Russischen Akademie der Wissenschaften, Sergej Oldenburg. »Es zerriss mir das Herz, ich bin immer noch ganz entsetzt«, schrieb Golder seinem Freund Ephraim Adams. Oldenburg, inzwischen Ende fünfzig, war bettlägerig, konnte kaum die Brotschnittchen auf seinem Teller zum Mund führen, geschweige denn kauen. Seit vier Jahren versuchte er, seine eigene Familie, die Kinder des verstorbenen Bruders, Schwiegertochter und Enkelkinder durchzubringen – ein einziger Kampf. Die Kinder bekamen täglich Brot, die Erwachsenen einmal in der Woche.

Auch in Moskau herrschten entsetzliche Zustände, das wissenschaftliche Leben der Stadt drohte auszusterben. Das Institut für angewandte Wissenschaften, untergebracht in einer ehemaligen Handelsschule, eröffnete drei neue Fachbereiche – Biologie, Agrarwissenschaften und Wirtschaftswissenschaften – mit dem Ziel, die Erkenntnisse der rasch voranschreitenden biologischen Forschung möglichst schnell für die Menschen fruchtbar zu machen. Räume waren da, allerdings standen sie leer. Da war Selbsthilfe gefragt. Ein junger Dozent, Nikolai Wladimirowitsch Timofejew-Ressowski, warf sich in seine Uniform, ließ anspannen, gab den barschen »Rotkreuzfunktionär« und requirierte alle benötigten Utensilien bei Einrichtungen, die darüber verfügten. Überrumpelt und eingeschüchtert rückten deren Mitarbeiter echte Schätze heraus: nagelneue Mikroskope, binokulare Lupen, Mikrotome[4], Thermostate, kistenweise Reagenzgläser. 1923 war das Institut besser ausgestattet als die biologischen Laboratorien der Universität.

Die meisten Intellektuellen hatten die Revolution 1917 begrüßt. Manche jubelten über Lenins Staatsstreich. Andere nahmen ihn hin. Die Physiker verschwendeten kaum einen Gedanken an den Umsturz, bis sie im Winter mit erheblichen Beeinträchtigungen zu kämpfen hatten. (Sitzungen nach Einbruch der Dunkelheit waren viel zu gefährlich, die diversen Ausschüsse und Gremien trafen sich daher an Sonn- und Feiertagen.) Im Februar 1919 stellte das Volkskommissariat für Bildungswesen eilig Gelder für die Fünfzigjahrfeier anlässlich Dmitri Mendelejews Entdeckung des Periodensystems bereit. Der Kongress mit rund hundert Teilnehmern fand in einem »melancholischen Petrograd« statt, in »ungeheizten eisigen Räumen, ohne Mahlzeiten, ohne Aussicht auf Erstattung der Reisekosten«; nur die Unterkunft wurde in Wohnheimen des Dritten Petrograder Pädagogischen Instituts gestellt, und man konnte in der Mensa essen, allerdings nur, »wenn man Lebensmittel mitbringt, zum Beispiel Zucker, Tee, Marmelade, Wurst, Fleisch und so weiter«.[5]

Während dieses Kongresses wurde auf Initiative von Abram Fjodorowitsch Ioffe, einem Experten für Elektromagnetismus, der Russische Physikerverband gegründet, für den sich ein geeignetes zweistöckiges Backsteingebäude in einem Park am Stadtrand fand. Die Räume wurden in sonntäglicher Gemeinschaftsarbeit der Verbandsmitglieder instand gesetzt und eingerichtet. Elektrik, Kabel, Laboreinrichtungen, selbst einfache Möbel waren nur schwer zu beschaffen. Das Volkskommissariat für Bildungswesen hatte wenig Mittel, aber viel guten Willen: Es wilderte in Museumsbeständen, zog Chemikalien, Instrumente, Bücher, Zeitschriften und Marmorplatten von der Landwirtschaftlichen Fakultät ab und ließ Einrichtungsgegenstände »ohne künstlerischen Wert« aus dem Winterpalais holen: einen Eichentisch, Lampen, eine Uhr, Vorhänge, ein Klavier, gepolsterte Stühle, einen Teppich.

Es gab keine Heizung. Selbst im Hauptgebäude des Polytechnischen Instituts war es im Winter lausig kalt. Prüfungen und praktische Vorführungen wurden in einem kleinen Raum mit einem Ofen aus Ziegelsteinen in der Mitte und einem durchs Fenster führenden Abzugsrohr abgehalten. Experimente im dichten Qualm waren keine Seltenheit.

Die Hungersnot 1922 war vorhersehbar. Jahrelang hatten westlich ausgebildete Agrarwissenschaftler auf verlorenem Posten darum gekämpft, die russische Landwirtschaft mit neuen Getreidesorten zu modernisieren, und dafür keinerlei Unterstützung erhalten. Botaniker in Universitäten und Wissenschaftsakademie erforschten lieber Wildpflanzen.

1894 wurde in Sankt Petersburg das »Bureau für angewandte Botanik« (später: Institut für angewandte Botanik, heute Wawilow-Institut) gegründet, es sollte der Landwirtschaft botanische Expertise zur Verfügung stellen. Der erste Direktor, Alexander Batalin, führte zahlreiche Studien zu Feldfrüchten durch, aber seine Kapazitäten waren begrenzt: Er betrieb seine Forschungen praktisch allein, ohne weitere Mitarbeiter, und zeichnete außerdem noch für den Kaiserlichen Botanischen Garten in Sankt Petersburg verantwortlich. 1899 folgte ihm Iwan Borodin nach, der ebenfalls mit zu vielen Aufgaben jonglierte, um dem Bureau gerecht werden zu können. Erst Robert Eduardowitsch Regel, Direktor ab 1905, brachte das Institut schließlich in Schwung und legte den Grundstein der Kulturpflanzensammlung, kämpfte aber wie seine Vorgänger mit einem knappen Budget. Einem eifrigen Hochschulabsolventen, der sich für ein Praktikum beworben hatte, schrieb er: »Wir erwarten Sie baldig in Petersburg. PS: Wir können Ihnen ein Mikroskop zur Verfügung stellen, aber es wäre gut, wenn Sie Ihr eigenes Vergrößerungsglas mitbrächten.«[6]

Der Praktikant, Enkel eines leibeigenen Bauern, hieß Nikolai Iwanowitsch Wawilow. Er war eines von vier Geschwistern, die alle Wissenschaftler wurden. Lydia studierte Mikrobiologie und starb in jungen Jahren an Pocken. Sie infizierte sich in Woronesch im Südwesten Russlands während ihres Einsatzes gegen die dort ausgebrochene Seuche. Alexandra war Ärztin, Sergej Physiker, unter Stalin war er ständiger Sekretär der Akademie der Wissenschaften. Und Nikolai? Ihm stand ein Leben als Stalins führender Agrarwissenschaftler und Koryphäe der Genetik bevor – und als der wohl meistgefeierte wissenschaftliche Märtyrer des zwanzigsten Jahrhunderts.

Sein Interesse für Botanik und das Sammeln von Pflanzen erwachte früh. Er entdeckte es zusammen mit seinem Bruder in den Teichen und Birkenwäldern im heimischen Iwaschkowo gut hundert Kilometer nordwestlich von Moskau. Die Jungen interessierten sich auch lebhaft für Chemie und ließen es gern knallen: Eine Explosion führte bei Nikolai zu einer dauerhaften Schädigung des linken Auges.

1906 schrieb sich Nikolai Wawilow an der Landwirtschaftlichen Akademie in Moskau ein und studierte bei Dmitri Prjanischnikow, einem renommierten Agronomen und mutigen Mann, der viel später seine letzten Energiereserven verbrauchte, um seinen ehemaligen Schüler aus dem Todestrakt zu retten.

1911 gewann Wawilow mit seiner Doktorarbeit über die gefräßige Ackerschnecke, die den Bauern schwer zu schaffen machte, den Wissenschaftswettbewerb des Moskauer Polytechnischen Museums. Robert Regel erkannte das Talent des jungen Mannes schnell und hielt engen Briefkontakt mit ihm, als Wawilow nach seinem einjährigen Praktikum im Bureau für angewandte Botanik zu Exkursionen in entlegene Regionen und Studienreisen ins Ausland aufbrach.

Zurück von einer Expedition ins Pamir-Gebirge, dem »Dach der Welt«, erhielt Wawilow einen Ruf an die Universität von Saratow und trat die Stelle einen Monat nach der Oktoberrevolution an. Saratow hatte ein Musikkonservatorium und konnte mit dem ersten freien Kunstmuseum Russlands aufwarten, aber nach dem Bürgerkrieg war es kaum mehr als ein Heerlager. Besoffene Soldaten raubten jeden aus, der nicht aufpasste. Wer es sich leisten konnte, kehrte der von hungernden Flüchtlingen aus dem Umland überfüllten Stadt den Rücken. Fleckfieber und Cholera grassierten. Spanische Grippe, Masern, Diphtherie und Ruhr konnten aus Mangel an Medikamenten nicht behandelt werden. Frontrückkehrer schliefen auf der Straße. Ein Großbrand machte mehr als zehn Prozent der Einwohner obdachlos.

Wawilow war verheiratet, wenn auch nicht gerade glücklich. Seine Frau Jekaterina zog es vor, in Moskau zu bleiben, und Wawilow, der keine Wohnung fand, schlief auf dem Boden seines Labors. Die missliche Lage hatte aber auch sonnige Seiten. In seiner Abteilung arbeiteten fast ausschließlich sehr ernsthafte und sehr junge Frauen, die ihn allesamt anhimmelten. Wawilow, gerade mal Anfang dreißig, strotzte vor Energie, sah gut aus – und legte sich prompt eine Geliebte zu, Jelena Iwanowna Barulina aus Saratow. Sie blieben zusammen, bis sein Tod sie schied.

Zwischen 1918 und 1920 korrespondierten Regel und Wawilow immer intensiver miteinander. Der deutschstämmige Robert Regel wusste, dass er im Sowjetrussland keine Zukunft hatte, und wollte Wawilow als seinen Nachfolger lancieren. Der zögerte zunächst, aus Saratow fortzuziehen, doch dann starb Regel an Fleckfieber. Der Reiz, die Stelle auszufüllen, und ein ausgeprägtes Verantwortungsbewusstsein ließen Wawilow keine Wahl. Ende Oktober 1920 stieg er in den Zug nach Petrograd und übernahm die Leitung des Bureaus für angewandte Botanik.

Das Institut war in sechs Wohnungen in der Herzenstraße 44 im Stadtzentrum untergebracht. »Es gibt jede Menge Probleme«, schrieb Wawilow eine Woche nach seiner Ankunft. »Die Kälte macht uns zu schaffen, und wir führen einen ständigen Kampf um Möbel, Wohnungen und Lebensmittel ... Ich muss gestehen, es ist nicht leicht, sechzig Mitarbeiter unterzubringen, ein Labor einzurichten und eine experimentelle Außenstelle aufzubauen. Ich werde viel Geduld und Hartnäckigkeit brauchen.«[7]

Sein zwanzigköpfiges Wissenschaftlerteam reiste am 5. März 1921 aus Saratow an. Einer erinnerte sich an »ein Bild fast vollständiger Zerstörung, wie nach einer feindlichen Invasion ... In den Räumen herrschten Minustemperaturen, die Rohre der Zentralheizung waren geplatzt, die meisten Samenproben von hungernden Menschen aufgegessen, und alles starrte vor Schmutz ...«[8]

»Schon dreimal habe ich der zuständigen Stelle gekabelt, wie katastrophal unsere Finanznot ist«, beschwerte sich Wawilow. »Wir können keine Gehälter zahlen, keine Aushilfskräfte anheuern, keine Pferde mieten, es ist im Prinzip unmöglich zu arbeiten ...«[9]

Es fehlte an allem, nur leerstehende Häuser gab es im Überfluss. Wawilow zog mit dem Institut um die Ecke ins frühere Landwirtschaftsministerium, Isaakplatz 13, und für die Versuchsfelder fand er ein Anwesen in Puschkin, 25 Kilometer südlich von Petrograd, das schon in anderem Zusammenhang erwähnte Zarskoje Selo, eine ehemalige Sommerresidenz der Zarenfamilie. (Das Hauptgebäude war die Replik eines englischen Landhauses, zusammengesetzt aus Einzelteilen, die Queen Victoria ihrem Patenkind, Großfürst Boris Wladimirowitsch, übersandt hatte.)

Trotz der schlechten Versorgungslage war das Bureau für angewandte Botanik für Spezialisten äußerst attraktiv: Einer schwärmte gar, Wawilow habe einen »Babylon-Garten« geschaffen, eine »Märcheninsel der Freiheit«, und der Baumwollspezialist Gawriil Saizew schrieb seiner Frau: »Er erinnert mich stark an Mozart, der laut Puschkins Salieri ein ›nichtsnutziger Zecher‹ gewesen ist. Aber keiner kriegt so viel so gut hin wie er.«[10]

Unter den Zaren war die russische Gesellschaft erschreckend einfach gestrickt. Staatliche Einrichtungen waren rar, private Vereine oder Verbände wurden entweder verboten oder argwöhnisch überwacht. Wollte man in Kreisen der »Obrigkeit« etwas erreichen, galt es, beschriebenes Papier zu produzieren. Eine kolossale und kolossal ineffiziente Bürokratie war damit befasst, Pflichten und Tätigkeiten von einer Instanz zur anderen zu delegieren.

Stand man in der Hierarchie weiter unten und wollte etwas bewegen, hütete man sich vor dem Dienstweg und pflegte stattdessen Beziehungen. Man hielt Ausschau nach Förderern in den oberen Etagen und tat im Gegenzug alles, um der eigenen Klientel zu helfen. Solche Systeme haben ganze Imperien ermöglicht, und es überrascht nicht wirklich, dass sich das vorrevolutionäre Netz aus Seilschaften in der Sowjetära nahtlos fortsetzte.[11] Wenn man an einen hohen Staatsfunktionär herankam, fand man deutlich leichter Gehör bei den Bolschewiki an der Spitze – bei Lenin, Alexej Rykow (Vorsitzender des Rates der Volkskommissare), Anatoli Lunatscharski (Volkskommissar für Bildungswesen) und Nikolai Semaschko (Volkskommissar für Gesundheitswesen) – als über die zuständigen Behörden, deren Mitarbeiter im Großen und Ganzen schlecht ausgebildet waren und »bourgeoisen Spezialisten« generell misstrauten.

Die Volkskommissare waren ihrerseits mit den vorrevolutionären Gepflogenheiten vertraut und wussten, was von ihnen erwartet wurde. Insbesondere Lunatscharski holte lauter nichtkommunistische Freunde, Ehefrauen von Genossen und finanziell notleidende Enkelinnen berühmter Künstler in seine Behörde.

So mancher, der bereits unter dem Zaren seine Fäden gesponnen hatte, blieb nach der Revolution auf seinem Posten. Maxim Gorki etwa (ein Künstlername: getauft wurde er als Alexej Maximowitsch Peschkow) gehörte zu den reichen Russen, ohne deren Hilfe Lenin die Revolution wohl kaum überlebt hätte.

»Voller Widersprüche, absichtlich zweideutig und oft falsch« sei er gewesen, berichtet ein Zeitgenosse, aber eben auch ein phänomenal großzügiger Mäzen. Ganze Institute verdankten ihm ihre Existenz oder Fortdauer, unzähligen Studenten und Schriftstellern gewährte er Stipendien oder ließ sie in seinem Haus wohnen. Mit den späten Lobreden auf Stalin ruinierte er sich seinen Ruf gründlich, doch sollte nicht vergessen werden, was die Dichterin Anna Achmatowa in den sechziger Jahren ihren Kollegen zu bedenken gab: »Es ist jetzt Mode, Gorki zu verdammen. Doch ohne ihn wären wir letztlich alle verhungert.«[12]

»Es gibt praktisch keine Lebensmittel, und es ist keineswegs übertrieben, davon zu sprechen, dass Petrograd kurz vor einer Hungersnot steht«, schrieb Gorki seinem Freund H. G. Wells. »Ich kann mir gar nicht vorstellen, wie unsere Gelehrten da überleben sollen.«[13] Dabei war der Ernährungsnotstand nicht das einzige Problem: Laboratorien wurden konfisziert, Bibliotheken und Wohnungen für Flüchtlinge requiriert. Wer zu einer Exkursion aufbrach, musste damit rechnen, dass ihm in seiner Abwesenheit Bücher, Briefe und sogar Möbel gestohlen wurden.

Gorki gründete in vielen russischen Städten sogenannte Ausschüsse für die Verbesserung der Lebensbedingungen von Gelehrten, »Rettungseinrichtungen«, so Wells über seine Beobachtungen während einer Russlandreise, wo die Wissenschaftler etwas essen, baden, sich rasieren lassen, die Dienste eines Schneiders oder Flickschusters »und dergleichen Annehmlichkeiten« in Anspruch nehmen konnten. Wells berichtet, wie verhärmt und ärmlich Oldenburg und Pawlow ausgesehen und wie sie ihn bei einem Besuch des Petrograder »Gelehrtenhauses« angefleht hätten, neue wissenschaftliche Literatur aus dem Ausland zu beschaffen. Zurück in London, spannte Wells die Royal Society ein, um Russlands Lesehungersnot zu lindern.

Auf dem Höhepunkt der echten Hungersnot fasste der Rat der Volkskommissare Gorkis Ausschüsse in der ZEKUBU (die Abkürzung für Zentralkommission für die Verbesserung der Lebensbedingungen von Wissenschaftlern) zusammen, in deren Listen sich nach fünf Jahren fast die gesamte literarische und wissenschaftliche Intelligenzija des Landes wiederfand. 1926 betrieb die Organisation sechs Sanatorien, je ein Altenheim in Moskau und Leningrad, in Moskau außerdem noch ein Wohnheim und das Haus der Wissenschaften mit Bibliothek und Cafeteria. So viel Macht hatten Gorkis Seilschaften – und nur so spurten die Behörden.

Der Bürgerkrieg hatte Arm und Reich gleichermaßen in tiefstes Elend gestürzt. Dank Lenins Neuer Ökonomischer Politik gelangten nun manche Bevölkerungsgruppen wieder zu einem gewissen Wohlstand, und alle, die wussten, wie man sich Freunde warmhält und Schutzherren hätschelt, kamen dabei am besten weg. So entwuchs die akademisch gebildete Mittelschicht rasch der Armut der Nachkriegsjahre und stellte Mitte der zwanziger Jahre eine Art neue Sowjetbourgeoisie dar. Spezialisten in Staatsämtern wurden gut bezahlt, Professoren genossen, mochten sie sich auch noch so bitter über ihre Behandlung beklagen, Privilegien bei Wohnungsfragen und konnten ihre Kinder auf höhere Schulen schicken.

Bereits im Frühjahr 1922 reute Lenin die Abhängigkeit seiner Regierung von diesen traditionell nepotistischen Kreisen. Auf dem XI. Parteitag der KPR(B) sagte er:

Man nehme doch Moskau – die 4700 verantwortlichen Kommunisten – und dazu dieses bürokratische Ungetüm, diesen Haufen, wer leitet da und wer wird geleitet? Ich bezweifle sehr, ob man sagen könnte, dass die Kommunisten diesen Haufen leiten. Um die Wahrheit zu sagen, nicht sie leiten, sondern sie werden geleitet.[14]

Aus diesem Dilemma schien es keinen Ausweg zu geben. In einem für jene Zeit typischen, in der *Prawda* erschienenen Artikel sehnte Walerian Pletnjew im September 1922 den Aufstieg einer neuen Generation von »Sozialingenieuren« herbei, willens und fähig, »alle Bereiche in großem Maßstab zusammenzuführen«, eine Vision, die Skepsis hervorrief, auch bei Lenin, der über den Text seines Zeitungsexemplar den sarkastischen Kommentar kritzelte: »Können Pletnjews proletarische Sozialingenieure Lokomotiven bauen?«[15]

Um zu verhindern, dass sich die Revolution im Netzwerk der Seilschaften verhedderte, mussten drastische Maßnahmen ergriffen werden. Das war Lenins Meinung.

Eine Möglichkeit, das Problem anzugehen, war, Verluste in den Reihen der Intelligenzija in Kauf zu nehmen und jeden auszuweisen, der die Hegemonie der Bolschewiki bedrohte. Dabei galt es natürlich, tunlichst darauf zu achten, nur Vertreter der Disziplinen auszurangieren, die im Alltagsgeschäft der Regierung nicht benötigt wurden. So legte Lenin seinem alten Freund Gorki, der trotz seiner massiven Unterstützung von Wissenschaftlern vor allem als Förderer der Kunst galt, schon während des Bürgerkriegs die Emigration nahe, zunächst noch in eher scherzhaftem Ton: »Wie ist's, wollen Sie nicht ein bisschen verreisen? Wir werden das einrichten.« Im Sommer 1921 wurde er deutlicher: Russland sei für Gorki (der an Tuberkulose litt) kein geeigneter Ort, seinen Geschäften nachzugehen. »In Europa werden Sie sich in einem *guten* Sanatorium kurieren lassen und dreimal so viel schaffen. Ganz bestimmt. Aber bei uns ist weder an eine Kur noch an wirkliche Arbeit zu denken – nichts als *Geschäftigkeit. Nutzlose Geschäftigkeit.* Fahren Sie ... Seien Sie nicht so dickköpfig.«[16]

Mit seinem unablässigen Engagement für inhaftierte Schriftsteller und Wissenschaftler hatte Gorki die Geduld Lenins schon Jahre zuvor arg strapaziert, bis diesem schließlich der Kragen geplatzt war: »Glauben Sie mir, Sie werden zugrunde gehen, wenn Sie sich nicht aus dieser Atmosphäre bürgerlicher Intellektueller losreißen! ... Denn Sie schreiben ja nicht! Sich durch das Gewinsel verrotteter Intellektueller aufreiben lassen und nicht schreiben – ist das etwa nicht der Untergang für einen Künstler, ist das etwa nicht eine Schmach?«, fragte er den Freund in einem Brief. »Die intellektuellen Kräfte der Arbeiter und Bauern wachsen und festigen sich im Kampf für den Sturz der Bourgeoisie und ihrer Helfershelfer, der Intelligenzler, der Lakaien des Kapitals, die sich einbilden, das Hirn der Nation zu sein. In Wirklichkeit ist das kein Hirn, sondern Dreck.«[17]

Als Mitte August 1921 die ZEKUBU-Führung verhaftet wurde – angeblich hatte sie »konterrevolutionäre Intrigen« angezettelt –, kam es zum endgültigen Bruch zwischen den Weggefährten. In Ungnade gefallen, verließ Gorki Russland, unterzog sich einer Behandlung in einem deutschen Lungensanatorium und siedelte sich schließlich nach einigen weiteren Stationen 1924 in Italien an. Er blieb bis 1928 im Ausland, wo er entsetzt das Geschehen in seiner Heimat verfolgte: Freunde wurden verhaftet, philosophische Werke, von Platon bis Tolstoi, aus den Bibliotheken verbannt.

Die Vernichtung vorrevolutionärer Kultur an den Universitäten war Teil des Großprojekts, so schnell wie möglich eine neue, revolutionäre Generation heranzuziehen. 1918 hatte der Rat der Volkskommissare ein Dekret erlassen, das allen Bürgern ab sechzehn Jahren unabhängig von Geschlecht, Nationalität und Klassenzugehörigkeit das Recht auf höhere Bildung zusprach. Universitäten und Kollegien angegliederte Arbeiterfakultäten, RabFaki genannt, sollten Arbeiter und Bauern, die im Zarenreich traditionell nur eine minimale schulische Erziehung erhalten hatten, wenn nicht gar Analphabeten waren, in Kursen auf ein Studium vorbereiten. Der Erfolg war mäßig. Noch Anfang der zwanziger Jahre stammte kaum ein Student aus dem Proletariat. Also verordnete die Regierung 1921, künftig obliege es dem Staat, Dekane und Rektoren einzusetzen, ein Angriff auf die Hochschulautonomie, den das liberale Establishment entrüstet zurückwies; viele fühlten sich an die verfehlte Bildungspolitik von Nikolaus II. erinnert. 1922 traten die Beschäftigten der Moskauer Universität in den Streik.

Damit spielten sie der Regierung die Trümpfe in die Hand. Auf Lenins Drängen hin wurde nichtmarxistischen Philosophen und Sozialwissenschaftlern die Lehrerlaubnis entzogen, sie erhielten Publikationsverbot und durften keine akademischen Gesellschaften mehr organisieren. 161 gingen ins Exil. Die Bolschewiki brauchten keine Philosophen, sondern Ingenieure. In den frühen Morgenstunden des 17. August 1922 holte die Geheimpolizei Hunderte Intellektuelle und ihre Familien aus den Betten. Die Gefängnisse am Moskauer Butyrka-Tor und in der Petrograder Straße Schpalernaja füllten sich mit den prominentesten Philosophen, Historikern und Schriftstellern des Landes. Von dort aus wurden sie auf die Dampfschiffe »Preußen« und »Oberbürgermeister Haken« geschafft und nach Stettin verfrachtet.[18] Gleichzeitig wurden Wissenschaftler, die das Regime für unverzichtbar hielt, mit pompösen Verbrüderungszeremonien besänftigt, etwa auf dem sehr festlichen (und teuren) Ersten Kongress der Wissenschaftsarbeiter im November 1923.

Dem Volkskommissariat für Bildungswesen blieb noch eine weitere Möglichkeit, seinen Bedarf an Gelehrten alter Schule mit dem Plan zu vereinen, aus den Universitäten revolutionäre Kaderschmieden zu machen: Es konnte sie aus den staatlichen Hochschulen abziehen und ihnen eigene gut ausgestattete Institute zur Verfügung stellen.

Das war natürlich Musik in den Ohren der Wissenschaftler. War das nicht exakt die Politik, die das Deutsche Reich erfolgreich mit der Gründung der Kaiser-Wilhelm-Institute betrieben hatte? War nicht auch Frankreich mit dem Pariser Institut Pasteur der gleichen Strategie gefolgt? War das so unscheinbar wirkende John Innes Horticultural Institute im englischen Merton Park nicht die weltweit führende Adresse der experimentellen Biologie?

Als sie neue Gebäude und großzügige Budgets zugesprochen bekamen und obendrein von jeder Lehrverpflichtung befreit wurden, sangen die Wissenschaftler ein Loblied auf die Sowjetführung. Nahezu alle Institutionen aus der Zeit vor der Revolution überlebten unter den Bolschewiki, finanziert von dem einen oder anderen Ministerium. 1922 waren es gut siebzig Einrichtungen. Dazu entstanden zahlreiche Neugründungen, mehr als vierzig allein während des Bürgerkriegs, meist klein, schlecht untergebracht und armselig ausgestattet. Aber das sollte sich ändern.

Alexander Fersman, Wernadskis Freund, brachte im Januar 1922 den Enthusiasmus der verbliebenen Wissenschaftler mit den Worten zum Ausdruck:

Die Zeit der Werkelei ist vorüber, vorbei die Zeit der Alleingänge, verstreuter, unsystematischer Wissenschaftsliteratur, chaotischer Methoden. Das heroische Zeitalter der Wissenschaft liegt hinter uns, jetzt müssen wir sie anders aufbauen, brauchen Laboratorien, Forschungsinstitute, Expeditionen, Konferenzen, Weltkongresse, müssen koordinieren und zusammenführen.[19]

4. ARBEITER

Warum gibt es Berge von Literatur über Wärmeenergie,
Brennöfen, Dampfkessel, Dampfmaschinen, Elektrizität,
Anthrazit, Tasmanit und Elektrifizierung, aber kein
einziges Buch über die Energie der Arbeiter?[1]

Alexej Gastew

Alexej Kapitonowitsch Gastew wurde am 26. September 1882
in Susdal geboren, einer Kleinstadt gut zweihundert Kilometer
nordöstlich von Moskau, die überwiegend von Handwerkern
– Schustern, Schneidern, Hutmachern, Malern – bewohnt wurde.
Alexej wuchs dort, umgeben von großen Kirschgärten, nahe
beim Stadtzentrum auf.

Das Kind aus den Kirschgärten sollte zum populärsten und
einflussreichsten Arbeiterdichter der frühen Sowjetunion werden,
dessen Bücher am häufigsten nachgedruckt wurden und der allgemein als eine der schönsten, wunderlichsten Blüten des literarischen Futurismus in Russland gilt. Wie Tschechow schrieb er

Ein Reflex pro Zeiteinheit für den neuen Sowjetmenschen:
innovative biometrische Studien an Alexej Gastews Zentralinstitut
für Arbeit.

nicht, und nicht jeder konnte sich für seine Lyrik erwärmen. So beschwerte sich ein Genosse nach Gastews Rezitation des Gedichts *Wir wachsen aus Eisen*: »Dieser Mann der Arbeit spricht nicht, ihm entfährt mehr ein Kreischen, wie aus einer Trompete.«

Wie viele andere Autoren bewunderte Gastew Nikolai Tschernyschewskis 1863 veröffentlichten utopischen Roman *Was tun?* (Lenin nannte den Autor einmal den »größten und talentiertesten Vertreter des Sozialismus vor Marx«), der den idealen Menschen des zwanzigsten Jahrhunderts beschwört – rational, diszipliniert, von der Arbeit um ihrer selbst willen überzeugt, selbstlos der Gesellschaft und dem Gemeinwohl verpflichtet – und diese ziemlich öde Formel mit einer Geschichte rund um freie Liebe und drastische Abhärtungsmaßnahmen aufpeppt: Eine Figur, der Aktivist Rachmetow, stählt seine Entschlossenheit, indem er auf einem Nagelbrett schläft.

Auch von Walt Whitman war Gastew stark beeinflusst. Russische Leser konnten Werke des New Yorker Dichters in Kornej Tschukowskis Übersetzung lesen, publiziert in der Literaturzeitschrift *Wesy* (Waage). Ganz allgemein verdankt die futuristische Lyrik Whitman viel in ihrer Freiheit, Rohheit und Chuzpe, doch allein Gastew verwob den Stil des Amerikaners mit der Poesie von Maschinen, Fabriken und Urbanität. Für ihn war das keine besonders überraschende Idee – schließlich war er der Einzige in der Poetenszene des Landes, der jahrelang in Fabriken gearbeitet hatte.

Gastew begeisterte sich früh für Werkzeuge und Maschinen. In den letzten Jahren des neunzehnten Jahrhunderts – einer Zeit, in der er das Moskauer Lehrerkolleg besuchte – beschäftigte er sich nebenher mit Schlosser- und Zimmermannsarbeiten. Kurz vor dem Abschluss wurde er exmatrikuliert, weil er eine Studentendemonstration initiiert hatte. Fortan widmete sich Gastew ausschließlich der politischen Agitation. (1900, mit achtzehn Jahren, trat er der Sozialdemokratischen Arbeiterpartei bei.) Im Dezember 1902 wurde er verhaftet, wegen Verbreitung illegaler Propaganda zu drei Jahren Verbannung verurteilt und nach Wologda, fünfhundert Kilometer nördlich von Moskau, geschickt.

Gastew nahm die vergleichsweise milde Strafe gelassen hin, stellte sich an die Spitze der Exilantenkolonie und organisierte sogar eine Kundgebung gegen Misshandlungen durch die Polizei. Dann setzte er sich nach Frankreich ab.

Im Juni 1904 hatte Gastew Kontakt zu den Bolschewiki in Paris, fand Arbeit als Monteur bei Citroën und lernte in Abendkursen, die von russischen Emigranten angeboten wurden, Französisch. Ende des Jahres fuhr er nach Genf und veröffentlichte dort auf eigene Kosten die Erzählung *Prokljatyj wopros* (Die verfluchte Frage).

Der dreißigjährige Wassili, die Hauptfigur, verzichtet auf ein Privatleben und widmet seine ganze Kraft der Verbesserung der Gesellschaft. Allerdings hat er eine Schwäche, eine »animalische Passion«, für die er sich selbst verabscheut – die »am heftigsten verfluchte, die tragischste Frage seines Lebens«. An einem Frühlingstag kocht die unterdrückte Begierde über, er geht zu einer Prostituierten, bereut danach, was er getan hat, und schwört sich, dass ihm »so etwas nie wieder passieren, dass er sich nie wieder zwischen Lust und Gewissen aufreiben würde«.

Die Biologie reduziert den Menschen in Gastews Geschichte aufs Tier. Der Mensch triumphiert nur dann, wenn er sich selbst verleugnet. Gastew fand bald sehr viel elegantere Wege, um sich auszudrücken, seine Gedichte sind voller Schwung und jubeln so rückhaltlos über alles Mechanische, dass es einem kalt über den Rücken läuft. Nie wieder dachte er sich einen individuellen Helden aus, fortan sind alle Schrecknisse und Aufregungen seiner Poesie kollektiver Natur – überhöht und keimfrei. (Der Historiker Kendall Bailes bezeichnete Gastews Mentalität als »eine Art puritanischer Ethik im säkularen Gewand« – besser kann man es nicht formulieren.[2])

Im Frühjahr 1905 kehrte Gastew in die Heimat zurück und verdingte sich in Russland als Fließbandarbeiter, als Dreher, als Straßenbahnfahrer und in anderen Jobs.

... während der Motor vernehmlich surrt, durchschneidest du die vom Duft frischen Grüns gesättigte Luft. Langsam, leise, samt-

weich rollst du die Stroganow-Brücke hinauf und bremst, wenn es
wieder abwärts geht. Eine Haltestelle. Und dann, trotz der Proteste
übertrieben gut gekleideter Fahrgäste und gegen die Sicherheitsvor-
schriften, schalte ich beide Motoren ein, fahre mit einem heftigen
Ruck funkensprühend an, rase wie von der Tarantel gestochen den
kurvigen Kameno-Ostrowski-Prospekt entlang.[3]

Gastew blieb sein Leben lang Berufsrevolutionär und wandte
sich schrittweise von der Sozialdemokratischen Arbeiterpartei
ab. Für ihn, einen Mann der Praxis, zählten vor allem verbesserte Arbeitsbedingungen, höhere Löhne, Krankenversicherung
und dergleichen, Probleme, die seiner Meinung nach von den Arbeitern in den Fabriken und nicht von Politikern oder Bürokraten in der Hauptstadt, weit entfernt von den Produktionsstätten,
gelöst werden sollten. Wer, argumentierte er, wäre geeigneter, die
Revolution voranzutreiben, als die Arbeiter, in deren Namen sie
erkämpft wurde?

Gastew fühlte sich immer stärker zum Syndikalismus hingezogen (*syndicat* ist das französische Wort für Gewerkschaft),
der damals auf dem Höhepunkt seiner Bekanntheit war. Am
liebsten hätte er die ganze Wirtschaft in den Händen fähiger
Gewerkschafter gesehen, ein Traum, den er mit vielen europäischen Sozialisten teilte: Die Arbeiter sollten die Kontrolle über
die Fabriken mit Generalstreiks erkämpfen. (Seit 1904 sorgten
Gewerkschaften in Holland, Russland und Italien mit Arbeits-
niederlegungen für Schlagzeilen. Die Sozialisten hatten nichts
dergleichen vorzuweisen.) Auf einem internationalen Gewerk-
schaftskongress, den die Syndikalisten im April 1907 in Paris
abhielten, bemängelten sie die »Zersetzung des Marxismus«, der
italienische Journalist Arturo Labriola fasste ihre Position kurz
und bündig zusammen: Fünf Minuten »direkte Aktion« auf der
Straße seien mehr wert als jahrelange Parlamentsdebatten.[4]

1910 war Gastew erneut in Paris. Den Zweck dieses Aufenthalts beschrieb er mit den Worten: »Ich will dort versuchen,
nicht nur zu beobachten, nicht nur zu lernen, sondern aktiv etwas zu tun.« Er kam in eine Stadt voller Russen im freiwilligen

Exil. Jeder zwölfte Einwohner des Départements Seine stammte aus dem Zarenreich. Gastew arbeitete als Schlosser und Taxifahrer, stand morgens um fünf auf und aß gegen zwanzig Uhr in seiner Wohnung Abendbrot. Danach hörte er Vorträge, besuchte Versammlungen der Metallarbeiter oder des Gewerkschaftsbüros oder ging in den Arbeiterklub. Das Leben der Boheme, das viele Russen in Paris führten, lag ihm nicht. Weder streifte er durch Cafés, Museen und Antiquariate noch ging er zu Premieren von Stücken Anatoli Lunatscharskis, des Doyens der Pariser Emigrantenszene.

Im Frühjahr 1913 kehrte er nach Sankt Petersburg zurück, sechs Monate später landete er wieder hinter Schloss und Riegel. Diesmal wurde er nach Sibirien geschickt, nach Narym am Ob, vierhundert Kilometer nordwestlich von Tomsk. Wieder arrangierte er sich mit der Situation, backte Brot, unterrichtete, reparierte Maschinen und verfasste unter anderem *Express*, ein visionäres Prosagedicht über die industrialisierte Zukunft Sibiriens, daher der zweite Teil des Titels: *Eine sibirische Phantasie*.

In einem eigentümlichen russisch-englischen Idiom beschreibt das Poem die Fahrt des futuristischen Schnellzugs »Panorama« durch Sibiriens »unbegrünte Weite«, jetzt überzogen mit einem dichten Netz von Produktionsstätten, Tunnels, Straßen, Kanälen, Bahnhöfen und Städten, mit Häusern, die in den Himmel ragen und tief in die Erde reichen. Utopia, in den Schilderungen der meisten Autoren eine wie zur Statue erstarrte Kopfgeburt, wird bei Gastew zum umkämpften Ort: »Amerikanoide Trusts« versuchen, Sibirien den einheimischen Bauernsozialisten zu entreißen.

Der »Panorama« fährt quer durch Sibirien vom Ural bis Irkutsk, dann, auf einer neuen Trasse, zur Beringstraße und von dort durch einen Tunnel hinüber zum amerikanischen Kontinent. Aus Steppe und Tundra sind die Kornkammern der Menschheit geworden. Monströse Maschinen bestellen das Land. Arbeiterhäuser reihen sich schnurgerade Hunderte von Kilometern aneinander. Dem Reisenden begegnet ein menschengemachtes Wunder nach dem anderen. Kurgan, die »Küche der Welt«,

Nowo Nikolajewsk, die »Stahlstadt«, Krasnojarsk, die Stadt der Wissenschaften mit einem Seismographen, der Erdbeben präzise vorhersagt.

Irkutsk, die Stadt des Handels: Rollende Bürgersteige befördern Fußgänger von Stockwerk zu Stockwerk. Energija: Mit Stahl und Asbest überkuppelte Vulkane nutzen die Erdwärme. Bering: Ein Palast aus Bernstein wurde dem Meer abgetrotzt. Es gibt Pläne, den Nordpol abzuschmelzen, um die Arktis urbar zu machen. Vor dem Bering-Tunnel ragt ein gigantischer Leuchtturm in den Himmel, das höchste Gebäude der Welt, errichtet aus Beton, Metall, Papier und nichtschmelzendem Eis. »Vorwärts! Durch gefährliche Sümpfe bis ans Ende, ans fernste, fernste Ende!«

Gastews Maschinenbegeisterung dominiert, aber seine spätere Leidenschaft zeichnet sich bereits ab: Er wird die Poesie aufgeben und den sowjetischen Arbeiter fit für die moderne Fabrik machen. Der neue Mensch entsteht durch eine alchemistische Hochzeit von Mensch und Maschine. Selbst der Zug sehnt sich danach, »die Menschen in Metall zu tauchen, all ihre Seelen einzuschmelzen und aus ihnen eine einzige große Seele zu erschaffen«.[5] Gastew deutet sogar eine kybernetische Zukunft an, eine Welt, die nicht von Menschen, sondern von Großrechnern gelenkt wird.

Alexej Gastew, inzwischen 35, kehrte im April 1918 nach Petrograd zurück, wo er versuchte, in der Gewerkschaft Karriere zu machen. Am 27. Juni wurde die Allrussische Metallarbeiter-Gewerkschaft gegründet und er zu ihrem Sekretär gewählt. Doch er merkte schnell, dass die Bolschewiki, seit sie die Macht errungen hatten, noch weniger als früher gewillt waren, den Arbeitern echte politische Verantwortung zu gewähren. Der bolschewistische Gewerkschaftsführer Solomon Losowski war ein Dogmatiker: »Wir müssen klar und deutlich betonen, dass die Arbeiter … nicht glauben dürfen, die Fabriken gehörten ihnen.« Gewerkschaften hätten die Aufgabe, die Arbeiter zu organisieren. Was die Fabriken produzierten, sei Sache der Regierung und müsse im nationalen Rahmen koordiniert werden. Gastew versuchte zu protestieren und wurde vermutlich deswegen nicht wiedergewählt.

Die Begegnung mit einer jungen Frau, Sofia Abramowna Grinbald – sie war Sekretärin in Lenins Amtssitz –, milderte Gastews Enttäuschung ein wenig. Die beiden heirateten und zogen 1919 in die Ukraine. Dort widmete sich Gastew dem Schreiben, was sich schon bald auszahlte. Rasch wuchs sein literarisches Ansehen: ein waschechter Arbeiter, dessen Lyrik andere Lyriker begeisterte und in dessen Sprache die von allen erträumte Vorstellung einer zukünftigen technologisch fortgeschrittenen Welt zum Ausdruck kam.[6]

Wenn am Morgen die Dampfpfeifen in den Arbeitervororten heulen, ist das durchaus kein Appell zur Unfreiheit. Es ist ein Lied der Zukunft.
Einst arbeiteten wir in elenden Werkstätten und begannen morgens zu ungleichen Zeiten unsere Arbeit.
Aber heute dröhnen um acht Uhr morgens die Dampfpfeifen für eine ganze Million.
Eine Million ergreift den Hammer in ein und demselben Augenblick.
Unsere ersten Schläge donnern gleichzeitig.
Was singt die Dampfpfeife?
Es ist die Morgenhymne der Einheit.[7]

Lunatscharski nannte Gastew »unseren begabtesten proletarischen Autor«. Der Lyriker Nikolai Assejew bezeichnete ihn als »Ovid der Bergleute und Schlosser«. Michail Swetlow, ein jüngerer Kollege, meinte: »Alexej Gastew? Der ist mehr als ein Dichter, der ist ein Phänomen.« Gastews *Poesie des Arbeitsschlags* – 1918 erschienen und 1926 schon in der sechsten Auflage – war der erste literarische Band, den die bolschewistische Kulturorganisation Proletkult herausgab. Die Proletkult-Bühnen in Petrograd und Moskau führten Gastews Werke regelmäßig auf, die Agitprop-Züge[8], die im Bürgerkrieg nahe der Front die Truppen mit Gastspielen bei Laune hielten, hatten Gastews Stücke *Der Turm* und *Wir haben die Welt usurpiert* im Repertoire.

Gastew war die Zeit zu schade, sich in den umständlichen Wendungen der russischen Sprache auszudrücken. Wann immer es möglich war, benutzte er Fremdwörter. Deshalb erschließen sich seine Texte selbst Lesern, die des Russischen nicht mächtig sind, relativ leicht, sie verstehen die Zahlen, die musikalischen Fachtermini, den Industrie- und Militärjargon und können seine Lyrik erahnen. Er erklärte:

> Ich gebe zu, es gibt noch keine internationale Sprache. Aber es gibt internationale Gesten und internationale psychologische Formeln, die Millionen verstehen. Genau das verleiht der proletarischen Psychologie strikte Anonymität, und deswegen dürfen wir einzelne proletarische Einheiten A, B oder C oder 325, 0,75, 0 und so weiter nennen. Psychologische Einebnung und Straffung sind der Geheimschlüssel zur enormen Spontaneität des proletarischen Denkens ... Dieser Prozess wird künftig individuelles Denken über unmerkliche Zwischenstufen in objektive, universelle Klassenpsychologie transformieren: ein System von Schaltern und Kurzschlüssen.[9]

Wahrscheinlich war Gastews *Poesie des Arbeitsschlags* das Vorbild, auf jeden Fall aber ein wichtiger Anstoß zu einem der großartigsten Werke der satirischen Literatur, die die zwanziger Jahre, das Jahrzehnt der Bilderstürmer, hervorgebracht haben: den ebenso witzigen wie radikalen Roman *Wir* von Jewgeni Samjatin.

1884 in der Oblast Tambow rund dreihundert Kilometer südlich von Moskau als Sohn einer Musikerin und eines russisch-orthodoxen Priesters geboren, war Jewgeni Iwanowitsch Samjatin einer der prominenten Bolschewiki der ersten Stunde, er war schon während seines Schiffbauingenieurstudiums in Sankt Petersburg Parteimitglied. 1916 leitete er im britischen Newcastle upon Tyne den Bau von Eisbrechern.[10] Die Protagonisten seines utopischen Romans *Wir* haben keine Namen, sondern Nummern, die Samjatin den Bauplänen zu seinem Lieblingsschiff, der »Sankt Alexander Newski«, entnahm.

Samjatin lässt seinen heroischen Konstrukteur D-503 mit schwärmerischem Enthusiasmus beschreiben, wie der »Einzige Staat« organisiert ist. Nach den Maßstäben seiner in ferner Zukunft existierenden Gesellschaft ist er literarisch gebildet, und in wiederholten Anspielungen auf Gastews Lyrik macht er deutlich, wie stark diese ihn bei der Erschaffung seines Utopias beeinflusst hat:

Wir alle (vielleicht auch Sie) haben schon als Schulkinder das größte aller uns erhaltenen Denkmäler der alten Literatur gelesen, den *Eisenbahn-Fahrplan*. Vergleichen Sie ihn einmal mit der Gesetzestafel, und Sie werden sehen: Das eine ist Graphit, das andere Diamant, beide bestehen aus dem gleichen Element, C, Kohlenstoff, aber wie durchsichtig-klar ist der Diamant, wie leuchtet er! Ihnen geht gewiss der Atem aus, wenn Sie die Seiten des *Fahrplans* entlangjagen. Die Stunden-Gesetzestafel hingegen verwandelt jeden von uns in einen stählernen sechsrädrigen Helden des großen Poems.

Doch seine Menschlichkeit, so verschüttet und bis zur Unkenntlichkeit überformt sie auch sein mag, spielt ihm am Ende einen bösen Streich. Zunächst zeigt sich seine gestörte Funktionsfähigkeit in Zwischenfällen voller Komik, aber mit seiner wachsenden Zuneigung zur schönen E-330 schlägt die Farce in eine Tragödie und zuletzt in blanken Horror um, denn der Einzige Staat verordnet für diese Sorte emotionaler Zusammenbrüche eine Endlösung: Komplettmechanisierung, innerlich wie äußerlich.

Die Tür des Auditoriums an der Ecke war weit geöffnet, langsam kam eine Kolonne von etwa fünfzig Menschen herausgestampft. *Menschen* ist nicht das richtige Wort – nein, es waren keine Füße, sondern schwere, von einem unsichtbaren Triebwerk bewegte Räder, es waren keine Menschen, sondern Traktoren in Menschengestalt.[11]

Samjatin verfasste *Wir* in den Anfangsjahren des bolschewistischen Experiments, was es nicht leicht macht, das Buch einzuordnen. Ist es eine Parodie auf die Fließbandmethodik, wie sie Frederick Winslow Taylor, Prophet der Industrialisierung, angepriesen hatte? Natürlich. Ist es eine bissige Satire auf die Gängelung, die Sowjetrussland unter Stalin bevorstand? Eher nicht, auch wenn es heutigen Lesern schwerfallen mag, das nicht hineinzuinterpretieren. Ist es ein Frontalangriff auf technikversessene, engstirnige Gewerkschafter wie Gastew? Nimmt es die alten Bildungsbürgerdynastien und ihre Schutzherren aufs Korn, Männer wie Felix Dsershinski? Wahrscheinlich beides. Samjatins irrwitzige Entschlossenheit, buchstäblich jede Anmaßung der Bolschewiki aufzuspießen, geht uns verloren, weil das Buch durch die nachfolgenden Ereignisse prophetisch wirkt. Dem Autor wurde sie zum Verhängnis. Sein Roman war das erste Buch, das – im Jahr 1921 – von der Sowjetzensur verboten wurde. 1924 brachte Samjatin *Wir* heimlich bei einem Londoner Verlag heraus, 1927 zirkulierte eine nicht autorisierte russische Ausgabe (eine Rückübersetzung aus dem Polnischen!) in der UdSSR. Damit war Samjatins Karriere in Stalins Reich beendet. Im Herbst 1931 erhielt er schließlich die Erlaubnis auszureisen.

Die idyllische Zeit in Charkiw war Ende 1919 für Alexej und Sofia Gastew jäh mit dem Vorrücken der Weißen Armee unter Denikin vorbei. Sie mussten fliehen und erreichten Anfang 1920 Moskau. Gastew fand Arbeit als Montageleiter bei dem Maschinenhersteller Elektrosila. Hier stürzte er sich zum ersten Mal »in die Analyse der Arbeit von Automaten als den vollkommensten Maschinen« – eine wahrlich nach *Wir* klingende Formulierung für sein wachsendes Interesse an der Ergonomie der Fabrikarbeit. Inspiriert von den Veröffentlichungen Frederick Taylors, wollte Gastew den Maschinen abschauen, wie Menschen einfache Aufgaben ausführen könnten.

Damals verfasste er nebenher noch Gedichte. Die Werke seines letzten Lyrikbandes, *Ein Packen von Ordern*, sollten klingen, als seien sie durch eine Maschine gelaufen, und, wie er in einer

Anleitung schrieb, ohne jedwede Betonung vorgelesen werden: »Der Vortrag soll ausdruckslos sein, ohne Pathos, pseudoklassische Rhetorik und besonders betonte Stellen. Wörter und Sätze folgen einander im selben Tempo.«

ORDER 02

Chronometer, dienstbereit.
An die Maschinen.
Position einnehmen.
Pause.
Geballte Aufmerksamkeit.
Fertigmachen.
Einschalten.
Automatikbetrieb.
Halt.[12]

Solche Ideen setzte Gastew in einem Pilotprojekt praktisch um. Mit fünf, sechs Freunden organisierte er zwei kleine Räume im Moskauer Hotel Elite (heute befindet sich dort das Restaurant Budapest). Wie üblich verbrachten sie einen Großteil ihrer Zeit damit, die Ausrüstung für ihre Arbeit zu beschaffen. Papier und Schreibstifte waren Mangelware, und eine Zeitlang mussten sie sich ohne Tische und Stühle behelfen. In einem Brief vom 21. Oktober 1920 klagte Gastew: »Einer meiner Kollegen, einer, der wirklich wertvolle Beiträge geleistet hat, läuft buchstäblich in Schuhen ohne Sohlen herum, und keiner meiner Mitarbeiter hat eine Unterkunft.«

Doch solche Misslichkeiten hielten Gastew nicht davon ab, seinem Zeit-und-Bewegung-Experiment einen großspurigen Namen zu geben. Als Direktor des »Instituts für Arbeit« wandte er sich an Lenin höchstpersönlich (der damals Taylor-Tabellen an seine Wände pinnte und Ideen für ein eigenes Buch über wissenschaftliches Management sammelte) und bekam tatsächlich die Finanzierung bewilligt. Das Zentralinstitut für Arbeit war aus der Taufe gehoben.

Auch wenn Gastews Ehrgeiz, eine Art sowjetischer Taylor zu

werden, sicher nicht nur Samjatin zum Spott reizen mochte, so lohnt es sich doch, nachzuvollziehen, was er selbst über die Mechanisierung der Fabriken dachte. Gastew, der ja die Arbeit in Werkhallen aus langer eigener Erfahrung kannte, ging es vor allem darum, mittels Automatisierung das Chaos, den Dreck und die Gefahren der alten Ausbeuterbetriebe zu beseitigen – Orte, an denen die Arbeiter, wenn sie nicht schon Finger verloren hatten, in gänzlich unproduktive Fertigungsprozesse eingebunden waren. Aus Gastews Sicht sollte die moderne Fabrik der Arbeit *Würde* verleihen, und er hatte sehr wenig Geduld mit Leuten, die glaubten, Maschinen seien dazu da, ihnen die Arbeit abzunehmen.

Die Leute sitzen wie Oblomow herum und warten auf die Maschine wie auf eine Art Erlöser – eine Maschine, die es unnötig macht, Fähigkeiten zu erwerben oder sogenannte Schwerarbeit zu leisten ... Viele Befürworter des Wissenschaftlichen Managements betrachten Maschinen, wie Figuren in Tschechows *Drei Schwestern* den »diamantenen Himmel« begaffen.[13]

Lenin begrüßte den Taylorismus und dessen Versprechen gewaltiger Produktivitätssteigerungen, war davon aber niemals restlos überzeugt. Er hatte Sorge, ob die neuen Fließbänder, die seine Partei einführte, nicht den letzten Funken Leben aus den Arbeitern saugen würden. Bereits 1914 spießte er in einem Bericht über die Verbesserungen in einer amerikanischen Fabrik Taylors vermeintliche »Fortschritte« fein säuberlich auf:

Zum Beispiel wurden die Handgriffe eines Monteurs während eines ganzen Tages mit der Kamera beobachtet. Nachdem man seine Bewegungen studiert hatte, stellte man ihm eine besondere Bank hin, gerade so hoch, dass der Monteur keine Zeit zum Bücken zu verlieren braucht. Man gab dem Monteur einen Knaben als Hilfskraft bei ... Nach einigen Tagen leistete der Monteur diese Arbeit bei der Montage der Maschine in einem Viertel der Zeit, die er früher gebraucht hatte!

Welch ein Erfolg der Arbeitsproduktivität! ... aber der Lohn des Arbeiters wird nicht auf das Vierfache, sondern höchstens auf das Anderthalbfache erhöht, und auch das nur in der ersten Zeit. Sobald die Arbeiter sich an das neue System gewöhnen, wird der Lohn wieder auf den früheren Stand herabgesetzt. Der Kapitalist streicht gewaltige Gewinne ein, während der Arbeiter viermal so intensiv arbeitet und seine Nerven und Muskeln viermal so schnell erschöpft.[14]

Auch wenn Zweifel blieben – das Land musste regiert werden, die knappen Ressourcen zwangen Lenin zu Entscheidungen. Die praktischen Vorteile schlugen bald alle anderen Überlegungen aus dem Feld. Einzig pragmatische Gründe ließen Lenins Ehefrau, Nadeshda Konstantinowna Krupskaja, ein Loblied auf den Taylorismus singen: »Die Aufgliederung in einzelne Arbeitsschritte und die Einführung schriftlicher Anweisungen erlauben es, weniger qualifizierte Arbeitskräfte auf jedem erdenklichen Posten zu beschäftigen.«[15]

Vor diesem Hintergrund wird klar, warum Gastews ausgefallenes Institut so bereitwillig von offizieller Seite unterstützt wurde. Das hat allerdings, zumindest anfangs, nicht viel geholfen. Das Institut hatte keine Stoppuhren, keine Trainingsgeräte, es fehlte an Heizmaterial, und selbst Lebensmittel waren knapp. Um die Situation in Fabriken zu simulieren, schnitzten sie Maschinen aus Holz.

Gastew wollte alle Grundbewegungen körperlicher Arbeit analysieren, messen und optimieren. »Wir fangen mit den einfachsten, den elementarsten Bewegungen an«, erklärte er, »und schreiten zur Mechanisierung des ganzen Menschen fort.«[16] Tatjana Popowa, die aus einer Textildynastie kam, in Moskau studiert hatte und Gastew sehr bewunderte, schrieb ihrem Ehemann 1924:

Das Zentralinstitut für Arbeit ist ein neues Institut ... Alles wird auf ganz neue Art angegangen, anders, als die Bourgeoisie es getan hat. Das Institut ist bestrebt, die Wissenschaft in die Produktion zu tragen. Die Interessen der Direktoren decken sich mit den Interessen der Metallarbeiter, deswegen untersucht das Institut überwiegend die Arbeit von Metallarbeitern und deren Haupttätigkeiten: Meißeln und Feilen.[17]

Der Unterricht am Zentralinstitut für Arbeit bestand im Wesentlichen aus Drill. Die Schüler standen an Werkbänken in vorgegebenen Positionen, die auf dem Boden markiert waren, übten alle Einzelbewegungen eines Arbeitsablaufs und kombinierten diese zuletzt für die endgültige Durchführung. Das war reinste Reglementierung von Menschen, die in einen choreographischen Rahmen gespannt wurden, und Gastew, damals mit modischem Lippenbärtchen und Bürstenhaarschnitt, war nicht blind für das künstlerische Potenzial seiner Studienreihen. Seine »Sozialingenieurmaschine« – eine gigantische Konstruktion mit Flaschenzügen, Zahnrädern und Gewichten, die keinem erkennbaren Zweck diente – nannte er selbst sein »letztes Kunstwerk«, eine Art Maskottchen des gesamten Projekts, er hätte das Ungetüm gern überall in der UdSSR aufstellen lassen.[18]

Als die Fördergelder flossen, begannen die Unterrichtsräume des Instituts mehr und mehr modernen Fitnessstudios zu gleichen. Arbeiter trainierten an neuartigen Maschinen Bewegungen, die sie zur Handhabung ihrer Werkzeuge brauchten. Auf Schaubildern an den Wänden sahen sie die Bewegungen in kleinste Einheiten zerlegt, nebst Angaben zum Kalorienverbrauch und Anweisungen zum korrekten Hammerschwung oder zum Mauern einer Wand …

Geht man nach der Beliebtheit der Kurse und dem Tempo, mit dem das Institut wuchs, muss der Unterricht recht unterhaltsam gewesen sein. Die Probleme fingen nach der Schulung an, wenn die Schüler das Gelernte anwenden wollten. Das Zentralinstitut bot Gedächtnistraining an und zeigte Lehrfilme, erläuterte aber nicht den Sinn der Bewegungen, die in der Fabrik verlangt wurden. Die klar strukturierten Kurse vermittelten, wie man arbeitete, aber man lernte nichts über das Leben eines Arbeiters. Wer vom Land in die Stadt zog, dort Arbeit suchte und zur Vorbereitung einen Kurs bei Gastew belegte, hatte bessere Chancen, einen Job zu bekommen – im Produktionsbetrieb waren die Absolventen des Zentralinstituts trotzdem ziemlich verloren. Eine Fabrikhalle, auch eine moderne, ist ein unbarmherziger Ort.

Leo Trotzki, damals auf dem Höhepunkt seiner Macht, berief für Januar 1921 eine Konferenz – die Erste Allrussische Initiativkonferenz zur wissenschaftlichen Organisation der Arbeit – ein, auf der diese Probleme besprochen werden sollten. Gastews Zentralinstitut war ein faszinierendes Experiment, die Konferenz offenbarte jedoch, dass es Veränderungsbedarf gab. Es sei, so hieß es, nicht sinnvoll, Handarbeit biometrisch zu erforschen, denn bis die Ergebnisse vorlägen, seien sie angesichts der Automatisierung der russischen Industrie nicht mehr relevant. Gastew musste viel Überzeugungsarbeit leisten, um Behörden und Kritikern die Unentbehrlichkeit seines Instituts für die Wirtschaft zu beweisen.[19]

Auf Fotos wirkt Gastew extrem reserviert, was er wohl auch seinem etwas fies aussehenden Zwicker und der frappierenden Ähnlichkeit mit seinem großen Vorbild Frederick W. Taylor zu verdanken hat. Ein Zeitgenosse beschreibt ihn als »stark angespannte Stahlspringfeder« und strengen Zuchtmeister. Aber er konnte sehr schlagfertig sein, war nicht auf den Mund gefallen und ein verlässlicher, aufmerksamer Freund. Mit ihm auszugehen versprach gute Unterhaltung: Er mochte Athleten und Zirkusartisten, insbesondere Jongleure, Akrobaten und Zauberer, deren Gewandtheit und Präzision körperliches Training in den Rang einer Kunst erhoben.

Gastew gab seine künstlerischen Ambitionen auf, er sei auf Lyrik ausgewichen, schrieb er, weil ihm andere Ausdrucksmöglichkeiten versperrt gewesen seien, und als die »Revolution ausbrach, bot [sie] die Gelegenheit, unmittelbar als Organisator und Schöpfer von etwas Neuem zu wirken«. Allerdings lesen sich seine »praktischen« Schriften kaum weniger surreal als seine Lyrik, wie folgende Kostprobe aus einem Artikel für die *Prawda* im Juli 1922 zeigt:

Der menschliche Körper besteht aus feinsten Motoren, Federn, Reglern und Manometern. Das alles müssen wir erforschen und nutzen. Dafür brauchen wir die neue Wissenschaft der Biomechanik. Sie sollte nicht enggeführt und auf Arbeit beschränkt werden. Auch der Sport mit seinen kräftigen, genauen und zugleich mechanisch leichten, artistischen Bewegungen gehört dazu.«[20]

Gastew stand keineswegs allein auf weiter Flur, im Gegenteil, damals gab es zum Beispiel eine Reihe von Versuchen, Tanzbewegungen aufzuzeichnen und zu kategorisieren. Valentin Parnach – er brachte Jazzbands und Jazzdance nach Russland – entwickelte eine Tanznotation. Ausstellungen kombinierten Nikolai Alexandrowitsch Bernsteins Chronophotographien, Bilder von Bewegungsabläufen, mit Aufnahmen von Ballettvorführungen.

Bernsteins Herangehensweise ist besonders interessant. 1922, mit 26 Jahren, kam er zu Gastew, arbeitete drei Jahre lang bei ihm im Labor für Biomechanik und wechselte dann mitsamt seinem biometrischen Instrumentarium nach Moskau, wo er seine Studien zusammen mit Tatjana Popowa, seiner Schwägerin, an physiologischen Instituten fortsetzte. Ihre Experimente zur »Biodynamik des Klavieranschlags« waren ohrenbetäubend: Unter Sirenengeheul hämmerte ein Pianist konstant auf dieselben Klaviertasten, unterbrochen von gebrüllten Kommandos, alles mit dem Ziel, die »mathematische Struktur der musikalischen Arbeit«[21] zu ergründen.

Bernstein, der sein ganzes Leben in Moskau verbrachte, kam aus einer angesehenen Akademikerfamilie (der Vater war Psychiater, ein Onkel Mathematiker) und kultivierte viele Interessen, spielte Klavier, zeichnete, baute Radios, konstruierte Modelle von Dampfmaschinen und Brücken. Später ersann er Methoden, Bewegungen mechanisch aufzuzeichnen und die Aufzeichnungen mathematisch auszuwerten. Das war eine Großtat: Bewegungen sind in der Regel zu schnell, um sie mit bloßem Auge in der erforderlichen Genauigkeit zu erfassen, und waren valider wissenschaftlicher Forschung erst seit dem Aufkommen des Films zugänglich. Aber selbst unter den verbesserten technischen

Voraussetzungen war es extrem schwer, die einzelnen Phasen einer Bewegung zu registrieren und zu interpretieren. Bernstein brauchte mehrere Jahre, um die erforderliche Mathematik auszutüfteln.[22]

Dann entwickelte er eine Hochgeschwindigkeitskamera, den sogenannten Kymozyklographen, bei dem der Blendenverschluss, ein rundes Plättchen mit Löchern, vor der Linse rotierte und die photographische Platte im Abstand von Sekundenbruchteilen nacheinander belichtet wurde. Damit steigerte er die Aufnahmefrequenz erheblich.[23]

Bernstein sah für seine Experimente ein breites Feld von Anwendungsmöglichkeiten. Er arbeitete mit Musikwissenschaftlern und Mathematikern zusammen und führte eine Zeitlang am Institut für experimentelle Psychologie in Moskau gemeinsame Versuchsreihen mit seinen Kollegen Alexander Lurija und Lew Wygotski durch. Anfangs schätzte er Gastews Maschinenmetaphorik. In seiner ersten wissenschaftlichen Veröffentlichung, die seine Erkenntnisse zur Biomechanik des Arbeitsschlags zusammenfasste, schreibt er:

Die Gesetze der Mechanik gelten überall, für die Dampfmaschine genauso wie für die Drehbank oder die menschliche Maschine. Insofern brauchen wir keine neuen spezifischen mechanischen Gesetze, sondern müssen diese lebende Maschine nur vollständig beschreiben und bestimmen, nicht anders als ein Automobil oder einen Webstuhl.[24]

Im Laufe seiner Forschungen kam Bernstein jedoch zu Ergebnissen, die Gastews Lehre zuwiderliefen: Eine physische Bewegung, etwa der Schlag mit einem Hammer, muss als Ganzes betrachtet werden, als kontinuierliche Handlung – man könne, schrieb er, »kein Detail modifizieren, ohne dass sich auf regelhafte Weise die gesamte Koordination ändert«.

Mit etwas Übung ist es möglich, sich gleichende Nägel wieder und wieder in gleichartige Holzblöcke auf die gleichen Punkte mit der gleichen Kraft zu schlagen. Doch wenn man die Aktionen mit dem Kymozyklographen aufnimmt und die Bewegungsabläufe vergleicht, kommt heraus, dass keine zwei Schläge identisch ausgeführt werden. Das Ergebnis ist immer das gleiche, aber wie es zustande kommt, variiert jedes Mal.

Bernsteins Schlussfolgerung – »die Bewegung reagiert wie ein Lebewesen« – bedeutete in der Konsequenz, dass sich Gastew mit seinem Projekt, menschliche Bewegungsabläufe in mechanische Komponenten zu zerlegen, auf einem Irrweg befand.

1925 hatten sich Bernstein und Popowa von Gastews Gedankenwelt so weit entfernt, dass sie das Zentralinstitut für Arbeit verließen. In den nächsten zehn Jahren arbeitete Bernstein in einer verwirrenden Reihe von Einrichtungen: im Institut für experimentelle Psychologie, im Staatlichen Institut für Arbeitsschutz, im Staatsinstitut für Musikwissenschaften, im Wissenschaftlichen Forschungsbüro für angewandte Prothetik, im Allunionsinstitut für experimentelle Medizin, im Zentralinstitut für Körperkultur …

Je weiter er die Implikationen seiner Entdeckung erforschte, desto deutlicher zeigte sich, wie radikal sie war. Aus ihr folgt, dass alle Handlungen, selbst die einfachsten, einer ihnen übergeordneten Steuerung unterliegen, einer Kontrolle, die nicht aus simplen Reflexen entstehen kann.

Wenn wir unseren Namenszug mit den Zehen in den Sand zeichnen, ähnelt er unserer gewöhnlichen Unterschrift auf dem Papier. Warum sieht unsere Unterschrift stets ziemlich gleich aus, egal, ob wir, wenn wir sie niederschreiben, an diesem Tisch auf diesem Stuhl oder an einem anderen Tisch auf einem anderen Stuhl sitzen? Herkömmlicher Auffassung zufolge ist die Handschrift eine muskuläre Gewohnheit. Doch wenn das zuträfe, dann »würde es jede neue Körperstellung eines Subjekts erfordern, jeweils ein ganzes neues System muskulärer Regulierungen zu entwickeln«, und das sei offensichtlich kompletter Schwachsinn.[25]

Bernstein begann, ein vollkommen neuartiges, revolutionäres Modell der Physiologie zu ersinnen, eines, das das Nervensystem nicht wie Iwan Pawlow mit einer Telefonzentrale vergleicht. An-

fangs hatte er kein Wort dafür: Servomechanismus? Rückkopp-
lungsinstrument?[26]

Und so erfand Nikolai Bernstein ein volles Jahrzehnt bevor
der amerikanische Mathematiker Norbert Wiener den Begriff
prägte, die Kybernetik und riskierte damit die direkte Konfrontation mit Iwan Petrowitsch Pawlow, dem in Russland am meisten verehrten Wissenschaftler.

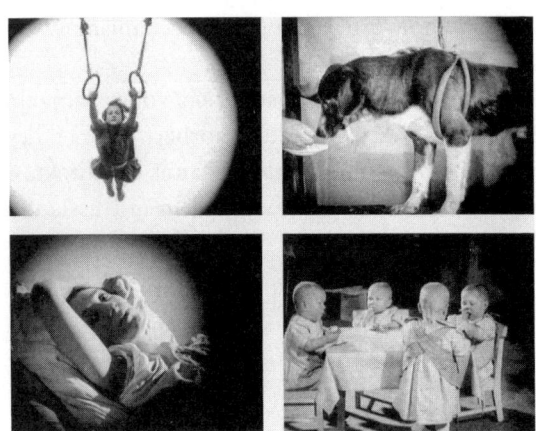

5. WAS TUN MIT DER SEELE?

Der Mensch ist auf keinen Fall ein mit Reflexen
angefüllter Lederbeutel und das Gehirn kein Gasthof für
zufällig gleichzeitig einkehrende bedingte Reflexe.[1]

Lew Wygotski

Iwan Petrowitsch Pawlow wurde 1849 geboren. Mit neun Jahren fiel er von einer Mauer, erholte sich nur langsam und verbrachte die nächsten zwei Jahre überwiegend bei seinem Patenonkel, Abt eines Klosters in der Nähe von Pawlows Geburtsstadt Rjasan, zweihundert Kilometer südöstlich von Moskau. Das einfache, regelmäßige Klosterleben und dessen effiziente Verwaltung beeinflussten später unverkennbar Pawlows Art, seine berühmten Versuchsanlagen zu leiten.

Mit 21 Jahren sagte Pawlow einer kirchlichen Laufbahn und Rjasan ade und schrieb sich an der Sankt Petersburger Militär-medizischen Akademie für ein Studium der Physik und Mathe-

Wsewolod Pudowkins Film *Die Mechanik des Gehirns – Das*
Verhalten von Tieren und Menschen popularisierte Iwan Pawlows
Physiologie als »materialistische« Wissenschaft.

matik ein. Während er dort war, wurde sein verehrter Mentor Ilja Zion, ein freundlicher, aber auch erzkonservativer Herr, von demonstrierenden Kommilitonen aufs Korn genommen, angegriffen und schließlich aus dem Lehramt gedrängt. Die »wilde Episode« entfremdete Pawlow von liberalen Kollegen und prägte seine eher düstere Sicht des russischen Charakters. »Wehe, man sagte etwas, das der herrschenden Meinung widersprach«, rekapitulierte er diese Zeit im Frühjahr 1918 bei einem Vortrag für Medizinstudentinnen. »Dann wurde man niedergezerrt und als Spitzel bezichtigt.«[2]

Vor dem Krieg lebte Pawlow recht luxuriös, schließlich war er Akademiemitglied und Nobelpreisträger. Mit Frau und fünf Kindern residierte er in einer geräumigen Wohnung, sammelte Bücher und Gemälde, verbrachte die Sommer mit seiner Familie auf der Datscha in Finnland, wo er schwamm, Radtouren unternahm und sich mit anderen begüterten und gebildeten Urlaubern traf.

Selbst der stramm monarchistische Iwan Pawlow, der um zwei an der Front kämpfende Söhne bangte, hielt den Zaren spätestens seit dem Untergang der russischen Kriegsflotte vor der koreanischen Küste im Jahr 1905 für unfähig, bezeichnete Nikolaus II. als zurückgeblieben und debil, begrüßte die Revolution 1917 und nannte sich selbst aus Solidarität mit seinen Kollegen einen Liberalen, obwohl er faktisch wesentlich konservativere Ansichten vertrat.

Pawlow war ein streitbarer Choleriker, der nicht davor zurückschreckte, dann und wann Studenten, die ihm auf die Nerven gingen, mit einem Klaps auf den Hinterkopf zur Räson zu bringen. Für ihn zählte nur eins: die Suche nach Wahrheit, nur das ließ er als Tugend gelten, nichts anderes bereitete ihm Freude oder entfachte seine Leidenschaft. Auch Serafima, seine gutmütige, zutiefst religiöse Frau, schwadronierte gern über Fromm und Nutzen der Wahrheitssuche, wollte sie ihrem gottlosen Mann doch in seinen wissenschaftlichen Projekten eine Stütze sein. (Außerdem bekam er schlechte Laune und verließ das Zimmer, wenn sie über etwas anderes redete.)[3]

Ab 1890, in seinem produktivsten Jahrzehnt, erforschte Pawlow die Physiologie der Verdauung am Sankt Petersburger Institut für experimentelle Medizin. Ein ehemaliger Student erinnerte sich:

> Pawlow war nicht sehr eloquent, aber seine Vorlesungen waren erstaunlich interessant ... Er sprach lebhaft und gestikulierte heftig ... Jeder Hörer durfte jederzeit die Hand heben und etwas fragen ... Er wurde traurig, wenn keiner Fragen stellte, er dachte dann, seine Vorlesung wäre schlecht, und flehte: Fragen, Fragen, ich höre keine Fragen![4]

Pawlow brachte seine lange, glänzende Laufbahn damit zu, die Rolle des Nervensystems bei rein körperlichen Vorgängen wie Verdauung oder Blutkreislauf zu erforschen. Dabei versagte er sich in seinen Arbeiten jegliche Bezugnahme auf das Denken, verbot das Wort »Lernen« in seinem Labor und strafte Mitarbeiter ab, die aufs Mentale anspielende Begriffe benutzten. Um die Jahrhundertwende wurde es indes für Pawlow immer schwieriger, den Denkprozess aus seinen theoretischen Überlegungen auszublenden.

Das Problem lag auf der Hand. Etwa ab 1830 hatte sich eine neue experimentelle Disziplin entwickelt, die Psychologie. Sie sollte die Beziehungen zwischen Sinneswahrnehmung, Bewusstsein und Verhalten klären. Man erwartete von ihr, dass sie als eigenständiges Fachgebiet naturwissenschaftliche Beschreibungen mentaler Fähigkeiten und Aktivitäten erarbeite. Doch ein halbes Jahrhundert später hatte sie noch so gut wie nichts erklärt und ein Vakuum erzeugt, in das andere Disziplinen drängten.

In der Einleitung zu seinem 1874 erschienenen Werk *Psychologie vom empirischen Standpunkt* beklagte der deutsche Philosoph Franz Brentano das unwissenschaftliche Nebeneinander mehrerer Psychologien: Die Zeit sei reif, sie in einer Disziplin zu vereinen. Das wollte er mit seinem Buch leisten. Dem Versuch war kein Erfolg beschieden.

William James bekannte 1890 in den *Principles of Psychology* selbstkritisch, er sei sich der Existenz seines eigenen Fachs nicht sicher. 1867 ging er, damals ein junger Mann, nach Deutschland, um die Geburt der neuen Wissenschaft mitzuerleben, und stellte rasch fest, dass deren Vertreter nicht viel mehr taten, als massenhaft psychophysikalische Messungen durchzuführen und darauf zu hoffen, sie würden damit die Seele dereinst naturwissenschaftlich kohärent beschreiben können. So ein Vorgehen, seufzte der Amerikaner, »könnte sich wohl kaum in einem Land entwickelt haben, dessen Bewohner sich leicht gelangweilt fühlen«.[5]

Es gebe keine »Naturwissenschaft des Mentalen«, lautete James' Fazit, nur die Hoffnung darauf. Die hochgelobte »neue Psychologie« sei nicht mehr als

eine Ansammlung nackter Fakten, etwas Tratsch und Gezänk, ein paar rein deskriptive Klassifizierungen und Verallgemeinerungen, das hartnäckige Vorurteil, wir hätten Geisteszustände und die würden von unserem Gehirn konditioniert; hingegen auf weiter Flur kein einziges Gesetz in dem Sinne, wie die Physik uns Gesetze liefert, keine einzige Proposition, aus der irgendeine Folgerung abgeleitet werden könnte.[6]

Leo Trotzki, der die Psychoanalyse in seiner Wiener Zeit aus erster Hand kennengelernt hatte, zweifelte daran, dass ein naturwissenschaftlicher Weg von der Untersuchung des Hundespeichels zu den Ursprüngen der Poesie führe,[7] und bevorzugte gegenüber Iwan Pawlow – immerhin Russlands einziger Nobelpreisträger und eine nationale Ikone –, der sich der Psyche von unten zu nähern versuche, indem er die kleinsten Einheiten mentaler Aktivität, die Reflexe, erforsche, die Vorgehensweise Sigmund Freuds, des Vaters der Psychoanalyse, der sich geistig-seelischen Phänomenen von oben nähere, indem er das Bewusstsein Schicht für Schicht abtrage, um zu den darunterliegenden Strukturen vorzudringen:

Sowohl Pawlow als auch Freud nehmen an, dass die Physiologie der Boden der »Seele« ist. Aber Pawlow geht wie ein Taucher auf den Grund hinunter und erforscht mühsam den Brunnen von unten nach oben, Freud steht oben am Brunnen, steht und versucht mit durchdringendem Blick den Umriss des Bodens durch das Dickicht des sich ewig bewegenden und trüben Wassers zu erblicken oder zu erraten.[8]

Könnten sich die beiden Pioniere, entsprechendes Bemühen und ausreichend Zeit vorausgesetzt, nicht in der Mitte treffen und eine wahrhaft naturwissenschaftliche Psychologie begründen?

Nein, können sie nicht. Und es hakt offenbar an so vielen Stellen, wie es Autoren gibt, die sich dazu geäußert haben. Pawlows Hauptproblem war allerdings praktischer Natur. Die Physiologie erforscht, wie lebende Systeme funktionieren, aber das ist, wie sich gezeigt hat, nur möglich, wenn man alle psychischen Mechanismen, und zwar in buchstäblichem Sinne, herausschneidet. Die berühmteste, äußerst verstörende Beschreibung dieses Problems lieferte Charles Sherrington, ein britischer Physiologe, der herauszufinden versuchte, welche neuronalen Schaltkreise bei der reflexhaften Scharrbewegung von Hunden aktiviert sind, denen man an bestimmten Stellen den Rücken krault. Dabei verstrickte er sich alsbald in groteske Serien bestialischer Vivisektionen, präparierte, das heißt verstümmelte lebende Tiere so, dass er sie wie Marionetten bewegen konnte, und das alles nur, um relativ einfache physiologische Fragen zu klären.

Mehrere Russen, die wichtige Beiträge zur Physiologie leisteten, bissen sich daran die Zähne aus.[9] Iwan Michailowitsch Setschenow war der erste russische Physiologe von europäischem Rang; in Russland erwarb er sich zudem mit seinem 1863 erschienenen spekulativen Werk *Die Reflexe des Großhirns* den Ruf, ein Radikaler und Nihilist zu sein, weil er das menschliche Verhalten vollständig aus Reflexhandlungen erklären wollte. Allerdings gelang es ihm nicht, die Reflexe in einem sinnvollen System zu erfassen, und 1869 gab er auf. Bis zu seinem Tod 1905 widmete er sich vorrangig der Blutgasanalyse und kehrte nur selten zu den großen, gescheiterten Ideen seiner jungen Jahre zurück.

Wladimir Michailowitsch Bechterew schrieb sich 1873 an der Sankt Petersburger Militärmedizinischen Akademie ein, drei Jahre nach Iwan Pawlow, und wurde 1878 zum Doktor der Medizin promoviert. Nachdem er in einer Reihe grausamer Experimente gezeigt hatte, wie anpassungsfähig das Nervensystem ist und welch ausgeprägte Fähigkeit es besitzt, Schädigungen zu kompensieren, ließ er von weiteren Versuchen ab und kam zu der Überzeugung, dass er gar nicht nötig sei, psychischen Vorgängen physische Strukturen zuzuordnen. Stattdessen versuchte er, den Begriff »nervöser Reflex« so weit zu verallgemeinern, dass er ihn auf alle Phänomene, die er beschreiben wollte, anwenden konnte.[10] Frei von der realen, Kopfzerbrechen bereitenden Physiologie, probierte Bechterew nun die verschiedensten Methoden aus – von der Parapsychologie bis zum Marxismus –, um geistig-seelische Phänomene zu ergründen. Solch Dilettantismus hat normalerweise kaum Aussicht auf Erfolg, aber solange es keine kohärente Psychologie gab, regte der Versuch, all die verschiedenen Ideen unter einen Hut zu bringen, zumindest die Leute dazu an, miteinander zu sprechen. 1907 gründete Bechterew das Psychoneurologische Institut, ein extrem bunt gemischter, diffuser und verwirrender Ort, den er sich als »eine Universität der Wissenschaften vom Menschen« wünschte. (Es war eine der ersten Lehreinrichtungen in Russland, in der Männer *und* Frauen zugelassen wurden.) Zu seinen Mitarbeitern gehörten der darwinistische Tierpsychologe Wladimir Wagner, außerdem ein pädagogischer Psychologe, der auf Persönlichkeitsanalysen spezialisiert war, ein liberaler Soziologe, ein Kulturhistoriker und ein Religionsphilosoph. Meinungsverschiedenheiten wurden begrüßt, Kontroversen höflich und mit Witz ausgetragen. Eine kohärente Psychologie kam dabei allerdings nicht heraus.

Und dann gab es da noch Pawlow.

Pawlow war ein akribischer, brillanter Operateur, der kein Blut sehen mochte und seine Versuchstiere gut versorgte. Er hatte eine Technik entwickelt – chirurgische »Fenster«, wie er sie nannte –, Röhrchen, durch die er die Funktionsweise verschiedener Organe ohne Vivisektion studieren konnte. Deswegen war er auch tagein, tagaus mit einem bekannten Phänomen bei Hunden konfrontiert, das er »psychische Sekretion« nannte – den Tieren lief der Geifer nicht nur beim Fressen aus dem Maul, sondern schon wenn sie es vorgesetzt bekamen oder nur hörten, dass es zubereitet wurde.

Er war sich also des psychischen Aspekts vollkommen bewusst, hatte aber diese Art Beobachtungen rigoros aus seiner Arbeit ausgeschlossen, aus dem einfachen und sehr vernünftigen Grund, dass sie darüber keinen Aufschluss geben konnte.

Mit 54, kurz vor der Verleihung des Nobelpreises für seine jahrzehntelange geduldige Erforschung der Nervenbahnen, die die Verdauungssäfte regulieren, änderte er den Kurs und kündigte seinen verblüfften Kollegen 1903 auf einem Physiologen-Kongress als »Thema meiner heutigen Rede« die »Geschichte« an, »wie sich der Physiologe [damit meinte er sich selbst] von rein physiologischen Fragen demjenigen Gebiet von Erscheinungen zuwandte, welche gewöhnlich als ›psychische‹ Erscheinungen bezeichnet werden«.[11]

Dass er sich so spät in seiner Karriere so weit aus dem Fenster lehnte, hat weniger mit Ehrgeiz als mit dem Wunsch zu tun, Fragen, die er als erledigt betrachtete, nicht noch einmal aufzurollen. Der große Fortschritt von Pawlow und seiner Generation war, dass sie physiologische Funktionen mit Nervensignalen erklärten. Ihre Vorgänger hatten noch der Humorallehre angehangen, nach der leibliche Vorgänge chemisch von »Körpersäften« gesteuert werden. Pawlow und seine Kollegen warfen diese mittelalterlichen Vorstellungen mit großem Vergnügen über Bord.

1902 entdeckten die britischen Physiologen William Bayliss und Ernest Starling ein Hormon, das die Bauchspeicheldrüse anregt, Sekret auszuschütten. Die Pankreas, schrieben sie, werde nicht durch Nervensignale, sondern durch ein »humorales Agens« gesteuert. Das löste eine ganze Serie »neohumoraler« Entdeckungen aus, die Pawlows sauberen »Nervismus« bedrohten.

Statt zehn Jahre Arbeit samt allen bisherigen experimentellen Ergebnissen nachzuprüfen, wich Pawlow auf unbestelltes, dünn besiedeltes und weniger umkämpftes Terrain aus: Psychologie. Und während er sich an die Arbeit machte, gab er sich alle Mühe, der zu werden, den Trotzki in ihm gesehen hat: ein bodenständiger Materialist, der mit beharrlichem gesundem Menschenverstand komplizierteste Verhaltensweisen auf einfache, reduktive Weise zu erklären vermag.

Pawlow versuchte, mentale Aktivität aus Reflexen herzuleiten. Angeborene, »festverdrahtete« Reflexe waren Physiologen weltweit vertraut. Pawlow konzentrierte sich stattdessen auf Reflexe, die in der Interaktion mit der Umwelt erlernt werden, und nannte sie »bedingte Reflexe«, weil sie von äußeren Bedingungen abhängen.

Ein bedingter Reflex (auch konditionierter Reflex genannt) wird durch Wiederholung erworben. In Pawlows Laborversuchen erregt beispielsweise ein Summer (entgegen der Legende ist nie von einer Handglocke die Rede) das »höranalytische Zentrum« eines Hundes, eine mehr oder weniger hypothetische Struktur irgendwo in der Großhirnrinde. Dann wird der Hund gefüttert, und das erregt ein anderes Areal, das »Nahrungszentrum«. Zwischen beiden Arealen entsteht temporär eine Nervenverbindung. Nach genügend Wiederholungen ist die Verbindung so stark, dass der Speichelreflex bereits durch das Signal ausgelöst wird – jedoch nur so lange, wie auf den Summton die Fütterung folgt. Kommt kein Fressen, wird der bedingte Reflex »gehemmt«, und der durch den akustischen Reiz ausgelöste Speichelreflex bildet sich zurück.

»Bedingte Reflexe« – das war Pawlows Weg, etwas über psychische Phänomene zu sagen und zugleich weiterhin wiederholbare, demonstrierbare Versuchsergebnisse hervorzubringen, eine Mogelpackung, die es ihm erlaubte, seine Forschungen in die Psychologie zu schleusen und gleichzeitig am laufenden Band Dissertationsthemen für seine jungen Mitarbeiter zu produzieren.

Nicht jeder ließ sich von Pawlows Meinungsumschwung überzeugen. Mit dem acht Jahre jüngeren Wladimir Bechterew, der als praktizierender Arzt vertrauter mit dem Thema war, kam es darüber zum Bruch, obwohl sie eine jahrelange Freundschaft verbunden hatte und sie seit 1895 im selben akademischen Prüfungsausschuss saßen. Die beiden Gelehrten zerstritten sich heillos über die Gehirnfunktionen, bis sie schließlich nicht mehr miteinander redeten und sich sogar weigerten, sich die Hand zu geben. Sechs Jahre nach Bechterews Tod 1927 gestand Pawlow einem Freund: »Jetzt erst merke ich, wie sehr mir die Auseinandersetzungen mit Bechterew fehlen.«[12]

Der tragische Bürgerkrieg verschonte auch Pawlow nicht. Sein Sohn Wiktor, den eine mysteriöse Mission ins Gebiet der Weißen Armee geführt hatte, erlag in Kiew einer Typhusinfektion. Während des Roten Terrors 1918 bis 1920 wurde Pawlows Wohnung mehrfach von der Geheimpolizei durchsucht, einmal nahmen sie seinen ältesten Sohn Wladimir vorübergehend fest. Der dritte Sohn, Wsewolod, war das größte Sorgenkind: Aus Pflichtgefühl gegenüber dem Vaterland hatte er sich der Weißen Armee angeschlossen. Erst 1928 kehrte er nach Hause zurück, und danach lebte die Familie in ständiger Furcht vor seiner erneuten Verhaftung.

In den zwanziger Jahren wurde Pawlow auf Schritt und Tritt beschattet, Spitzel schrieben mit, was er am Institut, auf der Straße und zu Hause äußerte. Die Dauerbelastung hinterließ tiefe Spuren. Pawlow wurde immer cholerischer. Er soll sogar Untergebene geschlagen haben – wer allerdings den Mut hatte zurückzubrüllen, brachte ihn in der Regel wieder zur Vernunft.

Es ist kaum begreiflich, dass er blieb. Bereits im Juni 1920 ersuchte er an höchster Stelle, beim Rat der Volkskommissare, um Erlaubnis, »mit meinen ausländischen akademischen Freunden und Kollegen in (gegebenenfalls auch überwachten) Briefkontakt über Möglichkeiten zu treten, außerhalb meines Heimatlandes eine Stelle zu finden«. Pawlow fühlte sich isoliert, schlimmer noch, er war ein gebrochener Mann: Trotz seiner drei Posten in Forschung und Lehre reichte das Geld nicht, um die Familie durchzubringen.

Ich bin gezwungen, in der Saison als Gärtner zu arbeiten, was in meinem Alter recht beschwerlich ist, und muss auch noch für die Dienstboten einspringen, meiner Frau in der Küche oder beim Wohnungsputz helfen, was zusammengenommen den größten, besten Teil des Tages in Anspruch nimmt. Dabei essen wir beide sehr ärmlich, sowohl hinsichtlich der Menge als auch hinsichtlich der Qualität; seit Jahren haben wir kein Weißbrot gesehen, wochen- und monatelang gibt es weder Milch noch Fleisch, wir ernähren uns hauptsächlich von minderwertigem Schwarzbrot, Hirsebrei und dergleichen, weswegen wir natürlich abmagern und Kraft verlieren. Und das nach einem halben Jahrhundert intensiver wissenschaftlicher Arbeit, die von wertvollen, in der Forschergemeinschaft international anerkannten Ergebnissen gekrönt wurde.[13]

Pawlow trug ein bisschen sehr dick auf. Er kannte Gott und die Welt, und wenn er die UdSSR wirklich hätte verlassen wollen, hätte ihn in jener Zeit keiner aufhalten können. Viel mehr als an einer Erlaubnis auszuwandern war ihm daran gelegen, zu Hause anerkannt und unterstützt zu werden, und dabei wendete er die gleiche Taktik an wie schon gegenüber der Akademie der Wissenschaften und anderen Institutionen: Finanziert uns, sonst emigrieren wir.

Während er auf Antwort wartete, sondierte Pawlow das Terrain und fragte Anatoli Lunatscharski, ob er seine Medaillen zurückhaben könnte. Sie wurden ihm direkt ausgehändigt.

Lenin sah sich in der Zwickmühle, als er über Pawlows Gesuch nachdachte:

Es ist nicht sinnvoll, Pawlow ziehen zu lassen ... als wahrheitsliebender Mensch wird er sich nicht zurückhalten können, sich gegen das Sowjetregime und den Kommunismus in Russland zu äußern, wenn er darauf angesprochen wird. Andererseits ist dieser Wissenschaftler ein großes Kulturgut, ihn zwangsweise und materiell schlecht gestellt in Russland zu halten, ist undenkbar.[14]

Wenig später sah er sich zum Handeln genötigt. Im November 1920 schlug das Schwedische Rote Kreuz vor, die Sowjetregierung solle ihre Dankbarkeit für die großzügige Hilfe, die den Petrograder Krankenhäusern zuteilgeworden sei, mit einer Ausreisegenehmigung für Pawlow zeigen.

Zur selben Zeit landete ein Bericht auf Lenins Schreibtisch, der verdeutlichte, dass Pawlows Klagen ziemlich genau der Realität entsprachen: Sein Institut war tatsächlich geschlossen und eingefroren, von 25 Mitarbeitern waren nur zwei geblieben, die besonders hart im Nehmen waren, und rund hundert wertvolle Versuchstiere waren verendet, nachdem sie Abfälle aus einer Fabrik für Brotersatz gefressen hatten.

Die Angelegenheit duldete keinen weiteren Aufschub. Am 24. Januar 1921 erließ der Rat der Volkskommissare das Dekret »Über die Schaffung von Bedingungen, die die wissenschaftliche Arbeit des Akademiemitglieds I. P. Pawlow und seiner Mitarbeiter gewährleisten« und rief eine Sonderkommission ins Leben (damals natürlich noch unter dem Vorsitz von Maxim Gorki), die die Aufgabe hatte, Pawlow »in kürzester Zeit maximal günstige Bedingungen« für seine Arbeit zu schaffen. Ferner sollte der Staatsverlag Pawlows Werke der vergangenen zwanzig Jahre »in der besten Druckerei der Republik in einer Luxusausgabe« herausbringen, der Verkaufserlös Pawlows Institut zugutekommen. Zudem wurde der Petrograder Sowjet beauftragt, die Wohnung und das Hauptlabor des Herrn Professors »mit maximalen Bequemlichkeiten« auszustatten. Gegen die Verfügung, dass seine Familie die doppelte Lebensmittelration erhalten sollte, sperrte er sich so lange, bis diese »Sonderzuteilung« auch sämtlichen Mitarbeitern zugestanden wurde.

Serafima Pawlowa brachte den Zweck dieser Maßnahmen auf den Punkt: »Erfüllt Iwan Pawlow jeden Wunsch, aber lasst ihn unter keinen Umständen ins Ausland gehen.«[15]

Pawlows Ansatz, höhere Nervenfunktionen mittels Reflexen zu erklären, bereitete manch Kopfzerbrechen. »Die Physiologie steht fast gänzlich im Schatten der Psychologie«, klagte er im

Zusammenhang mit Überlegungen, durch welche Versuchsanordnungen sich mentale Vorgänge beobachten ließen. Aber gerade das ist natürlich das eigentliche Problem: Im Versuchslabor dreht sich alles darum, wiederholbare Ergebnisse zu erzielen, während mentale Vorgänge von Natur aus in hohem Maße veränderlich sind. (Was wäre das für ein Gehirn, wenn es nicht sein Denken ändern könnte?)

Pawlow stand am Ende seines ertragreichen Arbeitslebens, und wie so viele alternde Naturwissenschaftler vor und nach ihm fing er an zu philosophieren. Ohne ausgearbeitete humanwissenschaftliche Methodik und ohne jegliches Datenmaterial zu spezifischen Reflexen von Versuchspersonen leitete er unbekümmert von seinen an Hunden gewonnenen Daten Erkenntnisse über den Menschen ab. Pawlow wollte beweisen, dass tierisches Verhalten auf allen Ebenen aus Ketten bedingter Reflexe besteht. Aus dem Umstand, dass ein Hund darauf abgerichtet werden kann, auf ein Lichtsignal oder einen Summton hin Speichel abzusondern, weil er Futter erwartet, folgerte er, dass auch ein Mensch, der zum Beispiel einkaufen geht, nur einer – natürlich längeren und komplizierteren, aber immer noch identifizierbaren – Kette konditionierter Reize gehorcht.

So hatte er sich das zumindest vorgestellt, aber es funktionierte nicht. Pawlows Hunde reagierten so gut wie nie auf ein zweites vorgeschaltetes Signal (Lichtsignal, Ton, Fressen) mit Speichelfluss und niemals auf das erste von drei Signalen (Elektroschock, Lichtsignal, Ton, Fressen). Reflexketten lassen sich nicht nachweisen. Aber Pawlow, der früher äußerst gewissenhaft großartige Experimente ersonnen und durchgeführt hatte, ging inzwischen ziemlich lax mit seinen Daten um.

Pawlow war nicht der erste große Wissenschaftler, der auf seine alten Tage dubiose Werke veröffentlichte. In seiner 1935 erschienenen Abhandlung »Die gemeinsamen Typen der höheren Nerventätigkeit der Tiere und des Menschen« musste sich der Leser bis zu den letzten paar Seiten vorarbeiten, um etwas über den Menschen zu erfahren, und was Pawlow dort zu sagen hatte, war reine Spekulation. Solche Spätwerke sollten gnädig vergessen werden, aber je hohler und flacher die Auslassungen des alten Herrn wurden, desto mehr ähnelten seine Schriften im Stil jenem Buch, das so rasch zur Bibel der Bolschewiki geworden war: Lenins grob gestricktem Pamphlet *Materialismus und Empiriokritizismus*.

Nach bolschewistischer Lesart hatte Wissenschaft leicht verständlich zu sein. Sie sei es nur deshalb nicht, so wurde argumentiert, weil der Kapitalismus sie in elitäre Einzeldisziplinen aufgespalten habe, in denen Forschung zum Selbstzweck verkomme. Sobald man sie wieder zusammenbrächte, würden sie automatisch geradliniger und überschaubarer werden und über kurz oder lang zu der von Marx vorhergesagten Einheitswissenschaft verschmelzen, mit der sich dann alles aus allem erklären ließe.

Die Bolschewiki hielten die rabiate Simplizität, die aus Lenins erstem philosophischen Werk sprach, für eine Stärke, nicht für eine Schwäche – und jetzt, Jahrzehnte nach seiner Veröffentlichung, belegten Pawlows späte Studien experimentell, wie recht Lenin gehabt hatte mit der Behauptung, das materielle Gehirn produziere ein perfektes Spiegelbild der Welt.

Ihnen erschien Pawlow nicht alt, müde oder ausgebrannt. Mit dem Werk seiner letzten Lebensjahre bestätigte er ihre Ansichten.

In den dreißiger Jahren war es noch möglich, anderer Meinung zu sein als Pawlow. Nikolai Bernstein widersprach ihm seit 1924. Damals hatte er in einem Vortrag an Gastews Zentralinstitut für Arbeit argumentiert, Pawlows Theorie sei nicht in der Lage, menschliche Fertigkeiten zu erklären. Fertigkeiten würden erlernt und praktiziert, um bestimmte Ziele zu erreichen. Sie ließen sich nicht als bloße Reaktionen erklären, sondern setzten Intention voraus – und dieser Aspekt falle in Pawlows Theorie unter den Tisch.

Bernstein blieb bei seiner ablehnenden Haltung gegenüber Pawlow bis zu dessen Tod im Jahr 1936. Es wurde nie von ihm verlangt, seine Ansichten zu ändern oder zu mäßigen, und er schrieb sogar ein Buch, *Aktuelle Untersuchungen zur Physiologie nervaler Prozesse*, das sich äußerst kritisch mit Pawlows

Theorie auseinandersetzte. Es blieb zwar zu Bernsteins Lebzeiten in der Schublade, aber zunächst nicht aus politischen Gründen. Pawlow starb einige Monate bevor es hätte erscheinen sollen, und Bernstein zog es zurück, weil er dem kürzlich verschiedenen Kollegen keinen Dreck nachwerfen wollte. Sein persönlicher Anstand kam die Psychologie teuer zu stehen. Bei Bernsteins zweitem Anlauf, Pawlows Theorie ad absurdum zu führen – nach dem Zweiten Weltkrieg –, schlug ihm ein deutlich frostigeres politisches Klima entgegen, was schließlich dazu führte, dass er in den vorzeitigen Ruhestand gezwungen wurde.

Bernstein, Bechterew und andere Pawlow-Kritiker konnten Einwände vorbringen, aber die wohlwollende Rezeption von Pawlows Werk seitens des bolschewistischen Apparats hatte erhebliche Auswirkungen auf die Organisation ihrer Arbeitsgebiete und darauf, welche Forschungsvorhaben unterstützt und finanziell gefördert wurden.

Das Institut für experimentelle Psychologie an der Staatlichen Universität Moskau wurde 1914 von seinem Gründungsdirektor Georgi Iwanowitsch Tschelpanow offiziell eröffnet. Tschelpanow stand Karl Marx' psychologischen Vorstellungen und allgemein allen Versuchen einer rein materialistischen Erklärung geistig-seelischer Tätigkeiten sehr skeptisch gegenüber. Bis 1923 eckte er damit nicht an, aber dann trieb die Regierung Hunderte »idealistischer« Intellektueller ins Exil. Tschelpanow, der die Räumlichkeiten, die Ausstattung und die Mitarbeiter des Instituts durch die Jahre des Niedergangs und Hungers gerettet hatte, geriet als einer der Ersten unter Beschuss. Den Angriff übernahm Konstantin Nikolajewitsch Kornilow, ein ehrgeiziger Kollege, der einst sein Schüler gewesen war.

Kornilows Herkunft passte hervorragend in die politische Landschaft der Zeit. Er kam aus dem Nichts. Als er sechs Jahre alt war, starb sein Vater, ein kleiner Provinzbuchhalter, wahrscheinlich an Trunksucht. Der Junge erhielt deswegen nur eine sehr rudimentäre Bildung, und dennoch unterrichtete er bereits mit neunzehn an einer Dorfschule, und mit Mitte vierzig hatte es der zweifellos talentierte Aufsteiger zu einer solchen Perfektion gebracht, dass er, wie er fand, die Rolle des Direktors einer sowjetischen Institution wesentlich besser auszufüllen vermochte als der bildungsbürgerlich-elitäre Herr Professor Tschelpanow.

Tschelpanow wehrte sich, drang aber mit seinen Argumenten nicht durch, denn Kornilow beherrschte im Gegensatz zu ihm die drastische, kurz angebundene Rhetorik der Kommissare, die über die Vergabe von Förderungsmitteln zu bestimmen hatten. Eine fruchtbare Entwicklung des Fachgebiets sei nur von einem materialistischen, marxistischen Ansatz zu erwarten, erklärte er auf dem Ersten Russischen Psychoneurologen-Kongress 1923 in Moskau. Die *Iswestija*, das offizielle Mitteilungsblatt der Regierung, veröffentlichte den Vortrag, während Tschelpanow die Broschüre für seine Erwiderung aus eigener Tasche bezahlen musste. Sein Einwand: Wenn sich die Psychologie auf die Erforschung von Reflexen reduziere, vernichte sie sich selbst und werde von der Physiologie verschluckt. Er behielt recht.

Im Dezember 1922 schloss das für die Organisation der Forschungseinrichtungen an der Moskauer Universität zuständige Komitee das Psychologische Institut vorübergehend und entließ seine komplette Belegschaft. Unter dem Deckmantel einer Verwaltungsreform wurde Tschelpanow die Institutsleitung entzogen.[16] Der Posten fiel an Kornilow.

Eine der Neubesetzungen, die Kornilow 1923 vornahm, war der junge Alexander Romanowitsch Lurija, der sich später weltweit in der Psychologie einen Namen machte:

Unser Institut sollte die gesamte Psychologie transformieren, Tschelpanows alten Idealismus zu Grabe tragen und eine neue, materialistische Wissenschaft begründen, eine marxistische Psychologie, wie Kornilow zu sagen pflegte. Dieser Umbau der Psychologie nahm zwei Formen an: erstens Umbenennen und zweitens Umziehen. Soweit ich mich erinnere, bezeichneten wir Wahrnehmung als Empfang von Reaktionssignalen, Gedächtnis als Speicherung und Reproduktion von Reaktionen, Gefühle als emotionale Reaktionen. Kurz, wir benutzten, wo immer es möglich war, den Begriff »Reaktion« und glaubten allen Ernstes, wir täten etwas überaus Wichtiges. Gleichzeitig schafften wir ständig Mobiliar von einem Labor ins nächste, und ich kann mich sehr gut daran erinnern, dass ich, während ich treppauf, treppab Tische schleppte, fest davon überzeugt war, wir würden auf diese Weise die Arbeit neu organisieren und ein Fundament für die sowjetische Psychologie schaffen.[17]

Faktisch änderte sich so gut wie nichts. Kornilows Rhetorik war mehr Show mit wenig Substanz. Einmal auf dem Leitungsposten, ahmte er im Wesentlichen Tschelpanows eklektischen Laisser-faire-Stil nach. Solange seine Assistenten Pawlow'sche Terminologie verwendeten, hatten sie freie Hand.

Für Alexander Lurija war dies ein Freibrief, der es ihm erlaubte, jede Menge verrückter Ideen auszuprobieren.

Er stammte aus einer Medizinerfamilie. Sein Vater war Gastroenterologe und Universitätsprofessor in Kasan, die Mutter Zahnärztin, und seine Schwester wurde Psychiaterin. Im Chaos des Bürgerkriegs gehörte Lurija, gerade mal Anfang zwanzig, schon an einem Institut zum Laborantenteam, schrieb an einem anderen seine Abschlussarbeit, studierte an der medizinischen Fakultät der Universität Kasan und parallel am Pädagogischen Institut und an der Psychiatrischen Klinik, wo er zudem Versuche mit Patienten durchführte (darunter Dostojewskis Enkelin). Außerdem organisierte er eine Jugendgruppe, gründete eine Fachzeitschrift mit dem sperrigen Titel *Probleme der Psychophysiologie der Arbeit und der Reflexologie* und rief die Psychoanalytische Vereinigung Kasan ins Leben (ganz professionell mit eigenem russisch-deutschem Briefkopf). Sigmund Freud glaubte, er hätte es mit einem gestandenen Professor zu tun. In einem Brief vom Oktober 1922, in dem er Lurija »bereitwillig die Autorisation zur Übersetzung meiner Schrift ›Massenpsychologie und Ich-Analyse‹« erteilte, verwendete er die Anrede »Sehr geehrter Herr Praesident«, und er nahm die Psychoanalytische Vereinigung Kasan in die Internationale Psychoanalytische Vereinigung auf.[18]

»Ich wollte eine relevante Psychologie, die unsere Diskussionen über den Aufbau eines neuen Lebens substanziell untermauert«, schrieb Lurija in seinen Memoiren.[19] Am Moskauer Psychologischen Institut beschäftigte er sich mit neuen physiologischen Methoden zur Aufzeichnung motorischer Reaktionen bei psychisch gestörten Patienten. In einer Versuchsreihe wurden die Probanden gebeten, ihre Assoziationen zu bestimmten Wörtern zu äußern und dabei gleichzeitig einen Gummiball zu drücken, der mit einem Messschreiber verbunden war. Lurija verglich die (psychologisch bewerteten) verbalen Antworten mit den (physiologisch bewerteten) motorischen Reaktionskurven.

Bei einem anderen Versuch wurde Probanden unter Hypnose verboten, bestimmte Wörter zu benutzen. Nachdem sie wieder aufgeweckt worden waren, wurden in Tests die Häufigkeit und Stärke der Anfälle von Zittern und Aphasie gemessen, die bei ihnen auftraten, wenn sie gebeten wurden, verbotene Wörter zu wiederholen.

Die Ergebnisse waren vielversprechend, doch die Gefühlsintensität, die Lurija bei den freiwilligen Versuchspersonen hervorrufen konnte, war zu schwach. Er brauchte Probanden mit höherer emotionaler Anspannung und fand sie zunächst in Studenten, denen eine vorzeitige Exmatrikulation drohte (»Säuberungen« aus akademischen ebenso wie aus ideologischen Gründen waren damals an der Tagesordnung). Dann wandte er sich Tatverdächtigen und Kriminellen zu, befragte sie nach ihrer Verhaftung, beobachtete sie während der Verhöre und vor Prozessbeginn. Angst, Wut und Verzweiflung waren bei diesen Versuchspersonen nur zu real, und Lurija fiel etwas Interessantes auf: Personen, die sich als unschuldig erwiesen, reagierten kaum auf Wörter, die ihnen zur Last gelegte Verbrechen bezeichneten.

Im Laufe etlicher Jahre testete er mit seinen Kollegen die Reaktionen von über fünfzig Personen auf neutrale und auf »kritische«, das heißt in Verbindung mit dem Verbrechen stehende Wörter. Am Ende waren sie in der Lage, aus Gruppen von Verdächtigen die tatsächlichen Täter zu identifizieren. Auch wenn die Idee ein halbes Jahrhundert lang keine praktische Anwendung fand (bis Lurija seine alten Aufzeichnungen hervorkramte und sie an ein kriminologisches Institut schickte), so ist es doch angemessen, Lurija als den Erfinder des Lügendetektors zu bezeichnen.

Ein Jahr nachdem Lurija seine Stelle am Moskauer Institut angetreten hatte, fuhren seine wissenschaftlichen Mitarbeiter fast geschlossen nach Petrograd zum Zweiten Psychoneurologischen Kongress und plädierten dort vehement für eine marxistische Psychologie.

Die unübersehbare staatliche Parteinahme für Iwan Pawlow war noch nicht zur Doktrin geworden, noch wurde offen diskutiert, worauf »marxistische Psychologie« hinauslaufen sollte. Sollte Psychologie eine naturwissenschaftliche, experimentelle Ausrichtung bekommen oder, ähnlich der Psychoanalyse, eher zu einem gesellschaftlichen, kulturellen Projekt ausgestaltet werden? Lurija brachte die (immer noch aktuelle) Gretchenfrage auf den Punkt: »Der eine Weg führt zu einer Psychologie, die wissenschaftlich, aber artifiziell ist, der andere führt zu einer Psychologie, die natürlich ist, aber niemals Wissenschaft sein kann, sondern letztlich eine Kunst bleibt.«[20]

In diese Debatte schaltete sich ein Neuling ein: Lew Semjonowitsch Wygotski. Wer ihn zum Petrograder Kongress eingeladen hatte, wissen wir nicht, auch nicht, ob sein kontroverses Thema – die Beziehung zwischen Reflexen und Denken – ursprünglich seine Idee oder als eine Art Probelauf inszeniert war. Es existiert nicht einmal eine Mitschrift des Vortrags, aber er machte mit seinem Vorstoß gegen die damals vorherrschende Neigung, Bewusstsein als psychologische Kategorie zu eliminieren, so nachhaltig Eindruck, dass wir ihn aus den Briefen und Erinnerungen anderer Teilnehmer rekonstruieren können.

Jeder Versuch, Bewusstsein allein aus einfachen Reflexen herzuleiten, sei absurd, erklärte Wygotski, und schon gar nicht ein Grund zu leugnen, dass es Bewusstsein gebe. Was sei Denken – gemäß den aktuellen Theorien – letztlich anderes als inhibiertes Sprechen? Was Menschen sagen, lasse sich wissenschaftlich genauso erfassen wie das, was sie tun. Es gebe keinen Grund, warum die Erforschung der Psyche weniger wissenschaftlich sein sollte als andere Untersuchungen menschlichen Verhaltens. Eine Psychologie, die das Bewusstsein ignoriere, sei nicht wissenschaftlich, sondern auf einem Auge blind.

»Schon die Art seines Auftretens und die Überzeugungskraft seines Vortragsstils erschienen mir ungewöhnlich«, erinnert sich Lurija. »Noch mehr beeindruckte mich der Inhalt seines Vortrags.« Wygotski habe die Auffassung vertreten, »das Bewusstsein müsse der Psychologie als Konzept erhalten bleiben, jedoch mit objektiven Mitteln erforscht werden. Auch wenn es ihm nicht gelang, sämtliche Zuhörer von seinem Standpunkt zu überzeugen, war klar, dass mit diesem Mann aus der westrussischen Provinz zu rechnen war.«[21]

Nach der Rede stürmte Lurija noch vor dem großen Pulk zum Rednerpult. Wygotski, offenbar total überrascht von der Aufregung, die er verursacht hatte, schob gerade seine Papiere zusammen, und Lurija erhaschte einen Blick auf die Blätter: Da stand nichts drauf. Sie waren nur ein Requisit. Lurija wurde klar, dass er vor einem Genie stand.[22]

Wygotski, geboren im November 1896 als Sprössling einer hochgebildeten Familie, wuchs in der Stadt Gomel auf (heute weißrussisch: Homel), die seit Katharina II. zum westrussischen Ansiedlungsrayon für Juden gehörte. Wygotski hätte gern Philosophie und Literatur studiert, doch damit konnte er nur als Lehrer arbeiten, ein Beruf, von dem Juden ausgeschlossen waren. Ihm standen nur zwei Optionen offen: Jura oder Medizin.

Wygotski ergatterte einen der wenigen Medizinstudienplätze, die an der Moskauer Universität für Juden reserviert waren, belegte an der Schanjawski-Volksuniversität Geschichte und Philosophie, stürzte sich in die Moskauer Literaturszene und lernte Vertreter der »formalistischen« Schule kennen – junge kritische Geisteswissenschaftler, die sich insbesondere für Verfahren der literarischen Texterzeugung und den Zusammenhang von Sprache und Bedeutung interessierten. 1915 reichte Wygotski eine Untersuchung zu *Hamlet* als Doktorarbeit ein.[23]

Wygotski arbeitete sich an einem Problem ab, mit dem sich auch Karl Marx im Zusammenhang mit der griechischen Antike beschäftigt hatte: Wie ist es möglich, dass die Schönheit von Werken, die in einer Sklavenhaltergesellschaft entstanden sind, auch danach in der kapitalistischen Ära bestehen bleibt und allem Anschein nach selbst im Sozialismus weiterhin schön ist? Worin liegen die ästhetischen Qualitäten, die all diese Umbrüche überdauern?

Als überzeugter Marxist hatte Wygotski Marx, Engels und Plechanow lange vor der Revolution gelesen, und im Jahr 1924, als ihm eine Stelle am reorganisierten Moskauer Psychologischen Institut angeboten wurde, kannte außerhalb des Kreml wohl niemand den Marxismus so gut wie er.

Shakespeares *Hamlet*, die griechischen Klassiker und andere große Werke der Literatur, schreibt Wygotski, seien zeitlos, weil sie auf einer strukturellen, psychologischen Ebene auf unsere Einstellungen und Erwartungen einwirkten und keine unverrückbaren »Meinungsblöcke« darstellten.

Später begann Wygotski zu untersuchen, wie diese »psychische Struktur«, die so stark auf Schönheit reagiert, aufgebaut ist. Für ihn war Kunst weder ein dekorativer Stoff, mit dem man die menschliche Natur drapiert, noch ein Behältnis für sie. Vielmehr sei Kunst die menschliche Natur *selbst*, schrieb er. Kunst ermögliche es, in das Innenleben anderer Menschen zu blicken und so Eindrücke davon zu gewinnen, wie der Sinn eines Individuums für das eigene Selbst beschaffen sei. Andere zu kennen sei die Grundlage jeglicher Selbsterkenntnis. Mehr noch: »Die soziale Dimension des Bewusstseins ist zeitlich wie faktisch die primäre Erfahrung. Die individuelle, subjektive Dimension des Bewusstseins leitet sich daraus als sekundäre Erfahrung ab.«[24]

Soziale Interaktionen, insbesondere mit den Eltern, vermittelten den Kindern die »psychischen Werkzeuge« zum inneren Sprechen mit sich selbst, und diese internen Dialoge erzeugten das Selbstgefühl. Das Selbst existiere erst, wenn es ausgesprochen und handelnd erfahren werde.

Wygotskis bekanntestes Beispiel ist das Kind, das in Gegenwart der Mutter sein Ärmchen ausstreckt und auf etwas zeigt. Ursprünglich hatte es danach gegriffen, aber der Gegenstand befand sich außerhalb seiner Reichweite. Das missglückte Greifmanöver, die ursprüngliche Geste »um ihrer selbst willen«, wird zu einer Geste »für andere«, weil die Mutter zeigt, dass sie sie als Zeichen deutet, indem sie dem Kind den Gegenstand reicht. Schließlich beginnt auch das Kind, das Ausstrecken der Hand als Geste für andere zu begreifen und diese äußere Handlung als einen Gedanken zu verinnerlichen. So seien »alle höheren psychischen Funktionen internalisierte soziale Beziehungen«.[25]

Er war fasziniert von der Art, wie Kinder lernen, und wurde zu einem der führenden Kinderpsychologen seiner Epoche. Damals hatte eine Disziplin namens Pädologie Konjunktur (den Begriff prägte der amerikanische Psychologe Granville Stanley Hall), eine Art Hybridwissenschaft, die sich einerseits mit Kinderpädagogik und andererseits mit Entwicklungspsychologie befasste. Die Partei hatte ihre bildungspolitische Verantwortung stets sehr ernst genommen und selbst in den Wirren des Bürgerkriegs Forschungen zur Entwicklung und Erziehung von Kindern gefördert. 1922 gab es allein in Moskau über zwanzig pädagogische und psychologische Forschungseinrichtungen, und ständig kamen neue hinzu.

Auf diesem blühenden weiten Feld genoss Wygotski einen Ruf ohnegleichen. Wenn er öffentliche Vorführungen veranstaltete, strömten nicht nur Angestellte des Instituts, sondern Lehrer, Ärzte, Psychologen und Studenten aus der ganzen Stadt herbei. Im Sommer wurden die Fenster geöffnet, damit alle, die drinnen keinen Platz fanden, dem Geschehen wenigstens akustisch folgen konnten. Lew Sankow, der damals bei Wygotski studierte, erinnerte sich:

Viele Beobachter waren erstaunt, wie Wygotski während der Konsultationen mit den Kindern redete. Wygotski schaffte es immer, eine vertrauensvolle Atmosphäre in seinem Umgang mit den Kindern herzustellen, sprach mit ihnen von Gleich zu Gleich und ging stets aufmerksam auf ihre Antworten ein. Im Gegenzug öffneten sie sich ihm gegenüber in einer keinem anderen Examinator entgegengebrachten Weise.[26]

Die Untersuchung einzelner Kinder war wichtig, doch erbrachten Gespräche mit Gruppen von Kindern weit mehr Erkenntnisse. Und so zog es Wygotski, Lurija und andere zu dem auch »Weißer Hort« genannten experimentellen Kinderheim, das Wera Fjodorowna Schmidt 1921 gegründet hatte. Die versierte Psychologin war mit dem bolschewistischen Arktisforscher Otto Schmidt verheiratet, der als Funktionär für die Erschließung der Gebiete nördlich des Polarkreises zuständig war.

Wera Schmidt hatte sich mit Sabina Spielrein zusammengetan, der großen, unbekannten Pionierin der Psychoanalyse, einst C. G. Jungs Klientin und danach seine Geliebte. Später hatte sie in Wien Sigmund Freud unter seine Fittiche genommen, und in Genf war sie 1921 ein paar Monate lang Jean Piagets Analytikerin gewesen. 1923 hatte die seit 1912 verheiratete, mittlerweile siebenunddreißigjährige Psychologin, Ärztin und Mutter eines kleinen Mädchens beschlossen, mit ihrer Familie nach Moskau zurückzukehren, wo sie, ausgerüstet mit jahrelanger Erfahrung im westlichen Ausland und den Kopf voller neuer entwicklungspsychologischer Ideen, in Wera Schmidts Kinderheim zu arbeiten begann. Dort kam sie in Kontakt mit Lew Wygotski und Alexander Lurija, die im Weißen Hort ein und aus gingen, und aus den Schriften beider Männer geht klar hervor, dass sie viel von Spielreins Erkenntnissen über den Spracherwerb von Kindern übernommen haben. Weder der eine noch der andere hat diesen Einfluss in irgendeiner Publikation gewürdigt.[27]

Offiziell hieß Wera Schmidts Einrichtung ab 1922 Kinderheim-Laboratorium »Internationale Solidarität«; den Spitznamen Weißer Hort hatten die Kinder erfunden. Ziel war es, eine geeignete Form frühkindlicher Erziehung zu finden, insbesondere auch für die Millionen obdachloser Waisen in Russland.[28] Das Heim, das sich mit dem Institut für Psychoanalyse ein herrliches Jugendstilhaus in der Malaja-Nikizkaja-Straße teilte, war eines der für jene Zeit typischen reformpädagogischen Projekte. Es orientierte sich stark an Jean Piagets Theorien und ähnelte in mancher Hinsicht Alexander S. Neills experimenteller Summerhill School, die im selben Jahr eröffnet wurde. Im Gegensatz zu

Piaget glaubten die Mitarbeiter des Weißen Horts jedoch, dass ein Kind nur in der Kommunikation mit seiner Umgebung Sprache und soziale Fähigkeiten ausbilden könne. Menschen seien nicht »vorprogrammiert«, sondern entwickelten sich in Wechselwirkung mit der Gesellschaft, in der sie aufwuchsen. Es waren sozialistische Psychologen und Lehrer, die herausfanden, in welcher Umgebung die gesündesten, glücklichsten Persönlichkeiten heranreifen.

Sabina Spielrein erprobte Alternativen zu Disziplinierung und Reglementierung im Vorschulunterricht. Die Kleinen durften malen, kneten oder basteln, die Erzieherinnen und Erzieher schrieben für jedes Kind Berichte und zeichneten Diagramme und Schaubilder zu dessen Entwicklung. Es gab weder Strafen noch übertriebene Unmutsäußerungen. Was die Kinder taten, wurde weder gelobt noch missbilligt, und es wurde streng darauf geachtet, ihre Würde nicht anzutasten. Ein kleines Mädchen, das die Angewohnheit entwickelt hatte, sich mit dem eigenen Kot zu beschmieren, wurde immer wieder ruhig gewaschen und umgezogen und dann mit Buntstiften versorgt, was schließlich dazu führte, dass es sein Interesse aufs Malen verlagerte. Der Ansatz beeindruckte die zahlreichen Besucher aus dem Ausland, darunter auch bekannte Persönlichkeiten wie der radikale österreichische Psychoanalytiker Wilhelm Reich.

Das Kinderheim war das berühmteste einer ganzen Reihe von bolschewistischen Sozialexperimenten, mit denen jahrhundertelange Unterdrückung, Gängelung und Züchtigung überwunden und von rationalen, wissenschaftlichen, humanen Formen gesellschaftlicher Organisation abgelöst werden sollten. Der Verzicht auf Bestrafung war keine Besonderheit des Heims: Das Volkskommissariat für Bildungswesen empfahl allen Erziehungseinrichtungen und Schulen, Strafen, Prüfungen und Hausaufgaben abzuschaffen. Die Begriffe »Schuld«, »Verbrechen« und »Strafe« wurden aus dem ersten Strafgesetzbuch der Sowjetunion von 1919 getilgt, weil sie von den gesellschaftlichen Ursachen kriminellen Handelns ablenkten.

All diese Vorstellungen waren sehr idealistisch und sehr fortschrittlich, doch in einer Gesellschaft, die von Revolution, Bürgerkrieg und Hungersnot erschüttert wurde, erwiesen sie sich als undurchführbar. Nur vier Jahre existierte das Kinderheim-Laboratorium, dann musste es wegen Geldmangels schließen und blieb nur als schmucke Galionsfigur einer sozialen Revolution in Erinnerung, die nie stattgefunden hat. Eines nach dem anderen wurden die progressiven pädagogischen Experimente abgebrochen, bis schließlich selbst die Schutzherrin der Bewegung, Lenins Frau Nadeshda Krupskaja, Abbitte für ihre »linksabweichlerischen Irrtümer« leisten musste.

Wera Schmidt machte gute Miene zum bösen Spiel. Sie habe den Laden 1925 selbst geschlossen, erzählte sie Wilhelm Reich, bestimmte Grundvoraussetzungen hätten schlicht gefehlt. Tatsächlich hatte sich das Projekt nur dank der Unterstützung einer deutschen Genossenschaft am Leben erhalten können, und es gab auch nicht genug psychoanalytisch ausgebildete Fachkräfte, von denen das Gelingen der Arbeit im Heim ja abhing.

In vielerlei Hinsicht war der Weiße Hort ein Fehlschlag. Echte Waisen wurden dort kaum betreut, sondern eher die Sprösslinge der Parteielite inklusive Stalins Sohn Wassili. In intellektueller Hinsicht hingegen war das Experiment ein gewaltiger Erfolg. Es lieferte Wissenschaftlern wie Lurija und Wygotski die empirischen Daten für ihre Umgestaltung der Psychologie.

Wygotski verfasste *Die Krise der Psychologie in ihrer historischen Bedeutung* 1926/27 im Krankenhaus. Ein Tuberkuloseschub fesselte ihn ans Bett. »Eine Woche bin ich nun schon hier«, schrieb er einem Kollegen, »in Sechserzimmern für Schwerkranke, die Betten dicht an dicht wie in einer Baracke, kein Tisch, viel Lärm und Gebrüll. Obendrein fühle ich mich körperlich erschöpft, mutlos und niedergeschlagen.«[29] Während des Bürgerkriegs hatte er seine tuberkulosekranke Mutter und seine beiden Brüder gepflegt (der eine hatte sich ebenfalls mit Tuberkulose, der andere mit Typhus infiziert, beide waren Ende 1918 gestorben) und litt selbst zeitlebens an Tbc-Ausbrüchen, musste sich immer wieder Operationen unterziehen, schmerzhafte Behandlungen und regelmäßige Aufenthalte in überfüllten Kliniken und Sanatorien über sich ergehen lassen. Die Ärzte gaben ihm nur noch ein paar Monate, während er mit seinen Kollegen an dem Buch arbeitete.

Die Krise war ein weiterer mutiger Versuch, zu einer einheitlichen Definition der Psychologie zu gelangen.

Psychoanalyse, Gestaltpsychologie, die Würzburger Schule: Jede Richtung bekämpfte alle anderen, und jede erweckte den Eindruck, sie hätte das universelle Prinzip entdeckt, das alle seelisch-geistigen Phänomene erkläre. Die Zeit war reif für das Eingeständnis, dass die Disziplin zerstritten war und dass dies sicher noch eine Weile so bleiben würde.

Statt die verschiedenen grimmig verteidigten Positionen einzeln zu demontieren, begannen Lurija, Wygotski und ihr Koautor Leontjew noch einmal bei den Grundlagen, werteten die Versuchsergebnisse aus, die sie dank Sabina Spielrein und Wera Schmidt im Kinderheim und in Wygotskis Lernlabor gewonnen hatten, und leiteten die Psychologie als eine Disziplin her, die sich mit allen Fragen rund um die menschliche Entwicklung befasst. Sie gestalteten sie zu einer praktisch orientierten Wissenschaft und ließen in dieses Konzept alles einfließen, was sie über Medizin, Fabrikarbeit und Erziehung wussten.

Wygotski war in seiner Einschätzung des gemeinsamen Projekts eher bescheiden: »Was hat die neue Psychologie erreicht? Nicht viel bislang ... einige methodologische Prämissen, die Umrisse einer Wissenschaft, der Grundriss ... Das Wichtigste ist aber: Die marxistische Psychologie hat einen objektiv und historisch gerechtfertigten Drang in die Zukunft.«[30]

Inzwischen sah Wygotski Pawlow ausgesprochen kritisch. »Der Mensch ist auf keinen Fall ein mit Reflexen angefüllter Lederbeutel und das Gehirn kein Gasthof für zufällig gleichzeitig einkehrende bedingte Reflexe«, schrieb er 1925, und dabei konnte er sich nicht vorstellen, welche Anziehungskraft von dieser Vision ausging.

Pawlows Theorie, die höhere Nerventätigkeit basiere auf Reflexen, hatte gegenüber Wygotskis wesentlich differenzierterer Psychologie einen Riesenvorteil: den Anspruch, sie sei in der Lage, Vorhersagen zu treffen. Sie behauptete, man könne menschliches Verhalten steuern. Damit entsprach sie dem bolschewistischen Ideal einer leicht verständlichen, konsistenten Wissenschaft viel mehr als Wygotskis offenes Eingeständnis, es herrsche Konfusion.

Während die Pawlowianer immer mehr Raum in wissenschaftlichen Zeitschriften und administrativen Gremien erhielten, wurden konkurrierenden Disziplinen die Mittel gestrichen, ihre Theorien attackiert. Es kam zu Institutsschließungen und -verboten. Die Psychoanalyse traf es als Erste. Wie der Marxismus strebte auch die Freud'sche Schule danach, das wissenschaftliche und das literarische Bild vom Menschen in Einklang zu bringen, nur war Freuds Auffassung des menschlichen Schicksals zutiefst tragisch: Der Mensch sei nicht nur Spielball der Geschichte, sondern auch Spielball seiner eigenen animalischen Triebe. Sozialistische Besserungsprogramme waren aus Freuds Sicht zum Scheitern verurteilt – jeder zivilisatorische Fortschritt treibe die Repression nur in immer höhere pathologische Ebenen.

Mitte der zwanziger Jahre war es unter russischen Psychologen üblich, Freuds Lehre zu verhöhnen, während praktizierende Psychoanalytiker als »Spezialisten« toleriert wurden, die, so die herkömmliche Vorstellung, Freud'sche Techniken wie einen Satz Schraubenschlüssel bei der Behandlung psychisch erkrankter Menschen einsetzten. Die Zunft galt als unbedeutend, und das war sie wohl auch in einem Land, in dem es nur wenige Psychiater und noch weniger psychiatrische Einrichtungen gab.

Im Januar 1927 veröffentlichte Trotzki den Aufsatz »Kultur und Sozialismus«, der in den leidenschaftlichen Aufruf gipfelt, Freuds Werk einer wohlwollenden Betrachtung zu unterziehen. Dass dieses Plädoyer von einem Mann stammte, der zur nämlichen Zeit Stalin im Machtkampf um die Führung der Kommunistischen Partei unterlag, versetzte der sowjetischen Psychoanalyse den Todesstoß.[31]

Im April zwang der Gegenwind aus Partei und Gelehrtenzunft Lurija, auf das Amt des Generalsekretärs der Russischen Psychoanalytischen Gesellschaft zu verzichten. 1928, kurz nachdem Trotzki verhaftet und ausgewiesen worden war, verkündete Moshe Wulff seinen Rücktritt als Direktor der Gesellschaft und emigrierte. Sabina Spielrein zog sich nach Rostow am Don zurück. Im Januar 1930 erschien ein Totalverriss der Freud'schen Theorien, verfasst von Aron Borissowitsch Salkind, der sich in früheren Zeiten als einer der begeistertsten Verfechter der Psychoanalyse hervorgetan hatte. Wenig später wurde die Russische Psychoanalytische Gesellschaft aufgelöst. Die letzte ins Russische übersetzte Schrift von Freud erschien 1930. Pädologie, Arbeitspsychologie und angewandte Psychologie wurden sechs Jahre später in einem Aufwasch verboten.

Dem Forschungsbereich wurde übel mitgespielt, und das so schnell und in so vielen Teilgebieten gleichzeitig, dass zum Beispiel Alexander Lurija es nicht richtig ernst nehmen konnte. 1932 veröffentlichte er in den USA eine Zusammenfassung seiner frühen Freud-Monographien unter dem Titel *The Nature of Human Conflicts* und schickte Iwan Pawlow umgehend ein Exemplar.

Am nächsten Tag stürmte Pawlow in Lurijas Büro, kramte das Buch hervor und zerriss es in zwei Hälften, die er auf den Boden schleuderte. Danach erhielt Lurija die offizielle Weisung, nichts mehr zu lehren, zu erforschen oder zu publizieren, das mit Psychoanalyse zu tun hatte.

Im Kampf mit Tschelpanow um die Leitung des Moskauer Psychologischen Instituts hatte Konstantin Kornilow als Erster die Idee einer »marxistischen Psychologie« aufs Tapet gebracht, und genau diese Idee wendete sich nun gegen ihn. 1930 wurde er in einer Sondersitzung von ehrgeizigen jüngeren Kollegen als unzuverlässiger Marxist beschimpft und vor die Tür gesetzt.

Zu dem Zeitpunkt waren die bedeutendsten Köpfe des Instituts, darunter Bernstein und Wygotski, bereits fort. Die Autorentroika der *Krise der Psychologie* versuchte in Charkiw in Bereichen unterzukommen, die ihnen noch offenstanden: Kinderpsychologie, Medizin ... Am 26. Juni 1933 schrieb Alexander Lurija an seine Verlobte Lana Lintschina:

Ich schließe meine Untersuchungen zur Aphasie ab und versuche die Patienten davon zu überzeugen, dass der Bruder des Vaters nicht dasselbe ist wie der Vater des Bruders ... Derzeit stoßen wir auf unglaublich viele interessante Fälle: Agnosie, Agraphie, postnatale Psychosen mit Aphasie ... Wir gehen in der Masse von Fällen der ungewöhnlichsten Art unter. Die Medizin ist mir durch und durch ein Vergnügen: Ich verbringe meine Zeit an der Seite von Wygotski mit pathophysiologischen Studien und, natürlich, mit Gedanken an Dich.[32]

In seinen letzten Lebensjahren dehnte Wygotski seine entwicklungspsychologischen Interessen auf die gesellschaftliche Prägung des Individuums aus. Schließlich übermittelten wir, so sein Gedanke, gewaltige Mengen an Wissen nicht biologisch, sondern kulturell an die nächste Generation, woraus folge, dass das Entwicklungspotenzial von Menschen vom Grad der Ausgereiftheit der Kultur begrenzt werde, in der sie aufwachsen. Das brachte ihn darauf, nach Parallelen zwischen dem Denken von Kindern und dem logischen Denkvermögen sogenannter primitiver Völker zu suchen.

Lurija und Wygotski planten eine Studie der »intellektuellen Funktionen« bei Erwachsenen aus »einer nichttechnischen, nichtschriftlichen traditionellen Gesellschaft«. Die dreißiger Jahre waren in der Sowjetunion nicht die schlechteste Zeit für solche Forschungen, denn die staatlichen Alphabetisierungskampagnen wurden auf die entlegensten Winkel der Föderation und damit auch auf Völker ausgedehnt, die noch nie mit Schulbildung in Berührung gekommen waren. Gemeinsam beschlossen Lurija und Wygotski, in Usbekistan und Kirgisien ihre ambitionierteste Studie durchzuführen. Krankheitsbedingt konnte Wygotski nicht mitfahren, aber Lurija hielt ihn brieflich über den Stand der Forschungsarbeit auf dem Laufenden.

Für die usbekische Landbevölkerung kamen die Veränderungen knüppeldick: Die Schulpflicht wurde eingeführt, die Agrarwirtschaft kollektiviert, und es lief eine Kampagne zur Förderung der Frauenemanzipation. Lurija beobachtete fünf Personengruppen: Analphabetinnen, die von diesen Veränderungen nicht betroffen waren, Bauern in abgelegenen Dörfern, die noch nicht in die Kollektivierung einbezogen waren, Frauen, die eine rudimentäre Ausbildung erhalten hatten, um kleine Kinder zu unterrichten, erfahrene Landarbeiter in Kollektiven sowie Frauen mit einigen Jahren Lehrerinnenausbildung.

Lurija und Wygotski wollten herausfinden, wie sich unterschiedliche Grade kultureller Bildung auf die Art der Weltwahrnehmung von Individuen auswirken. Eines der ersten Experimente bestand darin, Menschen aus verschiedenen gesellschaftlichen Entwicklungsstufen mit klassischen optischen Täuschungen zu konfrontieren. Das Team ging der Frage nach, ob wohl selbst die sehr fundamental scheinenden Wahrnehmungsmuster von der Sozialisation beeinflusst würden. Und in der Tat, die Tests legten diesen Schluss nahe – Lurija telegraphierte die ersten Ergebnisse aufgeregt an Wygotski: »Die Usbeken lassen sich nicht täuschen!«[33]

Die dem Projekt zugrunde liegende Arbeitshypothese – dass Kulturen von »primitiv« bis »hochentwickelt« in eine Rangordnung gebracht werden könnten – würde heute nicht mehr durchgehen. Aber Lurijas Entdeckungen sind faszinierend und grundlegend. »Vormoderne« Menschen ordneten Objekte, die ihnen vorgelegt wurden, nach praktischen Erwägungen (»all diese Gegenstände werden zum Zerkleinern benötigt«) und ignorierten andere, uns sofort ins Auge springende Merkmale vollständig. Keiner kam auf die Idee, alle gelben Dinge auf einen Haufen zu legen. Mehr noch: Dinge nach einem abstrakten Kriterium wie der Farbe zu ordnen, erschien dieser Gruppe »dumm«.

Diese Menschen, schreibt Lurija, hätten ein exzellentes Urteilsvermögen im Hinblick auf Tatsachen, die für sie direkt von Belang seien, und wüssten viel über die Welt, wohingegen ihr theoretisches Denkvermögen rasch an seine Grenzen stoße. Wenn man ihnen erzählte, im hohen Norden gebe es Schnee und die Bären dort seien weiß, ihnen des Weiteren erklärte, Nowaja Semlja liege im hohen Norden, und sie dann fragte, welche Farbe die Bären in Nowaja Semlja hätten, reagierten sie mit Äußerungen wie: »Ich war nie im Norden und habe noch keinen Bären gesehen«, oder: »Es gibt verschiedene Arten von Bären. Wenn einer mit rotem Pelz auf die Welt kommt, dann bleibt er auch rot.«[34]

Sobald die Menschen ein wenig Bildung hatten, reagierten sie ganz anders. Einfache logische Probleme lösten sie mit Bravour, auch benutzten sie häufiger abstrakte Kategorien als praktische.

Lurija schloss daraus, »dass es innerhalb relativ kurzer Zeit zu grundlegenden Veränderungen in der Organisation des Denkens kommen kann, vorausgesetzt, die sozialen und historischen Umstände durchlaufen entsprechend radikale Wandlungen, wie dies etwa nach der Revolution von 1917 der Fall war«.[35]

So weit, so gut und wohlgefällig: Lurija und Wygotski hatten gezeigt, wie effizient das sowjetische Bildungssystem war und welch gewaltiges Verbesserungspotenzial selbst bei den ungebildetsten Sowjetbürgern zur Verfügung stand. Obendrein hatten sie eindeutige Belege für die Formbarkeit psychischer Funktionen und für die von sozialem Fortschritt ausgehende Macht über individuelle Lebenschancen gesammelt. Karl Marx hatte versprochen, die menschliche Natur würde sich im Sozialismus zum Besseren verändern: Hier war der Beleg.

Bei seiner Rückkehr nach Moskau wurde Lurija gleich am Bahnhof von NKWD-Agenten begrüßt. Die Geheimpolizei, das Volkskommissariat für innere Angelegenheiten, hatte sein Telegramm an Wygotski abgefangen und in dem Sinne gedeutet, dass die Usbeken keine Illusionen hinsichtlich der Sowjetmacht hegten. Das absurde Missverständnis konnte offenbar relativ schnell aufgeklärt werden. Aber das half nicht viel. Kritiker warfen Lurija vor, er beleidige nationale Minderheiten, weil er diese als unterlegene Rasse darstelle, die zu rationalem Verhalten nicht fähig sei. 1934 wurde die Usbekistan-Expedition in der Literaturzeitschrift *Kniga i proletarskaja rewoluzija* (Buch und proletarische Revolution) besprochen. Dort hieß es unter anderem:

Statt den Entwicklungsprozess und das kulturelle Wachstum usbekischer Arbeiter zu zeigen, suchen sie nach einer Rechtfertigung ihrer »kulturpsychologischen Theorie« und »finden« identische

Denkweisen bei erwachsenen usbekischen Frauen und fünfjährigen Mädchen. Unter dem Deckmantel der Wissenschaft spielen sie vor unseren Augen mit Ideen herum, die dem national-kulturellen Aufbau Usbekistans schaden.

Derartig bösartige Fehlinterpretationen waren nur allzu verbreitet. Jede psychologische Richtung, die von Pawlows Linie abwich, war politisch unerwünscht. Lurijas Tochter Jelena Alexandrowna gibt in ihren Memoiren einen Ausspruch ihres Vaters wieder: »Man hat mich aller Todsünden bis hin zum Rassismus bezichtigt und gezwungen, das Psychologische Institut zu verlassen.«[36]

Wygotskis Selbstvertrauen war schwer erschüttert. Er schrieb Lurija:

Ich bin immer noch mit tausenderlei Kleinkram beschäftigt. Was ich auch mache, es führt zu nichts. Mein wissenschaftliches Denken driftet ins Reich der Phantasie ab, und mit dem erforderlichen Realismus kann ich nichts zu Ende denken. Alles läuft verkehrt: Ich tue das Falsche, schreibe das Falsche, sage das Falsche.[37]

Wygotski verkraftete nur schlecht, dass Lurija und er die Feldforschung in Usbekistan nicht fortsetzen konnten, und Zeitgenossen, die ihn kannten, sagten, es habe ihn letztlich gebrochen und dazu geführt, dass er von seiner Krankheit besiegt worden sei. Im Mai 1934 erlitt er einen Blutsturz und musste von der Arbeit nach Hause gebracht werden. Wenige Wochen später, am 10. Juni, starb er.

Lurija legte 1937 sein medizinisches Staatsexamen ab und arbeitete danach am Ersten Moskauer Medizinischen Institut unter dem Neurochirurgen Nikolai Burdenko.

Die Krise der Psychologie landete für Jahrzehnte auf dem Müllhaufen der Geschichte, und Pawlow – besser gesagt, ein eng begrenztes bolschewistisches Abbild von Pawlow – erhob sich über ihre Trümmer.

6. DIE EVOLUTION VERSTEHEN

*Während wir im Westen traditionell die Vordertür
benutzten, bevorzugten unsere sowjetischen Kollegen
zeitweise die Hintertür oder bahnten sich sogar einen
Weg durch die Decke.*[1]

Leslie Dunn

Der Augustinermönch Gregor Mendel scheute vor den ganz großen Fragen nicht zurück. In seinen wissenschaftlichen Veröffentlichungen, insbesondere in *Versuche über Pflanzenhybriden*
(1865), ging er der Frage nach, wie es Arten gelingt, neue Formen
auszubilden, wo doch die Nachkommen den Eltern so ähnlich
sehen. Ebenso setzte ihn die Variationsbreite innerhalb einer Spezies in Erstaunen. Wieso, rätselte er, kann ein schwarzes Huhn ein
Ei legen, aus dem ein weißes Huhn schlüpft, das wiederum ein
schwarzes Huhn ausbrütet (und warum eigentlich kein graues)?

Salamandra (1928): Professor Zange (Bernhard Goetzke) herzt
seinen einzigen Freund. Der Film beruht auf dem Leben des
österreichischen Biologen und Lamarckianers Paul Kammerer.

141

Mendel stellte gute Fragen. Noch beeindruckender aus professioneller Sicht war seine Bereitschaft, das Untersuchungsgebiet einzugrenzen und gelassen hinzunehmen, dass er sich nicht alle Themen vorknöpfen konnte.

Er ersann scheinbar einfache Experimente mit der Hybridisierung von Pflanzen – dem Kreuzen verbundener, aber in ihren Merkmalen verschiedener Varietäten derselben Art –, um die kleinste Einheit der Vererbung zu ermitteln, die von einer Generation zur nächsten weitergegeben wird.

Über mehrere Generationen kreuzte er Erbsenpflanzen mit »konstant differierenden Merkmalen«, zum Beispiel Pflanzen, deren Erbsen grün waren, mit solchen, deren Erbsen eine gelbe Färbung hatten, und stellte fest, dass sich die Erbmerkmale in statistisch kohärenter Weise kombinierten und rekombinierten, und zwar in einem Verhältnis, das über die Generationen der Hybridformen und ihrer Nachkommen gleich blieb: Die Pflanzen produzierten gelbe Erbsen dreimal so häufig wie grüne.

Mendels Erklärung für das Verhältnis drei zu eins ist ebenso simpel wie genial. Er unterschied zwischen dominierenden und rezessiven Merkmalen. Dominierende Merkmale, schrieb er, gingen »ganz oder fast unverändert in die Hybride-Verbindung über«, während rezessive Merkmale »in der Verbindung latent werden«, das heißt, »an den Hybriden zurücktreten oder ganz verschwinden, jedoch unter den Nachkommen derselben … wieder unverändert zum Vorscheine kommen«. Bei der Befruchtung werden die Erbfaktoren beider Elternteile kombiniert. Kommt es zu einer Kombination zweier dominierender Faktoren, trägt das Kind das dominierende Merkmal (im Fall von Mendels Erbsen die gelbe Farbe). Das Gleiche geschieht, wenn ein rezessiver und ein dominierender Faktor eine Verbindung eingehen: Wieder wird das dominierende Merkmal exprimiert. Nur bei einer Kombination von rezessiven Erbfaktoren beider Eltern tritt ein rezessives Merkmal zutage, was bedeutet, dass dominante Charakteristika dreimal so oft exprimiert werden wie rezessive Eigenschaften.

dominant	+	dominant	=	dominant
dominant	+	rezessiv	=	dominant
rezessiv	+	dominant	=	dominant
rezessiv	+	rezessiv	=	rezessiv

Mendels Entdeckung bot eine elegante Lösung für das von ihm aufgeworfene Problem. Er hatte die Existenz von Erbfaktoren bewiesen. Wir sprechen heute von Genen.

Hingegen ist ihm nicht das Verdienst zuzuschreiben, die Verbindung zwischen Vererbung und Evolution erkannt zu haben.

In Wirklichkeit verhält sich praktisch kein Lebewesen wie Mendels Erbsen. (Und nicht einmal die gehorchten der simplen Formel vollkommen: Der gute Ordensbruder konnte der Versuchung nicht widerstehen, seine Zahlen ein bisschen zu frisieren.) Erbfaktoren sind keine Lichtschalter, die an- oder ausgeschaltet werden. Sie mischen sich von Generation zu Generation. Das Mischen, die langsame, subtile Modifikation, ist Sinn und Ziel der Vererbung. Wir sehen im Spiegel, wie sich in uns die Eigenschaften unserer Eltern mischen, wir sehen es an unseren Kindern, die unsere Merkmale und die unserer Partner in unvorhersehbaren Kombinationen verkörpern.

Mendel hatte einige begeisterte Anhänger, die glaubten, er habe mit ein paar Erbsen das Geheimnis der Evolution entschlüsselt. Skeptiker wie Ernst Haeckel in Deutschland oder der Russe Kliment Timirjasew äußerten hingegen Zweifel. Eine Zufallsvariation, gaben sie zu bedenken, könne sich nicht einfach auf eine ganze Population übertragen. Das wäre gerade so, als würde man am Strand einen Tropfen Farbe ins Wasser geben und erwarten, dass sich das ganze Meer verfärbe. Ein einzelnes abweichendes Merkmal werde, so vorteilhaft es auch sei, durch die Generationenfolge hindurch immer mehr nivelliert und schließlich vollständig verschwinden. Unterstützung erhielt die Kritik durch mathematische Innovationen jener Zeit. Charles Darwins Cousin Francis Galton, der heute als Begründer der Eugenik gilt, entwickelte eigens neue statistische Verfahren, mit denen er berechnen konnte, dass sich die Nachkommen selbst eines mit den besten Erbeigenschaften ausgestatteten Individuums auf natürliche Weise nach und nach wieder zur Norm der jeweiligen Spezies zurückbilden.[2]

Die Genetik geriet damit auf Jahre hinaus ins intellektuelle Abseits. Wernadskis Assistent Theodosius Dobshanski, später unter dem Namen Dobzhansky einer der berühmtesten Genetiker der Vereinigten Staaten, erzählte, einmal habe ihn einer seiner Professoren angesprochen und allen Ernstes behauptet, Genetik sei nichts weiter als eine vorübergehende Modeerscheinung – warum er seine Zeit mit solch »abwegigem Humbug« verplempere?

Gab es ein Alternativmodell zur Beschreibung der Evolution? Haeckel und Timirjasew stellten die Hypothese auf, dass Modifikationen innerhalb einer Art durch Veränderungen ihrer jeweiligen Umwelt herbeigeführt würden. Populationen, die solchen Veränderungen ausgesetzt seien, passten sich den neuen Bedingungen allmählich an. Das erschien wesentlich wahrscheinlicher als die Annahme, einzelne »Glückstreffer« der Natur könnten sich mittels Vererbung in einer ganzen Population durchsetzen. Diese Theorie geht auf den französischen Naturforscher und -philosophen Jean-Baptiste de Lamarck (1744–1829) zurück, der auch als Erster den Begriff »Biologie« definiert und systematisch verwendet hat.

Lamarcks Argumentation, vorgestellt erstmals 1809 in seinem Buch *Philosophische Zoologie*, klingt überzeugend. Wenn ein Tier schnell sein muss, um Beute zu schlagen, ist Schnelligkeit ein Vorteil. Je schneller es ist, desto mehr hat es zu fressen, und je mehr es zu fressen hat, desto gesünder ist es und desto mehr Nachkommen wird es haben. Die Notwendigkeit, schnell zu sein, um Beute zu machen, ist nicht auf ein einzelnes Tier beschränkt, sondern gilt für dessen Artgenossen insgesamt. Eine ganze Generation, gezwungen, das Jagdtempo zu erhöhen, stellt sich körperlich auf die neue Lebensbedingung ein. Lamarck zufolge gibt diese athletische Generation ihre Muskelstärke an die Nachkommen weiter. Was sie sich mühsam angeeignet hat, ist den nachfolgenden Jungen bereits angeboren. Dass Lamarcks Ausführungen zur Vererbung erworbener Eigenschaften von besonderer Eleganz waren, werden höchstens hartgesottene Biologen bestreiten. Selbst Charles Darwin war davon angetan.

Der Sowjetstaat investierte viel Zeit und Geld in die Popularisierung der Wissenschaften. Es war den Bolschewiki sehr ernst damit, sie wollten ihr Land zum ersten wissenschaftlich geführten Staat der Welt umbauen, und deshalb räumten sie der öffentlichen Vermittlung wissenschaftlicher Kenntnisse hohe Priorität ein. Außerdem hatten sie schnell gemerkt, dass Volksbildung in Form von Vorträgen, Zeitschriftenartikeln und Büchern die Menschen sehr viel wirkungsvoller von den alten Götzen Orthodoxie, Monarchie und Privateigentum abzubringen vermochte als alle gegen die Kirche gerichteten Kundgebungen und Festivitäten, die absichtlich an hohen religiösen Feiertagen veranstaltet wurden und viele Werktätige verstört und verärgert hatten.

Der Wissenschaftskult war eine der Stützen des Sowjetsystems, die Sowjetführung hielt es für ihre Pflicht, Menschen an die Wissenschaft heranzuführen.[3] Die Ironie – »Die Sowjets bringen alle die Verehrung, die sie der Religion genommen haben, jetzt der Wissenschaft entgegen«[4] – blieb westlichen Beobachtern nicht verborgen.

Sowjetische Wissenschaftseinrichtungen (schon 1919 existierten mehr als hundert sogenannte Volksuniversitäten!) nahmen ihre Verantwortung gegenüber der Öffentlichkeit sehr ernst. Das von dem Zoologen Boris Michailowitsch Sawadowski gegründete und geleitete Moskauer Timirjasew-Museum für Biologie spuckte marxistische Populärwissenschaft in beeindruckenden Mengen aus. Sawadowski, der zu den führenden Propagandisten des »Verbandes der kämpfenden Gottlosen« gehörte, ging es vor allem darum, die Evolutionstheorie und Darwins sonstige Ideen zu verbreiten, und dabei – das ist entscheidend – setzten er und die meisten seiner Fachkollegen auf Lamarcks Postulate.

Mit jener Beharrlichkeit, die ihren Ursprung vor allem in dem für Gelehrte typischen, ganz gewöhnlichen Konservatismus hat, hielten sie an der Vorstellung fest, erworbene Eigenschaften könnten vererbt werden. Sie waren mit Lamarck aufgewachsen; seine Ansichten schienen zu den Fakten zu passen, und sie sahen keinen zwingenden Grund, sie zu überdenken. In der ständig wachsenden Menge experimenteller Daten gab es nicht einen einzigen Befund, der Lamarcks Theorien eindeutig widersprach. Im Gegenteil, viele Versuchsergebnisse schienen seine Auffassungen zu untermauern. Setzte man Motten jenen metallischen Salzen aus, die häufig im Brandrauchniederschlag von Industriegebieten vorkamen, nahmen ihre Flügel eine dunklere Färbung an. Durch Verpflanzung von Ovarien und Veränderung der Umgebungstemperatur ließ sich die Verpuppungsfrequenz von Seidenraupen beschleunigen. Bei Taufliegen traten vermehrt Mutationen auf, wenn man die Temperatur erhöhte. (Lamarck-Gegner reklamierten diese Experimente natürlich zugunsten ihrer eigenen Position und interpretierten die Ergebnisse völlig anders.)

Bei aller Ernsthaftigkeit hatte die Bindung marxistischer Wissenschaftler an Lamarck stets auch eine politische Komponente. Marx hatte behauptet, der Sozialismus könne das körperliche und geistige Wohlbefinden der Menschen innerhalb von einer Generation verbessern (so zumindest die Lesart von Lenin und Bogdanow), und die Vererbung erworbener Merkmale schien der einzige denkbare Mechanismus zu sein, der dieses Wunder bewirken konnte. Wie sonst – abgesehen von der Verbesserung der Lebensverhältnisse und einem kräftigen Schuss Optimismus – sollte es Ärzten möglich sein, die unzähligen systemischen Gebrechen und Erbkrankheiten der Menschheit – ihre malignen Tumore, ihre zerschlissenen Herzen, ihren Diabetes, ihre Arthritis – zu behandeln und zu heilen? S.P. Fjodorows Broschüre *Chirurgie am Scheideweg* bringt das Problem auf den Punkt:

Am besten können wir Krankheiten behandeln, deren Ursache wir verstehen. Dabei handelt es sich jedoch um Syndrome, die durch Infektionen, Parasiten, Traumata oder relativ grobe pathologische Veränderungen hervorgerufen werden. Mit unseren konstitutionellen und funktionellen Erkrankungen tut sich die moderne Chirurgie schwer. Sie stellen die größte Herausforderung dar, vor der wir je standen, denn nicht nur die Ursachen sind unbekannt, auch ihr Wesen und ihr Verlauf geben uns Rätsel auf.[5]

Von Ungeduld getrieben, setzten so manche bolschewistische Ärzte auf Lamarcks Vererbungslehre in der Hoffnung, diese Krankheiten innerhalb von einer Generation heilen zu können. 1926 gründete sich innerhalb der Kommunistischen Akademie, einer Einrichtung, die 1918, damals noch unter dem Namen »Sozialistische Akademie«, mit dem Ziel angetreten war, die Akademie der Wissenschaften zu übertreffen und abzulösen, die Gesellschaft materialistischer Biologen. Spätere Ereignisse führten dazu, dass deren Präsident, Isaak Israilewitsch Present, ein doktrinär-marxistischer Philosoph, und die beiden aktivsten Mitglieder des Verbandes – Israil Josifowitsch Agol und Solomon Grigorjewitsch Lewit – zu erbitterten Feinden wurden, aber anfangs sahen sich die Männer als Verbündete, die die Vererbung erworbener Eigenschaften experimentell beweisen wollten.

Agol und Lewit gehörten zur jüngeren Generation sowjetischer Wissenschaftler, die auf Gedeih und Verderb auf die Unterstützung durch bolschewistische Institutionen angewiesen war, denn alle wichtigen Posten innerhalb des akademischen Systems waren von älteren Kollegen besetzt. Insbesondere Solomon Lewit hatte alles der Revolution zu verdanken. Er war 1894 als Sohn der ärmsten Familie von Wilkomir (heute Ukmergė in Litauen) zur Welt gekommen. Seine Großmutter kaufte mit Vorliebe altes Brot, damit nicht zu viel gegessen wurde. Der Vater war Invalide und arbeitete als Nachtwächter. Lewit war der Einzige in der Familie, der eine Bildung erhielt, er finanzierte sich Schule und Studium selbst mit Nachhilfeunterricht und schloss sich schon als Jugendlicher dem »Bund«, der am weitesten links stehenden politischen Organisation im jüdischen Ansiedlungsrayon, und später dann den Bolschewiki an.

Lewit exponierte sich in seiner Wissenschaftlergeneration als der entschiedenste Befürworter von Lamarcks Theorie; die Vorstellung, Gene könnten sich als materielle, physische Entitäten erweisen, erfüllte ihn mit Grauen.

Die »Chromosomentheorie« der Vererbung deprimierte ihn. 1903 hatten der Amerikaner Walter Sutton und im Anschluss an ihn auch der Deutsche Theodor Boveri vorgeschlagen, dass sich Mendels »Erbfaktoren« (die Gene, wie wir heute sagen) in den langen, fadenförmigen Gebilden im Zellkern befänden, die einige Jahre zuvor entdeckt worden waren und Chromosomen genannt wurden, weil sie sich einfärben ließen. Damit eröffnete sich die Möglichkeit, einzelne Chromosomenabschnitte mit Hilfe der Mikroskopie zu identifizieren und über mehrere Generationen zu verfolgen.

Das Problem, das sich ergibt, wenn man Gene als materielle, wie Perlen an einer Proteinschnur aufgereihte Einheiten versteht, liegt darin, dass ihre Zahl begrenzt sein muss und somit auch die Zahl der Variationen, die sie hervorbringen können. Darauf richteten sich Lewits Bedenken. Sollte die Chromosomentheorie zutreffen, würde das bedeuten, dass die Evolution darauf beschränkt wäre, einen festgelegten, seit Urzeiten existierenden Satz Karten immer nur neu zu mischen.

Als Marxist und damit auch Atheist wollte Lewit eine Erklärung, wie diese angeblich alterslosen, unveränderlichen Gene entstanden waren. Seit 1925, als sich die ganze Welt über den Scopes-»Affenprozess« und den US-Bundesstaat Tennessee lustig gemacht hatte,[6] sorgten christliche Fundamentalisten immer wieder mit ihren Äußerungen für Schlagzeilen, und der Gedanke lag nahe, dass sie diese zeitlosen, festgefügten »Zellkörperchen« als Gottes Werk preisen würden.

Was Lewit im Übrigen bestärkte, war der Umstand, dass die Vorstellung, Gene seien ein Kartenblatt mit beschränkten Kombinationsmöglichkeiten, durch keinerlei Fakten gestützt wurde. Die Fossilienfunde sprachen nicht dafür, dass der Natur die Ideen ausgingen. Ganz im Gegenteil.

Für den überzeugten Bolschewiken Lewit, einen Mann der Tat, konzentriert auf Arbeit und das Wohl des Volkes, war jedoch der wichtigste Einwand gegen die Chromosomentheorie praktischer Natur. Der Gedanke, schon das ungeborene Kind besäße eine festgelegte genetische Grundausstattung, an der nichts geändert werden könne, laufe, so Lewit, auf eine mechanistische Prädestinationslehre hinaus, auf eine Art wissenschaftlichen Calvinismus,[7] der viele neue und vielversprechende medizinische Therapieansätze als nutzlos desavouiere. Wenn die Gene der Menschen unveränderbar wären, dann beträfe das auch die Erbkrankheiten und hereditären Beeinträchtigungen, dann könnten Ärzte, Hygienespezialisten und sonstige im Gesundheitswesen tätige Kräfte in solchen Fällen nichts für die Betroffenen tun. Diese Genetik, schrieb Lewit, »schmeckt nach verzweifeltem Pessimismus und Ohnmacht. Wenn pathologische Prozesse von Genen gesteuert werden, die sich ausschließlich unter dem Einfluss ›innerer Kräfte‹, also unabhängig von der Umwelt entfalten, welchen Sinn sollen dann unsere Bemühungen haben, diesen pathologischen Syndromen entgegenzuwirken?«[8]

Solchem Fatalismus wollte Lewit sich nicht hingeben. Da kämpfte er lieber für Lamarck.

Zur selben Zeit führte Paul Kammerer am Institut für experimentelle Biologie der Universität Wien unter Leitung von Hans Przibram interessante Versuche durch, die darauf angelegt waren, die Vererbung erworbener Eigenschaften bei Amphibien nachzuweisen. Der angesehene Wissenschaftler züchtete seit über zehn Jahren in mehreren Versuchsreihen auf verschiedenfarbigen Böden den gefleckten Feuersalamander. Wurden die Lurche auf schwarzer Erde gehalten, verloren sich die gelben Flecken innerhalb weniger Generationen. Fand die Aufzucht hingegen auf gelbem Boden statt, vergrößerten sich die Flecken nach und nach. Kammerer experimentierte auch mit Grottenolmen, die völlig blind sind, aber tief unter der Haut rudimentäre Augen haben. Werden die Olme normalem Tageslicht ausgesetzt, entwickeln sie schwarze Pigmentflecken über den Augen, aber keine Sehfähigkeit. Setzt man sie jedoch rotem Licht aus, entwickeln sie über einige Generationen hinweg große, perfekt ausgebildete Augen. Diese Experimente überzeugten Kammerer, dass spezifische Charakteristika, die sich bei Eltern entwickelt haben, irgendwie an die Kinder weitergegeben werden.

Kammerer, der auch einen gewissen Hang hatte, sich in Szene

zu setzen, zog weitreichende Folgerungen aus seinen Ergebnissen. In einem visionären Buch, das 1924 auf Englisch und 1925 auf Deutsch erschien, *Neuvererbung oder Vererbung erworbener Eigenschaften*, erklärte er vollmundig, wie seine Theorien dazu genutzt werden könnten, die Gesellschaft in eine menschengerechtere Zukunft zu führen. Es gelte, die materiellen Lebensbedingungen zu verbessern, dann würden die Menschen eine Generation von Kindern auf die Welt bringen, die ihren Eltern in jeder Hinsicht überlegen wären. Der Lamarckismus mache uns zu »Werkmeistern der Zukunft«, während Mendels Vererbungslehre nur das Vermengen vorhandener Merkmale zu bieten habe und uns zu »Sklaven der Vergangenheit« degradiere.

Dank seiner Arbeit kam Paul Kammerer weit herum, und die *New York Times* feierte ihn, als er 1923 eine Vortragsreise durch die Vereinigten Staaten unternahm. In Russland wurden Kammerers Thesen mit noch mehr Aufmerksamkeit begrüßt. Eine Übersetzung seines voluminösen Standardwerks *Allgemeine Biologie* erschien dort 1925. Efim Smirnow besprach zwei Jahre später Pawlows und Kammerers Experimente ausführlich in einer großen Abhandlung über »das Problem der Vererbung erworbener Eigenschaften«. Gleich zwei Verlage veröffentlichten Übersetzungen von Kammerers Buch *Das Rätsel der Vererbung*. Und die Begeisterung für den Biologen aus Wien ging noch über diese rege Publikationstätigkeit hinaus. 1926 bot die Kommunistische Akademie ihm die Leitung eines dem Institut Pawlows angegliederten Speziallabors an, wo er seine Vererbungsstudien vertiefen konnte. Kammerer ließ sich nicht lange bitten. Schon zuvor hatte er sich mit jungen Moskauer Bewunderern seiner Lehre getroffen und mit Bildungskommissar Anatoli Lunatscharski über seine wissenschaftlichen Optionen in der UdSSR gesprochen.

(Später räumte Lunatscharski zur Kontroverse zwischen Genetik und Lamarckismus ein: »Ich bin in Biologie nicht hinreichend bewandert, um zu diesem Zeitpunkt mit absoluter Sicherheit sagen zu können, ob die eine Seite oder die andere in dieser Debatte recht hat. Aber es fällt schwer, sich der weltweiten Sympathie für Verfechter der Idee zu entziehen, dass der lebende Organismus hinsichtlich seiner Erbmerkmale unmittelbar von der Umwelt abhänge.«[9])

Kammerer hatte seine Laborausrüstung bereits nach Moskau verfrachten lassen, und er selbst stand kurz vor der Zugreise dorthin, da geriet er in eine Katastrophe, die in Gestalt eines Artikels des Amerikaners Gladwyn K. Noble im Fachblatt *Nature* über ihn kam. Es war eine Fundamentalkritik, die unumstößliche Beweise präsentierte, dass Kammerer die Ergebnisse seines berühmtesten Experiments gefälscht hatte.

Die Versuchstiere, um die es in dieser Kontroverse ging, waren Kröten. Kammerer nutzte für seine neuesten Experimente eine Besonderheit der Gemeinen Geburtshelferkröte *(Alytes obstetricus)*: Sie paart sich im Gegensatz zu anderen Krötenarten an Land.

Bei Kröten, die sich im Wasser paaren, wachsen den männlichen Tieren vor der Paarungszeit an den Fingern kleine Dornen, die ihnen einen festeren Halt an der glitschigen Haut des Weibchens verleihen, während sie es umklammert halten. Diese Brunstschwielen sind aufgrund höherer Melaninkonzentration dunkler als das sie umgebende Gewebe und daher gut zu erkennen. Kammerer züchtete etliche Generationen von Geburtshelferkröten, die er jeweils zwang, sich entgegen ihrer Gewohnheit im Wasser zu paaren, und diese Versuchsreihe, behauptete er, habe schließlich eine Generation hervorgebracht, in der die Männchen Brunstschwielen entwickelten.

Doch wie sollte er seine Ergebnisse beweisen? Die einzige Möglichkeit war, die Tiere zu präparieren und sie vorsichtig durch Europa zu befördern, von Labor zu Labor – und genau das tat er. In Cambridge und London hielt er leidenschaftliche, sachkundige Vorträge über seine Forschungen, und die Kollegen untersuchten derweil unter Leitung des berühmten britischen Genetikers William Bateson mit kritischem Blick die konservierten Tierkörper. Niemand bezweifelte Kammerers fachliche Kompetenz oder seine persönliche Integrität. Amphibien in Gefangenschaft zu züchten ist nichts für schwache Nerven – Bateson, der Kammerers Schlussfolgerungen seit vierzehn Jahren bekämpfte, bewunderte ihn dafür, dass er die Geburtshelferkröten überhaupt dazu gebracht hatte, sich zu vermehren. Weder Bateson noch irgendjemand sonst stellte Kammerers wissenschaftliches Engagement in Frage.[10]

Je länger Kammerer mit seinen haltbar gemachten Kröten umherreiste, desto schneller zerfielen sie. Mehr und mehr Merkmale, die von vornherein schwer erkennbar gewesen waren, entzogen sich der Beobachtung, indem sie schlicht unsichtbar wurden. Schließlich war klar, dass die Präparate höchstens noch eine Prüfung überstehen würden, und die musste natürlich positiv ausfallen.

1926 fuhr Gladwyn Noble vom American Museum of Natural History nach Wien. Gemeinsam mit Kammerers Chef, Hans Przibram, untersuchte er die berühmte Kröte auf Herz und Nieren und stellte fest, dass die dunkle Pigmentierung der vermeintlichen Brunstschwielen nicht aus Melanin, sondern – aus Tusche bestand.

Die Fälschung war so plump, dass mehrere Verschwörungstheorien aufkamen, um sie zu erklären. Wollte ein Konkurrent Paul Kammerer diskreditieren? Hatte Kammerers unmittelbar bevorstehende Übersiedlung in die Sowjetunion eine reaktionäre Hetzkampagne ausgelöst? Oder war ein übereifriger Laborhospitant auf die Idee gekommen, die faulenden Präparate ein bisschen »aufzufrischen«?

Wir werden es nie erfahren. Unmittelbar nach Erscheinen des Artikels am 7. August 1926 schloss Kammerer mit allem ab und schrieb den Verantwortlichen in Moskau einen Brief, in dem er seinen Verzicht auf den Posten erklärte. Er habe den Betrug nicht zu verantworten, schrieb er, sei aber in eine unhaltbare Lage geraten. Am 23. September brach er zu einer Alpenwanderung auf, von der er nicht zurückkehrte. An einem einsamen Ort jagte er sich eine Kugel in den Kopf.[11]

Kammerers Tod bestätigte nur die anrüchige Note seines Rufs, die sich seit langem mit seinem Namen verband. Leute, die ihn persönlich kannten, waren nicht sonderlich verwundert über sein Schicksal. Lunatscharski formulierte es diskret: »Andererseits waren da die ganzen Gerüchte über die andere, dunkle Seite von Kammerers Leben, die gesellschaftlichen und familiären Aspekte usw.«[12]

Kammerer hatte unter manisch-depressiven Schüben gelitten und sich damit seit Jahren selbst im Weg gestanden. Eine Reihe von Affären führte zu persönlichen Brüchen, lange bevor er das Angebot aus Russland erhielt. Kammerers erste Ehe wurde geschieden, auch die zweite hielt nicht lange, und in der Zeit, als Noble seinen Artikel zum Druck freigab, nahm Grete Wiesenthal, seine Geliebte, ihr Versprechen zurück, ihn nach Moskau zu begleiten. Diese Enttäuschung und die mit Nobles Enthüllungen verbundene Blamage hatten das Fass wohl zum Überlaufen gebracht.

In der Art, wie marxistische Biologen und ihre Administratoren auf die Nachricht reagierten, spiegelt sich eine seltsame Mischung aus erschrockenem Mitgefühl und politischer Berechnung. Marx hatte eine Wissenschaft versprochen, die unter sozialistischer Ägide das menschliche Los erleichtern würde. Der Lamarckismus passte nahtlos in dieses Konzept. Wenn sich auch ein großer Lamarck-Adept als Fälscher entpuppt haben mochte, so bedeutete das noch lange nicht, dass der Lamarckismus falsch war!

Israil Agols einfühlsamer Nachruf ist ein Paradebeispiel für diese schrill-defensive Haltung. Er stand Kammerers wissenschaftlichem Werk recht reserviert gegenüber und war der Meinung, dass der Österreicher Lamarcks Ideen nicht in richtiger Weise vertrat. Trotzdem gestand er ihm zu, sein »durchgängig monistischer Materialismus« habe der Biologie den Mystizismus ausgetrieben, und genau deshalb sei er im Westen so heftigen Anfeindungen ausgesetzt gewesen. Die Zukunft der Wissenschaft liege in der Sowjetunion. »Wo sonst als im Land des siegreichen Proletariats konnte [Kammerer] mit kameradschaftlicher Sympathie und Unterstützung für ruhige, objektive wissenschaftliche Forschung rechnen?«[13]

Agol stellte die Bedingungen in seiner Heimat den in den USA herrschenden Verhältnissen gegenüber, wo ein Gesetz verabschiedet werden konnte, das – daran hatte der Scopes-Prozess alle Welt erinnert – die Evolutionstheorie aus den Lehrplänen der Schulen von Tennessee verbannte – einem Bundesstaat, den er ebenso charmant wie falsch zu den »aufgeklärtesten Regionen der Vereinigten Staaten« zählte.

Lunatscharski wusste um das Chaos, das Kammerer im Privatleben angerichtet hatte, aber das hinderte ihn nicht daran, ihn zu einem politischen Märtyrer zu machen. Das kommt deutlich in dem Spielfilm *Salamandra* zum Ausdruck, einem sonderbaren Projekt, das von der Eitelkeit des Volkskommissars zeugt. Als der Film Ende 1928 in den sowjetischen Kinos anlief, war die Forschung schon weiter, Lamarcks Ideen wurden inzwischen von denselben Wissenschaftlern abgelehnt, die Kammerers Berufung nach Moskau befürwortet hatten. Doch der Plot war einfach zu schön, um ihn an ein paar Fakten scheitern zu lassen.

In *Salamandra* arbeitet ein junger Biologe an einer mitteleuropäischen Universität (wir nennen ihn aus Bequemlichkeit Kammerer) mit Salamandern. Ihm ist es gelungen, durch Modifikation von Umweltbedingungen der Tiere eine Veränderung der Farbe in den nachfolgenden Generationen herbeizuführen. Ein böser Priester, der davon erfährt, begreift, dass die Entdeckung die Macht der Kirche bräche, wenn sie an die Öffentlichkeit gelänge *(wieso eigentlich?)*, und verschwört sich mit einem jungen Prinzen, den er zuvor als Kammerers Assistent vermittelt hat (anscheinend wurde das für eine den Adelssprösslingen angemessene Tätigkeit gehalten). Sie überzeugen den Biologen, seine Entdeckung beim nächsten Universitätstreffen bekannt zu geben. In der Nacht vor dem großen Tag verschaffen sich Priester und Prinz Zutritt zu Kammerers Labor, öffnen das Glas, in dem der präparierte Salamander aufbewahrt wird, und spritzen ihm Tinte unter die Haut. Während Kammerers Vortrag nimmt jemand den Salamander aus dem Behälter und taucht ihn in ein Glas Wasser, woraufhin die Tintenfarbe ausläuft. Ein gewaltiger Aufruhr ist die Folge, und Kammerer wird entlassen.

In der nächsten Szene bettelt der junge Forscher mit einem Affen, einem Versuchstier, das sich ihm bei seinem Rauswurf angeschlossen hat, auf der Straße um Kleingeld. Eine seiner ehemaligen Studentinnen (gespielt von Lunatscharskis Frau) entdeckt ihn und eilt schnurstracks nach Moskau, wo sie von Lunatscharski (gespielt von Lunatscharski) empfangen wird, und der zögert keinen Moment, das Opfer vor der bourgeoisen Verfolgung zu retten. In der Schlussszene fährt Kammerer mit der Exstudentin ostwärts. Am Zug flattert ein riesiges Spruchband, auf dem steht: »Ins Land der Freiheit«.

Salamandra war ein Kassenschlager. Der Film hielt sich lange in den Kinos und lief auch sechs Jahre später noch, als Arthur Koestler, der Anfang der siebziger Jahre die wohl bekannteste Kammerer-Biographie im englischsprachigen Raum veröffentlichen sollte, Moskau besuchte. Dass es sich um haarsträubenden Unsinn handelte, ist klar. Alexander Sergejewitsch Serebrowski, ein marxistischer Biologe mit hervorragenden Kontakten zur Partei,[14] schämte sich dafür: »Genosse Lunatscharski ... verknüpft das Problem mit der Frage der Klassenzugehörigkeit. Die revolutionäre Intelligenzija, das Volkskommissariat für Bildung und andere sind für die Vererbung erworbener Eigenschaften, Kleriker, Bankiers, Faschisten und Fälscher dagegen.« Diese Legende fand Serebrowski besonders irritierend, schließlich hatte er sich im Laufe von Jahren als führender marxistischer *Kritiker* lamarckistischer Tendenzen in der Biologie profiliert. Seit wann, fragte er, muss ein Marxist Lamarckianer sein?

Es stellte sich heraus, dass es eine erschreckend genaue Antwort auf Serebrowskis vermeintlich rhetorische Frage gab. Ab wann hatte jeder Marxist Lamarckianer zu sein? Ab 1923.

Auch Iwan Pawlow verschrieb sich Lamarcks Theorie der Vererbung erworbener Eigenschaften. Darin unterschied er sich nicht von vielen anderen Physiologen und Psychologen seiner Generation. Als an Psychologie interessierter Physiologe war ihm allerdings daran gelegen, seiner Loyalität ein Fundament zu schaffen, und er entwickelte und leitete Versuchsreihen, die zeigen sollten, wie erworbene *Verhaltensweisen* an die nächste Generation weitergegeben werden.

Zwischen 1921 und 1923 dressierte einer seiner Mitarbeiter, Nikolai Petrowitsch Studenzow, eine Maus so, dass sie immer erst nach einem Summton zum Futternapf lief. Die Maus war nicht eben gelehrig – fast dreihundert Trainingseinheiten brauchte es, bevor der konditionierte Reflex eingeschliffen war. Anschließend dressierte Studenzow die Jungen der Maus, die den Reflex viel schneller erlernten (nach 114 Wiederholungen), dann die Jungen der Jungen, die bereits nach 29 Wiederholungen den Summton abwarteten, die dritte Generation schaffte es nach elf und die darauffolgende nach nur sechs Wiederholungen, also praktisch sofort. Die erstaunlichen Ergebnisse machten unter Biowissenschaftlern schnell die Runde und kamen alsbald auch Nikolai Konstantinowitsch Kolzow, der Koryphäe unter den russischen Genetikern, zu Ohren.

Kolzow stattete Pawlow einen Besuch ab. Studenzows Experimente, erklärte er, hätten einen Schönheitsfehler. Der Mitarbeiter habe anfangs keine Erfahrung in der Mäusedressur gehabt, und es sei deshalb »gut möglich, dass nicht die Mäuse, sondern der Laborant dazugelernt« habe.

Pawlow war nicht bereit, sich von seinen spektakulären Ergebnissen zu verabschieden. In jenem Sommer tourte er auf Vortragsreisen durch Großbritannien und die USA, und überall unterhielt er sein Publikum mit der Geschichte von Studenzows Erfolg. In dem Artikel zu einem in der Zeitschrift *Science* abgedruckten Bericht Pawlows wird er mit den Worten zitiert: »Ich halte es für wahrscheinlich, dass irgendwann eine neue Generation von Mäusen direkt auf den Summton hin zum Futterplatz läuft, ohne diese Reaktion vorher eingeübt zu haben.«[15]

»Wäre der Artikel nicht im Geiste Pawlows verfasst worden, hätten wir ihn einfach ignoriert«, erinnerte sich Kolzow später. Aber Pawlows Meinung zählte, eine unbesonnene Äußerung von ihm konnte die junge Wissenschaft der Genetik leicht aus der Bahn werfen, und so setzte Kolzow eine konzertierte Zeitungskampagne gegen Pawlows Behauptungen in Gang.

Sie stellte sich als unnötig heraus. Entgegen dem Anschein hatte Pawlow doch auf die kritischen Stimmen gehört, und nach seiner Rückkehr beauftragte er einen seiner erfahrensten Mitarbeiter, Jewgeni Ganike, sich eine belastbarere Versuchsanordnung auszudenken, bei der die Dressur komplett automatisiert ablief. Bei seinem nächsten Besuch im Jahr 1925 traf Kolzow einen reumütigen Pawlow an, der ihm Ganikes Experiment vorführte und freimütig eingestand, dass es Studenzows Ergebnisse entkräftet hatte. »Ich arbeite nur noch mit Hunden, mit Mäusen will ich nichts mehr zu tun haben!«

Ein Beitrag in der *Prawda* beendete 1927 die Debatte, und die Idee, bedingte Reflexe könnten vererbt werden, verschwand aus den Fachzeitschriften. Pawlow selbst richtete ein Laboratorium für verhaltensgenetische Forschungen ein und ließ vor dem Gebäude drei Standbilder aufstellen: von René Descartes, Iwan Michailowitsch Setschenow – und Gregor Mendel.

Aber der Schaden war angerichtet. Vier Jahre lang lebte die russische Öffentlichkeit in der Überzeugung, Iwan Pawlow, der berühmteste Wissenschaftler der Nation, habe die Vererbung erworbener Eigenschaften bewiesen.

Als eingeschworener Bolschewik mit guten Verbindungen bekämpfte Alexander Serebrowski Lamarcks Ideen in der Bastion sozialistischer Forschung und Lehre: der Kommunistischen Akademie.

Gleichzeitig wurde er in den intellektuellen Kosmos seines alten Mentors Nikolai Kolzow gezogen, und das, obwohl es zwischen den beiden Männern gravierende politische Differenzen gab. Kolzow war politisch verdächtig: Er kam aus einer wohlhabenden Familie (seine Mutter war mit dem Theaterregisseur Konstantin Stanislawski verwandt), und er hatte auch schon im Gefängnis gesessen, wo ihm die Hinrichtung angedroht worden war. Unbeschadet dessen sah Serebrowski das Genie des Mannes, der Pawlow zu einem Kurswechsel bei seinen Mäuseversuchen veranlasst hatte, und unterstützte tatkräftig Kolzows unabhängige Wirkungsstätte, das Institut für experimentelle Biologie.

Kolzow hatte wie viele andere als Liberaler 1911 die Moskauer Universität verlassen. Danach hatte er innerhalb eines

Jahres ein herausragendes zoologisches Programm auf die Beine gestellt und ein Forschungslabor an der Schanjawski-Volksuniversität eingerichtet, wo unter anderem Serebrowski und Michail Sawadowski (der ältere Bruder des Darwin-Verfechters Boris Sawadowski) studierten. Sein zweites Standbein waren die Bestushew-Kurse, eine im neunzehnten Jahrhundert gegründete Höhere Lehranstalt für Frauen, auch dort hatte Kolzow ein Labor.

Um die Jahrhundertwende war die Biologie immer noch eine deskriptive Wissenschaft. In seiner ersten Publikation befasste sich Kolzow mit der Entwicklung des Beckens bei Fröschen, räumte jedoch gleichzeitig ein, dass »die Möglichkeiten und die Kraft einer rein beschreibenden Forschung ausgeschöpft« seien. Auslandssemester, Aufenthalte an den meeresbiologischen Instituten in Neapel, Rostow und der russischen Station in Villefranche ermutigten ihn dann, neue, experimentelle Wege zu beschreiten: Genetik, Zytologie, Protozoologie, Hydrobiologie, physikalisch-chemische Biologie, Endokrinologie, experimentelle Embryologie und sogar Tierpsychologie.[16]

1913 wurde Kolzow Mitherausgeber der neu gegründeten populärwissenschaftlichen Zeitschrift *Priroda* (Natur). Drei Jahre später, Ende 1916, gründete er mit Geldern des russischen Eisenbahnmagnaten G. M. Mark das Institut für experimentelle Biologie. Es residierte im Moskauer Geschäftsviertel in einem opulenten, von der Stadtduma gestifteten Gebäude, und Kolzow setzte seine Lieblingsmitarbeiter von der Schanjawski-Universität, unter anderem Serebrowski, auf die neu geschaffenen Stellen.

Kolzows Geschick, private Geldgeber zur Finanzierung von Forschungsprojekten zu bewegen, half ihm bei den Verhandlungen mit den Bolschewiki. Er fand rasch Unterstützer im Gesundheitskommissariat, im Landwirtschaftskommissariat und bei der KEPS, der Kommission zur Erforschung der natürlichen Produktivressourcen Russlands, die Wladimir Wernadski und Alexander Fersman 1915 ins Leben gerufen hatten.

Doch der illustre Rückhalt bewahrte sein Institut nicht vor Revolution und Bürgerkrieg.

Da sich jeder Student seinen Lebensunterhalt verdienen musste – durch Vorträge, die er hielt, durch Zimmermannsarbeiten, Löten, Reparieren, je nachdem –, sorgte Kolzow dafür, dass sein Labor rund um die Uhr geöffnet war. Jeder kam, wann er konnte – morgens, tagsüber oder nachts … Sie fertigten Präparate an, lernten Arten bestimmen, legten lebende Kulturen an. Jeder hatte seine Amöben-, seine Geißeltierchen- und Infusorienkultur. Alle Stadien der Teilung und Vermehrung mussten festgehalten, verglichen, gezeichnet werden. Das Gleiche mit Schwämmen, Hohltieren. Und alles machten sie selbständig. Sie sezierten alle möglichen Tierchen, beobachteten die Regenerierung und Transplantation bei Kaulquappen und Wassermolchen. Jeder suchte, entdeckte, staunte, irrte, fragte selbst, fühlte sich als Forscher.[17]

Es war ein angenehmes, produktives Arbeitsumfeld, die politischen Divergenzen zwischen Serebrowskis revolutionärer und Kolzows bürgerlicher Generation blieben draußen vor der Tür – jedenfalls bis zu jenem Tag im Jahr 1920, an dem die Tscheka behauptete, sie habe einen antibolschewistischen Geheimbund namens Taktisches Zentrum ausgehoben. Diese Organisation, so die Tscheka, sei gegründet worden, um eine konspirative Gegenregierung in Moskau zu etablieren, welche die Stadt auf die Eroberung durch die Weiße Armee unter General Denikin habe vorbereiten sollen. Was genau die Hüter der Revolution aufgespürt hatten, ist niemals ganz geklärt worden. Es sind keine Anhaltspunkte für die Existenz einer Gruppe bekannt, die in der Lage gewesen wäre, einen bewaffneten Aufstand in Moskau anzuzetteln. Eher ist anzunehmen, dass es sich nur um einen losen Zusammenschluss einiger Querulanten gehandelt hat.

Die Tscheka nutzte die angebliche Verschwörung als Carte blanche, um gegen hochrangige Widersacher vorzugehen. Selbst der Sekretär der Akademie der Wissenschaften, Sergej Oldenburg, landete kurzfristig im Gefängnis. Kolzow wurde am 19. August 1920 festgenommen. 24 Menschen wurden an jenem Tag durch Erschießungskommandos exekutiert, doch Kolzow kam nach 38 Stunden Haft, die er ohne einen Bissen zu essen verbringen musste, wieder frei. (Wahrscheinlich hatte er seine Rettung Maxim Gorki zu verdanken. Die beiden waren sich vor der Revolution mehrfach im italienischen Exil begegnet.)

Kolzow nahm die schreckliche Erfahrung mit beachtlicher Gelassenheit hin. In der ersten Nummer der Institutszeitschrift ergänzte er seinen Artikel über die Folgen von Unterernährung um eine lakonische Fußnote in eigener Sache und berichtete, wie viel Gewicht er im Gefängnis verloren hatte. Seit der Haft war er allerdings auf der Hut: Seine Artikel lassen den Witz früherer Arbeiten vermissen und verzichten auf politische Anspielungen.

Serebrowskis persönliches Verhältnis zu Kolzow kühlte in den Jahren nach der Affäre um das Taktische Zentrum allmählich ab, was sich jedoch kaum auf die berufliche Beziehung beider Männer auswirkte. Serebrowski zog nach Anikowo an der Moskwa westlich der Hauptstadt und züchtete auf der institutseigenen Feldstation Hühner.

Serebrowski war Kolzows Fachmann für Genetik. Das war ein Forschungsbereich, den Kolzow unbedingt mit seinem Institut besetzen wollte, denn wer landwirtschaftlich relevante Dinge wie Ackerbau, Geflügel- oder Viehzucht erforschte, konnte mit staatlicher Finanzierung rechnen. Zudem hatte die Genetik den Vorteil, dass sie damals vorwiegend auf dem Papier betrieben wurde und kaum importierte Laborausrüstung erforderte. Serebrowskis Hühnerstudien waren so grundlegend für die Entwicklung des Fachs, dass seine Aufsätze bis in die siebziger Jahre übersetzt und nachgedruckt wurden. Außerdem half das Geflügel sehr viel direkter über die Nöte des Bürgerkriegs hinweg, einer Zeit, in der so manches seiner Studienobjekte als Braten auf den Tisch kam. (Das ist kein Witz: Kolzow rettete mehrere Kollegen vor dem Hungertod, indem er sie auf Versuchsstationen außerhalb Moskaus versetzte.)

Unterdessen gewann Kolzow einen weiteren begabten Mitarbeiter hinzu. Sergej Sergejewitsch Tschetwerikow interessierte sich nicht so sehr für Politik und stand Kolzow auch in seiner gesellschaftlichen Herkunft näher (die Männer waren sogar entfernt verwandt), sein Vater wie seine Mutter stammten aus wohlhabenden Textilfabrikantenfamilien. 1895, mit fünfzehn, begann Sergej Schmetterlinge zu sammeln. Der Vater, vom Berufsziel des Sohnes – Zoologe – einigermaßen beunruhigt, schickte ihn umgehend nach Dresden auf eine Ingenieurschule, aber es war hoffnungslos; im Laufe des Jahres gab er nach, und Sergej schrieb sich für ein Studium der Vergleichenden Anatomie an der Staatlichen Moskauer Universität ein.

Tschetwerikow entpuppte sich als brillanter Theoretiker, aber weder diese Fähigkeit noch die entfernte Verwandtschaft sicherten ihm die Stelle an Kolzows Institut; ausschlaggebend für seine Aufnahme war vielmehr der Umstand, dass er in der Lage war, Beobachtungen an Insekten durchzuführen, ohne sie zu töten.

Im selben Jahr, als Serebrowski anfing, Hühner zu züchten, bekam Kolzow von Freunden in Deutschland Thomas Hunt Morgans Werk *Die stoffliche Grundlage der Vererbung* zugeschickt, in dem der Genetik-Pionier seine Experimente an der Columbia University detailliert beschreibt. Das war die unangefochtene Bibel des neuen Wissenschaftszweigs. Eine Zeitlang besaß Kolzow das einzige Exemplar in ganz Russland. Es wurde zwischen Petrograd und Moskau hin- und hergeschickt und schließlich aus dem Einband geschnitten, damit mehrere Studenten Kolzows die einzelnen Kapitel gleichzeitig übersetzen konnten.

In einem winzigen Labor hatte Morgan zusammen mit Alfred Sturtevant, Calvin Bridges und Hermann Muller das Genom eines Lebewesens, der Taufliege *Drosophila melanogaster*, zu entschlüsseln begonnen.[18] Um die Arbeit zu beschleunigen, hatte das Team jede sich bietende technische Möglichkeit genutzt, unverwechselbare Mutationen zu erzeugen. Eine vielversprechende Option war, Taufliegen Röntgenstrahlen auszusetzen. Als gewissenhafter Forscher wünschte Kolzow, dass die Experimente der Amerikaner an seinem Institut wiederholt würden, und betraute Dmitri Romaschow mit dieser Aufgabe. Dieser hatte jedoch genauso wenig Erfahrung mit Insekten wie alle anderen Mitarbeiter am Institut, und die Versuche missglückten. Da fiel Kolzow Tschetwerikow ein, den er von den Bestushew-Kursen her kannte – Tschetwerikow hatte dort einen Insektenraum eingerichtet. 1921 bat er ihn, dem Massensterben von Taufliegen am Institut für experimentelle Biologie Einhalt zu gebieten.

Tschetwerikow war ein akribischer Sammler und begabter Zoologe, und seine Interessen reichten weit über die praktische Tätigkeit am Institut hinaus. Angeregt von seinem Bruder Nikolai, einem Mathematiker, hatte er begonnen, biometrische Forschungen zu betreiben und ganze Insektenpopulationen mittels statistischer Verfahren und sorgfältiger Messungen zu beobachten. Sein erster beachtenswerter Text, »Wolny shisni« (Wellen des Lebens, 1905), handelt von Fluktuationen im Vorkommen verschiedener Schmetterlinge und Motten in der Umgebung der Familiendatscha:

> Man kann ohne Übertreibung sagen, dass die Fauna keine Minute beständig ist … Jeder, der sich je etwas genauer mit der Fauna eines Ortes beschäftigte, weiß, dass kein Jahr dem anderen gleicht: Was letztes Jahr selten vorkam oder ganz fehlte, ist dieses Jahr in Hülle und Fülle vorhanden, und umgekehrt muss man dieses Jahr mühsam suchen, was einem im letzten Jahr auf Schritt und Tritt begegnete.[19]

»Wellen des Lebens« beschreibt, wie sich Schwankungen in der Größe einer Population auf die Menge der von ihr entwickelten Variationen auswirken. Es war der erste Schritt in dem Unterfangen, die Genetik mit der Evolutionstheorie in Einklang zu bringen; Tschetwerikow behauptete später, die Abhandlung habe »in russischen Leserkreisen für eine Sensation gesorgt«.

Am Institut für experimentelle Biologie griff er das Projekt wieder auf und scharte dazu einige der besten Studenten Kolzows um sich, unter anderem seine eigene Frau, Anna Iwanowna, sowie Nikolai Timofejew-Ressowski (der Mann, der als »Rotkreuzfunktionär« eine ganze Laboreinrichtung requiriert hatte) und Jelena Alexandrowna Fiedler, eine ehemalige Assistentin von Wladimir Wernadski.

Im August 1922 bekam Kolzows Institut unverhofft Unterstützung: Hermann Muller, Koautor des Buches *Die stofflichen*

Grundlagen der Vererbung, stattete den Moskauer Kollegen einen Besuch ab. Der radikale Sozialist und überzeugte Materialist, dessen Freundschaft mit Thomas Hunt Morgan an der Frage zerbrochen war, ob Gene physische Entitäten seien,[20] war ein Wissenschaftler ganz nach sowjetischem Geschmack. Und er hatte Geschenke im Gepäck: über hundert *Drosophila*-Stämme voller genetischer Marker, mit deren Hilfe das Morgan-Labor die Chromosomentheorie der Vererbung untermauert hatte.

Solche gegenseitigen Besuche hatten Tradition. Die Genetik war von Anfang an eine internationale Disziplin und darauf angewiesen, dass sich die beteiligten Wissenschaftler untereinander Laborproben zur Verfügung stellten. Ob Taufliege, Schlüsselblume, Mais, Maus oder Weizen – der Austausch neuer Mutanten, Varietäten und Stämme war ein wesentlicher Bestandteil genetischer Forschung. Für die russischen Kollegen war es ein beispielloser Glücksfall, eine derart bedeutende Sammlung von einem ausländischen Partner zu erhalten. Sie ging zunächst an Moskaus ersten Genetiker, Alexander Serebrowski in der Außenstelle Anikowo, doch der ließ sich leicht von Kolzow überzeugen, dass die Sammlung bei Tschetwerikow besser aufgehoben war. Auch wurde vereinbart, dass jeder am Institut Gelegenheit erhalten sollte, neben der eigenen Forschung auch mit Taufliegen zu arbeiten.

Zwischen 1922 und 1924 waren Kolzows Genetiker hauptsächlich damit beschäftigt, die Theorie nachzuvollziehen, wie sie in Morgans »Fliegenraum« Gestalt angenommen hatte. Tschetwerikow und seine Studenten scheuten keine Mühe, um sich auf dem Laufenden zu halten. Er durchforstete westliche Fachzeitschriften nach Artikeln zur Genetik und verteilte die Fundstücke an Seminarteilnehmer, die dann versuchten, sie zu übersetzen – notfalls Wort für Wort mit Hilfe des Wörterbuchs.

Die Folge war, dass die Gruppe die Entwicklungen in ihrer jungen Disziplin nur im Kern nachvollzogen, nicht jedoch in den mathematischen Feinheiten. Und das war gut so, denn in den Details steckten etliche Annahmen zur Natur genetischer Prozesse, die sich später als falsch erweisen sollten. Tschetwerikow und sein Team arbeiteten daran, Genetik, Evolutionstheorie und Biometrik nach dem in »Wellen des Lebens« angelegten Muster zu verbinden. Sie wussten nicht, dass dies für unmöglich gehalten wurde. Ihnen hatte noch niemand erklärt, dass Naturforscher und Experimentalgenetiker miteinander auf Kriegsfuß stünden. Und es war ihnen auch nicht klar, dass in der Fachwelt der Glaube vorherrschte, die Genetik und Darwins Lehre seien inkompatibel. Sie nahmen einfach an, dass die Laborergebnisse irgendwie mit dem verknüpft waren, was sich in der Natur beobachten ließ. Und genau so war es.

Um 1925 gestaltete Tschetwerikow sein Seminar etwas straffer, wenn auch der Name, den sich die Arbeitsgruppe selbst gab – Dros-so-or –, darauf hindeutet, dass sie sich ihren Humor bewahrte. Das war eine Abkürzung für »sowmestnoje oranije o drosofile«, was so viel bedeutet wie »gemeinsames Gebrüll über die *Drosophila*«, eine Bezeichnung, die sich unter anderem, so sein Biograph Granin, auf Timofejew-Ressowskis »gewaltiges, donnerndes Organ« bezog.[21] Die Mitgliederzahl wurde bewusst niedrig gehalten, Neulinge konnten nur mit einstimmigem Votum aufgenommen werden.

Der kleine Trupp wollte eine der großen, unwägbaren Fragen der Genetik beantworten: Wieso bleiben die Arten so klar voneinander getrennt, obwohl sie doch im Labor ständig neue Formen hervorbringen? Um diesem Phänomen auf die Spur zu kommen, konzipierte die Gruppe die erste Untersuchungsreihe mit natürlichen *Drosophila*-Stämmen und schuf damit das Fundament der Populationsgenetik. Im Herbst 1925 verfasste Tschetwerikow einen Artikel, der die Ergebnisse seiner Gruppe in ihrer Bedeutung für die Biologie zusammenfasst.

Unter Laborbedingungen, schrieb er, träten viele genetische Variationen auf. Zum Beispiel komme es vor, dass die Flügeladern einer *Drosophila* deformiert seien, und solche Verformungen würden dann durch mehrere Generationen hindurch weitergegeben, obwohl sie den Fliegen keinerlei Vorteil brächten. Im Gegenteil, fast alle Mutationen stellten Beeinträchtigungen dar. Natürliche Populationen hingegen blieben bemerkenswert gleichförmig. Ihre Flügel seien nicht deformiert, ihre Augen stünden nicht zu eng, ihre Hörorgane ragten nicht aus dem Körper heraus. Die Insekten glichen einander so sehr, als stammten sie alle aus demselben Ei.

Im Freien komme es nur selten zu schädlichen Mutationen, denn »in dem heftigen Kampf ums Überleben, der in der Natur stattfindet, verschwinden die meisten der weniger lebensfähigen Individuen innerhalb normaler Populationen sofort wieder und hinterlassen in der Regel keine Nachkommen«.[22]

In der Natur zeigten sich nur winzige Unterschiede zwischen den Fittesten und den weniger Fitten unter den fortpflanzungsreifen Individuen. Die Abweichungen seien so minimal, dass man sich kaum vorstellen könne, wie die natürliche Selektion zum Zuge kommen sollte. Die Fittesten lebten nicht länger und brächten auch nicht mehr Nachkommen hervor als die weniger Fitten. Eine große Population sehr ähnlicher Individuen sei unglaublich stabil: Sie produziere am laufenden Band Nachkommen, die der jeweils vorangegangenen Generation genau glichen. Wie also verändern sich Arten?

Mutationen (die gewöhnlich nachteilige Entwicklungen darstellen) sind immer rezessiv. Deswegen hielt William Bateson, der große britische Pionier der Biologie, rezessive Erbanlagen für Unfälle – genetischen Müll. Tschetwerikow sah das anders: Für ihn waren sie ein Reservoir irregulärer genetischer Einfälle.

In einer großen Population ist die Wahrscheinlichkeit verschwindend gering, dass sich zwei erwachsene Tiere mit dem gleichen rezessiven Genmutanten paaren. Solange sich eine Population gut entwickelt, absorbiert sie Mutationen wie ein Schwamm. Wird sie hingegen in ihrem Bestand bedroht oder in mehrere Gruppen aufgeteilt, paaren sich mit viel größerer Wahrscheinlichkeit Individuen, die genetisch verwandt sind, und entsprechend erhöht sich die Chance, dass rezessive Allele exprimiert werden, exponentiell. Die meisten Mutationen stellen Beeinträchtigungen dar, ein paar wenige bringen aber auch Vorteile.

Zum Beispiel schlüpfen in einer großen Finkenpopulation aus den Eiern Küken, deren Merkmale denen der Eltern vollkommen gleichen. Wird die Population aufgeteilt, passt sich jede Unterpopulation ihrem jeweiligen Lebensraum an und bildet eine eigene Finkenfamilie.[23]

Tschetwerikows Abhandlung erschien 1926 im russischen *Journal für experimentelle Biologie* unter dem Titel »Über einzelne Aspekte des Evolutionsprozesses vom Standpunkt der modernen Genetik«; heute gilt sie als eine der ersten und tragfähigsten Kopplungen von Genetik und Evolutionstheorie.

Im Januar 1923 reiste das Ehepaar Oskar und Cécile Vogt, zwei Pioniere der Hirnforschung, zum Ersten Allrussischen Kongress für Psychoneurologie nach Moskau.

Der Vortrag der beiden, die Quintessenz aus 25 Jahren Forschung zur Zellstruktur der Hirnrinde, beeindruckte die Moskauer Fachkollegen nachhaltig, eröffnete er ihnen doch ein neues, sich rasant entwickelndes Forschungsgebiet. Oskar Vogt berichtete, wie er und seine Frau hauchdünne Schnitte kortikalen Gewebes unter dem Mikroskop analysierten und so Areal für Areal, Schnitt für Schnitt ein Modell des Gehirns bis hinunter zur zellulären Ebene, der »Zytoarchitektonik«, erstellten. Dafür brauche man gute Augen und viel Erfahrung, erklärte er. »Es ist, als betrachtete man die Städte eines Gebietes vom Flugzeug aus; nur der versierte Architekturkundige erkennt sofort an charakteristischen Merkmalen (zum Beispiel auffälligen Gebäuden), um welche Stadt es sich jeweils handelt.«[24]

Der Vortrag hatte auch einen erschütternden aktuellen Bezug: Nach mehreren Schlaganfällen lag Lenin, der Vater der neuen Nation, im Sterben.

Der erste Hirnschlag hatte ihn im Mai 1922 getroffen, weitere folgten im Lauf der nächsten zwei Jahre, hinzu kamen epileptische Anfälle. Ein internationales Ärzteteam unter Leitung des Breslauer Neurologen Otfried Foerster kämpfte um sein Leben. Auf Foersters Bitte hin besuchte Oskar Vogt Lenin am Krankenlager, aber er konnte nichts für ihn tun. Lenin starb am 21. Januar 1924 im Alter von 53 Jahren. Damit wäre die Geschichte zu Ende gewesen, hätte nicht ein alerter Schlaufuchs aus der Regierung gegen den ausdrücklichen Wunsch der Familie das Gehirn des führenden Revolutionärs konservieren lassen.

Das war damals nicht so ungewöhnlich. Der Göttinger Anatom Rudolf Wagner hatte diese Praxis 1855 in Deutschland eingeführt, und zwar mit dem Gehirn von Carl Friedrich Gauß (das er für bemerkenswert gewunden befand). 1876 gründeten französische Wissenschaftler die Société d'autopsie mutuelle, deren Mitglieder erklärten, dass sie ihr Gehirn und andere Organe post mortem ihren Kollegen für Forschungen zur Verfügung stellten. Pawlows Konkurrent Bechterew gründete 1927 das »Pantheon der Gehirne«, das bis heute besteht – und unter anderem Bechterews Gehirn beherbergt.

Als Foerster gefragt wurde, wen er für am besten geeignet halte, Lenins Gehirn zu untersuchen, empfahl er Oskar Vogt. Dieser erhielt die Einladung am Silvesterabend 1924, eine große Ehre für diesen Mann der Tat; schließlich hatte er noch nie eine akademische Position bekleidet, die nicht von ihm selbst geschaffen worden war. (Um seinen Lebenslauf ein bisschen anzureichern, wählte ihn die Akademie der Wissenschaften am 2. Februar 1925 zum korrespondierenden Mitglied.)

Ende Februar 1925 traf Cécile Vogt mit der erforderlichen Ausrüstung in Moskau ein.[25] Das Lenin-Institut brachte das Labor des Ehepaars im historischen Dmitrowka-Viertel unter, und dort wurden zwischen 1925 und 1927 Teile von Lenins Gehirn für die mikroskopische Analyse eingefärbt.

Am 19. November 1929 lieferte Oskar Vogt seinen ersten großen Bericht zu den Ergebnissen ab. »Wir haben also«, schrieb er, »in dem Lenin'schen Gehirn auffallend große und besonders zahlreiche Pyramidenzellen in der III. Schicht, wie der Athlet durch eine besonders stark entwickelte Muskulatur charakterisiert ist.« Und was hatte das nun zu bedeuten? Niemand wusste Genaueres, aber Vogt schloss die Untersuchung mit einem großzügigen Befund: »Aus allen diesen Gründen lässt unser hirnanatomischer Befund Lenin als einen Assoziationsathleten erkennen.« Womit er den meistzitierten geistigen Quatsch der Wissenschaftsgeschichte in die Welt setzte.

Beugte er sich mal nicht über sein Mikroskop, organisierte Vogt ein Institut, das sich ausschließlich seinem Forschungsgebiet widmen sollte. Offiziell im November 1928 gegründet, war das Moskauer Institut für Hirnforschung (dem Bechterews Gehirnpantheon angegliedert war) ein leuchtendes Beispiel für die exzellente wissenschaftliche Zusammenarbeit, die sich nach dem Krieg zwischen Russland und Deutschland entwickelt hatte.[26]

Hinter Vogts Institut steckte mehr als das Bestreben, ein intellektuelles Imperium zu schaffen. Die Moskauer Kollegen sollten sich der genetischen Ätiologie psychischer Störungen und Ausfälle widmen, denn die Vogts beobachteten enorme Unterschiede in der Häufigkeit und Ausprägung neurologischer Erbkrankheiten und vermuteten, dass auch die Unterschiede auf genetischen Faktoren beruhten, genauso wie die Mutationen bei den Hummeln und Käfern, die sie auf langen Wanderungen im Urlaub gesammelt hatten: »Nicht nur die Körperhärchen und Farbtupfer dieser Insekten unterliegen Variationen, sondern auch die Vorgänge im menschlichen Gehirn.«[27]

Vogt hatte gute Verbindungen. Zu seinen Freunden zählten Gesundheitskommissar Nikolai Semaschko und der Sekretär des Rats der Volkskommissare, Nikolai Gorbunow, ein ehemaliger Chemieingenieur, der bei den Bolschewiki für Wissenschaft zuständig war. An Kolzows Institut für experimentelle Biologie hielt Vogt nach einem talentierten jungen Mitarbeiter Ausschau, der bereit war, mit ihm nach Berlin zu gehen und dort die genetische Hirnforschung in Gang zu bringen. Schon bald stieß er auf Nikolai Timofejew-Ressowski und dessen Frau Jelena Alexandrowna. Die beiden hatten bei der Taufliegenart *Drosophila funebris* eine Einzelmutation identifiziert, die unzählige Deformationen der Adern in den Flügeln verursachte. So viele unterschiedliche Flügeltypen, hervorgerufen durch eine einzige Art von Mutation – diese Entdeckung erregte Vogts Aufmerksamkeit, und so trug er Kolzow und Semaschko sein Anliegen vor: Ob das junge Paar (beide waren Mitte zwanzig) an einem längeren Aufenthalt in Berlin interessiert sei?

Nikolai Wladimirowitsch Timofejew-Ressowski wurde als Spross einer verarmten Adelsfamilie auf einem bescheidenen Gut am Ufer der Ressa geboren.[28] Sein Vater, Wladimir Wiktorowitsch Timofejew-Ressowski, war Eisenbahningenieur. In seinem Stammbaum finden sich Kosaken wie Stenka Rasin (der russische Robin Hood), Nachfahren von Rjurik (dem Ahnherrn der Zaren aus dem neunten Jahrhundert), Fürst Pjotr Kropotkin (der Anarchist und brillante Biologe), Admirale der russischen Marine, Armeeoffiziere und Intellektuelle. Der Familienlegende zufolge gab es auch einen Vorfahren, der auf dem Weg zum Nordpol in Afrika gefangen genommen wurde, aus der Haft entfloh, ein türkisches Schiff kaperte und damit zurück nach Sewastopol segelte.

Timofejew-Ressowski studierte in Moskau Naturwissenschaften mit dem Schwerpunkt Zoologie und nebenher Kunstgeschichte, doch seine Ausbildung wurde immer wieder durch Weltkrieg, Revolution und Bürgerkrieg unterbrochen. Er diente in der Armee, zunächst als Infanterist in einer Kosakeneinheit, später, bei Kriegsende, als Unteroffizier in der Kavallerie der Roten Armee (und war der Erste Bass im Moskauer Militärchor). Seine Laufbahn in den Wirren des Kriegs war alles andere als orthodox.

1918 wurde er von anarchistischen »Grünen« entführt, die sich weder den Bolschewiki noch der Weißen Armee zugehörig fühlten und sich vor allem formiert hatten, um die Landbewohner vor den ständig drohenden Requirierungen zu schützen. Sie empfanden nicht viel Zuneigung zu dem Offizier der Roten Armee, doch es gelang ihm, sie mit Anekdoten über Fürst Kropotkin, einen Cousin seiner Großmutter, freundlicher zu stimmen. (»Er brachte uns Himbeermarmelade mit, die hatte ihm Lenin geschenkt ...«)

Nach einiger Zeit in ihren Reihen traf ihn ein Schwert mit der flachen Seite am Kopf, er wachte mutterseelenallein auf und kehrte zu den Roten zurück, nahm an der Offensive gegen General Denikins Weiße Armee in Südrussland teil, doch dann bereitete der Typhus seinem hektischen Treiben ein Ende. 1922 kehrte er nach Moskau zurück. »Alles in allem«, erinnerte er sich später, »ist es trotzdem ein glückliches Leben gewesen, denke ich. Kaum gehungert, kaum gefroren, wir waren jung, gesund und stark.«[29]

Nikolai Kolzow nahm den Exsoldaten trotz fehlender formaler Qualifikation in seinem Institut auf. Wenig später warf der junge Mann ein Auge auf Jelena Alexandrowna Fidler.

Sie war seit langem Kolzows Mitarbeiterin, schon seit ihrer Studienzeit an der Schanjawski-Universität, wo Kolzow ein Forschungslabor leitete. Bei einer von dem Kolzow-Schüler Michail Michailowitsch Sawadowski geführten Expedition ins Naturreservat Askanija Nowa schnitten ihnen Kämpfe den Rückweg nach Moskau ab (der Bürgerkrieg tobte in der Ukraine), und die Gruppe löste sich auf. Jelena schlug sich nach Kiew durch, wo sie sich dem Kreis um Wladimir Wernadski anschloss und ihm bei seinem Großprojekt half, der Kartierung der chemischen Komponenten, aus denen alle Lebewesen bestehen. Die Grundgedanken dieser »Biogeochemie« brachte sie Timofejew-Ressowski nahe und weckte so sein Interesse an der Biologie ganzer Populationen. Gemeinsam verfassten sie mehrere Artikel zu diesem Thema – der Auftakt zu einer lebenslangen Partnerschaft.

Die Genforschung hatte am Institut für experimentelle Biologie mit Serebrowskis Hühnern begonnen, doch es war unbestritten, dass sich die Taufliege am besten für ihre Studien eignete. Sie ist so unspektakulär und scheinbar nutzlos, dass sie bis weit in die fünfziger Jahre oft belächelt, verunglimpft und attackiert wurde und auch als Beleg dafür herhalten musste, dass die Genetik jegliche Bodenhaftung verloren habe. Nikolai Timofejew-Ressowski hielt einmal eine flammende Lobrede auf die drei Millimeter lange Fliege. Sein Schüler Nikolai Lutschnik gab sie später in geraffter Fassung wieder:

Ein unersetzliches Testobjekt! Sie vermehrt sich rasch und zahlreich. Die Erbmerkmale sind eindeutig. Die Mutation ist nicht mit der Normalform zu verwechseln. Rote Augen, weiße Augen. Mit Taufliegen arbeiten alle wichtigen Labors der Welt. Ignoranten führen gern ihre wirtschaftliche Bedeutungslosigkeit ins Feld. Aber keiner versucht, eine Spezies Milchfett-Taufliege zu züchten. Wir brauchen die Taufliegen zur Erforschung der Vererbungsgesetze. Diese Gesetze sind für Fliegen die gleichen wie für Elefanten. Elefanten bringen auch kein anderes Ergebnis. Aber eine Fliegengeneration wächst in zwei Wochen heran.[30]

Drosophila ist ein ideales Labortierchen, aber optisch gibt sie nicht viel her. Auf die Ankündigung eines offiziellen Besuchs von Gesundheitskommissar Semaschko reagierten Kolzows Mitarbeiter besorgt. Ihr Senior Serebrowski hatte auf der Feldstation in Anikowo ja wenigstens Hühner als Versuchstiere vorzuweisen, und Hühner sahen zumindest so aus, als seien sie nützlich. Aber wie sollte Timofejew-Ressowski den Volkskommissar nach Swenigorod fünfzig Kilometer vor Moskau locken und vom Sinn seiner Forschungen überzeugen, wenn er ihm nicht viel mehr als ein paar Petrischalen zeigen konnte?

Timofejew-Ressowski beschloss, ihn kurzerhand zu kidnappen. Der Coup – eine Handvoll ausgemergelter Genetiker, die mit improvisierten Knüppeln den Dienstwagen des amüsierten Volkskommissars umringten – zahlte sich aus. Semaschko muss Humor gehabt haben, jedenfalls sorgte er nach seiner Inspektionsreise dafür, dass das Institut für experimentelle Biologie größere Räumlichkeiten bekam: ein dreistöckiges Gebäude am Woronzowo polje (heute uliza Obucha) mit Garten und Hof für die Feldversuche. Möglich ist auch, dass dieser Schritt Zeichen der Erleichterung auf Seiten Semaschkos war, nachdem Vogt sich erboten hatte, Timofejew-Ressowski mit ins Ausland zu nehmen.

Jedenfalls kam es zu einem Vorstellungsgespräch. Vogt und Timofejew-Ressowski verstanden sich auf Anhieb. Vielleicht hat ihr buntscheckiger Familienhintergrund dazu beigetragen. Vogt, halb Däne, halb Deutscher, zählte protestantische Pfarrer, Hochseekapitäne und mindestens einen Piraten zu seinen Vorfahren. Es war beantragt, dass das Ehepaar Timofejew-Ressowski im März 1925 nach Berlin kommen sollte. Erwartungsgemäß sahen sich die beiden mit erheblichen bürokratischen Hürden konfrontiert. In Moskau hegten die Funktionäre den Verdacht, dass die

Reise in Wirklichkeit die getarnte Fahnenflucht eines politisch unzuverlässigen Wissenschaftlers war, und in Berlin mutmaßten die Beamten, die Timofejew-Ressowskis seien Spione oder kommunistische Propagandisten. Nur dank des unermüdlichen Einsatzes von Kolzow und Vogt saß das Paar Ende Juni schließlich doch mit dem zweijährigen Sohn Dmitri im Zug Richtung Deutschland.

Zu diesem Zeitpunkt war Jelena 27 und Nikolai 25. Auch er war bis zuletzt im Zweifel gewesen, ob sie die richtige Entscheidung getroffen hatten, und es fiel ihm schwer, sich aus seiner Arbeitsgruppe zu lösen, doch ein Satz Semaschkos hatte schließlich an seinen Stolz gerührt und ihn überzeugt: »Bisher sind russische Wissenschaftler meist ins Ausland gefahren, um zu lernen … diesmal aber laden sie – und zwar Deutsche – einen russischen Genetiker zu sich ein, der ein Labor einrichten und faktisch die Mitarbeiter unterweisen soll.«

7. DEN MENSCHEN OPTIMIEREN

*Die Eugenik verfolgt ein hohes Ziel, das dem Leben
Sinn gibt und Opfer wert ist: durch kontinuierliche
Arbeit über mehrere Generationen einen höheren
Menschentyp zu entwickeln, der die Natur
beherrscht und selbst Leben erschafft. Eugenik
ist die Religion der Zukunft und wartet auf ihre
Propheten.*[1]

Nikolai Kolzow, 1922

Der Engländer Francis Galton, einer der letzten »Gentlemen-
Wissenschaftler« des neunzehnten Jahrhunderts, war aus vielerlei Gründen ein berühmter Mann. Er war Darwins Cousin ersten
Grades, Statistikpionier und der Erste, der den Wert von Finger-
abdrücken für die Forensik erkannte. Als einfallsreicher Erfinder
ersann er Unterwasserbrillen, Geschwindigkeitsmesser für Rad-
fahrer und den automatischen Klappzylinder.

Das Moskauer Institut für Hirnforschung: »Der Erwerb profunder
Kenntnisse von Anatomie und Physiologie des Gehirns gehört zu
den vordringlichsten Aufgaben des neuen Jahrhunderts.«

Außerdem begeisterte sich Galton für Eugenik. Als Zeitgenosse von Gregor Mendel (beide erblickten 1822 das Licht der Welt) war Galton felsenfest davon überzeugt, dass sich Erbanlagen im Lauf des Lebens nicht ändern können. »Werden unsere Kinder mit mehr Anlagen zu tugendhaftem Verhalten geboren«, fragte er, »wenn wir uns selbst dazu anhalten, tugendhafte Gewohnheiten anzunehmen?« Er beantwortete die Frage 1865 in einem Zeitschriftenartikel unter der Überschrift »Ererbter Charakter und Talent« mit einem entschiedenen »Nein«.

Galtons erstes Buch zu diesem Thema, *Genie und Vererbung* (1869), erschien zwei Jahre nach dem ersten Band von Karl Marx' *Kapital*. In beiden Büchern geht es um die Verbesserung der *condition humaine*, aber die ihnen zugrunde liegenden Philosophien sind diametral entgegengesetzt. Marx war davon überzeugt, dass alles von der Umwelt abhänge, und Galton behauptete das Gleiche von den Erbanlagen. Wir seien doch imstande, ganze Populationen weiterzuentwickeln, argumentierte er, nämlich durch schlichte Manipulation von Zuchtlinien. Das wisse jeder Bauer, jeder Schweinezüchter.

Wenn wir auch nur ein Zwanzigstel der Mühen und Kosten, die wir in die Verbesserung der Pferde- und Rinderzucht stecken, für die Verbesserung der menschlichen Rasse aufwenden würden, was für eine Galaxie von Genies brächten wir dann hervor! Wir könnten Propheten und Hohepriester der Zivilisation auf die Welt verhelfen oder Idioten, wenn wir zulassen, dass sich Dummköpfe paaren.

»Genau das«, schloss Galton, »ist das Ziel der Eugenik.«[2]

Um ihren Bestand zu optimieren, träfen Züchter eine sorgfältige Auswahl, welche Exemplare sich für die Fortpflanzung eigneten. Aus demselben Grund hinderten sie, meist durch Schlachtung, schwache und kümmerliche Tiere an der Vermehrung. Auch Menschen seien Tiere und ließen sich durch planvolle Zuchtprogramme genauso optimieren wie Weizen, Hühner oder Hunde. Wie könnte so ein Zuchtprogramm für den Menschen aussehen?, fragte Galton. Sollte es ein positives Programm sein, das durch Auswahl nach Gesundheitskriterien Paare fördere, die imstande seien, genetisch gesunde Nachkommen zu zeugen? Oder sollte es ein negatives Programm sein, das darin bestünde, Individuen von Paarungen abzuhalten, die zur Ausbreitung von Krankheiten oder Fehlbildungen führen würden? Wäre es vielleicht möglich, beide Vorgehensweisen zu kombinieren? Wie verpflichtend müsste ein solches Programm sein? Reichte Überzeugungsarbeit, oder wären Zwangsmaßnahmen nötig?

Im Großen und Ganzen plädierte Galton für eine positive Ausrichtung der Eugenik. Wenn er sich auch gelegentlich abfällig über die Fortpflanzungsmanie der Nichtsnutze äußerte, lag seinem Denken in erster Linie eine Schwäche für Genies zugrunde. Er analysierte ihre Stammbäume und dachte darüber nach, wie sich Begabungen zukünftig durch eine gezielte eugenische Politik fördern ließen.

Mit Degenerationen befasste sich auch ein amerikanischer Sozialreformer namens Richard Louis Dugdale. Auf dieses Thema war er 1874 bei einer Gefängnisinspektion im Bundesstaat New York gestoßen, wo er in einer Haftanstalt erfuhr, dass sechs der Insassen miteinander verwandt waren. Anhand von Gefängnisunterlagen, Entlassungsbescheiden und Gerichtsdokumenten verfolgte er die Geschichte ihrer Familie, die er »die Jukes« nannte, über sechs Generationen bis zu einem holländischen Einwanderer namens Max zurück und stellte dabei fest, dass auffällig viele Familienmitglieder (blutsverwandte wie angeheiratete) als Kriminelle, Prostituierte oder Obdachlose geführt wurden. Dugdale schloss daraus, dass Degeneration ebenso wie Genie in einzelnen Familien gehäuft auftrete.

Er ging sehr bedächtig mit seinen Befunden um (wobei ihm zugutekam, dass er Lamarck-Anhänger war). »Zügellose Eltern tragen mit ihrem Beispiel viel dazu bei, im Kind liederliche Gewohnheiten zu verankern. Das kann durch eine Wandlung der Lebensumstände korrigiert werden«, schrieb er, und weiter: »So die Umgebung in jungen Jahren wechselt, können sich ererbte Eigenschaften merklich ändern.«[3]

Spätere Autoren waren nicht so zimperlich. Eine Anstalt in

Indiana führte Sterilisationen zu eugenischen Zwecken ein. Das begann 1899 mit Häftlingen, die sich freiwillig gemeldet hatten, und wurde dann rasch ausgedehnt. 1907 führte Indiana als erster US-Bundesstaat die Zwangssterilisation gesetzlich ein. Kalifornien folgte 1909, und ab 1917 galt dort das entsprechend erweiterte Gesetz für alle in staatlichen psychiatrischen Anstalten lebenden Insassen »mit einer seelischen Erkrankung, die wahrscheinlich ererbt wurde und an Nachkommen weitergegeben werden könnte«.

Der Wunsch, das Bevölkerungswachstum zu regulieren, war der russischen Tradition fremd. Beim Ersten Internationalen Eugenik-Kongress, der 1912 in London stattfand, hielt Fürst Pjotr Kropotkin eine flammende Gegenrede: Wer wäre denn untauglich, fragte er, Arbeiter oder reiche Faulenzer? Frauen aus der Arbeiterklasse, die ihre Kinder selbst säugen, oder Damen der Gesellschaft, die ihre Mutterpflichten Ammen überließen? Die Erzeugerinnen und Erzeuger degenerierter Kinder in den Armenvierteln oder die Erzeuger degenerierter Kinder in den Palästen? »Sollte man nicht, bevor man die Sterilisation der Schwachsinnigen, der Versager, der Epileptiker empfiehlt, die sozialen Wurzeln und Ursachen dieser Krankheiten erforschen?«[4]

Die Wirren und Notzeiten der folgenden Jahre verstärkten in Russland die ablehnende Haltung gegenüber der negativen Eugenik. Zwischen 1917 und 1920 halbierte sich die Einwohnerzahl von Moskau, und Petrograd verlor sogar mehr als siebzig Prozent seiner Bevölkerung. Russland brauchte nicht weniger, sondern mehr Neugeborene.

Die erste sowjetische Institution, die der Eugenik ein Zuhause bot, war das Staatliche Museum für Sozialhygiene, das im Januar 1919 vom Gesundheitskommissariat eingerichtet wurde. Kolzow leitete das Beratungsgremium zur »biologischen Frage«, wozu »allgemeine Biologie, Physiologie, Anthropologie und Rassenhygiene« gehörten. (Bei dem letztgenannten Begriff schrillen die Alarmglocken, doch war er damals sehr gebräuchlich und bezeichnete die Erforschung des Zusammenhangs zwischen Krankheiten und Volksgruppenzugehörigkeit. Ganz sicher nicht gemeint war irgendeine Form der Förderung von Apartheid zwischen den vielen Völkern der Nation.)

Eugenikforschung war unter dem dehnbaren Begriff der »Sozialhygiene« wichtiger Bestandteil der von Nikolai Semaschko angestoßenen großen Gesundheitskampagne. Im Kern ging es dabei um Prävention – ein System, das nicht nur dafür sorgte, dass Kranke medizinisch betreut wurden, sondern das auch Maßnahmen zur Vorbeugung von Erkrankungen ergriff. Unter Semaschkos Leitung machten sich Ärzte mit viel Schwung an die Arbeit, mittels Umfragen und Statistiken zu ermitteln, wie es um die Gesundheit der russischen Gesellschaft bestellt war. Sie bewerteten dabei auch die Arbeits- und Lebensbedingungen, glaubten sie doch, durch soziale Interventionen könne der Gesundheitszustand der Bevölkerung revolutioniert werden. 1927, auf dem Höhepunkt der Kampagne, liefen am Staatlichen Museum für Sozialhygiene Studien zu Ernährung, Wohnverhältnissen, Demographie, Urbanisierung, Migration, Arbeitshygiene, Alkoholismus, Drogenabhängigkeit, Sexualhygiene, Prostitution, Reinlichkeitserziehung ...

Kolzows Institut für experimentelle Biologie fiel die Aufgabe zu, das ambitionierte Unterfangen mit verlässlichem biologischem Datenmaterial zu unterfüttern und die Mitarbeiter über den Stand der genetischen Theoriedebatte auf dem Laufenden zu halten. Dazu führte das Institut neben genetischen Studien auch eugenische Untersuchungen durch. Die Unterscheidung zwischen den beiden Bereichen erschien damals nicht besonders wichtig. Außerdem wollte die Regierung praktische Arbeitsergebnisse sehen, die der Verbesserung menschlicher Lebensverhältnisse dienen konnten, und da drängte sich die Eugenik als praktische Anwendung der neuen Wissenschaft der Genetik förmlich auf.

Um Bevölkerung und Behörden Sinn und Zweck eugenischer Maßnahmen zu erklären, gründete Kolzow die Russische Gesellschaft für Eugenik. Da kein Geld für eine eigenständige Organisation zur Verfügung stand, übernahm das Institut fortan auch die Funktion einer Informationsbörse, die über ihr Organ, das *Russische Journal für Eugenik*, fachliche Neuigkeiten verbreitete. Kolzow war ihr Chefredakteur und verfasste selbst einige genealogische Untersuchungen, etwa zu Darwin, Galton und dem bolschewistischen Selfmademan par excellence, Gorki. (In dessen Verwandtschaft fanden sich Säufer, Savants, Kleinkriminelle und Hochstapler.) In einem Vortrag zum Thema »Verbesserung der Menschenrasse«, den er 1921 beim Gründungstreffen der Gesellschaft hielt und ein Jahr später veröffentlichte, preist er euphorisch die Nutzungsmöglichkeiten der Eugenik und führt die Potenziale der selektiven Aufzucht mit einem Gedankenexperiment vor Augen.

Die heutige Zivilisation, führte er aus, habe viel zu wenig Macht über die Menschen, als dass sie praktische Eugenik ermöglichen könnte. »Dafür müssten wir uns entweder gedanklich in längst vergangene Zeiten zurückversetzen, in denen mächtige Herrscher ihre Untertanen wie Sklaven regierten, oder unserer Phantasie freien Lauf lassen und uns einen Moment lang vorstellen, dass die Idee des berühmten britischen Schriftstellers H. G. Wells, auf der Erde seien Marsbewohner gelandet, die uns an Wissen und Technik weit überlegen sind, tatsächlich Wirklichkeit geworden ist …«[5]

Kolzow malt eine Invasion superintelligenter Marsianer aus, die uns so behandeln wie wir Nutzvieh und Haustiere. Menschen werden domestiziert, so wie der Mensch in früheren Zeiten aus Wölfen Hunde gezüchtet hat. Rebellische Typen werden ausgemerzt, gefügige zu einer gehorsamen Arbeiterschaft herangezogen; Exemplare mit ausgeprägter Feinmotorik werden gezüchtet, um Handwerker zu zeugen, auffallende Schönheiten werden für die Aufzucht von Nachwuchs fürs Showbusiness selektiert und so weiter.

In knapp einem Jahrhundert, schätzte er, könnten unzählige Rassen domestizierter Menschen entstehen, »die sich genauso deutlich voneinander unterscheiden wie Möpse oder Pekinesen von Deutschen Doggen oder Bernhardinern«.

Zum Zeitpunkt der Veröffentlichung wurde Kolzows Gedankenspiel so verstanden, wie es gemeint war: als Ulk. Das änderte aber nichts daran, dass sein Werben für die Eugenik umstritten war. Unausgesprochen lag seinen Studien zu den Stammbäumen renommierter Familien die hochpolitische Ansicht zugrunde, die Intelligenzija wäre der wertvollste Teil der Bevölkerung. In Kolzows Ablehnung der Empfängnisverhütung kommt seine – damals durchaus gängige, aber den Bolschewiki zuwiderlaufende – Auffassung zum Ausdruck, dass sich in den unteren Gesellschaftsschichten Gene von minderer Qualität konzentrierten. Kolzow befürchtete, Gebildete und aufstrebende Arbeiter würden am ehesten zu Verhütungsmitteln greifen, während sich tranige Knechte und Gelegenheitsarbeiter weiterhin ungehemmt fortpflanzten.

Diese nie zur Diskussion gestellte, ungeprüfte Sicht brachte Boris Sawadowski auf die Palme, und er wetterte gegen

> die Versuche bourgeoiser Biologen, aus Mendel'scher Vererbungslehre und genetischen Gesetzmäßigkeiten Schlüsse zu ziehen, die sich wie spitze Pfeile gegen die Herrschaft des Proletariats richten und jeden marxistischen Biologen zwingen, Abstand zur Genetik zu halten … was für uns gut ist, ist für einen Kolzow das Ende.[6]

Selbst wenn man Sawadowskis Hang zu hysterischer Übersteigerung berücksichtigt, ist das starker Tobak. Allerdings bezieht sich die Äußerung weniger auf einen russischen Diskurs als vielmehr auf die Rezeption der Eugenik im Ausland. In den USA und Westeuropa war die negative Eugenik auf dem Vormarsch. Russische Wissenschaftler hatten nie Zeit gehabt, sich diese Denkweise anzueignen, und nun überschattete sie das ganze Forschungsgebiet.

Die Verfechter einer sowjetischen Eugenik wussten um ihr wachsendes Imageproblem. Schon früh waren sie dazu übergegangen, das Wort »Eugenik« nur unter Einschränkungen zu verwenden oder es bei Diskussionen über genetische Gesundheit gleich ganz unter den Tisch fallen zu lassen. Ende 1925 fügte Juri Alexandrowitsch Filiptschenko (Kolzows Gegenspieler in Leningrad) dem Namen seines Instituts, des Bureaus für Eugenik, das Wort »Genetik« hinzu, drei Jahre später tilgte er das Wort »Eugenik« ganz. Zu diesem Zeitpunkt hielt ihn sein Unbehagen über die ganze Disziplin bereits davon ab, überhaupt noch irgendetwas zur menschlichen Vererbung zu veröffentlichen, und im Mai 1929, wenige Monate nach dem in Leningrad abgehaltenen Genetik-Kongress, schaffte er es nicht, die Mitgliedschaft seiner Institution im internationalen Dachverband der Eugenik-Vereinigungen zu verlängern. Ein Jahr später starb er an Hirnhautentzündung, sonst hätte er öffentlich seinen Entschluss verkündet, aus dem Herausgeberteam des *Russischen Journals für Eugenik* auszutreten.

Angesichts der russischen Einstellung zu eugenischen Ideen, genauer: der traditionellen, durch den Krieg gefestigten Abneigung gegen jede Form von Geburtenkontrolle, hätte die russische Eugenik als Fußnote zur Geschichte der Genetik enden oder vor der öffentlichen Schande unter einem unverfänglichen Namen wie Sozialhygiene oder Gesundheitserziehung Zuflucht nehmen können. Genau das geschah in Großbritannien, einer anderen Nation, der vor eugenischem Gedankengut graute.

Doch dieser Ausweg blieb ihr versperrt. Plötzlich stand die Eugenik im Scheinwerferlicht der russischen Öffentlichkeit, und an einen Rückzug in eine diskrete Nische war nicht mehr zu denken. Dieser Umschwung war einer Entdeckung zu verdanken, die einem engagierten Sozialisten und Eugeniker im fernen Texas, auf der anderen Seite des Globus, gelungen war, einem Mann, der sich mit seinem *Drosophila*-Geschenk bereits zuvor als Freund der sowjetischen Wissenschaft erwiesen hatte.

Hermann Joseph Muller, geboren 1890 in New York, wuchs in Harlem auf. An der Columbia University erforschte er in Thomas Hunt Morgans legendärem »Fliegenraum« das Genom der Taufliege *Drosophila melanogaster*. Doch auch wenn diese Arbeit ihm großen Ruhm und 1946 den Nobelpreis für Physiologie/Medizin einbrachte, hatte sie wenig Glamouröses, sondern war eher mühsame Plackerei. Der »Raum« war wirklich ein Raum, der sich über bescheidene fünf mal sieben Meter erstreckte. Darin saßen bereits Calvin Bridges und Alfred Sturtevant an ihren Mikroskopen, und Muller musste häufig draußen bleiben, weil der Platz nicht reichte. Der Chef, Thomas Hunt Morgan, glaubte an Teamwork, seine Assistenten waren sich da nicht so sicher. Mullers akribische Art, darüber zu wachen, wer welche Idee zuerst gehabt hatte, erschwerte die Zusammenarbeit der Männer und vergiftete ihre spätere Beziehung. Mullers Gefühl, der Underdog des Teams zu sein, wurde noch durch den Umstand verstärkt, dass er tatsächlich aus ärmlichen Verhältnissen stammte. Um sein Studium zu finanzieren und seine Mutter zu versorgen, musste er Einwanderern Englischunterricht geben und als Laufbursche an der Wall Street arbeiten. (Den Vater hatte er als Zehnjähriger verloren.)

Nach seinen Forschungen im »Fliegenraum« ging Muller an die University of Texas in Austin, wo er seine erste Frau, Jessie Jacobs, kennenlernte. Obwohl sie eine begabte Mathematikerin war, verlor sie – damals nichts Ungewöhnliches – ihren Job, als sie schwanger wurde. Während Muller Pionierarbeit leistete, indem er die Auswirkungen von Röntgenstrahlung auf die *Drosophila*-Gene beobachtete, kämpfte Jessie darum, Sohn, Haushalt und die Arbeit als Assistentin ihres Mannes unter einen Hut zu bringen.

Sturtevant hatte Muller einst vorgeworfen, er habe einen »Statuskomplex«, und Mullers Hakeleien mit den Kollegen in Austin lassen dieses Urteil glaubwürdig erscheinen. Um unangenehmen Begegnungen aus dem Weg zu gehen, arbeitete Muller schließlich nur noch nachts.

Auch seine politische Einstellung machte ihn bei den Kollegen nicht eben beliebt: Muller sympathisierte offen mit der Communist Party, wenn er ihr auch nie beitrat. Zudem war er Berater der National Student League, laut FBI ein kommunistischer Studentenbund, und gab in aller Stille *The Spark* heraus, eine Zeitung, die für die Bürgerrechte der Afroamerikaner, gleiche Rechte für Frauen, Sozialversicherung und andere »sozialistische« Ziele eintrat.

Das Gegengewicht zu seinem Clinch mit den Kollegen und auch zunehmenden Eheproblemen, die schließlich zur Scheidung führten, bildeten seine Versuche. Innerhalb weniger Monate gelang es Muller, bei der Taufliege Genmutationen auszulösen, indem er sie hochenergetischer Radiumstrahlung aussetzte. Diese Technik hatte enorme praktische Konsequenzen. Die Anzahl der künstlich herbeigeführten Mutationen übertraf die Rate der spontan im Labor entstehenden Mutationen um das Hundertfünfzigfache. Und das war nur der Anfang. Die mutierten Gene erwiesen sich als stabil, das Erbgut wurde durch die Bestrahlung nicht einfach nur durcheinandergebracht: Jede spezifische Form der Bestrahlung rief jeweils einen spezifischen Effekt hervor. Die »transmutierende Wirkung der Röntgenstrahlen ist räumlich eng begrenzt und auf ein einzelnes Gen beschränkt, selbst wenn zwei identische Gene nah beieinanderliegen«. Woraus Muller triumphierend schloss: »Gene liegen tatsächlich in linearer Anordnung auf dem Chromosom, gerade so, wie wir sie theoretisch kartiert haben.«[7]

Muller hatte die physische Existenz der Gene nachgewiesen. Und das hieß: Sie mussten aus irgendetwas bestehen. Damit ihm keiner zuvorkam, verfasste Muller 1927 eilends einen Beitrag für die Zeitschrift *Science*. Jetzt hing sein Ruf komplett davon ab, wie und wie schnell er seine Behauptung belegen konnte. Noch auf dem Weg zum Fünften Internationalen Genetiker-Kongress in Berlin arbeitete er – typisch für ihn – an Vortrag und Schaubildern.

Entsprechend wirr geriet sein Auftritt. Aber das schadete ihm nicht, seine Ergebnisse sprachen für sich. Im Rückblick notierte er: »Der vielleicht aussichtsreichste Aspekt der aktuellen Daten liegt darin, dass sie zeigen, dass Mutation tatsächlich ›künstlich‹ beeinflusst werden kann, dass sie keineswegs unnahbar wie ein Gott ist, der uns von einer unbezwingbaren Festung im Keimplasma aus zum Narren hält.«[8]

Marxistische Wissenschaftler, die der Genetik skeptisch gegenüberstanden – zum Beispiel Agol oder Lewit an der Kommunistischen Akademie –, waren gegen die Vorstellung Sturm gelaufen, Vererbung sei eine Art Spiel mit einer begrenzten Anzahl feststehender Karten. Sie hatten sich vorgestellt, Gene seien unveränderlich, zeitlose, also gottgegebene Entitäten – und daran konnten sie natürlich nicht glauben.

Mullers Entdeckung warf dieses Vorurteil über den Haufen. Nun stand fest: Gene verändern sich sehr wohl. Lebewesen passen sich ihrer Umgebung an, sie geben die Variationen an ihre Nachkommen weiter, und sie tun dies mittels genetischer Mechanismen.

Das *Science*-Heft hatte Moskau kaum erreicht, da ließ Serebrowski die Neuigkeit in die prominenteste Zeitung setzen, die *Prawda*. Unter der Überschrift »Vier Tage, die die Wissenschaft erschütterten« (womit er auf John Reeds Revolutionsreportage *Zehn Tage, die die Welt erschütterten* anspielt) fegte Serebrowski den Lamarckismus beiseite. Genetik sei kein »idealistisches« Wolkenkuckucksheim, sondern solide, geerdete, materialistische Wissenschaft. Die Manipulation von Genen verheiße medizinische Fortschritte und Gutes für die Menschheit.

Solomon Lewit, der von einer medizinischen Revolution geträumt hatte, las Mullers Ergebnisse, redete mit Serebrowski und begriff, wie falsch er mit der Befürwortung überholter Lamarck'scher Thesen gelegen hatte. Ihm wurde klar, dass unter dem Deckmantel Lamarcks ein doktrinäres Element in seine Domäne gesickert war, das neue Forschungsansätze behinderte und neue Ideen abwürgte. Auf der Konferenz der Kommunistischen Akademie im April 1929 ruderte er zornig zurück:

Die Geschichte hat der Kommunistischen Akademie einen Streich gespielt. Wir in der Kommunistischen Akademie haben ein Lamarck-Labor ins Leben gerufen, und dieses Labor stand im Ausland für unsere Linie in der Biologie. Viele bekamen den falschen Eindruck, die Kommunistische Akademie predige den Lamarckismus, schreibe sich Lamarcks Ideen auf die Fahnen, bekämpfe in Lamarcks Namen die Genetik. Das stimmt nicht. Wir müssen mit diesem Vorurteil aufräumen, je schneller, desto besser für die Akademie und die Wissenschaft ...[9]

Serebrowskis zweitwichtigster Sekundant bei der Kommunistischen Akademie war der Hitzkopf Israil Josifowitsch Agol, Sohn eines Zimmermanns, der, mitgerissen von seiner Schwester, für die Revolution gekämpft und sich im Bürgerkrieg den Roten angeschlossen hatte. Später arbeitete er in Boris Sawadowskis Labor an der Kommunistischen Universität Swerdlow und widmete sich über seine gesamte Forscherkarriere der Vererbung erworbener Eigenschaften bei Axolotln und Hühnern. Frisch in die Kommunistische Akademie gewählt, sprach sich Agol mit dogmatisch-bolschewistischem Wissenschaftsverständnis und dem Eifer eines Konvertiten dafür aus, die Akademie möge dem Lamarckismus offiziell abschwören und ihn aus ihren Hallen verbannen. Der Appell wurde höflich überhört.

Nichtsdestotrotz war die Zeit reif, das Forschungsprogramm des Timirjasew-Museums für Biologie den neuen Gegebenheiten anzupassen. Agol bekam Weisung, einige Lamarck-Anhänger zu entlassen und ein Laboratorium für Genetik einzurichten, das von Serebrowski geleitet werden sollte.

Agol assistierte Serebrowski bei der Überprüfung von Mullers Ergebnissen, ebenso Lewit am Moskauer Medizinisch-Biologischen Institut (einer 1924 vom Gesundheitskommissariat gegründeten Forschungseinrichtung).

Unterdessen wählte die Wissenschaftsabteilung des Bildungskommissariats Agol für ein Rockefeller-Stipendium aus und schickte ihn zu Forschungen in die USA. Solomon Lewit hatte ebenfalls ein solches Stipendium zugesprochen bekommen, und so machten sich die beiden Männer 1931 auf den Weg nach Austin, Texas, wo der von Gegnern umzingelte »Kommunistenfreund« Hermann Muller sie erwartete.

Zwischen Ende 1928 und der Abreise nach Texas 1931 kämpfte Lewit für eine radikale, wahrhaft sowjetische Eugenik. Zusammen mit Serebrowski gründete er ein »Büro für menschliche Vererbung und Konstitution« innerhalb des Moskauer Medizinisch-Biologischen Instituts und gab Ende 1929 den ersten Band mit Aufsätzen heraus, in dem er die Schwerpunkte der Abteilung benennt: Vorgesehen seien Untersuchungen zur Genetik menschlicher Populationen sowie zu erblichen Krankheiten und Eigenschaften anhand von Fallstudien, Genealogien und Zwillingsforschung. Man wolle Daten zu menschlichen Chromosomen sammeln. Die Grundlagen für eine Kartierung des menschlichen Genoms schaffen. Lewits Abriss ist atemberaubend: 1929 geschrieben, nimmt der Text den Weg vorweg, den die Genforschung der folgenden achtzig Jahre tatsächlich gegangen ist.

In seinem Beitrag »Genetik und Pathologie (im Licht der gegenwärtigen Krise der Medizin)« legt er dar, was die Genetik für die Gesundheit und das Wohlbefinden der Menschen erreichen könnte. Es gehe nicht nur um »konstitutionelle Krankheiten« wie Krebs oder Chorea Huntington, die eine allgemein anerkannte genetische Komponente hätten. Blicke man durch die Mendel'sche Brille auf die Statistiken, erkenne man, dass auch die Neigung zu herkömmlichen Infektionskrankheiten wie der Tuberkulose in manchen Familien gehäuft auftrete. Genetische Schwachstellen und Prädispositionen fänden sich überall. Die Umwelt könne so gut wie nichts am Menschen bewirken, was nicht auch eine genetische Komponente hätte. »Wir machen Schluss mit vereinfachten Vorstellungen von der allmächtigen Rolle der Umwelt, für die ein Organismus angeblich so etwas wie eine amorphe Masse ist, die sich in alle Richtungen ändern lässt.«[10]

Nach Lenins Tod und dem unaufhaltsamen (wenn auch hart erkämpften) Aufstieg Stalins zu dessen Nachfolger änderte sich die politische Richtung. Der Staat beschleunigte die Industrialisierung und die Modernisierung der Wirtschaft mit einer Reihe groß angelegter, koordinierter Kampagnen, die über eine Folge von Fünfjahresplänen realisiert werden sollten. 1928 rief die Partei zu Vorschlägen für den ersten Fünfjahresplan auf, und genau auf diese offizielle Aufforderung hin war der von Lewit herausgegebene Band mit wissenschaftlichen Aufsätzen konzipiert. Allerdings stieß der Leitartikel von Alexander Serebrowski, der einen bemerkenswert praktischen Vorschlag enthielt, auf allgemeine Ablehnung. »Humangenetik und Eugenik in einer sozialistischen Gesellschaft« plädierte für eine freiwillige künstliche Massenbefruchtung russischer Frauen mit Hilfe von Techniken, wie sie bereits erfolgreich in der Pferde- und Rinderzucht eingesetzt worden waren.

> [Angesichts] der großen Mengen Sperma, die ein Mann erzeugen kann, [und] des derzeitigen Standes der Befruchtungstechnologie ... könnte ein begabter, wertvoller Erzeuger bis zu tausend Kinder haben ... In diese Lage versetzt, würde die menschliche Auslese einen gigantischen Sprung vorwärts machen. Und diverse Frauen und ganze Ortschaften wären stolz ... auf die Produktion neuer Formen von Menschen.[11]

Auf diese Weise, versicherte Serebrowski, wäre es »möglich, den Fünfjahresplan in zweieinhalb Jahren zu erfüllen«.

War das Science-Fiction, was er da von sich gab? Klar. Gedankenexperimente und spekulative Ausblicke hatten ihren Platz in Fachzeitschriften. Und die staatlichen Geldgeber förderten das Genre der hyperoptimistischen Zukunftsvisionen seit Jahren. Zwischen 1917 und 1922, einer von Kriegsrecht, Hungersnot und industriellem Niedergang geprägten Zeit, hatten abenteuerliche Utopien Hochkonjunktur, Entwürfe sozialer Projekte, die bis hin zur vollständigen Kollektivierung von Grund und Boden, Privateigentum, ja sogar Ehepartnern reichte. In dem mit einem Vorwort von Lenin versehenen Buch *Die Elektrifizierung der UdSSR*, einer Mischung aus Populärwissenschaft, kommunistischem Pamphlet und Science-Fiction, nahm »Genosse« Iwan Skworzow-Stepanow, seines Zeichens stellvertretender Chefredakteur der *Prawda*, 1922 nicht weniger als die Transformation der Weltökonomie in den Blick.

Manche dieser Werke sind blanke Phantasie. (Wladimir Afanassjewitsch Obrutschew schildert in *Plutonien*, dem ersten Band einer populären Romanserie der zwanziger Jahre, eine Reise durch ein Loch im arktischen Eis zu einer Unterwelt mit Flüssen, Seen, Vulkanen, seltsamer Flora, Monstertieren und primitiven Einwohnern.) Doch durch die Bank verneigen sie sich vor dem Alltagsgeschäft der Wissenschaft. Es gab Romane über die Arktis, deren Helden Magnetfelder in unerträglicher Kälte vermessen oder den Chloridgehalt des Wassers unter Eisschollen mittels Mohr'scher Titration bestimmen. Es gab Romane über Brücken und Kanäle, Chemiker und Ärzte.[12]

Der Philosoph Arnošt Kolman gab 1928 einen dicken Wälzer über das Leben und die Technik der Zukunft heraus, in dem handverlesene Wissenschaftler in ihren Visionen schwelgen. Von kommunalen Wohnformen in den Städten ist da die Rede, von Privatflügen und Wolkenkratzern, die durch Brücken verbunden und mit Luftfahrtstationen ausgestattet sind, und der Psychologe Aron Salkind träumt in seinem Beitrag von neuen Organen, neuen Seelen und neuen Sinnen.

Wenn solche Veröffentlichungen möglich waren, warum wurde dann Serebrowskis Empfehlung derart geschmäht? Man warf ihm vor, er beleidige die sowjetische Frau, der beliebte bolschewistische Lyriker Demjan Bedny schrieb für die *Iswestija* ein Spottgedicht, in dem er Serebrowskis Vorschlag auf die Spitze treibt und ein Moskau heraufbeschwört, das mit zehntausend Kopien eines und desselben Bürokraten vollgestopft ist.[13]

Serebrowski unterschätzte die Wirkung der Satire, und als er versuchte, seinerseits mit einer gereimten Replik über Bedny herzuziehen, erlebte er eine Bauchlandung. Offiziell in Ungnade gefallen und der öffentlichen Empörung preisgegeben, sah er sich schließlich gezwungen, Lewits Institut zu verlassen.

Seine Idee lief im Kern auf die Trennung von Geschlechtsverkehr und Zeugung hinaus. Seine eugenische Vision geht auf die Sturm-und-Drang-Jahre der bolschewistischen Ära zurück, eine Zeit, in der die Familie zu den Übeln der kapitalistischen Vergangenheit gezählt wurde, die es zu überwinden galt. Serebrowski hielt die »bourgeoise« Familie, in der der Mann nur die Kinder als seine eigenen akzeptierte, die er gezeugt hatte, für artifiziell und obendrein überflüssig, beruhte sie doch auf der Ansicht, die Frau sei Eigentum des Mannes. Diese Sicht der Dinge war vielleicht nicht allgemein verbreitet, in der phantastischen Literatur und in Leserbriefen jener Jahre jedoch ein geläufiger Topos.[14]

Aber das Land hatte inzwischen andere Sorgen: eine sinkende Geburtenrate, eine sprunghafte Zunahme der Abtreibungen, Gewalt in den Familien und eine ganze Generation von Waisen – tatsächlich Millionen von Kindern und Jugendlichen ohne Elternhaus –, die sich mit Bettelei, Diebstahl und Prostitution über Wasser halten mussten. Serebrowskis Idee mochte in fachlicher Hinsicht reizvoll sein, politisch war sie ein Flop ohnegleichen.

Auch damit hätte er sich vielleicht nicht in die Nesseln gesetzt, wenn die Abhandlung »Humangenetik und Eugenik in einer sozialistischen Gesellschaft« rein fiktiv gewesen wäre. (Niemand rügte Kolzow für seine Mars-Parabel.) Aber gerade das war das andere Problem seines Vorschlags: Er schien realisierbar zu sein.

Als Wissenschaftler, der seit 1923 die Abteilung für Geflügelzucht am Moskauer Institut für Zootechnik leitete, kannte Alexander Serebrowski sich gut mit den neuesten Erkenntnissen zur künstlichen Befruchtung aus, insbesondere mit der Arbeit seines renommierten Kollegen Ilja Iwanowitsch Iwanow.

Bereits vor der Revolution war Iwanow, der sein Chirurgenhandwerk bei dem akribischen Pawlow gelernt hatte, für seine Forschungen auf dem Gebiet der künstlichen Befruchtung, bis dato ein experimentelles Kuriosum, weltweit Anerkennung zuteilgeworden. Er hatte eine Apparatur aus Schwämmen, Plastikkanülen und Injektionsspritzen entwickelt, die zehnmal mehr Stuten zu befruchten vermochte als ein guter Deckhengst. Zu einer Zeit, in der die Landwirtschaft noch mit Pferden arbeitete, war solche Steigerung keine Kleinigkeit.

Für Iwanow war die künstliche Befruchtung auch ein Forschungsinstrument. Sein Interesse galt den Mechanismen der Evolution, und um diese zu ergründen, wollte er die genetischen Beziehungen zwischen verschiedenen Arten bestimmen. Dazu schuf er den »Zesel«, eine Hybride aus einem Zebra und einem Esel, kreuzte Rinder mit Wisenten und Antilopen mit Yaks und züchtete die Archaro-Merinos, eine Schafrasse mit besonders feiner Wolle, die heute noch auf kirgisischen und kasachischen Bergweiden grast.

Die Revolution stürzte seine Forschungen ins Chaos und beraubte ihn seiner Förderer. Um sich neuen Rückhalt zu sichern, bat Iwanow 1922 seinen Kollegen Michail Nesturch, englische Abstracts zum Thema Primatenbiologie auszuarbeiten, und begann eine Korrespondenz mit dem amerikanischen Biologen Raymond Pearl, in der es vor allem um die Möglichkeit ging, Menschen mit Schimpansen zu kreuzen.

Das Interesse an dem Projekt war riesig. Sergej Nowikow, der in Berlin das Volkskommissariat für Bildungswesen repräsentierte, nannte den Forschungskomplex, mit dem sich Iwanow befasste, ein »Problem von überragender Bedeutung für den Materialismus«. Lew Fridrichson vom Landwirtschaftskommissariat war der Meinung, das von Iwanow vorgeschlagene Projekt »sollte religiösen Lehren einen entscheidenden Schlag versetzen und könnte von großem Nutzen für unsere Propaganda und unseren Kampf für die Befreiung der Werktätigen aus den Fängen der Kirche sein«.[15] Am 30. September 1925 präsentierte Iwanow seinen Vorschlag in der Akademie der Wissenschaften vor einem gut gefüllten Saal, in dem auch Oldenburg, Fersman und Pawlow saßen. Ausgestattet mit 10 000 Dollar in Rubeln und dem offiziellen Segen der Akademie, brach er zu einer Reise in den Westen auf, um Gelder für seine Mission einzuwerben.

Schlagzeilen gab es genug. Nachdem ein brisanter Artikel über ihn in der *New York Times* erschienen war, erhielt er Drohbriefe vom Ku-Klux-Klan. Mit Unterstützung des Pariser Institut Pasteur besuchte Iwanow zweimal Guinea, im Februar und im November 1926, um das Experiment durchzuführen.

Die Befruchtung von Schimpansen erwies sich als gesundheitsschädliches, schwieriges Unterfangen (Iwanows Sohn, der sich dem Exkursionsteam angeschlossen hatte, wurde bei einem grausamen Experiment verletzt und musste ins Krankenhaus eingeliefert werden). Iwanow kehrte unverrichteter Dinge auf seinen Posten am Moskauer Institut für Zootechnik zurück und traf jetzt Vorbereitungen, eine sowjetische Freiwillige mit Sperma zu befruchten, das aus einem Primatenlabor stammte. Es meldeten sich mehrere Frauen.[16] Seine halsbrecherische, zunehmend gegen Tabus verstoßende Karriere fand ein jähes Ende, als die Akademie der Wissenschaften herausfand, dass er schon zuvor versucht hatte, afrikanische Frauen mit Affensperma zu befruchten – ohne deren Wissen.

Am 19. April 1922 lud Gorbunows Abteilung für wissenschaftliche Einrichtungen mehrere Mitglieder der regierungsfreundlichen Kommunistischen Akademie zu einer Tagung über Iwanows Forschungen ein, darunter Alexander Serebrowski und Solomon Lewit. Obwohl sich die Teilnehmer der moralischen Grenzüberschreitungen Iwanows wohlbewusst waren, richteten sie ihre Kritik gegen die meuternde bourgeoise Akademie der Wissenschaften, die Iwanows Bericht über seine letzte Afrika-Expedition achtzehn Monate lang zurückgehalten habe. Wenn sich die Akademie der Wissenschaften nicht imstande sehe zu handeln, dann müsse eben die Kommunistische Akademie das Projekt übernehmen, »um eine umfassende Überprüfung des Vorschlags von Prof. Iwanow einzuleiten ... und die notwendigen Experimente durchzuführen«. Die Gesellschaft materialistischer Biologen gründete einen Ausschuss für die »interspezifische Hybridisierung von Primaten«, der die Experimente überwachen sollte. Solomon Lewit übernahm den Vorsitz, Serebrowski gehörte dem Gremium als einfaches Mitglied an.

Als die politische Stimmung sich gegen die Eugenik zu wenden begann, blies den beiden Männern auf diesen exponierten Positionen kräftig der Wind ins Gesicht.

In den dreißiger Jahren wurde die gesamte westliche Welt von einer Bewegung ergriffen, die eine radikale negative Eugenik propagierte. In Europa verabschiedeten sämtliche nordischen Länder rigorose Gesetze, doch deren Bestimmungen erschienen moderat im Vergleich zum deutschen »Gesetz zur Verhütung erbkranken Nachwuchses«, das die Nationalsozialisten im Juli 1933 erließen. Teilweise in Anlehnung an das kalifornische Gesetz zur Zwangssterilisation benannte es als »Unfruchtbarzumachende« Menschen mit angeborenem Schwachsinn, Schizophrenie, manisch-depressivem Irresein, Epilepsie, Veitstanz, gravierenden körperlichen Missbildungen und angeborener Blindheit und Gehörlosigkeit sowie schwere Alkoholiker. Erwin Baur, eine graue Eminenz unter den deutschen Biologen und erster Vorsitzender der »Gesellschaft für Rassenhygiene«, verkündete kurz nach dem Dekret in einem Interview, es sei an der Zeit, dafür zu sorgen, dass sich diese minderwertigen Personen nicht mehr fortpflanzten. »Sie dürfen überzeugt sein, dass von niemand sonst die Sterilisationsgesetze der Reichsregierung mehr gebilligt werden als von mir, aber damit ist, wie ich immer betonen muss, nur erst ein Anfang gemacht.«[17] Zwischen 1934 und 1945 wurden rund 300 000 Deutsche zwangsweise sterilisiert.

In den Monaten vor seiner Abreise nach Texas tat Solomon Lewit, was in seiner Macht stand, um die sowjetische Eugenik von der negativen Eugenik abzugrenzen. Er war für die Aufgabe prädestiniert. Seit März 1930 leitete er das Moskauer Medizinisch-Biologische Institut, das inzwischen in einem luxuriösen konstruktivistischen Neubau an der Kalushskaja residierte, genau gegenüber dem Gebäude, das in den späten dreißiger Jahren das Präsidium der Akademie der Wissenschaften beherbergen sollte.

Lewit nutzte die Umzugsaktivitäten, um sein »Büro für menschliche Vererbung und Konstitution« zur Abteilung für Genetik – der vage Name war Absicht – auszubauen und einen zweiten Band mit Abhandlungen herauszugeben. Im Editorial zieht er eine scharfe Trennlinie zwischen Eugenik und »Humangenetik«, die er als »Wissenschaft von der menschlichen Vererbung« definiert. »Ich meine, in der Zeit bis etwa 1926 durchlebten wir eine infantile Periode in der Geschichte unserer Gesellschaft. Der Grund, warum ich sie infantil nenne, liegt darin, dass so viele theoretische Fehler gemacht worden sind, Fehler inhaltlicher wie methodologischer Art.«[18] Der Text endete mit einem langen Abschiedsbrief von Alexander Serebrowski, der sich für einige Passagen seines Artikels von 1929 entschuldigte.

All das reichte nicht aus. Im Januar 1932, als Lewit gerade auf dem Rückweg von Texas die Timofejew-Ressowskis in Berlin besuchte, fiel die Leitung des Medizinisch-Biologischen Instituts an

Boris Kogan, seinen Stellvertreter, der umgehend alle genetischen Forschungsvorhaben stoppte. Lewit erfuhr davon erst bei seiner Rückkehr am 22. Februar 1932. Es war ein rauer Empfang: Die Mitstreiter Agol und Serebrowski standen ideologisch unter zunehmend heftigem Beschuss, und die drei wurden in feindseligen Zeitungsartikeln als »menschewierende Idealisten« abgestempelt – eine verschlagene Formulierung, die sie in unmittelbare Nähe zu Staatsfeinden rückte.

Lewit wehrte sich souverän. Er verfasste einen Artikel, in dem er Rassismus, Faschismus und »Sozialdarwinismus« – die Auffassung, der Fortschritt der Menschheit beruhe auf gnadenlosem Verdrängungswettbewerb – aufs schärfste verurteilte, und es schien, als habe er damit die Gnade politischer Gunst zurückgewonnen. Auch führte er so manches Gespräch in höheren Etagen, um sich Amt und Würden in der während seines Auslandsaufenthaltes umstrukturierten Institutslandschaft zu sichern. Wir wissen nicht genau, welche Strippen Lewit zog und wie er sein Comeback einfädelte, aber am 15. August 1932, dem Tag, an dem das Medizinisch-Biologische Institut neu eröffnet wurde, saß er wieder als dessen Direktor auf seinem alten Posten.

Erneut am Ruder, schrieb er eilends die sozialistische Ausrichtung des Instituts fest und organisierte eine Tagung, um die richtige Sprache und Methodologie für die Ergründung von Humangenetik und Vererbung auszuloten. In seinem Tagungsbeitrag wie auch in den Beiträgen von Nikolai Kolzow, Hermann Muller und anderen Teilnehmern wurde der Ruf nach einer neuen Disziplin laut, der »medizinischen Genetik«, einem Instrument, das die »Volksgesundheit« steigern und zugleich faschistische Pseudowissenschaft bekämpfen sollte.

Lewit achtete bei dieser Tagung peinlich genau auf die Wortwahl:

Unsere große Union hat die ehrenvolle Aufgabe, das kleine Pflänzchen, welches die kapitalistische Welt im Gewächshaus gezüchtet hat und das wir medizinische Genetik nennen, zu einem starken Baum heranzuziehen, einer Wissenschaft von hohem Rang, frei von dem üblen Gekläff der Rassisten und bourgeoisen Eugeniker, im Dienst des Sozialismus und der sowjetischen Gesundheitsfürsorge.[19]

Im Juli 1935 ging der beeindruckende vierte Band mit Forschungsberichten des Medizinisch-Biologischen Instituts in Druck. Zum Zeitpunkt seines Erscheinens im Jahr 1936 stellte er die wohl weltweit beste Sammlung von Originalbeiträgen zur menschlichen Vererbung dar. Er enthielt 25 Abhandlungen, unter anderem zu Erbfaktoren bei Asthma, Allergien, perniziöser Anämie, Diabetes, Magengeschwüren und Brustkrebs. Etliche Texte befassten sich mit eineiigen Zwillingen und analysierten deren Elektrokardiogramme, Größe, Gewicht und Fingerabdrücke.

Während Lewit die Neugestaltung der Eugenik in den Räumen einer staatlichen Institution munter vorantrieb, agierte Nikolai Kolzow wesentlich vorsichtiger und beschloss nach einiger Zeit, ganz die Finger von der Eugenik zu lassen. Das hatte weniger ideologische als praktische Gründe: Unabhängige Einrichtungen wie sein Institut für experimentelle Biologie standen unter dem Druck, alle Projekte auf die Vorgaben des Ersten Fünfjahresplans abstellen zu müssen, und sahen sich in ihrer freien Entfaltung bedroht. Um ihre Übereinstimmung mit der Neuen Ökonomischen Politik zu belegen, mussten wissenschaftliche Organisationen von den frühen dreißiger Jahren an ihre Satzung und Mitgliederliste beim NKWD, dem Innenministerium, also faktisch bei der Staatssicherheit, zur Prüfung und Genehmigung einreichen.

Kolzow mochte dem Geheimdienst nicht offenlegen, wer der Russischen Gesellschaft für Eugenik angehörte, und unterließ es einfach, die angeforderten Unterlagen abzuschicken. Damit besiegelte er das Ende der Vereinigung – sie wurde aufgelöst und ihre Zeitschrift eingestellt.

Wenige Monate später arbeitete Kolzow den Institutsplan für das nächste Jahr aus und benannte seine Eugenik-Abteilung nach Lewits Sammelband in »Abteilung für Humangenetik« um. Deren Aufgabe, erklärte er, sei es, »verschiedene Phänomene menschlicher Vererbung und Variabilität zu untersuchen, die nicht nur durch Erbgut, sondern auch durch Umwelteinflüsse bestimmt« würden. Kolzow sorgte auch dafür, dass die Forschertalente unter seinen Mitarbeitern in Lewits Medizinisch-Biologischem Institut eine neue Betätigung fanden. Lewit war begeistert.

Er hätte seinen Marx genauer lesen sollen.

Der Marxismus war von jeher mehr als eine praktische Philosophie; er strebte eine kulturelle Umwälzung an, in deren Verlauf alle einzelnen Wissenschaften zu einer einzigen großen Wissenschaft verschmolzen werden sollten. Marx hatte von einer wissenschaftlichen Politik geträumt. Doch in der Hast, seinen Traum umzusetzen, stand das ganze Unternehmen bald kopf. Die Politik wurde nicht wissenschaftlicher, sie lernte nur, sich in ein wissenschaftliches Gewand zu kleiden.

Seine Freunde waren entsetzt, als Lewit sich weiteren Eugenik-Projekten zuwandte. Sie warnten ihn, er sei auf dem besten Weg, politischen Selbstmord zu begehen. Lewit hörte nicht auf sie. Er konnte sich nicht vorstellen, was für ein Brandsatz in seiner Arbeit steckte.

ZWEITER TEIL

MACHT

(1929–1941)

Zu viel wird bis zum Aberwitz zerstört, bis zu einem
Punkt, wo sich die Chronologie auflöst, doch weit mehr
wird aus Unbefangenheit und Zuversicht begonnen.

Alexej Gastew, 1923

Vorige Seite: Stahlwerk von Magnitogorsk, die weltgrößte Anlage
ihrer Art, als Aluminiummodell präsentiert im Pavillon der UdSSR
auf der Weltausstellung 1939 in New York.

8. STURM AUF DIE
»BASTION DER WISSENSCHAFT«

*Vor uns steht eine Festung. Ihr Name, der Name
dieser Festung, ist Wissenschaft mit ihren zahlreichen
Wissenszweigen. Diese Festung müssen wir um jeden
Preis nehmen. Diese Festung muss die Jugend nehmen,
wenn sie der Erbauer eines neuen Lebens sein, wenn sie
zu einem wirklichen Nachwuchs der alten Garde werden
will ... Ein Massenfeldzug der revolutionären Jugend
für die Meisterung der Wissenschaft – das ist es, was wir
jetzt brauchen, Genossen.*[1]

Josef Stalin, Mai 1928

Am 26. Mai 1922 erlitt Lenin den ersten Schlaganfall. Sobald er
wieder halbwegs bei Kräften war, regierte er mit Memos vom
Krankenbett in Gorki aus, einer Kleinstadt bei Moskau, und ver-

»Fegt die trotzkistisch-sinowjewistische Mörderbande vom Angesicht
der Erde, so lautet das Urteil der Arbeiter.« Die Schauprozesse fanden
1936 in den Fabrikhallen offenbar Zustimmung.

wendete viel Zeit darauf, Listen mit Namen von Intellektuellen zusammenzustellen, die er deportiert wissen wollte. »Verhaftet einige hundert Personen ohne Angabe von Gründen«, befahl er am 17. Juli. »An die Arbeit, meine Herren!«[2]

Zurück im Amt, musste Lenin allerdings feststellen, dass ihn die Ereignisse überrollt hatten. Stalin – ein Mann von solcher Effizienz im alltäglichen Geschäft und solch schroffem Auftreten, dass ihm der Spitzname »Genosse Aktenschrank« anhing – hatte ihn ausgebootet.

Josef (oder Josif) Wissarionowitsch Dshugaschwili, bekannt als Stalin (vom russischen Wort für Stahl), wurde am 18. Dezember 1878 im georgischen Gori, einer Stadt im Kaukasus, als Sohn einer strenggläubigen Wäscherin und eines prügelwütigen Säufers geboren. Angeblich flog er aus dem Priesterseminar in Tiflis, weil er unter dem Tisch Karl Marx las. Zwischen April 1902 und März 1913 wurde er nicht weniger als sieben Mal verhaftet, verurteilt und in die Verbannung geschickt, zuletzt für volle vier Jahre nach Sibirien.

Stalin, Redakteur bei der bolschewistischen Tageszeitung *Prawda*, Trotzkis großer Rivale, legte sich mächtig für die Partei ins Zeug. Im Bürgerkrieg hatte er Führungsstärke bewiesen und wurde dafür mit zwei Ministerämtern belohnt, dem Posten des Kommissars für Nationalitätenfragen und dem eines Staatsinspektors für Arbeiter und Bauern. Wirklich ausschlaggebend aber war seine Position als Generalsekretär des Zentralkomitees der Kommunistischen Partei, die er von 1922 bis zu seinem Tod innehatte.

Außerdem war Stalin Mitglied des Politbüros, des höchsten Gremiums der Partei. Die restlichen Stunden seines langen Arbeitstages verbrachte er in zahlreichen Ausschüssen, die sich teils überschnitten und miteinander verflochten waren. Solche Plackerei war seinen Konkurrenten Leo Trotzki und Grigori Sinowjew fremd. Die Arbeitswut kam Stalin jedoch zugute. Er kannte Anfang der zwanziger Jahre nicht nur den Inhalt jeder einzelnen Schublade im Petrograder Smolny-Institut, sondern verstand es auch, dieses Wissen zu seinen Gunsten zu nutzen. Noch während der Revolution hatte er begonnen, politische Posten in der Provinz mit seinen Gefolgsleuten zu besetzen. Rund zehntausend von ihnen arbeiteten jetzt an Schaltstellen des Apparats für den Machterhalt eines Triumvirats, das aus dem KP-Generalsekretär Stalin, dem Komintern-Vorsitzenden Grigori Jewsejewitsch Sinowjew und Politbüro-Chef Lew Borissowitsch Kamenew bestand.

Kein Wunder, dass Lenin einen zweiten Schlaganfall erlitt. Im Dezember 1922 brachte Stalin die Ärzte des hinfälligen Genossen dazu, ihn zu dessen eigenem Besten von allen politischen Geschäften abzuschirmen, und in dieser Isolation, allein und entmachtet, verblieb der Revolutionsführer bis zu seinem Tod im Januar 1924, während der Staat, den er aufgebaut hatte, die schwerste politische Krise seiner kurzen Geschichte durchlief.

1922 war eine schreckliche Hungersnot ausgebrochen. Die Bolschewiki wollten es besser machen als die Zaren, die einfach die Massen von Todesopfern, die solche Katastrophen forderten, in Kauf genommen hatten. Doch ihre Bemühungen führten die neue Staatsmacht an den Rand des Abgrunds. Ohne ausländische Devisen fehlte das Geld, um die vom Krieg schwer gebeutelte Wirtschaft wieder in Gang zu bringen. Eisen- und Stahlproduktion sanken auf das Niveau der zwei Jahrhunderte zurückliegenden Ära von Peter dem Großen. Im ganzen Land wurde gestreikt, und um diesen Unruhen Herr zu werden, plädierten Leo Trotzki und seine alte Parteigarde dafür, zum Kurs gewaltsamer Kontrolle und Unterwerfung zurückzukehren, der das Regime während des Bürgerkriegs über Wasser gehalten hatte.

Dagegen opponierten Sinowjew, Kamenew und Stalin und bekannten sich, zumindest verbal, zu Lenins Neuer Ökonomischer Politik. Schließlich hatte Marx höchstpersönlich gelehrt, ohne Kapitalismus – und sei er auch noch so rudimentär – gäbe es keine Industrialisierung und somit kein Proletariat, also auch keine ernstzunehmende Revolution.

Das Triumvirat reagierte auf die wirtschaftlichen Missstände und die Streiks, indem es sich mit Fachleuten aus dem Großbürgertum verständigte und ihnen mehr Handlungsfreiheit zugestand. Der lauteste Verfechter dieser Politik mit der zweifellos größten Wirkung war erstaunlicherweise Felix Dsershinski, der »Blutfelix«, Chef der Tscheka, der Geheimpolizei, die unzählige Angehörige dieser Klasse gefoltert und hingerichtet hatte.

Dsershinski war inzwischen auch Volkskommissar für Innere Angelegenheiten und damit Vorsitzender des Obersten Rats für Volkswirtschaft, und als solcher lenkte er die Großindustrie und überwachte die schwierige Zusammenarbeit zwischen bürgerlichen Betriebsleitern und den sogenannten Roten Direktoren, die als Politkommissare in den Produktionsstätten eingesetzt wurden und unfassbar schlecht ausgebildet waren. Um sie zu unterstützen, ihre Defizite zu mindern und die Wirtschaft in Schwung zu bringen, stellte Dsershinski ehemalige Geheimpolizisten ab, deren skrupellose Effizienz die Arbeit der schwer bedrängten Betriebsleiter erheblich erleichterte. Der pragmatisch veranlagte Dsershinski wurde zum Großmeister der Neuen Ökonomischen Politik und zum aufrechten Anwalt der Wissenschaftler und Ingenieure, Politik hin oder her.

Ein starker Verbündeter stand ihm zur Seite: Alexej Iwanowitsch Rykow, der dem gemäßigten Flügel der Partei angehörende Vorsitzende des Rates der Volkskommissare, eine Position, die ihn faktisch zum Staatschef machte. 1924 ging Rykow so weit, Fachkräften Sonderrechte einzuräumen: »Der Spezialist, der Ingenieur, der Mann der Wissenschaft und Technik muss vollkommen unabhängig und frei sein, seine Meinung zu wissenschaftlichen und technischen Fragen zu äußern.«[3]

Nach außen hin stand Stalin hinter der Neuen Ökonomischen Politik, doch insgeheim verfolgte er seinen eigenen besonderen Plan. Statt Trotzkis Strategie zu folgen und zur glanzlosen Kommandowirtschaft der Kriegsjahre zurückzukehren, entwickelte Stalin die Idee, die kapitalistische Phase zu überspringen und das Land per Dekret zu industrialisieren. Er wollte durch eine mit eiserner Präzision durchgeführte Lenkung der Wirtschaft die Zwischenstadien, die zum wahren Kommunismus führen sollten, im Eiltempo durchlaufen – der wohl reinste Ausdruck bolschewistischer Ungeduld, den es je gegeben hat. Von Anfang an war klar, dass dieser Weg Millionen Menschen das Leben kosten würde.

Der Plan nahm Gestalt an, während die anhaltenden Streiks im Verein mit Lenins Siechtum dazu führten, dass sich der Konflikt zwischen dem Triumvirat und Trotzki verschärfte, der immer noch auf die Weltrevolution hoffte. Die Niederlage der revolutionären Bewegungen in Deutschland und Ungarn hätten ihn von seinen überspannten Erwartungen kurieren müssen, aber er blieb bei seiner Meinung, und es ist nicht sonderlich überraschend, dass Stalin und seine Fraktion für ihren pragmatischeren Ansatz auf dem XIII. Parteitag im Mai 1924 mehrheitliche Unterstützung fanden: die Nation verteidigen, das nationale Wachstum sichern, den Sozialismus in *einem* Land – natürlich dem eigenen – verankern. Die Welt kann warten.

Dsershinskis Tod 1926 beraubte die alte Bildungselite ihres mächtigsten Fürsprechers, und es trat eine völlig neue Wirtschaftsordnung an die Stelle der alten. Am 3. November 1929 veröffentliche Stalin einen Artikel, in dem er den Durchbruch an allen Fronten des sozialistischen Aufbaus beschwor, einen Durchbruch, der mit einem Federstrich die Arbeitslosigkeit abschaffte und in beispielloser Zahl Bauern in die Fabriken holte.

Die Landarbeiter, die in die städtischen Fabriken strömten, hatten keinen guten Ruf. Sie galten als besonders unfallgefährdet, dumm, ungeschickt, auch als verschlagen und waren jedenfalls ganz und gar nicht von der Art der Proletarier, die »den Hunger im Bürgerkrieg ertragen, den Klassenfeind geschlagen und unsere Wirtschaft vor dem Ruin bewahrt« hatten. In einer Moskauer Textilfabrik steckte ein Arbeiter in seinem Ärger darüber, dass er an einen schlechter bezahlten Arbeitsplatz versetzt werden sollte, einen Bolzen in eine Maschine und verursachte dadurch einen Schaden von zwanzigtausend Rubeln. Im Donbass verletzten sich Bergleute absichtlich, um nicht in den Schacht einfahren zu müssen, während Neuankömmlinge auf der Suche nach besseren Wohnungen und leichterer Arbeit von Mine zu Mine zogen. Ein Zeitzeuge aus einer ukrainischen Fabrik berichtete, sie interessierten sich weniger für die Arbeit als für Glücksspiele und Alkohol; ihre Lieblingsbeschäftigung seien »Faustkämpfe«. Ihnen, den »Bauerntölpeln«, »Hinterwäldlern«, »Niggern«, wurde es angelastet, dass 1929 alle Belegschaften Lohnkürzungen hinnehmen mussten, und unter den alten Hasen, die sie eh verachteten und schlecht behandelten, regten sich Unmut und Feindseligkeit.[4]

Gewerkschaften und Partei hatten ihre liebe Not, den Neulingen Grundkenntnisse in industrieller Fertigung zu vermitteln. Vieles wurde unternommen, um die aufsässigen bäuerlichen Arbeitskräfte in ihre Tätigkeit einzuweisen und zu disziplinieren, von genossenschaftlichen Betriebsgerichten über sozialistische Wettbewerbe bis hin zu den Lehrgängen an Alexej Gastews Zentralinstitut für Arbeit. Langfristig versprach Bildung den besten Erfolg. An die Ausbildung von Technikern und Wissenschaftlern wurden militärische Maßstäbe angelegt, um die Nachwuchskräfte in kürzester Zeit durchzuschleusen. Zwischen 1928 und 1932 verdreifachte sich die Zahl der Studierenden. Mancherorts wurden die theoretischen Grundlagen von Physik und Chemie einfach weggelassen, neue Unterrichtsmethoden und Abschlüsse fassten die Studenten in »Brigaden« zusammen, die sich ihr Wissen durch »kontinuierliche Produktionspraxis« aneignen sollten.

Dsershinskis alter Verbündeter im Zentralkomitee, Alexej Rykow, konnte kein Verständnis für diese Entwicklungen aufbringen. Die Regierung war im Begriff, eine Reihe groß angelegter, hochambitionierter Bauprojekte aus der Taufe zu heben, und in dieser heiklen Phase war es aus Rykows Sicht höchste Priorität, die Schulung von Technikern zu verbessern und auszuweiten. Wozu wurden die ohnehin überlasteten Bildungseinrichtungen mit schlecht vorbereiteten Studenten überflutet?

Doch Stalins Ziel war es, die alte technische Intelligenz mit der schieren Masse nachrückender proletarischer Ingenieure ein für alle Mal zu verdrängen (sie »in einem Meer neuer Kräfte« aufzulösen, wie es in einem Bericht der staatlichen Planungskommission aus dem Jahr 1930 heißt), und als Verfechter des bolschewistischen Learning-by-doing-Pragmatismus verfolgte er mit einiger

Genugtuung, wie die traditionelle Unterscheidung zwischen Arbeit und Ausbildung obsolet zu werden schien. Er schlug sogar vor, den gesamten höheren technischen Ausbildungssektor in die Hände des Obersten Rats für Volkswirtschaft zu legen. Sein Antrag wurde abgelehnt, doch als Meister bürokratischer Zermürbungstaktiken – eben »Genosse Aktenschrank« – setzte Stalin seinen Willen dennoch durch, und 1930 hatte das Bildungskommissariat seine Zuständigkeit für die Ingenieurstudiengänge an den Obersten Rat und andere Wirtschaftsbehörden abgegeben. »Und es ist nichts Schlimmes passiert«, triumphierte Stalin. »Wir haben's überlebt.«[5]

Als Nächstes musste er sich Alexej Rykow vom Hals schaffen. Der hatte sein Schicksal mit dem der bürgerlichen technischen Intelligenzija verwoben und war entsprechend dieser Ausrichtung zur Galionsfigur der rechten Opposition gegen Stalin und den Ersten Fünfjahresplan geworden. Stalin hatte viel zu gewinnen, wenn er Rykow beseitigte.

Ende 1927 erhielt der Chef der Geheimpolizei, Wjatscheslaw Rudolfowitsch Menshinski, ein verstörendes Schreiben von seinem Mann im Nordkaukasus, Jefim Jewdokimow: In der Bergarbeiterstadt Schachty sei ein Trupp Männer aktiv, die es darauf abgesehen hätten, die Minen in Konspiration mit deren enteigneten, emigrierten Besitzern lahmzulegen. Als Beweis führte er Briefe an, die er entdeckt habe, jedoch leider nicht entziffern könne, da sie in Geheimcode abgefasst seien. Menshinski wurde misstrauisch und setzte Jewdokimow eine Frist von zwei Wochen, die Briefe zu dechiffrieren. Sollte ihm dies nicht gelingen, würde er ihn wegen falscher Anschuldigung einsperren lassen.

Jewdokimow wandte sich schnurstracks an Stalin – die beiden waren befreundet, fuhren gemeinsam in Urlaub –, der daraufhin die Verhaftung der vermeintlichen Saboteure anordnete. Rykow und Menshinski protestierten, Stalin habe seine Kompetenzen überschritten. Stalin zückte ein Telegramm, in dem Jewdokimow vage andeutete, die Verschwörung werde von höheren Chargen in Moskau gesteuert.

Am 7. März 1928 wurden fünf Deutsche in den Fall hineingezogen und verhaftet. Das Timing war perfekt. Die russische Volkswirtschaft hing entscheidend von erfolgreichen Verhandlungen mit Deutschland ab, und für die war kein anderer als Alexej Rykow zuständig. Er saß in der Falle. Je engagierter er seiner Aufgabe nachging, die gesträubten Federn der deutschen Diplomatie glatt zu streichen, desto mehr riskierte er, wegen Vertuschung im Fall Schachty angeklagt zu werden.

Behutsamkeit war das Gebot der Stunde: In einer Rede, über die die *Prawda* am 11. März 1928 berichtete, warf Rykow allen beteiligten Stellen vor, die Verschwörung nicht schnell genug aufgedeckt zu haben, und er versuchte vergeblich, einen unabhängigen Ausschuss ins Leben zu rufen, der den Fall aufklären sollte.[6] Natürlich gab er sich keinen Illusionen über den Vorgang hin:

Ohne Zweifel weckt die Existenz einer solchen Verschwörung auf allen Seiten schwerste Bedenken. Aber es wäre außerordentlich schädlich und gefährlich, wenn die Aufdeckung der konspirativen Umtriebe eine Hetzkampagne gegen Fachkräfte nach sich zöge.[7]

Das freilich war exakt das, was Stalin mit der Aktion bezweckte. Er wollte den sozialistischen Aufbau über Nacht und mit Gewalt, und daraus ergab sich als ein Kernpunkt seiner Strategie, dass der Klassenkampf aufgeheizt, auf die Spitze getrieben werden müsse, um die Ausweitung von Zwangsmaßnahmen und Staatsterror zu rechtfertigen.

Der Schachty-Prozess begann am 18. Mai 1928 im Hauptsaal des Moskauer Gewerkschaftshauses, einer kunstvoll verzierten Halle, wo sich in Zeiten der Zarenherrschaft die Mitglieder der adligen Gesellschaft zu Diners und Banketten eingefunden hatten: drei Stockwerke, das Portal geschmückt von korinthischen Säulen. In dem riesigen Raum mit seinen hellblauen Wänden hingen nach wie vor gewaltige Kristalllüster von der Decke, an der ein Fries mit jungen Tänzerinnen prangte. Der Richter, Andrej Januarewitsch Wyschinski, Rechtsberater der Regierung, gab in seiner eigens dafür angelegten Jagdkleidung ein gutes Motiv für die Pressefotografen ab. Mehr als hundert Journalisten aus dem In- und Ausland waren angereist, und insgesamt rund hunderttausend Zuschauer verfolgten den Prozess: Schulklassen, Pioniere, Arbeiter- und Bauerndelegationen wurden durch den Gerichtssaal geschleust ... und der ganze Aufwand wegen der kaum mehr als tausend Bergbauingenieure in der Sowjetunion.[8]

Die angeblich existierenden belastenden Briefe wurden nie vorgelegt, und die Urteile gegen die »Saboteure von Schachty« beruhten ausschließlich auf Zeugenaussagen und Geständnissen. So mancher Angeklagte denunzierte in hysterischer Selbstbezichtigung Menschen, die bereits tot waren. Staatsanwalt Nikolai Krylenko forderte die Todesstrafe für gut die Hälfte der vermeintlichen Delinquenten. Ein Zwölfjähriger, Sohn eines der Beschuldigten, schrieb in einem Brief, der in der *Prawda* abgedruckt und im Gerichtssaal verlesen wurde:

Ich verurteile meinen Vater [Andrej Kolodoob] als rücksichtslosen Verräter und Feind der Arbeiterklasse und fordere die Höchststrafe für ihn. Ich lehne ihn und seinen Namen ab. Ab jetzt nenne ich mich nicht mehr Kolodoob, sondern Schaktin.[9]

Am Ende wurden nur fünf der Angeklagten hingerichtet. Viele wurden freigesprochen. Doch die Urteile waren Nebensache. Der Schachty-Prozess war der Auftakt zu einem dreijährigen, von langer Hand vorbereiteten Klassenkampf, in dem Tausende der qualifiziertesten, erfahrensten Ingenieure ausgeschaltet wurden, Experten, die am ehesten mit fachlich begründeten Einwänden Stalins Fünfjahresplan hätten im Weg stehen können.

Dieser und andere Schauprozesse befriedeten zudem die renitenten Fabrikarbeiter unter dem Doppelbanner von Paranoia und Fremdenhass. Das Schreckgespenst vom Ausland unterstützter Anschläge bewogen sie, sich zurückzuhalten.[10] In einer Rede vom 12. April 1928 erklärte Stalin:

Früher glaubte das internationale Kapital, die Sowjetmacht durch eine direkte militärische Intervention stürzen zu können. Der Versuch ist misslungen. Heute ist es bestrebt und wird auch in Zukunft bestrebt sein, unsere wirtschaftliche Macht durch eine nicht sichtbare, nicht immer zu bemerkende, aber ziemlich nachhaltige ökonomische Intervention zu schwächen, indem es Schädlingsarbeit organisiert, allerlei »Krisen« in diesem oder jenem Industriezweig vorbereitet und dadurch die Möglichkeit einer künftigen militärischen Intervention erleichtert. Hier ist alles zu einem Knoten geschürzt, zum Knoten des Klassenkampfes des internationalen Kapitals gegen die Sowjetmacht, und von irgendwelchen Zufällen kann gar keine Rede sein.[11]

Die minutiös geplanten Prozesse Ende der zwanziger, Anfang der dreißiger Jahre stellten eine ganze Klasse an den Pranger. Der Fall Rykow war nur der Anfang, gut geeignet für die Propaganda. Oppositionelle Kräfte zerbröckelten unter Stalins Ansturm. Rykow wurde die Gründung einer rechtsgerichteten Gruppierung innerhalb der bolschewistischen Partei vorgeworfen und seines Postens enthoben, den fortan ein Stalingetreuer, Wjatscheslaw Michailowitsch Molotow, einnahm. Zur gleichen Zeit wurde auch Gorbunow entlassen. Damit verloren die russischen Wissenschaftler ihre beiden mächtigsten Fürsprecher, und Stalin stieg zu einer Art Übervater auf, um den sich alle zu scharen hatten, ob sie wollten oder nicht. Am Ende des Jahrzehnts huldigten sie ihm als dem »Großen Wissenschaftler«, dem »Coryphaeus der Wissenschaften«. Er war ihr Führer.

Seit der Herrschaft von Peter dem Großen musste sich Russland in Ermangelung eines nennenswerten Gesellschaftslebens mit einem Netzwerk von Strippenziehern und Auftraggebern arrangieren. Stalin nutzte diese Seilschaften und ließ sie nach seiner Pfeife tanzen. Bald schon bedrohten nur noch vereinzelte Institutionen seine Autorität – die letzten verblassenden Spuren liberaler demokratischer Bestrebungen auf einem Weg, der nicht beschritten worden war.

Hinter zwei Schilden konnten sich Bürgerlich-Liberale vor dem Regime verschanzen. Der eine war die ZEKUBU, die Zentralkommission für die Verbesserung der Lebensbedingungen von Wissenschaftlern, gegründet mit Lenins Segen während des Bürgerkriegs, um mit Extrarationen für den Lebensunterhalt von Akademikern zu sorgen. Finanziert von den Bolschewiki, florierte diese Organisation während der einfacheren Phase der Neuen Ökonomischen Politik. Ende der zwanziger Jahre unterhielt sie Landgüter, Ferienheime, Krankenhäuser und Erholungszentren, hatte einen Klub in Moskau, in dem die größten russischen Musiker auftraten, und eine Kirche, die regen Zulauf fand.[12]

Die ZEKUBU war schnell erledigt, hing sie doch am Tropf staatlicher Zuwendungen. Eine flink ins Leben gerufene, ebenfalls mit Staatsgeldern finanzierte Einrichtung, die besser zur neuen Linie passte, löste sie ab: die WARNITSO (geläufiger in der Schreibweise VARNITSO), die »Allunionsvereinigung der wissenschaftlich und technisch Tätigen zur Unterstützung des sozialistischen Aufbaus«.

Größere Schwierigkeiten bereitete der andere Schutzschild, die von Peter dem Großen gegründete Akademie der Wissenschaften, eine unverfroren liberale Organisation, die von Anfang an der Sowjetregierung auf Augenhöhe begegnet war oder sie sogar zuweilen von oben herab behandelt hatte, so als seien die Bolschewiki nur dank der Patronage dieser altehrwürdigen Institution an der Macht. Beim Zweiten Kongress der Wissenschaftsarbeiter im Februar 1927 gaben sich die führenden Köpfe der Akademie nicht nur selbstbewusst, sie stellten auch Forderungen und warfen den zuständigen staatlichen Stellen vor, sie hätten nicht genug Mittel für Forschung und höhere Bildung bereitgestellt. Sergej Oldenburg, einst Lenins Vertrauter, kanzelte Bildungskommissar Anatoli Lunatscharski regelrecht ab: Seit zehn Jahren sei er Zeuge fortgesetzter »Missgeschicke« des Bildungskommissariats und habe dessen Unvermögen, für eine angemessene Finanzierung zu sorgen, wohl oder übel hingenommen, doch nun, am Vorabend zum Ersten Fünfjahresplan, täte Lunatscharski gut daran, der Parteiführung den Ernst der Lage klarzumachen.

Das war mehr als ein in Galopp verfallendes patrizisches *noblesse oblige*. Oldenburg und die Akademie erfüllten die mit Lenin getroffene Vereinbarung gewissenhaft, sie stellten ihre Arbeit tatkräftig in den Dienst des Landes. Wenn das Bildungskommissariat sie nicht angemessen finanzieren konnte, war es Sache der Regierung, sie einer anderen Organisation zuzuordnen, die dazu in der Lage war. Sie handelten also unter der Prämisse, dass ihre Beziehungen zur Regierung leichtgängig und partnerschaftlich seien – oder zumindest sein sollten.

Lunatscharski hatte Neuigkeiten für sie:

> Die Intelligenzija erwartet eine Einladung der Sowjetmacht, die wertvollsten Elemente der Aristokratie des Geistes in die höchsten Organe der Regierung zu entsenden ... Doch sie sollte sich nicht wundern, wenn die Revolution, die sich akribisch und gnadenlos gegen ihre Feinde verteidigen muss, auch Organe hervorgebracht hat, die solche Dinge aus einem ganz anderen Blickwinkel betrachten.[13]

Im April 1927 traf sich eine Handvoll linker, mit höchsten Parteikreisen verbandelter Professoren und entwarf in den Grundzügen, was bald darauf die VARNITSO werden sollte. Auch schickten sie mehrere Briefe an die zuständige Abteilung des Bildungskommissariats, in denen sie darüber klagten, dass die Akademie der Wissenschaften eine rechtsgerichtete Organisation sei, die zu viel Macht auf sich vereine. Die Briefkampagne zog sich lange hin. Ein Jahr später behaupteten die Herren, die Akademie widersetze sich der »Sowjetisierung« und knüpfe im Westen ausschließlich Kontakte zu Wissenschaftlern, die dem Sozialismus feindlich gesinnt seien.[14]

Die Empfehlung der Professoren lautete, neue kommunistische Organisationen zu gründen, die in der Lage wären, die Vorrangstellung der Akademie in der russischen Wissenschaftskultur zu beenden. Das hieß den zweiten Schritt vor dem ersten tun, denn bisher waren die Kommunisten eher zaghaft gegen überkommene bürgerliche Bildungseinrichtungen vorgegangen. Die Kommunistische Akademie hatte unter anderem den Auftrag, Wissenschaftler zum Marxismus zu bekehren, aber das Vorhaben blieb in den Anfängen stecken. Selbst der Gewerkschaft der

Wissenschaftsarbeiter, der am wenigsten strittigen Organisation, die sich weitgehend aus der Verbreitung kommunistischen Gedankenguts heraushielt, trat höchstens jeder Zwanzigste bei. Vereinigungen materialistischer Wissenschaftler schossen wie die sprichwörtlichen Pilze nach einem warmen Herbstregen aus dem Boden und waren ungefähr genauso langlebig. Keine konnte mehr als ein paar hundert Mitglieder vorweisen.

Die VARNITSO entstand am Timirjasew-Museum für Biologie, das, wie schon erwähnt, massenhaft marxistische Populärwissenschaft produzierte. Ihre treibende Kraft war Boris Sawadowski, der seinerzeit Nikolai Kolzow wegen dessen eugenischer Spekulation so heftig attackiert hatte. Im Laufe der Jahre war Sawadowski dazu übergegangen, seine wissenschaftlichen Interessen dem Primat der Politik unterzuordnen, und er rügte jeden, der in seinen Publikationen den marxistischen Standpunkt vernachlässigte. Durch die VARNITSO wuchs sich Sawadowskis bolschewistische Ungeduld zur bolschewistischen Rachsucht aus, und er nutzte seine neue Organisation ausgiebig, um die ältere Generation arrivierter Akademiker abzuservieren.

Neben Boris Sawadowski gehörten sein älterer Bruder Michail (Leiter des Fachbereichs Biologie an der Moskauer Staatsuniversität) und einige extrem angriffslustige Wissenschafts-»Bolschewisierer« zu den VARNITSO-Gründern, etwa der Biochemiker Alexej Bach, der ein Jahr zuvor in die Akademie gewählt worden war. Er wurde aufgrund beeindruckender praktischer Erfolge, vor allem seiner Verbesserungen in der Produktion von Brot, Tabak und Tee, dazu auserkoren, die VARNITSO zu leiten.

Die Organisation kämpfte skrupellos um Gelder und Unterstützung. Ende 1932 repräsentierte sie mit über elftausend Mitgliedern die geistigen wie die politischen Ambitionen einer neuen Generation – junge Menschen, die sich in ihrer beruflichen Entwicklung von den noch immer auf ihren Posten hockenden Akademikern aus der Zeit vor der Revolution behindert sahen.

Die Strategie der VARNITSO war rigoros: Sie wollte das kollegiale Miteinander von Staat und Wissenschaft beenden. Die Briefe des Verbandes an Stalin und andere Mitglieder des

Politbüros waren gespickt mit der Kaderrhetorik von Klassenkampf und internationalen Verschwörungen, die Wissenschaft
und Technik zu Waffen in der Schlacht zwischen Kapitalismus
und Sozialismus erklärte. Das erregte Aufsehen. Mehr noch, es
verschaffte der VARNITSO Einfluss. Zwei Jahrzehnte lang klan-
gen Stalins Äußerungen zum Thema Wissenschaft, als hätte er
sie direkt aus dem einen oder anderen Brief der Organisation
abgeschrieben.

Auf dem Papier war ihre Ausrichtung sehr geradlinig. Als
Lobby für Natur- und Geisteswissenschaftler löste sie die ZE-
KUBU ab, doch sie hatte auch eine politische Agenda: dafür zu
sorgen, dass Intellektuelle keinen Anspruch auf politische Neutralität erheben durften. Im April 1929 forderte die VARNITSO
sogar die Geheimpolizei, die GPU, zu einem Wettkampf heraus,
wer die meisten Sabotageakte aufdecke.

1929 entsandte die VARNITSO zwei erfahrene Provokateure
an Nikolai Kolzows Institut für experimentelle Biologie, die den
Auftrag hatten, diese Bastion der reinen Forschung von allen
bürgerlichen Elementen zu säubern, eine Maßnahme, die sich
natürlich vor allem gegen den Institutsleiter selbst richtete. Sie
lösten eine Reihe frei erfundener Skandale aus, die die Karriere
zweier wissenschaftlicher Mitarbeiter Kolzows, Nikolai Beljajew
und Boris Astaurow, ruinierten und wohl auch der Grund für die
groteske Aktion gegen seinen brillanten Kollegen Sergej Tschetwerikow gewesen sind, der aus heiterem Himmel festgenommen
und wenig später aus Moskau verbannt wurde.

Bis zu seinem Tod im Jahr 1959 hat Tschetwerikow, der heute
als maßgeblicher Pionier der Populationsgenetik gilt, stets be-
teuert, er wisse nicht, warum er verhaftet worden sei. Höchstwahrscheinlich war er Opfer einer Verleumdung, ihm wurde
vorgeworfen, er habe die Akademie der Wissenschaften auf einer
Postkarte zu Kammerers Suizid beglückwünscht. Dass er Kammerers Arbeit kritisch gegenüberstand, war allgemein bekannt,
doch die Mär von der (nie vorgelegten) Karte, die natürlich auch
die ohnehin unter Druck stehende Akademie in ein trübes Licht
rücken sollte, ist psychologisch nicht plausibel.

Tschetwerikow wurde nach Jekaterinburg verbannt und die illustre Schar seiner Studenten aus der »Brüllgesellschaft« auf Zuchtstationen in Zentralasien und sonst wohin verstreut.[15]

Die VARNITSO sollte wissenschaftliche Expertise in den Dienst des sowjetischen Aufbaus und vor allem des Ersten Fünfjahresplans stellen. Um sich staatliche Zuwendungen zu sichern, gaben sich andere akademische Verbände alle Mühe, der mächtigen Organisation zu beweisen, dass sie nicht zu den Elfenbeintürmen der reinen Forschung gehörten.

Doch die Führung der VARNITSO hatte kein Interesse an freundschaftlichem Entgegenkommen und auch nicht an internen Institutsreformen. Sie lancierte eine groß angelegte Pressekampagne gegen »bourgeoise« Institutionen, die ihren Höhepunkt auf einer Tagung in Moskau im März 1931 finden sollte, zu der praktisch alle Forschungseinrichtungen der Nation einschließlich freiwilliger Initiativen vorgeladen wurden. Viele Repräsentanten von Gruppierungen, die nicht der Partei angeschlossen waren, verzichteten klugerweise darauf, der tückischen Einladung Folge zu leisten, und Boris Sawadowski konnte nur schriftlich die »Zitadellen der bürgerlichen Intelligenzija« an den Pranger stellen, ihre »totale Unfähigkeit, zuweilen auch böswillige Weigerung, ihre Arbeit neu auszurichten und die Wissenschaft der Praxis näherzubringen«.[16]

Im April 1931 war es dann so weit: Kolzows Institut für experimentelle Biologie sollte aufgelöst werden. Vier Abteilungen waren bereits abgespalten und zu selbständigen Instituten erklärt worden. Lohnte es sich da noch, das Herzstück der Einrichtung am Leben zu erhalten?

Kolzow war natürlich ganz entschieden dieser Meinung. Das Institut war sein Lebenswerk, das entscheidend dazu beigetragen hatte, die experimentelle Biologie als innovatives, fruchtbares Forschungsgebiet zu etablieren. Ein der reinen Theorie gewidmetes Zentrum, argumentierte er, sei für die Fortentwicklung dieser Disziplin unerlässlich. Zum Glück dachte Maxim Gorki genauso und spielte Stalin einen Brief seines Schützlings und Freundes Kolzow in die Hände. Schon einen Tag später stellte Semaschkos

Nachfolger im Gesundheitskommissariat, Michail Wladimirski, »die uneingeschränkte Autorität des Direktors« wieder her und nahm, wie Kolzow schreibt, »einige ärgerliche Lappalien zurück, die meine Anwesenheit dort vollkommen unmöglich machten«.

Kolzow ersetzte den verbannten Tschetwerikow durch einen Mann, der VARNITSO keine Angriffsfläche bot. Der außerordentlich talentierte, im Waisenhaus aufgewachsene Nikolai Petrowitsch Dubinin, der auch dank seiner proletarischen Herkunft eine forcierte Ausbildung erhalten hatte, verfügte über eine Intelligenz, die hohe Erwartungen weckte. Serebrowski konnte das aus eigener Erfahrung bestätigen. Er kannte Dubinin von gemeinsamen Expeditionen nach Zentralasien, wo sie die Genverteilungen bei Zuchtgeflügel kartiert hatten. Dubinin sah nicht nur gut aus, er *war* gut, ein erstklassiger Analytiker.

Mit der Zeit wurde Kolzow immer vorsichtiger. Als Stalin 1935 in einer Rede den berühmt-berüchtigten Satz »Die Kader entscheiden alles« proklamierte, setzte er diese Weisung auf seine Art am Institut um. Und als Trofim Lyssenko 1936 auf einer Tagung Nikolai Wawilow und dessen Institut für angewandte Botanik angriff, sekundierte Kolzow mit Nachdruck, wenn auch ohne Häme: Wawilow könne kaum praktische Erfolge vorweisen.

Der erste öffentliche Angriff auf die Akademie der Wissenschaften erschien am 15. Mai 1927 in der *Leningradskaja Prawda* in Gestalt eines satirischen Artikels mit dem Titel »Die Akademie als Arche«, verfasst von einem M. Gorin, der genüsslich die anomale Klassenstruktur der Institution aufspießte.

Die Akademie, schrieb er, sei mit bestimmten Legenden behaftet – dass sie von Deutschen, von Erzkonservativen, von elitären Kreisen gesteuert werde. Die Wirklichkeit sei kaum schmeichelhafter. Bis in die zweite Hälfte des neunzehnten Jahrhunderts hinein sei sie in der Hand ausländischer Gelehrter gewesen und habe sich dann zu einem Zufluchtsort für abgehalfterte Aristokraten entwickelt. Den sogenannten »Ehemaligen«, die man sonst nirgendwo gebrauchen könne, gewähre die Akademie »Schutz und Lebensunterhalt«. 23 ihrer Akademiker, allesamt einst hohe Regierungsbeamte, seien – zum Teil auch noch miteinander verwandte – Adlige oder trügen zumindest einen Adelstitel.[17] Die Akademie, so Gorin, dürfe nicht als »Arche der Gestrigen« missbraucht werden.[18]

Innerhalb eines Monats folgten drei weitere Artikel, die weniger ironisch und dafür erheblich aggressiver waren. Deren Autoren – zwei standen vermutlich der Geheimpolizei nahe – betrieben gezielt Rufmord, etwa mit der Geschichte von der (soweit wir wissen, fiktiven) Kosmischen Akademie der Wissenschaften, einem angeblich religiös-philosophischen Zirkel von Gegnern des sowjetischen Projekts.

Die (mutmaßlich gelenkten) Angriffe sollten auf die Akademie in einem ohnehin schon kritischen Augenblick Druck ausüben. Sie kämpfte um ihre Unabhängigkeit, insbesondere um das Recht, selbst zu bestimmen, wem die Ehre gebühre, ihr Mitglied zu werden. Dabei ging es nicht nur um einen ideologischen, sondern auch um einen Interessenkonflikt. Die Partei forderte, bei der Auswahl der Kandidaten müssten neben den Fachpublikationen der Gelehrten auch ihre populärwissenschaftlichen Texte berücksichtigt werden. Für sie hatte es höchste Priorität, die Erkenntnisse der verschiedenen Disziplinen zusammenzuführen und allgemeinverständlich darzustellen. Die angestammten Mitglieder der Akademie, ein eingeschworener Herrenklub (die erste Frau, Lina Stern, wurde 1939 gewählt), wollten dagegen nur hochkarätige Forschungsergebnisse gelten lassen.

Beide Seiten hatten stichhaltige Argumente, und beide beharrten darauf, und so lief die prinzipielle Uneinigkeit schließlich auf einen Kuhhandel hinaus. Oldenburgs Akademiekollege Iwan Pawlow war außer sich vor Wut: Das sei Stiefelleckerei, schäumte er. Ein Mitglied schildert die interne Auseinandersetzung:

Pawlow schrie fast, dass wir den Bolschewiki selbstbewusst begegnen sollten, dass wir nichts von ihnen zu befürchten hätten, dass keinerlei vorherige Absprachen nötig seien, dass jeder auf eigene Faust handeln könne und müsse und so fort. Sergej [Oldenburg] widersprach ihm vehement: Er, Iw. Paw., könne es sich leisten, seine Meinung offen zu äußern, sie würden ihn nicht anrühren, denn er sei in einer privilegierten Position, weil er, wie jeder wisse und die Bolschewiki auch selbst sagten, der ideologische Leithammel der Partei sei. Das trieb Pawlow erneut zur Weißglut. Es war schrecklich.[19]

Mit dieser »schrecklichen«, verqueren und unklaren Art wurstelten sie sich durch, bis zu dem Tag, an dem drei indiskutable Kandidaten zur Wahl standen, alle drei mit Parteibuch: Abram Deborin, dialektischer Philosoph, Nikolai Lukin, ein farbloser Historiker, der ein Buch über die Französische Revolution geschrieben hatte, und der marxistische Literaturkritiker Wladimir Fritsche. Am 12. Januar 1929 fielen sie in geheimer Wahl durch, woraufhin Oldenburg und einige weitere Akademiemitglieder aus dem Sitzungssaal geholt, in eine Limousine mit verhängten Fenstern komplimentiert und im Kreml ins Gebet genommen wurden. Angesichts der Drohung, die Akademie zu zerschlagen, hissten die Gelehrten die weiße Fahne. Deborin, Lukin und Fritsche wurden in einer »Sonderwahl« als Mitglieder aufgenommen. Gleichzeitig erhöhte sich das Budget der Institution gegenüber dem Vorjahr um vierzig Prozent.

Mit einer ebenfalls weitgehend frei erfundenen Geschichte wurde auch die einst zwischen Lenin und Oldenburg vereinbarte gegenseitige Verpflichtung von Akademie und Regierung aufgehoben, eine Aktion, die Oldenburgs Karriere beendete. Am 19. November bekam ein Regierungsausschuss die Information, die Akademie horte heimlich Dokumente »von großem politischem Wert«: Berichte der zaristischen Polizei über revolutionäre Umtriebe, persönliche Dokumente zaristischer Agenten, geheime Militärakten aus dem Weltkrieg, Parteiarchive der Kadetten und Menschewiki und sogar einige bolschewistische Unterlagen.

Dass die Akademie im Chaos des Bürgerkriegs damit betraut worden war, diese Unterlagen zu verwahren, wurde jetzt ignoriert. Wüste Anschuldigungen folgten. Alexej Rykow – dem die Entthronung im Zuge der Schachty-Affäre noch bevorstand –

forderte die Akademie telegraphisch auf, Oldenburg als ständigen Sekretär abzusetzen. Oldenburg, der kurz vor der Pensionierung stand, fiel in Ungnade; der frischgewählte Deborin und der ebenfalls neu aufgenommene Nikolai Bucharin, Politbüromitglied, Komintern-Vorsitzender und Revolutionstheoretiker, verfassten eine neue Satzung und brachten die Akademie endgültig unter die Kontrolle der Partei.

Nur wenige widersetzten sich diesen Reformen offen, und nur wenige konnten es sich erlauben, die Partei wegen ihres Vandalismus abzukanzeln, wie Pawlow es tat. Der sorgte auf der Feier zum hundertsten Geburtstag von Iwan Setschenow im Dezember 1929 für ein Spektakel, indem er im Laufe einer ausführlichen Würdigung des »Vaters der russischen Physiologie« ausrief: »O du edle, ernste Gestalt! Was littest du für Qualen, würdest du noch unter uns weilen! Wir leben unter der Knute des grausamen Prinzips, dass Staat und Obrigkeit alles und Individuum und Bürger nichts sind.«[20]

Die Zuhörer waren wie vor den Kopf geschlagen. Pawlow forderte sie auf, sich zu Ehren Setschenows zu erheben. Was tun? Man erhob sich, schaute sich nervös um. Zahlreiche Kommunisten verließen den Saal.

Pawlow fand unter den älteren Akademiemitgliedern nicht nur Zustimmung. Die Entscheidung, der Partei die Türen zu öffnen, hatte doch immerhin zur Folge, dass der Institution das Gebäude erhalten blieb, in dem sie untergebracht war, und dass in der Folge Jahr um Jahr das Budget aufgestockt wurde, war ja auch nicht zu verachten. Und die neuen Mitglieder waren keine Monster. Im Gegenteil, einmal gewählt, begannen sie, ihr neues Zuhause beherzt zu verteidigen, allen voran Dawid Rjasanow, Mitbegründer sowohl der Kommunistischen Akademie (die in den ersten Jahren noch Sozialistische Akademie hieß) als auch des Marx-Engels-Instituts. Während seiner Amtszeit an der Kommunistischen Akademie war Rjasanow das aggressive, doktrinäre Gehabe seiner Mitarbeiter zunehmend gegen den Strich gegangen, bis er dort schließlich aus Widerwillen gegen diese Leute, die überwiegend am Institut der Roten Professur, einer sozialwissenschaftlichen Kaderschmiede, ihren Abschluss erworben hatten, und aus Ekel vor ihrer »Jagd auf Abweichler« jegliche Leitungsverantwortung abgab. Im Dunstkreis der Akademie der Wissenschaften nannte er deren kommunistisches Pendant eine »blasse Kopie« der illustren Körperschaft, der er nun angehörte.

Von dem Moment an, da sie ihre Tore geöffnet hatte, wuchs die Akademie der Wissenschaften zusehends. Gab es 1928 noch keinen einzigen kommunistischen Mitarbeiter, waren es 1933 fast 350, und als die Akademie im folgenden Jahr von Leningrad nach Moskau zog, wurden ihr prachtvolle neue Gebäude zur Verfügung gestellt, die ursprünglich für die Kommunistische Akademie geplant worden waren. Zwei Jahre später schluckte die Akademie der Wissenschaften die Kommunistische Akademie, was ein herber Schlag für die marxistischen Gelehrten war. Den älteren Herren in der Akademie der Wissenschaften hingegen wurde schmerzlich bewusst, dass man ist, was man isst.

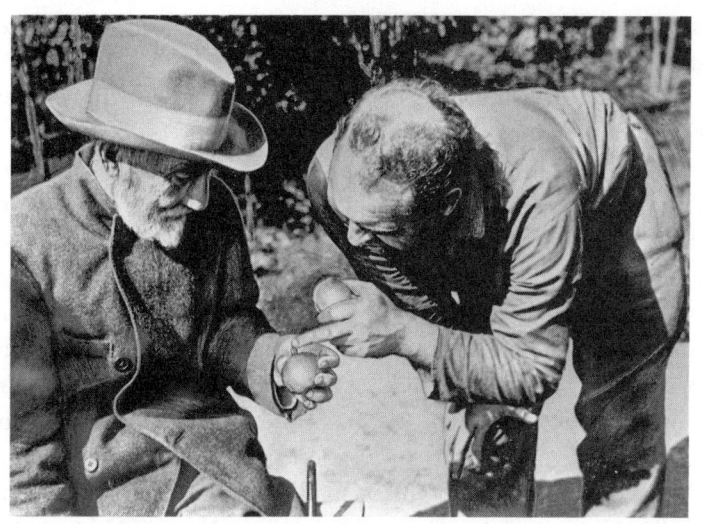

9. EXZENTRIKER

*Die Naturwissenschaft wird später ebensowohl die
Wissenschaft von dem Menschen wie die Wissenschaft
von dem Menschen die Naturwissenschaft unter sich
subsumieren: es wird eine Wissenschaft sein.*[1]

Karl Marx, 1844

Wer die Macht hat, kann Bauern vom Land in die Stadt holen,
und genau das tat Stalin in großindustriellem Maßstab. Schwieriger – viel schwieriger – ist es hingegen, das Land aus den Köpfen der Bauern zu holen. Sklavengesellschaften bringen selten
edle Gefühle hervor, und wer am Rande des Verhungerns lebt,
neigt eher zu »Zahn um Zahn« als zur Freundlichkeit. (Es gibt
im Russischen ein Wort für Pflicht und Schuld, *dolg*, aber kei-

»Sieg über die Altherrenriege der Gartenbaukunst«: Pflanzenzüchter
Iwan Mitschurin und ein Assistent (Igor Gorschkow?) begutachten
eine von vielen Varietäten aus ihrer Obstzucht.

nes für Gefälligkeit. Am ehesten entspricht das Wort *odolshenie* diesem Begriff, aber auch in ihm steckt das Verb *odolshit*, das »zu Dank verpflichten« bedeutet, was auf die Erwartung einer Gegenleistung hinausläuft.)

Von alters her waren die bäuerlichen Strukturen auf dem Land von der Angst um den guten Ruf reguliert worden, von der Reputation, die so schnell und leicht zerstört werden konnte. Landbewohner, die es im zaristischen Russland in die Stadt zog, liefen Gefahr, als Ketzer verleumdet zu werden, und so hielt die Angst vor Denunziation die Dorfgemeinden zusammen, deren Bewohner buchstäblich verhungern konnten, wenn zu viele Arbeitskräfte abwanderten. Als die Sowjets an die Macht kamen, wurden aus religiösen Denunziationen übergangslos politische Denunziationen. Der »Volksschädling« war keine Erfindung Stalins. Er besaß das Geschick, die ungezähmte Streitlust der Landbevölkerung für seine eigenen Zwecke nutzbar zu machen.

Bestärkt wurde er darin von einer neuen Generation bolschewistischer Kader, die im sowjetischen System groß geworden waren und entschlossen an die neue Ordnung glaubten. Sie wussten, dass ihr Land weder vollkommen noch gefestigt war, doch mangels Erfahrung waren sie nicht in der Lage, sich eine andere Option vorzustellen. Die alte bürgerliche Garde war für sie keine Alternative, sondern ein Hindernis, das es zu beseitigen galt. (Die Partei war inzwischen, anders als unter Lenin, eine Partei der Arbeiterklasse.) Auf einem regionalen Parteitag am 27. Mai 1928 beschrieb Andrej Shdanow, der Parteichef von Nishni Nowgorod, in apokalyptischen Wendungen den sich ankündigenden kulturellen Umbruch als Krieg der Söhne gegen die Väter: »Gegenwärtig muss dem Kampf um die Reinheit unserer Ideen und für die Jugend hohe Priorität eingeräumt werden; unabdingbar ist es, im Komsomol [der Jugendorganisation der Partei] eine kritische Einstellung zur älteren Generation [und zu] den Unzulänglichkeiten ihrer Lebens- und Wesensart zu entwickeln.«[2]

Jugendliche malträtierten gezielt Eltern und andere Respektspersonen, wobei sich ihre Angriffe vorzugsweise gegen deren religiöse Überzeugungen richteten. In einem Leserbrief an das Verbandsorgan der Lehrer heißt es:

> Sechzehn Jahre nach Schulabschluss traf ich meine Klassenlehrerin wieder. Sie weinte und hatte Angst, in der heutigen Zeit zu leben und zu arbeiten. Dem Zar trauert sie nicht nach – der hat ihren Verlobten ins Grab geschickt, weswegen sie mit ihren vierzig Jahren immer noch ledig ist. Doch dass die Ikonen aus der Schule flogen, war für sie unerträglich.[3]

Die »Kulturrevolution« brachte das fachlich qualifizierte Bürgertum ausgerechnet in dem Moment zum Verstummen, als die Regierung, die angetreten war, das Land in halsbrecherischem Tempo zu industrialisieren, dringend praktikable Vorschläge hätte gebrauchen können. So bekamen wohl zwangsläufig Ideen Oberwasser, die, um es vorsichtig auszudrücken, exzentrisch anmuten. All die spinnerten Professoren, die im zaristischen Hochschulbetrieb vor die Tür gesetzt worden waren, kamen aus ihren Löchern gekrochen und bettelten um ein Bad in der bolschewistischen Sonne. John Littlepage, ein amerikanischer Ingenieur, der in der sowjetischen Goldminenindustrie arbeitete, schrieb nach Hause, er werde »ständig von selbsternannten Erfindern belästigt, wunderlichen Gestalten, die fest davon überzeugt sind, ihnen sei eine bahnbrechende Entdeckung gelungen – eine Spezies, die in Russland offenbar in größerer Zahl beheimatet ist als anderswo«.[4]

In der Linguistik erlebte Professor Nikolai Marrs eigenwillige Japhetitentheorie unter dem Namen »Neue Lehre von der Sprache« eine Renaissance, Musikstudenten büffelten Professor Boleslaw Jaworskis Modalrhythmik, über die man in früheren Jahren am Moskauer Konservatorium gelacht hatte. Männer dieser Couleur galten auf einmal nicht mehr als fehlgeleitet oder verrückt – sie wurden als Radikale hofiert.

Als der berühmte Pflanzenzüchter Iwan Wladimirowitsch Mitschurin im Juni 1935 einem Krebsleiden erlag, wurde er nicht nur als autodidaktisches Genie gewürdigt, sondern auch – so Jakow Jakowlew, Volkskommissar für Landwirtschaft – als heldenhafter Kämpfer gegen die »bourgeoise Wissenschaft«.

Mitschurin war ein hemdsärmeliger Selfmademan, der verdorrte Täler ergrünen ließ und dank einer Mixtur aus wissenschaftlichem Know-how und Volksweisheiten dazu beitrug, dass viele Menschen etwas zu essen hatten. Zu den Erzeugnissen seiner Heimatstadt Koslow in der Oblast Rjasan dreihundert Kilometer südöstlich von Moskau gehörte ziemlich krüppeliges Obst, das keinen Absatz mehr fand, seitdem auf neuen Eisenbahnlinien schöne Früchte von der Krim zu den Märkten transportiert wurden. Statt ihre Obstplantage abzustoßen, hielten Mitschurins Eltern an ihr fest und stürzten in den Ruin. Nach einer Reihe von Schicksalsschlägen driftete Wladimir Mitschurin, Iwans Vater, in den Wahnsinn ab, die Mutter starb an Tuberkulose, die Großmutter terrorisierte die ganze Familie, und von sieben Kindern überlebte nur Iwan. Bei der Beerdigung seiner Frau trug Wladimir statt des Trauergesangs ein Tanzliedchen vor – was ihm den ersten von mehreren Aufenthalten in der städtischen Heilanstalt eintrug.

Iwan Mitschurin hätte gern ein Lyzeum für höhere Stände in Sankt Petersburg besucht, aber mehr als ein Jahr in der Koslower Grundschule war ihm nicht vergönnt. Danach verdingte er sich im nahegelegenen Tambow als Eisenbahnbeamter, reparierte später Signalanlagen, und nachdem er die Tochter eines Mechanikers geheiratet hatte, wäre sein Leben in ruhigen Bahnen verlaufen, hätte er nicht den unbändigen Drang verspürt, die Obstbauträume seines Vaters zu verwirklichen.

1888 – er war Mitte dreißig und fest entschlossen, etwas Eigenes aufzubauen – kaufte er auf Pump vierzehn Hektar Acker, kündigte und legte eine Baumschule an. Doch statt südliche Varietäten auf heimische Sorten zu pfropfen, zog er Hybridpflanzen aus Sämlingen, eine reichlich riskante Taktik, weil gute Sorten komplizierte, anfällige Hybriden sind, die sich außerdem, was erschwerend hinzukommt, häufig nicht vermehren lassen. Es ist also wenig überraschend, dass Mitschurin in den Vererbungsgängen keinerlei Regelmäßigkeit erkennen konnte und zu dem Schluss gelangte, aus den Versuchen, sie zu beobachten, lasse sich keine kohärente Wissenschaft ableiten.

Im November 1905 bot er, verlockt von den Verheißungen einer neuen bürgerlichen Freiheit, dem Landwirtschaftsministerium seine unrentable Baumschule als staatliche Forschungseinrichtung an. Nach einer nicht näher begründeten Wartezeit von zweieinhalb Jahren wurde sein Antrag abgelehnt. Seither grollte er den etablierten Wissenschaftlern, den Oberschlaumeiern, die seine Arbeit nicht zu würdigen wüssten. Daran änderten auch zwei Medaillen und ein Stellenangebot nichts, die das Ministerium ihm in späteren Jahren andiente.

1911 und 1913 besuchte Frank Meyer, der als Nutzpflanzenexperte im Auftrag des amerikanischen Landwirtschaftsministeriums unterwegs war, Mitschurins Baumschule. Er hätte dem Russen regelmäßig Stecklinge abgekauft, doch Mitschurin verlangte zu hohe Preise. Er brauchte das Geld nicht wirklich, ihm kam es auf die Story an. Nach der Version, die er gern erzählte, hatten ihn Abgesandte des amerikanischen Landwirtschaftsministeriums schon seit 1898 besucht und ihm mehrmals ein astronomisches Jahresgehalt von 32 000 Dollar angeboten, wenn er seine Arbeit in die USA verlegte ...

Als die Sowjets an die Macht kamen, erhoben sie Mitschurins Baumschule in den Stand einer staatlichen Zuchtstation. Mochte Mitschurin auch ein zänkischer Kauz sein, Nikolai Wawilow höchstpersönlich hatte ihn 1920 besucht und war von den Aufzeichnungen des alten Mannes beeindruckt gewesen. (Experimentelle Biologen wie Wawilow schätzten solche Kuriositäten eben wegen ihrer Skurrilität. Kommerziell verwertbar waren Mitschurins Varietäten nur selten. Selbst noch im Jahr 1931, als er zum Helden der Arbeiterklasse aufgebaut wurde, erhielt nur eine einzige seiner Apfelsorten ein Zertifikat.)

Mitschurin war ein begnadeter Lobbyist. Im September 1922 beehrte ihn kein Geringerer als der Staatschef, Michail Iwanowitsch Kalinin, mit einem Besuch in der Koslower Baumschule. Im Herbst 1923, Mitschurin war fast siebzig, fand die Erste

Allrussische Landwirtschaftsschau statt, und ausgerechnet hier, gegen Ende seiner Laufbahn, geriet er in Bedrängnis. Er vertrat die Auffassung, dass Pflanzenzucht eine hohe Kunst sei, die sich nicht in abstrakte Lehrsätze und Formeln pressen lasse: »Es ist evident, dass die Natur in ihrem unablässigen Bestreben, neue Formen lebender Organismen zu erschaffen, unendliche Vielfalt hervorbringt und keinerlei Wiederholung erlaubt.«[5] Natürlich hatte er recht: Eine Baumschule ist kein Labor und die Hybridisierung von Obstbäumen ein vertracktes Geschäft, mehr ein Handwerk, das im Laufe von Jahren erlernt wird, als Lehrstoff fürs Grundstudium.

Doch ganz Europa – und das galt besonders für die Bolschewiki – war beseelt vom Glauben an die Naturwissenschaften, was dazu führte, dass öffentliche Gelder in zunehmendem Maße vorrangig in die Hände derer gelangten, die in der Lage waren, ihren Antrag akkurat, schnörkellos, *wissenschaftlich* zu begründen. Und genau das war mit Mitschurin und seinem Institut nicht zu machen. Igor Gorschkow, ein junger Fachmann für Gartenbau, den Mitschurin mit dem Auftrag vorgeschickt hatte, möglichst viele seiner Züchtungen auf der Ausstellung unterzubringen, sah sich immer wieder in Streitgespräche über Wert und Echtheit etlicher Hybriden aus Koslow verwickelt. Insbesondere eine Kreuzung aus Melone und Kürbis erregte die Gemüter. Ein Pfropfpartner, von welcher Herkunft auch immer er sei, ändere nie und nimmer das Keimplasma der Stammpflanze, eiferten alle anderen Experten unisono, und überhaupt – Mitschurins Gerede von »vegetativer Vermischung« und der »Mentormethode« sei blanker Unsinn!

Mitschurin tobte, als er davon erfuhr. Wenn Gorschkow nicht imstande sei, Sondermittel für die Baumschule einzuwerben, könne er auch gleich das (fiktive) Angebot des amerikanischen Landwirtschaftsministeriums annehmen. Gorschkow übermittelte die Drohung an die Redaktion der *Iswestija*, die daraufhin einen Bericht mit dem Titel »Koslow oder Washington?« veröffentlichte. Wo, fragte der Verfasser, werde Mitschurins Arbeit unterstützt – in der Sowjetunion oder in den USA?

Mitschurin war so begeistert von dem Coup, dass er Gorschkow eine Uhr schenkte, in die er höchstpersönlich die Widmung »Von I. Mitschurin an I. Gorschkow für den Sieg über die Altherrenriege der Gartenbaukunst. 14. Oktober 1923« graviert hatte.[6]

Mitschurin blieb ein Außenseiter. In wissenschaftlichen Publikationen tauchte sein Name nur selten auf. Trofim Lyssenko zeigte sich an einem Kontakt interessiert, doch der alte Mann stieß ihn vor den Kopf. Wawilow behandelte er freundlicher, und Wawilow gehörte dann auch zu denen, die ihn eine Woche vor seinem Tod als Ehrenmitglied in die Akademie der Wissenschaften wählten.

Die meisten der »unabhängigen Forscher« waren wie Mitschurin: Opportunisten, die ihre letzte Chance nutzen wollten, Ruhm zu ernten. Manche allerdings hielten von Anfang an enge Verbindungen mit den Bolschewiki. Olga Borissowna Lepeschinskaja zum Beispiel war bereits in den frühen Jahren der Bewegung mit Lenin und seiner Frau befreundet gewesen. Zwischen 1897 und 1900 war sie zusammen mit ihnen in dieselbe Gegend in Sibirien verbannt worden. Diese Beziehung hatte zur Folge, dass sie erschreckend gut vernetzt war und vor den Machthabern nicht zu kuschen brauchte. Privat durchaus charmant, bekämpfte sie den Antisemitismus in jeder Form und nahm sich persönlich des Problems der vielen Waisen an, ein halbes Dutzend zog sie selbst an Kindes statt groß. Als Wissenschaftlerin hingegen war sie untragbar. Vor dem Akademischen Rat des Instituts für Morphologie gab sie allen Ernstes zum Besten, Sodabäder würden alte Menschen verjüngen und jungen Menschen die Jugendlichkeit erhalten. Der Arzt Jakow Rapoport fragte sarkastisch, ob es auch Mineralwasser täte, was die Lepeschinskaja, der die Ironie nicht aufgegangen war, unbeirrt verneinte. Einige Wochen später war Backsoda in Moskau restlos ausverkauft.

In demselben unaufhaltsamen Vehikel, das Mitschurin und Lepischinskaja zu Ruhm und Ehren führte, saßen auch etliche Maulhelden, deren Ehrgeiz ihr Talent bei weitem überwog. Je simpler, je hanebüchener die Pläne waren, die sie unterbreiteten, desto mehr törichte Wünsche weckten sie, desto eher wurden ihre Vorschläge für bare Münze genommen. (Wahre Wissenschaft, Marx' »*eine* Wissenschaft«, sollte ja geradeheraus und praktisch sein.) Planungsgremien und Baugesellschaften beklatschten begeistert abstruse Entwürfe zu sozialistischen Städten der Zukunft. Ein Regierungsausschuss diskutierte eine Kalenderreform (mit 1917 als Jahr 1). Das Volkskomitee für Erfindungen, eine Art sowjetisches Patentamt, berichtete über den Fall eines »Wissenschaftlers«, der keinerlei fachliche Ausbildung vorzuweisen hatte, aber 200 000 Rubel und ein »elektrobiologisches« Laboratorium bekam, um den Nachweis zu erbringen, dass Saatgut, das mit Radiowellen im Ultrahochfrequenzbereich bestrahlt wird, Rekorderträge hervorbrächte. (Die Geschichte fand schließlich ihren Weg ins Leningrader Kabarett.) Die Arbeit eines Physikers, der in Aschgabat angetreten war, mit elektrifiziertem Rauch Regen zu machen, kommentierte der marxistische Philosoph Isaak Present mit den Worten:

> Wir packen die größte Aufgabe an: die gezielte Modifikation des Klimas … Ein großartiges Spezialinstitut wird sich mit der Erzeugung und Beendigung von Regen befassen … Die größten, unerhörtesten Projekte werden derzeit konzipiert, in konkrete Arbeitspläne umgesetzt und wirtschaftlich durchgerechnet, um trockene Gebiete zu bewässern und die Wüste endgültig zurückzudrängen. Und wir werden das Problem lösen, die Temperaturen in Sibirien zu erhöhen.[7]

Ausgefallene Vorhaben können leicht auf jene zurückschlagen, die sie unterstützen, und der Staat war sich des Risikos bewusst. 1947 berichtete der Botaniker Eric Ashby, der die UdSSR mit einer australischen Delegation bereiste:

> Es hat auch sehr zum Ansteigen der wissenschaftlichen Durchschnittsleistung beigetragen, dass der Staat in letzter Zeit in größerem Maße wirkliche Fortschritte von fortschrittlichem Schwindel zu unterscheiden lernt und sich nicht mehr so leicht von (zwar begeisterten, aber nicht allzu kritischen) Fachleuten aufs Glatteis füh-

ren lässt. So wurde zur Prüfung und Anerkennung neuer Frucht-
arten die »Regierungskommission für Saatprüfung« geschaffen,
eine mit aller Sorgfalt aufgebaute, von dem Akademiker Zizin
geleitete Kommission, die in ganz Russland etwa tausend Versuchsstationen ... unterhält.[8]

Probleme dieser Art verursachten aber nicht allein geschäfts-
tüchtige Trittbrettfahrer und Gelehrte, die sich als unabhängig
bezeichneten. Auch innerhalb der KP gab es altgediente Bolschewiki, Parteikader und hochrangige Beamte, die sich gern als
Amateurphilosophen betätigten und als solche über sozialistische
Forschung und Lehre spekulierten. Sie herrschten im Namen
einer szientistischen Regierung, es war Ehrensache, sich zu wis-
senschaftstheoretischen Fragen zu äußern, und weil ihre Erzeugnisse mit dem Imprimatur der Regierung an die Öffentlichkeit
drangen, war ihnen viel schwieriger beizukommen.

Stalin, der sich selbst als überzeugten »Lamarckisten« bezeichnete, war von der Idee fasziniert, dass die Natur der Pflanzen formbar sei. Mit den Jahren wuchs sich dieses Faible zu einer
Obsession aus und wurde sein einziges Hobby. Auf seinen Dat-
schas bei Moskau wurden Gewächshäuser errichtet, die direkt
mit dem Wohngebäude verbunden waren. Stauden und Büsche
zu beschneiden war seine einzige körperliche Betätigung. 1946
entwickelte er ein besonderes Interesse für Zitronen und förderte
deren Anbau nicht nur an der georgischen Küste, wo die Bäume
gut gediehen, sondern auch auf der Krim, wo der Winterfrost sie
vernichtete, was Stalin aber keineswegs entmutigte. Er beharrte
auf der Vorstellung, Eichen und andere Laubbäume würden sich
den widrigsten Bedingungen anpassen, der Steppe ebenso wie
der Salzwüste am Kaspischen Meer, vorausgesetzt, man ziehe sie
vor Ort aus Samen.

Auch Parteichefs, Politiker und Beamte dürfen ihr Steckenpferd reiten, keine Frage. Problematisch wird es erst, wenn sie
sich selbst mehr Fachkenntnis zuschreiben, als sie tatsächlich
haben, und ihre amateurhaften Einsichten dem ganzen Land per
Dekret verordnen. Die Tragödie der Bolschewiki war, dass ih-

nen der Mantel der szientistischen Regierung als Rechtfertigung diente, genau das zu tun. Mehr noch, sie fühlten sich dazu *verpflichtet*. Lamarckistische Überzeugungen und naive Zukunftsträume, die Formbarkeit von Lebewesen betreffend, waren damals weit verbreitet. Zum Problem wurden solche Ideen durch Bestrebungen, sie in Realpolitik umzusetzen, was zu gigantischen, oft katastrophalen Auswirkungen auf Millionen Menschenleben führen sollte.

Auf einer Tagung von Agrarökonomen Ende 1929 stellte Josef Stalin den Standpunkt der Partei zu der Frage klar, was Wissenschaft sei und in welche Richtung sie sich entwickeln solle. Wissenschaft sei menschengemacht, keine mystische Vereinigung mit der Natur, und der Maßstab für jede Theorie müsse sein, wie sinnvoll sie sich anwenden lasse. Besonders auf dem Gebiet der Wirtschaftswissenschaften hinke die Theorie weit hinter der Praxis her. Die Kollektivierung der Landwirtschaft hätten Parteimitglieder jedenfalls deutlich schneller durchgeführt, als es von den Ökonomen prognostiziert worden sei.

Nach diesem Nadelstich gegen die anwesende Riege von Wirtschaftsspezialisten weitete Stalin seine Argumentation auf sämtliche Disziplinen aus. Alle, auch die Philosophie, seien neu auszurichten und in den Dienst der Revolution zu stellen. Das zentrale philosophische Prinzip laute ab sofort *partijnost*, ein Wort, das sowohl Parteilichkeit als auch Parteizugehörigkeit bedeutet.

Eingespannt in diesen trostlosen Rahmen, konnten Wissenschaftler zumindest noch anstreben, als Ingenieure gefeiert zu werden. Die Philosophen hatten offenbar kein Eisen mehr im Feuer: Fortan waren sie bloße Mittler im Propagandaapparat, dazu bestimmt, die Errungenschaften der Partei zu erklären und zu bejubeln – im besten Fall als Claqueure, im schlimmsten Fall als eine Art Gedankenpolizei.

In seinem Eifer, Lamarcks Lehre gegen Kritik abzuschotten, initiierte Stalin für den 14. und 24. April 1931 Treffen der Gesellschaft materialistischer Biologen mit dem Ziel, die »Durchleuchtung und Enttarnung« der »mechanistischen Schule« Nikolai Kolzows zu organisieren. Dass das Institut für experimentelle Biologie wegen seines aus bürgerlichen Kreisen stammenden Leiters von offizieller Seite angefeindet wurde, war schlimm genug. Doch ein auf der Basis von Stalins wissenschaftlichen Ansichten geführter Angriff gegen die *Wissenschaft*, die das Institut betrieb, hatte eine ganz andere Dimension.[9]

Ein Anschein von Ausgewogenheit blieb gewahrt: In der Gesellschaft materialistischer Biologen gab es auch Befürworter der Genetik, Männer wie Lewit und Agol. Ihr Präsident, der Philosoph Isaak Israilewitsch Present, verstand sich als Anhänger von Thomas Hunt Morgan. Die weiteren Ereignisse sollten allerdings zeigen, dass Present den Glauben an die dienende Rolle der Philosophie mit einem auffälligen Mangel an persönlicher Integrität verband.

Present kam aus Toropez, einer Kleinstadt vierhundert Kilometer westlich von Moskau, und gehörte zu den aufstrebenden Arbeiterkindern, die unter den Bolschewiki eine akademische Schnellausbildung erhalten hatten. In der Partei durchlief er innerhalb kurzer Zeit eine beeindruckende Karriere: 1920 war er Sekretär des Kommunistischen Jugendverbands (Komsomol) und schon neun Jahre später Politischer Kommissar in der Roten Armee. 1925 begann er ein Studium der Sozialwissenschaften an der Leningrader Universität und unterrichtete gleichzeitig an Parteischulen.

Zu der Zeit, als er sein Examen ablegte, war er allein schon wegen seines persönlichen Auftretens stadtbekannt: ein kleinwüchsiger Mann, der seine mangelnde Körpergröße mit hohen Absätzen und einem in die Höhe ragenden grünen Hut kompensierte. Außerdem war er unfassbar engstirnig. Als Aufpasser von eigenen Gnaden betrieb er die Exmatrikulation einer Kommilitonin, weil sie, wie er fand, die bahnbrechenden Erkenntnisse über Kognition, die Lenin in *Materialismus und Empiriokritizismus* kundgetan hatte, nicht richtig wiederzugeben vermochte, und schwärzte eine Lehrerin an, deren fröhliches Gedicht zum 1. Mai ihm nicht passte, weil dies ein »Feiertag des Kampfes« sei.[10]

Das politische Engagement ließ Present wenig Zeit für schwierige Gedankengänge, die ihm ohnehin nicht lagen. Mathematisch ungebildet und eher großen Gesten als großer Anstrengung zugeneigt, fühlte er sich ganz automatisch zur Biologie hingezogen. Formeln spielten damals noch keine gewichtige Rolle in der Lehre der Biologie, und Present gab sich über die Jahre redlich Mühe, dass es dabei blieb. »Es gilt, den Gehalt der Biologie davor zu schützen«, schrieb er, »dass er von der Mathematik usurpiert wird ... Wir sind nicht an algebraischen Symbolen, sondern an konkretem Wissen interessiert.«[11]

Die Biologie bot sich ihm auch deshalb als natürliches Betätigungsfeld an, weil sie so direkte Berührungspunkte mit der politischen Praxis hatte, etwa bei Reformen in der Landwirtschaft, beim Für und Wider eugenischer Maßnahmen oder bei der Nutzung bislang unerschlossener natürlicher Ressourcen des Landes. Die Aspekte der Biologie waren dringlich, politisch relevant und von Faktenbergen und komplexen Modellierungen noch kaum beschwert – ideal für Presents Wirken.[12]

In seiner Vorliebe für Gedanken, die am ehesten nach reinem Marxismus zu klingen schienen, setzte Present zunächst auf die Mendel'sche Genetik. Lewit und Agol hatten sie zu einer radikalen neuen Idee ausgestaltet, einem streng materialistischen Modell zur Erklärung, wie Leben entsteht und sich entwickelt. In einem gut besuchten Seminar zur Dialektik der Natur griff der frisch examinierte Present an der Universität Leningrad den Lamarckismus an und behauptete, in der Genetik offenbare sich mit aller wünschenswerten Deutlichkeit das Wirken des dialektischen Materialismus.[13]

Presents Parteinahme half den Genetikern, etwas mehr Zutritt zu Wissenschaftlerkreisen zu bekommen, doch persönlich brachten ihm seine Äußerungen keinerlei Vorteil. Etablierte Biologen wussten nicht recht, was sie mit ihm anfangen sollten. Er suchte ihre Unterstützung, aber wenn sie ihn mit einem Projekt betrauten, kam nichts Gescheites dabei heraus. Sogar Nikolai Wawilow gab ihm eine Chance, aber sie zerstritten sich bald.

Besser lief es für Present, als er sein Schicksal selbst in die Hand nahm. Er wurde Präsident der Leningrader Dependance der Gesellschaft materialistischer Biologen und erlangte traurige Berühmtheit durch die »Enttarnung« eines angesehenen Biologiedozenten – Boris Raikow – als »Agent der Weltbourgeoisie« und Saboteur. (Damals, 1930, wurden die ersten Verhaftungen in der Schachty-Affäre bekannt: Raikow landete mitsamt seinen Mitarbeitern unverzüglich im Gefängnis.) 1931 benannte Present sein Seminar bona fide in »Abteilung für die Dialektik von Natur und Wissenschaft« um – und etwa zur gleichen Zeit geriet seine Haltung zur Genetik ins Wanken.

In Agols und Lewits Abwesenheit (sie waren, wie erwähnt, in Texas) verlor die Genetik das Image einer streng marxistischen Idee und wurde wegen ihrer ausländischen Provenienz und der kosmopolitischen, über den ganzen Globus verstreuten Anhängerschaft sogar misstrauisch beäugt. Zunächst ließ Present das Chromosomenmodell in vorauseilender Willfährigkeit einfach unter den Tisch fallen und gab einen öden, über fünfhundert Seiten starken Reader zur Evolutionstheorie heraus, der fast zur Hälfte mit Marx-, Engels- und Lenin-Exzerpten gefüllt war.[14]

Hätte Isaak Present einfach nur selbstsüchtig gehandelt, gäbe es nicht viel über ihn zu berichten. Aber er war zutiefst davon überzeugt, dass er Philosophie und Wissenschaft voranbringe, indem er seine Interessen auf die Interessen der Partei abstimme. Daraus bezog er seine Energie, und die verhalf ihm zu Einfluss, und das machte ihn brandgefährlich. Noch 1970, in einem Interview mit dem Historiker David Joravsky, konnte er sich genau an den Moment seines Erweckungserlebnisses erinnern. Im Oktober 1931 sprach der Volkskommissar für Landwirtschaft, Jakow Jakowlew, auf einer Allunionskonferenz, die sich mit der Verhinderung von Dürren befasste, über Lyssenko und die »Vernalisation«, eine in der Sowjetunion unter dem Namen Jarowisation bekannte Methode, Felderträge zu steigern, indem man während des Keimens von Saatgut die Temperatur auf bestimmte Weise manipuliert. Jakowlew hielt Lyssenkos Verfahren für revolutionär, und zwar nicht nur für die Landwirtschaft, sondern weit darüber hinaus: Es sei das Modell für die neue, die sowjetische Art, Wissenschaft zu betreiben.

Eilends hielt Present den Kern der Offenbarung in einem Pamphlet mit dem Titel *Klassenkampf an der Front der Naturwissenschaften* fest, in dem es heißt:

Die produktive Praxis und nur diese ist das Wahrheitskriterium und das Wesen konkreter Erkenntnis. Und genau diese Praxis, in Übereinstimmung mit einem postulierten Gesetz einen Gegenstand herzustellen, ermöglicht es, diesen Gegenstand in der für die Gesellschaft erforderlichen Massenproduktion zu fertigen. Und allein diese sozioökonomische praktische Meisterschaft ist der wahre Sinn von Erkenntnis.

(Joravsky, der sich nicht so leicht beeindrucken lässt, bringt diese Positur auf den Punkt: »Der Boss weiß, wo's langgeht.«[15])

In seinem Bestreben, exotische Tierarten in Russland heimisch zu machen und eine Welt zu schaffen, in der »die ganze belebte Natur allein nach dem Willen des Menschen und entsprechend seinen Bedürfnissen leben, wachsen und sterben wird«[16], rief Present die sowjetischen Biologen dazu auf, sich als »Ingenieure« und »Erfinder« an der fortwährenden Umgestaltung der Natur zu beteiligen.

Die Hervorbringungen der Natur haben aufgehört, Objekte kontemplativer Betrachtung zu sein … Die sowjetischen Faunisten müssen Erfinder werden. Sie müssen konkrete Vorgaben für die planvolle Transformation ganzer Tiergruppen und deren künftige geographische Verteilung erarbeiten. Wir müssen die Fauna beherrschen, und das nicht nur in dem Sinne, dass wir sie in unseren Dienst stellen, sondern wir müssen sie neu kreieren, um ihre Produktivität zu steigern.[17]

Dem hohen Ziel lag die Annahme zugrunde, ein Großteil der »gewaltigen Futterreserven« der Sowjetunion werde nicht genutzt, weil der Wildbestand zu gering sei, um eine varietätenreiche Umwelt entstehen zu lassen. Der »Faunist« Boris Fortunatow griff Presents Gedanken auf und behauptete, die Natur bettle geradezu darum, die unbesetzten Nischen mit Exoten oder auch neu geschaffenen Lebensformen zu füllen. Sein Kollege Pjotr Manteifel plädierte dafür, sämtliche Naturreservate des Landes – eine der wenigen fortschrittlichen Errungenschaften aus der Spätzeit der Zarenherrschaft, von den Sowjets mit Lenins vorbehaltloser Unterstützung übernommen – zu »Bereitstellungsgebieten« für die Neuordnung der Natur umzufunktionieren: »Wir müssen Schongebiete und Jagdbezirke als Produktionseinheiten, nicht als vom Leben abgeschnittene Einrichtungen sehen.« Fortunatow stellte mit seinem »Generalplan zur Rekonstruktion ökonomisch bedeutsamer Fauna im europäischen Teil Russlands und der Ukraine« Richtlinien für die Ansiedlung fremder Arten in der UdSSR westlich des Urals auf.[18]

Die neuerliche Nutzung geschützter Landstriche, die letztlich auf deren Zerstörung hinauslief, hätte lautstarken Protest auslösen müssen, zumal die »morganistischen« Wissenschaftler und Institutsleiter kein hohes Risiko eingegangen wären, wenn sie einem Mann wie Isaak Present Kontra gegeben hätten. Selbst seine politischen Weggefährten nannten ihn einen Angeber. Doch es wurde kaum Kritik laut, und dem komplizenhaften Schweigen lag Eigennutz zugrunde. Forscher wie Verwalter rechneten sich massive Vorteile aus, denn fremde Spezies im russischen Klima anzusiedeln war ein anspruchsvolles Projekt, das Zeit brauchte, aber gute Erfolgsaussichten hatte – und die Genetik voll zur Geltung bringen konnte. Der Nachweis, dass sie imstande seien, lebensfähige Hybriden zu züchten, würde, so dachten die Genetiker, ihrem Fachgebiet mehr Ansehen verschaffen. Ende 1931 besuchte Wawilow mit einer Regierungsdelegation im Auftrag des Volkskommissariats für Landwirtschaft das weltberühmte Zucht- und Naturschutzgebiet Askanija-Nowa in der Südukraine. »Askanija«, erklärte er nach der Besichtigung, »muss sich hauptsächlich als Institut für Akklimatisierung und Hybridisierung profilieren.« Mitte 1932 wurde die bahnbrechende Forschungsarbeit der Station eingestellt, und fortan firmierte sie unter dem Namen »Allunionsinstitut für Landwirtschaftliche Hybridisierung und Akklimatisierung von Tieren«. Die Leitung dieses Großprojekts mit rund zweitausend Mitarbeitern, darunter hundertfünfzig Wissenschaftlern, und einem Budget von fast 5,5 Millionen Rubel teilten sich Isaak Present und der Mann, der inzwischen zu seinem Kampfgefährten geworden war: Trofim Denissowitsch Lyssenko.

Ab 1934 begann die Ansiedlung fremder Arten in der sowjetischen Steppenlandschaft. Sikahirsche, Bisons, Marderhunde wurden am Baikalsee, im mittleren Ural und in Teilen des Wolgabeckens ausgesetzt, Meeräschen und wirbellose Bewohner des Schwarzen Meeres ins Kaspische Meer geschüttet. Gleichzeitig begannen die Naturreservate der Nation, ihre Wolfsbestände auszurotten.

Das Ergebnis war natürlich ein Desaster. Ohne Wölfe, die schwache und kranke Tiere rissen, breiteten sich unter den Hirschen, Elchen und anderen Huftieren Seuchen aus, während sich ihre Populationen sprunghaft vermehrten. Die Wildtiere infizierten das Nutzvieh, das in großer Zahl verendete. Verwilderte Hunde füllten rasch die Lücke, die die Wölfe hinterlassen hatten.[19]

10. DAS PRIMAT DER PRAXIS

*Die Leute hampeln auf dem dialektischen
Materialismus – einem Philosophieersatz – herum,
spielen auf dessen Klaviatur, aber sie arbeiten nicht. Es
ist eine Schande, dass sich russische Wissenschaftler nicht
anständig benehmen können ... Die Wissenschaft steht
am Rand einer Katastrophe.*[1]

Wladimir Wernadski an Alexander Fersman, März 1933

Kurz bevor die Bolschewiki an die Macht kamen, reichten sie
ihr Oberhaupt wie eine Bombe mit brennender Zündschnur
von Hand zu Hand. Mehrmals schlüpfte Wladimir Lenin bei
Margarita Wassiljewna Fofanowa unter, einer engagierten Bol-
schewikin, die im Norden des Newadeltas wohnte. In ihrem
Schlafzimmer kritzelte Lenin zwischen Chintzvorhängen und

Weizenproben aus der Sammlung des Instituts für angewandte
Botanik, die 1973, als das Foto entstand, immer noch die größte,
variantenreichste Saatgutbank der Welt war.

Blumentapeten dringliche Anweisungen zur Vorbereitung eines Staatsstreichs, der ihm wenige Tage später an die Macht verhalf. Lektüre war seine einzige Zerstreuung; zum Glück hatte die Fofanowa eine ansehnliche Bibliothek.

Einmal ging Lenin nach dem Abendessen zu den Bücherregalen und sagte: »Ich habe ein bemerkenswertes Buch in Ihrer Sammlung gefunden. Wirklich erstaunlich. Und auch sehr handlich, man kann es in die Tasche stecken. Wenn wir am Ruder sind, lassen wir es auf jeden Fall nachdrucken … Schauen Sie, was der Verfasser gleich im ersten Kapitel schreibt: ›Mitten in dieser misslichen Lage kam ihm die Wissenschaft zu Hilfe, die rationale Wissenschaft von morgen, deren ultimatives Ziel nicht reines Wissen ist, sondern dessen Anwendung, und die sich weniger über die Entdeckung einer neuen Gesetzmäßigkeit freut als über praktische Erleichterungen, die sie der Menschheit beschert.‹«[2]

Es handelte sich um das Buch *The New Earth* mit dem Untertitel *A Recital of the Triumphs of Modern Agriculture in America*, das der aus Iowa stammende Schriftsteller und Publizist William Sumner Harwood 1906 veröffentlicht hatte und das drei Jahre später auch in russischer Übersetzung erschienen war. Die US-Landwirtschaft eilte damals tatsächlich von Triumph zu Triumph. Millionen Hektar Maisfelder warfen dank einer neuen Hybridzuchtmethode um bis zu einem Drittel höhere Erträge ab.

Manche Getreidearten tendieren zur Selbstbefruchtung (Autogamie), Weizen zum Beispiel. Die nachfolgende Pflanzengeneration besteht aus Klonen der vorhergehenden Generation. Mais hingegen tendiert zur Auskreuzung. Um die Jahrhundertwende fiel Agrarwissenschaftlern in den Vereinigten Staaten etwas Merkwürdiges auf: Wurden Maispflanzen zur Inzucht gezwungen, schien ihnen das nicht zu schaden. Damit hatte niemand gerechnet angesichts der zur Genüge dokumentierten schlimmen Folgen der Inzucht, etwa beim Menschen.

Weitere Forschungen in einer Spielart von Versuch und Irrtum für Fortgeschrittene wiesen den Weg zu erheblichen Ertragssteigerungen beim Mais: Man kreuze zwei Inzuchtlinien und kreuze das Ergebnis mit einer weiteren Hybride aus zwei anderen Inzuchtlinien. Die so erzeugte Pflanze bringt ziemlich spektakuläre Mengen von Früchten hervor. Der Effekt lässt bereits in der zweiten Generation nach und ist wenige Generationen später vollständig verschwunden. Um maximale Erträge zu erzielen, müssen die Bauern Jahr für Jahr neues Saatgut kaufen. Das ist für Kleinbauern schwierig, aber kein Problem für große, industriell arbeitende Betriebe, denen Banken großzügige Kreditlinien einräumen und die ihre Ernte beleihen können, bevor sie eingefahren ist.

So inspirierte *The New Earth* Lenin und seine Mitstreiter zu der Idee, Landwirtschaft wäre produktiver, wenn sie kollektiviert würde. Und das Geschehen in den USA gab ihnen recht: Mit den massiv steigenden Erträgen kehrten zwischen 1910 und 1920 siebzehn Millionen Amerikaner der Landwirtschaft den Rücken. Die Kollektivierung ist nicht in der Sowjetunion erfunden worden, sondern in den Vereinigten Staaten.[3]

Harwoods Buch hatte noch in anderer Weise Einfluss, und zwar einen verheerenden. In seinem Bestreben, der modernen Wissenschaft einen demokratischen und praktischen Anstrich zu geben – Wissenschaft für jedermann, Forschung allgemeinverständlich –, hob Harwood die Leistungen eines Freundes, des Pflanzenzüchters Luther Burbank, hervor.

Burbank war für seine unzureichende Ausbildung fast ebenso berühmt wie für seine Gemüse-, Nuss- und Beerensorten, ein gewiefter Propagandist in eigener Sache, der hanebüchene Behauptungen über seine Züchtungen in Umlauf setzte. Auf einer Tafelseite in seinem verschwenderisch ausgestatteten zwölfbändigen Werk *Methods and Discoveries* (1914/15) ist eine Pflaume abgebildet, von der er behauptete, sie trockne am Baum und könne als fertige Dörrpflaume geerntet werden.

Burbank war der typische Autodidakt, ein Macher, der seinen Beruf von der Pike auf gelernt hatte und mit seiner praktischen Erfahrung als Züchter die schwerfällige, langwierige Arbeit der Akademiker an den Universitäten locker überflügelte. Er verkörperte geradezu idealtypisch den technisch versierten, in Handel und Industrie verankerten, Staat und Gesellschaft dienenden Wissenschaftler, den Marx einst prophezeit hatte und den sich Stalin als Speerspitze seiner industriellen Revolution wünschte. Außerdem war er Amerikaner.

Anfangs folgten die Bolschewiki, beeindruckt vom Tempo des US-amerikanischen Wirtschaftswachstums – von den Autos, den Flugzeugen, den Fabriken –, nur allzu gern amerikanischen Vorbildern. Margarita Fofanowa erinnerte sich später:

> 1918 rief mich Lenin kurz nach dem Umzug der Regierung nach Moskau an und fragte, ob ich Harwoods *Neue Erde* eingepackt hätte und ihm in den Kreml schicken könne. Er leitete das Buch an Professor K. A. Timirjasew mit der Bitte weiter, es sich anzuschauen und ein Vorwort zu schreiben. Es sollte möglichst schnell in Druck gehen. Timirjasew änderte den Titel in *Regeneriertes Land*, schrieb das Vorwort, und das Buch wurde Anfang 1919 veröffentlicht.

Industrialisierung und Kollektivierung der Landwirtschaft begannen lange bevor Stalin sie aggressiv (und über Leichen gehend) als Machtmittel gegen die eigenen Bevölkerung einsetzte. Tausende von Fordson-Traktoren wurden aus Amerika importiert – »Henry Ford«, berichtete der russisch-amerikanische Korrespondent Maurice Hindus 1927, »ist in Russland mehr Leuten bekannt als Stalin ... Ich habe Dörfer fernab der Eisenbahn besucht und mit Bauern gesprochen, die weder lesen noch schreiben konnten und noch nie von Stalin oder Rykow oder Bucharin, wohl aber von dem Mann gehört hatten, der die ›eisernen Pferde‹ baut.«[4]

Anfangs bekreuzigten sich die Bauern vor Schreck, wenn sie einen dieser Stahlkolosse sahen, und spuckten dreimal aus, als wäre ihnen der Teufel erschienen, doch rasch wurden die Traktoren so beliebt, dass Kinder auf den Namen »Fordson« getauft wurden.

Die Modernisierung der Landwirtschaft pressierte im immer wieder von Dürren und Hungersnöten heimgesuchten Russland.

Nikolai Kolzow erzählte dem amerikanischen Genetiker Leslie Dunn,

> wie er während der Hungersnot 1920 mit Lenin und anderen Mitgliedern des Zentralkomitees nach Petrograd gefahren war und Lenin den zuständigen Ausschuss bestürmt hatte, von der Nothilfe Mittel für ein Institut für Saatgut- und Pflanzenzuchtforschung abzuzweigen. »Verhindern können wir nur die nächste Hungersnot«, sagte Lenin, »und damit sollten wir jetzt anfangen.« Er setzte sich durch, und so kam es, dass dank Nothilfegeldern das berühmte Institut für angewandte Botanik neu entstand und unter der Leitung von Nikolai Wawilow zur größten Saatgutbank und Pflanzenzuchtanstalt der Welt wurde.[5]

Nikolai Wawilow war prädestiniert für den Direktorenposten. Er war von dem gleichen schrillen Utopismus beseelt wie Lenin. Während der Parteiführer in Petrograd den Umsturz organisierte, malte Wawilow seinen Studenten am Agrarinstitut in Saratow die Aufgabe aus, die sie erwartete: »die planmäßige, rationale Nutzbarmachung der pflanzlichen Ressourcen des Erdballs«.

Er tönte gern, aber er stand nicht allein. Zu Beginn des zwanzigsten Jahrhunderts waren die meisten Genetiker davon überzeugt, ihre Forschungen würden sich relativ schnell in praktischen Anwendungen niederschlagen – etwa so wie zu Beginn *unseres* Jahrhunderts die Stammzellenforscher, die versprachen, dank ihrer Erkenntnisse würde die Medizin bald Krankheiten über Nacht heilen können. Wawilow hatte sich während seiner Auslandsstudien in Cambridge intensiv mit Darwins Aufzeichnungen beschäftigt. Besonders faszinierte ihn dessen Rekonstruktion der »Entwicklung der Stachelbeere von der Wildform, deren Früchte ein halbes Gramm wiegen, zur kultivierten Pflanze, die gut fünfzig Gramm schwere Früchte trägt, oder auch der verblüffenden Vielfalt beim Kürbis bis hin zu einer gezüchteten Sorte, die tausendmal schwerer als die wilde ist«.[6] Die Genetik schreite unaufhaltsam voran, verkündete Wawilow, und werde die nächste Generation in die Lage versetzen, »organische Formen nach Belieben zu modellieren ... Die organische Synthese wird so selbstverständlich werden wie die anorganische in der Chemie.«[7]

Wawilow war nicht nur ein Mann der Worte, sondern auch ein Mann der Tat. 1921 wurde er vom amerikanischen Landwirtschaftsministerium zu einer Tagung eingeladen. Infolge der Hungersnot war in der ganzen Wolgaregion kein Korn Saatgut mehr aufzutreiben, da war rasche Hilfe gefordert, und da der Rubel nichts wert war, schleppte Wawilow Goldmünzen und Platinbarren mit, kaufte in den Vereinigten Staaten 26 Anbietern binnen vier Wochen zwei Tonnen Saatgut (über 6000 Pakete) ab und überredete Hoovers American Relief Administration, sie mit dem Frachter ihrer Hungernothilfe nach Riga zu schaffen.

In diesen vier Wochen gründete er zudem eine Außenstelle seines Instituts in New York. Dmitri Borodin, ein russischer Agronom, der schon lange in den USA lebte, versorgte ihn von dort aus fünf Jahre lang mit Saat und Fachliteratur.

Wawilow fand sogar Zeit für einen Besuch bei Thomas Morgans Team an der Columbia University, wo er auch einen Vortrag hielt. Seiner Einladung nach Moskau folgte ein Jahr später Hermann Muller, der dann, wie geschildert, als wertvolles Gastgeschenk die *Drosophila*-Stämme mitbrachte.

Nach seiner Rückkehr aus den USA im Februar 1922 wurde Wawilow, gerade mal 35 Jahre alt, zum korrespondierenden Mitglied der Akademie der Wissenschaften gewählt. In seiner Eigenschaft als Direktor des Instituts für angewandte Botanik hielt er die Sitzungen des Forschungsrats im Kreml ab. Die Zeitungen berichteten über seine Reisen.

Der legendäre Workaholic bewältigte einen nie abreißenden Besucherstrom und nahm notfalls bis tief in die Nacht unzählige öffentliche Aufgaben wahr. Waren nach zehn Uhr abends noch Besucher da, lud er sie zu sich nach Hause ein, ein Fußweg von zehn Minuten, servierte an einem langen Tisch im Wohnzimmer Tee, Plätzchen und Kuchen, aber auch Wein, obwohl er selbst abstinent lebte. Wenn er nach Mitternacht endlich allein war, arbeitete er noch ein wenig; Wawilow ging selten vor zwei, drei

Uhr morgens ins Bett. Sprach man ihn auf dieses unglaubliche Arbeitspensum an, sagte er nur: »Das Leben ist kurz, mein Lieber, man muss sich eilen!«[8]

»Verbreitet die Errungenschaften der Wissenschaft unter den Massen!« Der Spruch hing an der Stirnseite der Halle.

Leningrad, Januar 1929: Auf dem Allunionskongress zu Fragen der Genetik, Saatgutproduktion, Pflanzen- und Nutztierzucht wurden die Agrarziele von Stalins Erstem Fünfjahresplan bekannt gegeben. Es war eine große Veranstaltung mit rund dreihundert Vorträgen und illustren Gästen aus dem Ausland.

Besonders herzlich begrüßte Nikolai Wawilow, der den Kongress organisiert hatte und leitete, seine Fürsprecher in der Regierung, Nikolai Petrowitsch Gorbunow, Volkskommissar für Landwirtschaft, und Stalins rechte Hand Sergej Mironowitsch Kirow. Alle drei drückten ihre Zuversicht aus, das vom Ersten Fünfjahresplan gesetzte Ziel, die Steigerung der Getreideerträge um 35 Prozent, dank der Wissenschaft erreichen zu können.

Warum sollte, was in den Vereinigten Staaten gelungen war, nicht auch in der Sowjetunion möglich sein? Selbst der nicht gerade als Intimus der Partei geltende Nikolai Kolzow, Leiter des Instituts für experimentelle Biologie, verfasste Elogen auf die guten Zeiten, die mit der Kollektivierung der Landwirtschaft anbrechen würden. In Worten, die Isaak Presents Rhetorik auffallend ähnelten, beschrieb er die Kollektivierung als kühnes nationales Experiment in angewandter Wissenschaft, das der Forschung und der landwirtschaftlichen Praxis gleichermaßen zugutekomme. Sein der Partei näherstehender Kollege Alexander Serebrowski war in dieser Zeit schon mit der Planung der Kampagne beschäftigt.

Als die KPdSU auf ihrem XVI. Parteitag 1930 »rechte« Kritiker ausschloss, leistete Wawilow auch dazu seinen Beitrag, indem er die Agraroffensive pries: »Enorme Energie ist vonnöten, um unser riesiges Land in Bewegung zu versetzen, seine gesamte bäuerliche Masse, um die willentliche Anstrengung aller kreativen Kräfte unserer Gesellschaft zu mobilisieren.«[9]

Aus heutiger Sicht ist es erschreckend, dass so viele führende sowjetische Biologen die Kollektivierung befürworteten – eine Politik, die dazu führte, dass Millionen Menschen verhungerten, und mit der gezielt die Schicht der leidlich wohlhabenden Landwirte vernichtet, der widerspenstige Satellitenstaat Ukraine zerschlagen und die sowjetische Landbevölkerung gefügig gemacht wurde.

Auch wenn die monströsen Folgen der Kampagne nicht abzusehen waren, so hätten doch allein schon die offenkundig unüberwindlichen Hindernisse bei ihrer Durchsetzung die Alarmglocken schrillen lassen müssen. Aber Begeisterung ist ansteckend. Statt Bedenken anzumelden, forderten Wawilow und seine Kollegen mehr Fördergelder und bessere Bedingungen für Auslandsreisen, um das Projekt zu beschleunigen. (Immerhin – die Finanzmittel flossen.) Außerdem schaffte es Wawilow irgendwie noch, von seinem Büro aus eine große, lose Vereinigung zahlreicher Institute zu leiten. Diese Allunions-Landwirtschaftsakademie Lenin, kurz WASChNIL, war, so Wawilow, »die Akademie des Generalstabs der Agrarrevolution«, also das wissenschaftliche, intellektuelle Organ des Volkskommissariats für Landwirtschaft.[10] Als volles Mitglied dieser Akademie und mit der Administration ihrer gesamten 111 Einrichtungen und 300 Außenstationen für Feldversuche betraut, war er viel zu beschäftigt, um eine Kampagne kritisch zu hinterfragen, die der russischen Landwirtschaft all das zu geben versprach, was Reformer seit Ende des achtzehnten Jahrhunderts gefordert hatten.

Wawilow war vor allem ein Verwaltungsmensch – natürlich auch ein begabter Wissenschaftler, aber er lebte in einer Kultur, in der bürokratische Aufgaben übernehmen musste, wer auf seinem Gebiet Einfluss haben wollte. Wawilow stand einem Institut für *angewandte* Botanik vor, was bedeutete, dass es sich in seiner Arbeitsweise stark von anderen wissenschaftlichen Einrichtungen unterschied. Es genoss viel weniger Autonomie als beispielsweise Kolzows Institut für experimentelle Biologie und unterlag einer viel strengeren Kontrolle durch das zuständige Volkskommissariat. Das Institutspräsidium bestand nicht aus Wissenschaftlern, sondern aus Administratoren, was sich in den Sitzungsprotokollen niedergeschlagen hat, die eher Verwaltungsbelange denn Forschungsprojekte auflisten. Beschlüsse wurden üblicherweise auf Sitzungen gefasst, an denen nur Vertreter des Ministeriums und keine Wissenschaftler teilnahmen.

Der Konflikt zwischen seinen wissenschaftlichen Interessen und seinen bürokratischen Aufgaben setzte Wawilow schwer zu. Im Januar 1930 schrieb er Georgi Karpetschenko, der zusammen mit Theodosius Dobshanski bei Thomas Morgans Taufliegenteam in Kalifornien hospitierte:

Ich stehe total unter Druck. Neben der ganzen Arbeit [an der Lenin-Akademie] mit zig angegliederten Instituten beaufsichtige ich mich jetzt auch noch selbst, weil ich ins Kontrollgremium gewählt wurde und dort mitstimmen darf. Wir wollen Rom an einem Tag erbauen, darunter tun wir's nicht. »In einem Jahr lassen wir dich gehen«, sagten sie. So lange habe ich, alles in allem, achtzehn Posten. Mir platzt demnächst der Schädel von dem ganzen Mist, der mich umgibt.[11]

Die Ende der zwanziger Jahre durchgeführte Ausweitung der Landwirtschaftsakademie von einem eher auf dem Papier existierenden Verbund zu einer Föderation konkreter Forschungszentren gründete sich auf den Irrglauben, die Bauern würden, einmal kollektiviert, ihre Anbaumethoden über Nacht auf den neuesten Forschungsstand bringen. Doch das entschiedene Engagement der Akademie für Wawilows großes Projekt, Pflanzen aus aller Welt in einer riesigen Saatgutbank zusammenzutragen und für den Anbau nutzbar zu machen, vergrößerte nur die Kluft zwischen Wissenschaftlern und Landwirten.

Die Agrarwirtschaft lässt sich mit Saatgut allein nicht revolutionieren. Unter den real existierenden Umständen – die meisten Äcker waren von Unkraut durchwuchert und wurden nicht ausreichend gedüngt, nur wenige Höfe hatten eine Sämaschine – war verbessertes Saatgut hinausgeworfenes Geld. Und in mancher Hinsicht hatten die Bauern sogar recht, wenn sie das staatliche

Saatgut verschmähten und lieber bei den gewohnten, altbewährten Sorten blieben. Die waren nicht gerade Meisterleistungen der Pflanzenzucht, dafür aber den lokalen Bedingungen angepasst.

Also fasste man den Plan, aus Bauern Wissenschaftler zu machen und die Kollektivierung darauf abzustimmen, was in der landwirtschaftlichen Praxis tatsächlich funktionierte. Die Kollektivierung war weltweit das erste große Experiment einer »Bürgerwissenschaft«.

Keiner nahm diese »Citizen Science« ernster als Jakow Jakowlew, der fest an ihr Potenzial glaubte, die Wissenschaft zu transformieren. Seit 1923 gab er das Bauernblatt *Bednota* (Dorfarmut) heraus, das Regierungsorgan, das sich an die größte Bevölkerungsgruppe Russlands richtete, und für die meisten sowjetischen Bauern die einzige Zeitung, die sie je zu Gesicht bekamen. Um die Modernisierung voranzutreiben, organisierte die *Bednota* eine ganze Armee von bäuerlichen Forschern in »Laborbaracken«. 1929 sollen es über 23 000 gewesen sein.

Ein Artikel in der *Time* 1935 bringt Jakowlews Bedeutung auf den Punkt: »Stellen Sie sich vor, William Randolph Hearst würde die Redaktion der *Great American Farm Newspaper* mit Sombrero und kommunistischer Verve leiten, dann haben Sie eine ungefähre Idee vom Genossen Jakow Arkadjewitsch Jakowlew.«[12] In seiner Funktion als Chefredakteur konzentrierte er sich auf die Vermittlung von Wissen, veröffentlichte Artikel über Unkrautbekämpfung, Kleeanbau, den Einsatz von Düngemitteln, die Anpflanzung vorgekeimter Kartoffeln und ähnliche praktische Themen. Die *Bednota* empfahl auch den Erwerb neuer Sorten in der Hoffnung, mit der Modernisierung würden sich die Neuzüchtungen irgendwann rentieren.

Jakowlews Gazette war alles andere als trocken. Sie war Instrument einer Kampagne und animierte ihr Publikum zur Mitarbeit. Die meisten Seiten waren mit Zuschriften selbsternannter Anbau- und Zuchtexperten aus dem ganzen großen Sowjetreich gefüllt, die hier ungehemmt ihre »todsicheren« Methoden anpreisen durften. Der Modernisierungskampagne halfen diese Leserbriefe wenig; dafür trugen sie ganz erheblich zur Entstehung einer unterschwelligen Hysterie bei, die nur darauf wartete, sich vor den einen oder anderen Karren spannen zu lassen.

In seiner Kindheit war Trofim Denissowitsch Lyssenko ein fleißiger, intelligenter Junge. Sein Vater erlaubte ihm sogar, länger als üblich die Dorfschule zu besuchen. Mit dreizehn konnte er lesen und schreiben. Trotzdem hätte er den Sprung vom Bauernsohn in höhere Gefilde der Gesellschaft ohne die Revolution sicher nicht geschafft.

Der talentierte Jüngling machte das Beste aus den neuen Chancen, die sich ihm eröffneten. Von 1917 bis 1921 besuchte er die Gartenbauschule von Uman, während der Bürgerkrieg um ihn her tobte (die ukrainische Stadt wurde wiederholt von Weißen, Grünen und Roten eingenommen), arbeitete danach in einer kleinen Anstalt für Pflanzenzucht in Bila Zerkwa und absolvierte parallel ein Fernstudium am Agrarinstitut in Kiew. Nach seinem Abschluss 1925 zog er in die am Fuße des Kleinen Kaukasus gelegene aserbaidschanische Stadt Gandsha, wo er in einer Versuchsstation der Aufgabe nachging, Erbsenpflanzen als Gründünger zu akklimatisieren. Seine ersten Ergebnisse waren vielversprechend. Praktisch veranlagt, ehrgeizig, aus dem Arbeiter- und Bauernstand und im Dienst der guten Sache – war Lyssenko nicht der Prototyp des neuen sowjetischen Wissenschaftlers?

So jedenfalls stellte ihn die *Prawda* dar. Heiß auf gute Storys von der Agrarfront und schon am Ort des Geschehens, bevor Lyssenkos Experimente zwecks Bestätigung wiederholt werden konnten, porträtierte deren Reporter Witali Fjodorowitsch das »Wunderkind« der Erbsen.

Noch keine dreißig Jahre alt, ohne Aufbaustudium oder irgendeine andere Berechtigung, sich Wissenschaftler nennen zu dürfen, erklärte Lyssenko dem Besucher, wie er praktische Probleme mit ein paar Berechnungen »auf einem alten Stück Papier« gelöst habe. Die Begegnung war nicht eben einfach:

Wenn man nach dem ersten Eindruck geht, so muss man bei Lyssenko sagen, dass er das Gefühl von Zahnschmerzen verursacht. Gott gebe ihm Gesundheit; er hat eine so bedrückte Miene. Er ist wortkarg, und sein Gesicht ist unbedeutend; man erinnert sich nur an seinen mürrischen Blick, der auf dem Boden entlangkriecht, als suche er ein Grab für den Gast.[13]

Trotzdem war Fjodorowitsch beeindruckt und schilderte Lyssenko in seinem Leitartikel »Die Äcker im Winter« vom 7. August 1927 in der *Prawda* als »barfüßigen Wissenschaftler«, der »mit der einen Hand den Pflug und mit der anderen den Glaskolben hält«. Statt »die Behaarung von Fliegenbeinen« zu erforschen, gehe dieser nüchterne junge Mann »den Dingen auf den Grund«.

Der Artikel verdrehte Lyssenko den Kopf und zerstörte seine Forscherkarriere. Seine Experimente mit Erbsen waren hochinteressant, er hätte sie fortsetzen sollen. Er hätte sie wiederholen sollen. Aber der Kult um seine Person, der nun einsetzte, hielt ihn davon ab. Er war noch in einem Stadium der beruflichen Entwicklung, in dem Wissenschaft überschaubar erscheint, eine Sache einfacher Berechnungen auf einem Stück Papier. Und auf einmal überboten sich staatliche Einrichtungen, Amtsträger und Fachleute in der Wertschätzung seiner Ergebnisse. Selbst Wawilow zeigte Interesse und schickte einen Kollegen, der sich Lyssenkos Arbeit anschauen sollte. Lyssenko war begeistert, überließ dem Besucher sogar sein Bett und schlief auf dem Boden.

Der Bericht, der Wawilow erreichte, war geradezu unheimlich prophetisch: Lyssenko sei »ein wagemutiger und zweifellos begabter Experimentator, aber auch ein Mann von schlechter Bildung und extremer Geltungssucht, der sich für den neuen Messias der Biologie hält«.[14]

Um die Anpassung von Pflanzen an neue klimatische Bedingungen zu erforschen, ging Lyssenko nach dem Kalender vor: Er untersuchte die Auswirkungen der Aussaat verschiedener Varietäten eines Getreides zu verschiedenen Zeitpunkten im Jahr.

Weizen war besonders wichtig. Normalerweise wird die Wintersaat bei Anbruch der Kälteperiode ausgebracht, und wenn der

Frühling kommt, bilden die Pflanzen Fruchtstände aus. Ist der Winter jedoch besonders kalt, erfrieren die Schösslinge. Sät man aber Winterweizen erst im Frühling aus, schosst er nicht, wie es in der Fachsprache heißt, denn er wartet auf das – ausbleibende – Signal der Winterkälte.

Lyssenko erzeugte die Kälteperiode künstlich, und siehe da: Der Winterweizen bildete Ähren. Dieses Verfahren, das Lyssenko Jarowisation nannte, ist, wie schon erwähnt, auch unter der Bezeichnung Vernalisation bekannt. Das Saatgut wird angefeuchtet und gekühlt, der Samen keimt und darf kurz wachsen, gerade lange genug, um die Kälte zu registrieren, die ihn umgibt. Dann wächst er explosionsartig bis zur Erntereife, sobald er im Frühjahr ausgebracht wird.

Die Frage ist, ob sich der Aufwand lohnt. Ist es von ökonomischem Wert, Winterweizen in Sommerweizen zu verwandeln? Gewiss, man vermeidet das Risiko, dass die Saat von einem strengen Winter vernichtet wird, und man kann früher ernten, aber sind das echte Vorteile, oder machen sie bloß einen guten Eindruck auf dem Papier? In Ohio wurden bereits 1857 Vernalisationsversuche amtlich registriert, und die zuständige Behörde konnte keinen wirtschaftlichen Vorteil feststellen – eine wissenschaftliche Kuriosität, mehr nicht.

Lyssenko verfasste über seine Experimente einen Bericht, der als Monographie Nr. 3 der aserbaidschanischen Versuchsstation erschien: »Der Einfluss der Temperatur auf die Länge der Entwicklungsperiode von Pflanzen«. Er erhob keinen Anspruch auf Originalität, stellte sich in eine gut etablierte Forschungstradition, aber er gestand seine Ambition ein, eine exakte, umfassende Theorie zu entwickeln, die erkläre, wie sich Pflanzen den alljährlichen Temperaturschwankungen anpassen. Bei aller schon unternommenen Forschungsarbeit auf diesem Gebiet war bis dahin noch keine befriedigende Antwort auf die Frage gefunden worden, warum Pflanzen so regelgemäß und vorhersagbar auf Temperaturen reagieren.

Wawilows Institut hatte dazu bereits etliche Studien betrieben. Seit 1923 saß ein Mitarbeiter, der Vernalisationsexperte Nikolai Alexandrowitsch Maximow, an dem Thema, und der wies Lyssenko höflich, aber bestimmt auf kardinale Schwächen seiner Veröffentlichung hin: Das statistische Material sei Kraut und Rüben, und eine gründlichere Lektüre der Fachliteratur hätte ihm viele Mühen erspart, Dinge neu zu entdecken, die schon längst bekannt seien.[15]

Maximow hielt die Monographie für zu schwach, um auf dem für Januar 1929 geplanten Allunionskongress für Genetik, Selektion, Pflanzen- und Tierzucht vorgetragen zu werden, doch Wawilow war anderer Ansicht: Lyssenko sei bei allen Schwächen ein origineller, vielversprechender Denker, ein Vortrag würde ihm nützliche Erfahrungen liefern.

Der Januar kam, Lyssenko präsentierte seine Ergebnisse, und Maximow, der den ganzen Wust zum zweiten Mal über sich ergehen lassen musste, war nicht mehr ganz so höflich. Lyssenko glaube wohl, stichelte er, Pflanzen hätten eingebaute kleine Uhren. Dabei deute doch alles darauf hin, dass nicht die Zeit, sondern die Temperatur bestimme, wie Pflanzen ihre Entwicklung organisierten. Hinzu komme, dass seine Beobachtungen nicht viel mehr lieferten als eine Bestätigung der Resultate, die der deutsche Forscher Gustav Gassner vorgelegt habe. »Was Genosse Lyssenko herausgefunden hat, ist im Prinzip nichts Neues [und] stellt keine wissenschaftliche Entdeckung im exakten Sinne des Wortes dar.«[16]

Maximows eigener Vortrag war wesentlich überzeugender. Anderntags berichtete die *Leningradskaja Prawda* unter der Schlagzeile »Es ist möglich, Winter- in Sommergetreide umzuwandeln: eine Errungenschaft sowjetischer Wissenschaft« – ausschließlich über Maximow. Kein Wort über Lyssenko.

Selbst wenn Lyssenko bei dem Kongress nicht gerade glänzte, so hatte er doch auch keinen echten Grund, sich zu beklagen. Dank Fjodorowitschs Leitartikel in der *Prawda* durfte er seinen ersten Vortrag auf einem nationalen Kongress halten, anerkannte Experten seines Fachgebiets zeigten kritisches Interesse an seiner Arbeit. Nur ein Mensch von seiner düsteren Wesensart konnte den bescheidenen Erfolg als Affront interpretieren.

Lyssenko fühlte sich düpiert, legte nie wieder Statistiken vor, stützte seine abseitigen Theorien fortan auf Zufallsfunde, mied wissenschaftliche Publikationsorgane und veröffentlichte nur noch in Zeitungen und Journalen, die die Regierung eigens für ihn ins Leben rief.

Es ist nicht bekannt, ob seine extreme Reaktion mit Isaak Present zusammenhing. Bekannt ist, dass sich die beiden Mathematikverächter bei diesem Kongress kennenlernten – die Geburtsstunde der destruktivsten Partnerschaft der Wissenschaftsgeschichte.

Der Kongress 1929 packte ein brennendes Problem seiner Zeit an. Die Ukraine musste zum zweiten Mal in Folge katastrophale Ausfälle beim Winterweizen verkraften. Rund sieben Millionen Hektar waren vernichtet – neunzig Prozent der Gesamternte.

Es wird erzählt, Lyssenkos Vater, der wie alle seine Kollegen kurz vor dem Ruin stand, habe das Risiko auf sich genommen und Saatgut jarowisiert. (Und zwar heimlich, aus Angst vor dem Spott seiner Nachbarn – ein Detail, das Bände spricht und der Geschichte eine gewisse Glaubwürdigkeit verleiht.) Lyssenkos Vater weichte 48 Kilo ukrainischen Winterweizen ein und hielt die feuchten Körner in einer Schneeverwehung bis zur Aussaat kühl. Im Frühjahr säte er sie dann neben einem Feld mit Sommerweizen aus – und erntete mehr Winter- als Sommerweizen.

Das jedenfalls wurde behauptet. Ein Ausschuss des ukrainischen Kommissariats für Landwirtschaft wurde zur Inspektion entsandt, war begeistert und ordnete Jarowisationsversuche in großem Stil an. Zwei fürchterliche Winter später, die bolschewistische Führung im Nacken, die Getreide für ihre gigantische Industrialisierungskampagne brauchte, ging das Ministerium noch einen Schritt weiter. Schon vor Beginn der Versuche erklärte der Kommissar, die Lösung des Problems mit dem verdorbenen Winterweizen sei gefunden.

Lyssenko wurde für seinen Erfolg auf einem halben Hektar Land als Held gefeiert. Selbst Maximow – der genauso sehnlich wie alle anderen den Hunger besiegt sehen wollte – zog mit. Am

1. September 1929 hörte er Lyssenkos Vortrag im Leningrader Institut für angewandte Botanik und reagierte deutlich positiver als im Januar. Rückblickend schrieb er: »Sowohl Gassner als auch ich haben es bei Laborexperimenten bewenden lassen, wir sind eben Pflanzenphysiologen. Frostkeimung erschien uns zu kompliziert für eine direkte Anwendung in der Feldbewirtschaftung.« Lyssenko habe die Methode so vereinfacht, dass jeder Bauer sie anwenden könne. Es sei »gewiss undenkbar, dies nicht als große Errungenschaft anzuerkennen«.[17]

Das Problem mit Lyssenko – man könnte es auch seine Tragödie nennen – war, dass er nie wahrhaben konnte, was er erreicht hatte. Er hielt seine Jarowisation für grundverschieden von Gassners und Maximows Vernalisation und verstand Maximows kollegiale Kritik als Angriff. Lyssenko wollte nicht zur Gemeinschaft der Wissenschaftler gehören, wollte nicht Teil einer ehrwürdigen Tradition sein. Er wollte Beifall, permanent, für alles, was er anpackte.

Von Oktober 1929 an arbeitete er am Allunionsinstitut für Genetik und Saatzucht in Odessa, dem bedeutendsten Agrarforschungszentrum der Ukraine. Im November löste Jakow Jakowlew, der mit seiner Zeitung viel Reklame für Lyssenkos Theorien gemacht hatte, Gorbunow als Landwirtschaftskommissar ab. Die Leser der *Bednota* dürfte nicht überrascht haben, was nun folgte. Nach einem begeisterungstrunkenen Bericht aus Jakowlews Feder wurden für 1932 großflächige Jarowisationsversuche angeordnet. Lyssenko erhielt ein eigenes Journal, das *Bulletin für Jarowisation*, die Möglichkeit, eigene Kurse anzubieten, und ein Startkapital von 150 000 Rubel. Wawilows Institut für angewandte Botanik wurde angewiesen, mit dem Jarowisationsprogramm zu kooperieren. Jakolew selbst bat Wawilow, Lyssenko »jede erdenkliche Unterstützung« zu gewähren und »ihn persönlich im Auge zu behalten«.

Wawilow reagierte schlau. Er schrieb seinem Stellvertreter: »Lyssenkos Arbeit ist bemerkenswert und zwingt uns in vielen Punkten zum Umdenken. Es ist erforderlich, die Jarowisation mit der ganzen Weltsaatbank durchzuprobieren.« Seine Begeisterung war echt. Er wollte, dass die Jarowisation funktionierte. Er hatte Jahre im Ausland verbracht, um die weltweit größte Sammlung von Nutzpflanzen zusammenzutragen, hatte Leib und Leben riskiert, abgelegene, wilde Regionen besucht, angefangen bei Afghanistan im Juni 1924. Dort war auf ihn geschossen worden, man hatte ihn verhaftet und ihm sogar mit Hinrichtung gedroht. Seitdem hatten ihn seine Reisen durch den vom Krieg zerrissenen Nahen Osten und durch Spanien geführt (wo erschöpfte Geheimdienstleute ein »Gentlemen's Agreement« mit ihm schlossen, das es ihnen ermöglichte, im Bett zu bleiben, während er weiter in den Bergen umherkraxelte). Zuletzt hatte er die artenreiche, üppige Flora Japans bewundert, »die zahlreichen, vielfach essbaren Bambussorten, chinesische Süßkartoffeln, die erstaunliche Fülle von Rettich-, Rüben-, Wurzel- und Senfarten, essbare japanische Kletten und Lilienknollen, Wasserkastanien, Lotos, Pfeilkraut … und sonderbares Gemüse wie ›Udo‹, Kanton-Rhabarber, mehrjährige chinesische Zio-zai-Zwiebeln, ›Wosan‹, auch Spargelsalat genannt, spezielle weiße Auberginen, Riesengurken, essbarer Luffa, ein Schwammkürbis, essbare ›Miso‹-Chrysanthemen, Asparagi radix und so weiter«.[18] All das und vieles mehr hatte er zu einem beeindruckenden Pflanzenschatz zusammengetragen, doch nun stand Wawilow, der Sammler und Theoretiker war, aber kein Züchter, vor der Aufgabe, ihn praktisch nutzbar zu machen.

Die meisten Kulturpflanzen stammen aus gemäßigten Zonen. Neun von zehn der von Wawilow gesammelten Arten gediehen im russischen Klima nicht. Die meisten keimten noch nicht einmal, und Kreuzungen mit einheimischen Pflanzen misslangen in aller Regel. Wawilow setzte seine letzten Hoffnungen in die Jarowisation, um die Sammlung rasch dem kalten, trockenen, launischen Wetter Russlands anzupassen.

Ein eitler Traum. Die Jarowisation löste nicht ein, was Lyssenko und Jakowlew versprachen. Doch bis dies sich klar abzeichnete, mussten ein paar Jahre ins Land gehen. Jedes positive Ergebnis musste wiederholt, gemessen und abgeglichen werden, und das war ein langwieriger Prozess. Selbst in Studien, die mit penibelster Sorgfalt durchgeführt werden, nimmt es viel Zeit in Anspruch, dem Ausbleiben eines Effekts nachzugehen. Wawilow hatte alles Recht der Welt, auf einen positiven Ausgang zu hoffen. Er nannte sich fortan »Agronom«, um sich von Laborforschern wie Maximow abzusetzen. Beim Biologentreffen an der Kommunistischen Akademie im Oktober 1931 hänselte er Maximow, weil er Lyssenko unterschätzt habe:

> Lyssenko hat Gassner nicht nur weiterentwickelt, er ist weit über ihn hinausgegangen, hat mit extrem verschiedenartigen Objekten gearbeitet und das Wachstum von Pflanzen durch Absenkung der Temperatur, aber auch durch viele andere Faktoren beschleunigt. Er verfolgt einen ganz neuen Ansatz, den man sehr ernst nehmen muss. Wir Agronomen spüren, dass wir am Anfang einer echten Revolution stehen ...[19]

11. KOOPERATORKA

Lyssenko ist ein hochgradig begabter, sorgsamer Forscher.
Seine Experimente sind untadelig.[1]

Nikolai Wawilow an die Lenin-Akademie, 17. Juni 1935

Auch andere sowjetische Spezialisten waren Bauernsöhne,
und bei vielen hatte sich das Leben ähnlich gestaltet.
Vielleicht zeichnete sich Trofim Lyssenko nur durch
Beharrlichkeit, durch Wissensdurst und strikte Befolgung
der einmal gewählten Richtung vor ihnen aus. Hinzu
kam allerdings noch ein sehr charakteristischer Zug:
Wissen war für ihn etwas, was sich ungesäumt in die Tat
umsetzen ließ ... Es war Herbst [als er nach Gandsha
kam]. ... Darin, dass er nicht das Frühjahr für die Arbeit
an seinen Hülsenfrüchtern [sic] abwartete, zeigte sich
bereits der »Stil Lyssenkos«.[2]

Wadim Andrejewitsch Safonow, *Die Welt soll blühen*, 1953

Kinder ernten in der gefrorenen Erde von Donezk Kartoffeln, die
danach abtransportiert werden. Ein Dekret vom August 1932
untersagte Bauern den Verzehr eigener Produkte.

Theodosius Dobzhansky war seit dem Bürgerkrieg, als er für Wladimir Wernadski Lebensmittel aus Kiew in die Forschungsstation Staroselski geschmuggelt hatte, weit herumgekommen. Im März 1927 erhielt er ein Stipendium der Rockefeller Foundation, um ein Jahr bei Thomas Morgan in New York zu studieren. Er blieb ein weiteres Jahr, folgte Morgan ans California Institute of Technology. Begeistert von Amerika, fuhr er jeden Sommer mit dem Auto einmal quer durch die Vereinigten Staaten.[3] Im Oktober 1930 bemühte sich Nikolai Wawilow während einer gemeinsamen Wanderung durch den Sequoia-Nationalpark nach Kräften, den Kollegen in die Sowjetunion zurückzuholen, doch Dobzhansky verspürte wenig Neigung dazu. In Leningrad hätte er kein Labor zur Verfügung gehabt, und Wawilow gab auch offen zu, dass er Vorlesungen halten und Lehrbücher schreiben müsse, um über die Runden zu kommen.

Doch derlei Einschränkungen waren nicht Dobzhanskys Hauptmotiv. Er misstraute einfach der sowjetischen Regierung, befürchtete für Russland das Schlimmste und konnte sich nicht mehr vorstellen, dort zu leben.

»Wir müssen die politischen Umstände, mit denen wir nicht einverstanden sind, ausblenden, müssen über sie hinwegsehen«, räumte Wawilow ein.[4] Zu Hause dankte man ihm nicht dafür, dass er für sein Land eintrat. Das ehrgeizige Projekt, eine Dependance des Instituts für angewandte Botanik in den USA zu führen, löste sich aus Geld- und Personalmangel in Luft auf. Während seines Aufenthalts in den USA wurde der Etat für das New Yorker Büro gestrichen und dessen Leiter Borodin entlassen; der Neustart gelang Wawilow nur mit äußerster Anstrengung. Und am 11. Oktober wurde er telegraphisch zu politischen Gesprächen auf hoher Ebene beordert.[5] Seine souveräne Antwort beeindruckte seinen Freund und Kollegen Homer Leroy Shantz, Rektor der University of Arizona. Wawilow, erinnerte er sich später, habe im Kern gesagt:

Wäre ich Kommunist, müsste ich mich fügen, und in dem Fall könnte ich mir kein eigenes Urteil bilden. Aber ich bin von den

Kommunisten eingestellt worden, um für das Wohl der Menschen in der UdSSR zu arbeiten, und habe immer noch die Freiheit, selbst zu entscheiden, was ich für das Beste halte ... Für die Zukunft des Sowjetvolkes ist es wichtiger, dass ich die Herkunftsländer der Nutzpflanzen Mittelamerikas besuche, als dass ich irgendeinem Staatsdiner beiwohne.[6]

Das war keine starke Position. Zu Hause wütete eine Hungersnot, und Bürger Wawilow glänzte durch Abwesenheit und sammelte in Übersee Pflanzen, die keinen unmittelbaren Nutzen für sein Land hatten. Selbst Shantz bescheinigte ihm nach einem Vortrag »die wunderbare Gabe, Pläne mit Ergebnissen zu verwechseln im guten Glauben, was beschlossen sei, sei so gut wie vollbracht«.[7] Aber nur ein finster entschlossener Gegner konnte Wawilows halsbrecherisches Arbeitspensum und sein Pflichtbewusstsein kleinreden. Doch wie alle Überflieger hatte er nicht nur Freunde und Anhänger, sondern auch Rivalen und Feinde. Einer seiner eher unterbelichteten Kollegen, Alexander Kolj, erwies sich als besonders hinterhältiger Widersacher.

Kolj war in der Saatgutregistratur tätig und mit der Aufgabe betraut, die Einführung neuer Sorten zu koordinieren. Zehn Jahre älter als Wawilow, neidete er dem Jüngeren seinen Ruhm, fiel aber selbst mehr durch Unzuverlässigkeit als durch gute Leistungen auf. Wawilow war mehrfach mit Kolj aneinandergeraten, weil er die von den Expeditionen mitgebrachten Arten falsch beschriftet oder verschlampt hatte. Schließlich setzte er den Mann auf einen weniger verantwortungsvollen Posten.

Mit feinem Gespür fürs Timing startete Kolj seinen Rachefeldzug, nachdem sein Chef wieder zu einer Auslandsreise aufgebrochen war. Sein Artikel »Angewandte Botanik oder Lenins Erneuerung der Erde« erschien am 29. Januar 1931 in der einflussreichen Zeitung *Ekonomitscheskaja Shisn* (Wirtschaftsleben). Was er gegen Wawilow vorbrachte, war nicht ganz aus der Luft gegriffen. Kolj hatte für kurze Zeit in den USA gearbeitet, wo sich die meisten Agrarwissenschaftler auf einige wenige Nutzpflanzen konzentrierten, besonders auf Weizen und Mais. Wawilow verfolgte einen umfassenderen Ansatz, und genau dies warf ihm Kolj als »Ablösung von der Praxis« vor. Wofür exotisches Zeug sammeln, mit dem Züchter nichts anfangen konnten?

Der Ton des Beitrags ist ein Kapitel für sich. Er kommt einer Denunziation gleich, brandmarkt Wawilow als Klassenfeind: »Unter dem Deckmantel von Lenins Namen wurde eine durch und durch reaktionäre Einrichtung geschaffen, die keine Verwandtschaft zu Lenins Gedanken und Intentionen erkennen lässt und sich mit der Zeit zu einem Monopol in den landwirtschaftlichen Wissenschaften entwickelte.«

Wawilow setzte sich gegen die Anschuldigungen zur Wehr. Er reagierte im selben Blatt, listete Koljs Verfehlungen auf, unterließ es jedoch, seine eigenen Handlungen zu hinterfragen und zu kritisieren. Das war gefährlich: Von Menschen in verantwortlichen Positionen wurde erwartet, dass sie jeden Angriff, so ärgerlich er auch sein mochte, als wertvolle Lernerfahrung betrachteten. Selbstkritik gehörte zum Ehrenkodex der Bolschewiki und sollte den demokratischen Geist im Einparteisystem bewahren. Wawilows Staatstreue stand außer Frage, das Problem war sein Auftreten: Je schlimmer seine Arbeitsüberlastung wurde, desto mehr trat seine großbürgerliche Herkunft zutage.

Am 3. August 1931 kollidierte Wawilows nicht zu bewältigendes Arbeitspensum endgültig mit Jakowlews hysterischen Agrarplänen. An diesem Tag veröffentlichte die *Prawda* die schlicht absurde Partei- und Regierungsresolution »Über Pflanzenzucht und Saatgutproduktion«, die der Allunions-Landwirtschaftsakademie Lenin und dem Institut für angewandte Botanik unerreichbare Ziele setzte: Binnen zwei Jahren wollte das Kommissariat für Landwirtschaft mit Hilfe der Lenin-Akademie den Übergang von den traditionellen einheimischen Sorten zu zertifizierten Varietäten abschließen. Neue Weizensorten sollten im Norden den Roggen ablösen. Neue Kartoffelsorten sollten trockene Sommer gesund und ertragreich überstehen. Und zur Krönung sollten die neuen Sorten innerhalb von vier statt wie üblich in zehn bis zwölf Jahren gezüchtet werden.

Die meisten Genetiker hielten das für einen schlechten Witz.

Einen Monat später fand an der Lenin-Akademie ein Kongress über die aus Sicht der Fachwelt vollkommen unrealistischen Vorgaben statt, auf dem der Züchter Georgi Meister aussprach, was die meisten dachten: Das Dekret sei nicht zu erfüllen. Es sei einfach aus praktischen Gründen unmöglich, binnen vier, fünf Jahren eine neue Varietät zu züchten. »Zehn Jahre – so viel Zeit haben wir nicht«, beschied Jakowlew kurz angebunden.[8]

Dagegen ließ sich nicht argumentieren, und so schlugen mehrere Teilnehmer vor, die Regierung möge in ein ausgedehntes, kostspieliges Netz von Gewächshäusern investieren, um die Versuchspflanzen vor den Kapriolen des Wetters zu schützen.

Jakowlew tat diese Vorschläge als Sonderwünsche ab: Die kollektivierten Landwirtschaftsbetriebe, die Kolchosen, würden den Wissenschaftlern schon die gewünschten kontrollierten Bedingungen zur Verfügung stellen, vorausgesetzt, die Herren Gelehrten bequemten sich, ihren Elfenbeinturm zu verlassen und gemeinsam mit den Kolchosbauern die Ärmel hochzukrempeln.

Jakowlew wandte sich mehrfach an Trofim Lyssenko mit der Bitte, er möge die Kampagne für die beschleunigte Pflanzenzucht leiten. Auf dem Allunionskongress zur Dürrebekämpfung im Oktober 1931 tadelte er ihn, er unterschätze die Veränderungen, die seine Experimente in der Landwirtschaft bewirkten. Ein Ukas wurde verabschiedet, der Lyssenkos Forschung für so bedeutsam erklärte, dass seine Ausarbeitungen sofort in Druck gehen müssten und er von allen anderen Verpflichtungen entbunden werden solle; es gelte, optimale Bedingungen für seine Arbeit zu schaffen. Doch allem Zureden Jakowlews zum Trotz scheute selbst Lyssenkos übersteigertes Ego vor einer derart wahnwitzigen Aufgabe zurück (bis heute dauert es rund zwölf Jahre, um neue Varietäten zu züchten). Der Paradewissenschaftler der Bolschewiki zog es jahrelang vor, zu diesem Thema zu schweigen.

Nikolai Wawilow lud Trofim Lyssenko pflichtschuldigst zu einer Tagung in Amerika ein:

Im August findet eine internationale Konferenz von Genetikern und Züchtern in Ithaca, USA, statt. Falls Sie daran teilnehmen wollten, würde das zuständige Ministerium, wie mir der Veranstalter mitteilte, alles unternehmen, damit Sie reisen, Ihre Arbeit präsentieren und ein Display von Ihren Aktivitäten für die Begleitausstellung vorbereiten können.[9]

Ob Lyssenko der Einladung gefolgt wäre oder nicht, ist unbekannt. Er kam nicht dazu, eine Entscheidung zu treffen. Im Dezember 1931 wurden Auslandsreisen sowjetischer Wissenschaftler auf Empfehlung eines Ausschusses des Politbüros weitgehend eingeschränkt, um harte Devisen für die Industrialisierung zu sparen.

Und so blieb es Wawilow, dem einzigen russischen Teilnehmer von Rang, vorbehalten, den abwesenden Lyssenko in den Himmel zu heben. Dank Lyssenkos Arbeit, so schwärmte er den Delegierten vor, werde man in ein paar Jahren Avocados und Bananen in New York und Zitronen in New England ernten. Die Nachricht versetzte die amerikanische Tagespresse in Wallung, die den »Anbau subtropischen Getreides in kalten Klimazonen« prophezeite und die Jarowisation als »Waffe gegen Dürren« pries. Mehrere US-Wissenschaftler versuchten, Lyssenkos Experimente zu wiederholen.[10]

Dass Wawilow an der Konferenz teilnehmen konnte, verdankte er einer riskanten bürokratischen Finte – er deklarierte den Aufenthalt in Ithaca als Abstecher im Dienst der Nutzpflanzensammlung in Nord- und Südamerika. Aus seiner Kabine auf dem Passagierdampfer *Europa* schrieb Wawilow seiner Frau Jelena kurz vor der Abfahrt aus Riga: »Diesmal will ich riesige Mengen von Samenkörnern aus Amerika mitbringen, denn es ist unwahrscheinlich, dass ich noch einmal auf Reisen gehen werde.« Die Route war aberwitzig: In nicht einmal acht Monaten besuchte er Kuba, Trinidad, El Salvador, Costa Rica, Honduras, Panama, Kolumbien, Surinam, Brasilien, Venezuela, Peru, Bolivien, Argentinien, Uruguay und Chile. Sein Zeitplan war so eng, dass er nur unterwegs Schlaf bekam. Ein Kollege, Carlos

Offerman, erlebte mit, wie er auf dem Flug von Surinam nach Brasilien mitten in einem Gewitter über dem Regenwald tief und fest schlief, während alle anderen Passagiere vom Start bis zur Landung vor Angst kreischten.[11]

An der Cornell University in Ithaca sorgten Wawilows euphorische Berichte und seine unerschöpfliche Energie für Aufheiterung unter den Teilnehmern der Konferenz, die unter mehr als einem ungünstigen Stern stand.

Erstens steckten die USA mitten in der tiefsten und längsten Wirtschaftskrise, die die westliche Welt seit Beginn der Industrialisierung erlebt hatte. Auf dem Höhepunkt der Großen Depression waren dreizehn bis fünfzehn Millionen Amerikaner arbeitslos und beinah die Hälfte der Bankhäuser bankrott.

Zweitens bahnte sich eine Umweltkatastrophe an. Die Dürren der dreißiger Jahre trockneten die durch mechanisierte Landwirtschaft aufgelockerte Erde amerikanischer und kanadischer Prärien aus. Insgesamt vierzig Millionen Hektar Bodendecke wurden in Staub verwandelt, von den Winden aufgewirbelt und in riesigen Wolken, die manchmal den Himmel verdunkelten, fortgetragen.

Hinzu kamen persönliche Krisen. Der Vorsitzende der Konferenz, Thomas Morgan, hatte noch unter den Folgen eines schweren Verkehrsunfalls zu leiden. Die meisten Teilnehmer lebten in ärmlichen Verhältnissen, und es gab keine Zuschüsse, alle mussten Fahrt- und Übernachtungskosten aus eigener Tasche zahlen. Die Wissenschaftler, die mit dem Auto anreisten, wurden darauf hingewiesen, »dass es ein paar sehr attraktive Campingplätze in der Gegend gebe, von denen aus sie den Veranstaltungsort binnen dreißig Minuten erreichen könnten«.[12]

Solche Misslichkeiten aber nahmen die Delegierten in Kauf, denn der eigentliche Kick, der über so manches Elend hinwegtröstete, war die Konferenz selbst. 1932 war ein Galajahr für die junge Wissenschaft der Genetik. Timofejew-Ressowski, der aus Berlin angereist war, brachte diese Aufbruchsstimmung gut auf den Punkt: »Wir Genetiker können uns glücklich schätzen: Unsere Wissenschaft steckt noch in den Anfängen, ihre ›Entwicklungskurve‹ schnellt in die Höhe, und wir gehen einer Zukunft entgegen, von der wir eine Fülle faszinierender Fakten und Erkenntnisse, die Welt der Gene betreffend, erwarten dürfen.« In den Konferenzräumen wurden lebende Organismen, Schaubilder, Fotos und Hunderte von Mikroskopen präsentiert. Viel Zuspruch erhielt eine »lebende Chromosomenkarte« aus Maismutanten, die entsprechend dem Ort der jeweiligen Mutation im Genom gepflanzt worden waren. »Die Genetik hat die Spezies Mais in ihre Bausteine zerlegt und dem Botaniker damit einen ganz und gar ungewöhnlichen Aspekt aufgezeigt«, schrieb Wawilow.

Wawilow war (wenn man von Timofejew-Ressowski absieht, der ja damals unter den Vogts am Kaiser-Wilhelm-Institut für Hirnforschung arbeitete) die einzige sowjetische Kapazität auf der Konferenz, doch er kam nicht allein. Wladimir Sajenko begleitete ihn. Der Leiter der Abteilung Landwirtschaft der Sowjetischen Handelsvertretung in den USA gab sich schweigsam, und einige Teilnehmer gewannen den Eindruck, er sei wohl vor allem anwesend, um Wawilow im Auge zu behalten. Dem Genetiker Leslie Dunn von der Columbia University, bekannt für sein soziales Engagement, gelang es, Wawilow ohne seinen »Schatten« zu sich nach Hause in Riverdale zum Dinner einzuladen. Dort versuchte er im Verein mit dem britischen Kollegen John Haldane und drei weiteren Gästen, dem Russen zu entlocken, welche Funktion Sajenko hatte und warum sonst niemand aus der Sowjetunion gekommen war, doch »Wawilow hielt sich bedeckt«.[13]

Wawilow vertraute in Ithaca nur einem einzigen Mann, und das war Theodosius Dobzhansky, der Genetiker, den er zwei Jahre zuvor nicht zur Rückkehr hatte überreden können. Die Gelegenheit, offen miteinander zu sprechen, ergab sich, als sie zum Lunch in einer überfüllten Cafeteria keinen Tisch mit drei freien Plätzen fanden, sodass Sajenko sich nach einem anderen Platz umsehen musste. Die beiden redeten Russisch, was ringsum niemand verstand, und trotzdem war Wawilow auf der Hut.

Wortreich erklärte er Dobzhansky, dass sich die Sowjetunion und auch seine eigene Position seit ihrem letzten Gespräch sehr verändert hätten. Er riet dem Kollegen nicht mehr zu, in die Sowjetunion zurückzukehren: »Entscheiden Sie selbst. Wenn Sie zurückwollen, gehen Sie zurück. Wenn nicht, dann nicht. Bleiben Sie hier.«[14]

Immer vom Hungertod bedroht und gewohnt, so zu wirtschaften, dass alle über die Runden kamen und keiner sich bereichern konnte, hatten die russischen Bauern über die Jahre gelernt, ihre spärlichen Rubel beisammenzuhalten. Sie liehen sich Geld nur, wenn kein anderer Ausweg blieb, und waren sehr zögerlich, Geld zu verleihen, und wenn sie es taten, dann nur gegen hohe Zinsen; jeder lebte in der Angst, Schulden machen zu müssen. Wenn es denn sein musste, borgten sie lieber bei Nachbarn als bei Ortsfremden. In jedem Dorf gab es einen Geldverleiher. Und das waren mächtige Leute, weil sie, wie eine Untersuchung des Finanzministeriums 1894 ergab, »oft die Einzigen sind, an die sich die Mittellosen wenden können«.[15] Ohne die Dorfgranden, die alles als Pfand akzeptierten, von Salz über Streichhölzer und Kerosin bis hin zu Luxusgütern wie Kleidung, Tee und Zucker, hätten die Bauern keinen Monat außerhalb der Erntezeit überlebt.

Im schlimmsten Fall konnte ein nicht zurückgezahlter Kredit den Bauern in Schuldsklaverei stürzen, aber im Allgemeinen standen Geldverleiher und ihre Kunden in einer halbwegs guten Beziehung zueinander. In vorrevolutionären Zeiten war für die Landbevölkerung ein »Großbauer«, ein *kulak* – ein Wort, das ursprünglich »Klaue«, »Faust« bedeutet –, zumeist nichts weiter als ein Nachbar, der eben etwas mehr besaß als der Durchschnitt. In guten Zeiten führten arme und reichere Bauern ein ganz ähnliches Leben; der Unterschied fiel erst auf, wenn eine Krise heraufzog.

Ein Jahr vor der Hungersnot 1932/33 klagt ein ehemaliger Schmied über den Unfrieden, den die Bolschewiki stifteten:

Es gab eine Zeit, da waren wir einfach Nachbarn hier im Dorf. Wir haben uns gestritten und geärgert und manchmal über den Tisch gezogen, aber wir waren Nachbarn. Jetzt sind wir Bednjaki, Serednjaki und Kulaki. Ich bin Serednjak, Mittelbauer. Boris ist ein Bednjak, ein armer Bauer. Und Nisko ist ein Kulak, ein reicher Bauer. Und wir sollen jetzt Klassenkampf haben – uns gegenseitig an den Haaren ziehen oder an den Füßen kitzeln oder wie? Einer gegen den anderen, alles klar? Zum Teufel damit.[16]

Der erste Fünfjahresplan hatte einen massiven Ausbau der Industrie in Gang gesetzt, wodurch immer mehr Menschen in die Städte gezogen wurden. Wie sollten diese Massen ernährt werden? Der Plan war ohne großen Etat umgesetzt worden; um ihn finanzieren zu können, hatte die Regierung einfach den Marktpreis des Getreides reduziert. Auf einer Inspektionsreise durch Sibirien im Januar 1928 stellte Stalin fest, dass die Bauern trotz der guten Ernte das Korn wegen des niedrigen Preises zurückhielten.[17]

Um dieses Problem aus der Welt zu schaffen, griff Stalin zu drakonischen Maßnahmen. Wer es sich leisten konnte, weigerte sich, zu ruinösen Preisen zu verkaufen, also durfte es sich keiner leisten können. Die reichen Bauern, diese Geld verleihenden Kulaken, die auf dem Land das Sagen hatten, wurden zu Staatsfeinden, und Stalin erklärte ihnen den Krieg. Wären diese kleinen Machtzentren in der Provinz erst beseitigt, so seine Strategie, würden die Städte nicht mehr von den Bauern erpresst werden können, und die Arbeiter hätten wieder etwas zu essen.

Die dann einsetzende Hungersnot verschlechterte naturgemäß und unvermeidlich die Beziehungen zwischen reichen und armen Bauern, und das lieferte der Regierung den gewünschten Vorwand zum Handeln. Bewaffnete Trupps wurden in die Gebiete entsandt, in denen die Geheimpolizei den größten Widerstand gegen die skrupellose Regierungskampagne erwartete, die zum Ziel hatte, die Dörfer von den »ausbeuterischen« Großbauern zu »säubern«. Hunderttausende von ihnen wurden im ganzen Land abgeführt, in Güterwaggons gesteckt und in entlegene, unwirtliche Regionen verfrachtet. Kaum einer kehrte zurück. Wer sich wehrte, wurde erschossen oder in ein Lager gesteckt. Von den anderen war kein Widerstand zu erwarten, und so erstickten die Sowjets jeden Protest in den Dörfern im Keim. Sie organisierten die Landbevölkerung zu einer Art landwirtschaftlicher Fließbandfertigung, einer Ordnung, die manch Außenstehenden fatal an die berüchtigten Landkolonien des ebenso gefürchteten wie verspotteten Grafen Alexej Araktschejew erinnerte. In diesen Produktionsgenossenschaften nun, den vermeintlichen Keimzellen der »Bürgerwissenschaft«, sollte die Jarowisation im Großversuch erprobt werden.

Das Experiment startete unter widrigen Bedingungen. Der Winter 1930/31 war mild, es schneite kaum, die Saat keimte zu früh oder verrottete. Das erste Heft von Lyssenkos neuer Zeitschrift räumte den Fehlschlag ein, dennoch wurde die Versuchsfläche 1932 auf 43 000 Hektar vernalisierten Weizens erweitert.

Auf einer Tagung im Februar 1932 feierte das Institut für angewandte Botanik Lyssenkos Arbeit als großen Erfolg. Wawilow verpasste Lyssenkos Vortrag, war aber voll des Lobes – man stehe kurz davor, Pflanzen nach Belieben zu verändern, Lyssenkos Ergebnisse würden zu »tiefgreifenden Revisionen einiger grundlegender Annahmen der Genetik« führen.

Ein furioser Anspruch. Heutzutage entwickelt sich die Erforschung der Epigenetik – der Mechanismen, über die die Umwelt die Genexpression reguliert – rasend schnell. Immer mehr Fälle werden bekannt, in denen Lebewesen Merkmale erben, die von den Eltern oder Großeltern während deren Lebensspanne erworben worden sind. In Wawilows Generation konnte sich kein Genetiker vorstellen, dass die Umwelt die Genexpression *nicht* beeinflusse. Vielleicht glaubte Wawilow, Lyssenko hätte solcherart Wirkmechanismen entdeckt – regulative Systeme, die das von Morgan und seinem Team entwickelte Modell der Genetik differenzieren würden.[18] Aber die Genetik war Lyssenko egal. Darum kümmerten sich schon andere Leute. Lyssenko wollte vor allem originell sein.

Nach Wawilow trat Isaak Present ans Rednerpult. Maximows Eingeständnis, dass seine Arbeit von geringem praktischem Nutzen sei, spreche Bände über die Biowissenschaften insgesamt, rief er in den Saal. Als Beispiele nannte er zwei Neuerscheinungen, die eine von Juri Filiptschenko, die andere von Michail Sawadowski, einem Embryologen, und dröhnte dann: Im Gegensatz zu diesen Herren habe Lyssenko praktisch nichts veröffentlicht, aber zweifellos mehr »Werke« vollbracht als alle zusammen. Das Publikum applaudierte.

Die Wetterverhältnisse waren in den nächsten Jahren für die Vernalisation günstiger, aber es ergaben sich gravierende Probleme in der technischen Durchführung. Tatjana Krasnoselska-Maximowa, Maximows Frau und Mitarbeiterin, zählte sie auf. Das Hauptproblem war der Arbeitsaufwand bei der Behandlung des Saatguts. Die Körner mussten ein paar Tage eingeweicht werden, aber man konnte sie nicht einfach in Becken schütten und mit Wasser bedecken. Sie mussten flächig ausgebracht und ständig gewendet werden, eine Herkulesarbeit. Und über einen längeren Zeitraum gleichbleibende Bedingungen zu schaffen – weder zu warm noch zu kalt, weder zu feucht noch zu trocken – erwies sich oft als unmöglich. Vielerorts gab es keine Kühlanlagen. Vielerorts gab es noch nicht einmal Strom.

Doch selbst wenn die Körner das Einweichen gut überstanden und nicht gekeimt waren (was so manchen Ernteausfall verursachte) – das war nur der Anfang. Die feuchte Umgebung war ideal für die Ausbreitung von Schimmelpilzen und Krankheiten. Dadurch sank die Menge des keimfähigen Saatguts kontinuierlich, was so manchem wackeren Vernalisierer das Genick brach. Die Körner waren feucht. Sie quollen auf. Ihr Gewicht nahm zu. Das verteuerte die Aussaat: Die Maschine musste zweimal über das Feld fahren, um die erforderliche Menge auszubringen.

Vieles konnte beim Vernalisieren – oder Jarowisieren, wie es in der Sowjetunion hieß – schiefgehen. Trotzdem wurde die Methode nicht kritisiert. Welche Gründe sollte man für einen Ernteausfall anführen: technische Mängel, unfähige Arbeiter – oder etwa ein mit Stalins persönlichem Segen vom Staat verordnetes Allheilmittel?

Landwirtschaftskommissar Jakow Jakowlew glaubte ernsthaft, »Kolchoslaboratorien« könnten teure institutionalisierte Forschungsprojekte ersetzen und neue Varietäten in einem Drittel der Zeit züchten. Er war Journalist, kein Wissenschaftler, und hatte keine Vorstellung davon, wie schwierig wissenschaftliche Arbeit ist. Und es scheint ihm auch nicht in den Sinn gekommen zu sein, dass es mühsam und auch riskant sein kann, in der Forschung bei der Wahrheit zu bleiben. 1932 wurden Fragebogen an die kollektivierten Landwirtschaftsbetriebe verschickt. Die Betriebsleiter wurden nicht für die Richtigkeit ihrer Angaben zur Rechenschaft gezogen, und so verfuhren sie mit diesen Bogen genauso wie mit vielen anderen Formularen. »Jarowisationsgegner« war gleichbedeutend mit »Kulak«. Wer seine Sinne beisammenhatte, berichtete also nicht über ein Versagen der Methode. Entsprechend trafen bei Jakowlew sensationelle Meldungen über unglaubliche Ertragszuwächse ein.

Das Ministerium hatte eine klassische sich selbst bewahrheitende Erfolgsgeschichte angezettelt. Je mehr positives Feedback es erreichte, desto großzügiger investierte es in Jarowisation, desto phantastischer wurden die Berichte ... Die Ausweitung der Methode wurde zum Argument für ihre weitere Ausweitung. Wenn so viele Menschen und Mittel bereits dafür eingesetzt wurden, sie anzuwenden, wie konnte man da noch ihre wissenschaftliche Validität bezweifeln?

Die sowjetische Landwirtschaft war nur noch einen kleinen Schritt von dem Glauben entfernt, der Wille »Es werde« sei bereits das Faktum »Es ist«. Anfang Februar 1931 erklärte Stalin in einer Rede: »Die Hauptsache ist ... das leidenschaftliche Verlangen nach der Meisterung der Technik, nach der Meisterung der Wissenschaft von Produktion. Bei leidenschaftlichem Verlangen kann man alles erreichen, alles überwinden.«[19]

Berauscht vom scheinbaren Erfolg, setzte Lyssenkos Flaggschiff, das Allunionsinstitut für Genetik und Saatzucht in Odessa, ein weiteres Experiment für die proletarische Wissenschaft in Gang: einen Wettbewerb um die ausgereifteste, radikalste Anwendung der Jarowisation. Ursprünglich war geplant, eine Forscherbrigade aus Mitarbeitern des Instituts für angewandte Botanik und dem Institut in Odessa zusammenzustellen. Doch schließlich schickte stattdessen die Kommunistische

Akademie im Sommer 1932 eine Delegation nach Odessa. Sie wurde von Present geleitet, der den Besuch im Januar des folgenden Jahres als wichtige Inspiration für seine eigene Ausarbeitung einer allgemeinen Theorie der Jarowisation bezeichnete. Der Aufenthalt habe ihm die dialektische Methode von experimenteller Praxis und theoretischer Schlussfolgerung nahegebracht. Lyssenko bescheinigte ihm: »Present ist so eng mit meiner Arbeit verbunden, dass ... nicht ein einziger neuer Aspekt der Theorie, die wir entwickelt haben, ohne eingehende Diskussion und Kooperation mit dem Genossen Present [entstanden ist].«[20]

Wawilow kehrte in ein Land zurück, in dem die schlimmste Hungersnot seit der Revolution gewütet hatte. Zwischen zweieinhalb und fünf Millionen Menschen waren ihr zum Opfer gefallen. Er wusste, was ihm bevorstand. Wer hätte es nicht gewusst? Jeder Staat, gleich welcher Couleur, wälzt eigene Versäumnisse auf einzelne Sündenböcke ab. Und Wawilow konnte man die Schuld an der Hungerkatastrophe besonders leicht in die Schuhe schieben. Er hatte sich gedrückt, exotisches Zeug gesammelt, 20 000 Wissenschaftler, 150 Versuchsstationen und über 350 sonstige Forschungseinrichtungen im Stich gelassen, um sich höheren Kreisen in Europa und den Vereinigten Staaten anzudienen. Die Vorwürfe waren nicht fair. Aber wen sonst hätte man beschuldigen können? Lyssenko? Stalin?

1934 hätte ein Jahr der Feiern sein sollen: Das Institut für angewandte Botanik wurde vierzig, Wawilow leitete es seit genau zehn Jahren, und er war seit 25 Jahren als Wissenschaftler tätig. Doch kurz vor Beginn der Festlichkeiten – die ersten Glückwunschtelegramme trafen schon ein, und die Räume waren bereits geschmückt – sagte Jakowlew sie ab. (Inzwischen war er ins Zentralkomitee aufgerückt.)

Im Mai gab Stalin die Parole aus, Wawilow habe die Nation verraten, und beauftragte Jakowlew, entsprechende Belege beizubringen. Wieso hatte es die von Lenin geschaffene groß angelegte Infrastruktur für die Agrarforschung nicht verhindern können, dass Millionen Menschen verhungert waren?

Eine Antwort lag besonders nahe. 1930 hatte das Institut für angewandte Botanik die Einführung von Hybridmais vorgeschlagen.

Wawilow hatte sehr gute Gründe, Hybridmais für ein Patentrezept zu halten. In den USA war die Maisernte dank der Hybridpflanzen um zwanzig bis dreißig Prozent gesteigert worden, und Wawilows Institut hatte bereits damit experimentiert und hervorragende Ergebnisse erzielt.

Mais liefert mehr Ertrag pro Hektar als Weizen, und wenn der Weizen schlecht wächst, drängt es sich förmlich auf, auf Mais umzusteigen. Die Versuchung war umso größer, seit der noch ertragreichere Hybridmais angeboten wurde. Mais braucht allerdings Bilderbuchsommer. Er ist in seinem Wachstum deutlich abhängiger vom Wetter als Weizen. Die Sowjets hatten viel Geld für Mais ausgegeben und mit dem importierten Getreide eine Missernte eingefahren.

Die Schlüsse, die man aus diesem Desaster ziehen musste, lagen auf der Hand, und Jakowlew und Wawilow wären fähig gewesen, ihre Lektion zu lernen, wenn die politische Atmosphäre es zugelassen hätte. So aber kam Trofim Lyssenko mit einer Lösung ganz nach dem Geschmack von Bürokraten. Statt sich mit der verzwickten Frage zu befassen, warum sich die sowjetische Landwirtschaft mit der Modernisierung schwertue, erging er sich in einem typischen Bauernvorurteil: Dieser neumodische Hybridmais aus den USA, behauptete er, tauge nichts.

Ganz besonders störte sich Lyssenko daran, dass diese Hybriden durch Inzucht (»Selbstung«) entstanden waren. Wie so mancher Züchter vor ihm glaubte er, Inzucht führe *immer* zur Verkümmerung einer Linie. Doch er gab sich nicht damit zufrieden, den inzestuös gezeugten amerikanischen Mais anzuprangern, sondern beschloss, auch dem Weizen, einem natürlichen Selbstbestäuber, die längst überfällige Moralpredigt zu halten. Er hatte seine Ausführungen kaum zu Ende gebracht, da schwärmten Millionen Landarbeiter aus, um die Blüten von Hand zu bestäuben und den Weizen dadurch zum Auskreuzen zu zwingen.

(Wie die meisten Einfälle Lyssenkos hatte auch diese Eselei

keine nennenswerten Auswirkungen, weder zum Guten noch zum Bösen. Bei dem beharrlich zur Autogamie neigenden Weizen erreichten die Landarbeiter nicht mehr, als dass sie Klone miteinander kreuzten.)

Dass Wawilow diesen Unsinn kommentarlos hinnahm, ist ein Indiz für seine gefährdete Stellung oder Lyssenkos Popularität oder einfach nur für das Chaos und die Verzweiflung, die damals herrschten. Lyssenkos Ansehen wuchs. Er wurde in die Ukrainische Akademie der Wissenschaften aufgenommen. Und 1934 erklärte selbst Wawilow auf einer Tagung, die sich mit genetischer Selektion befasste: »Wohl kein anderer Zweig der Pflanzenphysiologie hat so tiefgreifende Fortschritte gemacht wie dieser ... Dabei kommt T. D. Lyssenkos Arbeit aus unserer Sicht eine herausragende Bedeutung zu.«[21] Wawilow schlug Lyssenko sogar als korrespondierendes Mitglied der Akademie der Wissenschaften vor: »Obwohl er bislang vergleichsweise wenige Arbeiten veröffentlicht hat, stellt seine neueste Forschung einen so wichtigen Beitrag zum internationalen wissenschaftlichen Diskurs dar, dass es uns gerechtfertigt erscheint, ihn als Kandidaten vorzuschlagen ...«[22]

Je mehr Kritik Wawilow wegen seiner ausufernden Saatgutbank einstecken musste, desto mehr brauchte er Vernalisation, um das Potenzial der Sammlung zu beweisen, desto mehr brauchte er Lyssenko, desto mehr war er geneigt, dessen Angeberei für bare Münze zu nehmen. Er schrieb ihm 1934:

Mir erscheint es absolut notwendig, dass Sie, Trofim Lyssenko, zwei-, dreimal pro Jahr für mindestens eine Woche zu uns nach Leningrad kommen, sich unsere Arbeit ansehen und besonders den jüngeren Mitarbeitern helfen, die Jarowisationsmethode, die hier in ziemlich großem Maßstab erprobt wird, schneller und effizienter anzuwenden. Ihnen ist bestimmt klar, wie wichtig Ihr Engagement sowohl für uns als auch für Sie ist.[23]

In penetranter Verkäufermanier zwang Lyssenko die gesamte Pflanzenphysiologie der Sowjetunion in das Korsett der Jarowisation. Rasch löste sie sich von der ihr zugrunde liegenden Logik und wurde per Dekret auf so gut wie alle Fragen des Ackerbaus angewendet. Als sich herausstellte, dass die Erträge beim Winterweizen durch Jarowisation faktisch sanken, behandelte man eben Sommerweizen damit.

Der stets unzufriedene Lyssenko hatte inzwischen einen neuen Grund zur Klage gefunden. Warum wurde Jarowisation immer nur als »Verfahren« betrachtet? Warum ignorierten die Leute seine theoretischen Überlegungen? Anfang 1934 veröffentlichte er einen Aufsatz mit dem Titel »Physiologie der Pflanzenentwicklung und die Leistung der Selektion«, der zahlreiche kritische Kommentare zur Genetik enthielt. Zum ersten Mal reagierte Wawilow gereizt. Lyssenko verstehe so wenig von Genetik, dass seine Ausführungen dazu kaum der Veröffentlichung wert seien. Schlimmer noch, er bringe vieles durcheinander. »Hätte er nur einmal in die Abhandlung von [dem dänischen Botaniker Wilhelm] Johannsen geschaut, wäre er darin auf eine brillante Darstellung der Theorie von Genotyp und Phänotyp gestoßen.« Lyssenko vernachlässige seine praktische Arbeit und versuche sich an theoretischen Problemen, die eindeutig seinen Horizont überstiegen: »Von Ihnen, Genosse Lyssenko, erwarten wir konkrete Beiträge zu diesen Themen.«[24]

Lyssenko ließ sich nicht entmutigen. Mit seinem Freund und Koautor Isaak Present, der eine gewisse rhetorische Stringenz in Lyssenkos Hypothesenakrobatik brachte, schrieb er zwei Pamphlete: *Theoretische Grundlagen der Jarowisation* und *Selektion und die Theorie der stufenweisen Pflanzenentwicklung*. Darin kam nicht mehr nur seine Konfusion hinsichtlich der Genetik, sondern zudem eine entschieden ablehnende Haltung ihr gegenüber zum Ausdruck. Erblichkeit sei eine von Umweltbedingungen bestimmte Eigenschaft des gesamten Organismus. Gene gebe es nicht, behauptete er.

Teile der Zelle, des Kerns und der einzelnen Chromosomen [sind] … nicht dasjenige, was die Genetiker unter dem Begriff »Gen« verstehen. Die Grundlage der Vererbung liegt nicht in einer besonderen, sich selbst reproduzierenden Substanz. Die Grundlage der Vererbung ist die Zelle selbst, die sich entwickelt und zu einem Organismus wird. In dieser Zelle gibt es verschiedene Organellen, die unterschiedliche Bedeutung haben, aber es gibt kein einziges Teilchen, das nicht der Evolution unterworfen wäre.[25]

Die Genetiker-Fraktion reagierte bestürzt. Im Juni 1935 veranstaltete die Lenin-Akademie eine Tagung in Odessa, um Lyssenkos Arbeit zu erörtern, insbesondere seine Kampagne, Weizen zum Auskreuzen zu zwingen, um dessen »Degeneration« entgegenzuwirken.

Georgi Karlowitsch Meister, ein erfolgreicher Pflanzenzüchter, dem die Landwirtschaft mehrere wichtige Getreidevarietäten verdankte, trat als Wortführer gegen Lyssenko und Present auf. Die Sowjetunion habe vor kurzem zugesagt, den nächsten internationalen Genetik-Kongress auszurichten. Wie passe das mit Lyssenkos und Presents vulgären, platten Einwänden gegen die Genetik zusammen, die in jeder Zeitung abgedruckt würden? Die beiden dürften ihren Unsinn sogar in wissenschaftlichen Zeitschriften publizieren. »Es ist überhaupt nicht nachvollziehbar«, schrieb Meister kurz nach der Tagung, »wieso das offizielle Organ des Agrarkommissariats einen Artikel veröffentlicht, der staatliche Einrichtungen für Zuchtwahl und Saatzucht torpediert.«

Meister, ein leidenschaftlicher Genetiker, aber auch als versierter Philosoph und überzeugter Marxist bekannt, war ein Gegner von Format. (Seine Angewohnheit, jede wissenschaftliche Aussage durch die Mühle des dialektischen Materialismus zu drehen, trieb seine Schüler in den Wahnsinn.) Lyssenko und Present reagierten auf eine Weise, die fortan zu ihrem Markenzeichen werden sollte: Sie ignorierten ihn und schraubten ihre Ansprüche höher.

So behaupteten sie, neue Vererbungsgesetze entdeckt zu haben, die es ihnen ermöglichten, mit sehr viel weniger Pflanzen für Zuchtexperimente auszukommen, als Züchter gemeinhin für erforderlich hielten. Das erlaube Neuzüchtungen in viel kürzeren Abständen und enthebe sie der Notwendigkeit, positive Ergebnisse zu wiederholen und zu bestätigen. Sie seien nunmehr in der Lage, Jakowlews Forderungen nach neuen Getreidevarietäten zu erfüllen. 1934, als dem Jarowisationsprogramm offenkundig die Luft ausging, verkündete Lyssenko lauthals, eine neue Sommerweizensorte stehe bereit und könne 1935 getestet werden. Die habe er nicht in teuren Anzuchtstationen, sondern »in fünf Blumentöpfen in der Ecke eines vollgestopften Gewächshauses« gezüchtet.

Die Ankündigung wurde als Sensation gefeiert. Der bäuerliche Selfmade-Wissenschaftler, Liebling der Nation, hatte es den alten Knackern von der Agrarforschung mal wieder gezeigt und die herkömmliche, auf bis zu zwölf Jahren veranschlagte Entwicklungszeit für neue Sorten auf weniger als drei Jahre reduziert! Wawilow sah sich bei seiner jährlichen Beurteilung durch den Verwaltungsrat der Lenin-Akademie einem Trommelfeuer kritischer Fragen ausgesetzt. Keines der Ratsmitglieder verstand etwas von Genetik, aber alle konnten Schlagzeilen lesen. Vor die Aufgabe gestellt, einem feindlich gesinnten Ausschuss die Grundlagen der Genetik zu erklären, war Wawilow zum ersten Mal in seinem Leben um Worte verlegen. Zwei Monate später veröffentlichte der Verwaltungsrat seinen Bericht und verurteilte Wawilows Vorgehen gegen die Hungersnot als »vollkommen unzureichend«. Außerdem habe er es gänzlich versäumt, sich den »gewaltigen Erfahrungsschatz der führenden staatlichen Agrarbetriebe, Maschinen- und Traktorstationen und Kolchosen« anzueignen.[26]

Lyssenko wirkte unterdessen Wunder. In seinem neuen, 1935 eingeführten Mitteilungsblatt *Jarowisazija* verkündete er höchstpersönlich: »Mit eurer Unterstützung haben wir unser Versprechen erfüllt, in zweieinhalb Jahren mittels Hybridisierung eine Sommerweizensorte für die Region Odessa zu züchten, die früher reift und ertragreicher ist als die ortsübliche Sorte Lutescens 062.«[27]

Es lohnt sich, genauer hinzuschauen, was Lyssenko mit »erfüllt« meint. Er hatte am 3. März 1935 je zwei Pflanzen der Winterweizensorten Kooperatorka und Lutescens 329 in einem

Blumentopf ausgesät und bis Ende April in ein kühles Gewächshaus gestellt, um Jarowisation auszuschließen (das Wetter war frühlingshaft warm). Die Pflanzen sollten möglichst lange überdauern, ohne Fruchtstände anzusetzen.

Die Sorte Lutescens lebte bis zum Spätherbst und bildete keine Ähren aus. Mitte August 1935 starb eine der beiden Kooperatorka-Pflanzen ab, weil ein Schädling die Wurzel befallen hatte. Die andere entwickelte reife Samen. Die Körner wurden am 9. September 1935 geerntet, neben gewöhnlichen Kooperatorka-Pflanzen im beheizten Gewächshaus ausgesät, und diese nicht jarowisierte Saat gedieh im Gegensatz zu ihren Nachbarn prächtig in der warmen Umgebung. Womit bewiesen sein sollte, dass sie zu Sommerweizensorten geworden waren.

Derart weitreichende Schlussfolgerungen aus einer einzigen Pflanze zu ziehen, ist schon abenteuerlich genug, doch Lyssenko ließ es dabei nicht bewenden und behauptete in klassischer lamarckistischer Denkart, sie habe ihre frisch erworbene Sommerweizendisposition an die Nachfahren weitergegeben.

Das war zu starker Tobak für Wawilows Mitarbeiter, und sie bestürmten ihren Chef, er solle den Kindskopf aus Odessa nicht auch noch zu seinem Treiben ermutigen. Michail Sawadowski kritisierte Present 1936 in der August-Ausgabe des führenden sowjetischen Landwirtschaftsfachblatts in Grund und Boden: Wer nicht einmal zwischen individueller Entwicklung und der Entwicklung einer Gattung unterscheiden könne, propagiere faktisch Verdummung. Lyssenko habe weder genetische noch evolutionäre, sondern ausschließlich individuelle Entwicklungsprozesse untersucht und sich von den Ergebnissen für jeden ersichtlich zu »fahrlässigen Generalisierungen« hinreißen lassen.[28]

Lyssenko agierte jedoch längst auf der politischen Ebene und war wissenschaftlichen Argumenten nicht zugänglich. Auf dem zweiten Allunionskongress der Agrarkollektive und Kolchos-Stoßarbeiter rief er zur Mobilisierung der Bauernmassen auf, die mit dem Zauberstab der Jarowisation Millionen an zusätzlichen Erträgen einbringen würden. Seine Rede, veröffentlicht in der *Prawda* am 15. Februar 1935, ist gespickt mit demagogischen Klassenkampfparolen und Aufforderungen, die Fesseln der im Irrtum befangenen wissenschaftlichen Methode abzuschütteln.

Genossen, solche Kulaken-Saboteure tauchen nicht nur in euren landwirtschaftlichen Produktionsgenossenschaften auf. Ihr kennt sie sehr gut. Sie sind aber besonders gefährlich deshalb, weil sie außerdem ebenso verschworene Feinde der Wissenschaft sind. Bei der Verteidigung des Jarowisierens, beim Kampf um seine Einführung, hat mancher sogenannte Wissenschaftler in den verschiedenen Auseinandersetzungen Federn lassen müssen. Da musste einmal ein frischer Wind wehen! Erzählt mir, Genossen, habt ihr nicht selbst an der Jarowisationsfront den Klassenkampf erlebt? Auf den landwirtschaftlichen Produktionsgenossenschaften gab es Kulaken und ihre Helfershelfer (und sie waren nicht die Einzigen, jeder Klassenfeind tat es ihnen gleich), die nicht aufhörten, die Bauern zu beschwatzen: »Weicht die Saat nicht ein, es wird sie verderben.« So war es, das war die Flüsterpropaganda. Anstatt den Kollektivbauern zu helfen, hintertrieben Kulaken und Saboteure die offiziellen Anordnungen, und zwar nicht nur im wissenschaftlichen Bereich. Ein Klassenfeind ist immer ein Feind, ob er nun Wissenschaftler ist oder nicht.[29]

Gleichzeitig zollte er Present den schuldigen Tribut:

Ich habe oft Darwin, Timirjasew und Mitschurin gelesen. Mein Mitarbeiter Present unterstützte mich dabei. Er zeigte mir, dass die Grundlagen für meine Arbeit bei Darwin liegen. Und ich muss hier, Genossen, freimütig in Gegenwart von Josif Wissarionowitsch [Stalin] zu meiner Schande bekennen, dass ich Darwin nicht eingehend genug studiert habe.

Als er gerade dabei war, sich für seinen schlechten Vortrag zu entschuldigen – er sei kein Redner, kein Schriftsteller, nur ein Jarowisierer –, da unterbrach ihn ein Zwischenruf: »Bravo, Genosse Lyssenko, bravo!«

Der kam von Stalin.

Das Publikum klatschte Beifall, alle Zeitungen berichteten über den Vorfall.[30]

Im Oktober 1935 beschloss die Lenin-Akademie, die Jarowisation sei dem Versuchsstadium entwachsen, die Zuständigkeit für das Programm solle daher in die Hände der Agrarbehörden gelegt werden. Im Dezember 1935 zierte die Titelseite der *Prawda* ein Foto: Lyssenko neben Stalin auf dem Podium bei einer öffentlichen Veranstaltung im Kreml.

12. DER GROSSE MÄZEN

*Die Geschichte des alten Russland bestand unter
anderem darin, dass es wegen seiner Rückständigkeit
geschlagen wurde ... Es wurde von allen geschlagen
wegen seiner Rückständigkeit. Wegen seiner
militärischen Rückständigkeit, seiner kulturellen
Rückständigkeit, seiner staatlichen Rückständigkeit,
seiner industriellen Rückständigkeit, seiner
landwirtschaftlichen Rückständigkeit ... Erinnert
euch der Worte des vorrevolutionären Dichters: »Du
bist armselig und reich, mächtig und ohnmächtig
zugleich, Mütterchen Russland.« ... Wir sind hinter den
fortgeschrittenen Ländern um fünfzig bis hundert Jahre
zurückgeblieben. Wir müssen diese Distanz in zehn
Jahren durchlaufen. Entweder bringen wir das zustande,
oder wir werden zermalmt.*[1]

Josef Stalin, »Über die Aufgaben der Wirtschaftler«, 1931

Bergmann und Nationalheld Alexej Stachanow (Mitte) erklärt
Kollegen seine Methoden, 7. Juni 1935.

1931 kam Maxim Gorki zurück. Stalin umwarb ihn seit Jahren, wollte die Revolutionsikone im Sowjetstaat haben, doch erst sein im Ausland verblassender Ruhm bewog Gorki, wieder nach Russland zu ziehen. Nietzsche-Jünger waren aus der Mode gekommen, und Gorki galt als Mann des Fin de Siècle. Die Heimat versprach einen Neustart.

Die Zustände dort dürften ihn nicht überrascht haben, er kannte sie von mehreren Besuchen seit 1929. Der kontinuierliche Niedergang des gesellschaftlichen Gefüges kann ihm trotzdem nicht gefallen haben. Anfang der dreißiger Jahre mangelte es an Nahrungsmitteln, Kleidung und Wohnraum. Von 1929 bis 1935 war vieles rationiert. An allen Knotenpunkten der Versorgungskette zweigte, wer Zugriff darauf hatte, etwas für sich oder den Verkauf am Schwarzmarkt ab. Anzüge, Wollsachen und Grammophone verschwanden aus den regulären Geschäften und tauchten zu Wucherpreisen in Trödelläden auf. Aus Kasan wurde berichtet, dass im größten Kaufhaus der Stadt Wiederverkäufer die gewöhnlichen Kunden abdrängten, wenn begehrte Ware eingetroffen war, zum Beispiel Gummischuhe. Eine Lieferung von vierzig Fahrrädern schusterte der Filialleiter peu à peu seinen Freunden zu. An Lederschuhe kam man auf normalem Weg nicht heran, nicht zuletzt weil verzweifelte Bauern in den ersten Jahren der Kollektivierung massenweise ihr Vieh geschlachtet hatten und es deswegen so gut wie kein Leder gab.

Gorki beschloss, seine Rückkehr von der positiven Seite zu sehen, und pries die Errungenschaften der neuen Ära in höchsten Tönen. In einem Brief an Stalin schrieb er, die sozialistischen Erfolge müssten bekannter gemacht werden, und schlug vor, in sämtlichen Zeitungen eine diesem Zweck dienende Rubrik einzuführen.[2]

Die Schwerpunktprojekte, die *udarnije stroiki*, hatten es ihm besonders angetan, Heldentaten wie der am 2. August 1933 eröffnete Weißmeer-Ostsee-Kanal, die Dnjeprostroj-Talsperre nahe der ukrainischen Stadt Saporischschja für eines der damals weltgrößten Wasserkraftwerke, das Magnitogorsker Stahlwerk, das heute noch das größte der Welt ist, mitsamt den zugehörigen

Kohlebergwerken und Eisenbahnstrecken, ohne die Hochöfen nicht brennen.

Gorki hasste das Landleben, daher seine Verherrlichung der Schwerindustrie. »Meine Sympathien«, bekannte er 1926 in einem Brief, »haben schon immer der ›kleinen Handvoll‹ städtischer Proletarier und Intellektueller gegolten«, aber in dieser Zuneigung kommt kaum eine Spur der Abscheu zum Ausdruck, die er gegenüber dem Russland seiner Vorväter empfand. In seinen Augen war die Nation außerhalb der Städte eine raue, notleidende Welt, deren Bevölkerung vom Hungertod bedroht war, ein Schlachthof, in dem nur brutale Menschenschinder und ihre Lakaien eine Überlebenschance hatten.

Der Schriftsteller war vernarrt in die Idee, die unwirtliche russische Wildnis durch Technik zu transformieren. In einem Text über die Bedeutung des Weißmeer-Ostsee-Kanals für die Zukunft des Landes schrieb er 1934:

> Stalin hält einen Stift. Vor ihm liegt die Karte des Gebiets. Einsame Küsten. Abgelegene Dörfer. Jungfräuliche Erde unter Geröll. Urwälder. Viel zu viel Wald, er bedeckt die besten Böden. Und Sümpfe. Der Morast kriecht in jede Ecke, macht das Leben dumpf und dreckig. Es muss mehr Ackerflächen geben. Die Sümpfe müssen entwässert werden … Die Republik Karelien will die Stufe der klassenlosen Gesellschaft als Republik der Fabriken und Mühlen erreichen. Die Republik Karelien wird die klassenlose Gesellschaft schaffen, indem sie ihre eigene Natur verändert.[3]

Das ging über reine Propaganda weit hinaus. Es war die lang ersehnte Antwort auf Tschernyschewskis Frage *Was tun?*. Für Gorki führten die Großbaustellen direkt in das heroische Zeitalter, in dem sich jahrhundertealte utopische Sehnsüchte erfüllen sollten. Das russische Volk sei endlich aus seinem bleiernen Schlaf erwacht und auf dem besten Weg, den ganzen Planeten zu beherrschen. »Unsere heldenhaften, gewaltigen Anstrengungen, die Kräfte der Massen in den Kampf mit der Natur zu lenken, lassen die Menschen ihre wahre Bestimmung spüren: das Unterfangen, sich die Naturgewalten dienstbar zu machen und ihren Furor zu zähmen.«[4]

Bezeichnenderweise sollte dieser Kampf nicht nur auf die Unterwerfung der äußeren Natur gerichtet sein, sondern auch auf die totale Beherrschung der menschlichen Natur, denn diese sei »nichts als der instinktgeleitete Anarchismus eines Charakters, der in den Jahrhunderten der Unterdrückung durch den Klassenstaat geformt wurde«. Man braucht Gorkis hymnischen Bericht über den Kanal nur aufzuschlagen, ihm ist ein Motto vorangestellt: »Indem der Mensch die Natur ändert, ändert er sich selbst.«

Wie weit sich die menschliche Natur ändern lässt – etwa durch das Leben in der Stadt, regelmäßige Arbeitszeiten und Automatisierung –, diskutierten Männer wie Alexej Gastew oder Nikolai Bernstein seit Beginn der revolutionären Umwälzungen mit großem Ernst. Doch ähnlich, wie in der Landwirtschaft Wawilows, Maximows und Meisters wissenschaftliche Argumente mit dem Hinweis auf den »gewaltigen Erfahrungsschatz der führenden staatlichen Agrarbetriebe, Maschinen- und Traktorstationen und Kolchosen« vom Tisch gefegt wurden, gewannen auch in der Industrie einzelne Heldentaten in der Produktion mehr Einfluss auf die Regierungspolitik als Gastews und Bernsteins ergonomische Studien.

1927 begann der junge Bergmann Alexej Grigorjewitsch Stachanow in der Zeche Zentralnaja Irmino im Donbass zu arbeiten. 1933 wurde er Hauer und bediente einen Drucklufthammer. Er war intelligent und voller Energie. Rasch fand er eine Methode, die Arbeit so zu organisieren, dass sein Trupp die Menge der pro Schicht gewonnenen Kohle erheblich steigerte. Am 31. August 1935 wurde berichtet, Stachanow habe in vier drei viertel Stunden gut hundert Tonnen abgebaut – vierzehnmal mehr, als der Plan ihm als Soll vorgab. Kaum drei Wochen später übertrafen Stachanow und seine Leute (die nur selten in der Presse erwähnt wurden) diesen Rekord um mehr als das Doppelte.

Stachanow wurde zum Vorbild erhoben, dem es nachzueifern gelte. Die Geschichte war so sensationell, dass sogar in den USA darüber berichtet wurde. Auf dem Titelblatt der *Time* vom 16. Dezember 1935 prangte ein Foto von ihm.

Bald fanden sich Nachahmer, die sowjetische Presse feierte deren Erfolge landauf, landab. In Gorki schmiedete ein Arbeiter in einer Autofabrik beinahe tausend Kurbelwellen in einer einzigen Schicht. Ein Leningrader Schuhmacher produzierte über tausend Paar Schuhe pro Tag. Drei »Stachanowistinnen« bewiesen auf einer Kolchose, dass sie Zuckerrüben schneller zu hacken vermochten, als man dies je für möglich gehalten hatte. Diese »Helden und Heldinnen der Arbeit« wurden mit höheren Löhnen, zusätzlichen Lebensmittelmarken und mehr Wohnraum belohnt. Bald schon war der Stachanowismus eine Massenbewegung. »In Fabriken und sogar in wissenschaftlichen Instituten«, berichtete der amerikanische Psychologe Richard Schultz 1935, »werden den Namen der Arbeiter auf einer Tafel Tierbilder zugeordnet, je nachdem, wie schnell sie arbeiten: Vogel, Hirsch, Kaninchen, Schildkröte oder Schnecke. Die Arbeiter der ›Stoßbrigaden‹ genießen hohes Ansehen.«[5]

In den Kolchosen stieß der Stachanowismus zumeist auf Apathie. »Wir haben genug Planerfüllung geleistet, und unsere Pferde sind bis zum nächsten Frühjahr alle tot«, klagte ein erschöpfter Landarbeiter.[6] In den Fabriken verursachte der Übereifer nicht nur Steigerungen, sondern genauso oft auch Stillstand, wenn die anderen Fertigungsstufen im Tempo nicht mithalten konnten. Höhere Produktivität brachte zudem die minderwertigen, altersschwachen, schlecht gewarteten Maschinenparks an den Rand ihrer Belastbarkeit und führte zu einem extremen Anstieg der Arbeitsunfälle. Und auch die Stachanowisten selbst waren ein Problem, streitsüchtige Jungspunde, die in ihren Aufstiegsbestrebungen allen anderen das Leben schwer machten, und es kam nicht selten vor, dass sich der Ärger über die »Stoßarbeiter« in Schlägereien und Sabotageakten Luft verschaffte.

Diese Probleme hätten das Ende des Stachanowismus bedeuten können, wären da nicht Stalins Interesse und Geschick gewesen, Gewalttätigkeit in seinem Sinne zu nutzen. Ihm kamen die Stachanows wie gerufen, um bourgeoise Betriebsleiter loszuwerden. Entstanden Konflikte zwischen Möchtegern-Stachanowisten und einer Fabrikführung, wurde der Lokalpresse und den regionalen Parteiorganisationen nahegelegt, sich auf die Seite der Arbeiter zu schlagen. Etliche wichtige Fabrik- und Zechendirektoren wurden entlassen, manche der Sabotage angeklagt. Der Optimismus und die Aufbruchsstimmung des Stachanowismus bereiteten zudem im Laufe der dreißiger Jahre einer ganz anderen Kampagne den Boden – der gegen »Schädlinge« und »Saboteure« in den eigenen Reihen.[7]

Stachanow und die ihm nacheifernden Rekordmalocher blieben eher ein Ausnahmeprodukt der Revolution – alle Versuche, sie in Serie herzustellen, scheiterten. Am Ende kamen Stalins Funktionäre auf eine ganz andere Idee, wie sich die menschliche Natur industrialisieren ließe: Arbeitslager.

Stalins Arbeitslager waren mehr als eine simple Entlehnung aus der zaristischen Epoche. Sie entstanden als direkte Folge der durch die Fünfjahrespläne vorgegebenen Großbauvorhaben, und ihre grotesken Dimensionen und allgegenwärtige Verbreitung verdankten sie einem anderen Heldenprojekt der frühen Sowjetära: dem Versuch, Sibirien urbar zu machen.

Die Anläufe, die gewaltigen Naturschätze des unwirtlichen, riesigen Territoriums auszubeuten, waren von vornherein allein mit Freiwilligen nicht zu bewältigen.[8] Von Anfang an war Zwangsarbeit als wesentliche Voraussetzung für das Gelingen des gigantischen Unternehmens eingeplant. Das war nicht so drakonisch, wie es sich anhört. Die zaristische Justiz hatte über viele Generationen Straftäter und politische Gegner nach Sibirien verbannt. Die Übernahme dieses Systems durch die Sowjets mit dem Ziel, neue Siedlungsräume und neue industrielle Standorte in der bis dahin vernachlässigten Region zu schaffen, wurde als weitsichtiges Element einer Strafrechtsreform betrachtet. Dass das Gulag-System in seiner sowjetischen Ausweitung alles in den Schatten stellte, was die Zaren je ersonnen hatten, ist auf den ungeheuren Bedarf an Arbeitskräften zurückzuführen, die notwendig waren, um Sibirien zu erschließen. 1929, als der Ukas zum Ausbau der Arbeitslager erlassen wurde, hatte die UdSSR rund 23 000 Häftlinge. Keine fünf Jahre später war es eine halbe Million.

Ein gruseliger Idealismus begleitete das Unterfangen, ähnlich wie in früheren Zeiten die Verschiffung britischer Strafgefangener nach Australien mit der Erwartung verknüpft war, das harte Pionierleben würde quasi automatisch die moralische Besserung der Übeltäter bewirken. GPU-Chef Genrich Jagoda befand es für »notwendig, die Lager in Siedlungskolonien umzuwandeln«. Ausgewählte Strafgefangene sollten in bestimmte Gebiete geschickt werden, um Hütten und Häuser, zwei- bis dreihundert pro Siedlung, zu errichten. Dann könnten sie, überlegte er, ihre Familien nachholen (die Frage, warum jemand, der seine Sinne beisammenhat, seine Familie in das gottverlassene, öde Sibirien holen sollte, stellte sich Jagoda offenbar nicht), und »in ihrer Freizeit, nach der Waldarbeit ... werden sie Schweine züchten, Heu ernten und Fische fangen. Anfangs werden sie Lebensmittelzuteilungen erhalten müssen, später jedoch als Selbstversorger leben.«[9]

Ganz so bukolisch gestaltete sich das Leben der Sträflinge dann doch nicht. Angesichts der rigorosen Vorgaben des ersten Fünfjahresplans wetteiferten Zechen- und Betriebsleiter um den neuen Arbeitskräftepool. 1931 wandte sich ein großes Metallhüttenkombinat im Ural mit einem Telegramm an das Arbeitsamt vor Ort: Von den seit Jahresbeginn zugewiesenen 2700 Arbeitskräften hätten sich rund tausend wieder abgesetzt. Es wäre bestimmt effizienter, für extrem harte Arbeiten Häftlinge einzusetzen. Und Bauern liefen nicht so schnell weg, wenn bewaffnete Wachleute sie in Schach hielten. Ende der dreißiger Jahre waren in allen wichtigen Industriezweigen im Ural Zwangsarbeiter tätig, und eine Million Menschen leisteten als Gulag-Häftlinge unbezahlte Schwerstarbeit. Dank ihrer Schufterei unter der Knute von Aufsehern entstanden die gewaltigen sibirischen Industrieanlagen: das Norilsker Kombinat, das die Kupfer- und Nickelvorkommen auf der Tamyrhalbinsel verhüttete, Komsomolsk am Amur mit seiner Werft, Nowosibirsk und viele andere Orte.

Gegründet im November 1931 und der Geheimpolizei unterstellt, erschloss Dalstroj (das Akronym stand für Bauhauptverwaltung Fernost, später für Bauhauptverwaltung Ferner Norden) Goldvorkommen in Nordostsibirien, vor allem im Kolyma-Becken. Im Laufe von sechs Jahren gelang es dem ersten Leiter, Eduard Bersin, die Agentur zu einem profitablen Unternehmen auszubauen und gleichzeitig halbwegs humane Arbeitsbedingungen, auch für die Sträflinge, aufrechtzuerhalten. Im Juni 1937 beschuldigte ihn Stalin, er verhätschele die Gefangenen. Bersin wurde erschossen. Seine Nachfolger machten aus den Minen und Baracken von Dalstroj die brutalsten Arbeitslager der UdSSR – der Ruf von Kolyma oder Magadan stand dem von Auschwitz oder Majdanek in nichts nach. Gulag und Versklavung waren für den Aufbau der sowjetischen Industrie unverzichtbar. Die Gefangenenlager trugen sich selbst, ja, sie warfen Gewinne ab. Sie waren keine Besserungsanstalten, sondern profitorientierte Staatsunternehmen.

Wusste Maxim Gorki, wie sein heiß geliebter Weißmeer-Ostsee-Kanal gebaut worden war? Wusste er, dass von rund 126 000 Männern mindestens 12 000 während der Bauarbeiten starben?

Wusste er, wie viele Menschenleben Stalins *stroiki* forderten? Dass 10 000 Einwohner für den Dnjepr-Stausee aus ihren Dörfern vertrieben wurden? Dass die Arbeiter im Winter Temperaturen unter minus dreizehn Grad Celsius aushalten mussten und im Sommer Tornados ihre Zelte zerrissen? Dass Mehl nachts mit Wachschutz angeliefert wurde, weil es die Baustellen sonst nie erreicht hätte?

Es kann sein, dass Gorkis Propagandastück eine geschickt inszenierte Nebelwand war, hinter der er sich in konspirativen Aktivitäten gegen Stalin versuchte. Zahlreiche Anekdoten deuten darauf hin, dass er in ihm alles andere als den idealen Führer sah. Als der Satiriker Jewgeni Samjatin, der schon erwähnte Autor des dystopischen Romans *Wir*, 1931 endlich die Ausreiseerlaubnis erhalten hatte und seinem alten Freund und Förderer einen Abschiedsbesuch abstattete, sagte Gorki: »Gehen Sie nur, gehen Sie. Hier ist noch nicht spruchreif, wer von uns gewinnt: der« – mit einer Handbewegung deutete er Stalins Schnauzer an – »oder unsere Iwanowitschs«, womit er die Galionsfiguren der gemäßigten Opposition meinte, Alexej Iwanowitsch Rykow und Nikolai Iwanowitsch Bucharin.[10]

1934 standen die Führer dieser Opposition in den Startlöchern und überlegten, wer sich eigne, Nachfolger Stalins zu werden. Die Wahl fiel auf den trinkfesten, jovialen Sergej Mironowitsch Kirow, Chef des Leningrader Parteiapparats, einen von Stalins engsten Vertrauten. Der belesene, streitbare Funktionär war in Regierungskreisen sehr beliebt und hatte in mehreren Sitzungen des Politbüros bewiesen, dass er Stalin die Stirn bieten und sich auch gegen ihn durchsetzen konnte.

Einige hochrangige Politbüromitglieder fragten bei ihm an, ob er nicht seine Parteiämter in Leningrad aufgeben und nach Moskau kommen wolle, um dort als einer der Sekretäre des Zentralkomitees zu arbeiten. Dank seiner Beliebtheit hätte diese Position den Umsturz erheblich vereinfacht. Doch Kirow, Stalin treu ergeben, lehnte ab und berichtete – fatalerweise – seinem verehrten Generalsekretär von der Unterredung.

Am späten Nachmittag des 1. Dezember 1934 wurde Sergej Kirow auf einem Korridor des Smolny-Instituts, der Leningrader Parteizentrale, durch einen Schuss in den Hinterkopf getötet. Alle Wiederbelebungsversuche waren vergebens.

Am nächsten Morgen fuhr Stalin, begleitet von einer Entourage, nach Leningrad, um sich vor Ort zu informieren, und kehrte einen Tag später mit Kirows Leichnam nach Moskau zurück. Zu diesem Zeitpunkt war das Mordopfer bereits auf halbem Weg zum säkularen Heiligen. Die Zeitungen veröffentlichten hymnische Nachrufe, und es wurde mehr Trauer in den Medien bekundet als nach Lenins Tod. Tagelang widmete sich die gesamte sowjetische Presse vorrangig Kirows Leben und Sterben. Bereits am 5. Dezember gingen erste Bücher mit Erinnerungen von Genossen, Geschichten über seine Kindheit und ausgewählten Reden in Druck.

Seltsamerweise fühlte sich niemand bemüßigt zu erwähnen, dass der wichtigste Zeuge des Mordes, Kirows Leibwächter M. D. Borissow, am Tag nach dem Verbrechen auf der Fahrt nach Moskau, wo ihn Stalin befragen wollte, bei einem Autounfall ums Leben kam. In Leningrad verbreitete sich die Nachricht wie ein Lauffeuer, aber die Zeitungen ignorierten den Vorfall. Auch wenn es keinen Beweis dafür gibt, dass der Mord von Stalin befohlen wurde, so ist doch auf jeden Fall sicher, dass er ihm den Vorwand lieferte, sämtliche Seilschaften zu zerschlagen, die sich gegen ihn hätten erheben können, eine Carte blanche, um Russlands zweitgrößte Stadt zu »säubern«, Peters des Großen »Fenster zum Westen«, Heimat und Hochburg berühmtester Geistes- und Kulturgrößen des Reiches. Das Kirow-Attentat war der Anlass, die letzten Reste liberaler Tradition auszuradieren und das Machtzentrum endgültig nach Moskau zu verlegen.

Ob Gorki tatsächlich konspirativ tätig war oder nicht – und ob Stalin ihn dessen verdächtigte oder nicht –, ist unbekannt. Fest steht hingegen, dass Kirows Tod für den Schriftsteller das Ende seiner guten Beziehungen zum inneren Zirkel der Macht markierte. Im Spätherbst 1935 begann die *Prawda* in einer Reihe von Artikeln gegen ihn zu hetzen und kündigte eine gewandelte Haltung der Parteioberen ihm gegenüber an. Eine Art inoffizieller Hausarrest wurde über ihn verhängt, er durfte seine rund fünfzig Kilometer westlich von Moskau gelegene Landvilla nicht verlassen. Vom 6. bis zum 17. Juni 1936 wurden speziell für Gorki Sonderausgaben der von ihm abonnierten Zeitungen gedruckt. In diesen zensierten Nummern waren die sonst überall verbreiteten Bulletins über seinen besorgniserregenden Gesundheitszustand nicht enthalten, mit denen das Land und die Weltöffentlichkeit auf seinen nahen Tod vorbereitet wurden. Gorki starb am 18. Juni, im Alter von 68 Jahren, »an einer Lungenstauung infolge einer Grippe«, wie die *New York Times* schrieb. »Seine Herzschwäche hatte schon länger Anlass zur Sorge gegeben, einer Sorge, die sich gestern zum Alarm auswuchs.«

Nicht nur die *New York Times*, sondern die ganze Welt ging der Geschichte von Gorkis Tod auf den Leim. Wer sie bezweifelte, bekam zwei Jahre später noch eine Alternative serviert. Da wurde Gorkis Arzt, Dmitri Pletnew, angeklagt, seinen Patienten auf Weisung einer reaktionären Verschwörung ermordet zu haben. Pletnew wurde verurteilt und starb in einem Gefangenenlager.

Hier gibt es ein besonders perfides Vorgehen des Staates zu beachten. Ob man die Geschichte von Gorkis Herzschwäche nun glaubte oder nicht, ob man nun annahm, der Schriftsteller sei eines natürlichen Todes gestorben oder im Schlaf ermordet worden, höchstwahrscheinlich war es allemal, dass man die eine oder die andere der beiden *offiziellen* Versionen übernahm.[11]

Mit seinem Zögern, in die Sekretärsriege des Zentralkomitees aufzusteigen, besiegelte Kirow sein eigenes Schicksal. Und er hinterließ vakante Positionen in der Parteiführung, sowohl in Leningrad als auch in Moskau. Die Lücke füllte ein weiterer Intimus Stalins: Andrej Alexandrowitsch Shdanow, KP-Chef von Nishni Nowgorod, ein bis zur Feigheit vorsichtiger Opportunist, der für die nächsten zwanzig Jahre in Kultur und Wissenschaften den Ton angeben sollte.

Er kam aus vornehmem Hause: Die Mutter war eine Adlige, der Vater, der früh starb, Schulinspektor. Die Familie geriet nach dem Tod des Vaters in finanzielle Nöte. Andrej war von seiner Jugend an ein überzeugter Marxist, dessen Herkunft allerdings in seinem Musikgeschmack, seiner Bildung und seinen Manieren durchschimmerte. Lawrenti Pawlowitsch Berija, Parteisekretär von Georgien und Stalins engster Vertrauter, konnte ihn nicht ausstehen: »Kann kaum mit zwei Fingern Klavier spielen und auf einem Gemälde einen Menschen von einem Ochsen unterscheiden, lässt sich aber lang und breit über abstrakte Malerei aus!«[12]

Von seinem Schreibtisch in Nishni Nowgorod aus hatte Andrej Shdanow die Landbevölkerung der Umgebung in die Kolchosen getrieben. Mit dieser Maßnahme, die in einer schmerzhaften ökonomischen Bauchlandung endete, bewies er Führungsstärke und Loyalität und qualifizierte sich für höhere Ämter.

In der Woche nach Kirows Ermordung trafen sich Shdanow und Stalin zu mehreren langen Sitzungen im Kreml, um zu beraten, wie Shdanow seine Zeit zwischen dem Amt des ZK-Sekretärs in Moskau und der neuen Aufgabe als Leningrader Parteichef aufteilen sollte.

Für die Behauptung, am Kirow-Attentat seien Hintermänner beteiligt gewesen, sind nie Beweise vorgelegt worden, doch dessen ungeachtet wurden am 16. Dezember 1934 zwei wichtige politische Gegner Stalins, Grigori Sinowjew und Lew Kamenew, verhaftet und angeklagt, den Mörder zu seiner Tat angestiftet zu haben. Am Ende des Jahres waren vierzehn Personen für ihre angebliche Verwicklung in den Mord zum Tode verurteilt. Bis März 1935 hatte die Nachfolgeorganisation der GPU, das Volkskommissariat für innere Angelegenheiten (NKWD), 843 Personen in Leningrad verhaften lassen. Die »Große Säuberung« hatte begonnen.

Im Laufe des Juli 1937 wurden in allen Provinzen und Republiken Troikas – Dreierausschüsse, eine Art Schnellgericht – eingesetzt, die gleichermaßen Kriminelle und politische Widersacher aburteilten. Die Namenslisten lieferte das NKWD. Im August 1937 wurde Leningrad zu viertausend Todesurteilen und zehntausend Verurteilungen zu Gefängnis oder Arbeitslager verpflichtet. Die Quote wurde hier wie andernorts übererfüllt, die Parteispitze gesäubert, und dreißig- bis vierzigtausend Einwohner wurden deportiert. Damit war die Rolle der Stadt als mit Moskau konkurrierendes politisches und kulturelles Zentrum beendet.

Stalins Beschluss, die gesamte Opposition auszuradieren und zu terrorisieren, einschließlich aller, die eventuell auf die Idee verfallen könnten, sich gegen ihn zu stellen, wurde zunächst in Leningrad vollstreckt und rasch auf die übrigen Landesteile übertragen. Der berüchtigte geheime NKWD-Einsatzbefehl Nr. 00447 vom 30. Juli 1937 betraf »ehemalige Kulaken, Kriminelle und andere antisowjetische Elemente«, zu denen auch »Kirchendiener und Sektenmitglieder« sowie »ehemalige aktive Teilnehmer an den Bandenaufständen, Angehörige Weißer Truppen und Strafkommandos, Repatrianten und dergleichen mehr«

gehörten, und wurde bald darauf auch auf regionale Parteikader und deren Seilschaften ausgedehnt. Er bezifferte für jede Region Quoten für die Verhängung von Todesstrafen und Lagerhaft, die gewöhnlich, vom Politbüro nachträglich abgesegnet, übertroffen wurden. Über eine Viertelmillion Menschen wurden aufgrund des Befehls Nr. 00447 in Gewahrsam genommen und davon mindestens 72 000 hingerichtet, doch das ist nur ein Zehntel der ungefähr 700 000 Personen, die insgesamt in den Jahren 1937 und 1938 erschossen wurden. Alles in allem wurden im Zuge des Großen Terrors acht Millionen Menschen verhaftet und rund eine Million hingerichtet.

Nicht einmal die Armeeführung blieb von den Säuberungen verschont. In ihren Reihen gab es noch viele ehemals zaristische Offiziere, und es war allgemein bekannt, dass sowjetische und deutsche Militärs seit dem 1922 geschlossenen Vertrag von Rapallo intensiv zusammenarbeiteten. Der Generalstab wurde im Sommer 1937 liquidiert, achtzig Prozent des Militärrates fielen den Repressionsmaßnahmen zum Opfer.

David Shoenberg, ein Physiker aus Cambridge, der die Große Säuberung als Besucher erlebte, beschrieb sie später als »eine Art Seuche, und man wusste nie, wer als Nächster dran war«.[13] Am schlimmsten traf es Wissenschaftler in Leningrad. Die kleinen, aber äußerst renommierten Fachbereiche Astrophysik und Astronomie wurden zerstört, zehn hochrangige Physiker verhaftet, darunter führende Spezialisten am Observatorium im nahe der Stadt gelegenen Pulkowo. Der Vorwurf lautete, sie würden einer »faschistischen, trotzkistischen Terrororganisation [angehören], die seit 1932 existiert«.[14]

Auch die sowjetische Physik stürzte in die Bedeutungslosigkeit, nur bahnte sich diese Katastrophe langsamer an als in der Biologie.

»Diese Welt ist ein sonderbares Narrenhaus«, schrieb Albert Einstein 1920 in einem Brief an seinen Freund Marcel Grossmann. »Gegenwärtig debattiert jeder Kutscher und jeder Kellner, ob die Relativitätstheorie richtig sei. Die Überzeugung wird hierbei bestimmt durch die Zugehörigkeit zu einer politischen Partei.«[15]

Die spezielle Relativitätstheorie war seit über einem Jahrzehnt ein Politikum. Einstein hatte mit der Hypothese aufgeräumt, Licht breite sich durch ein unsichtbares, ungreifbares Trägermedium – den Äther – aus. Das ließ seine Theorie materialistischen Denkern schmackhaft erscheinen, enthob sie sie doch der Notwendigkeit, dem Universum ein absolutes Bezugssystem, eine verborgene »höhere Ordnung« zuzuschreiben. Andererseits machte das spezielle Relativitätsprinzip jede Beobachtung extrem abhängig von lokalen Bedingungen, die sich wiederum nicht mit Gewissheit bestimmen ließen. In Einsteins Universum gibt es keine stationären Punkte und keine von ihrem Bewegungszustand unabhängige Uhren. All das macht einer materialistisch orientierten Wissenschaft das Leben schwer. Der gesunde Menschenverstand wird vor die Tür geschickt, die Intuition versagt. Kein Wunder, dass Fachfremde weltweit gegen die Relativitätstheorie Sturm liefen. Einstein hatte mit einem Schlag die Zugangshürden für Forschung auf dem Gebiet der Physik gewaltig angehoben, und die neuen großen Laboratorien und Institute taten ihr Übriges, Amateuren die Arbeit zu versauern.

Auf politischer Ebene drängte sich der Eindruck auf, Einstein fördere die Professionalisierung der Wissenschaften auf Kosten aller Außenstehenden, die Physiker redeten nur noch Kauderwelsch, strichen dafür satte Gehälter ein und gebärdeten sich in den zunehmend gottlosen Zeiten als Hohepriester.

Nicht nur Marxisten bedauerten, dass die herkömmliche Logik in der Physik an Bedeutung verlor. So war zum Beispiel die 1921 gegründete Academy of Nations alles andere als marxistisch und dennoch strikt gegen Einstein eingestellt; sie brannte »mindestens ebenso sehr darauf, eine ›wahre Wissenschaft‹ zu etablieren, eine ›Vereinigung der Guten‹ zu sein, wie darauf, die Relativitätstheorie zu bekämpfen«, schreibt Milena Wazeck in ihrem Buch *Einsteins Gegner*. »Beides ging Hand in Hand, der Kampf gegen die Relativitätstheorie wurde als Grundlage des Neuaufbaus der Wissenschaft angesehen.«[16]

Die Konfrontation zwischen »akademischer Wissenschaft« und dem, was Laien gern als »richtige Naturwissenschaft« bezeichneten, war somit nicht allein auf Russland beschränkt. Aber aufgrund unglücklicher Umstände hielt die Kontroverse dort viel länger an und kostete viele Physiker das Leben.

Albert Einstein hat mehrfach deutlich darauf hingewiesen, dass er zu etlichen grundlegenden Ideen in seinen Relativitätstheorien durch Ernst Mach inspiriert worden war – ebenjenen Mach, dessen Philosophie Lenin in seinem unsterblichen Pamphlet *Materialismus und Empiriokritizismus* abgekanzelt hatte, da sie, wie es in dem Buch heißt, »aus müßigen und leeren Worten besteht, an die selbst ihr Verfasser nicht glaubt«.

Genauso irritierend wie Einsteins Relativitätsprinzip waren die Erkenntnisse in der Quantenphysik, insbesondere der Gruppe von Theoretikern um Werner Heisenberg und Niels Bohr, die behauptete, bei Untersuchungen in atomarer Größenordnung verändere man prinzipiell das Messobjekt durch den Messprozess. Wenn man zum Beispiel den Ort eines Teilchens messe, verursache man dadurch eines Störung seines Impulses und umgekehrt. Deshalb sei es unmöglich, zwei komplementäre Eigenschaften gleichzeitig mit beliebiger Genauigkeit zu messen. Diese Unschärferelation ließ sich kaum mit Lenins grobschlächtiger Reflexionstheorie der geistigen Tätigkeit vereinbaren, und so ereiferte sich denn auch der Physiker K.W. Nikolski in einer Schmähschrift, die 1936 in einem philosophischen Journal erschien, über den »Idealismus« und den »Machismus« der sogenannten Kopenhagener Deutung.

Einsteins spirituelle Gedanken, die er Anfang der dreißiger Jahre in mehreren Artikeln darlegte – etwa in »Wie ich die Welt sehe« oder dem Essay »Wissenschaft und Religion«, der im November 1930 sowohl im *New York Times Magazine* als auch im *Berliner Tageblatt* erschien –, heizten die Debatte weiter an.

Die ablehnende Haltung gegenüber der allgemeinen und der speziellen Relativitätstheorie war in der Sowjetunion weit verbreitet, und *jeder* wissenschaftlich oder politisch tätige Mensch hatte eine Meinung dazu. In Moskau betrieb Arkadi Klimentjewitsch Timirjasew Anti-Einstein-Propaganda auf der politischen Bühne.

Arkadi Timirjasew, Sohn des berühmten Agronomen und Biologen Kliment Timirjasew, war ein Weggefährte Maxim Gorkis und Lehrstuhlinhaber an der Moskauer Universität. Hinter seinem Rücken nannte man ihn »Sohn eines Denkmals«, denn abgesehen vom illustren Vater empfahl ihn wenig für den Posten eines Physikprofessors. Seine Verehrung der klassischen Newton'schen Physik kannte keine Grenzen – und war grenzenlos unkreativ. Timirjasew hasste Einsteins Relativitätstheorie mit einer Inbrunst, die man als lächerliche Marotte hätte hinnehmen können, wenn ihr nicht so viele Menschen zum Opfer gefallen wären. Auf einer öffentlichen Versammlung Mitte der zwanziger Jahre merkte er sarkastisch an, direkt erschossen gehöre Einstein freilich nicht. Zu ihrem Leidwesen mussten seine Kollegen – Wohlgesinnte genauso wie Gegner – feststellen, dass man erstaunlich leicht vor Timirjasews denunziatorische Schrotflinte geriet. Unter anderem schwärzte er Akademiemitglieder an, etwa den Gottvater der sowjetischen Physik Abram Fjodorowitsch Ioffe oder Nikolai Wawilows Bruder Sergej, den späteren Präsidenten der Akademie. Alles in allem wurde der Fachbereich Physik in seiner Ägide zur militanten Kaderschmiede.[17]

Stalin fand Arkadi Timirjasew sympathisch – vielleicht auch, weil er der einzige uns bekannte Wissenschaftler war, der die Schriften des Diktators nach Bezügen zur Physik durchforstete.

Einstein hatte in der Sowjetunion aber auch viele Fürsprecher. Der brillanteste war Boris Michailowitsch Gessen, ein begabter Mathematiker aus einer wohlhabenden jüdischen Familie, geboren 1893 in der zentralukrainischen Stadt Jelisawetgrad (heute Kropywnyzkyj). Gessen studierte Physik, 1913/14 in Edinburgh, während des Ersten Weltkriegs in Petrograd. Nach der Revolution diente er in der Roten Armee und setzte seine Studien nach dem Bürgerkrieg am Moskauer Institut der Roten Professur fort. Er war ein überzeugter, kluger Marxist. Timirjasews reaktionäre Ablehnung der Relativitätstheorie fegte er in der Zeitschrift *Unter dem Banner des Marxismus* beiseite, indem er argumentierte:

Wenn man als Marxist behaupte, die Relativitätstheorie sei antimarxistisch, so richte man damit keinen Schaden an, solange diese nicht bewiesen sei, aber was tun, wenn sich herausstellen sollte, dass sie zutreffe? Wollten sich die Marxisten wirklich in die Situation bringen, konzedieren zu müssen, dass Marx sich geirrt habe?

Es gebe keinen Grund, sich in solche Bredouille zu bringen, schrieb Gessen. Die Welt sei die Welt. Natürlich seien alle Erklärungen, wie die Welt funktioniere, ideologisch gefärbt, aber für gute Wissenschaftler zählten wissenschaftliche Befunde: das Messbare, nicht die philosophische Interpretation. Newtons Physik liege die Annahme zugrunde, das Sonnensystem sei durch eine »göttliche Initialzündung« in Bewegung gesetzt worden. Sollten Atheisten und Marxisten Newton deswegen verwerfen?[18]

Gessen musste für seine schlaue Taktik büßen. 1928 beschimpfte ihn sein Vorgesetzter, der mit Timirjasew verbündete Alexander Maximow (nicht verwandt mit dem Jarowisierungsspezialisten Nikolai Maximow), als Machist und Rechtsabweichler, was schon damals eine massive Bedrohung auf politischer wie persönlicher Ebene war.

Im Oktober 1930 trat diese Bedrohung offen zutage. Auf einer Konferenz, die den Zustand der sowjetischen Philosophie zum Thema hatte, wurde Gessen wegen seiner Ansichten zur Physik heftig attackiert. Redner beschimpften ihn als »waschechten Idealisten« und »Metaphysiker der schlimmsten Sorte«, als Verräter am materialistischen Kurs, und er durfte sich noch nicht einmal gegen die Vorwürfe verteidigen. Sogar Arnošt Kolman, ein marxistischer Philosoph tschechischer Herkunft und der vielleicht skrupelloseste von Stalins intellektuellen Einpeitschern, nahm ihn ins Visier. Kolman war früher ein Aktivist gewesen. Zwischen 1918 und 1923 hatte er sich zweimal undercover in Deutschland aufgehalten und dort für die Weltrevolution agitiert. Inzwischen war er Schreibtischtäter geworden und jagte von seinem Moskauer Büro aus Häretiker auf seinen angestammten Gebieten Mathematik und Physik. 1931 forderte er in einem Zeitungsbeitrag Gessen namentlich auf, eine Kehrtwende zu vollziehen und seine politischen Fehler zu korrigieren. »Man muss hier eine klare Sprache sprechen und sagen, dass es der Wissenschaft, die Gessen und seine Gesinnungsgenossen betreiben, vollständig an bolschewistischen Elementen mangelt.«

Gessen hätte sich drei Monate später loskaufen können, denn er durfte 1931 in der russischen Delegation am Internationalen Kongress zur Wissenschaftsgeschichte in London teilnehmen. Die sowjetische Abordnung, die in letzter Minute mit einer Sondermaschine eingeflogen wurde, umfasste Parteimitglieder und etliche Schwergewichte der Intelligenzija. Abram Ioffe und Boris Sawadowski gehörten ihr an. Wladimir Mitkewitsch hielt einen Vortrag über Faraday und die Elektrifizierung der UdSSR, als Thema ein Dauerbrenner. Nikolai Wawilow spannte einen weiten Bogen, als er über seine Forschungen zur Geschichte und Vorgeschichte der Feldfrüchte referierte:

Wenn wir das Problem vom Standpunkt des dialektischen Materialismus angehen, werden wir viele überkommene Vorstellungen revidieren und erhalten, was weitaus wichtiger ist, die Chance, den historischen Prozess in unserem Sinne zu steuern, also die Evolution von Kulturpflanzen und Haustieren nach unseren Wünschen zu gestalten.[19]

Mit von der Partie war auch Arnošt Kolman, der im Auftrag des Politbüros zwei politisch suspekte Teilnehmer beobachten sollte: den Delegationsleiter Nikolai Iwanowitsch Bucharin und Boris Gessen.

Dabei kam Bucharin erheblich größere Bedeutung zu als Gessen, und er war auch viel konkreter bedroht. Schon dass ihn Lenin als führenden Theoretiker der Partei bezeichnet hatte, trug ihm das Misstrauen des Genossen Stalin ein, der in ihm den Rivalen witterte, und zu allem Überfluss war er ein Schüler von Alexander Bogdanow.

Die Strategie des Generalsekretärs, Wissenschaft vollständig in den Dienst des Staates zu stellen, sie ausschließlich als angewandte Wissenschaft zu gestalten, angewandt vor allem zu Nutz und Frommen der Partei, war kein Dissens zwischen ihm und Stalin. In seinem auf dem Kongress vorgetragenen Abriss der sowjetischen Wissenschaftsrevolution schilderte Bucharin, wie »der Bruch zwischen geistiger und körperlicher Arbeit« eliminiert worden sei und die Forschung eine neue Stufe der Effizienz erreicht habe. (Zur Illustration benutzte er vorwiegend Beispiele aus der Pflanzenzucht.)[20]

Der unüberbrückbare Graben klaffte an anderer Stelle. Bucharin verachtete Stalins »große Wende«, die Abkehr von Lenins Neuer Ökonomischer Politik, und bezeichnete sie laut und vernehmlich als »ignoranten Schwachsinn«. Dies und weitere ähnliche Äußerungen führten schließlich dazu, dass er 1929 aus dem Politbüro flog.

Bucharins Eröffnungsvortrag war enthusiastisch, politisch wasserdicht und für das in London versammelte internationale Publikum unstrittig. Die Tage »scholastischer Klöster, alchemistischer Experimente und abgeschiedener Gelehrtenklausen« seien vorbei, die zeitgenössische Forschung müsse nun an den Erfordernissen der Großindustrie ausgerichtet werden. Dem hätte damals kaum ein engagierter Wissenschaftler, gleich welcher politischen Provenienz, widersprochen.

Von ganz anderem Kaliber war der Beitrag des zweiten »Verdächtigen«, Boris Gessen. Verfasst unter dem Druck, seine Karriere (und womöglich seinen Hals) retten zu müssen, und gehalten in Anwesenheit Kolmans, von dem er wusste, dass er auf ihn angesetzt war, hätte Gessens Vortrag »The Socio-Economic Roots of Newton's *Principia*« leicht in reinen Humbug ausarten können, doch er erwies sich als das einflussreichste *paper* der ganzen Konferenz. In Großbritannien gab es einer ganzen Generation berühmter links orientierter Wissenschaftler, von John Haldane bis John Bernal, ein gemeinsames Ziel, und international begründete es eine wissenschaftshistorische Schule, die bis heute Bestand hat.

Gessen zeigte am Beispiel Newtons, dass Wissenschaft gleichzeitig ein Produkt ihrer Zeit und ein Produkt der Klassenzugehörigkeit derer ist, die sie betreiben. Newtons Erkenntnisse, so

Gessen, lieferten einerseits frappierende Einblicke in die physikalische Welt und seien andererseits historisch bedingte Zeugnisse, gespickt mit philosophischen und religiösen Annahmen, die Newton zwangsläufig von der herrschenden Ideologie der ihn umgebenden sozioökonomischen Ordnung übernommen habe.

Gessens Vortrag hatte eine doppelte Botschaft. Der Londoner Zuhörerschaft brachte er nahe, wie relevant, zeitgemäß und vernünftig das marxistische Wissenschaftsbild war. Wissenschaft stelle nicht das Produkt von Geistesgrößen dar, die in klösterlicher Abgeschiedenheit, den praktischen Anforderungen der Welt enthoben, ihre Lehren ausbrüteten. Wissenschaft sei vielmehr kulturelle Praxis, etwas, das von Menschen *getan* werde. Für ein Publikum, das sich gemeinhin in die animistischen, oft auch reaktionären Schriften eines Sir James Jeans (*Der Weltraum und seine Rätsel*, 1930) oder Sir Arthur Eddington (*Die Naturwissenschaften und die Welt des Unsichtbaren*, 1928) vertiefte, kamen Gessens Ausführungen einer Offenbarung gleich.[21]

Den Kritikern zu Hause rückte Gessen indes kühn in den Blick, dass der ideologische Tenor einer wissenschaftlichen Schrift deren wissenschaftlichen Wert nicht schmälere. Wer wissenschaftliche Arbeiten zurückweise, weil er mit den philosophischen oder politischen Schlüssen nicht einverstanden sei, die der Autor aus ihnen ziehe, der müsse nicht nur Einstein ablehnen, sondern auch Newton. Genau genommen müsse er alles ablehnen, was nicht auf seinen eigenen Beeten wachse. Newton sei für seine Bewegungsgesetze berühmt, nicht für seine religiös-theologische Weltsicht. Der einzige Prüfstein der Wissenschaft sei die Wirklichkeit, die sie beobachte, alles andere habe, wenn überhaupt, nur minimale Bedeutung.

Er hätte sich kaum noch weiter von der offiziellen politischen Linie entfernen können. Im Juni 1934 hielt die Kommunistische Akademie eine Sondertagung anlässlich des 25. Jahrestages der Erstveröffentlichung von Lenins *Materialismus und Empiriokritizismus* ab. In den Monaten vor dieser Konferenz erschien in Journalen wie *Front der Wissenschaften und Technologie, Sozialistischer Aufbau und Wissenschaften* oder *Unter dem Banner des Marxismus* eine Reihe von Artikeln, die Heisenberg, Schrödinger, Bohr und Born als Lakaien des westlichen Idealismus »entlarvten« und sämtliche große Namen unter den sowjetischen Physikern, von Gessen und Ioffe bis Jakow Frenkel und Igor Tamm, in den Dreck zogen.

Die Physiker wehrten sich gegen die dummdreisten Anschuldigungen. Ioffe und Nikolai Wawilows Bruder Sergej betonten in ihren Beiträgen zu der Gedenkveranstaltung, dass die moderne Physik, weit davon entfernt, »idealistisch« zu sein, so klar die in der Natur herrschenden dialektischen Gesetze widerspiegele, wie man es sich nur wünschen könne.[22] Ioffe folgte den Gedankengängen Gessens, indem er darauf hinwies, dass ein Forschungsgebiet nach dem anderen scheinbare Widersprüche in einer dialektischen Synthese der Gegensätze aufhebe. Marxistische Philosophen, so Ioffe, entdeckten nur deshalb Idealismus hinter jedem Busch, weil sie die neue Physik nicht verstünden. Noch angriffslustiger zeigte er sich in dem Artikel »Die Lage an der philosophischen Front der Sowjetphysik«, den er bald darauf veröffentlichte: Warum schlage sich Arkadi Timirjasew genau in dem Moment auf die Seite der europäischen Anti-Einstein-Lobby, da deren Argumente eine abstoßende, besorgniserregende antisemitische Färbung annähmen? Die deutschen Nobelpreisträger Philipp Lenard und Johannes Stark hätten die Relativitätstheorie als »nichtarisch« verunglimpft – wolle Timirjasew mit diesem Dreck wirklich etwas zu schaffen haben? Halte auch er Werner Heisenberg für einen »weißen Juden«, weil er für Einsteins »jüdische Lehre« eintrete? Und wenn ja, was habe er dann stattdessen zu bieten? Die Physiker, gegen die er zu Felde ziehe – Fock, Frenkel, Tamm, Mandelstam, Landau –, hätten wichtige Theorien zur Festkörperphysik entwickelt, ein besseres theoretisches Verständnis der Metalle erzielt, bedeutende Beiträge zur Erforschung des photoelektrischen Effekts und der Natur der magnetischen Polarität geleistet und zudem Heisenbergs Quantenmechanik weiterentwickelt. Das Timirjasew-Lager habe dagegen nur »Ätherfetischismus«, »Kraftröhren«, »elektrische Ringkörper« und ähnlichen Kokolores vorzuweisen.

Hier ging es nicht mehr um Physik. Es ging nur noch um Beziehungen. Ob man überlebte oder unterging, hing einzig und allein von dem Netzwerk ab, dem man angehörte, davon, wen man kannte, wer einen unterstützte und wem man seinerseits Unterstützung bot. Wer mit westeuropäischen Wissenschaftlern, der Leningrader Szene oder der falschen Parteifraktion in Verbindung gebracht wurde, fiel der Ächtung anheim.

Von den acht Männern, die 1931 nach London flogen, überlebte nur Kolman die »Säuberungen«. Sechs von ihnen fielen staatlicher Willkür zum Opfer, und auch Gessen wurde 1935 verhaftet und kam 1938 im Gefängnis zu Tode.

Zwei Jahre zuvor hatte die Akademie der Wissenschaften eine volle Woche lang das Leningrader Physikalisch-Technische Institut geprüft. Institutsgründer Abram Ioffe, Begründer auch der modernen sowjetischen Physik, für viele Kollegen eine Art Schutzheiliger, beschrieb den Akademikern dessen Entwicklung – innerhalb von achtzehn Jahren war sein geistiges Kind zu einem Netz von vierzehn Instituten und drei technischen Gymnasien mit fast tausend Mitarbeitern, darunter hundert hervorragenden Physikern, herangewachsen.

Ioffe wurde prompt wegen Aristokratismus und Bildung eines Imperiums gerügt.[23]

Die Kritik, die von allen Seiten auf ihn einprasselte, war für viele ein Schock. Für Ioffe am gefährlichsten waren Lew Landaus Einlassungen.[24] Der für seine Taktlosigkeit berüchtigte Nachwuchsphysiker nahm kein Blatt vor den Mund und stritt Ioffes Behauptung, die sowjetische Physik habe Weltniveau, rundweg ab. Kein Zweifel, räumte er ein, sie verdanke Ioffe ihre Existenz, denn »im zaristischen Russland gab es bis zum Augenblick der Revolution praktisch keine Physik«. Aber Ioffes Verklärung des aktuellen Zustands sei lächerlich. Es gebe höchstens hundert unabhängige Physiker in der Sowjetunion, behauptete Landau, und nur wenige von ihnen seien in lehrender Stellung tätig, um eine neue Generation von Physikern auszubilden. Und was Ioffes eigenen Forschungsstil angehe – der sei, milde ausgedrückt, nachlässig. Seine Gepflogenheiten, die inzwischen Schule gemacht hätten, führten zu einer ungeheuren Verschwendung von Ressourcen. Seine Szenarien künftiger Methoden der Energieerzeugung seien weit hergeholt und die Forschungen seiner Physiker ein einziges Chaos. Außerdem habe er die fatale Angewohnheit, für die Sowjetunion Entdeckungen zu reklamieren, auf die bereits zuvor, zumindest in ähnlicher Form, Kollegen im westlichen Ausland gestoßen seien. Am schlimmsten aber sei Ioffes aufgeblasener, arroganter, selbstherrlicher Führungsstil.

Landau hatte triftige Gründe für jeden einzelnen Kritikpunkt, manche applaudierten sogar, aber insgesamt hinterließ sein Beitrag einen schalen Geschmack. Es war allzu durchsichtig, dass er den Doyen absägen wollte, um selbst bessere Chancen zu haben. Im Laufe der Jahre folgten immer mehr der jungen Forscher Landaus Beispiel und zückten die Messer. Nur ein paar ältere Herren verteidigten Ioffe.

Das Fachgebiet zahlte einen hohen Preis für die Verbreitung billiger politischer Anschuldigungen. 1937 und 1938 wurden in dem groß angelegten Versuch, das geistige und kulturelle Leben in Leningrad auszulöschen, über hundert Physiker verhaftet. Ioffe musste den Niedergang seines Instituts erleben, obwohl er am Schluss sogar öffentlich mit den Wölfen heulte: »Die Sowjetgelehrten sind empört über die Schandtaten der trotzkistischen Verbrecher und verlangen ihre Vernichtung.«[25]

Für Landau bedeuteten die Leningrader »Säuberungen« zunächst keine unmittelbare Gefahr, denn er war, nachdem er sich mit Ioffe überworfen hatte, im August 1932 nach Charkiw gezogen, wo er die Abteilung Theoretische Physik am Polytechnikum leitete. Den Hang zu Streit und bösen Scherzen halbwegs unter Kontrolle haltend,[26] baute er den Fachbereich zu einem bedeutsamen, innovativen Forschungszentrum mit den Schwerpunkten Kryotechnik und Kernphysik aus. Unter seiner Führung entstand die erste sowjetische Beschleunigeranlage, und das Tieftemperaturlabor war das erste des Landes, das mit flüssigem Helium arbeitete.

Als der Terror auf die ganze Sowjetunion übergriff, geriet

auch Landau in Bedrängnis. Da reichten schon, wenn es denn keine anderen Gründe gab, seine ungehobelten persönlichen Umgangsformen, um ihn zum Querulanten zu stempeln. Im Dezember 1936 legte er sich mit dem Rektor der Universität an. Als er Freunden von seiner Sorge erzählte, den Job zu verlieren, scharten sie sich um ihn und brachen aus Protest ihre Tätigkeit als Lehrkräfte ab, der sie halbtags nachgingen. Landau behielt seinen Posten. Zwanzig Monate später hatte diese Episode – ein unangenehmer, aber nicht ungewöhnlicher Zwischenfall – ein übles Nachspiel: Der Rektor wurde verhaftet. Mehr noch: Er verschwand auf Nimmerwiedersehen.

Paranoia und Schuldzuweisungen waren die Folge, Landau setzte sich angesichts der unzähligen Vorwürfe und Denunziationen nach Russland ab, und wenige Wochen später erreichte seine Freunde in Charkiw die Nachricht, dass er am neuen Moskauer Institut für physikalische Probleme unter der Leitung von Pjotr Kapiza untergekommen sei.

Um 1930, einer Zeit, in der Auslandsreisen viel einfacher gewesen waren, hatte Landau schon einmal kurz mit Kapiza am Cavendish Laboratory in Cambridge zusammengearbeitet. Kapiza, Sohn eines Militäringenieurs und Generals der Zarenarmee, war im Zuge des Bürgerkriegs in diesem berühmten Forschungszentrum gelandet und hatte nicht vor, es wieder zu verlassen. Seiner Mutter schrieb er: »Zurück nach Petrograd zu gehen, diesen ständigen Kampf um Strom und Gas und Wasser und Instrumente zu führen, ist unmöglich. Ich habe endlich meinen Platz gefunden, finde den Erfolg aufregend und liebe meine Arbeit.«[27] Für seine Experimente mit Alphateilchen brauchte er extrem starke Magnetfelder, und die technische Anlage, die er entwickelte, um sie zu erzeugen, katapultierte das Cavendish-Laboratorium aus der Ära der Tischexperimente in das Zeitalter der modernen, maschinengestützten Großforschung.[28]

Doch die sowjetischen Behörden, wohlinformiert über seine praxisnahe, auch industriell verwertbare Arbeit, befanden, dass sie dieses Talent nicht anderen Nationen überlassen durften. 1934 wurde Kapiza während eines seiner üblichen Sommeraufenthalte in der Heimat (um der Mutter in Leningrad und dem Kryotechnik-Labor in Charkiw Besuche abzustatten) mitgeteilt, dass er nicht wieder ausreisen dürfe.[29]

Nach unsäglichen Verzögerungen wurde innerhalb der Akademie der Wissenschaften das Institut für physikalische Probleme geschaffen und Kapiza zum Direktor ernannt – was er aus der Zeitung erfuhr: »Ohne irgendetwas tatsächlich in Gang zu setzen, gab die Akademie bereits fleißig Pressemeldungen über das neue Institut heraus. Das ist natürlich sehr anrührend und ganz typisch für uns: Wir reden viel und tun nichts.«[30]

Ein Jahr voller demütigender Entbehrungen musste er durchstehen, bis er schließlich eine Wohnung in Moskau, einen Privatwagen und eine Datscha auf der Krim für die Familie zugeteilt bekam. Trotzdem schrieb er Niels Bohr:

Die Stellung von Wissenschaft und Wissenschaftlern ist hier ziemlich speziell. Es ist wie mit einem Kind, das ein Tier hält und dieses – wenn auch mit den allerbesten Absichten – quält. Aber das Kind wächst heran und lernt, wie man Haustiere behandelt und zu nützlichen Gesellen heranzieht. Ich hoffe, das passiert hier auch, und zwar bald.[31]

Knapp ein Jahr später schenkte Kapiza der Welt seine wohl bedeutendste wissenschaftliche Entdeckung – die Suprafluidität von flüssigem Helium. Nun stand er vor der Aufgabe, das Phänomen zu erklären, und dazu brauchte er die Hilfe eines theoretischen Physikers. Im März 1937 heuerte er zu diesem Zweck Landau an. Ein halbes Jahr später schwappte die Säuberungswelle durch Charkiw, Landaus Kollegen Schubnikow und Rosenkewitsch wurden verhaftet und gezwungen, sich selbst der Spionage und Sabotage zu bezichtigen. Nach kurzem Prozess wurden sie exekutiert. In einigen der erpressten Geständnisse wurde Landau als Mitverschwörer genannt, aber weil er in einer anderen Stadt lebte, verzögerte sich seine Verhaftung um ein halbes Jahr. Er wurde am 28. April 1938 in Moskau festgenommen.

Kapiza schrieb Stalin sofort einen Brief, in dem er ihn bat,

Landau freizulassen. Er erhielt keine Antwort. Im April 1939 schrieb er dem hochrangigen Altbolschewiken Wjatscheslaw Molotow, der gerade zum Außenminister ernannt worden war, ohne Landaus Hilfe sei er nicht in der Lage, seine jüngsten Entdeckungen in eine Theorie zu fassen. Molotow erteilte die Genehmigung, Landau aus dem Gefängnis zu holen, ließ sich aber von Kapiza im Gegenzug schriftlich zusichern, dass er Landau künftig von »konterrevolutionären« Handlungen abhalten werde. (Die Abmachung zahlte sich am Ende aus: Beide wurden mit Nobelpreisen geehrt: Landau 1962 für die theoretische Erklärung der Suprafluidität, Kapiza 1978 für deren Entdeckung.)

Dass Kapiza sich direkt an Stalin und dessen Machtzentrum wandte, spricht sowohl für seine Zivilcourage als auch für seine hohe Meinung von der eigenen Bedeutung. Einmal beschrieb er sich trocken als »Treibhauspflanze in staatlicher Sonderpflege«. Den heiligen Narren zu spielen, der Regierung die Wahrheit ins Gesicht zu sagen, erforderte nicht nur Mut, sondern auch Arroganz. In Kapizas Briefen kommt das Bestreben zum Ausdruck, dass das gesamte wissenschaftliche Fundament der Sowjetunion in seine Hände gelegt werde.

Seine Strategie war nicht so selbstmörderisch, wie sie auf den ersten Blick erscheinen mag. Die Partei duldete keine Gegner, ermunterte aber zu Kritik. Ihr Credo lautete, nur durch Kritik und Selbstkritik könne Demokratie durch die notwendige Phase der Diktatur des Proletariats hindurch aufrechterhalten werden.[32] Solange man seinen Einwand nicht als eigene Meinung, sondern als Beschwerde formulierte, konnte man vieles erreichen.

Auch während des Terrors wurden sowjetische Bürger aufgefordert, kritische Briefe an Behörden oder Zeitungen zu schreiben. Kapiza war bestimmt kein normaler Bürger, aber er tat so, als sei er wie jeder Fabrikarbeiter berechtigt, Vorgesetzte zu rügen, die ihn in seiner Arbeit behinderten. Insgesamt 45 Briefe schrieb Kapiza an Stalin, Dutzende an die Politbüromitglieder Molotow und Malenkow, weitere Dutzende an andere Politiker. Sein Ton war weder servil noch förmlich. Er war nicht der bourgeoise Wissenschaftler mit der schlechten Angewohnheit, Rechte für sich zu reklamieren, die er nicht hatte. Er war der fleißige Arbeiter, der sich in seinem Bemühen, etwas auf die Beine zu stellen, mit einer ineffizienten Bürokratie herumzuschlagen hatte:

> Was seid ihr denn für eine Regierung, wenn ihr es nicht schafft, fristgerecht ein kleines zweistöckiges Gebäude zu errichten und seine zehn Zimmer nach dem Bau in Ordnung zu halten? Da seid ihr schlicht Waschlappen! ... So ein Bild entsteht von dem, was da vor sich geht. Stellt euch vor, ihr hättet beim Nachbarn eine Geige gesehen und sie ihm weggenommen. Und was macht ihr mit dem Instrument? Statt darauf zu musizieren, schlagt ihr damit seit zwei Jahren Nägel in eine Steinmauer.[33]

Erst später, als Kapiza wirkliche Macht auszuüben begann, brachten ihn seine Briefe in Schwierigkeiten. Das war das Problem mit Stalin als Chef – ein unvermeidliches Problem, denn Stalin duldete keinen Chef neben sich. Sicher war man nur, solange man den Eindruck erwecken konnte, dass man nichts zu sagen hatte. Und alle, die Stalin förderte, sägte er früher oder später auch wieder ab.

Stalin vernichtete die Leningrader Intelligenzija, damit Moskau zum unangefochtenen Machtzentrum aufsteigen konnte. Stalin wollte alles zentral gelenkt sehen. Zwanghafte Zentralisierung war das bestimmende Merkmal seiner letzten Jahre an der Macht. Sie nahm viele Formen an, von Stalins neurotischem Glauben an die eigene Expertise in jedem nur denkbaren Feld bis hin zur Zusammenlegung von Einrichtungen, die nichts miteinander zu tun hatten, was dazu führte, dass ein umso erbitterterer Kampf um die auf bis zu fünfzig Prozent reduzierten Stellen entbrannte. Die Zentralisierung hatte viele schlimme Folgen, artete aber selten in Chaos aus, und das lag am System der Nomenklatura. »Nomenklatura« bedeutete im wörtlichen Sinne die Liste der Posten, die nur mit Zustimmung des jeweils zuständigen Parteikomitees besetzt werden durften. Jedes Parteikomitee, vom ZK bis zur entlegensten Außenstelle, hatte eine solche Postenliste, für die es verantwortlich war. Ursprünglich ein Selbstorganisationsinstrument der Partei, erfasste das System unter Stalin alle staatlichen Stellen, Anfang der dreißiger Jahre auch alle wissenschaftlichen Einrichtungen.

Die Nomenklatura war hierarchisch angelegt. Je höher der Posten war, den man bekleidete, desto höher war auch das Komitee angesiedelt, dem man Rechenschaft schuldete. Rektoren, Prorektoren und wissenschaftliche Sekretäre großer Institute unterstanden dem Politbüro, Institutsleiter und Chefredakteure wissenschaftlicher Zeitschriften dem ZK, Laborleiter dem regionalen Parteikomitee. Selbst Bibliothekare wurden von Ortsgruppen der Partei eingestellt und entlassen. Eine eigens dafür geschaffene Behörde, die Oberste Zertifizierungskommission, musste akademische Grade und Titel bestätigen.[34]

Die Zentralisierung geistiger Tätigkeit begünstigt Menschen mit einem Händchen für Organisatorisches. Nicht auf Klugheit und Originalität kam es an, sondern darauf, wie gut man der Institution diente. War man linientreu genug, um Forschungsgelder bewilligt zu bekommen? Konnte man genug Papier für Bücher beschaffen? Kannte man die richtigen Leute, die die Macht hatten, Genehmigungen für Auslandsreisen zu erteilen?

Unter diesen Bedingungen gediehen nur Bürokraten, die ihr Handwerk möglichst im Schoß der Partei gelernt hatten. Im Januar 1939 wurde eine Reihe von Funktionären in die Akademie der Wissenschaften »gewählt«, namentlich »Stalins Chefankläger« Andrej Wyschinski sowie die Philosophen Pawel Iudin und Mark Mitin, seines Zeichens marxistischer Nihilist, der den denkwürdigen Satz verfasste: »Eine Philosophie, die sich als marxistisch-leninistisch versteht, aber die Notwendigkeit der ideell-politischen und theoretischen Führung durch die Kommunistische Partei und deren Spitze leugnet, gibt es nicht und kann es nicht geben.«[35] Mitins Überzeugung, dass Wissenschaft einzig und allein als Instrument zur Entwicklung von Technologien zu dienen habe, machte ihn bei Stalin beliebt. In den dreißiger Jahren galt er als der maßgebliche Philosoph der Sowjetunion.

Niemand war sonderlich überrascht, als 1939 Stalin höchstpersönlich in den Ring stieg und einen neuen Preis für wissenschaftliche Leistungen aussetzte, dem er seinen Namen gab: Stalinpreis. Gleichzeitig wählte die Akademie der Wissenschaften ihn, den großen Führer, zum Ehrenmitglied. »Der Coryphaeus der Wissenschaft« wurde er genannt.

13. »FASCHISTISCHE VERBINDUNGEN«

Wie die jungen Frauen und Männer in Boccaccios
Dekamerone *führte uns die Flucht vor den Schrecken*
einer großen Seuche zu einer Gruppe zusammen, die
gemeinsam einige der Rätsel des Lebens erörterte.[1]

Max Delbrück an Nikolai Timofejew-Ressowski,
1. Oktober 1970

Eines Tages im Januar 1932 kehrte Hermann Muller, der amerikanische Genetiker, der auf einer Reise nach Moskau die *Drosophila*-Stämme mitgebracht hatte, nicht aus seinem Labor in
Austin, Texas, nach Hause zurück.

Verstört fragte seine Frau Jessie bei der Universität an, ob jemand ihren Mann gesehen habe. Irgendwann bildeten Mullers
Studenten Suchtrupps und durchkämmten die an die Vororte

Nikolai Timofejew-Ressowski schaut hinter Cécile und Oskar
Vogt für ein Foto in die Kamera, das in Berlin-Buch aufgenommen
wurde. Ganz links steht Hermann Muller. Der Mann neben ihm ist
nicht identifiziert.

grenzenden Wälder. Sie fanden ihren Professor, der verstört, zerzaust und schlammverkrustet durch die Wildnis irrte. Er hatte versucht, sich mit Schlaftabletten das Leben zu nehmen.

Am nächsten Tag nahm er seine Vorlesungen wieder auf, als sei alles in bester Ordnung. Dabei war nichts in Ordnung.[2] Muller arbeitete nachts, um Kollegen aus dem Weg zu gehen. Er kam mit niemandem klar, und auch seine Ehe stand vor dem Aus: Er und seine Frau Jessie sprachen offen über eine Trennung.

Mullers Arbeit profitierte davon: Er steckte seine ganze Energie und sämtliche Hoffnungen in die Genetik und ihre praktischen medizinischen Anwendungen. Wenige Tage nach dem Suizidversuch hielt er im New Yorker American Museum of Natural History einen Vortrag beim Dritten Internationalen Kongress für Eugenik.

»Die Macht der Wirtschaft über die Eugenik«[3] war ein bahnbrechender Appell. Muller rechnete so radikal wie einst Pjotr Kropotkin mit der Eugenik ab und belegte seine Philippika mit neuesten Forschungsergebnissen. Die amerikanische Eugenik beruhe auf falschen Prämissen, sagte Muller. Armut, Landstreicherei, Schwachsinn und Kriminalität seien mit an Sicherheit grenzender Wahrscheinlichkeit nicht angeboren. Es sei nicht möglich, die genetische Komponente menschlichen Verhaltens zu untersuchen, bevor man nicht eine egalitäre Gesellschaft geschaffen habe. Nur im Sozialismus, wenn alle Kinder unabhängig von Geschlecht und Rasse gleiche Chancen hätten, könnte man Eugenikforschung erwägen.

Wenig später stand der verwegene Professor aus Texas wieder am Rednerpult, diesmal auf dem Sechsten Internationalen Kongress für Genetik an der Cornell University, und präsentierte »Weitere Studien zur Natur genetischer Mutation«.[4] Ein Geniestreich, sagten viele, die Krönung der klassischen Mendel'schen Genetik. Wer von der Überdosis Barbiturate wusste, fand Mullers wirre, schludrige Ausarbeitung eher besorgniserregend. Thomas Hunt Morgan, der sich gerade selbst von einem schweren Autounfall erholen musste, erkannte Unglück, wenn es ihm begegnete. »Irgendetwas stimmt mit Muller nicht«, meinte er.

Muller brauchte dringend einen Tapetenwechsel, und so kam ihm das Angebot eines Guggenheim-Stipendiums sehr gelegen. Im November 1932 fuhr er zu Oskar Vogt und dessen Institut für Hirnforschung nach Berlin.

Dort lebten die Timofejew-Ressowskis – Nikolai, Jelena und Sohn Dmitri – bereits seit vier Jahren. Anfangs hatten sie in Berlin-Mitte gewohnt, wo Vogts ursprüngliches, sehr kleines Institut in einer alten Mietskaserne untergebracht war.

Dann entstanden mit Unterstützung des Deutschen Reichs und der Rockefeller Foundation drei neue Gebäude in Berlin-Buch, einem grünen Vorort rund 25 Kilometer vom Zentrum entfernt. Buch war kein besonders ländliches Idyll mehr. Die Neubauten, die im Juli 1931 feierlich eröffnet und 1932 noch um eine Neurologische Forschungsklinik erweitert wurden, standen zwischen wie mit dem Lineal gezogenen Reihen von Koniferen. Ursprünglich sollte hier ein Friedhof angelegt werden, aber dann stellte sich heraus, dass sich dafür der Grund nicht eignete.

Schon vor der Einweihung waren in einem provisorischen Laboratorium Affen und andere exotische Versuchstiere untergebracht worden. Familie Timofejew-Ressowski und das Ehepaar Vogt teilten sich ein großes Haus; das Hauptgebäude bot rund neunzig Mitarbeitern Raum.

Die Timofejew-Ressowskis erregten mit groß angelegten *Drosophila*-Studien international Aufmerksamkeit; in Buch gelang es ihnen, Tschetwerikows revolutionäre Ideen zur Populationsbiologie experimentell zu bestätigen. Unter Laborbedingungen setzte Nikolai die Taufliege radioaktiver Strahlung aus, um die Chromosomen näher zu bestimmen.

Muller blieb ein knappes Jahr, bis September 1933, in Buch und beteiligte sich an den Röntgenexperimenten.[5] Sie sollten darüber Aufschluss geben, woraus Gene bestehen und welche Ausdehnung sie haben. Dafür ermittelten die beiden Männer, wie viele Mutationen eines spezifischen Gens unter Bestrahlung auftreten.

Hunderte Stunden mühsamer akribischer Arbeit, gewidmet der Beobachtung von etlichen tausend Fliegen unter dem Mikroskop, führten schließlich zu Ergebnissen, die sich verdächtig leicht interpretieren ließen. Ob eine von ihnen festgelegte Dosis Röntgenstrahlung einmalig, verteilt über mehrere Bestrahlungen oder kontinuierlich auf niedrigem Energieniveau über einen längeren Zeitraum verabreicht wurde, spielte keine Rolle – stets verursachte eine bestimmte Stärke der Strahlung eine bestimmte Anzahl von Mutationen. Und selbst die geringste Strahlendosis löste immer eine Mutation aus.

Vereinfacht ausgedrückt wurden die Gene nach einem vorhersehbaren Muster weggeschossen, wie Blechbüchsen in einer Jahrmarktsbude, nur dass sie kein Ball, sondern ein Röntgenstrahl traf. Daraus schloss Timofejew-Ressowski, dass Gene diskrete, feste Gebilde sind, die von den Photonen der Röntgenstrahlung entweder getroffen oder verfehlt werden – er und seine Mitarbeiter bezeichneten das scherzhaft als »Zielscheibentheorie«.

Die Gene tatsächlich zu vermessen, erwies sich als äußerst vertracktes mikroskopisches Schiffeversenken. Timofejew-Ressowski spielte das Spiel erst mit Muller, dann mit dem Radiologen Karl Zimmer und schließlich mit Max Delbrück, einem jungen Physiker, der sich für Genetik begeisterte. In einem bahnbrechenden Aufsatz[6] fassten Timofejew, Zimmer und Delbrück ihre Ergebnisse zusammen: Das *Drosophila*-Chromosom, schrieben sie, enthalte mindestens 10 000 und maximal 100 000 Gene, und das Gen sei eine kugelförmige Struktur mit ein bis zehn Mikrometer Durchmesser. Diese nach heutigen Maßstäben recht groben Angaben waren damals immens wichtig: Sie offenbarten einer ganzen Generation von Physikern, welche Chancen die Biologie ihnen bot. Nach dem Weltkrieg krempelte die neue Disziplin der Molekularbiologie die gesamte Wissenschaft vom Leben um.

Muller lernte in Berlin außergewöhnliche Menschen kennen. Zum Kreis um Timofejew-Ressowski gehörten Bohr, Dirac, Schrödinger, Wernadski, Darlington, Haldane … Timofejew-Ressowski besuchte regelmäßig Bohrs Institut in Kopenhagen und andere führende Forschungseinrichtungen Europas und organisierte bis zum Kriegsausbruch jährlich eine Konferenz zu Genetik und Biophysik, finanziert von der Rockefeller Foundation.

In seiner Sorge, die USA könnten seinen mittlerweile in aller Welt bekannten russischen Mitarbeiter abwerben, setzte sich Oskar Vogt dafür ein, ihn zum Leiter der Abteilung Genetik an seinem Institut zu ernennen. Anfang 1932 unterschrieb Timofejew-Ressowski den Vertrag und war damit finanziell und rechtlich einem ordentlichen Universitätsprofessor gleichgestellt.

Was Muller vom amerikanischen Universitätsbetrieb erzählte, überzeugte den Russen davon, dass er mit der Entscheidung für Deutschland die richtige Wahl getroffen hatte. In den USA wurden als Folge der Weltwirtschaftskrise die Gehälter akademischer Mitarbeiter um ein Drittel gekürzt, Professoren zu Dutzenden entlassen und praktisch keine Forschungsgelder bewilligt. Nicht zuletzt wegen Mullers trostlosen Berichten und harscher Kritik an der US-Eugenik blieb Timofejew-Ressowski auch dann noch in Deutschland, als die politische Lage sich zuspitzte und auf den Krieg zusteuerte.

Am 30. Januar 1933 kamen die Nationalsozialisten an die Macht. Von den rund hundert Mitarbeitern des Kaiser-Wilhelm-Instituts für Hirnforschung waren vier Kommunisten und sieben NSDAP-Mitglieder, und so dauerte es nicht lange, bis sich die ehrwürdige Einrichtung in eine Hölle verwandelte, weil sich Vogt standhaft weigerte, irgendjemanden wegen seiner Religions- oder Parteizugehörigkeit vor die Tür zu setzen. Verdächtigungen, Behauptungen und Gegenbehauptungen schossen ins Kraut. Ein Nazi in der Putzkolonne denunzierte Vogt, weil er angeblich den Nationalsozialismus als unerforschten toxischen Bazillus, Hitler als ungebildet und die Partei als einen Haufen Mörder und Verbrecher bezeichnet hatte.[7]

Am 7. April 1933 wurde das »Gesetz zur Wiederherstellung des Berufsbeamtentums« erlassen und im Mai auch auf die Einrichtungen der Kaiser-Wilhelm-Gesellschaft ausgedehnt. Allen jüdischen Mitarbeitern wurde fristlos gekündigt, nur jüdische Institutsleiter durften auf ihren Posten bleiben, bis 1935 die Nürnberger Gesetze in Kraft traten.

Im März 1933 legte Wawilow auf der Rückreise vom Genetik-Kongress in Ithaca einen Zwischenstopp in Berlin ein, erkannte die Zeichen der Zeit und bot Muller eine Stelle als Laborleiter in seinem Institut an, das er von Juri Filiptschenko, seinem Gegenspieler in Leningrad, geerbt hatte und das von der Akademie der Wissenschaften mit großem Pomp als ihr neues Institut für Genetik reanimiert worden war.

Muller sagte sofort zu. Lewit und Agol hatten ihm schon in Texas Russlands sozialistische Zukunft in leuchtenden Farben geschildert. In Buch durchkämmten derweil SA-Trupps das Institut, zerbrachen Fensterscheiben und Mobiliar, angeblich auf der Jagd nach einem Untergrundkämpfer der Kommunistischen Internationale. (Sie nahmen Muller natürlich mit, aber er kam bald wieder frei.)

Im September 1933 verlegte Muller, frisch in die Akademie der Wissenschaften der UdSSR gewählt, seinen Wohnsitz nach Leningrad. Er hatte schweres Gepäck bei sich: Zehntausend Glaskolben, tausend Glasflaschen, zwei Mikroskope, ein Koffer voll Kochutensilien, ein Ford mit acht Zylindern, Baujahr 1932, zwei Fahrräder, Truhen voller Kleidungsstücke, Bücher und persönlicher Habseligkeiten reisten mit, außerdem seine leidgeprüfte Ehefrau Jessie und sein Laborassistent Carlos Offerman.

Die Sowjetunion rollte Muller den roten Teppich aus. Im Gegenzug sang er in populären Zeitschriften das Hohelied der Kolchosen und pries die großzügige Förderung der Wissenschaften im Sowjetstaat. Ende 1934 wurde die Akademie der Wissenschaften mitsamt dem Institut für Genetik nach Moskau verlegt, und Muller hatte einen weiteren aufwendigen Umzug zu bewältigen.

Vielleicht war ihm überhaupt nicht klar, wie außergewöhnlich der herzliche Empfang war, der ihm bereitet wurde, und wie zerbrechlich die Sympathie, die ihm entgegenschlug. Er scheint ein ausgeprägtes Talent für schlechtes Timing besessen zu haben. In Berlin hatte er Deutschlands Übergang in die Nazidiktatur miterlebt, und nun war er Ehrengast eines Landes, das in Vorbereitung auf den nächsten Weltkrieg eine an Fremdenfeindlichkeit grenzende Abschottungspolitik betrieb. Von 1934 an musste der mit ausländischen Wissenschaftlern gepflegte Austausch von Sonderdrucken den Umweg über die Allunionsgesellschaft für kulturelle Beziehungen mit dem Ausland, kurz WOKS, nehmen, die, abgesehen vom Namen, in jeder Hinsicht ein Arm der Geheimpolizei war. Was im Ausland publiziert werden sollte, musste von der Hauptverwaltung der Angelegenheiten von Literatur und Verlagswesen (Glawlit) genehmigt werden, die auch den Vertrieb ausländischer Druckerzeugnisse einschließlich wissenschaftlicher Zeitschriften und Bücher überwachte und regelmäßig »schädliche« Literatur aus den Bibliotheken entfernte. Die Akademie der Wissenschaften nahm keine ausländischen Mitglieder mehr auf, 1936 hetzte eine Pressekampagne gegen die »Kriecherei vor dem Westen«. 1939 waren praktisch alle internationalen Kontakte sowjetischer Wissenschaftler gekappt.

Muller scheint von der politischen Abwärtsspirale keine Notiz genommen zu haben. Er wollte in der Sowjetunion eine sozialistische Eugenik-Gesellschaft gründen und hielt unbeirrt an seinem großen Ziel fest. 1935 erschien in Großbritannien und den Vereinigten Staaten sein Buch *Out of the Night*. Darin holte er, ohne dessen Namen zu nennen, Alexander Serebrowskis 1929 abgeschmetterten Vorschlag aus der Mottenkiste, im großen Stil Frauen mit den Samen eugenisch sorgfältig ausgewählter Spender zu befruchten: »Wie viele Frauen wären in einer aufgeklärten Gesellschaft ohne abergläubische Tabus und Sexsklaverei nicht begierig und stolz, ein Kind von Lenin oder Darwin zu gebären und aufzuziehen!«[8] Weder der Große Terror noch die Presseattacken gegen Faschisten entmutigten ihn. Im Frühjahr 1936 schickte er ein Exemplar seines Buches an Stalin.

Lieber Genosse Stalin! Als Wissenschaftler, der auf den Sieg der Bolschewiki vertraut, wende ich mich an Sie in einer sehr bedeutsamen Angelegenheit, die aus meinem Wissenschaftsgebiet, der Biologie und insbesondere der Genetik, hervorgeht ... Es handelt sich ... um die gezielte Steuerung der menschlichen biologischen Evolution. Die bürgerliche Gesellschaft hat sich als unfähig erwiesen, dieser Entwicklung direkt ins Gesicht zu schauen.[9]

Muller behauptete in dem Brief, es wäre möglich,

> innerhalb weniger Generationen die Talente selbst von sogenann-
> ten Genies auf praktisch jedes Individuum eines Volkes zu übertra-
> gen und die breite Masse auf das Niveau zu heben, auf dem derzeit
> nur die begabtesten Individuen stehen, jene, die das meiste dazu
> beitragen, dem Leben neue Wege zu bahnen.

Die meisten Menschen könnten, so Muller, »die angeborenen
Eigenschaften eines Lenin, Newton, Leonardo, Pasteur, Beetho-
ven, Omar Chayyam, Puschkin, Sun Yat-sen, Marx oder sogar
Merkmale mehrerer dieser herausragenden Männer in Kombination haben«, schrieb er, und:

> Nach zwanzig Jahren sollten bereits erste bemerkenswerte Ergeb-
> nisse das Wohlergehen der Nation steigern. Sollte der Kapitalismus
> außerhalb unserer Grenzen zu dieser Zeit noch existieren, wird der
> vitale Reichtum unserer jugendlichen Kader ... unserer Seite unwei-
> gerlich einen Vorteil verschaffen.

Das schlägt sogar Lyssenkos Anspruch, neue Maissorten in zweieinhalb Jahren zu züchten. Es ist dieselbe Art von Opportunis-
mus, aber Muller war trotz der versprochenen schnellen Ergebnisse, dem Loblied auf Stalin und der marxistischen Rhetorik
kein Erfolg beschieden. Stalin hasste das Buch[10] aus demselben
Grund, der 1929 bolschewistische Kommentatoren und Journalisten dazu bewogen hatte, Serebrowskis Vorschlag abzulehnen.
Auf Menschen, die über keine gesicherten wissenschaftlichen
Kenntnisse verfügten und nur wenig Einblick in die politischen
Hintergründe hatten, musste *Out of the Night* wie ein Echo faschistischer Rassentheorien wirken. Angesichts des Aufstiegs der
Nazis in Deutschland ruderten russische Führer und Denker hek-
tisch von ihren eigenen nietzscheanischen Exzessen zurück. Die
Rede von der Schaffung des neuen Menschen, zehn Jahre zuvor
noch gang und gäbe in der bolschewistischen Rhetorik, wurde
jetzt als faschistisch geschmäht. Und Muller merkte nicht einmal,

welch großen Schaden er sich, seinen Freunden und seinem Fachgebiet in der Sowjetunion zufügte.

Der erste Hinweis darauf, dass etwas schiefgelaufen war, erfolgte am 14. November 1936: Das Politbüro sagte den für 1937 geplanten Siebten Internationalen Genetik-Kongress ab, der ein herausragender politischer Coup der UdSSR hätte sein sollen. Muller war in die organisatorischen Vorbereitungen eingebunden und bitter enttäuscht.

Das ehrgeizige Programm hatte unter anderem zahlreiche Exkursionen zu Universitäten, Forschungsinstituten, Laboratorien und Museen vorgesehen, nicht nur in Moskau, auch in den Provinzen, und die Krönung wäre die Besichtigung des neu errichteten Akademie-Instituts für Genetik gewesen. Die Bauarbeiten, begonnen im April 1936, zogen sich viel länger hin als geplant. Die Absage wurde widerrufen und zur bloßen Verschiebung erklärt, von offizieller Seite hieß es, man brauche mehr Zeit, was wahrscheinlich der Wahrheit entsprach.[11]

Nichtsdestoweniger ließ Muller einige Freunde im Herbst 1936 vertraulich wissen, er sei angesichts jüngster Entwicklungen in der UdSSR nicht übermäßig zuversichtlich und würde nach dem Kongress gern wechseln; wenn sie eine passende Stelle wüssten, sollten sie an ihn denken.

Der ganze Eugenik-Komplex begann sich zu einer äußerst heiklen Angelegenheit zu entwickeln, und Missverständnissen und falschen Versprechungen waren Tür und Tor geöffnet. Der Spanische Bürgerkrieg brachte die Sowjetunion und das Deutsche Reich an den Rand einer direkten Konfrontation. Die UdSSR unterstützte als einziger Staat die republikanische Seite, Deutschland half Franco. Spionage für Deutschland war ein gängiger Anklagepunkt in den Schauprozessen jener Zeit, sowjetische Zeitungen brachten groß angelegte antifaschistische Kampagnen.

Am 13. November 1936 bestellte die Wissenschaftsabteilung der Moskauer Parteiorganisation Biologen und Ärzte zu einem Treffen ins Haus der Wissenschaftler ein, um »den Betrug faschistischer und parafaschistischer Wissenschaftler« und »die rassistische Verfälschung der Biologie« aufzudecken. Medizinische Genetik wurde als »faschistisch« diffamiert, ein Schimpfwort, das unter Chefredakteur Arnošt Kolman seinen Weg in das Blatt *Unter dem Banner des Marxismus* fand. Ein Artikel mit der unmissverständlichen Headline »Der niederträchtige Schwachsinn des Faschismus und unsere medizinisch-biologische Wissenschaft« warf dem Lewit-Team faschistische Ansichten zur Humangenetik vor. Lewit selbst wurde auffallend unauffällig vom NKWD beschattet und am 4. Dezember aus der Partei ausgeschlossen. Als Begründung wurden seine »menschewistische Gesinnung« und seine Versuche angeführt, »die Institutspublikationen für die Verbreitung feindlicher Theorien zu missbrauchen«.

Am 14. Dezember druckte die *New York Times* einen Bericht ihres Moskauer Korrespondenten, der sich mit der Frage befasste, warum der Kongress ins Wasser gefallen war.

Die Absage hat eine interessante Geschichte. Dahinter steckt das Schisma in der sowjetischen Genetik, einige der prominentesten Vertreter des Fachs wurden seitens der Führung der Kommunistischen Partei faschistischer Ansichten und sogar des Trotzkismus bezichtigt. Dass so viele herausragende sowjetische Genetiker unter Beschuss geraten sind, dürfte der eigentliche Beweggrund dieser Regierungsmaßnahme sein.

Der Artikel berichtete zudem über die Inhaftierung des designierten Kongress-Präsidenten Nikolai Wawilow und des Rockefeller-Stipendiaten Israil Agol. Am 17. Dezember 1936 goss die *New York Times* mit dem sarkastischen Leitartikel »Science and Dictators« noch weiteres Öl ins Feuer.

Die sowjetische Nachrichtenagentur TASS fasste die wichtigen Nachrichten in westlichen Zeitungen regelmäßig für interne Regierungszwecke zusammen, und am 19. Dezember landete das »Bulletin zur Auslandspresse« wieder einmal auf Stalins Schreibtisch. Zwei Tage später erschien in der *Iswestija* ein namentlich nicht gekennzeichnetes, massiv von Stalin bearbeitetes Editorial unter der Überschrift »Antwort an die Verleumder von ›Science Service‹ und ›New York Times‹«.

Dass Wawilow im Gefängnis säße, sei frei erfunden, hieß es darin, und Israil Agol befinde sich zwar in Haft, doch das habe weder etwas mit dem Kongress noch mit Genetik zu tun, sondern mit seinen »direkten Verbindungen zu trotzkistischen Mördern«. Einen Tag später erschien ein langes »Telegramm an die New York Times«, in dem Wawilow die Nachricht von seiner Verhaftung verärgert dementierte.

All diese Streitigkeiten eskalierten während der vierten Jahrestagung der Lenin-Akademie, einer Mammuteinrichtung, zuständig für sämtliche Agrarbelange. Die Organisatoren hatten die Tagung vom 19. bis zum 26. Dezember 1936 angesetzt und keineswegs ein außergerichtliches Tribunal über Genetik geplant. Thema waren vielmehr die Ergebnisse des »sozialistischen Wettbewerbs« in der Pflanzenzucht. Doch die relativ kleine Zahl der Wissenschaftler, die sich mit Genetik befassten, brachte es mit sich, dass sich lokal auflodernde Kontroversen rasch auf die ganze Disziplin ausbreiteten.

Die Enttarnung angeblich »faschistischer« Wissenschaftler, die berufliche wie persönliche Verbindungen zur Lenin-Akademie hatten, war in den Nachwehen der größten Hungersnot seit Menschengedenken ein gefundenes Fressen für die Zeitungen. Die *Prawda* berichtete täglich über das Geschehen und baute damit ein gewaltiges öffentliches Interesse auf. Die Tagung musste in andere Räume verlegt werden, weil sich statt der erwarteten siebenhundert über dreitausend Beobachter anmeldeten.

Alexander Iwanowitsch Muralow, der neue Präsident der Lenin-Akademie, bemühte sich um eine unparteiische Gesprächsleitung. Sowohl Lyssenko und dessen Verbündete als auch die Genetiker-Fraktion hatten Grund, ihm zu vertrauen. Muralow hatte Wawilow achtzehn Monate zuvor an der Spitze der Akademie abgelöst. In seiner Antrittsrede »Hinkt nicht dem Leben hinterher« lobte er Lyssenkos Institut in Odessa für die vorbildlich engen Kontakte zwischen Wissenschaft und Landwirtschaft. Andererseits verstand er sich gut mit seinem Vorgänger. Dass Wawilow den Vorsitz an Muralow hatte abgeben müssen, bedeutete natürlich eine Degradierung, befreite ihn jedoch von vielen belastenden Verpflichtungen. (Er war inzwischen einer von drei Stellvertretern Muralows und fand dadurch wieder Zeit für die Forschung, die bürokratischen Aufgaben in seiner Ära als Akademiepräsident hatten den ganzen Tag ausgefüllt.) Wawilow selbst hatte als designierter Präsident des geplanten Genetik-Kongresses Muralow wegen seiner politischen Verbindungen den Vorsitz des Organisationsausschusses anvertraut.

Muralow galt als warmherzig und gerecht, steckte aber in ernsthaften Schwierigkeiten und war nicht bei der Sache. Trotzki, sein Freund und Vorbild, schrieb einmal über ihn: »Er ist ein herrlicher Riese, dessen Furchtlosigkeit durch eine großmütige Güte ausgeglichen wird … In den schwierigsten Situationen strahlte er Ruhe, Sachlichkeit und Wärme aus.«[12] Ein Lob von Trotzki war unter den gegebenen Umständen fast schon ein Todesurteil. Muralows älterer Bruder, Nikolai, saß bereits als Trotzkist und »Feind des Volkes« im Gefängnis und wartete auf seine Verhandlung im zweiten Moskauer Schauprozess im Januar 1937. (Er wurde erschossen, Alexander Mulatow im Herbst 1937 verhaftet und im März 1938 exekutiert.)

Es gab da noch ein Problem mit Muralow, und das bestimmte die Tagung der Lenin-Akademie in einer Weise, die Wawilow und die ganze sowjetische Genetikerzunft erschreckte: Muralow hatte keine Ahnung von Genetik. Neben ihm wirkte selbst Lyssenko wie ein wandelndes Fachbuch. Und er glaubte (oder hoffte es zumindest), mit dem »Kriterium der Praxis« ließe sich jede Kontroverse lösen.

Doch der Glaube an das »Kriterium der Praxis« geriet gleich zu Beginn der Veranstaltung ins Wanken, als Pjotr Konstantinow und Pjotr Lissizyn, beide Mitglieder der Lenin-Akademie, sowie der bulgarische Pflanzenzüchter Dontscho Kostow die Vorwürfe wiederholten, die sie auch schon in gedruckter Form gegen Lyssenkos Forschung in Odessa vorgebracht hatten. Ihre Kritik lief darauf hinaus, dass Lyssenkos Jarowisation, in die der Staat bereits viel Geld gesteckt hatte, nichts als Betrug sei. Sie verwiesen auf etliche dokumentierte Feldversuche, bei denen man jarowisiertem Getreide einer Vorzugsbehandlung unterzogen hatte, und andere Fälle, in denen negative Ergebnisse unter den Teppich gekehrt worden waren. Lyssenko, so ihr Fazit, sei nicht fähig, eine »rationale Diskussion« zu führen.

Das hätte ein klarer K.-o.-Sieg sein und im Mittelpunkt der weiteren Debatte stehen müssen, doch Lyssenko überrumpelte Muralow, indem er die Beschuldigungen einfach vom Tisch fegte. Derlei Spitzfindigkeiten seien typisch für die überholte bourgeoise Wissenschaft, sagte er. Es lohne sich nicht, darüber auch nur zu reden. Die Erfolge der Jarowisation seien »jeden Tag in der Zeitung nachzulesen, sowohl in der zentralen als auch in der regionalen und lokalen Presse«. In Lyssenkos Augen drückten sich Erfolg oder Misserfolg eines Praxistests in der Schriftgröße und im Umfang der Spalten aus, die darüber berichteten. Nur das zählte für ihn. Alles andere hielt er für Obskurantismus.

Muralow, Präsident einer Regierungsinstitution, die mit ihrem Ruf für die Jarowisation bürgte, ließ es dabei bewenden.

Die zweite Hälfte der Tagung war der Genetik gewidmet. Lyssenkos jüngste Äußerungen – seine Huldigung an Mitschurin als Gründer der »korrekten«, angestammt russischen Biologie, seine Leugnung des Gens usw. – waren für Wawilow, der immer noch als Lyssenkos Unterstützer und Förderer gelten wollte, hochproblematisch. In der Eröffnungsrede versuchte Wawilow die Wogen zu glätten, doch seine Wortklauberei überzeugte niemanden. Im Gegenteil, einen seiner Studenten trieb diese offenkundige Heuchelei sogar ins Lyssenko-Lager. Zur Begründung seines Treuebruchs verhöhnte er seinen Lehrer wegen dessen Unvermögen, sich klar zu positionieren, und bezeichnete ihn als »pflanzliche Chimäre aus unvereinbaren Bestandteilen: Er ist beides … Mitschurinist und Anti-Mitschurinist; er ist sowohl Lyssenkoist als auch Anti-Lyssenkoist.«[13]

Diese Rede und die Fahnenflucht setzten in Wawilow einen Sinneswandel in Gang. Der Zusammenhalt war zerstört, die Agrobiologie teilte sich in zwei Lager: Er musste Farbe bekennen.

Auf der einen Seite standen Lyssenko, Present und einige Mitstreiter Lyssenkos aus Odessa, auf der anderen Kolzow, Muller und die kleine, aber hochrangige Fraktion von Biologen, die für einen marxistischen Standpunkt in ihrem Fach gekämpft hatte, lange bevor dieser zum Pflicht- und Lippenbekenntnis wurde. Serebrowski, Michail Sawadowski, Dubinin und Anton Shebrak, der wie Lyssenko vom Land kam, waren überzeugte Marxisten und widersetzten sich lautstark Lyssenkos Bestreben, bewährte wissenschaftliche Methoden dem Marxismus zu opfern.

Der Schwung, den all diese Männer in die Genetik-Debatte brachten, war Wawilow neu. Unabhängig von ihren Überzeugungen standen Wawilow, Muralow und den Pflanzenzüchtern der Lenin-Akademie ein gewaltiger bürokratischer Apparat und viele fernab der Genetik gelegene Tätigkeitsfelder offen, auf die sie zurückgreifen konnten, sollte die Genetik politisch in Ungnade fallen. Dieser leichte Ausweg war Serebrowski und Co. verschlossen. Sie waren Genetiker, die Forschungen mit Versuchstieren betrieben. Sie hatten sich mit Leib und Seele dem Glauben an die Existenz von Genen verschrieben, Arbeitsplätze, Karriere und Ruf hingen davon ab. Sie konnten alles verlieren.

Für sie alle sprach Serebrowski, als er sagte: »Unter dem Deckmantel der vermeintlich revolutionären Slogans ›Für eine wahrhaft sowjetische Genetik‹, ›Gegen die bürgerliche Genetik‹, ›Für einen unverfälschten Darwin‹ und so weiter erleben wir einen heftigen Angriff auf die größte Errungenschaft des zwanzigsten Jahrhunderts, einen Versuch, das Land um fünfzig Jahre zurückzuwerfen.«[14]

Wenn die Verve der »Tiergenetiker« schon Wawilow verblüffte, wie muss sie erst auf Lyssenko und Present gewirkt haben! Je heftiger sie von den Vertretern der Kommunistischen Akademie attackiert wurden, desto verstiegener wurden die theoretischen Standpunkte, die sie vertraten.

Doch gerade dies verschaffte in einer Debatte unter der Leitung von Muralow, der sich weigerte, die Dinge bis ins Detail zu erörtern (und der dafür auch gar nicht ausgebildet war), Lyssenko und Present eine gute Gelegenheit, groß aufzutrumpfen. Tatsächlich *brauchte* das Duo Gegner. Beide definierten sich über die Auseinandersetzung mit Kontrahenten. Spätestens seitdem Lyssenko seinen Vortrag »Zwei Strömungen in der Genetik« gehalten hatte, war sein Vorgehen klar: alles zurückweisen, was Genetiker sagen, und das Gegenteil behaupten.[15] Beleidigt wies er die Anschuldigung zurück, er würde die Existenz von Genen leugnen, und im selben Atemzug dehnte er die Bedeutung der Begriffe »Gen« und »Genotyp« so weit aus, dass sie jegliche Bedeutung verloren. Er nahm einen genetischen Fachausdruck nach dem anderen in Beschlag und verdrehte sie ins Absurde. Ein entnervter Genetiker sagte, es sei, als würde man versuchen, mit jemandem zu diskutieren, der glaube, ein Perpetuum mobile erfunden zu haben. In mehreren Vorträgen versuchten Kollegen, Lyssenko goldene Brücken zu bauen, damit er von seinen immer abstruseren Ansichten zurückfand. Für so ein Durcheinander könne doch wohl nur Isaak Present verantwortlich sein! Aber Lyssenko verteidigte Present und ging dabei schließlich doch so weit, dass er die Existenz von Genen bestritt:

Wir lehnen kleine Teilchen – Korpuskeln – der Vererbung ab. Doch wenn jemand sagt, er glaube nicht an Temperaturteilchen, an die Existenz einer spezifischen Temperatursubstanz, lehnt er damit etwa die Existenz der Temperatur als eine der Eigenschaften der Zustände von Materie ab? Wir lehnen Korpuskeln oder Moleküle einer speziellen »Vererbungssubstanz« ab, und gleichzeitig erkennen wir das Wesen der Vererbung, das erbliche Substrat der Pflanzenformen, nicht nur an, wir verstehen es auch unserer Meinung nach unvergleichlich viel besser als Sie, die Sie sich der Genetik verschrieben haben.[16]

Auf politischem Parkett bewegten sich die Lyssenko-Anhänger deutlich sicherer. Ihnen war es egal, ob einer (wie Kolzow) aus dem Bürgertum kam oder (wie Serebrowski) ein gestandener Marxist war. Sie nutzten den Umstand, dass es in der Frühphase der sowjetischen Genetik und Eugenik zu einer Verquickung dieser beiden Forschungszweige gekommen war, indem sie ihn mit den Vorstellungen der Nazis von einer »höherwertigen Rasse« verknüpften und daraus die Anklage schmiedeten, ihre Gegner pflegten »faschistische Verbindungen«.

Humangenetik war ganz bewusst nicht ins Tagungsprogramm aufgenommen worden, doch nun ließ sich das Thema nicht mehr umgehen. Die Genetiker selbst brachten es zur Sprache: Nikolai Kolzow verlas die russische Übersetzung von Hermann Mullers Vortrag.

Es überraschte niemanden, dass Muller Lyssenkos Vorstellungen als Quacksalberei, Astrologie und Alchemie bezeichnete. Muller selbst schrieb in einem Brief, den er Stalin zusammen mit dem Exemplar seines unglückseligen Buches *Out of the Night* schickte:

Es gibt nur ein Mittel, mit dem ein erster Schritt auf dem Weg gemacht werden könnte, bessere Gene zu erzeugen, und das ist nicht der direkte Eingriff ins Erbgut, sondern die gezielte, möglichst starke Vermehrung der wertvollsten Gene, die sich finden lassen. Denn es ist nicht möglich, die Gene selbst künstlich in eine bestimmte, spezifizierte Richtung zu verändern. Die Annahme, man könne dies tun, gehört ins Reich der Phantasie und wird sicher erst in Tausenden von Jahren realisierbar sein.

Als Muller die Lyssenkoisten unannehmbarer Ansichten zur Humangenetik bezichtigte, wuchs die Anspannung im Saal jedoch merklich. Kurz nach der Tagung berichtete Muller Julian Huxley in einem Brief, er habe »die Aufmerksamkeit auf die faschistischen Implikationen des Lamarckismus hinsichtlich Rassen und Klassen gelenkt, denn wenn er recht hätte, ließe sich daraus ableiten, dass heutige Völker und Klassen, die unter ungünstigen Bedingungen gelebt haben und sich deshalb physisch wie geistig nicht optimal entwickeln konnten, genetisch minderwertig seien«. Das Publikum »hat begeistert applaudiert, aber weiter oben gab's einen mörderischen Sturm; ich musste öffentlich Reue bekunden, und die Äußerung wurde aus der publizierten Fassung des Vortrags entfernt«.[17]

Nachdem Muller den Hauptteil seiner Ausführungen zu Ende gebracht hatte, erteilte ihm Kolzow noch einmal das Wort für ein abschließendes Resümee. Muller konterte Lyssenkos Faschismusverdacht souverän: Wenn Genetiker Faschisten wären, wie lasse sich dann die Nachricht erklären, die er eben aus England von John Haldane erhalten habe: Der berühmte Genetiker verlasse sein Labor, um in Madrid gegen Franco zu kämpfen. Auch er selbst, Muller, habe weit fortgeschrittene Pläne, seine wissenschaftlichen und medizinischen Kenntnisse in den Dienst der Internationalen Brigaden zu stellen!

Am folgenden Morgen traf Muller Wawilow im Hotel. Wawilow wirkte verängstigt. Faktisch hatte Muller der sowjetischen Regierung unterstellt, sie sympathisiere mit den Faschisten, ein öffentlicher Widerruf war unabdingbar. »Weder Wawilow noch irgendjemand sonst hat mit mir noch einmal über die Angelegenheit gesprochen«, erinnerte sich Muller später, »aber es gab Hinweise, dass der Graben zwischen den beiden gegnerischen Gruppen immer weiter auseinanderklaffte.«[18]

Muller veröffentlichte einen reichlich verlogenen Widerruf und verließ die Sowjetunion vorübergehend Richtung Berlin. Unterwegs klagte er seinem Freund Julian Huxley in einem Brief, die Sowjetunion sei »gegenwärtig und in den kommenden Jahren wohl kaum der Ort, an dem man erwarten könnte, dass sich die Genetik effektiv vorantreiben lasse, geschweige denn die Anwendung der Genetik auf den Menschen, von der ich gehofft hatte, sie würde sich allmählich durchsetzen«.[19]

Kaum in Berlin angekommen, suchte Muller Timofejew-Ressowski auf. Da wusste er wahrscheinlich noch nicht, dass Israil Agol, der bei ihm in Texas Genetik studiert hatte, exekutiert worden war. Was er wusste, war schlimm genug: Ein Standgericht hatte Nikolai Timofejew-Ressowskis Kollegen Wlad Slepkow, der von Berlin-Buch nach Russland zurückbeordert worden war, zum Tode verurteilt. Auch Nikolais Bruder Wladimir, der in Leningrad für Sergej Kirow gearbeitet hatte, war erschossen worden. Ein weiterer Bruder sowie etliche Verwandte seiner Frau saßen im Gefängnis. Muller richtete ihm die ausdrückliche Bitte von Kolzow und Wawilow aus, er möge im Interesse seiner eigenen Sicherheit und der seiner Familie in Buch bleiben.[20]

Muller kehrte im September kurz nach Moskau zurück,

packte seine Siebensachen und verließ die Stadt für immer.[21]
»Mit der Zeit musste ich die traurige Wahrheit erkennen, dass
auf der Genetik in der UdSSR eine zu schwere Wolke lastet, als
dass meine Rückkehr von irgendeinem Nutzen sein könnte.«

Solomon Lewits Lage war aussichts- und ausweglos. Stalin duldete keine Rivalen, keine Alternativen, und die bolschewistischen Idealisten der Kommunistischen Akademie standen ganz
oben auf der Liste der Großen Säuberung.

Am 5. Juli 1937 wurde Lewit von seiner Leitungsfunktion am
Medizinisch-Biologischen Institut entbunden. Am 17. September
wurde das Institut geschlossen, um »eine wahrhaft wissenschaftliche Erforschung der medizinischen Genetik zu ermöglichen«.
Lewits Inlandspass wurde eingezogen, sodass ihm nur noch übrig blieb, in Moskau auf seine Verhaftung zu warten. Zu Hause
versteckte er die Zeitungen, damit seine Frau und seine Tochter
nicht von den Angriffen auf seine Person erfuhren. Er verließ
die Wohnung jeden Tag, tat so, als ginge er zur Arbeit, und verbrachte den Tag in der Lenin-Bibliothek. Das NKWD beschattete
ihn. Einmal konnte er sich davonstehlen und von einer Telefon-
zelle aus einen Freund anrufen. Den bat er, sich um seine Frau
und die Tochter zu kümmern. Der Freund ließ ihn abblitzen.

Lewits Verhaftung wurde auf die Nacht des 10. Januar 1938
terminiert. Um zu verhindern, dass seine Tochter aus dem Schlaf
gerissen wurde, ließ er sich von der Polizeieskorte quer durch das
nächtliche Moskau verfolgen. Morgens trafen ihn NKWD-Agenten in seiner Wohnung an. Er redete mit seiner Tochter, die noch
im Bett lag.

Sie nahmen ihn mit zur Lubjanka und warfen ihm vor, für
die USA spioniert zu haben. Vier Monate hielt er stand, dann
unterzeichnete er als Gegenleistung für ein Telefonat mit seiner
Tochter ein falsches Geständnis.

Am 17. Mai wurde Solomon Lewit als Terrorist und Spion
zum Tode verurteilt und zwölf Tage später erschossen.

14. MACHTKÄMPFE

Die wollten einem einfachen Bauern
wie mir keinen Platz machen.[1]

Trofim Lyssenko

Georgi Meister, stellvertretender Präsident der Lenin-Akademie, war Pflanzenzüchter und verstand etwas von Genetik. In seinem Resümee der Dezember-Tagung war er geradezu penibel auf eine unparteiische Darstellung bedacht. Doch er sah sehr wohl die Gefahr, die aus Lyssenkos ablehnender Haltung erwuchs. »Wir können nicht zulassen, dass Theorien und Methoden, deren praktischer Wert wissenschaftlich belegt ist, grundlos verworfen werden«, schrieb er. Sorgen bereitete ihm auch die Presse:

Einige unbedachte Äußerungen Lyssenkos über reine Vererbungslinien, Inzucht und Genetik wurden in bestimmten Kreisen dahin gehend interpretiert, dass die Forschung an Selbstbestäubern fast

Trofim Lyssenko misst die Ährenlänge von Weizen auf
dem Feld einer Kolchose bei Odessa.

320

schon eine konterrevolutionäre Aktivität sei, was dazu geführt hat, dass sich manche Zeitungen und Redakteure weigern, Artikel über Züchtung und überhaupt zum Thema Genetik zu veröffentlichen.[2]

Abseits von jeglichem Presserummel hatten die Genetiker einen wichtigen Sieg errungen. Die Experimente zu »Fragen der Vererbung« wurden ausgeweitet, die Genetik-Forschung mit weiteren Geldern gefördert. Sogar der abgesagte Internationale Genetik-Kongress wurde wiederbelebt, das Politbüro terminierte ihn auf 1938.

Doch die Macht der offiziellen Presse durfte nicht unterschätzt werden. Schnell entwickelte sie sich zur letzten Entscheidungsinstanz für Auseinandersetzungen, die sie mit ihren Schlagzeilen selbst entfachte. Davon zeugten das Schicksal der Leningrader Intellektuellen, Lewits Verschwinden oder Agols Tod zur Genüge. Der kalte Wind der öffentlichen Meinung blies der Wissenschaft ins Gesicht. In einem Brief an die *Prawda* warf der Biologiepionier Nikolai Kolzow, den die Stimmung sehr bedrückte, den Herausgebern ihre »voreingenommene, häufig vollkommen unqualifizierte Berichterstattung über wissenschaftliche Tagungen« vor. Meisters Zusammenfassung sei so verfälscht wiedergegeben worden, dass diese vermeintliche »prawda« (Wahrheit) das Vertrauen in die *Prawda* untergrabe.[3]

Er bat Muralow, die Veröffentlichung »ausführlicher Beiträge, verfasst von wirklichen Fachleuten der Genetik zur Verteidigung ihrer Disziplin«, in der *Iswestija* und der *Prawda* zu unterstützen, doch Muralow, dessen Bruder kurz vor der Exekution stand und dem selbst die Verhaftung drohte, wiederholte nur sein (inzwischen obligatorisches) Bekenntnis zur »Bürgerwissenschaft«. Fragen zur Genetik müssten im weiten Kreis von Wissenschaftlern und Werktätigen in der Produktion diskutiert werden, nicht nur in den geschlossenen Zirkeln von Spezialisten. Kolzow sei elitär.

Inzwischen erhöhten Lyssenko, Present und deren Chef Jakowlew mittels der offiziellen Presse den Druck auf die Genetiker. In ihren Augen war jegliche Erforschung menschlicher Vererbung ipso facto faschistisch. Present äußerte in der *Prawda*: »Es ist unerheblich, wer von wem lernt, ob die Faschisten von Kolzow oder Kolzow von den Faschisten. Die Faschisten vernichten, Kolzows Agenda folgend, Tausende von Menschen.«

Ende März 1937 berief die Lenin-Akademie eine Sitzung ein, die einem besonderen Thema gewidmet war: Es sollte diskutiert werden, welche Auswirkungen die neue Verfassung der Sowjetunion auf die Zusammenarbeit der Wissenschaftler mit dem Verwaltungsapparat habe. Die Verfassung, die am 5. Dezember 1936 in Kraft getreten war, stärkte in hohem Maße das Nomenklatura-System, von dem jeder Arbeitsplatz abhing.

Das März-Aktiv war eigentlich ein informelles Treffen für die Moskauer Mitarbeiter. Doch auch dem Publikum standen die Türen offen, was nichts Ungewöhnliches war. Es galt seit jeher als Tradition in der russischen Wissenschaft, sich der Öffentlichkeit zu präsentieren. Allgemein zugängliche Vorlesungen und Fachdiskussionen waren seit langem üblich. Was dieses Treffen von anderen ähnlichen Veranstaltungen unterschied – und Teilnehmer wie Zuschauer schockierte –, war die Geschwindigkeit, mit der diese informelle Gesprächsrunde zu einem Schreiduell zwischen zwei sehr klar voneinander abgegrenzten Lagern ausartete, der Lyssenko-Fraktion auf der einen und Kolzows Genetikern auf der anderen Seite.

Auch das wäre wohl nicht weiter schlimm gewesen, hätte nicht Muralow, der Präsident der Lenin-Akademie, dessen Freiheit und Leben auf dem Spiel standen, seine Position genutzt, um seine politische Willfährigkeit unter Beweis zu stellen. Schon in der Eröffnungsrede ging er ohne Umschweife zum Angriff auf Kolzow über. Dessen Brief an die Lenin-Akademie, verfasst nach der vierten Jahrestagung, zeige, so Muralow, »dass wir unsere Kader nicht genügend darauf ausgerichtet haben, die bourgeoise Weltanschauung zu bekämpfen«. Um deutlich zu machen, was für eine »Weltanschauung« er meinte, zitierte er aus dem Artikel, den Kolzow 1929 im *Russischen Eugenik-Journal* veröffentlicht hatte, und so, wie er den Inhalt nun wiedergab, klang Kolzows spielerisches Mars-Szenario auf einmal nach purem, tief verwurzeltem Faschismus.

Die Drohung gegenüber Kolzow war klar, die Mitschrift der Rede zeigt aber genauso klar Muralows Angst. Der Große Terror forderte die meisten Opfer unter Parteikadern, und je höher man in der Hierarchie stand, desto gefährdeter war man. Kolzow und andere Genetiker galten eigentlich nicht als Feinde des Staates. Vielmehr waren sie die Prügelknaben für Parteifunktionäre, deren Leben am seidenen Faden hing.

Für Kolzow gab es einen naheliegenden Ausweg: Er konnte die Waffen strecken. Unter der bolschewistischen Herrschaft hatten derartige öffentliche Debatten eine ausgesprochen theatralische Form angenommen. Das eigentliche Thema war sekundär, primär ging es um Machtdemonstration und Loyalitätsbekundungen. Selbstkritik und Reue gehörten unbedingt dazu. Sie sagten wenig über die tatsächliche Meinung der Betroffenen oder deren Handlungen aus und überhaupt nichts über ihr künftiges Verhalten. Um zu überleben, musste man eben lügen, mehr nicht.

Diese Einsicht sollte nach dem Krieg ganze Fachbereiche retten und brillante Köpfe über Jahre vor Haft und Arbeitslosigkeit bewahren. Kolzow jedoch gehörte einer anderen Generation an. Er konnte sich nicht verbiegen. Muralow habe den Text aus dem Jahr 1929 absichtlich völlig falsch interpretiert, sagte er. Im damaligen Kontext seien die Aussagen legitim und wissenschaftlich begründet gewesen, er habe keinen Grund, auch nur ein Wort zurückzunehmen.

Kolzows Galilei-Geste, seine stolze Verteidigung der Wissenschaft, brachte die Mehrheit im Saal in Rage. Die Diskussion wurde zur Entscheidungsschlacht: Wer saß in der Lenin-Akademie am längeren Hebel? Muralow wies darauf hin, dass er die einschlägigen Akademie-Institute vor Monaten angewiesen hatte, rostpilzresistente Weizensorten zu züchten. »Hätte ich mich da raushalten sollen?«, fragte er Nikolai Wawilow, seinen Vorgänger als Präsident der Lenin-Akademie und neben Kolzow der bekannteste Vertreter des Genetik-Lagers.

»Unbedingt«, antwortete Wawilow von seinem Platz aus.

»Aber ist es nicht Aufgabe des Präsidiums, die Forschung zu lenken, damit schnellstmöglich bessere Sorten zur Verfügung stehen?«, schnappte Muralow zurück. »Ihr nennt das bürokratische Einmischung, wir nennen es Organisation der Forschung.«

»Sie sollten die Besten des Fachs um Rat fragen«, erwiderte Wawilow und nannte ein paar Namen.

»Sie haben Lyssenko und Zizin vergessen«, bemerkte Muralow.

Dazu fiel Wawilow nichts mehr ein. Und es erwartete auch niemand weitere Äußerungen von ihm: Ein Existenzkampf hatte begonnen.

Wenige Monate später wurde Muralow verhaftet, sein Stellvertreter Georgi Meister rückte als Präsident der Lenin-Akademie nach. Meisters Erfolge als Pflanzenzüchter waren unstrittig, die unter seiner Federführung entstandenen Sommerweizensorten gediehen auf sieben Millionen Hektar sowjetischen Bodens. Doch praktische Errungenschaften allein schützten nicht vor dem Terror. Meister wurde am 11. August 1937 als Volksfeind verhaftet, verlor im Gefängnis den Verstand und starb dort nach einem Jahr geistiger Verwirrung.

Einige Monate leitete Nikolai Wawilow erneut die Lenin-Akademie. Dann, am 28. Februar 1938, geschah das Unvermeidliche. Trofim Lyssenko wurde zum Präsidenten ernannt, sein Anhänger Nikolai Wassiljewitsch Zizin wurde Vizepräsident.

Die Große Säuberung hatte die Sowjetwelt auf den Kopf gestellt. Trofim Lyssenko war in die höchste Position der sowjetischen Landwirtschaft aufgestiegen, und das hatte er nicht einer speziell gegen die Genetik gerichteten Kampagne zu verdanken, sondern vielmehr der Tatsache, dass die Genetiker letztlich mehr Unterstützer an die Erschießungskommandos verloren als die Lyssenkoisten. (Jakow Jakowlew, Lyssenkos Schutzpatron, wurde im Juli 1938 erschossen. Auf Seiten der Genetik starben Grigori Kaminski, Volkskommissar für Gesundheitswesen, Karl Baumann, wissenschaftlicher ZK-Berater, und etliche weitere Mitstreiter.)

Es kam nicht so sehr darauf an, ob man gute Beziehungen zu Lyssenko hatte oder nicht – jede Amtsenthebung schaffte Raum für seine Machtentfaltung und trug dazu bei, dass sein Aufstieg unaufhaltsam wurde. Nachdem er die Lenin-Akademie unter seine Kontrolle gebracht hatte, blieb den sowjetischen Genetikern nur noch eine Einrichtung übrig, die sie als ihre Heimstatt bezeichnen konnten – das Institut für angewandte Botanik unter Wawilows Leitung.

So weit reichte Lyssenkos Arm nicht, dass er seinen prominenten Gegner direkt hätte ausschalten können. Und, schlimmer noch, er musste sich mit Wawilow und Sawadowski als stellvertretende Präsidenten der Lenin-Akademie arrangieren. Offiziell galt immer noch die Maxime, dass sich Kontroversen durch Praxis beilegen ließen, und so wurden Wawilow und Sawadowski auf ihren Posten gehalten, um den »sozialistischen Wettbewerb« zu befeuern. In Wirklichkeit war die Lenin-Akademie zu einem bürokratischen Monster geworden, das mit viel Getöse auf der Stelle trat.

So musste Lyssenko also zu verdeckten Mitteln greifen, um Wawilow aus dem Amt zu jagen. Und diese Mittel waren bereits an Ort und Stelle in Gestalt von Grigori Nikolajewitsch Schlykow, der seit 1931 als Wissenschaftler in der Abteilung für subtropische Pflanzen des Instituts für angewandte Botanik arbeitete und inzwischen zum stellvertretenden Direktor aufgestiegen war. Von dieser hohen Warte aus hatte er eine Abhandlung mit dem Titel »Formale Genetik und konsistenter Darwinismus« veröffentlicht, in der er die Arbeit des Instituts als »grandioses Fiasko« bezeichnete.

Schlykows Berichte ans NKWD waren indes noch von ganz anderem Kaliber. Nachdem Jakowlew den »Säuberungen« zum Opfer gefallen war, behauptete Schlykow, Wawilow habe zu dessen Gruppe gehört. Jakowlews »vorgeblich negative Haltung« gegenüber Wawilow sei »eine Tarnung für ihre tatsächlichen Beziehungen als Komplizen« gewesen. »Die Niedertracht und Gerissenheit dieser Leute … kennt keine Grenzen.«

Um Schlykows Aktivitäten zu stützen, sorgte Lyssenko dafür,

dass der junge Fachkollege (und Geheimdienst-Major) Stepan N. Schundenko zum stellvertretenden wissenschaftlichen Leiter des Instituts für angewandte Botanik bestellt wurde. Schundenko freundete sich rasch mit Schlykow an, und alsbald machten sie sich gemeinsam daran, die Abläufe im Institut zu torpedieren. Wir wissen, dass zumindest einige Mitarbeiter die wahre Loyalität der beiden erahnten, denn es ist ein Spottlied überliefert, in dem, für Insider identifizierbar, ein »kleiner Weichei-Teufel« (Schlykow) und ein »Zwerg-Napoleon« (Schundenko) vorkommen.[4]

John Hawkes aus Cambridge, der im September 1938 sowjetische Kollegen besuchte, traf einen völlig erschöpften Wawilow an, der beruflich wie privat unter Beschuss stand. Es war kein Geheimnis, dass die Attacken von Lyssenko lanciert wurden. Hawkes berichtet:

> Inzwischen begreife ich, warum die Regierung eine so hohe Meinung von Lyssenko hat. Es liegt weniger an dem Mann als an der Idee, für die er steht. Aus dem gemeinen Bauernstand ist er zur höchsten Ehre aufgestiegen, die Russland im akademischen Rahmen zu bieten hat – die Aufnahme in die Akademie der Wissenschaften. Ob er sie verdient hat, sei dahingestellt. Tatsache ist, dass der Mann es unter dem neuen Regime allein durch eigene Verdienste geschafft hat, von ganz unten nach ganz oben zu gelangen. Das ist eine große Leistung, aber ich werde das Gefühl nicht los, dass diejenigen, die ihn gewählt haben, ihrem Wunschdenken aufsitzen. Wawilow kann diesen Bonus nicht vorweisen, er hat einen Teil seiner Ausbildung vor der Revolution in England und Amerika absolviert und behauptet im Gegensatz zu Lyssenko nicht, alles dem Kommunismus zu verdanken. Er wäre so oder so ein großer Mann geworden.[5]

Wawilow hat wohl kaum mit Hawkes vertraulich über seine Situation gesprochen, er war im Gespräch mit Ausländern vorsichtig geworden. Bei Briefen ins Ausland benutzte er Codes. Der amerikanische Botaniker Jack Harlan, der Wawilow als engen

Freund seines Vaters und gelegentlichen Gast im Elternhaus kannte, hätte in seinen jungen Jahren gern bei ihm studiert, und so war es auch abgemacht. Er lernte in seiner Schulzeit sogar Russisch, um sich darauf vorzubereiten. Als Harry Harlan Wawilow schließlich anschrieb, um den Aufenthalt seines Sohnes in Leningrad konkret in die Wege zu leiten, kam die Antwort postwendend: »Mein lieber Dr. Harlan, was Sie über chinesische Gerste geschrieben haben, ist hochinteressant ...«

Die Wendung »Mein lieber« hatten die beiden als Zeichen verabredet, dass etwas nicht stimmte. Und im Übrigen hatte Harry Harlan auch nichts über chinesische Gerste geschrieben. Jack fuhr nicht nach Russland.[6]

Im Mai 1938 beschloss die Regierung, die Akademie der Wissenschaften komplett neu zu organisieren. Mehr Abteilungen sollten geschaffen und mehr Mitglieder aufgenommen werden, insbesondere »junge wissenschaftliche Kräfte«, um die Institution zu »stärken«. Die Gründung einer neuen Philosophiesektion und die Aufnahme von Stalins Lieblingsphilosophen Mark Borissowitsch Mitin in die Akademie waren offenkundige Schachzüge zugunsten des aufstrebenden Philosophie-Professors Isaak Present, während Lyssenko und Zizin, der Vorsitzende der Lenin-Akademie und sein Stellvertreter, nach der neuen Satzung gute Chancen hatten, in die Akademie »gewählt« zu werden.

Zu den Rivalen gehörte Nikolai Kolzow, der Leiter des Instituts für experimentelle Biologie. Durch eine bizarre Verkettung von Ereignissen war sein Name auf die Kandidatenliste der für Januar 1939 vorgesehenen Wahl geraten. Das Kommissariat für Gesundheitswesen hatte sein Institut der Akademie der Wissenschaften zugewiesen, eine bürokratische Flickschusterei, die Kolzow um den Fortbestand seiner Einrichtung als »unabhängige, vollständige und nicht zerstückelte Institution« bangen ließ. Dadurch wurde das Institut die einzige Bastion der Genetik innerhalb der Akademie der Wissenschaften.

Kolzow, der sich seines abnormen Standes in der Akademie wohlbewusst war, brachte seinen Namen nicht selbst ins Gespräch, als es um die Kandidatur ging. Leider versäumte er es, seine Frau Marija in die Gründe für seine Zurückhaltung einzuweihen. Marija hatte das Gefühl, ihm etwas schuldig zu sein. 1915 hatte er die Wahl zum ordentlichen Mitglied der Akademie ihretwegen abgelehnt, weil dies die Übersiedlung nach Sankt Petersburg bedeutet hätte und sie nicht damit einverstanden gewesen war, von Moskau fortzuziehen. Hinter seinem Rücken setzte Marija Kolzowa den Namen ihres Mannes auf die Liste.

Die offenkundige Zustimmung, die seine Kandidatur auslöste, machte es Kolzow unmöglich, sich diskret aus dem Wettbewerb zurückzuziehen. Kaum stand er auf der Liste, befürworteten auch schon 45 Kollegen seine Nominierung. Als er schließlich dem Präsidenten der Akademie der Wissenschaften ein Schreiben schickte, in dem er offiziell seinen Verzicht auf die Kandidatur erklärte, hatte die Lyssenko-Fraktion bereits eine wütende Attacke gegen ihn losgetreten. Present grub noch einmal Kolzows Veröffentlichungen im *Russischen Eugenik-Journal* aus den zwanziger Jahren aus. »In dem Institut, das Kolzow leitete, und in der Zeitschrift, die er herausgab«, schrieb Present, »ergingen sich seine Mitarbeiter in pseudowissenschaftlichem Quatsch und gelegentlich auch in faschistischen Sermonen unter dem Deckmantel der Genetik.«

Es sollte noch schlimmer kommen. Wenige Tage vor der Wahl, am 1. Januar 1939, publizierte die *Prawda* einen Artikel unter der Schlagzeile »Leute, die Pseudowissenschaft betreiben, gehören nicht in die Akademie«. In dem von etlichen Lyssenkoisten wie den Akademiemitgliedern Alexej Bach und Boris Keller unterzeichneten Pamphlet wurde Kolzow als Konterrevolutionär und Faschist verunglimpft.

Die Anschuldigungen bedrückten Kolzow sehr. Er schrieb Stalin einen Brief, in dem er daran erinnerte, dass er, Kolzow, sofort das Journal eingestellt und die Eugenik-Gesellschaft aufgelöst habe, als in Deutschland die ersten Anzeichen für eine Vermengung von Faschismus, Rassenideologie und Eugenik zutage getreten seien.

Der Brief – stichhaltig, würdevoll, unwiderlegbar – bewahrte

Kolzow vor weiteren Schwierigkeiten. Doch er hielt weder Lyssenko und Zizin davon ab, sich in die Akademie der Wissenschaften wählen zu lassen, noch rettete er das Institut für experimentelle Biologie, Kolzows Lebenswerk, vor dem Untergang. Nach der Wahl startete die Lyssenko-Fraktion einen Frontalangriff. Am 4. März 1939 rief das Präsidium der Akademie eine Kommission unter dem Vorsitz von Alexej Bach und der Führung von Isaak Present ins Leben, die den Auftrag hatte, Kolzows Institut auf »pseudowissenschaftliche Abweichungen« zu prüfen.

Die Kommission trat insgesamt vier Mal zusammen; die wichtigste Sitzung, in der Kolzow Rede und Antwort zu stehen hatte, fand am 15. April 1939 statt. Die Fragen waren so formuliert, dass er nur verlieren konnte. Das war zumindest der Plan. Aber Kolzow dachte nicht daran, sich kampflos auf den Scheiterhaufen führen zu lassen. Er durchschaute die Hexenjagd, und ohne Namen zu nennen, gab er den anwesenden Herren deutlich zu verstehen, dass er Present für den Initiator dieses schäbigen Theaters hielt. Danach trieb er, weit davon entfernt, die Waffen zu strecken, Alexej Bach und Chatschatur Koschtojanz so lange in die Enge, bis sie schließlich zugeben mussten, dass sie die Texte, die sie in der *Prawda* in Grund und Boden kritisiert hatten, gar nicht kannten.

Der neue Präsident der Akademie der Wissenschaften, der Pflanzengeograph Wladimir Leontjewitsch Komarow, der insgeheim zur Genetik übergelaufen war, sah sich außerstande, sich selbst Vorwürfe aus den Fingern zu saugen, und zitierte deshalb Presents Beschuldigung, »dass Sie den Einflüssen der Umwelt auf den Vererbungsprozess zu wenig Beachtung geschenkt haben«.

Kolzow zuckte nur mit den Achseln. »Er meint, durch richtige Fütterung kann man aus einer Kakerlake ein Pferd machen«, gab er zurück. (Stalin soll laut gelacht haben, als er diese Stelle im Sitzungsprotokoll las.) Doch so tapfer sich Kolzow auch schlug, es half nichts. Er wurde von seinem Leitungsposten entbunden, durfte nur noch in seinem Privatlabor arbeiten und musste zusehen, wie sein Institut zerschlagen wurde. Am 3. Juni 1939 wandte er sich an einen alten Freund, Akademiesekretär Leo Orbeli:

So wie es aussieht, schmeißen sie mich nicht aus der Wohnung und meinem kleinen Labor (beides ist vom eigentlichen Institut getrennt) ... Bekomme ich noch ein Gehalt? Dürfen meine Frau, M. P. Kolzowa (Doktorin der Biologie), und meine persönliche Technikerin, E. P. Kumakowa, weiter für mich arbeiten? Wie werde ich bezahlt, bekomme ich Forschungsgelder? (Meine Experimente sind nicht teuer, ich kann sie aus eigener Tasche bezahlen.) Mir wäre es lieber, wenn ich bei der Akademie der Wissenschaften beschäftigt wäre. Falls das nicht geht, können Sie meinen kleinen Betrieb (drei Personen) jedem beliebigen Institut in der Akademie zuschlagen ...[7]

Kolzow starb am 2. Dezember 1940 an einem Herzinfarkt. Einen Tag später regelte seine Frau ihre Angelegenheiten und schluckte Gift. Ihr Abschiedsbrief wurde bei der Beerdigung verlesen. Kolzow habe in seinem Todeskampf einen kurzen Moment vollständiger Klarheit gehabt und gesagt: »Ich wünschte, alle würden aufwachen. Alle sollen endlich aufwachen.«[8]

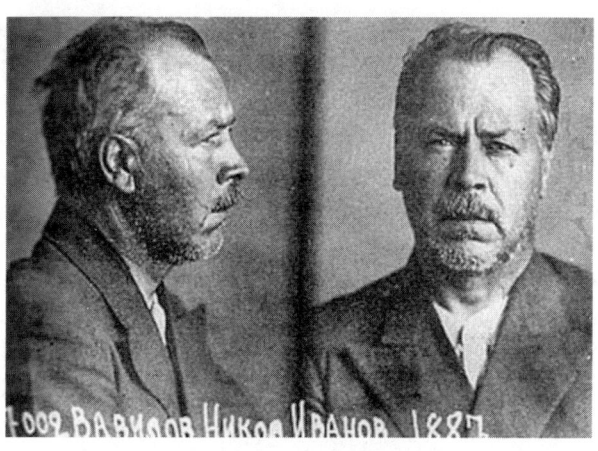

15. »WIR WERDEN ZUM SCHEITERHAUFEN GEHEN«

*Da flogen wirklich die Fetzen. Wir traten ins Zimmer
und sahen, wie Wawilow Lyssenko am Revers festhielt
und wüst beschimpfte, er habe die sowjetische
Wissenschaft zerstört.*[1]

Ein Mitarbeiter des Instituts für angewandte Botanik

Der Große Terror erschöpfte sich selbst. Im Februar 1938 nutzte
Andrej Wyschinski seine ganze Autorität und Reputation als Ge-
neralstaatsanwalt der Sowjetunion, um – vielleicht auch zwecks
Förderung seiner gediegenen Zweitkarriere in der Akademie
der Wissenschaften – die Anwendung von Folter in Grund und
Boden zu verdammen. Der Chefankläger, berüchtigt für seine
Brüllexzesse während der Moskauer Schauprozesse, hatte offen-
bar die ganze Quälerei, die erfundenen Anschuldigungen und

Das letzte überlieferte Bild von Nikolai Wawilow ist dieses
Häftlingsfoto, das wahrscheinlich 1941 im Gefängnis von Saratow
aufgenommen wurde.

erzwungenen Geständnisse satt. Im März verurteilte der Rat der Staatsanwälte unter seinem Vorsitz die Gepflogenheit, »ehrliche Sowjetbürger zu prügeln«. Wyschinskis Scheinheiligkeit war atemberaubend, aber Scheinheiligkeit ist nicht die schlimmste Untugend: Viele Memoiren berichten davon, dass Foltermethoden schon ein halbes Jahr später erheblich seltener angewendet wurden.

Die Kontroversen, um die es in den Zeiten des Großen Terrors gegangen war, standen weiter im Raum, aber es schien jetzt möglich, sie etwas gemäßigter auszufechten. Eine Gruppe Leningrader Biologen schrieb Andrej Shdanow, Stalins rechter Hand und als Parteisekretär zuständig für Forschung und Lehre in der Stadt, es müsse dringend eine freie öffentliche Debatte zum Stand der Genetik geführt werden. »Die Bedingungen, unter denen Genetiker gegenwärtig arbeiten müssen«, klagten sie, »sind ganz und gar unannehmbar.«

Der Adressat war gut gewählt. Zwar war Shdanow angesichts seiner Rolle als erbarmungsloser »Säuberer« und seines notorischen Misstrauens gegenüber westlichen Einflüssen nicht gerade der Idealpartner der Genetiker, aber er war ein praktisch veranlagter, Klartext sprechender Mann, der die Mängel der Zwangskollektivierung in seinem Bezirk durchschaut hatte, und er verachtete Lyssenko, dessen Ankündigungen phantastischer Rekordernten und immens ertragreicher Getreidesorten sich als Seifenblasen entpuppt hatten. Auf Shdanows Geheiß fand im Oktober 1939 eine Konferenz zur »Kontroverse in Vererbungslehre und Züchtung« statt.

Die Diskussion über Fragen der Genetik erneut zu eröffnen war angesichts des desaströsen Zustands der sowjetischen Landwirtschaft fraglos sinnvoll. Dabei bedachten die Genetiker allerdings nicht, wie wenig ihr Wort noch galt. Die Wissenschaftler in der UdSSR – Vertreter der alten bürgerlichen Garde genauso wie die jungen militanten Marxisten von der Kommunistischen Akademie – waren es gewohnt, dass man sie ernst nahm. Schließlich war die Sowjetunion der erste wissenschaftlich gelenkte Staat. Doch seit dem Ersten Fünfjahresplan hatten sich die Machtverhältnisse geändert. Viel mehr als das akademische Getriebe der Fachpublikationen und Peer-Reviews zählten jetzt die »praktischen Ergebnisse«, ermittelt durch Fragebogen, auf großen Veranstaltungen diskutiert und verbreitet in den Presseorganen der Partei. Und Philosophen aus dem militanten Lager wie Mark Mitin und Isaak Present sorgten dafür, dass Diskussionen allgemeinverständlich gehalten wurden und mit klar formulierten Erklärungen und Handlungsvorgaben endeten.

Nicht Wissenschaftler, sondern Philosophen bestimmten, auf welche Weise gemäß der neuen Orthodoxie der Akademie der Wissenschaften über Genetik zu reden war. Die Konferenz fand vom 7. bis zum 14. Oktober im Marx-Engels-Lenin-Institut statt, einem imposanten konstruktivistischen Bau im Snamenka-Viertel, einen Steinwurf vom Kreml entfernt, und stand unter der Schirmherrschaft der Parteizeitung *Unter dem Banner des Marxismus*. Den Vorsitz führte deren Chefredakteur Mark Mitin, der in Wissenschaft nichts anderes sah als eine Fabrik für nützliche Technik.

Die Zeitschrift stellte vier »Juroren« auf, die die Sitzungen leiten sollten: die frisch gewählten Akademiemitglieder Mark Mitin und Pawel Judin, den auch als Spion tätigen Philosophen Arnošt Kolman, der die Hetzkampagne gegen Solomon Lewit eröffnet hatte, und den Dekan des Fachbereichs Psychologie am Institut für Philosophie, Wiktor Kolbanowski.

Unter der Aufsicht solcher Männer war es undenkbar, ernsthafte, Spezialwissen erfordernde Fachgespräche zu führen. Es war noch nicht einmal möglich, nach empirischen Fakten zu fragen. Die Genetiker zogen sich auf die Praxisrelevanz ihrer Forschung zurück, die Gegenseite warf ihnen lautstark vor, sie würden ihre Zeit mit dem Zählen der Härchen an Fliegenbeinen verplempern, während sie, die Lyssenkoisten, sich mit der Optimierung von Tomaten, Kartoffeln und anderen nützlichen Pflanzen wie auch Tieren befassten.

Wawilow erschien mit finsterer Miene und am Rand des physischen Zusammenbruchs auf der Tagung. Er hatte kaum noch Zweifel, welches Schicksal ihm bevorstand. Schon Monate zuvor hatte er sich vor seinen Mitarbeitern in düstersten Wendungen zu dem Streit geäußert, in den Lyssenko sie verwickelt hatte: »Wir werden zum Scheiterhaufen gehen und brennen, aber wir werden unseren Überzeugungen nicht abschwören.«

Sein Pessimismus war nur allzu begründet. Die Debatte artete rasch in Gezänk aus. Wawilows Saboteur-Mitarbeiter Schlykow wurde so ausfallend gegen seinen Chef, dass der schockierte Vorsitzende ihm das Wort verbot und Schlykows Beschuldigungen aus dem Protokoll strich.

Lyssenko reagierte gewohnt aggressiv auf jegliche Kritik. Der *Drosophila*-Fachmann Julius Kerkis konfrontierte ihn mit seinen eigenen Worten, wohl hoffend, er werde sie zurücknehmen oder doch wenigstens erklären. Wie solle man, fragte Kerkis, eine Äußerung wie diese verstehen: »Um ein bestimmtes Ergebnis zu erhalten, muss man dieses Ergebnis erhalten wollen, wer ein bestimmtes Ergebnis will, erhält es auch … Ich kann nur Leute brauchen, die die Ergebnisse erhalten, die ich brauche«?

»Meine Aussage ist korrekt!«, brüllte Lyssenko.

Kerkis wusste nicht weiter: »Das geht über meinen Horizont«, sagte er nur.[2]

Es ging auch über Mitins Horizont, und er merkte, ihm würde die Debatte entgleiten, wenn er Lyssenko damit fortfahren ließ, die Genetik in Bausch und Bogen zu verurteilen. Wenn hier irgendwer irgendetwas zu verurteilen hatte, dann doch wohl er und seine professionelle Philosophenriege. Er zweifelte nicht daran, dass hinter Lyssenkos Angriffslust Isaak Present steckte, ein Mann, der von den Philosophen in seinem eigenen Lager, die Tag für Tag mit ihm zu tun hatten, mindestens ebenso sehr gehasst wurde wie von den Genetikern. Mitin attackierte Present, bezichtigte ihn eines »grenzenlosen Dünkels«, mit dem er versuche, seine »Scholastik« und seinen »Schwulst« gleichsam mit dem Brecheisen in die wichtige praktische Arbeit des Genossen Lyssenko hineinzuzwingen. (Das war ein kluger Zug: Beide Seiten klatschten Beifall.)

Doch Lyssenko und Present ließen sich nicht entzweien. Lyssenko verteidigte seinen Kompagnon und verbrachte die rest-

lichen Tage der Konferenz damit, die »Verlogenheit der Grundlagen des Mendelismus« zu verfluchen – was ihn dermaßen
erschöpfte, dass er am Ende der Veranstaltung so abgekämpft
und niedergeschlagen aussah wie Wawilow zu Beginn. Eleanor
Manewitsch, Studentin der Genetik, rannte Lyssenko am letzten
Abend an der Garderobe beinah über den Haufen: »Wir standen
da, er sah nicht gut aus und war total heiser. Ich hatte Mitleid
mit ihm. Alle Genetiker hatten ihn kritisiert. Ich sagte: ›Trofim
Denissowitsch, Sie sollten auf Ihre Gesundheit achten.‹ Sein
Mantel war zu leicht für die Jahreszeit.«[3]

Am Ende der Tagung konnte keine der beiden Seiten behaupten, sie hätte die Debatte für sich entschieden (wenn »Debatte«
überhaupt die richtige Bezeichnung für so eine Schlammschlacht
ist). Da es überhaupt nicht um Inhalte gegangen war, konnten
Mitin und seine Kollegen nur das rhetorische Geschick der beiden Lager beurteilen, und natürlich schlugen sie sich auf die Seite
des Genossen Lyssenko, weil dessen Arbeit im Vergleich der beiden Kombattanten die stärkere »Praxisorientierung« aufweise.
Seine Theorien seien »progressiv« und »innovativ«. Die Genetiker hingegen bildeten »einen hermetischen Zirkel, der sich wei-
gert, auf die Stimme der Praxis zu hören, und sehr empfindlich
reagiert, wenn man ihn deswegen kritisiert«. Pawel Judin rief
die Genetiker in seinem Schlusswort dazu auf, »den Schutt und
Müll, der sich in Ihrer Wissenschaft angesammelt hat«, endlich
abzuräumen.

Die Konferenz hatte nichts erreicht, schlimmer noch, sie lieferte das offizielle Imprimatur zu den Klischees und hohlen Phrasen, welche die sowjetische Genetik seit 1930 verfolgten. Wawilow schrieb hinterher an Mitin: »Die Schlüsse, die Sie auf der
Konferenz bezüglich der Genetik gezogen haben, hinterlassen bei
uns einen bitteren Nachgeschmack.«[4]

Lyssenko stand im Zenit seiner Macht: Präsident der Landwirtschaftsakademie Lenin, Präsidiumsmitglied der Akademie der
Wissenschaften und Deputierter im Obersten Sowjet der UdSSR,
dem höchsten Legislativorgan der Sowjetunion.

Die kleinkarierten Angriffe auf seinen ehemaligen Förderer setzte er unentwegt fort. Er lehnte reihenweise Ausstellungsobjekte ab, die Wawilow für eine nationale Agrarschau in Moskau aufgelistet hatte. Irgendwann platzte Wawilow der Kragen, und er stürmte wutentbrannt in Lyssenkos Büro. »Da sprühten wirklich die Funken«, berichtete ein Handwerker, der zufällig vorbeikam.

Wir traten ins Zimmer und sahen, wie Wawilow Lyssenko am Revers packte und anbrüllte, er habe die sowjetische Wissenschaft zerstört. Lyssenko hatte wahnsinnige Angst und schrie, er sei als Deputierter des Obersten Sowjet unantastbar, er werde sich bei der Regierung beschweren, und Wawilow werde zur Verantwortung gezogen für den Versuch, ihn zu verprügeln.

Als die Feindseligkeit zwischen den Männern außer Kontrolle zu geraten drohte, wendete sich Wawilow an die höchste Instanz. Seinem Institutskollegen Jefrem Jakuschewski zufolge postierte er sich am 20. November 1939 vor Stalins Büro im Kreml.[5]

Gegen zehn Uhr abends wurde er ins Empfangszimmer eingelassen. Um Mitternacht herum hatte Stalin endlich Zeit für ihn. »Soso«, sagte der große Führer, der Coryphaeus der Wissenschaften, »Sie sind also der Wawilow, der seine Zeit mit Blümchen, Blättern, Pfröpflingen und anderem botanischen Schnickschnack vertrödelt, anstatt wie Lyssenko der Landwirtschaft zu helfen.« Er bot Wawilow noch nicht einmal einen Stuhl an, und dem Besucher kam es vor, als redete er gegen eine Wand. Nach etwa einer Stunde verließ Wawilow Stalins Büro mit leeren Händen.

Jakuschewski traf Wawilow eine Woche später. Sein Chef habe keine Hoffnung mehr gehabt, erzählte er. Wawilow wusste seit dem herben Empfang im Kreml, dass Stalin Lyssenko eine Carte blanche gegeben hatte. Er konnte tun, was er wollte.

Wie zum Beweis seiner Handlungsfreiheit schickte Lyssenko Wawilow Ende 1939 auf eine Expedition in den Kaukasus und nutzte seine Abwesenheit, um den wissenschaftlichen Beirat des Instituts für angewandte Botanik auszutauschen. Wawilow beschwerte sich beim neuen Kommissar für Landwirtschaft, Iwan Benediktow, doch der unternahm nichts. 1940 rechnete Wawilow mit seiner Festnahme. Jedes Mal, wenn er in seinem Büro eintraf oder es verließ, rief er seine Frau an, damit sie gewarnt war, falls er auf der Straße verhaftet wurde.

Kollegen und Freunden im Ausland fiel es schwer, das ganze Ausmaß des Durcheinanders und der Konflikte im geistigen Leben der Sowjetunion zu erfassen. Aufgrund der Politik eines Staates, der alles daransetzte, sich gegen fremde Einflüsse abzuschotten, drangen nur spärliche Informationen nach außen.

Die sowjetischen Behörden hatten signalisiert, dass der verschobene siebte Genetik-Kongress 1938 stattfinden könne. Doch seither häuften sich die schlechten Nachrichten. Wawilow drohte die Verhaftung. Lewit war verschwunden, Agol wohl sicher nicht mehr am Leben. Muller leckte in Edinburgh seine Wunden und erzählte Schauergeschichten. Otto Mohr, ein norwegischer Genetiker, der die Aufgabe übernommen hatte, die internationalen Genetik-Tagungen zu koordinieren, musste eine Entscheidung treffen: Konnte er es riskieren, aufgrund der Zusage einer Handvoll sowjetischer Bürokraten, die mittlerweile zu mehr als der Hälfte ausgewechselt worden waren und von denen es offenbar keiner für nötig hielt, seine Briefe zu beantworten, einen großen Kongress in Moskau vorzubereiten, zu dem Wissenschaftler aus aller Welt eingeladen werden sollten?

Am 20. Mai 1937 erhielt Mohr einen Brief von Cyril Darlington, der ihm mitteilte, »dass Kolzow und Serebrowski verhaftet worden sind … [Julian] Huxley hat vorgeschlagen, einen von allen führenden Genetikern unseres Landes unterzeichneten Protestbrief auf den Weg zu bringen.« Am 28. Mai ging bei Mohr ein Telegramm Wawilows ein: »Nachricht zu Kolzow und Serebrowski falsch. Brief folgt.« Aber zu diesem Zeitpunkt stand Mohrs Entscheidung bereits fest. Der britische Genetiker-Verband hatte sich erboten, die Veranstaltung auszurichten, falls es die Umstände erforderten. Und so geschah es: Der »Seventh International Genetical Congress« tagte in Edinburgh.[6]

Francis Crew, Generalsekretär des britischen Organisationskomitees, rieb sich die Hände. Er hatte junge Genetiker in seine zugigen Institutsräume geholt, die auf dem Festland verfolgt wurden: Peo Koller, Charlotte Auerbach und Guido Pontecorvo. Nicht zu vergessen Hermann Muller (der sich im Gegensatz zu den anderen nie an die Kälte und das Hantieren mit Handschuhen gewöhnte). Crew schickte Wawilow die offizielle Einladung für die sowjetischen Kollegen. Sollen Cambridge und Oxford und London doch mit ihren Fishers und Haldanes glänzen, schrieb er, der Kongress würde Edinburghs bunt zusammengewürfelte Truppe international bekannt machen.

Darüber hinaus, fuhr Crew in seinem Brief fort, habe das Organisationskomitee einstimmig ihn, Wawilow, zum Präsidenten des Kongresses gewählt. Es war das erste Mal, dass diese Ehre nicht einem Wissenschaftler des Gastlandes zuteilwurde. Crew hoffte, mit diesem Zug die Sowjetbehörden zu erweichen und die Chancen zu erhöhen, dass die russischen Kollegen anreisen durften.

Doch dieser Wunsch sollte sich nicht erfüllen. Kurz vor Beginn des Kongresses erhielt Crew Nachricht von Wawilow: »Die sowjetischen Genetiker erachten es für unmöglich, an dem Kongress teilzunehmen, der in Schottland statt am ursprünglich geplanten Tagungsort – der Sowjetunion – abgehalten wird.«

Crew fiel aus allen Wolken. Ein neues Programm musste gedruckt werden, versehen mit der Vorbemerkung: »Nach Drucklegung des Programms und nur zehn Tage vor der Eröffnung des Kongresses sahen sich die Organisatoren gezwungen, nicht weniger als fünfzig Namen und Vorträge zu entfernen und das Programm eilends umzustellen.«

Der Kongress begann am 23. August 1939. An ebendiesem Tag unterschrieben Deutschland und die Sowjetunion in Moskau einen Nichtangriffspakt, der als Hitler-Stalin-Pakt bekannt wurde. Der Krieg, der seit drei Jahren wie ein Damoklesschwert über Europa schwebte, stand kurz vor dem Ausbruch.

Einen Tag später wurden britische Staatsbürger in Deutschland aufgefordert, das Land zu verlassen, und im Gegenzug erhielten deutsche Staatsangehörige in Großbritannien den gleichen Bescheid. Die deutsche Delegation bereitete sich auf die Abreise vor. Auch viele Teilnehmer aus anderen europäischen Ländern packten ihre Siebensachen, sie rechneten mit einer schwierigen Heimfahrt. Einige Genetiker aus England verließen Edinburgh, um bei ihren Familien zu sein. Der Kongress wurde um einen Tag verkürzt, das Abschiedsfest am 30. August zog sich mit Trinksprüchen auf abwesende Freunde und auf alle Kollegen in Gefahr und Not bis tief in die Nacht hin.

Einen Tag später, am 1. September, wurde Polen von deutschen Truppen überfallen. Der Zweite Weltkrieg hatte begonnen.

»Die Nachricht vom Pakt zwischen Stalin und Hitler traf uns alle wie ein Blitz aus heiterem Himmel«, schrieb Gennadi Andrejew-Chomiakow in seinen Memoiren. Allen sei verkündet worden, dass Repräsentanten Großbritanniens und Frankreichs Moskau besucht hätten, um über eine Allianz gegen Hitler zu beraten, der »offiziell als unser vorrangiger und schlimmster Feind bezeichnet wurde«. Aber nur wenige der vier Millionen Moskauer, vielleicht tausend, hätten gewusst, dass Hitlers Außenminister Joachim von Ribbentrop im Kreml empfangen werde, um klammheimlich einen Freundschaftsvertrag zu unterzeichnen. »Diese Wendung stieß alle vor den Kopf. Wir waren so verwirrt in den ersten Stunden, dass keiner einen klaren Gedanken fassen konnte.«[7]

Stalins Einstellung zum Zweiten Weltkrieg war geprägt von den Schrecken und Verlusten des Ersten Weltkriegs. Hitler interessierte ihn nicht weiter, und Sympathien hatte er ganz gewiss nicht für ihn, doch er traute diesem »Führer« der Deutschen zu, dass er einen zweiten globalen Flächenbrand entfachen würde. Und weil der Erste Weltkrieg zur Revolution in Russland geführt hatte, glaubte Stalin, ein zweiter, noch schrecklicherer Krieg würde dem Sozialismus auf dem ganzen europäischen Kontinent zum Sieg verhelfen. Das war das offenkundige Bestreben des Kreml, von Lenin höchstpersönlich in die Welt gesetzt.

Der Vertrag war opportunistisch. Die Franzosen und Briten

hatten sich geweigert, der UdSSR Ansprüche auf polnisches Staatsgebiet zuzugestehen, während der Nichtangriffspakt mit Deutschland einen geheimen Anhang enthielt, der den Sowjets grünes Licht für die Annektierung fast der gesamten baltischen Region gab und ihnen zudem Teile von Polen und Rumänien zusprach. Am 17. September begann die Rote Armee, in der Westukraine und den westlichen Gebieten Weißrusslands eine »Befreiung vom polnischen Joch« durchzuführen.

In Russland betrachteten die meisten den Griff nach diesen Ländern mit zynischer Indifferenz. »Wir reichen ihnen die Hand«, so ein geläufiger Witz, »damit sie uns zu Füßen liegen.« Wer eine Reiseerlaubnis bekam, meist Schriftsteller, Journalisten und Filmemacher, folgte der Roten Armee nach Polen, um bei der »Aufklärung« der »befreiten Brüder« zu helfen. Viele kamen bepackt mit Möbeln, Musikinstrumenten, Ledermänteln und Schuhen zurück, und das nicht nur für den Eigenbedarf. Der Regisseur Oleksandr Dowshenko transportierte ganze Waggonladungen Beutegut aus Polen, versteckt unter seiner Filmausrüstung, in die Heimat.

Anders als die Polen mussten die Finnen nicht an zwei Fronten kämpfen und boten der UdSSR nach deren Kriegserklärung am 30. November zähen Widerstand. Verstümmelte Leichen von Rotarmisten lagen verstreut in den Wäldern. Die Finnen verbanden Stifte, Kameras, Fahrräder, alles, was die russischen Soldaten zum Diebstahl verleiten konnte, mit Sprengfallen. Die Witterungsbedingungen kosteten noch mehr Rotarmisten das Leben: Tausende erfroren. Die sowjetischen Truppen verloren mehr Männer durch die Kälte als im Kampf. Zugkonvois schafften Tausende von der Front in die Heimat zurück, denen erfrorene Gliedmaßen amputiert worden waren.

Erst im März 1940 musste Finnland sich schließlich geschlagen geben und weite Teile Kareliens im Südosten des Landes an Moskau abtreten. Für Stalin war es ein Pyrrhussieg – die deutsche Heeresleitung wusste nun, wie wenig die Sowjets einer Invasion entgegenzusetzen hatten, wie schlecht ihre Transportwege, wie unvorbereitet die Soldaten waren.

Die sowjetischen Behörden wollten aus den neuen Territorien mehr herausholen als ein paar Waggonladungen gebrauchter Möbel. Der Westen der Ukraine ist eine sehr fruchtbare Landschaft. Im Mai 1940 wurde Wawilow zum Leiter einer Expedition in die Ebenen hinter den Ostkarpaten ernannt, die das Agrarpotenzial der Gegend erkunden sollte.

Wawilow fuhr mit der Eisenbahn zunächst nach Kiew, wo er am 26. Juli Mitglieder der Ukrainischen Akademie der Wissenschaften und seine Mitarbeiter traf. Nach einem kurzen, arbeitsreichen Aufenthalt in der Hauptstadt – er besuchte Institute, besichtigte Ausstellungen, vereinbarte eine Tagung über Landwirtschaftsgeschichte, hielt eine Rede auf einer Pionierversammlung – quetschte er sich mit seinem Team in drei kleine, schwarze Autos aus sowjetischer Produktion und fuhr ins Karpatenvorland. Ein Mitarbeiter Wawilows, Fatich Bachtejew, schrieb später:

Er war sehr aufgeregt, als er riesige Felder mit neuen Kulturvarietäten von Weizen sah, die sich bis zur alten Grenze der Ukraine weit hinter den Horizont erstreckten. Jenseits dieser Grenze wurde sein Interesse noch lebhafter. Hier sahen wir Felder, die einer Patchworkdecke ähnelten, jede Parzelle mit einer anderen Feldfrucht. Als Pflanzenzüchter war Wawilow davon begeistert und hielt trotz der gebotenen Eile immer wieder an, um Proben von Roggen, Weizen, Gerste und Hafer zu nehmen ...[8]

Am 6. August musste Bachtejew für einen Ausflug zum Hochland von Putyla, einem rumänischen Gebiet, das kurz zuvor von der Roten Armee annektiert worden war, seinen Platz im Auto einem einheimischen Gast zur Verfügung stellen. (Sein Sonderauftrag, inzwischen bei einer ortsansässigen Brauerei Informationen über neue Gerstensorten einzuholen, hat ihn darüber hinweggetröstet.) Die Exkursion wurde schwieriger als gedacht. Einer der Wagen – am Steuer saß Wawilows Kollege Wadim Lechnowitsch – bewältigte die Steigung nicht und musste umkehren. Auf dem Rückweg kam ihnen ein Fahrzeug entgegen, dessen Insassen durch Handzeichen zu verstehen gaben, dass sie anhalten sollten.

Sie suchten Akademiemitglied Wawilow, erklärten sie. In Moskau verlange man ihn dringend am Telefon. Lechnowitsch gab den Männern Auskunft, warnte sie aber, die Straße sei buchstäblich unpassierbar, doch die Fremden hörten nicht auf ihn und fuhren weiter.

»W. S. Lechnowitsch und ich wunderten uns gar nicht darüber, dass N. I. in Moskau gebraucht wurde«, schrieb Bachtejew später. »Der Wissenschaftler wurde bei wichtigen Staatsgeschäften oft um Rat gefragt … Ich war geneigt, es als gutes Omen anzusehen.«

Aber als sie abends in die Herberge zurückkehrten, sagte ihnen der Portier, Wawilow sei in größter Eile »nach Moskau« gefahren worden, sein ganzes Gepäck sei noch da. »Das war unser Abschied von N. I. Wawilow – wir sahen ihn nie wieder.«

Wawilows Verhaftung hatte nichts mit Trofim Lyssenko zu tun. Drei, vier Jahre früher hätten Wawilows Zusammenstöße mit dem Mitschurin-Lager ihn ins Gefängnis oder sogar vor den Scharfrichter bringen können, aber die Zeiten hatten sich geändert, waren weniger hysterisch. Seit Andrej Shdanow zum engsten Kreis um Stalin gehörte, sank Lyssenkos Stern trotz seiner institutionellen Machtfülle. Seine jüngsten Errungenschaften fanden wenig Gegenliebe bei den Philosophen, das Versagen der Jarowisation ließ sich nur noch dürftig verbergen.

Wahrscheinlicher ist, dass Wawilows internationale Kontakte den Ausschlag gaben: Großbritannien war seit dem Hitler-Stalin-Pakt ein Feind der Sowjetunion, doch Wawilow korrespondierte unbeirrt weiter mit britischen Kollegen und vereinbarte im Frühjahr 1940 mit Cyril Darlington eine englische Ausgabe der jüngsten Publikation des Instituts für angewandte Botanik, *Die theoretischen Grundlagen der Pflanzenzucht*, ein Buch, das die wesentlichen Resultate der sowjetischen Forschungen auf dem im Titel genannten Gebiet zusammenfasste (und auch ein ausführliches, positives Kapitel über Lyssenko enthielt). Den ganzen Sommer über gingen Briefe zwischen Wawilow und Darlington hin und her. Wawilows Bereitschaft, »britischen Imperialisten«

den aktuellen Stand der sowjetischen Genforschung zu übermitteln, genügte dem NKWD für einen Haftbefehl.

Eine Woche nach der Verhaftung des Bruders schrieb Sergej Wawilow[9]: »Mein Tagebuch enthält nur Kummer. Der Tod der Mutter, der Tod der Schwester, und jetzt das Bangen um meinen Bruder, ich kann an nichts anderes denken. Es ist so fürchterlich, so mitleiderregend, alles andere wird darüber sinnlos.«[10]

Nikolai Wawilows erste Vernehmung begann am 12. August 1940 nachmittags um halb zwei[11] und dauerte fünf Stunden. Aber das war für den erfahrenen NKWD-Leutnant Alexander Chwat nicht mehr als eine kurze Aufwärmübung. Vom 14. August an verhörte er Wawilow nachts, und jede Befragung zog sich über zehn bis dreizehn Stunden hin.

Nach zehn Tagen, am 24. August, unterschrieb Wawilow sein erstes Geständnis: »Ich bekenne mich schuldig, seit 1930 einer antisowjetischen Organisation von Rechtsabweichlern angehört zu haben, die im Volkskommissariat für Landwirtschaft existierte. Ich habe keine Spionage betrieben.«

Das reichte Chwat nicht. Wawilow hatte nur Menschen als Mitverschwörer benannt, die bereits verurteilt oder hingerichtet waren. Chwat erhöhte den Druck. Am 11. September gestand Wawilow, ein »Schädling« zu sein und unterzeichnete ein Dokument mit der Überschrift »Das Schmarotzertum am Institut für Pflanzenzucht, das ich von 1920 bis zu meiner Verhaftung am 6. August 1940 leitete«.

Weitere Vernehmungen, weitere Unterschriften unter weitere Dokumente folgten. Rund 900 Stunden lang verhörte das NKWD Wawilow, manche Befragungen dauerten einen halben Tag und länger. »Gegen Morgen schleifte ihn der Wärter zurück und ließ ihn hinter der Zellentür fallen«, erinnerte sich ein Zellengenosse, der Künstler Grigori Fillipowski, 1968. »Wawilow konnte nicht mehr stehen und kroch auf allen vieren zu seiner Pritsche. Dort angekommen, zogen ihm seine Nachbarn irgendwie die Stiefel von den geschwollenen Füßen, und er lag dann mehrere Stunden in dieser eigenartigen Stellung reglos auf dem Rücken.«

Nach dem deutschen Überfall auf die UdSSR am 22. Juni 1941 wurden die NKWD-Ermittler angewiesen, ihre Fälle abzuschließen. Chwat musste sich beeilen.

Die Akte Wawilow war ziemlich lückenhaft, obwohl die Polizei sie seit 1931 führte und sieben dicke Bände zusammengetragen hatte. Als Beweise diente eine buntscheckige Kollektion erzwungener Geständnisse. Georgi Meister, dem im Gefängnis der Verstand abhandengekommen war, hatte Wawilow als Schädling bezeichnet, die Anschuldigung aber wieder zurückgenommen. Wawilows früherer Förderer Gorbunow hatte sich geweigert, ihn zu belasten. Nicht einmal Jakow Jakowlew, Lyssenkos Verbündeter und einer der entschiedensten Kritiker Wawilows, war bereit gewesen, gegen ihn auszusagen. Alexander Muralow, Wawilows Nachfolger als Präsident der Lenin-Akademie, hatte ihn einiger Vergehen bezichtigt – jedenfalls stand es so in einem Protokoll, das allerdings auf den 7. August 1940 datiert war, also auf einen Tag fast drei Jahre nach Muralows Exekution.

Was Chwat in der Hand hatte, reichte nicht für eine Verurteilung, also musste er Gründe fabrizieren. Dazu stellte er eine Fachkommission zusammen, die von Wawilows ehemaligem Mitarbeiter Stepan Schundenko, inzwischen wieder in NKWD-Uniform, geleitet wurde. Dieser Ausschuss sollte Wawilows »Schädlingstätigkeit« bewerten, und um ein wenig nachzuhelfen, begann man, seine Mitglieder zu überprüfen, woran auch Lyssenko beteiligt war. Pflichteifrig unterzeichneten sie, was ihnen vorgelegt wurde. Es gab keine Diskussion, keine Gelegenheit zum Austausch.

Chwat inszenierte unterdessen Gegenüberstellungen des erschöpften, gebrochenen Wawilow mit den Männern, die er unter Folter dazu gezwungen hatte, ihn zu beschuldigen: Boris Panschin, Georgi Karpetschenko (den Wawilow überredet hatte, nach Russland zurückzukehren), Anton Saporoshez (den Wawilow kaum kannte) und Alexander Bondarenko, dem stellvertretenden Vorsitzenden der Lenin-Akademie.

Am 8. Juli entschied das Militärkolleg des Obersten Gerichtshofes der UdSSR, den Fall Wawilow unter Ausschluss der Öffentlichkeit ohne Staatsanwalt und Verteidiger zu verhandeln. Der Prozess am 9. Juli dauerte nur ein paar Minuten. Am 26. Juli wurde Wawilow ins Butyrka-Gefängnis verlegt, wo die Todesstrafe an ihm vollstreckt werden sollte.

In der überbelegten Zelle versuchte Wawilow seine Mitgefangenen aufzuheitern, indem er sie anregte, Referate zu halten. Jeder sollte etwas vortragen, egal zu welchem Thema: Geschichte, Biologie, Holzverarbeitung. Alle machten mit. Sie mussten flüstern, die Wärter durften nichts merken.

Wawilows Todesstrafe wurde bald ausgesetzt, vielleicht schon am 1. August. Er sollte in eine »Scharaschka« kommen, ein Arbeitslager für Wissenschaftler und Ingenieure, wo seine Fachkenntnisse genutzt werden konnten. Wawilow hatte das in seinem Gnadengesuch angeboten, und vieles deutet darauf hin, dass der Antrag auf Strafminderung direkt auf Lawrenti Berija zurückging, der für diese Sonderlager verantwortlich war. (Nina, seine Frau, hatte wie Wawilow bei Dmitri Nikolajewitsch Prjanischnikow studiert, dem Pionier der Agrikulturchemie, der sich, inzwischen Mitte siebzig, unermüdlich für die Entlassung oder wenigstens eine bessere Behandlung Wawilows einsetzte.)

Der Krieg, erklärt am 22. Juni 1941, durchkreuzte diese Pläne. Während ein Gesandter Berijas mit Wawilow dessen zukünftige Tätigkeit in einer Scharaschka besprach, überquerten deutsche Truppen die russische Grenze.

Es gab die Anweisung, nach der Taktik der verbrannten Erde alles zu zerstören, was dem Feind in die Hände fallen und ihm nützen könnte, und die NKWD-Leute hatten den Befehl, ihre Gefangenen zu erschießen. In der ersten Kriegswoche exekutierten sie 3000 ukrainische politische Gefangene. Die Evakuierung von Häftlingen aus Moskauer Gefängnissen begann früh (Berija glaubte im Gegensatz zu Stalin, dass ein Angriff der Wehrmacht auf die Hauptstadt unmittelbar bevorstehe). Gefangene aus den Haftanstalten Suchanowo und Lefortowo wurden in ein altes Zuchthaus in Orel verlegt und dort am 11. September hingerichtet, einen Monat bevor die Deutschen die Stadt einnahmen.

Wawilow hatte mehr Glück. Am 15. Oktober wurde er wie

Zehntausende andere auf den Platz vor dem Kurski-Bahnhof ge-karrt, verbrachte die Nacht kniend im Schneeregen, durfte nicht aufschauen, musste auf den Waggon warten, der Richtung Osten fuhr. (Er war in guter Gesellschaft: Auch der frühere Chefredak-teur der *Iswestija* und der Gründer des Marx-Lenin-Instituts für Weltliteratur waren in der Menge.)

Wawilow erreichte am 29. Oktober Saratow, den Schauplatz seiner frühen Erfolge, und wurde mit anderen wichtigen Gefan-genen ins Gefängnis Nr. 1 gebracht, ein Backsteinbau aus der Zarenzeit in der Astrachan-Straße. Kurz darauf wurde er krank und musste stationär behandelt werden. Danach teilte er sich mit dem Philosophen und Literaturkritiker Iwan Luppol eine Todes-zelle.

Am 4. Juli 1942 wurde die Todesstrafe offiziell in zwanzig Jahre Zwangsarbeit umgewandelt. Wawilow kam in den norma-len Gefängnistrakt. Seine Zellengenossen berichten, er habe sich so vorgestellt: »Vor sich sehen Sie Nikolai Iwanowitsch Wawi-low, einst Mitglied der Akademie der Wissenschaften, nunmehr nach Meinung der Ermittler nichts als ein Stück Scheiße.«

Jelena Wawilowa war mit ihrem Sohn Juri von Leningrad nach Saratow geflohen und bewohnte nun ein Zimmer im Haus ih-rer Schwester. Als Frau eines Staatsfeindes hatte sie keine Mög-lichkeit, Geld zu verdienen. Sergej Wawilow steckte ihr ein paar Rubel zu, sooft er konnte. Sie konnten nicht wissen, dass Ni-kolai Wawilow nur knapp 25 Kilometer von ihnen entfernt in einer Zelle saß. Das NKWD hatte Jelena mitgeteilt, ihr Mann sei noch in Moskau. Von ihren kümmerlichen Einkünften sparte sie für Lebensmittelpakete, die sie mit großem Aufwand an den falschen Ort schickte.

Ein Mann vom Kaliber eines Nikolai Wawilow verschwindet nicht unbemerkt. Selbst Winston Churchill fragte mehrfach per-sönlich bei Stalin nach, was mit dem Professor passiert sei. Im Spätherbst 1942 besuchte der Presseattaché der britischen Bot-schaft das nach Alma Ata evakuierte Präsidium der Akademie der Wissenschaften mit zwei Aufnahmeurkunden der Royal Society im Gepäck. Eine davon war für Nikolai Wawilow, ausgestellt in der Hoffnung, diese große Geste könnte die sowjetischen Behörden veranlassen, Auskunft über Wawilows Verbleib zu geben.

Der damalige Vorsitzende der Akademie, der Botaniker Wladimir Komarow, geriet dadurch in arge Bedrängnis. Seit seiner Berufung in dieses Amt kämpfte er auf verlorenem Posten gegen Lyssenkos Machenschaften. Immerhin hatte er ein paar Leitsätze der Genetik in seine populärwissenschaftlichen Bücher geschmuggelt. Aber darin erschöpfte sich auch schon sein Widerstand, und als er von der britischen Delegation gefragt wurde, was mit Wawilow geschehen sei, hielt er sich an die Parteilinie: Der sei ein freier Mann, was denn sonst?!

Aber er konnte es nicht beweisen. Komarow schickte die für Nikolai Wawilow bestimmten Dokumente, die abgezeichnet werden mussten, an dessen Bruder Sergej, der ebenfalls der Akademie angehörte. Mit Sergejs Unterschrift wurde das Schriftstück der britischen Botschaft in Moskau übergeben. Die ließ sich nicht täuschen und schickte alles nach Alma Ata zurück.

Hoffnungslos kompromittiert von dem Fiasko, schrieb Komarow an Stalin und bat um Aufklärung über das Schicksal des Akademiemitglieds. Die Nachforschungen, die nun in Gang gesetzt wurden, waren zum ersten Mal ernsthaft, aber sie kamen zu spät. Das NKWD verfolgte Wawilows Spur bis zu den Unterlagen des Gefängnishospitals in Saratow. Dort war er am 26. Januar 1943 an Dystrophie gestorben.

DRITTER TEIL

HERRSCHAFT

(1941–1953)

Stürmischer Beifall, der in eine Ovation übergeht.
Alle erheben sich von ihren Plätzen.

Aus der Mitschrift einer Tagung der Lenin-Akademie
der landwirtschaftlichen Wissenschaften der UdSSR
im August 1948

Vorige Seite: Bilder, die eine reiche Ernte demonstrieren
sollen – Mädchen und Jungen in Sportkleidung mit Garben aus
Pappmaché bei einer Parade auf dem Roten Platz im Rahmen des
Moskauer Jugendtreffens 1939.

16. »GLÜCKLICHE LEICHEN«

In den verschiedensten Stadien fand das Genie Stalins
die richtigen Lösungen, die allen Besonderheiten der
entstandenen Lage Rechnung trugen ... Die Stalin'sche
Kriegskunst trat sowohl bei der Verteidigung als auch
beim Angriff in Erscheinung ... Mit genialem Scharfblick
durchschaute Genosse Stalin die Pläne des Feindes und
durchkreuzte sie...[1]

Josef Stalin

Ab Herbst 1940, die Niederlage gegen Großbritannien vor Augen,
richtete Adolf Hitler den Blick gen Osten. Mit Weisung Nr. 21
vom 18. Dezember 1940 befahl er seinen Generälen, »als Vor-

Opfer der Blockade von Leningrad werden auf dem Wolkowo-
Friedhof abgeladen. Es gab fast nichts zu essen: Die Polizei
war angewiesen, jeden zu erschießen, den sie beim Verzehr von
Menschenfleisch ertappte.

sichtsmaßnahme alle Vorbereitungen zu treffen, die ermöglichen, auch vor Beendigung des Krieges gegen England Sowjetrussland in einem schnellen Feldzug niederzuwerfen«.

Stalin glaubte immer noch, Russland könne sich mit Bündnissen (am 13. April 1941 wurde der japanisch-sowjetische Neutralitätspakt unterzeichnet) und Appeasement aus dem Krieg heraushalten. Bis unmittelbar vor der Invasion lieferten Handelsschiffe aus Russland tonnenweise sowjetische Erzeugnisse ins Deutsche Reich, obwohl bereits zwei Monate zuvor Truppen der Wehrmacht an der Ostgrenze zusammengezogen worden waren.

Aufgeteilt in drei Heeresgruppen, fielen deutsche Verbände am 22. Juni 1941 vom Schwarzen Meer bis zur Ostsee auf breiter Front in Russland ein, und anfangs sah es so aus, als könnte die Wehrmacht mit der schon mehrfach erprobten Blitzkriegsstrategie des Oberkommandos einen weiteren Erfolg erringen. Heinz Guderians Panzergruppe 2 schaffte am ersten Tag 80 Kilometer, wenige Tage später hatte sie bereits 300 zurückgelegt, da stand sie bei Minsk. Am 10. Juli überquerte sie den Dnjepr und erreichte am 16. Juli Smolensk – 650 Kilometer in knapp vier Wochen auf direktem Weg nach Moskau.

Mitte Juli 1941 waren zwei Millionen russische Soldaten tot, die Sowjetunion hatte zudem 3500 Panzer und 6000 Flugzeuge verloren. Das Land war dermaßen schlecht vorbereitet, dass es nicht einmal Luftschutzbunker im Kreml gab. Stalin musste auf die Metro ausweichen. Am 14. Oktober brachen in Moskau Recht und Ordnung zusammen. Geschäfte wurden geplündert, Einbrüche häuften sich. Wie ein Leichentuch lag Rauch über der Stadt von den Aktenhaufen, die in den Behörden verbrannt wurden.

»Wir schaffen uns die blöden Formulare einfach vom Hals! Schau.« Er zog mich zum Fenster, aus dem er tief befriedigt die bisher sorgsam gehüteten Kladden geworfen hatte. Ich hätte es mir denken können, trotzdem rieb ich mir die Augen: Träumte ich? Sie warfen die kostbaren Akten und Berichte hinaus, auf denen unsere gesamte Wirtschaft beruhte!

Gennadi Andrejew-Chomiakows Augenzeugenbericht in seinen Memoiren *Gorkije wody* (Bittere Wasser) hält die Absurdität und Panik jener Zeit fest. Die Deutschen bewegten sich zielstrebig auf Moskau zu, und »Sekretäre, Konstrukteure, Buchhalter und Schreibkräfte gaben sich aus freien Stücken der Zerstörung hin und schienen sie in vollen Zügen zu genießen. Vielleicht hatten sie das Geklapper ihrer Schreibmaschinen satt, auf denen sie diese Berge von Finanzberichten voll unverständlicher, langweiliger Zahlen produzierten.«[2]

Ein eisiger Wind fegte durch die Stadt, und erste Schneegestöber setzten ein: Der Winter fing in jenem Jahr früh an. Ob das gut oder schlecht war, wusste keiner zu sagen. Mit ein bisschen Glück brachte die Kälte die Deutschen um, aber vorher fror der Boden, und dann kamen sie noch schneller voran.

Sie hätten den frostharten Grund nur zu gern genutzt, doch Hitler höchstpersönlich hinderte sie daran und befahl, zunächst die Rote Armee so weit wie möglich auszuschalten.

Guderian zog unter Protest Richtung Süden auf Kiew zu, wo durch ein Zangenmanöver eine weitere halbe Million Kriegsgefangener in die Hände der Deutschen fiel. Doch der Zeitverlust erwies sich als fatal. Bis Anfang Dezember schaffte es nur eine Vorhut bis zu den Vororten Moskaus. Gleichzeitig wuchs die Gewissheit, dass Stalins Nichtangriffspakt mit Japan hielt, also wurden russische Truppen im Eiltempo nach Westen verlegt. Am 5. Dezember 1941 setzte General Georgi Shukow dem Vormarsch der Wehrmacht ein Ende. Letztlich erwies sich der frühe Kälteeinbruch als vorteilhaft für die Sowjetunion: Die Deutschen hatten auf einen schnellen Sieg vertraut und waren auf Temperaturen unter dem Gefrierpunkt nicht vorbereitet. Dabei fing der russische Winter gerade erst an.

Die Heeresgruppe Nord kam entlang der Ostseeküste in atemberaubendem Tempo voran und stand im August vor Leningrad, konnte die Stadt aber nicht einnehmen und belagerte sie stattdessen in der Annahme, dass sie sich spätestens im Winter ergeben würde.

Neunhundert Tage, bis Januar 1944, dauerte die Blockade. In Leningrad regierte Andrej Shdanow, der hier während des Großen Terrors als Stalins rechte Hand gewütet hatte. Jetzt organisierte er trotz seiner berüchtigt schwachen Gesundheit und ohne die geringste militärische Erfahrung den heldenhaften Widerstand der Stadt.[3]

Manche Menschen werden zu Größe gezwungen, und das traf mit Sicherheit auch auf Shdanow zu. Er war im Spätsommer 1941 nach Leningrad gefahren und hatte noch vor dem Winter wieder in Moskau sein wollen, zurück auf seinem Posten als zweiter Mann der Partei. Diesen Platz konnte er erst fünf Jahre später wieder einnehmen.

Stalin warf ihm mehrfach militärische Inkompetenz und sogar Ungehorsam vor. Und er hatte recht – der Anfang war stümperhaft. Shdanows Maßnahmen zur Evakuierung der Bevölkerung und zur Befestigung der Stadt waren unzureichend. Ende Juni wurden alle arbeitsfähigen Männer und Frauen herangezogen, um Panzer- und Schützengräben auszuheben, Stacheldraht und Minen zu verlegen und Betonbunker zu bauen. Drei Stunden pro Tag nach der Arbeit oder Schule schufteten die Leningrader, Rentner und Hausfrauen waren ganztags im Einsatz.

Was aber dann folgte, war unvorstellbar viel schlimmer. Die Belagerung forderte zehnmal so viele Todesopfer wie die Bombe auf Hiroshima. Leningrads Einwohnerzahl sank von über drei Millionen auf rund 640 000, die meisten verhungerten oder erfroren. Menschen fielen tot auf der Straße um, wurden auf Schlitten gepackt und zu einem der Massengräber auf dem Piskarjowskoje-Friedhof gekarrt. Viele Leichen lagen unter einer Schneedecke und mussten im Frühjahr, wenn sie wieder sichtbar wurden, eilig herausgeschnitten werden, um die Ausbreitung von Seuchen zu verhindern. Es gab keine Lebensmittel mehr. Die Menschen aßen alles: Schuhleder, Tapetenkleister, ranziges Fett. Als die Badajew-Lagerhäuser unter dem Beschuss der Deutschen abbrannten, kratzten die Leute die »süße Erde« unter den Ruinen zusammen und aßen sie oder boten sie zum Verkauf an. Katzen und Hunde verschwanden. Menschen verschwanden. Spezialeinheiten der Polizei liefen Streife und erschossen alle, die sie einer kannibalischen Tat überführen konnten.

Irgendwann muss Stalin aus welchem Grund auch immer an die militärischen Fähigkeiten Shdanows geglaubt haben, aber der wusste es besser und lernte rasch, auf seine Generäle Shukow, Merezkow und Goworow zu hören. In ihren (zensierten) Memoiren charakterisierten sie ihren Politkommissar als »guten Zuhörer mit guten Manieren, der uns nie seine Macht spüren ließ«.[4] Shdanows Arbeitszimmer lag im dritten Stock des Smolny-Instituts. An den Wänden hingen Bilder von Stalin, Marx und Engels. »Sein Asthma hatte sich sehr verschlimmert«, erinnerte sich der US-Journalist Harrison Salisbury, »der Atem kam stoßweiße und ungleichmäßig. Das massige Gesicht war vor Übermüdung aufgedunsen, nur die dunklen Augen glühten.«

Leningrad war voller Schätze. Allein die Eremitage, 1764 von Katharina der Großen gegründet, beherbergte über zwei Millionen Gemälde, Skulpturen, Münzen, Schmuck und andere Artefakte. Binnen sechs Tagen wurden drei Viertel dieser Preziosen verpackt und in Tresoren, einer nahegelegenen Kirche und im Umland verwahrt.

Die Sicherung des anderen großen Depots der Stadt – der Saatgutbank in Wawilows Institut für angewandte Botanik – war eine Herausforderung der besonderen Art. Die rund 380 000 Exemplare von zweieinhalbtausend Getreide-, Frucht- und Knollensorten konnten nicht einfach eingelagert werden.

Verschiedene Varietäten von Kartoffeln, Roggen und weiterer Feldfrüchte wurden in Pawlowsk und Puschkin auf den Versuchsfeldern des Instituts ausgepflanzt, und prompt gingen auf die Pawlowsker Station, 45 Kilometer südöstlich von Leningrad, Bomben nieder. Rotarmisten halfen, die Sammlung mit Militärlastwagen zurück in die Stadt, ins Institutsgebäude am Sankt-Isaak-Platz, zu schaffen.

Der Plan war, die ganze Sammlung zu evakuieren, zum Teil vom Institutspersonal im Handgepäck und zum größeren Teil – fünf Tonnen Saatgut – in einem Güterwaggon nach Krasnoufimsk im Ural, wo Institutsdirektor Jogan Eichfeld mit mehreren Mitarbeitern den Winter verbrachte. Der Zug kam nie an. Mehr als sechs Monate wurde er von einem Abstellgleis aufs andere geschoben, dann gab man die Hoffnung auf, die Sammlung aus der Stadt zu bringen, und beförderte die Ladung zurück zum Sankt-Isaak-Platz.

Der größte, wichtigste Teil der Sammlung blieb in der belagerten Stadt. Das Institut verlor über dreißig Wissenschaftler durch Luftangriffe, Hunger oder Kälte. Januar und Februar 1942 waren die schlimmsten Monate, das Thermometer zeigte Temperaturen zwischen minus 36 und minus 40 Grad Celsius.

In den dunklen, frostigen Institutsräumen bereiteten die verbliebenen Mitarbeiter die Sammlung für eine langfristige Verwahrung vor. Sie teilten das Saatgut in mehrere identische Sortierungen auf, während rings um sie her Bomben und Granaten einschlugen. Der Sankt-Isaak-Platz lag unter Beschuss. Die Kathedrale und viele Gebäude in der Umgebung waren beschädigt. Nach dem Krieg erfuhren die Mitarbeiter, warum ihr Institut verschont geblieben war: Hitler hatte vorgehabt, seinen Sieg im nahegelegenen Astoria mit einem Bankett und einer Ansprache vom Balkon des Hotels zu feiern.

Die Deutschen schafften es nicht, Leningrad zu erobern, wohl aber die Ratten. In jenem Winter fielen sie scharenweise über das Saatgut her, und alle Bemühungen, es zu schützen, schlugen fehl. Die Nager drangen in die belüfteten Metallbehälter ein und fraßen die Körner.

Auch vor Plünderungen war das Institut nicht sicher. Wadim Lechnowitsch, während der Blockade Sammlungskurator, erinnerte sich: »Den Keller habe ich versiegelt und drei Schlösser vorgehängt und dazu noch die Türen mit Eisen verstärkt. Das hat kleinere Einbrüche nicht verhindert.«

Im Frühjahr zerstörten Diebe einige Fenster, um in das Gebäude zu gelangen. Arbeiter sicherten sie mit Sperrholz, das Saatgut wurde an einen geeigneteren Platz verbracht.

Der auf die Gewinnung ätherischer Öle spezialisierte Eugeni Wulf wurde von einem Granatsplitter getroffen und verblutete.

Im Januar starb A. G. Schtschukin an seinem Schreibtisch, in der Hand eine Schachtel Erdnüsse, die er zum Auspflanzen hatte verschicken wollen. G. K. Kreyer, Chef des Gewürzlabors, verhungerte. Auch der Reisfachmann O. S. Iwanow starb, umgeben von mehreren tausend Päckchen Reis, an akuter Unterernährung. L. M. Rodin verhungerte inmitten sorgfältig eingelagerter Hafersorten.

Im Sommer pflanzte die dezimierte Crew des Instituts Kohl und Kartoffeln im Kirchhof der Sankt-Isaak-Kathedrale und in Puschkin und bewachte die Beete und Felder Tag und Nacht, um sie vor Ratten und Menschen zu schützen.

Obwohl viele der reichsten russischen Gebiete von der Wehrmacht besetzt waren, schaffte es die Sowjetunion innerhalb kurzer Zeit, für den Krieg aufzurüsten. Allein 1942 rollten 20 000 Panzer und 35 000 Flugzeuge aus hastig weit im Osten errichteten Fabriken. Die Rote Armee eroberte Smolensk, Kiew und Charkiw zurück, Ende 1943 waren zwei Drittel der von deutschen Truppen eroberten Gebiete wieder in sowjetischer Hand. Im Februar 1943 erlitten die Deutschen vor Stalingrad (heute Wolgograd) eine vernichtende Niederlage. 199 Tage dauerte die Schlacht, und die Russen mussten für ihren Sieg teuer bezahlen. Zeitweise lag die Lebenserwartung eines frisch eingetroffenen Rotarmisten bei weniger als einem Tag. Die Deutschen, die sich von Haus zu Haus von Stockwerk zu Stockwerk vorzukämpfen versuchten, übten sich in sarkastischem Humor: Die Küche, hieß es in ihren Reihen, haben wir schon mal, jetzt müssen wir nur noch das Wohnzimmer erobern. Das aber gelang nicht, und im Januar 1944 wurde schließlich auch noch Leningrad befreit, ein psychologisch ungeheuer wichtiger Moment.

Viel war von der Stadt nicht übrig. Hitler hatte eine geheime Weisung, Leningrad betreffend, erlassen, die Ende September 1941 der Heeresleitung Nord übermittelt worden war: »Der Führer ist entschlossen, die Stadt Petersburg vom Erdboden verschwinden zu lassen. Es besteht nach der Niederwerfung Sowjetrusslands keinerlei Interesse am Fortbestand dieser Großsiedlung.«[5] Das Dekret hatte zur Folge, dass zahllose Wohnhäuser, Fabriken, Straßen und Schienen, Schulen, Krankenhäuser und Kraftwerke in Trümmern lagen.

Die Nutzpflanzensammlung des Instituts für angewandte Botanik überlebte mehr schlecht als recht. Lyssenko, der während des Krieges eine Kampagne für städtischen Gartenbau in Sibirien geleitet hatte, erklärte das gesamte Samenzuchtunternehmen für gescheitert. Lange Zeit rottete die Saatgutbank vor sich hin, aber sie überlebte, zumindest auf dem Papier, und die Veteranen der Blockade taten, was in ihrer Macht stand. 1969 hatte das Institut für angewandte Botanik rund 175 000 Sorten in seinem Bestand, die Züchter in neue Varietäten einkreuzen konnten.

Aus der ganzen Welt trafen Sendungen ein. Einmal erhielt der neue Leiter, Pjotr Shukowski (ein bedeutender Genetiker und ehemals enger Mitarbeiter von Nikolai Wawilow), Kartoffeln aus dem argentinischen San Miguel de Tucumán, was er einer Zufallsbekanntschaft mit dem deutschen Botaniker Heinz Brücher zu verdanken hatte, dem er 1958 an der dortigen Universität begegnet war. Kurz vor der Jahrtausendwende stellte sich heraus, dass Brücher als SS-Offizier im Juni 1943 von Heinrich Himmler mit dem Sonderkommando betraut worden war, sowjetische Pflanzenzuchtstationen zu plündern. Brücher hatte also den Russen die wertvollen Kartoffelsorten nicht geschenkt, er hatte sie ihnen nur zurückgegeben.[6]

Um den »Großen Vaterländischen Krieg« zu gewinnen, änderte der sowjetische Staat seinen Umgang mit Wissenschaftlern – und das gleich zweimal. Die erste Änderung nahm ihren Lauf, als sich der Krieg abzeichnete, die zweite kam später, war aus der Not geboren und brachte alle aus der Fassung.

Die Umsetzung von Plan A ging glatt vonstatten: Wissenschaftler und Ingenieure wurden verhaftet, in Gefängnisse gesperrt und dort zur Arbeit gezwungen. Der Vorschlag kam – von Wissenschaftlern und Ingenieuren: Ende 1937 verfassten einige Technikspezialisten, die in dem berüchtigten NKWD-Gefängnis Lubjanka auf ihre Verurteilung warteten, ein kurzes Gesuch, in dem sie diverse besondere Waffen auflisteten, die sie entwickeln könnten, vorausgesetzt, sie bekämen die Mittel dazu und würden nicht nach Sibirien geschickt.

Der Gedanke war dem erfahrenen NKWD-Funktionär Lawrenti Berija nicht neu. Es waren schon in früheren Zeiten Experimente dieser Art durchgeführt worden. Auf der Gefängnisinsel Solowezki hatten die Insassen eines »Lagers zur besonderen Verwendung« Anfang der dreißiger Jahre sogar eine eigene wissenschaftliche Zeitschrift herausgegeben. Was Berija an dem Vorschlag faszinierte, war der kommerzielle Aspekt. Das NKWD, dem auch die Hauptverwaltung Lager unterstand, war in jenen Jahren schon ein einflussreiches eigenständiges Wirtschaftsunternehmen, und es zeichnete sich ab, dass es die Verfügungsgewalt über die riesigen Goldvorkommen in Kolyma erhalten sollte. Wenn es dem NKWD gelänge, so Berijas Überlegung, einen Teil seines gigantischen Gulag-Systems zu Entwicklungs- und Produktionszentren zu machen, könnte es sich neue, profitable Geschäftsfelder erschließen und gleichzeitig durch seinen Pool führender Wissenschaftler und Ingenieure massiv an politischem Gewicht gewinnen.

1938 richtete Berija eine Abteilung für besondere Entwicklungsbüros ein und rührte die Werbetrommel so kräftig, dass er ein komplettes Fabrikgebäude und über 35 Millionen Rubel als Startkapital bekam. Die Sektion wechselte mehrfach den Namen, blieb aber stets Berijas Lieblingsprojekt und wurde erst geschlossen, als er, kurz nach Stalins Tod, hingerichtet wurde.

Berijas Sondergefängnisse (Scharaschki) lösten mit einem Streich zwei gravierende Probleme der sowjetischen Industrialisierung: die politische Unzuverlässigkeit der alten Garde und die Unerfahrenheit der neuen. Wenn Erstere unter Aufsicht arbeiteten, kam es auf ihre politische Einstellung nicht an. Man durfte sie nicht freilassen, das war alles. (Eigens Kandidaten für die Scharaschki zu rekrutieren war nicht nötig; da das NKWD hohe Verhaftungsquoten zu erzielen hatte, waren immer genügend Fachkräfte dabei.)

Luft- und Raumfahrt profitierten als Erste. Der Flugzeugkonstrukteur Andrej Tupolew und der Raketenkonstrukteur Sergej Koroljow erlangten (wenn auch indirekt und nachträglich) Weltruhm für technische Neuerungen, die sie in den Sonderlagern des NKWD entwickelt hatten. Tupolews Tu-2 wurde eine Art Militärklassiker, der Bomber blieb bis zur Mitte des Jahrhunderts im Einsatz. Kriegsgerät, Propeller, Funksysteme, Gewehre und Geschütze entstanden in Lagern. Über fünfzig Prozent der Scharaschka-Projekte erlangte Serienreife – ein ziemlich guter Schnitt für F&E unter Kriegsbedingungen. Vor allem in der Kommunikationstechnik wurde viel geleistet, wenn dabei auch so manche schräge Idee herauskam. Dank des Scharaschka-Systems von der Zwangsarbeit in den Goldminen von Kolyma »befreit«, entwickelte der Physiker und Funkingenieur Leon Theremin (eigentlich Lew Sergejewitsch Termen – er hatte sich während seines zehnjährigen Aufenthalts in den USA umbenannt) die ersten Wanzen. Berija ließ damit die britische, französische und amerikanische Botschaft ausspionieren. Eine andere Erfindung Theremins hieß nur »das Ding«. 1945 überreichten sowjetische Schulkinder dem amerikanischen Botschafter ein »Freundschaftsgeschenk«: das Große Siegel der USA, in Holz geschnitzt. Es hing im privaten Arbeitszimmer des Botschafters und zeichnete im beginnenden Kalten Krieg sieben Jahre lang brav sämtliche vertraulichen Unterredungen auf, bis es 1952 zufällig entdeckt wurde. Theremin wurde 1947 aus der Haft entlassen, um einen Stalinpreis für seine Erfindungen entgegenzunehmen. Danach war er weiterhin bis 1966 für den KGB tätig, und das lag nicht zuletzt daran, dass ihm die Arbeitsbedingungen ganz gut gefielen.

Angesichts der Alternative war das Leben in diesen Sonderlagern geradezu ein Privileg. Lew Kopelew, auch er einst Insasse einer Scharaschka, erfasste die Logik dieser Gefängnisse:

Die packen ihn am Schlafittchen, schleifen ihn in die Lubjanka, in die Ssuchanowka oder ins Lefortowo-Gefängnis. Dann heißt es: »Gesteh, du Schwein, für wen du spionierst, wo du sabotiert hast; bekenne deine Schandtaten.« Sie werfen ihn ein paarmal in den nassen oder auch vereisten Karzer, schlagen ihm ins Gesicht, versohlen ihm den Hintern, prügeln die Rippen – aber alles so vorsichtig, dass das Gehirn nicht beschädigt wird. Es soll ihm höllisch wehtun, Scham soll ihn überwältigen, ihn windelweich machen. Er soll fühlen, dass er kein Mensch mehr ist, sondern ein Niemand, ein Nichts. Dann können sie mit ihm machen, was sie wollen ... Zum guten Schluss verknacken sie ihn dann großmütig zu nur zehn Jahren ... Hier gibt es keine freien Tage. Urlaub ist ein Fremdwort. Das einzige Vergnügen: Überstunden. Am Arbeitsplatz fühlt man sich immer noch wohler als in der Zelle. Gedanken an die Freiheit, ein Zuhause schieb nur weit fort, sie machen traurig, bringen dich zur Verzweiflung ... In der Scharaschka ... redet man sich manierlich mit Vor- und Vatersnamen an, es gibt anständiges Essen, besseres als mancher in der Freiheit kriegen kann; du arbeitest im gut geheizten Raum, schläfst auf einer richtigen Matratze mit Bettwäsche, hast überhaupt keine Sorgen, brauchst nichts weiter zu tun, als dein Gehirnschmalz zu betätigen, nachdenken, erfinden, vervollständigen, rationalisieren, Wissenschaft und Technik vorantreiben.[7]

Die zweite, unplanmäßige und verwirrende Änderung im Verhältnis zwischen Regierung und Wissenschaftlern war eine Folge des Krieges. Der Große Terror in den späten dreißiger Jahren stellte sicher, dass es in dem sich abzeichnenden Krieg keine Weiße Opposition mehr geben würde, die von innen heraus gegen Stalins Diktatur putschen könnte.[8] Der Preis war die Vernichtung der sowjetischen Generalität. Stalin hatte den erfahrenen Militärs nicht vertraut, also musste er auf junge Offiziere zurückgreifen, deren Fähigkeiten er nicht einschätzen konnte.

Der Generationswechsel war abrupt. Es war herkömmliche Praxis gewesen, dass Leute, die Parteimitglied werden wollten, eine Probezeit zu durchlaufen hatten und politisch überprüft wurden. Jetzt hingegen wurden Männer ohne persönliche Erfahrung mit dem Terror direkt in den Kampfgebieten aufgenommen. Das vorrangige und dringlichste Ziel war es, den Krieg zu gewinnen, deshalb zählte die berufliche Qualifikation von Kandidaten mehr als deren politischer Standpunkt.

Kommissare, denen ideologische Korrektheit wichtiger war als militärischer Erfolg, wurden rasch auf die ihnen gebührenden Ränge verwiesen. Anfangs konnten sie noch Befehle der verantwortlichen Generäle aufheben, doch nachdem es zu mehreren militärischen Pannen gekommen war, wurden die Parteileute im Oktober 1942 per Dekret aufgefordert, sich auf Propaganda zu beschränken. Je länger der Krieg dauerte, desto mehr Ansehen verloren die Funktionäre und umso größere Wertschätzung brachte der Staat Fachkräften entgegen – derselbe Apparat, der sie zuvor verfolgt hatte.

»Glückliche Leichen« wurden sie genannt, und einer von denen, die etwas aus ihrem Glück machten, war Alexander Lurija, der infolge des Pädologie-Skandals Arzt geworden war und durch die Kriegszeit in das Arbeitsgebiet hineinwuchs, auf dem er sich weltweit Anerkennung erwerben sollte. Im Lazarett Nr. 3120, das zu Nikolai Burdenkos Institut für Neurochirurgie gehörte, behandelte er Soldaten mit Kopfverletzungen.

Die Einrichtung zog 1942 in ein ehemaliges Sanatorium, das idyllisch zwischen zwei kleinen Seen in der Nähe von Tscheljabinsk im Südural lag. Lurija holte Kollegen aus Moskauer und Charkiwer Tagen nach, die Crème de la Crème der sowjetischen Psychiatrie, und binnen weniger Monate verwandelten sie das Sanatorium in eine neurologische Fachklinik mit vierhundert Betten, in der alle Möglichkeiten der Rehabilitation erforscht und evaluiert wurden. Die neurologischen und psychologischen Erkenntnisse in Lazarett Nr. 3120 brachten beide Disziplinen während des Krieges entscheidend voran.

Lurija erzielte nicht nur gewaltige medizinische Fortschritte, sondern prägte zudem mit einem Buch das Genre der populärwissenschaftlichen Literatur neu: Er edierte und kommentierte Auszüge aus dem Tagebuch seines schwer verwundeten Patienten Lew Sassezki, der trotz gravierender Beeinträchtigungen einen schier übermenschlichen Willen bewies.

Als Sassezki, der an der Westfront eine Kopfverletzung erlitten hatte, aus dem Koma aufwachte, war seine Welt »in Scherben gegangen«. Nichts ergab mehr Sinn für ihn, er konnte links und rechts nicht unterscheiden, in seiner Welt gab es weder Heraus noch Hinein, weder Vorher noch Nachher, weder Mit noch Ohne.

Irgendwann begriff Sassezki, was ihm passiert war, und er begann, ein Tagebuch zu führen. Er konnte schreiben, aber nicht lesen. Wenn er eine Seite betrachtete, verschwand die Hälfte. Wenn er ein Wort betrachtete, verschwand die Hälfte. Worte musste er mühsam Buchstabe für Buchstabe entziffern, das strengte ihn sehr an, denn er sah die Buchstaben immer nur zur Hälfte. Er konnte sein eigenes Manuskript nicht entziffern und arbeitete trotzdem bis zu seinem Tod daran: fast dreitausend Seiten Erinnerungen, die er mit der Hand in Hefte und Notizbücher schrieb und »Ich kämpfe von neuem« nannte.

Der Text wurde nie in voller Länge veröffentlicht, denn er ist schlicht unlesbar. Er besteht aus zahllosen Bruchstücken, die keinen zeitlichen oder logischen Zusammenhang ergeben. Lurija wählte die klarsten Passagen aus und stellte sie zu einem der meistübersetzten und angesehensten Sachbücher aller Zeiten zusammen: *Der Mann, dessen Welt in Scherben ging.*

Lurija arbeitete mit Patienten, die aufgrund ihrer Verletzungen Sprachprobleme hatten. Daraus entwickelte er ein Modell des menschlichen Gehirns, das sich grob in drei hierarchisch geordnete Funktionseinheiten unterteilen lässt. Bei Sassezki waren die höheren Funktionen erhalten: Er konnte Erinnerungen aufschreiben, konnte planen, Strategien entwickeln, sich Ziele setzen und diese auch verfolgen. Ihm fehlten – weggerissen von einer Kugel aus einem deutschen Gewehr – die basalen Einheiten. Insbesondere das Areal des Kortex, in dem Symbole verarbeitet werden, war irreparabel beschädigt. Sassezki war nicht fähig, ein ganzes Wort oder einen ganzen Satz zu erfassen, und er konnte sich auch keiner vollständigen Erinnerung entsinnen, weil alle diese Tätigkeiten erfordern, dass das Gehirn Beziehungen zwischen Symbolen herzustellen vermag. Er erhaschte lediglich flüchtige Bruchstücke. Er konnte nicht lesen, weil das eine perzeptive Tätigkeit ist. Er konnte schreiben, weil das eine intentionale Tätigkeit ist.

Alexander Lurija verfasste auf der Grundlage von Sassezkis Schicksal und über achthundert weiteren Fällen kriegsbedingter Kopfverletzungen die Monographie *Trawmatitscheskaja afasija* (Traumatische Aphasie), ein Grundlagenwerk der modernen Neurowissenschaft. Bis zuletzt blieb er Sassezkis Freund, Arzt, Lektor und Sekretär.

Andere »glückliche Leichen« erlebten deutlich ruppigere Zeiten. Dmitri Fedotows eh schon recht buntscheckige Karriere hätte den Kopf kosten oder den Aufstieg in hohe Regierungsämter bringen können – und zwar mit derselben Begründung. Die Würfel fielen für Aufstieg.

Die Deutschen hatten bei ihrem Rückzug Krankenhäuser zerstört und Patienten ermordet. Wer das überlebt hatte, hatte ohne Essen, Seife und Treibstoff in den Lazaretten keine Chance gegen Durchfall, Unterernährung und Tuberkulose. Im ganzen Land kam es zu einem alarmierenden Anstieg der Todesfälle unter Psychiatrie-Insassen.

Im Januar 1942 bekam Dr. Dmitri Dmitrijewitsch Fedotow den Auftrag, das ausgebrannte, mutwillig zerstörte Psychiatrische Krankenhaus Litwinow in Buraschewo, einem Dorf nordwestlich von Moskau im Distrikt Kalinin (heute Oblast Twer), wieder aufzubauen. Kein Einziger der 530 Patienten hatte überlebt.

Fedotow schreckte vor fast nichts zurück, um die Klinik wieder funktionsfähig zu machen. Er entwendete Kittel für Ärzte und Schwestern aus den Beständen der Kommunalverwaltung. Er besorgte Fleisch auf dem Schwarzmarkt, stellte die Wasserversorgung wieder her und ließ Stromkabel vom Krankenhaus zum Umspannwerk in der Nähe verlegen. Sein Parteieintritt 1945 ist typisch für eine Generation, die die Parteimitgliedschaft nicht als Ausdruck politischer Überzeugungen, sondern schlicht als patriotischen Akt sah.

1946 musste sich Fedotow in Moskau beim Gesundheitsministerium[9] wegen seines Unternehmungsgeistes schwere Vorwürfe anhören. »Was erlauben Sie sich?«, schnaubte der Minister, während er den Stromversorgungsplan betrachtete. Andere Funktionäre waren gnädiger (er sei halt unerfahren) oder dramatisierten Fedorows eigenmächtige Aktivitäten (»außer Kontrolle«, »Verstoß gegen das Gesetz«). Er kam mit einer strengen Verwarnung davon und wurde nach Kalinin zurückgeschickt.

Nach seiner Abreise ging die Diskussion weiter. Seine Methoden mochten ja unorthodox sein, doch er war ein Mann der Tat, ein Praktiker; wenn etwas gebraucht wurde, besorgte er es eben. Konnte man es sich angesichts der Armut und des Elends der frühen Nachkriegsjahre leisten, »Macher« wie Fedotow zu entmutigen? Das halbe Land lag in Trümmern, die Menschen hungerten. 1947 war die Haltung der Behörden gegenüber Fachleuten und Männern, die Eigeninitiative entwickelten, deutlich herzlicher. Fedotow wurde nach Moskau beordert und mit der Verantwortung für alle Krankenhäuser der Sowjetunion betraut.

Damit gehörte er zur neuen Elite der Verwaltungsfachkräfte und Wissenschaftler, die ab März 1946 in den Genuss hoher Gehälter mit diversen Zulagen kamen und bei Wohnraum, Nahrungsmitteln und Konsumgütern bevorzugt wurden. Akademiemitglieder durften in Restaurants essen gehen, die ursprünglich für die hohen Tiere der Partei gedacht waren. Die Spezialisten waren so selten und so gefragt, dass ein Doktor rer. nat. als Leiter eines Labors der Akademie der Wissenschaften fast doppelt so viel verdiente wie ein Mitglied des Zentralkomitees.

Trotz Fedotows vernichtendem Urteil über die sowjetische Psychiatrie (»katastrophal«, lautete seine Einschätzung, auch angesichts der Tatsache, dass Pflegekräfte gegenüber Patienten oft gewalttätig wurden) wollte der für Hygiene zuständige Sergej Gurewitsch Psychiater in die Planung neuer Wohnanlagen einbeziehen, die luftig, hell und ruhig gelegen sein sollten, geeignet, die Bewohner die Auswirkungen der »Trauer um Tote und Vermisste, der Entbehrungen, Krankheiten und Vertreibungen« überwinden zu lassen. Der Blick aus dem Fenster solle auf »Flüsse, Wiesen und Wälder« fallen, und zu jeder Wohnung, so Gurewitsch, müsse ein Stück Land gehören.[10] Man kann es angesichts der Geschwindigkeit, mit der Russlands neue Mandarine fest im Sattel saßen, niemandem verdenken, wenn er die »Säuberungen« vor dem Zweiten Weltkrieg leugnete.

Unzählige Sowjetbürger lebten derweil noch in Erdlöchern und mussten um jeden Bissen kämpfen.

17. »KANN ICH MAL IN DEN REAKTOR?«

Blödsinn!
Der Physiker Enrico Fermi auf die Behauptung,
die Kernspaltung könne irgendwann die nationale
Sicherheit gefährden.[1]

Gefragt, warum er die deutsche Staatsbürgerschaft nicht annehmen könne, erklärte Nikolai Timofejew-Ressowski: »Ich bin als Russe geboren, und ich sehe keine Möglichkeit, daran etwas zu ändern.«

1938 setzte sich kein Geringerer als Bernhard Rust, Reichsminister für Wissenschaft, Erziehung und Volksbildung, für einen Verbleib der Timofejew-Ressowskis in Deutschland ein. Diese Wertschätzung war Nikolai Timofejew-Ressowski auf bizarren Wegen zugewachsen. Im Mai 1935 hatte Oskar Vogt auf Druck

Juli Chariton neben einem Nachbau seines Babys, der ersten
sowjetischen Atombombe, gezündet am 29. August 1949. Das Foto
entstand 1992.

der Nazis die Leitung des von ihm einst gegründeten Kaiser-Wilhelm-Instituts in Berlin verloren, und im März 1937 war ein strammes Parteimitglied, der Neuropathologe Hugo Spatz, zu seinem Nachfolger ernannt worden. Der wollte mit russischen Wissenschaftlern nichts zu tun haben und Timofejew-Ressowski auf der Stelle feuern: Genetik sei »ein Fremdkörper« im Institut. Oskar Vogt intervenierte beim Minister und konnte ihn von Timofejew-Ressowskis Bedeutung überzeugen. Um Spatz bei Laune zu halten, unterstellte Rust den Bereich Genetik als eigenständiges Institut direkt der Kaiser-Wilhelm-Gesellschaft. Statt auf der Straße zu sitzen, konnte Timofejew-Ressowski plötzlich schalten und walten, wie es ihm beliebte. Dessen Arbeit, die genetische Grundlagenforschung, sah der Minister als Gewinn für Deutschland an, und er war fest entschlossen, den Russen in Berlin zu halten.

Die Sorge, den angesehenen Forscher zu verlieren, war unbegründet, aber das wusste Rust nicht. Timofejew-Ressowski hatte der Versuchung bereits widerstanden und ein Angebot der Carnegie Institution ausgeschlagen. Hermann Muller hatte so desillusioniert vom Leben und Arbeiten in den USA erzählt, dass sein russischer Kollege selbst nach dem Krieg nicht das geringste Interesse hatte, dorthin zu emigrieren.[2]

Außerdem lag das Kaiser-Wilhelm-Institut für Hirnforschung am Stadtrand, wo die Nazis nicht so massiv präsent waren. Der politische Druck auf Wissenschaftler war ohnehin eher verhalten. Man musste nicht der NSDAP beitreten, um Stipendien zu bekommen, ein Parteibuch machte die Zuteilung von Forschungsgeldern nicht einmal wahrscheinlicher.

Gestärkt wurde Timofejew-Ressowskis Position durch die Zusammenarbeit mit dem Physiker Karl Günther Zimmer, der wiederum für die Auer-Gesellschaft arbeitete, ein Berliner Unternehmen, das in die Uranproduktion einbezogen war. Mit Uran hatte Timofejew-Ressowski nichts zu tun, aber das freundschaftliche Verhältnis zu Zimmer verlieh ihm eine Aura der Unantastbarkeit. Dasselbe gilt für seine Freundschaft mit Werner Heisenberg, den er duzte. Heisenberg tüftelte gar nicht weit entfernt mit seinem

»Uranverein« an der Realisierung von Hitlers Atomprojekt. »[Timofejew-Ressowski] wurde nicht beschattet«, sagte Forschungsleiter Nikolaus Riehl 1985 rückblickend in einem Interview. »Die Nazis ließen ihn in Ruhe. Er lebte da, und wir haben ihn alle unterstützt. Wir standen in engem Kontakt. Wir waren gute Freunde ...« Sogar der zuständige SS-Gruppenführer gehörte zum Freundeskreis und achtete darauf, dass Denunziationen seitens der Mitarbeiter Timofejew-Ressowskis ohne Folgen blieben. (Als dann während des Krieges die Lebensmittel knapp wurden, revanchierte der Russe sich mit Einladungen zum gemeinschaftlichen Verspeisen der Versuchskaninchen.)[3]

Bei Kriegsbeginn wurde Vogts Institut in bescheidenem Umfang zum Unterschlupf für Juden und politisch Verfolgte. Das Kaiser-Wilhelm-Institut galt als kriegswichtig, was bedeutete, dass es Arbeitskräfte anfordern durfte. Timofejew-Ressowski lotste ein paar Häftlinge, deren Bedeutung und Qualifikation er in den Anträgen maßlos übertrieb, in sein Labor. Gefälschte Dokumente verwandelten Zwangsarbeiter und Kriegsgefangene in »Gastwissenschaftler«. Eine Widerstandsgruppe suchte für sie Arbeitsplätze, meist auf abgelegenen Bauernhöfen, die Wartezeit überbrückten sie in Timofejew-Ressowskis Labor.

Der Krieg schränkte die Bewegungsfreiheit zunehmend ein, Familienurlaube an der Ostsee waren nicht mehr möglich, und Timofejew-Ressowski sah sich zu kleineren Kompromissen gezwungen, etwa zu Vorträgen für SS-Ärzte. Ihnen schilderte er die technischen Details der Mutationsforschung düster und pessimistisch. Militärisch relevant war seine Untersuchung von Gasmaskenfiltern mit Isotopenmarkern.[4]

Für Dmitri, den ältesten Sohn, dessen Hass auf die Nazis wuchs, je enger sein Kontakt zu Berliner Exilrussen wurde, kamen selbst kleinste Kompromisse nicht in Frage. Sehr gegen den Willen des Vaters (die beiden stritten sich fürchterlich) schloss er sich einer Widerstandsgruppe an und half Kriegsgefangenen. Da er Französisch sprach, erhielt er den Auftrag, zwei französische Piloten zu verstecken. Die Gruppe wurde denunziert und Dmitri am 30. Juni 1943 von der Gestapo verhaftet.

Nikolai Timofejew-Ressowski versuchte alles, um seinen Sohn zu befreien. Er wandte sich an hohe SS-Offiziere, politisch einflussreiche Kollegen, seine Vorgesetzten in der Kaiser-Wilhelm-Gesellschaft. Heisenberg verwendete sich für seinen Freund und dessen Sohn. Es half nichts. Dmitri wurde nach Mauthausen geschickt und starb – Gerüchten zufolge – bei einer Gefangenenrevolte unmittelbar vor der Ankunft der Amerikaner. (Noch auf ihrem Sterbebett hegte Jelena Timofejew-Ressowski die Hoffnung, ihr Sohn habe irgendwie überlebt.)

Das Kriegsglück wendete sich. 1944 wurde aus dem Institut für Hirnforschung eine Klinik für Piloten mit Kopfverletzungen und zerebralen Schädigungen. Die akute Höhenkrankheit wurde zu einem Forschungsschwerpunkt, und das »Pantheon der Gehirne« bekam grausigen Zuwachs: die Gehirne von mindestens fünfhundert im Rahmen des NS-Euthanasieprogramms ermordeten Patienten.

Schon bald gab es keine herkömmlichen Lebensmittel mehr. Die Berliner sammelten Kräuter, Pilze und Schnecken, rösteten Eicheln für Ersatzkaffee und backten Brot aus Rapssamen. Am Institut war man noch verhältnismäßig gut dran, aß den Taufliegen Maismehl und Melasse weg. (Beides wurde aus rätselhaften Gründen weiterhin lastwagenweise angekarrt.) Und es gab die Kaninchen, die eigentlich für Bestrahlungsexperimente vorgesehen waren. Da verstrahlte Versuchstiere nicht sehr gesund sind, wurden die Experimente zunächst noch mit geringen Dosierungen durchgeführt und später ganz eingestellt – die Wissenschaft konnte warten. Bei den Timofejew-Ressowskis wurde den Gästen immer ein warmes Essen serviert.

Als sich Anfang Februar 1945 die Russen Berlin näherten, beschloss Hugo Spatz, die Mitarbeiter des Hirnforschungsinstituts nach Göttingen zu schicken. Timofejew-Ressowski hielt die Stellung in der Reichshauptstadt, übernahm die Verantwortung für seine Leute, er könne den sowjetischen Befehlshabern am besten erklären, was am Institut getan worden sei. Nikolaus Riehl vertraute er an, er wolle in die UdSSR zurück und seine Abteilung mitnehmen.

Riehl erschrak: »Ich sagte zu ihm: ›Timofejew-Ressowski, man wird Ihnen Hochverrat vorwerfen. Das kann böse enden.‹ Er sagte: ›Nein. Da passiert nichts.‹ Ich sagte: ›Ich bin als deutscher Staatsbürger fein raus, aber Sie sind russischer Staatsbürger.‹ Er wiederholte: ›Nein, mir passiert nichts.‹ ... Timofejew-Ressowski glaubte, allein der Umstand, dass sein Sohn hier in Haft gewesen war, würde seinen Aufenthalt im Deutschen Reich rechtfertigen. Das war natürlich nicht der Fall.«[5]

Die Rote Armee nahm Buch am 21. April 1945 ein. Timofejew-Ressowskis russischer Kollege I. B. Panschin erinnerte sich: »Ich war wie viele Mitarbeiter des Instituts in Timofejew-Ressowskis Haus. Draußen wurde vereinzelt geschossen. Ich sah unsere Soldaten vom Fenster aus. Dann näherte ich mich ihnen mit einer selbstgebastelten weißen Fahne.« Im Großen und Ganzen, so Panschin, sei alles friedlich über die Bühne gegangen. »Wir schickten sofort ein Telegramm an Stalin und teilten ihm mit, wir wollten unbedingt der Sowjetunion dienen, das Institut mit Personal und Material wäre für Russland sehr wertvoll.«[6]

Die Sowjets nahmen Timofejew-Ressowski nach ihrem Einmarsch prompt fest und ließen ihn ebenso prompt wieder frei, denn NKWD-General Abraham Pawlowitsch Sawenjagin erkannte den potenziellen Wert von Timofejew-Ressowskis strahlenbiologischen Forschungen und nahm das Institut unter seine Fittiche. Während er den Umzug in die Sowjetunion sondierte, wurde in den Berliner Laboratorien weitergearbeitet.

Nicht jeder hatte daheim die Absicht, Timofejew-Ressowski willkommen zu heißen. Das erste Anzeichen bevorstehender Probleme war der Besuch zweier Herren aus Moskau in NKWD-Uniform, beide Physiker und Oberste, von denen sich der eine, Lew Arzimowitsch, brüsk weigerte, Timofejew-Ressowski die Hand zu geben. Die Physiker waren Mitglieder einer Kommission der Akademie der Wissenschaften, und es ist eine unerklärliche bittere Ironie jener Zeit, dass das NKWD anstrebte, Timofejew-Ressowski in Freiheit zu lassen, damit er seinen Forschungen nachgehen konnte, und andererseits ausgerechnet eine Denunziation aus der sowjetischen Akademie der Wissenschaften zu Timofejew-Ressowskis zweiter Verhaftung in der Nacht vom 12. auf den 13. September führte.

Ab Oktober 1945 verliert sich jede Spur. Sawenjagin versuchte, den Aufenthaltsort seines Schützlings herauszufinden, musste aber feststellen, dass sich selbst seine eigenen Leute nicht mehr in den bürokratischen Abläufen auskannten. Irgendeine andere Abteilung des NKWD hatte Timofejew-Ressowski in ihrer Gewalt, und Sawenjagin fand nicht heraus, welche.

Unterdes bereiteten die Ermittler, denen der Fall übergeben worden war, die Anklage vor. Ihnen war weder Timofejew-Ressowskis Bedeutung bewusst, noch konnten und wollten sie seine Arbeit verstehen und legten alles, was sie über ihn herausfanden, zu seinen Ungunsten aus.

Von Zimmer erfuhren sie, welche Art Forschung an Timofejew-Ressowskis Institut betrieben wurde. Die Liste, die er anfertigte, reichte von hochwissenschaftlichen Projekten (die Analyse biologischer Auswirkungen von Neutronenstrahlung) bis hin zu blankem Unsinn (Röntgenstrahlen-Flak) und hatte nur wenig mit Timofejew-Ressowskis tatsächlicher Arbeit zu tun, aber auch diese Informationen wurden auf bösartige Weise interpretiert. Hans-Joachim Born, ein Kollege, der Timofejew-Ressowski sehr nahestand, lieferte ihn unwillentlich ans Messer, weil er die Bestrahlung von Tieren, Freiwilligen (unter anderem Born selbst) und zwei Leichnamen erwähnte. Das klang gefährlicher, als es war: Das Projekt bestand darin, mit harmlosen Thorium-Dosen nach Störungen im Blutkreislauf zu suchen, eine Technik, die seit den zwanziger Jahren zum medizinischen Standardrepertoire gehörte. Borns Aussage wurde jedoch so verdreht, dass sich daraus die Beschuldigung ergab, Timofejew-Ressowski habe mit sowjetischen Kriegsgefangenen experimentiert, ein Gerücht, das bis 1988 in der Sekundärliteratur kolportiert wurde.[7]

Es kam reichlich Material zusammen, aus dem sich schließen ließ, das von Timofejew-Ressowski geleitete Institut habe die Deutschen im Krieg unterstützt. Am 4. Juli 1946 wurde er wegen Vaterlandsverrat zu zehn Jahren Zwangsarbeit verurteilt.

Auf dem Weg nach Karaganda, einem der schrecklichsten

Lager des Gulag-Systems, saß Timofejew-Ressowski in der Lubjanka. Zweimal täglich bekamen die Gefangenen dort Wasser mit einem Eimer ohne Trichter in den Teekessel gegossen, sodass das meiste auf dem Fußboden landete. Nichts habe ihn so sehr schockiert »wie dieser auf dem Boden verschüttete Tee«, erinnerte sich ein Mithäftling.

Er wird darin ein frappantes Merkmal beruflicher Desinteressiertheit des Gefängnispersonals erblicken (wie unser aller auch, bei welcher Arbeit immer). Er wird die 27 Jahre der Lubjanka-Existenz mit 730 Malen pro Jahr multiplizieren und dann mit 111 Zellen und wird sich noch lange Zeit darüber echauffieren, dass es bequemer war, in zwei Millionen einhundertachtundachtzigtausend Fällen das kochende Wasser auf den Boden zu schütten und die Stelle genauso oft trockenzuwischen, als an den Eimern Schnäbel zum Eingießen anzubringen.[8]

Der Traktnachbar hieß Alexander Solschenizyn, seine Erinnerungen, *Der Archipel Gulag*, wurden zum Gründungsdokument der sowjetischen Dissidentenbewegung. Solschenizyn beschreibt weiter, wie Timofejew-Ressowski in seiner energischen Art eine wissenschaftlich-technische Vereinigung organisierte, deren Mitglieder, unter anderem Physiker, Elektroingenieure und ein Chemiker, Vorträge hielten.

Von August bis November 1946 wurde Timofejew-Ressowski in Karaganda festgehalten. Auch dort gründete er eine wissenschaftliche Gesellschaft, um sich und seine Leidensgenossen vor der Verzweiflung zu bewahren, doch zunehmend litt er unter Dystrophie, sein Leben hing am seidenen Faden. Er habe sich zuletzt, schrieb er, »nur noch daran erinnert, dass meine Frau Ljolka hieß [ein Kosename], aber ihren vollständigen Namen hatte ich vergessen. Ich vergaß auch die Namen meiner Söhne. Ich vergaß alles. Ich vergaß sogar meinen eigenen Nachnamen. Ich wusste nur noch, dass mein Vorname Nikolai war.«[9] Weder Freunde noch die Familie erfuhren, wo er war und ob er überhaupt noch lebte.

Der französische Physiker, Nobelpreisträger und Wider-
standskämpfer Frédéric Joliot-Curie erwirkte schließlich Timofejew-Ressowskis Freilassung, indem er sich direkt an Innenminister Lawrenti Berija wandte.[10] Wo Sawenjagins Nachforschungen
stecken geblieben waren, zeigten Berijas Ungeduld und furchter-
regender Ruf Wirkung. Da stand Timofejew-Ressowski kurz vor
dem Hungertod und war fast erblindet.

Er wurde eilends in einem überfüllten Waggon, die meiste Zeit
stehend, auf engstem Raum mit anderen Häftlingen zusammen-
gepfercht, nach Moskau zurückgebracht. Bei der Ankunft fanden Beamte ihn bewusstlos zwischen Toten und Sterbenden, sie
mussten ihn hinaustragen.

Im zentralen Gefängniskrankenhaus rettete man mit knapper
Not sein Leben, aber seine Augen blieben dauerhaft geschädigt.
Er konnte nie mehr durch ein Mikroskop sehen und nur mit
großen Lupen und viel Licht lesen. Es dauerte Monate, bevor er
reisefähig war. Im Frühjahr 1947 wurde er schließlich an einen
streng geheimen Ort im Ural verfrachtet.

Timofejew-Ressowski fand sich an einem blauen See mit dun-
kelgrünen Tannenwäldchen und menschenleeren Sandstränden
zwischen Baracken, Laborgebäuden und Lagerhallen des Dor-
fes Sungul wieder. Er war sehr schwach. »Ich kam kaum eine
Treppe hoch«, erinnerte er sich später. »Wenn ich einen Fuß
auf eine Stufe gestellt hatte, fehlte mir die Kraft, den anderen
nachzuziehen.« An der Tür angekommen, die man ihm gewiesen
hatte, drehte er sich um, sah Inseln im See und im Westen eine
herrliche Bergkette.

Objekt 0211 war eine Scharaschka, eine Gefängnissiedlung
auf einer bewaldeten Landzunge, an der Schmalseite mit Stacheldraht, entlang des Ufers von Wachmannschaften und Hunden
gesichert. Das interessierte ihn nicht. Er war selig. Er konnte
arbeiten. Er wurde verstanden. Ein Blumenstrauß hieß ihn auf
seiner Türschwelle willkommen.

Rätselhaft nur, warum Timofejew-Ressowski dieses Glück
hatte. Wieso galt er als so bedeutend? Welche Leistungen versprach man sich von ihm?

Leó Szilárd hatte es als Erster erkannt. Dem ungarischen Physiker, der sich 1933 nach Großbritannien abgesetzt hatte, war im September jenes Jahres ein folgenschwerer Gedanke gekommen. Wenn eine Kernreaktion Neutronen produzieren würde, die ihrerseits Kernreaktionen auslösten, überlegte er, dann gäbe es keinen zwingenden Grund, warum dieser Prozess von selbst zum Stillstand kommen sollte. Szilárds Traum oder Albtraum war die nukleare Kettenreaktion. Dass eine einmal ausgelöste Kettenreaktion die gesamte Materie erfassen könnte, blieb bis zur Zündung der allerersten Atombombe am 16. Juli 1945 in den USA eine zwar sehr unwahrscheinliche, aber doch beängstigende Möglichkeit, die sich nicht mit letzter Sicherheit ausschließen ließ.[11] Szilárd schloss sie 1933 keineswegs aus. Und die wahrscheinlichere Möglichkeit – dass nukleare Kettenreaktionen Explosionen von bisher unvorstellbarer Gewalt auslösten – war besorgniserregend genug. Die Vorstellung trieb ihn so sehr um, dass er 1939 Enrico Fermi in einem Brief beschwor, die Vereinigten Staaten sollten fortan die Kernforschung geheim halten.

»Blödsinn!«, antwortete Fermi.

Schließlich bestätigte ein französisches Team Szilárds Befürchtungen in einem Artikel, der am 7. April 1939 in *Nature* erschien: Die nukleare Kettenreaktion existierte. Jede Kernspaltung, so die Autoren, erzeuge drei oder vier Neutronen, und jedes Neutron löse seinerseits Kernspaltungen aus.

Später bezeichneten Physiker – manche auch mit skeptischem Unterton – die dreißiger Jahre im Rückblick als Blütezeit ihrer Wissenschaft, als eine Ära des naiven Spekulierens, der Kooperationen und des friedlichen Wettbewerbs. Die Möglichkeit der Kernspaltung war kein streng gehütetes Geheimnis, sondern das Topthema der Physik und eine neue Waffe im Kampf um Forschungsgelder. 1939 setzte Heisenberg die Aussicht, eine Atombombe zu entwickeln, als Hebel ein, um Zuschüsse für seine Reaktorforschung zu bekommen.

Ende April 1940 erfuhr William Laurence, ein amerikanischer Journalist, der für die *New York Times* die Entwicklung der deutschen Kernspaltungsversuche verfolgte, dass das Kaiser-Wilhelm-Institut für Physik fast vollständig auf Uranforschung umstellte. Die Schlussfolgerung lag für Laurence auf der Hand – die Deutschen arbeiteten an der Atombombe. Die Sonntagsausgabe der *New York Times* brachte die Story am 5. Mai 1940 als Aufmacher: »Wissenschaft erschließt Atommeiler als unerschöpfliche Energiequelle«. »Alle deutschen Wissenschaftler, die auf diesem Gebiet arbeiten – Physiker, Chemiker, Ingenieure –, … haben die Anweisung erhalten, alles andere liegen und stehen zu lassen und sich ausschließlich diesem Thema zu widmen«, schrieb Laurence.

Die US-Administration ging (zu Recht) davon aus, dass der Journalist übertrieb. Doch einer nahm den Beitrag ernst: George Vernadsky, Sohn des Geologen und Umweltvisionärs Wladimir Wernadski. Er war in die USA emigriert und lehrte als Professor Slawistik in Yale. Er schnitt den Artikel aus, kritzelte »Die Zeit drängt!« an den Rand und schickte ihn seinem Vater.

Der Brief erreichte Wernadski, inzwischen über achtzig, in Uskoje, einem aristokratischen Anwesen nahe Moskau, das als Sanatorium genutzt wurde (und die dazugehörige Kirche tatsächlich als Kirche – Ostern wurde gefeiert, der 1. Mai nicht). Wernadski konnte sich aufgrund seiner schwachen Gesundheit nicht selbst an einem sowjetischen Kernforschungsprogramm beteiligen, aber er reagierte schneller als die Amerikaner, stellte für die Akademie der Wissenschaften eine Atomkommission zusammen – Igor Kurtschatow, Sergej Wawilow, Dmitri Scherbakow, Pjotr Kapiza – und drängte darauf, den praktischen Problemen bei der Kernspaltung höchste Priorität einzuräumen. Pingpong mit Theorien zu spielen, argumentierte er, sei ja durchaus eine sinnvolle Beschäftigung für Physiker, aber sie führe zu nichts, solange sie sich nicht mit der Frage befassten, wie sich das Isotop 235 von Natururan trennen lasse. Am 16. Mai 1941 notierte er nach einer Unterredung mit einem der stellvertretenden Vorsitzenden der Akademie in seinem Tagebuch:

Ich verwies darauf, dass derzeit Physiker (Ioffe, Wawilow – ich nannte keine Namen) der eigentliche Hemmschuh seien. Sie richten ihre Anstrengungen auf die Erforschung des Atomkerns und die Atomtheorie, und hier ... wird viel Wichtiges geleistet – aber das Leben erfordert es, sich mit den bergbautechnisch-chemischen Fragen auseinanderzusetzen.[12]

Der Fortschritt war gemächlich, aber doch immerhin stetig. Die *Prawda* vom 22. Juni 1941 berichtet über einen Neubau in Leningrad, »ein Gebäude, das wie ein Planetarium aussieht ... dies ist das erste Zyklotron der Sowjetunion, ein Teilchenbeschleuniger zur Spaltung von Atomkernen«.[13] Er ging nie in Betrieb. Am selben Tag überfiel die Wehrmacht die Sowjetunion. Ioffes Physikalisch-technisches Institut wurde in aller Hast in Eisenbahnwaggons verladen und nach Kasan geschafft.

Dies bedeutete das vorläufige Aus für die sowjetische Kernphysik, die Wissenschaftler wandten sich drängenderen Problemen zu. Jakow Seldowitsch und Juli Chariton, die Kettenreaktionen beim Uran erforscht hatten, befassten sich jetzt mit der Entwicklung neuer Sprengstoffe. Igor Wassiljewitsch Kurtschatow, dessen Interesse für die Kettenreaktion zur Erfindung des Atomreaktors geführt hatte, arbeitete jetzt an Vorrichtungen für Schiffe zum Schutz vor magnetisch gezündeten Minen. Andere hängten die Physik an den Nagel und gingen zur Armee.[14]

Die Feststellung, wie schnell sich eines der heißesten Themen der Naturwissenschaften zu einem globalen Sicherheitsrisiko entwickelte, blieb dem jungen Physiker Georgi Nikolajewitsch Fljorow überlassen.

Fljorow hatte einiges auf dem Gebiet der Atomforschung geleistet. 1939 hatte er mit Konstantin Petrshak eine spontane Kernspaltung dokumentiert, eine Form radioaktiven Zerfalls, die nur bei sehr schweren chemischen Elementen auftritt. Der Nachweis dieses Prozesses war ihm ein Jahr später gelungen. 1941 wurde er als Leutnant auf einem Schulungsflughafen in der Nähe von Woronesh zum Luftfahrttechniker ausgebildet, wo er gegen Ende des Jahres beim Besuch einer Universitätsbibliothek beschloss, sich über den aktuellen Stand in Sachen Kernspaltung zu informieren. Also blätterte er die neuesten Ausgaben der verfügbaren englischsprachigen Fachzeitschriften durch und fand – nichts. Zunächst registrierte er verärgert, dass keiner der Beiträge Bezug auf seine Arbeiten nahm, doch dann fuhr ihm der Schreck in die Glieder: Es fehlte nicht nur sein Name in der Fachdiskussion. Es gab keine Diskussion. Auch bei weiterer Durchsicht entdeckte er keinen einzigen Artikel über Kernspaltung. Das konnte nur eines bedeuten: Die Alliierten hatten die Arbeit auf diesem Gebiet unter militärische Geheimhaltung gestellt.

Fljorow schrieb Kurtschatow und drang auf eine Wiederaufnahme der Atomforschung. Er schrieb Sergej Kaftanow, der die wissenschaftlichen Programme am Volkskommissariat für Verteidigung koordinierte. Er schrieb vielleicht sogar an Stalin. Er fuhr nach Kasan, wohin die meisten akademischen Institute evakuiert worden waren, und bestürmte ältere Kollegen. Doch insbesondere Ioffe und Kapiza waren skeptisch. Selbst unter der Voraussetzung, dass es überhaupt möglich sei, eine Atombombe zu konstruieren, bräuchten sie dazu eine Menge Uran und zehn Jahre Entwicklungszeit, und sie hätten weder das eine noch das andere.

Doch die Schlacht gegen die deutschen Invasoren entwickelte sich zu einem Zermürbungskrieg. Die Idee, eine Atombombe könnte die Entscheidung bringen, drängte sich auf. Weder die Russen noch die Westmächte wussten viel über den Stand der deutschen Forschung: Undenkbar, was geschehen würde, wenn Hitler die Bombe als Erster hätte! Großbritannien befasste sich am frühesten ernsthaft mit der Bedrohung. In Moskau erfuhr man im Oktober 1941 über Klaus Fuchs, einen Kommunisten, der vor den Nazis nach Großbritannien geflohen war und am Atomprojekt mitarbeitete, von dem britischen Projekt, das unter dem Codenamen »Tube Alloys« lief.

Fuchs, ein umgänglicher, höflicher, aufrichtiger Mann und brillanter Kopf auf dem Gebiet der mathematischen Physik, Schüler des Nobelpreisträgers Max Born, erwies sich auch weiterhin als wertvolle, verlässliche Informationsquelle für die Sowjets. 1943 traf er mit dem britischen Team in Los Alamos ein und arbeitete am Manhattan Project mit. (Als sein neuer russischer Kontaktmann ihm 1500 Dollar für seine Mühen in die Hand drückte, hielt der wichtigste Spion der UdSSR den Umschlag mit spitzen Fingern von sich und lehnte es rundweg ab, das Geld anzunehmen.)

Fuchs wusste, dass der Krieg nicht ohne die Rote Armee zu gewinnen war, und fand es insofern sinnvoll, die Russen über die technischen und militärischen Fortschritte auf dem Laufenden zu halten. Seine Kollegen in Los Alamos fanden die Idee, die Russen ins Boot zu holen, ebenfalls nicht abwegig. Unter ihnen herrschte die Auffassung, die russischen Physiker seien selbst in der Lage, eine Bombe zu bauen, also sollte man sich – je eher, desto besser – mit ihnen zusammentun, um die schreckliche Technik unter Kontrolle zu behalten. Der Physiker Martin Deutsch, aus Österreich in die USA emigriert und Professor am MIT, hatte die häufigen Diskussionen in Los Alamos als ziemlich offen in Erinnerung. Nur Fuchs habe gewirkt, als sei ihm die Sprache abhandengekommen.[15]

Die Deutschen hatten genug schweres Wasser und Uran. Sie hatten hervorragende Physiker und exzellente Forschungseinrichtungen. Trotzdem scheiterten sie am Bau der Bombe, ob nun wegen Sabotage, wie manche behaupten, oder einfach, weil sie kein Glück mit ihren Versuchen hatten. 1943 startete die Sowjetunion ihr eigenes Atomprogramm, weniger um Nuklearwaffen gegen Deutschland einzusetzen als um für das Atomzeitalter gerüstet zu sein.

1943 war die schlimmste Phase der Blockade von Leningrad ausgestanden, und die wesentlichen Bestandteile des Zyklotrons konnten, in zwei Güterwaggons verstaut, aus der Stadt gebracht und im neu gegründeten »Laboratorium Nr. 2« im Nordwesten Moskaus wieder zusammengesetzt werden. Die Akademie der Wissenschaften installierte die Beschleunigungsanlage, fortan Kurtschatows Wirkungsstätte, unter strenger Geheimhaltung in einem Gebäudekomplex, der ursprünglich für biomedizinische Forschung vorgesehen gewesen war. Als Erstes musste ein Versuchsreaktor gebaut werden, und für den benötigten die Atomphysiker dringend Uran.

Die Jagd auf den Rohstoff in Feindeshand begann in Wien, vier Monate nachdem die Rote Armee die deutsche Grenze überschritten hatte, noch vor der Eroberung Berlins. Vierzig Physiker wurden dafür abgestellt, die Hälfte der Belegschaft von Laboratorium Nr. 2, und sie machten reiche Beute: fast 340 Kilogramm metallisches Uran, zudem stapelweise wertvolle technische Beschreibungen.

Der Berliner Suchtrupp unter Leitung von Awrami Sawenjagin[16] hatte eine ganz andere Mission zu erfüllen.

Erst als ihr Flugzeug in der Luft war, erfuhren die Männer, was von ihnen erwartet wurde. Sie landeten am 3. Mai 1945 in der zerbombten deutschen Hauptstadt und bezogen ein streng bewachtes Gebäude in Berlin-Friedrichshagen, das nicht nur für sie bereitgestellt worden war, sondern auch für die deutschen Wissenschaftler, die sie aufspüren sollten.

Am 4. Mai stieß der Trupp auf die vollständigen Unterlagen zu den deutschen Atomplänen. Sie waren mindestens so bedeutsam wie die Straßburger Papiere, die die Alsos-Mission (ein Unterfangen der Amerikaner mit dem Auftrag, technische Errungenschaften des Feindes zu beschlagnahmen) erbeutet hatte. Auch in Berlin fanden die Russen das begehrte Material: über hundert Tonnen Uranoxid, versteckt unter Bleibarren in einer Gerberei. Sie schickten es nach Moskau, es enthielt genug Brennstoff für einen Versuchsreaktor, um eine Kettenreaktion in Gang zu halten.

Ohne Uranabbau war das sowjetische Atomprojekt nicht auf Dauer gesichert. Das nötige Equipment zur Förderung holten die Russen aus den sächsischen Silber- und Kobaltminen der Sowjetischen Besatzungszone (SBZ). Was mit den Uranmineralen an Silber-, Kobalt-, Wismut-, Nickel- und sonstigen Erzen aus dem Berg geholt wurde, kippten sie auf Abraumhalden.

Nicht minder wichtig und rar war das Know-how, wie man Uranerz aufbereitet. Georgi Fljorow und sein Kollege Lew Arzimowitsch sahen sich in Sawenjagins »Fischzug« eingebunden: In NKWD-Uniform holten sie Karl Zimmer ab, den Radiologen, der mit Max Delbrück und Nikolai Timofejew-Ressowski Größe und Beschaffenheit der Gene erforscht hatte.

Mit Zimmer im Schlepptau statteten sie dessen Kollegen Nikolaus Riehl einen Besuch ab, dem Erfinder der Leuchtstoffröhre
und, interessanter noch, Forschungsleiter bei der Auer-Gesellschaft. Das in den Kriegsjahren dem SS-Wirtschaftsbetrieb »Sel-
tene Erden« Oranienburg angegliederte Unternehmen war auf
die Herstellung besonderer Materialien spezialisiert. 1939 hatten
ihm Zimmer und Riehl in der Überzeugung, Uran sei ein »Stoff
der Zukunft«, Aufträge im Rahmen des NS-»Atomprojekts«
verschafft.

Fljorow und Arzimowitsch fragten Riehl, ob er für »ein paar
Tage« zu Gesprächen nach Berlin kommen könnte. Der in Russland geborene Riehl, »Halbjude« nach der »Rassenkunde« der
Nazis, sagte zu. Es hatte sich herumgesprochen, dass die Sowjets
ein- bis zweijährige Arbeitsverträge vergaben. Das war für Riehl
wie für praktisch jeden, den die Sowjets fragten, ein verlocken-
des Angebot, war doch ein geschäftlicher Aufenthalt in ihrem
Land mit der Aussicht verbunden, Lebensmittelpakete an die
Daheimgebliebenen im ausgehungerten Deutschland zu schicken,
und jedenfalls zu verlockend, um politische Bedenken geltend zu
machen.

Riehl merkte schnell, wie wichtig er für die Russen war. Er
durfte nicht mehr nach Hause, Sawenjagin hielt ihn in Fried-
richshagen fest. Von dort wurden er, seine Familie und einige
Mitarbeiter am 9. Juni ausgeflogen.

In Moskau angekommen, wurde ihm die Uranaufbereitung
übertragen – ohne Arbeitsvertrag. Er war – das vermutete er jedenfalls – ein Gefangener. Aber nachdem er die Nationalsozialisten überlebt hatte, kam ihm dieser Freiheitsentzug wie ein
Freiheitsgewinn vor. Sie behandelten ihn wie einen König,
und das, obwohl »sich der sowjetische Lebensstandard ... auf
einem beklagenswert niedrigen Niveau« befand. Den deutschen
»Atom-Gruppen« hingegen mangelte es an nichts: »Wir wurden
von Anfang an bestens mit Lebensmitteln versorgt«, erinnerte
sich Riehl, »und dies zu einer Zeit, als man in Deutschland
hungerte.« Und er wurde respektiert: »Sehr hervorzuheben ist,
dass wir niemals irgendwelche Äußerungen von Hass gegenüber

den Deutschen gemerkt oder auch nur gespürt haben. Ein- oder zweimal haben sich ... Halbwüchsige kleine Ausschreitungen erlaubt, wurden aber sofort von Erwachsenen zur Ordnung gerufen.«[17]

Am 16. Juli 1945 zündeten die Vereinigten Staaten die erste nukleare Testbombe in der Wüste bei Alamogordo, New Mexico. Harry Truman, Roosevelts Nachfolger im Präsidentenamt, bekam ein Telegramm: »Geburt der Babys erfolgreich verlaufen.«

Einen Tag später begann die Konferenz in Potsdam, auf der Churchill, Truman und Stalin die Nachkriegsordnung festzurrten. Am 24. Juli – die Verhandlungen waren noch in vollem Gang – bat Truman seinen offiziellen Dolmetscher Charles Bohlen in einer Pause, ihn zu begleiten, er wolle »zu Stalin schlendern und ihn en passant über die Atombombe in Kenntnis setzen«. Gesagt, getan: Truman umrundete den Konferenztisch und machte sich an Stalin heran. Dann habe er, so Bohlen, ganz beiläufig erwähnt, dass die USA »eine neue Waffe von außerordentlicher Zerstörungskraft« hätten.

Stalin ließ sich nichts anmerken: »Er sagte nur, das höre er gern, hoffentlich würden wir davon ›reichlich Gebrauch gegen die Japaner‹ machen.«

Innerlich tobte er, und später befahl er Außenminister Molotow in barschem Ton, Kurtschatow Dampf zu machen. Zu dem Zeitpunkt wusste er noch nicht, wie weit die UdSSR im Wettrennen um die »Superbombe« hinterherhinkte. Hiroshima und Nagasaki ließen keinen Raum für Zweifel: Man hatte ihn ausgestochen.

»Stalin war außer sich«, berichtete Innenminister Sergej Kruglow:

Zum ersten Mal während des Krieges verlor er die Selbstbeherrschung ... Wir sahen mit eigenen Augen, wie sein Traum von einer sozialistischen Revolution in ganz Europa einstürzte, der Traum, der nach der deutschen Kapitulation so real gewirkt hatte und nunmehr dank der »Verantwortungslosigkeit« unserer Atomforscher mit Kurtschatow an der Spitze geplatzt war.[18]

Sofort wurde in Elektrostal bei der Stadt Noginsk, rund siebzig Kilometer östlich von Moskau, der Grundstein zur ersten sowjetischen Uranfabrik gelegt und der fertige Bau mit Ausrüstung aus Riehls alter Firma eingerichtet. »Einmal«, erinnert sich Riehl, »besuchte uns Sawenjagin in dem primitiven Laboratorium unserer Munitionsanstalt, in dem wir zuerst hausten. Er ließ sich vom russischen Laborpersonal, das ehrerbietig um ihn herumstand, erklären, woher die verschiedenen vorhandenen Geräte stammen. Bei allen Geräten erhielt er zur Antwort, es handle sich um Kriegsbeute aus Deutschland. Als dann plötzlich eine Ratte vorbeihuschte, sagte er grimmig: ›Die wird wohl von uns sein.‹«

Als sich der Sommer 1946 dem Ende zuneigte, lieferte Riehls Team pro Woche drei Tonnen Uranerz ins Laboratorium Nr. 2. Für die gewissenhafte, schnelle Arbeit erhielt Riehl einen der im November 1949 vergebenen Stalinpreise und »den Titel eines ›Helden der sozialistischen Arbeit‹ mit dem dazugehörigen goldenen Stern, den man auf der Brust mancher sowjetischer Spitzenpolitiker bewundern kann«. Und die Belohnungen rissen nicht ab: Riehl bekam außerdem den Leninpreis, eine Datscha in einem Waldgebiet westlich von Moskau und – was ihm am wichtigsten war – die Möglichkeit, einige ihm ans Herz gewachsene Menschen, mit denen er während des Krieges in Berlin eine so fruchtbare Zusammenarbeit erlebt hatte, erneut um sich zu scharen.

Eines Tages rief mich Sawenjagin, der Atomminister, an und fragte: »Kennen Sie einen Dr. Zimmer und einen Dr. Born?« Ich sagte: »Ja, sehr gut.« – »Wollen Sie die haben?« – »Ja«, sagte ich, »natürlich.« Dann dämmerte mir, dass die Ärmsten Gefangene waren. Das hatte ich nicht gewusst. Ich hatte geglaubt, sie würden als freie Menschen durch Berlin spazieren, und sie beneidet ... Ich versuchte es so einzurichten, dass Zimmer und Born nicht direkt mit Uran arbeiteten, aber im Umfeld beschäftigt waren. Das war natürlich ein kleiner Schwindel, weil wir keinen Genetiker brauchten und auch nicht viel mit Strahlenchemie zu tun hatten. Aber ich wollte ihnen Aufgaben verschaffen.[19]

Das also war der Hintergrund, warum Nikolai Timofejew-Ressowski aus dem Gulag geholt und so gut es ging von den Ärzten wieder aufgepäppelt wurde. Objekt 0211 (manchmal auch Labor B genannt) war ein faszinierendes, facettenreiches Institut für Strahlenbiologie, Dosimetrie und Strahlenchemie. Dort sollte Timofejew-Ressowski arbeiten.

Er lebte nun mit Radiologen, Chemikern und Botanikern aus der gesamten Sowjetunion und dem sowjetischen Einflussbereich zusammen. (Der Genetiker Nikolai Wiktorowitsch Lutschnik kam quasi aus dem Nichts, das Kriegsende hatte ihn auf der falschen Seite der Front erwischt, und er mogelte sich aus dem Arbeitslager, indem er sich als Heisenberg-Mitarbeiter ausgab.) Auf dem Papier war Timofejew-Ressowski weiterhin Häftling, doch er bekam eine schöne Wohnung und wurde genauso gut behandelt wie die Deutschen, unter denen sich zu seinem Entzücken auch alte Freunde aus Berlin-Buch befanden. Außerdem durfte er seiner Frau schreiben, die seit Kriegsende an einer Berliner Universität arbeitete.

1948 verließ Jelena mit Andrej, dem jüngeren Sohn, Deutschland und zog ins Objekt 0211. Das wiedervereinte Paar arbeitete wie früher eng und vertraut zusammen – nur übernahm Jelena jetzt auch die Schreibarbeiten für ihren halb blinden Mann.

Im September 1950 traf noch jemand im Objekt 0211 ein: Nikolaus Riehl. Er hatte genügend Uran aus Elektrostal aufbereitet, und die Behörden wussten nicht so recht, wohin mit ihm. Schließlich hatte Sawenjagin ihm einen Arbeitsplatz in der Scharaschka angeboten, wo er weiterhin seine Forschungen betreiben konnte.

0211, das kleinste der Laboratorien in Sawenjagins Obhut, war eine der reinen Forschung gewidmete Einrichtung, bis 1954 offiziell betraut mit der Aufgabe, die Wirkungen der in der UdSSR entwickelten Kernwaffen zu untersuchen. Die Wissenschaftler schufen sich ihre eigene Arbeitsatmosphäre, und das Leben war angenehm, nur das Klima hatte die fatale Neigung, »streng kontinental« zu sein, wie Riehl sich ausdrückte. (»Fröste bis unter minus 40 Grad Celsius waren keine Seltenheit.«)

Was sie genau erforschten und wie sie dabei vorgingen, blieb den Timofejew-Ressowskis und ihren deutschen Kollegen selbst überlassen, und sie beschlossen, sich der Frage zuzuwenden, welche Veränderungen radioaktive Strahlung in Lebewesen und Ökosystemen hervorruft. Ihre Experimente waren einfach, sie nutzten Holzkisten und Regentonnen. Die Tonnen wurden mit Erde befüllt, mit Radioisotopen versetzte Flüssigkeiten an einem Ende hineingekippt und gemessen, was am anderen Ende herauskam.

Es war eine neue Wissenschaft. Die Radioökologie befasst sich mit der Ausbreitung und Akkumulation radioaktiver Isotope in natürlichen und experimentellen biologischen Systemen. Sie baute auf Wladimir Wernadskis wichtige Arbeiten zu Umweltfragen auf, eine Tatsache, die Timofejew-Ressowski Jahre später, als er endlich publizieren durfte, würdigte, indem er diesen Forschungszweig »Wernadskologie« nannte.

Der oberste Wächter von Objekt 0211 war Alexander Konstantinowitsch Uralez, ein NKWD-Mann, der keinen Schimmer von Genetik und kaum Kenntnis von naturwissenschaftlichen Zusammenhängen hatte. Der studierte Ökonom erwies sich als lebhafter Geist. Je mehr er über die Arbeit der ihm anvertrauten Wissenschaftler erfuhr, desto wissbegieriger wurde er. Timofejew-Ressowski nahm ihn unter seine Fittiche, Uralez war ein fähiger, gewissenhafter Schüler und, als die Genetik noch einmal unter Beschuss geriet, ein extrem loyaler Verbündeter. Arbeitet einfach so weiter wie bisher, sagte er, nur veröffentlichen dürft ihr nichts. So war Uralez' »Gefängnis« – und zwar unter erheblichem persönlichem Risiko – der buchstäblich einzige Ort in der UdSSR, in der Genetiker nicht verfolgt oder unterdrückt wurden.

Trotz privilegierter Lebensumstände stießen russische Wissenschaftler und Ingenieure schnell an die ihnen gesetzten Grenzen. Berijas Misstrauen gegenüber der von ihm selbst versammelten Intelligenzija hatte den Bau der sowjetischen Atombombe um Jahre verzögert[20] und zudem seine Untergebenen im NKWD mit demselben Virus infiziert. Mitarbeiter seines Ministeriums stellten Wissenschaftlern, die zum Beispiel mit Plutoniumproben hantierten, so intelligente Fragen wie: »Warum glauben Sie, dass das Plutonium ist?« Ende 1946 – Kurtschatows Versuchsreaktor[21] produzierte seit ein paar Tagen rund hundert Watt (genug Strom für eine Glühbirne) – sagte sich Berija höchstpersönlich an und durfte die Regler für die drei Kadmium-Steuerstäbe betätigen, mit denen durch Hoch- oder Einfahren die Rate der Kettenreaktionen reguliert werden konnte. Der Geigerzähler schlug Alarm, als Berija die Regler bis zum Anschlag hochschob, aber das beeindruckte ihn wenig. »Ist das alles?«, fragte er. »Mehr passiert nicht? Kann ich mal in den Reaktor?« Kurtschatow hielt ihn zurück.

Berija, der notorische Sadist, leitete die Scharaschki mit Wonne. Ihn reizten die unternehmerischen Möglichkeiten des Terrors. Gerüchten zufolge hatte er ein System: Wer im Fall des Scheiterns erschossen worden wäre, wurde im Erfolgsfall als Held der sozialistischen Arbeit ausgezeichnet, wer mit lebenslanger Haft hätte rechnen müssen, bekam den Leninorden und so weiter. Einem seiner Funktionäre sagte er einmal: »Sie bringen gute Leistungen. Aber wenn Sie sechs Jahre in den Lagern gedient hätten, würden Sie noch besser arbeiten.«[22]

Erheblich weniger effizient war er im beruflichen Umgang mit Menschen, die ihm nicht direkt untergeordnet waren, und schon gar nicht lag es ihm, Persönlichkeiten zu führen, die in ihrem Fachgebiet hoch angesehen waren und die ideologisch entspannte Atmosphäre während des Krieges für ihren Aufstieg genutzt hatten. Bezeichnend sind seine Zusammenstöße mit dem Physiker und unermüdlichen Briefeschreiber Pjotr Kapiza. Der altgediente Polizeichef war nicht gerade für Höflichkeit und Toleranz bekannt, und Kapiza stand in dem Ruf, dass er ordentlich austeilte, wenn er sich angegriffen fühlte. Kaum war er ins Nuklearwaffenprojekt eingebunden, kam es zu Spannungen.[23]

Unmittelbar vor dem Krieg hatte Kapiza eine neue Methode entwickelt, flüssigen Sauerstoff für industrielle Zwecke herzustellen. Dafür wurde ihm sein erster Stalinpreis verliehen. Er gehörte nicht zu denen, die sich auf ihren Lorbeeren ausruhen, entwarf

Fabriken und spezielle Tankwaggons, damit der Flüssigsauerstoff durchs ganze Land transportiert werden konnte, und warb mit seinen wie üblich kompromisslosen Briefen vehement für seine Idee. Molotow bekam zu lesen: »Ich arbeite die ganze Zeit als Maultiertreiber, und man gibt mir weder Stock noch Gerte. Meiner festen Überzeugung nach muss man mir auf die eine oder andere Weise die Leitungsbefugnis für die gesamte großtechnische Umsetzung von Innovationen übertragen.«

Einen Monat später war er innerhalb des Rats der Volkskommissare für die Produktion von flüssigem Sauerstoff verantwortlich. Das hohe Amt gab seiner Stimme viel mehr Gewicht als seine wissenschaftlichen Entdeckungen, bei Kriegsende erhielt er für seine administrativen Leistungen die höchste Auszeichnung, die das Land zu vergeben hatte, Held der sozialistischen Arbeit, und wurde für kurze Zeit in die Entwicklung der Atombombe einbezogen.

Dass es ein Intermezzo blieb, lag hauptsächlich an Berija. Unter seiner Leitung kam das Projekt nicht von der Stelle, verschlang Unsummen, folgte sklavisch genau und redundant dem Weg der Amerikaner. Es wollte Kapiza nicht in den Schädel, warum Berija hartnäckig den großen Vorteil der sowjetischen Wissenschaftler ignorierte – sie wussten, dass Kernkrafttechnik funktionierte. »Wir wollen alles nachmachen, was die Amerikaner gemacht haben, statt unseren eigenen Weg zu gehen. Wir vergessen, dass der Weg der Amerikaner unsere Mittel übersteigt und viel Zeit braucht.«[24]

Kapiza war überzeugt, dass er es besser konnte, man musste ihm nur die Verantwortung übertragen. Am 3. Oktober 1945 schrieb er Stalin in einer Art, für die er wenige Jahre zuvor erschossen worden wäre:

Einst stand der Patriarch neben dem Herrscher, die Kirche war damals Hüter der Kultur. Die Kirche wird obsolet, und die Tage der Patriarchen sind gezählt, aber das Land braucht Führer im Reich der Ideen ... es ist an der Zeit, dass Genosse Berija Respekt vor Wissenschaftlern entwickelt.

Nachdem Berija den Brief gelesen hatte, kreuzte er mit einem doppelläufigen Jagdgewehr in Kapizas Institut auf – als Geschenk und Versöhnungsangebot. Es half nichts, die beiden Männer kamen nicht miteinander klar.

Kapiza, der sowohl dem für das Bombenprojekt einberufenen Sonderausschuss als auch dessen technischem Beirat angehörte, hatte Stalin in seinem Brief angeboten, von beiden Posten zurückzutreten. Diese Geste war sicherlich rhetorisch gemeint, doch Stalin nahm ihn im Dezember beim Wort und erfüllte Kapizas »Bitte«.

Berija, schwer beleidigt von Kapizas arroganter Kritik, war damit nicht zufrieden. 1946 wollte er Kapiza verhaften lassen, aber Stalin fuhr ihm ins Handwerk: »Ich werfe ihn meinetwegen für dich raus, aber du krümmst ihm kein Haar.« Stalin hielt Wort und unterschrieb den amtlichen Bescheid, Kapiza habe die in ihn seitens der Regierung gesetzten Erwartungen hinsichtlich der Flüssiggasproduktion nicht erfüllt.

Nachdem er alle Ämter bis auf die Mitgliedschaft in der Akademie der Wissenschaften verloren hatte, zog sich Kapiza auf seine Datscha im Moskauer Umland zurück, richtete sich dort ein kleines Labor ein, das er ironisch »Hütte für Probleme der Physik« nannte, und publizierte ein paar wissenschaftliche Arbeiten. Im Übrigen verschwand er aus dem Blickfeld der Öffentlichkeit.

Stalin hatte Kapiza in hohe Posten gehievt, und nun ließ er ihn fallen. Das war ein Muster, das niemanden überraschte; es setzte sich im ganzen Land bis in die Basis von Wissenschaft und Technik durch. Im Scharaschka-System war man unsichtbar, aber sicher, hatte keine Bewegungsfreiheit, dafür aber Gedankenfreiheit. Außerhalb der Scharaschki verdiente man viel Geld, wurde vom Staat gehört und genoss sämtliche Privilegien einer Verwaltungskarriere. Aber man war nie gegen den Absturz gefeit.

18. »WER WAGT ES, DEN GENOSSEN LYSSENKO ZU BELEIDIGEN?«

*Man berichtete mir, dass unter einer kleinen Brücke in
der Nähe von Wassilkow, einem Städtchen bei Kiew,
Kopf und Fußsohlen eines Menschen gefunden worden
waren; die Leiche war offensichtlich gegessen worden.*[1]

Nikita Chruschtschow
über die Hungersnot 1946/47

Mitte Juni 1945 flog die sowjetische Regierung zahlreiche ausländische Wissenschaftler nach Moskau. 122 Delegierte aus achtzehn Staaten, darunter die USA, Großbritannien, Frankreich und Kanada, wurden in bequemen Limousinen durch die vom Krieg gezeichnete Hauptstadt kutschiert, in pompösen Räumen beherbergt und verschwenderisch beköstigt. Zwei Wochen lang

Anfang August 1948 fand im Klub des Agrarministeriums
in Moskau eine legendäre Tagung der Lenin-Akademie der
landwirtschaftlichen Wissenschaften statt.

verwöhnte eine buchstäblich bankrotte Staatsführung ausländische Vertreter der Wissenschaft in Moskau und Leningrad mit jedem erdenklichen Luxus.

Am letzten Tag veranstaltete der Kreml ein Bankett für die Gäste. Einer von ihnen, der britische Botaniker Eric Ashby, erinnerte sich:

> Ein großes Orchester spielte [im Bolschoj-Theater], bis sich die Vorhänge der großen Bühne öffneten. Ein eindrucksvolles und außergewöhnliches Bild! Im Vordergrund, hinter einer mit rotem Tuch bedeckten Tafel, saßen im Rampenlicht die Mitglieder des Rats der Akademie [der Wissenschaften], dahinter in Reihen die anderen hervorragenden Gelehrten. Riesige Blumenarrangements erfüllten die ganze Tiefe der Bühne, zwischen den Blumen stand eine Lenin-Büste in dreifacher Lebensgröße, dahinter, inmitten roter Vorhänge, ein vier Meter hohes Bild von Stalin in Marschall-Uniform.[2]

Der Anlass – der 220. Jahrestag der Gründung der Akademie der Wissenschaften – führte zu zahlreichen Versprechungen. Pjotr Kapiza erklärte in seiner Rede, »dass es in Wirklichkeit ja nicht eine *Sowjet*-Wissenschaft, eine *britische* und so weiter gibt, sondern nur *eine* Wissenschaft schlechthin, die dem Fortschritt der gesamten Menschheit dient«. Und Molotow stimmte ihm wenige Tage später während eines Banketts im Kreml zu und brachte einen Toast auf »die gedeihliche Zusammenarbeit zwischen der Sowjet-Wissenschaft und der Wissenschaft anderer Länder zum Wohle unserer Völker« aus.

Die Öffnung gegenüber dem Ausland kam nicht von ungefähr. Das Land brauchte dringend internationale Hilfe, um sich vom Krieg zu erholen. Internationale Kontakte galten nun als wertvolles Gut. Und was eignete sich besser, Propaganda Richtung Westen zu betreiben, als namhafte linksliberale Wissenschaftler für die sowjetische Sache zu interessieren?

Eric Ashby, ein kritischer, aber vorurteilsfreier Beobachter, der sich nach Kriegsende 1945 als Abgesandter Australiens in der UdSSR aufhielt, schildert seine Reiseerlebnisse in dem Buch *Als*

Wissenschaftler in Russland. »Als ausländischer Wissenschaftler«, schreibt er, »hat man … beim Besuch landwirtschaftlicher Forschungsinstitute ein etwas beklemmendes Gefühl, vor allem wenn man etwas zu hören bekommt von perennierendem Weizen und seinen gewaltigen Erträgen, von einer Bakterien-Behandlung des Saatguts, die die Ernte verdoppelt, von arktis-harten Kartoffelarten und neuen Schafrassen, die in der Steppe leben, alles Schaumschlägereien, die einer wissenschaftlichen Nachprüfung mit internationalen Maßstäben nicht standhalten.«

Insbesondere wollte Ashby herausfinden, wo auf der Skala zwischen Revolutionär und Betrüger der berüchtigte Agronom Trofim Lyssenko anzusiedeln war. Zusammen mit seinem Freund Julian Huxley sorgte er dafür, dass Lyssenko einen Extravortrag anlässlich des Akademiejubiläums hielt, der für die englischsprachigen Zuhörer übersetzt wurde. Bei dieser Gelegenheit erfuhren sie mit zunehmendem Befremden, wie sich der führende Biologe der Sowjetunion die sexuelle Reproduktion vorstellte: Die beste Eizelle suche sich das beste Spermium aus, und dann komme es zu einer »Liebeshochzeit« der beiden Gameten, in deren Verlauf der eine den anderen »verschlinge«. Die beiden schüttelten sich – Befruchtung als Zellenkannibalismus? Huxley putzte peinlich berührt seine Brille. Danach sprachen sie Lyssenko in Begleitung der Genetikerin Raissa Berg direkt an, um sich einen Reim auf seine Ausführungen zu machen, und stellten bestürzt fest, dass die Übersetzerin vorzügliche Arbeit geleistet und das abstruseste Zeug, das ihnen je untergekommen war, völlig korrekt wiedergegeben hatte. »Befruchtung ist wechselseitige Verdauung«, erklärte Lyssenko.

Das Ei verdaut das Spermium, und gleichzeitig verdaut das Spermium das Ei. Sie gleichen einander an. Diese Angleichung ist nicht vollständig. Wir wissen aus eigener Erfahrung, was in solchen Fällen geschieht: Wir rülpsen. Segregation ist das Rülpsen der Natur. Nichtassimiliertes Material wird ausgeschieden.

Huxley und Ashby verließen den Saal in fassungslosem Schweigen. Draußen, auf der Straße, sahen sie sich an, und dann, so Raissa Berg, »fassten sich diese beiden distinguierten Riesen gegenseitig an die Schulter und bogen sich vor Lachen«.[3]

Lyssenkos absurder Status verwirrte viele ausländische Beobachter, so auch Robert C. Cook, den Herausgeber des *Journal of Heredity*, der 1949 in einem Beitrag für sein Fachblatt schrieb:

In einem so großen Land wie Russland mit seinen vielen erstklassigen Wissenschaftlern, die auch mit der Forschung außerhalb ihres Landes vertraut sind und selbst wesentlich zu ihr beitragen, ist die »neue Genetik« eine seltsame Anomalie. Sie hat ihren Zenit längst überschritten, floriert aber immer noch in einer unsicheren Waffenruhe neben der »alten Genetik«. Ernsthafte Biologen empfinden Lyssenko und seine Gefolgschaft als zutiefst beschämend, aber das hält ihn nicht davon ab, seine Lehren weiterhin zu verbreiten, und im Juni 1945 wurde er als Held der sozialistischen Arbeit ausgezeichnet, dem sowjetischen Äquivalent zum Order of Merit. Wie kann die Akademie eine derartige Abweichung von geltenden Standards tolerieren? Wie kann sich Lyssenko als führender Genetiker aufspielen, obwohl er offenkundig mit den Fortschritten der letzten 25 Jahre auf diesem Gebiet nur rudimentär vertraut ist?[4]

Das war eine gute Frage, und sie wurde auch in Russland gestellt, in der Akademie ebenso wie in den Korridoren der Machtzentrale. Je mehr sich die Sowjets der ausländischen Wissenschaft öffneten, desto peinlicher wurde Lyssenko auf politischem Parkett. Um den herausragenden Genetiker Anton Shebrak, Parteimitglied und Präsident der Weißrussischen Akademie der Wissenschaften, bildete sich ein Anti-Lyssenko-Lager. Im Mai 1945 sollte Shebrak nach San Francisco zur Gründungskonferenz der Vereinten Nationen reisen, und ein paar Wochen vorher hatte er eine Audienz bei Molotow. Bei dem Gespräch mit dem Außenminister stand auch die Lage der sowjetischen Genetik auf der Tagesordnung, und es geschah wahrscheinlich mit dessen Einverständnis, dass Shebrak während seines Aufenthalts in den

USA unter seinen Fachkollegen die Nachricht streute, Lyssenko sei Schnee von gestern. Isador Lerner, Evolutionsbiologe, schrieb Hermann Muller: »Bald ist der Strick für Lyssenko lang genug, dann kann er sich erhängen. In der aktuellen Situation ist die Unterstützung amerikanischer Genetiker extrem wichtig.«[5]

Lyssenko hatte unter westlichen Wissenschaftlern viele Gegner, und die ließen sich nicht lange bitten. Viele kreideten ihm persönlich den Untergang des verehrten Nikolai Wawilow an, der einst sein Mentor gewesen und später ein Rivale geworden war, und als 1943 sein Buch O *nasledstwennosti i ejo ismentschiwosti* (Über Vererbung und ihre Wandelbarkeit) in Moskau erschien und gleichzeitig – ein unglücklicher Zufall – endgültig bekannt wurde, dass Wawilow ums Leben gekommen war, wurde er mit mehreren unfreundlichen Artikeln in britischen und amerikanischen Fachzeitschriften bedacht.[6]

Doch diese Art von Kritik – die laut anklagende oder zwischen den Zeilen steckende Verdammung des Umgangs Russlands mit seinen geistigen Eliten – war für die verbliebenen sowjetischen Genetiker kaum von Nutzen. Die Möglichkeit einer gezielteren, dezidiert wissenschaftlichen Kampagne gegen die »neue Genetik« ergab sich im Frühjahr 1945, als das New Yorker Verlagshaus McGraw-Hill dem amerikanischen Entwicklungsbiologen Leslie C. Dunn die russische Ausgabe von Lyssenkos Buch schickte. Es werde erwogen, stand im Begleitbrief, die Lizenz für eine Übersetzung ins Englische zu erwerben.

Dunn ergriff die Gelegenheit, den im amerikanischen Exil lebenden russischen Genetiker Theodosius Dobzhansky ins Boot zu holen, den er umgehend bat, das Buch zu lesen und zu votieren. Dem Verleger antwortete er:

Unbeschadet der Tatsache, dass die meisten hiesigen Genetiker [Lyssenkos] Ansichten für irrig halten, sind er als Person und die Fragen zum Thema so bedeutsam, dass es sowohl für die amerikanische als auch für die russische Wissenschaft äußerst hilfreich wäre, das Buch auf Englisch zugänglich zu machen, selbst wenn die geäußerten Ansichten falsch sein sollten.

McGraw-Hill entschied sich gegen das Projekt, woraufhin Dunn und Dobzhansky beschlossen, das Buch in Eigenregie herauszubringen, ein Schritt, den Dunn gegenüber Lerner folgendermaßen begründete:

> Am wirksamsten begegnen wir Lyssenkos Einfluss, wenn wir seine Gedankengänge und Beweisführungen in der Form bekannt machen, in der er selbst sie publiziert hat. Das Urteil der Amerikaner wird ohne Zweifel negativ ausfallen und in der Sowjetunion seinen Gegnern den Rücken stärken.

Dobzhansky übernahm die Übersetzung, was, wie er Dunn mitteilte, zu »einer der unerfreulichsten Aufgaben meines Lebens« wurde, »und ich hätte mich niemals wegen des Honorars auf so etwas eingelassen – das tut man nur für ein ›Anliegen‹«.[7]

Heredity and Its Variability erschien 1946 bei King's Crown Press und löste einen Sturm der Entrüstung und unbändige Erheiterung aus. Sympathisanten, Renegaten und überzeugte Kritiker des sowjetischen Projekts fielen in den Kommentarspalten vieler großer Tageszeitungen übereinander her. In Großbritannien lieferten sich Hermann Muller und George Bernard Shaw im *Listener* den heftigsten Schlagabtausch, den eine honorige Zeitschrift je veröffentlicht hat.[8]

Als das wissenschaftliche Selbstwertgefühl in der UdSSR nicht länger unverbrüchlich an Lyssenkos Lehre gekettet war, konnte man zu echter Forschung zurückkehren, und die sowjetische Biologie wurde wieder Teil der internationalen Gemeinschaft. Der Verlag der Akademie der Wissenschaften erhielt jetzt eine Abteilung für englischsprachige Werke, und ihr Bulletin richtete die Rubriken »Auf den Seiten ausländischer Wissenschaftsperiodika« und »Die westliche Presse über sowjetische Wissenschaft« ein. Der Austausch von Literatur und sogar *Drosophila*-Stämmen erwachte zu neuem Leben. Wie in früheren Zeiten bekamen russische Genetiker wieder in großer Zahl Sonderdrucke, Zeitschriften und Bücher aus westlichen Quellen zugeschickt und konnten im Ausland veröffentlichen. Alexander Serebrowski,

Anton Shebrak und Kolzows Nachfolger Nikolai Dubinin kündeten in der US-Fachpresse von der neuen Morgenröte der sowjetischen Genetik und setzten alles daran, die vollmundige Behauptung Realität werden zu lassen. Immer auf der Jagd nach Auslandskontakten, sprangen sie begeistert auf den Vorschlag westlicher Kollegen an, den nächsten internationalen Genetik-Kongress in Russland auszurichten.

Die Lyssenko-Fraktion durfte sich noch in den offiziellen sowjetischen Organen austoben, aber auch dort ließ die ihnen einst entgegengebrachte Wertschätzung nach. Der Parteiapparat, der sonst äußerst sensibel auf negative Schlagzeilen und wütende Briefe reagierte, schaute weg. Als Lyssenko-Gegner versuchten, Present aus seiner Position als Statthalter des Darwinismus an der Leningrader Universität zu drängen, stimmte Lyssenkos Lenin-Akademie in einem Memorandum »zur Kontroverse in der Genetik« die (durchaus zutreffende) Klage an, die Genetiker hätten es darauf abgesehen, Lyssenkos Autorität zu untergraben. Die Genossen wandten sich an keinen Geringeren als Andrej Shdanow, er möge »angemessene Maßnahmen« ergreifen. Der Held von Leningrad, inzwischen Stalins rechte Hand und als dessen Nachfolger gehandelt, würdigte sie keiner Antwort.

Shdanows Aufstieg in die höchsten Kreise der Macht war von einer selbst für russische Verhältnisse seltsam düsteren Art. Obwohl erst Anfang fünfzig, war er aufgrund gesundheitlicher Probleme bereits ein alter Mann. Sein rigoroser Konservativismus und seine ausgeprägte Abneigung gegen jegliche ambitionierte Kunst (im Grunde ein Hass auf weite Bereiche der Kultur im Allgemeinen) machten ihn zum idealen, wenn auch bedauernswerten Weggenossen Stalins, eine einsame Figur, die sich seit Kriegsende zunehmend von der Realität entfremdete.

Zusammen heckten Stalin und Shdanow wie zwei griesgrämige Schulmeister das Russland der Nachkriegszeit nach ihren aus dem neunzehnten Jahrhundert stammenden Vorstellungen aus. Schriftsteller, von Michail Soschtschenko (einst Stalins Lieblingsautor) bis Anna Achmatowa, wurden der »Diffamierung des sowjetischen Lebens« bezichtigt, Schostakowitsch und Prokofjew hielt man vor, sie komponierten »formalistische« Musik, die normale Werktätige »unverständlich« fänden.[9]

Es ist schwer zu sagen, ob Shdanows wachsende Erschöpfung ihn reaktionärer machte oder ob ihn sein reaktionäres Temperament zunehmend erschöpfte. Das eine gab dem anderen Nahrung. Dmitri Schepilow, ein hoher Parteifunktionär, berichtete einst, dass Shdanow »die verschiedenartigsten Aufgaben zu bewältigen hatte: die Rückführung evakuierter Betriebe und die Abschaffung von Lebensmittelmarken, die Vergrößerung der Fischfangflotte und die Entwicklung des Verlagswesens und die Zementproduktion, Lohnerhöhungen für Wissenschaftler, Flachsanbau, Fernsehen«.

Und dann hatte er sich noch um Fragen der Ideologie zu kümmern, und die schienen Shdanows besondere Leidenschaft zu sein, denn anstatt Mitarbeiter in den klassischen Werken nach entsprechenden Antworten suchen zu lassen, bestand er darauf, sie selbst zu klären, was ihn zu langwierigen Studien marxistischer und leninistischer Texte trieb. Eine bewunderungswürdige Liebe zum Detail, vielleicht, aber keine Überlebensstrategie für einen kranken Mann in der Staatsführung, der sowieso schon mit der Verpflichtung geschlagen war, an Stalins berüchtigten Abendessen teilzunehmen, Veranstaltungen von lähmender Eintönigkeit bis in die frühen Morgenstunden, Stalins Lieblingsmethode, jedem den Mut zu rauben, der ihm zu nahe kam. Während dieser »zwanglosen« Abende in Stalins Datscha trank Shdanow mit Sicherheit zu viel, obwohl die Ärzte ihn ermahnt hatten, die Finger vom Alkohol zu lassen.

Da Stalin sich faktisch vom Tagesgeschäft zurückgezogen hatte, blieb die Arbeit an Shdanow hängen. Er lenkte die Partei, von seinen Leuten wurde er schon heimlich »unser Kronprinz« genannt. Betrat ein Beamter Shdanows Büro, »verbeugte er sich schon bei der Annäherung vor ihm« und ging dann, so berichtete der damalige jugoslawische Botschafter, rückwärts wieder hinaus, »sechs oder sieben Meter weit gebückt bleibend, sich so in Richtung Tür schiebend und dort nervös nach dem Knauf tastend«.[10]

Shdanow konnte nicht gut mit dem Druck umgehen, der aus Stalins Gunst erwuchs. Weder emotional noch physisch der Rolle gewachsen, für die er aufgebaut werden sollte, wurde er immer missgünstiger und paranoider. Dass es angesichts des durch Nuklearwaffen erzielten Machtgewinns und Zerstörungspotenzials zum Kalten Krieg zwischen den einstigen Verbündeten kam, war wohl unvermeidlich. Doch die Grundzüge dieses Konflikts – die Abschottung, der extreme Chauvinismus, der Rückbau aller durch das Kriegsende eingeleiteten Fortschritte – waren schon vorher innerhalb der Sowjetunion, gut zwei Jahre bevor sie über die Bombe verfügte, entstanden. Ausgelöst worden waren sie dadurch, dass man Shdanow bei einer Vereinbarung über neue Krebstherapien übergangen hatte.

Die Affäre ging auf die Arbeit des Wissenschaftlerehepaars Nina Geogijewna Kljujewa und Grigori Josifowitsch Roskin zurück. Der Kolzow-Schüler Roskin erforschte den Erreger der Chagas-Krankheit, *Trypanosoma cruzi*, und entdeckte, dass die in Süd- und Mittelamerika verbreiteten einzelligen Parasiten mit Vorliebe über Krebszellen herfallen. Zusammen mit seiner Frau, einer Mikrobiologin, gelang es ihm, das als Tumorsuppressor agierende Protein zu extrahieren, und die beiden veröffentlichten im März 1946 ihre klinischen Ergebnisse. Das Suppressor-Protein, »Preparation KR« oder »Cruzin« genannt, war für Menschen unschädlich und hatte in mehreren Fällen zu einer Rückbildung von Tumoren geführt.

Das war ein aufregender Befund, noch dazu wissenschaftlich abgesichert, und das Medieninteresse entsprechend groß. Selbst westliche Blätter berichteten darüber.

Um ihre Forschungen weiter vorantreiben zu können, brauchten Roskin und Kljujewa jetzt Laborgeräte aus dem Ausland. Es lag auf der Hand, dass der Regierung so kurz nach Kriegsende und mitten in einer schweren Hungersnot die nötigen Mittel fehlten, um sie anzuschaffen, doch der russische Gesundheitsminister Georgi Meterew schaffte Abhilfe und lud US-Botschafter Walter Bedell Smith zu einem Besuch bei Kljujewa und Roskin ein, um das Interesse des Amerikaners zu wecken.

Der Besuch fand am 20. Juni 1946 statt, »K« und »R« entpuppten sich als freundliches, bescheidenes und ineinander und in ihre Arbeit verliebtes Ehepaar. Smith schlug vor, ein Institut für Krebsforschung als sowjetisch-amerikanisches Joint Venture zu gründen, für das Kljujewa und Roskin die Ideen und die USA die Ausrüstung beisteuern sollten.

Glücklich willigte Georgi Meterew mit seiner Unterschrift in das Projekt ein, und am 6. Juli 1946 teilte sein Ministerium dem Forscherehepaar die gute Nachricht offiziell mit.

Der Kontakt zwischen dem US-Botschafter und den beiden Wissenschaftlern war weder vom Außen- noch vom Staatssicherheitsministerium abgesegnet worden, und auch das Zentralkomitee wusste darüber nicht Bescheid. Am 3. August 1946 bekam Andrej Shdanow den Bericht über Smiths Besuch in die Hände und ging an die Decke.

Der Vorfall bestätigte die schlimmsten von ihm und Stalin gehegten Befürchtungen bezüglich der Unterwanderungstaktiken ausländischer Geheimdienste. (Und Smiths spätere Karriere schien diesen Verdacht zu erhärten: 1950 wurde er tatsächlich Chef der CIA.) Meterew hatte die Kommunistische Partei ausgebootet, deren Mitspracherecht ignoriert. Shdanow ließ das Projekt platzen. Gegen die beiden Forscher unternahm er nichts – im Gegenteil, er brachte in Absprache mit Stalin einen geheimen Ministerratsbeschluss auf den Weg, um sie zu fördern.

Die Verbindung zu den USA war indes, einmal geschmiedet, nicht so leicht zu kappen. So nahm zum Beispiel Wassili Parin, der Sekretär der reorganisierten Akademie der medizinischen Wissenschaften, im Herbst 1946 eine Einladung, verschiedene Krankenhäuser und Krebszentren in den USA zu besichtigen, ohne größere Bedenken an. Für die Reise packte er ein in Russland veröffentlichtes, frei erhältliches Buch ein, *Biotherapie bösartiger Tumore* von Kljujewa und Roskin, außerdem einige Musterpackungen Cruzin, die er allerdings erst an interessierte amerikanische Kollegen verteilte, nachdem er dazu die Genehmigung des Außenministers Wjatscheslaw Molotow, in dessen Delegation er mitreiste, erhalten hatte.

Als Shdanow davon erfuhr, schäumte er vor Wut und bestellte Nina Kljujewa für den 28. Januar 1947 zu einer Befragung in den Kreml, und am 17. Februar 1947 – dem Tag, als der amerikanische Propagandasender Voice of America auf Sendung ging – verkündete Stalin auf einer Sitzung des Politbüros, dass der geistige Kampf gegen den Westen wiederaufgenommen werde und endgültig Schluss sei mit der »Kriecherei und Katzbuckelei vor allem Ausländischen«. Zur Verdeutlichung nannte er als typischen Fall die »KR-Affäre«. Parin wurde, frisch von der Reise heimgekehrt, nach der Sitzung verhaftet und später als amerikanischer Spion zu 25 Jahren Haft verurteilt.

Blieb noch die Frage, was mit dem Paar geschehen sollte, dessen gediegene Forschung die Krise ausgelöst hatte. Wissenschaftler arbeiteten inzwischen viel näher an der Macht, man beseitigte sie nicht ohne Not, und außerdem handelte es sich ja bereits um eine im sowjetischen System aufgewachsene Generation. Sie waren Kinder dieses Staates, sie zu maßregeln verlangte Fingerspitzengefühl und Autorität.

Ende März 1947 entstanden in Ministerien und anderen wichtigen Institutionen wie der Akademie der Wissenschaften »Ehrengerichte«. Damit wurde eine vor allem beim Militär gängige Institution zaristischer Zeiten wiederbelebt. Ehrengerichte, bestehend aus einem Oberst und einigen gewählten Stabsmitgliedern, waren damals für Kameraden in höheren Rängen zuständig gewesen, die durch Betrug beim Kartenspiel und dergleichen gegen den Ehrenkodex verstoßen hatten. Diese Gremien hatten den jeweiligen Fall untersucht und dann ihr Urteil auf einer Versammlung des gesamten Korps verkündet. Strafen gab es keine: Es wurde vorausgesetzt, dass die überführten Übeltäter aus Scham die Einheit wechselten oder sogar freiwillig aus der Armee ausschieden. Ehrengerichte existierten vor der Revolution auch in Universitäten, wo sie etwa bei Plagiatsvorwürfen tätig wurden.

Nun also ließ das Politbüro diese Institution als »neue, effiziente Form der Umerziehung der Intelligenzija« wiederauferstehen.[11]

Shdanow leitete das Verfahren gegen Kljujewa und Roskin.

Er hatte auch das Skript verfasst, schließlich handelte es sich um einen echten »Schauprozess«. Vom 5. bis zum 7. Juni 1947 wurden die beiden »Mörder im weißen Kittel« in einem Moskauer Theater vor über tausend persönlich geladenen hochrangigen Beamten beschuldigt, Mütterchen Russland verraten zu haben. »Wascht euch von der Schande rein, die ihr mit eurem unehrenhaften Verhalten auf euch geladen habt«, schrie der Biochemiker Boris Sbarski, »ihr seid keine Patrioten.«

Die Aufführung endete mit einer »öffentlichen Verwarnung«, und dabei blieb es. Es gab keine Hetzartikel in der Presse, keine öffentlichen Anfeindungen, keine Entlassungen, keine Verbannung, keine Nachwehen. Einen Monat später, am 12. Juli 1947, befahl das Ministerium, Professor Nina Kljujewa mit Material und Gerätschaften in der praktischen Laborarbeit zu unterstützen.

Der Schauprozess hatte seinen Zweck erfüllt: Er hatte die Autorität der Partei wiederhergestellt, die durch den massenhaften, ungefilterten Zustrom neuer Mitglieder während des Kriegs aus den Fugen geraten war. Wer als Staatsgeheimnis eingestufte Informationen weitergab, erfüllte fortan einen »Straftatbestand, der mit acht bis zwanzig Jahren Verwahrung in einem Besserungsarbeitslager geahndet« wurde. Die Akademie der Wissenschaften gab Instruktionen mit dem Titel »Über die Grundsätze wissenschaftlichen Publizierens« heraus und sorgte dafür, dass ihre sämtlichen Fachjournale die zuvor übliche Übersetzung von Abstracts und Inhaltsverzeichnissen ins Englische oder andere europäische Sprachen unterließen. Die Rubrik »Auf den Seiten ausländischer Wissenschaftsperiodika« verschwand aus dem Bulletin der Akademie. Sowjetische Wissenschaftler bekamen Weisung, aus sämtlichen ausländischen Gesellschaften auszutreten, Besuche ausländischer Wissenschaftler wurden erheblich eingeschränkt.

Die durch die »Kljujewa-Roskin-Affäre« ausgelöste patriotische Kampagne beendete das kurze akademische Tauwetter nach dem Krieg, und das zu einem Zeitpunkt, der kaum noch ungünstiger hätte sein können. Ohne internationale Kontakte ließen sich die wissenschaftlichen Errungenschaften im Westen nicht ein- oder gar überholen, und gerade das wäre insbesondere in der Agronomie der UdSSR bitter nötig gewesen.

Die dritte große Hungersnot der Sowjetära in den Jahren 1946/47 war nicht nur auf die ungünstige Wetterlage und die vom Krieg beschädigte Infrastruktur zurückzuführen. Partei und Staat brauchten Devisen und nutzten dasselbe Mittel wie die zaristischen Behörden 1897: Sie verkauften Getreide ins Ausland, statt damit die hungernden Menschen daheim zu versorgen. Nur waren die Folgen viel schlimmer. Der Hunger grassierte selbst in Gebieten, die von der Dürre verschont geblieben waren. Die gesamte Landbevölkerung litt unter ihm, um die hundert Millionen Menschen, und zwei Millionen fielen ihm zum Opfer. 1947 starb in der UdSSR jedes dritte Neugeborene. Die Zeitungen durften über das Elend nicht berichten (der Westen erfuhr erst zwanzig Jahre später aus Chruschtschows Memoiren von der Katastrophe), aber es war nicht zu übersehen, dass das Land in der Krise steckte und dass etwas geschehen musste.

Am Silvesterabend 1946 bestellte Stalin Trofim Lyssenko in den Kreml. Gegenstand ihrer Unterredung war der sogenannte verzweigte Weizen, eine Sorte, die ungewöhnlich viele Körner ausbildet. Darin erschöpften sich aber auch schon ihre positiven Eigenschaften. Es war bekannt, dass sie häufig von Krankheiten befallen wurde. Schon die alten Ägypter hatten versucht, sie anzubauen, und es bald wieder aufgegeben. Seither war der verzweigte Weizen fast ausschließlich an Schweine, Rinder und Hühner verfüttert worden. Man hätte ihn für bissfeste Nudeln verwenden können – der nächste Verwandte ist Hartweizen –, aber Brot ließ sich daraus nicht backen, der Glutengehalt ist zu gering und der Eiweißgehalt nur halb so hoch wie bei anderen Sorten.

Das Pressefoto von diesem Treffen (Stalins und Lyssenkos einzigem persönlichen Gespräch) war der eigentliche Zweck der Begegnung. Es wurde jahrelang in Zeitungen und Büchern oder auf Plakaten abgedruckt. Der verzweigte Weizen war zwar praktisch ungenießbar, aber fotogen, und die Botschaft war klar: Stalin war, unterstützt von seinem bäuerlichen Lieblingswissenschaftler, wieder einmal Herr der Lage und bereit, die Nation vor dem Abgrund der Katastrophe zu bewahren.

Wer diese Interpretation zu zynisch findet, wird feststellen müssen, dass die Alternative noch schlimmer ist: Danach hätte Stalin in seinem Wahn, eines Tages in der Arktis Zitronen pflücken zu können, als hartgesottener Mitschurinist wirklich geglaubt, mit verzweigtem Weizen die Hungersnot abwenden zu können, und jeden fachkundigen Rat in den Wind geschlagen, um rücksichtslos sein neuestes Steckenpferd zu reiten.

Wie auch immer – kurz nach der Audienz im Kreml trafen zweihundert Kilo Saat dieses Getreides bei Lyssenko ein, die er für die weitere Erforschung verzweigten Weizens verwenden sollte. Doch selbst Lyssenko schreckte davor zurück. Er orientierte sich an dem vom Vater übernommenen praktischen Wissen, und auch wenn dieses ihm gewöhnlich wenig half, so sagte es ihm doch zumindest, dass der verzweigte Weizen ein unbrauchbares, krankheitsanfälliges Gewächs war. Widerstrebend machte er sich ans Werk, hielt Stalin über den Stand der Arbeiten auf dem Laufenden, versprach ein ums andere Mal bessere Ergebnisse, verschleierte jedoch andererseits nicht das klägliche Scheitern seiner Versuche.

Die Unterredung mit Stalin bescherte Lyssenko zwar kein Allheilmittel gegen Russlands Hungersnöte, wohl aber rettete sie seine Karriere. Fortan brachte er Kritiker und skeptische Beamte zum Schweigen, indem er sie auf seine Privatkorrespondenz mit dem Führer der Nation hinwies.

Sehr gelegen kam ihm auch das Foto von ihm und Stalin. Eine der ersten Stimmen, die der neu geschaffene Propagandasender Voice of America im Februar 1947 erklingen ließ, war die von Lyssenkos jüngerem Bruder Pawel, der sich nach dem Krieg in die Vereinigten Staaten abgesetzt hatte. Was er dem Rundfunkmoderator erzählte, war nicht gerade schmeichelhaft für seine alte Heimat – und schon hatte Trofim einen Volksfeind in der Familie und musste selbst damit rechnen, verhaftet zu werden.[12]

Die Schutzwirkung eines einzigen Treffens und eines einzigen Fotos, das wusste er, würde nicht lange vorhalten. Er spürte, dass sich Unheil über ihm zusammenbraute, ein Unheil, das sich seit langem ankündigte und das unaufhaltsam auf ihn zukam. Seit dem Krieg hatten sich sämtliche sowjetische Akademien prächtig entwickelt, nur eine schien dem Untergang geweiht: die von ihm geleitete Landwirtschaftsakademie Lenin. In einem Ministerialbericht vom November 1946 hieß es, sie stehe kurz vor der »Selbstauflösung«. Sie befasse sich mittlerweile ausschließlich mit Problemen, die Lyssenko erfunden habe, und vernachlässige alle anderen Fragen. Selbst Nikolai Zizin, Lyssenkos Stellvertreter, »geht dort faktisch nicht seiner Arbeit nach und bleibt den Plenarsitzungen fern, weil er mit Akademiemitglied Lyssenko wegen organisatorischer Fragen und Grundsätze aneinandergeraten ist«.[13]

Seit zwölf Jahren verhinderte Lyssenko die Wahl neuer Mitglieder in der vergeblichen Hoffnung, dass sich eine Dominanz ihm wohlgesinnter Kollegen für die Kandidatenliste seiner Akademie ergeben würde. Aber das Gegenteil war der Fall. Bei Kriegsende war die Mitgliederzahl auf weniger als die Hälfte geschrumpft, und aufgrund weiterer Verluste durch Verhaftungen und altersbedingte Ausfälle hatte die Lenin-Akademie 1947 nur noch siebzehn Mitglieder. So sehr sich Lyssenko auch bemühte, die Entwicklung hinauszuzögern – etwa indem er Benediktow auf die Relevanz seiner Weizenforschung hinwies –, so ließ es sich doch nicht mehr von der Hand weisen, dass es in seiner Akademie, wenn sie überleben wollte, Neuwahlen geben musste, die, verbunden mit einem ganzen Bündel weiterer Maßnahmen, auf eine komplette Reorganisation hinausliefen.

Da Lyssenko mit seinem flehentlichen Drängen bei Andrej Shdanow auf taube Ohren stieß, klopfte er beim Ministerrat an, wo er auf günstigere Voraussetzungen hoffen konnte, denn dort war der für den Bereich Landwirtschaft zuständige Funktionär der stellvertretende Vorsitzende Georgi Maximilianowitsch Malenkow, Shdanows langjähriger Rivale im Kampf um die politische Macht.

Seit wieder Frieden in Europa herrschte, sank Malenkows Stern unaufhörlich. Er hatte zu den fünf mächtigsten Männern der Sowjetunion gehört, war während des Krieges verantwortlich für die Produktion von Kampfflugzeugen und die Entwicklung von Kernwaffen gewesen. Jetzt stutzte Stalin den Gefährten, die ihm noch kurz zuvor im Kampf gegen die deutsche Wehrmacht zur Seite gestanden hatten, die Flügel. (Die Degradierung von Marschall Shukow und die Inhaftierung von Luftwaffen-Marschall Alexander Nowikow, die militärische Entscheidungen Stalins im persönlichen Gespräch zu kritisieren gewagt hatten, gehören zu den prominenteren Beispielen dieser »Umstrukturierung«.) Im Mai 1946 schied Malenkow aus dem Sekretariat des Zentralkomitees aus und durfte in Zentralasien die Getreideernte überwachen. Monatelang wartete er auf seine Verhaftung, auch seine Familie rechnete damit, aber er blieb auf freiem Fuß. Als sich der Gesundheitszustand Shdanows, der inzwischen den Gipfel seiner Macht erreicht hatte, wieder einmal verschlechterte, schien es, als würde die Wippe der Stalin'schen Gunst erneut Malenkow in die Höhe heben.

Im Herbst 1947 verließ Andrej Shdanow Moskau, um sich in Sotschi, einem Kurort am Schwarzen Meer, zu erholen. Überarbeitung und Bluthochdruck hatten den gerade mal einundfünfzigjährigen KP-Recken an den Rand des Zusammenbruchs geführt.

Lyssenko nutzte Shdanows Abwesenheit, um sich in einem Brief direkt an Stalin zu wenden, vorgeblich, um ihn über den Stand seiner Versuche mit dem verzweigten Weizen zu informieren, doch ging er recht unvermittelt zu »theoretischen« Bedenken über: »Ich möchte festhalten, dass der Neodarwinismus, der sich auf Mendel, Morgan und Weismann beruft, eine bürgerliche metaphysische Wissenschaft von lebenden Körpern und der belebten Natur ist, eine Lehre, die kapitalistische Länder nicht zum Nutzen der Landwirtschaft entwickelt haben, sondern zu reaktionären Zwecken wie Eugenik und Rassismus und dergleichen.«[14]

Drei Tage später rotzte ihm Stalin eine Antwort aufs Papier: »Hinsichtlich der theoretischen Grundlegung der Biologie halte ich Mitschurins Grundlegung für die einzig wissenschaftliche Grundlegung. Die Zukunft gehört Mitschurin.«[15]

Eine Weile hatten Lyssenko und seine Fraktion sich auf Iwan Wladimirowitsch Mitschurin als einen ihrer geistigen Wegbereiter berufen. Der 1855 geborene Mitschurin war ein Botanik-Autodidakt, der sich vor allem als Obstbaumzüchter einen Namen gemacht hatte. Er war von der zaristischen Verwaltung weitgehend ignoriert worden, und erst die Bolschewiki, die es liebten, von ihren Vorgängern aus Engstirnigkeit oder Voreingenommenheit übersehene Genies auszugraben, hatten seine Arbeit mit hohem Aufwand gefeiert und gefördert. Mit anderen Worten, Mitschurin war einer jener Spätzünder im jungen sowjetischen Geistesleben, die die – durchaus wertvollen – praktischen Erfahrungen ihres Berufslebens in einen von ihnen »Theorie« genannten Topf stopften. Das hatte Lyssenko natürlich gefallen.

Stalins Interesse an dem Mann war noch umfassender. Zum Teil war es persönlicher Natur – er hielt Mitschurin für einen modernen Hüter der Lamarck'schen Theorien. Doch er verband mit ihm auch ein politisches Kalkül.

Um 1950 erschienen in der Sowjetunion unzählige »Lebensbilder«, die Schicksal und Bestimmung des russischen Volkes anhand der Biographien von »Urvätern« beschworen, ein Aufbau vaterländischer Mythen, der beispiellos sowohl in seinem Überschwang als auch in seiner Monotonie war. Ob es sich nun um Mitschurin handelte oder um Ziolkowski, den Raumfahrtpionier, oder um Pawlow, den großen Physiologen, oder um wen auch immer in einer beliebigen Ahnenreihe, die Geschichten liefen stets nach dem gleichen Muster ab: Er ist ein Russe (oder, in den wenigen Fällen, in denen sich die historischen Fakten nicht umschiffen ließen, jemand, der so »russisch« wie irgend möglich war). Er heult nicht mit den Wölfen, sondern verbringt sein Leben als Einzelgänger in erhabener Abgeschiedenheit, in der er zuvor unbekannte geistige Sphären erschließt. Nicht einmal Gott steht ihm bei, denn er ist von Anfang an überzeugter Materialist. Er sympathisiert mit dem Sozialismus, und wenn schließlich die Gelegenheit kommt, stellt er seine Kenntnisse freudig in den Dienst der Allgemeinheit, was ihm einen gewissen, wenn auch nicht angemessenen Ausgleich für die jahrelang erduldete Schmach verschafft, für die Diffamierungen, Beleidigungen und, schlimmer noch, die Ignoranz all jener Ausländer, die auf seine Arbeit gestoßen sind, aber ihre Bedeutung nicht erkannt haben.

Lyssenkos im Trend liegende Verehrung für den einst zu Unrecht missachteten Landsmann blähte sich zu einem ausgewachsenen Mythos auf, dem zufolge Mendel, Weismann und zuletzt Thomas Hunt Morgan über Generationen hinweg eine perfide, immer feiner gesponnene Methode ausgeheckt hätten, den Bauern praktische Kenntnisse über die Natur vorzuenthalten – eine Verschwörung, unterstützt und angeheizt von abergläubischen Oberpfaffen und feigen, schwerreichen Kapitalisten.

Diese Theorie war nicht ganz im Sinne des Nutzens, den Stalin aus Mitschurins Stellung zu ziehen gedachte – in diesen Jahren des Kalten Kriegs zählte für ihn das Russentum des legendären Botanikers mehr als dessen proletarische Herkunft –, aber sie erfüllte ihren Zweck. Ein Gründungsvater, in den letzten Lebensjahren vom bolschewistischen Staat gefördert, Ehrenmitglied der Akademie der Wissenschaften und seit 1935 mausetot – das war ein Held nach Stalins und Shdanows Geschmack. Ihre hinausposaunten altbackenen Fabeln von Russlands einsamer Größe waren nicht nur kindisches Altherrengeschwätz (das sicher auch), sondern vor allem Bestandteil einer konzertierten nationalistischen Kampagne, die dem Zweck diente, die Sowjetbürger auf das ihnen bevorstehende große Frösteln vorzubereiten. In einer Zeit, da die Sowjets noch nicht über eine eigene Superbombe verfügten (bis es *so* weit war, sollte noch mehr als ein Jahr ins Land gehen), waren die Geschichten von Mitschurin und anderen Lichtgestalten mehr als Volksmärchen. Sie waren Munition.

Als Erster sah der Zoologe Iwan Schmalhausen den Sturm aufziehen. Anfang Januar 1948 schrieb er Shdanow zwei Briefe, in denen er sich über die Vorzugsbehandlung beschwerte, die Lyssenkos kurz zuvor veröffentlichten theoretischen Auslassungen in der zu jener Zeit von Mark Mitin herausgegebenen *Literaturnaja Gaseta* zuteilgeworden war.

Lyssenko war zu der Ansicht gelangt, dass Tiere derselben Spezies niemals in einer Weise miteinander konkurrierten, die irgendeinen Einfluss auf ihre Evolution haben könnte. Es gab nichts, worauf er seine Überzeugung stützen konnte. Als Kritiker ihm die Haltlosigkeit seiner jüngsten Äußerungen unter die Nase rieben, fiel Mitin in der Zeitschrift mit infamen und gefährlichen politischen Verleumdungen über sie her. Schmalhausen war schockiert.

Überraschenderweise war auch Nikolai Zizin schockiert. Seit Jahren gehörte er zu Lyssenkos Gefolgschaft. Unter anderem hatte er an der Akademie der Wissenschaften als Vorsitzender des »Ehrengerichts« das Urteil über Anton Shebrak gesprochen, jenen Mann, der amerikanischen Kollegen von Lyssenkos sinkendem Stern berichtet hatte. Kurz nach dem Prozess war Shebrak als Präsident der Weißrussischen Akademie der Wissenschaften abgesetzt worden.

Wie abscheulich sich Zizin auch aufgeführt haben mag, er war ein Getriebener, eher Opfer der Umstände als deren Urheber, »ein kultivierter, bescheidener Mann«, so der Ökologe Sergej Sonn. »Er befand sich in einer ständigen Konfliktlage, wurde zerrieben zwischen seiner öffentlichen Position als Repräsentant des Staates und seinen inneren Überzeugungen.«[16]

Anfangs fühlte sich Zizin Lyssenko aufrichtig verbunden. Beide waren 1898 zur Welt gekommen, beide hatten als Pflanzenzüchter erste Erfolge gefeiert. Zizin hatte Weizen mit Quecken gekreuzt und ganzjährige Weizensorten erhalten. Später hatte sich herausgestellt, dass sie für den Anbau nicht interessant waren, doch das schmälerte nicht seine wissenschaftliche Leistung, brachte ihm einen Ruf als Fachmann für die Zucht von Hybriden aus verschiedenen Gattungen ein und dürfte – vorausgesetzt, er wusste genau, was er tat – seine Begeisterung für Lyssenko erheblich gedämpft haben.

Zizin spielte nicht nur die zweite Geige in Lyssenkos sich allmählich auflösender Lenin-Akademie, er leitete auch die Staatliche Prüfkommission für Saatgut, die bei neu entwickelten Sorten im wahrsten Sinne des Wortes die Spreu vom Weizen trennen sollte. Spätestens in dieser Funktion muss er angesichts der Berichte von rund tausend Forschungsstationen mit jeweils etwa achtzig Hektar Versuchsfeldern Vorbehalte gegenüber Lyssenkos Arbeit entwickelt haben.

In einem Brief an Stalin, datiert auf den 5. Februar 1948, schimpfte er dreißig Seiten lang über die Nutzlosigkeit von Lyssenkos Arbeit im Allgemeinen und über den verzweigten Weizen im Besonderen:

> Viele Vertreter der Biowissenschaften leben seit Jahren mit dem Gefühl, eingesperrt zu sein, sie leben in Angst vor einseitiger Kritik und der böswillig verzerrten Darstellung von Fragen, die bereits geklärt sind. Bei ordnungsgemäßer Diskussion würde sich zeigen, was theoretisch wie praktisch neu und wertvoll ist und was aussortiert gehört, weil es nicht von Nutzen, längst bekannt oder gar schädlich ist. Eine Diskussion könnte helfen, eine gemeinsame Linie für die Bewältigung unserer Probleme in der Landwirtschaft zu finden ... Genosse Stalin, ich bitte Sie, für eine solche Diskussion in nächster Zukunft eine Tagung anzusetzen.[17]

Am selben Tag schickte Zizin auch Andrej Shdanow ein ausführliches Schreiben, in dem er schweres Geschütz gegen Lyssenko auffuhr. Shdanows Abneigung gegen Lyssenko war bekannt, deshalb äußerte sich Zizin ganz unverblümt über Lyssenkos Theorien, »auf deren Grundlage es übrigens im Laufe von sage und schreibe zwanzig Jahren trotz unzähliger Ankündigungen und lautstarker Versicherungen nicht gelungen ist, auch nur eine einzige akzeptable Varietät hervorzubringen«.[18] Am meisten beunruhige ihn allerdings die Art, wie Lyssenko eine »Clique skrupelloser Individuen« um sich schare. Er habe die Lenin-Akademie in eine bürokratische Hülle verwandelt, aus der er alle Wissenschaftler außer seinen Kofferträgern entfernt habe. »Man kann ohne Übertreibung sagen, dass sich die biologischen und Agrarwissenschaften ... ohne Intervention und Unterstützung seitens der Partei und der Regierung derzeit nicht normal entwickeln können.«[19]

Die Notwendigkeit, Lyssenko ein für alle Mal loszuwerden, trat immer deutlicher zutage, und nicht nur Wissenschaftler sannen darauf. Lyssenkos Ammenmärchen durchkreuzten inzwischen auch die Pläne des engsten Kreises um Stalin.

Das Landwirtschaftsministerium wollte eine neue Löwenzahn-Varietät des Zytogenetikers Michail Nawaschin, Koksaghys, wegen des hohen Naturkautschukanteils ihres Milchsaftes züchten lassen. Lyssenko setzte alle Hebel in Bewegung, um den Anbau »dieses genetischen Monsters« zu verhindern, und er ließ sich auch nicht davon beeindrucken, dass Juri Shdanow, der Sohn Andrej Shdanows und Verlobte von Stalins Tochter Swetlana, für das Projekt eintrat.

Im Februar 1948 schickte Shdanow junior seinem Schwiegervater in spe ein langes Memo, in dem er Lyssenko »Sabotage« vorwarf. »Statt die Neuzüchtung objektiv zu untersuchen«, schrieb er, habe Lyssenko »von Anfang an eine vergiftete Atmosphäre voll Feindseligkeit und Misstrauen geschaffen«.[20]

Juri Shdanow leitete mit seinen 29 Jahren bereits den Bereich Wissenschaften im Zentralkomitee, was er natürlich auch einem kräftigen Schuss Nepotismus zu verdanken hatte: Stalin mochte ihn. Der alternde Diktator vereinsamte mehr und mehr, und Swetlana und ihr Verlobter schienen ihm die einzigen Menschen zu sein, mit denen er auskam. Doch Juri war kein Dummkopf. Er hatte in Moskau ein Chemiestudium abgeschlossen und war während eines kurzen Praktikums in einem gentechnischen Labor überzeugter Mendelianer geworden. In einem Vortrag mit dem Titel »Über Fragen des zeitgenössischen Darwinismus«, den er am 10. April im Moskauer Polytechnischen Museum hielt, machte er unmissverständlich klar, was er von Lyssenkos Verurteilung der Genetik hielt.

Gewiss, räumte er ein, die Chromosomen-Theorie könne keine praktischen Ergebnisse vorweisen und leide ganz allgemein unter der Kluft zwischen Theorie und Praxis. Doch nach diesem Zugeständnis wandte sich Juri Shdanow der Alternative zu, die Lyssenko bot – und kritisierte sie in Grund und Boden. Trofim Lyssenko habe den Einsatz von Hybridmais verhindert. Er habe sein Versprechen, in zwei bis drei Jahren nützliche Getreidesorten zu züchten, nicht gehalten. Auffassungen, die von seinen Theorien abwichen, habe er in moralisch und intellektuell fragwürdiger Weise unterdrückt. Und die Parteiphilosophen, die sich darüber im Klaren gewesen sein müssten, hätten ihm den Rücken gestärkt.

Einer dieser Philosophen, Mark Mitin, verfolgte Juri Shdanows Ausführungen gemeinsam mit Lyssenko in seinem Büro über Lautsprecher, und es hätte sich wohl schwer feststellen lassen, wer von den beiden entsetzter auf das Gehörte reagierte. Wenn jemand aus dem engsten Kreis um Stalin so etwas sagte, war mit einiger Sicherheit zu befürchten, dass irgendein Apparatschik es in eine amtliche Anweisung umsetzen würde. Lyssenko musste handeln, und zwar schnell.

Er brauchte eine Woche, um einen Beschwerdebrief zu formulieren, den er sowohl an Stalin als auch an Shdanow senior schickte. Ein Monat verstrich, ohne dass er Antwort erhalten hätte. Lyssenko legte nach. Am 11. Mai bot er dem Agrarminister, Iwan Benediktow, schriftlich seinen Rücktritt als Präsident der Lenin-Akademie an.

Das war ein kluger Schachzug. Da das Präsidentenamt der Lenin-Akademie in die Zuständigkeit des Politbüros fiel, konnte Benediktow die Abdankung weder annehmen noch ablehnen, sondern lediglich an Malenkow (einen Verbündeten Lyssenkos) und Stalin weiterleiten. Lyssenko hatte damit erreicht, dass Juri Shdanows Vortrag nicht unter den Teppich gekehrt werden konnte. Stalin musste Farbe bekennen.

Ende Mai oder Anfang Juni landete der anstößige Text schließlich auf Stalins Schreibtisch, und der las das Manuskript genau. »Hahaha«, schrieb er an den Rand, »Unsinn«, und einmal: »Hör auf!«

Der Amateur-Lamarckianer gab nichts auf die neumodische Genetik, die Juri Shdanow da entwickelte, wobei er sich an einer Stelle seines Vortrags direkt auf Stalin bezog:

Wir Kommunisten sympathisieren von Natur aus eher mit einer Lehre, die die Möglichkeit der Rekonstruktion ... der organischen Welt bietet, ohne Rückgriff auf plötzliche, unverständliche, zufällige Veränderungen in einem rätselhaften Erbgutplasma. Genau diesen Aspekt des Neolamarckismus betonte und lobte Genosse Stalin in »Anarchismus oder Sozialismus?«.

Stalin unterstrich mit Bleistift dick die Worte »Genau diesen Aspekt« und notierte am Rand: »Nicht nur ›diesen Aspekt‹, mein Herr.«[21]

Am 28. Mai rief Stalin Malenkow, Vater und Sohn Shdanow und andere Parteikader zu sich in den Kreml. Der ebenfalls anwesende Dmitri Schepilow, Chefpropagandist der Regierung, erinnerte sich später: »Pfeife paffend lief Stalin auf und ab und sagte praktisch ständig dasselbe: ›Wie kann es einer wagen, den Genossen Lyssenko zu beleidigen?‹ – ›Wie kann es einer wagen, seine Hand gegen den Genossen Lyssenko zu erheben?‹«

Schepilow hatte Juri Shdanows Rede abgesegnet und verteidigte sie nun, kritisierte Lyssenko offen als Querulanten und Versager, der nun obendrein den Anbau von Kautschukpflanzen torpediere. Es sei Zeit, zur Kenntnis zu nehmen, dass Lyssenkos Theorien »von echten Wissenschaftlern weltweit verlacht« würden, auch von denen, die der Sowjetunion wohlwollend gegenüberstünden.

Stalin hörte nicht auf ihn.

Er holte sich eine Zigarette aus seinem Schreibtisch, schüttete den Tabak in seine Pfeife, ging langsam zum Tisch, an dem alle anderen saßen, und sagte ganz ruhig, aber mit einem drohenden Unterton: »Nein, das kann man nicht auf sich beruhen lassen. Ein Sonderausschuss muss her, der Schuldige muss exemplarisch bestraft werden. Nicht Juri Shdanow, der ist jung und unerfahren. Die ›Väter‹ müssen bestraft werden.«[22]

Stalins Parteinahme gegen die Genetik und für Lyssenko wurde von Anfang an und bis in die höchsten Etagen mit amüsiertem

Kopfschütteln oder blankem Entsetzen aufgenommen. Auch die Historiker hatten ihre liebe Not damit. Manche haben übermenschliche Anstrengungen auf sich genommen, um die Strategie, die »Realpolitik« hinter dieser Entscheidung aufzudecken, Anstrengungen, die bei aller Berechtigung unzureichend waren. Klar, Lyssenko war Mitschurins großer Favorit gewesen und als solcher im öffentlichen Bewusstsein. Wer ihn attackierte, griff insofern auch einen der Gründerväter der Nation an. Und doch war es wohl kaum zu befürchten, dass die Volksseele unheilbare Wunden davongetragen hätte, wäre Lyssenko – und unter diesem Aspekt auch Mitschurin – in aller Stille aus den Nachrichten verschwunden.

Und, gewiss, Lyssenko verkörperte den russischen Wissenschaftler, während die Mendel'sche Genetik sich geradezu damit brüstete, international vernetzt zu sein. Als der Kalte Krieg Fahrt aufnahm, war es ein patriotischer Akt, Lyssenko zu verteidigen und die Genetik als Brutstätte »kosmopolitischer« Umtriebe zu verteufeln. Aber auch das reicht nicht einmal annähernd als Erklärung aus. Die Kernphysik war wie die Genetik eine internationale Disziplin, trotzdem verspürte niemand den brennenden Wunsch, Einstein oder Bohr zu widerlegen. Die Physik wurde ernstgenommen, die Sowjetunion wollte auf Biegen und Brechen die führende Nation auf diesem Gebiet sein, selbst wenn sie dafür ihre Wissenschaftler in Lagern internieren musste. Auf diesem Gebiet wurde keine einheimische Theorie aus der Mottenkiste geholt.

Die Absonderlichkeit der Entscheidung Stalins legt eine Erklärung von der Art nahe, wie sie Historiker unbedingt vermeiden wollen. Ist es möglich – oder gar wahrscheinlich –, dass die Marotten und Vorurteile eines Einzelnen solche weitreichenden Konsequenzen für die gesamte Wissenschaftsbasis der Sowjetunion haben konnten? Hat Stalin die Genetik einzig und allein deshalb eigenhändig in seinem eigenen Land zerstört, weil er als ambitionierter Hobbygärtner mit einer Schwäche für Zitronenbäume festgefügte Vorstellungen davon hatte, wie Pflanzen wachsen?

So unwahrscheinlich es klingt, einiges spricht dafür. Stalin war in mancher Hinsicht ein sehr moderner und gleichzeitig der letzte in einer langen Reihe philosophisch ambitionierter Herrscher in Europa. Er teilte den unter Bolschewiki verbreiteten Glauben, sie würden sich nur als Philosophen ihres Mandats würdig erweisen. Ab 1946 – Stalin war 67 und vom Krieg erschöpft – manifestierte sich diese Überzeugung als entschlossener Versuch, die Wirklichkeit den eigenen Vorstellungen anzupassen. Er belehrte den prominentesten Philosophen der UdSSR, Georgi Fjodorowitsch Alexandrow, über Hegels Rolle in der Geschichte des Marxismus. Er erzählte dem Komponisten Dmitri Schostakowitsch, wie er die Orchestrierung der neuen Nationalhymne zu ändern habe. Er beauftragte den gefeierten Kriegslyriker Konstantin Simonow, ein Stück über den Fall Kljujewa/Roskin zu schreiben, gewährte ihm eine einstündige Werkkritik und schrieb die Schlussszenen eigenhändig um. Sergej Eisenstein, der weltberühmte Regisseur und Drehbuchautor, musste sich für den – schließlich verbotenen – zweiten Teil seines Films *Iwan der Schreckliche* sowohl von Stalin als auch von Shdanow Vorträge über Filmkunst anhören. 1950 schloss Stalin einen Pakt mit der Volksrepublik China, beratschlagte mit Kim Il Sung den Einmarsch nach Südkorea, schrieb einen streitlustigen Aufsatz über Linguistik und traf sich dreimal mit Ökonomen, um über ein Lehrbuch zu diskutieren.

Er drückte allem seinen persönlichen Stempel auf, nicht nur der Genetik. Ungeachtet des Umstands, dass Präsident Harry Truman B-29-Bomber nach Europa verlegt hatte, und obwohl die Botschafter Frankreichs, Großbritanniens und der USA darauf warteten, zu ausführlichen Gesprächen über die Berlin-Krise in den Kreml geladen zu werden, fand Stalin die Zeit, Lyssenkos Vorträge zu bearbeiten und auf wissenschaftliche Fehler wie politische Ausrutscher zu prüfen. Weder damals noch später konnte irgendjemand erklären, warum die böse Genetik Stalin mehr Kummer bereitete als der Vertrauensverlust zwischen den ehemaligen Alliierten, der die UdSSR und die Nato an den Rand eines weiteren Weltkrieges brachte.

Stalins »Sonderausschuss« zur Untersuchung der Genetik in der UdSSR war ein Witz. Andrej Shdanow und Georgi Malenkow teilten sich gezwungenermaßen den Vorsitz. Der Bericht, den sie schrieben und umschrieben und umschrieben, trug den Titel »Zur Lage der sowjetischen Biologie«. Darin tilgte Shdanow in dem heiklen Bemühen, die beiden Strömungen in dieser Wissenschaft irgendwie zu versöhnen, jegliche Anspielung auf den Fauxpas seines Sohnes. Zum Schluss kam der Report zu dem Ergebnis, dass »die Diskussion über diese Frage als beendet angesehen« werden könne.

So wäre es gekommen, hätte die Partei die Genetik einfach per Dekret verboten. Das hatte ja 1936 auch mit der Pädologie geklappt.

Doch Stalin war von der Idee beherrscht, die Sache öffentlich und so »wissenschaftlich« wie möglich auszutragen: Er wollte eine außerordentliche Tagung der Lenin-Akademie der landwirtschaftlichen Wissenschaften. Am 15. Juli änderte der Ministerrat die Nomenklatura so, dass die Lyssenko-Anhänger bei den anstehenden Wahlen für die Lenin-Akademie in der Überzahl waren. Dann bekam Lyssenko Weisung, einen Bericht über die Genetik-Kontroverse zu verfassen. Am 23. Juli 1948 schickte er seinen Entwurf »Über die Lage in der sowjetischen biologischen Wissenschaft« an Stalin, und am 27. Juli um zehn Uhr abends trafen sich Stalin, Malenkow und Lyssenko im Kreml, um den Text zu besprechen.[23]

In der ursprünglichen Fassung teilte Lyssenko die Biologen in zwei Lager und unterschied sie auch gleich noch nach ihrer sozialen Herkunft: Da gab es einerseits die Mendelianer, die waren natürlich bürgerlich, und andererseits die durch und durch proletarischen Mitschurinisten. Das war typisch Lyssenko, aber unzweckmäßig angesichts der aktuellen historischen Bedingungen. Stalin tilgte sämtliche Anspielungen auf Klassenzugehörigkeit und ersetzte sie durch die Schlüsselwörter »idealistisch« (westlich) und »materialistisch« (sowjetisch). (Die Zeit war zu knapp, um alle Lyssenko-Anhänger auf diesen neuen terminologischen Stand zu bringen, und so schleuderten viele von ihnen während der vom 31. Juli bis zum 7. August abgehaltenen Tagung ihren Widersachern die alten Klassenkampfparolen entgegen.)

Stalin veränderte nicht nur den politischen Tenor des Er-öffnungsvortrags, sondern er entpolitisierte ihn, formte ihn zu einem streng wissenschaftlich-objektiv klingenden Text. Er strich auch eine Referenz auf sich selbst sowie das Wort »sowjetisch« im Titel, sodass der Beitrag mehr internationale Geltung und Bedeutung erhielt. So trug er nun den Titel »Über die Lage in der biologischen Wissenschaft«.

Es war mit einem gewissen Risiko verbunden, den »wissen-schaftlichen« Charakter der August-Tagung zu betonen. Die Lenin-Akademie der landwirtschaftlichen Wissenschaften der UdSSR war nicht die einzige Institution, die über Fragen der bio-logischen Forschung zu entscheiden hatte, und so bestand die Gefahr, dass Mitglieder der Akademie der Wissenschaften, wenn sie von der Veranstaltung erfuhren, das ganze schöne Szenario über den Haufen werfen könnten. Deswegen verheimlichte Lys-senko die Tagung recht erfolgreich: Die meisten seiner Kritiker nahmen an der Konferenz nicht teil, weil sie nicht wussten, dass sie stattfand.

Seine Rede am Samstag, dem 31. Juli, war eine unverhohlene Kriegserklärung. Am Sonntag stand eine Exkursion zu Lyssen-kos Modellfarm in den Lenin-Bergen bei Moskau auf dem Pro-gramm, die den Teilnehmern Gelegenheit gab, das Gehörte zu verdauen.

Der Tagungspräsident Pawel Lobanow, Agrarökonom und Staatsmann, rechnete nicht mit Wortmeldungen, als er die gegne-rische Seite der Form halber ans Rednerpult bat. Doch Lyssen-kos Geheimhaltung war nicht wasserdicht gewesen. Einer stand auf: Iosif Abramowitsch Rapoport. Durch blanken Zufall hatte er kurzfristig von dem Treffen erfahren und von einem Bekann-ten eine Einlasskarte erhalten. Trotzdem war er nur mit Schwie-rigkeiten ins Gebäude gelangt. Der Journalist Mark Popovsky schildert den Eindruck, den Rapoports Erscheinen hinterließ:

… mit schwarzen Locken und spitzbübischer Miene. In seiner Uni-form ohne Schulterklappen, aber mit mehreren Reihen Orden auf der Brust sah er ausgesprochen stattlich aus. Selbst die schwarze

Augenklappe entstellte ihn nicht, eher verlieh sie seinem blassen, Nervosität ausdrückenden Gesicht einen kühnen Anstrich. Auch seine Ansprache – damals war er noch Kandidat der Wissenschaften – war nervös, aber bestimmt im Ton.[24]

Iosif Rapoport hatte sich 1941 der Moskauer Volksmiliz – sie bestand aus Freiwilligen, die zu alt oder anderweitig untauglich für den Wehrdienst waren – angeschlossen und war, obwohl er 1944 durch eine Verwundung ein Auge verloren hatte, an die Front zurückgekehrt. Bis zum Ende des Krieges kämpfte er als Offizier der Roten Armee in Deutschland. Seine Männer verehrten ihn, eine lebende Legende. Dreimal wurde er für die Auszeichnung Held der Sowjetunion vorgeschlagen, dreimal ging er leer aus, weil er es nicht lassen konnte, seine Vorgesetzten zu kritisieren. Diese Charaktereigenschaft kam ihm jetzt glänzend zupass: Mit subtilem Sarkasmus entkleidete er Kaiser Lyssenko genüsslich und präsentierte ihn in seiner ganzen geistigen Nacktheit. Sein vernichtendes Fazit: »Wir haben uns an Zehntausenden von sorgfältig durchgeführten Experimenten davon überzeugt, dass eine Umgestaltung von Tieren und Pflanzen allein nach unseren Wünschen nicht erreicht werden kann.«[25] Allein durch Wünschen lassen sich Tiere und Pflanzen nicht umformen.« Die Stenographen waren so erschrocken, dass sie schnell noch Rapoports schärfste Kommentare in ihren Aufzeichnungen redigierten (in einer der letzten Sitzungen gestatteten sie ihm aber immerhin den Zwischenruf »Obskuranten!« inmitten eines lyssenkoistischen Vortrags). Am Ende der Mitschrift steht: »Spärlicher Beifall«.

Dieser offene, faktengestützte Widerstand war lästig, aber letztlich folgenlos. Die Hauptsache war, die Beteiligung des Zentralkomitees an der Tagung zu verbergen. Dies sollte eine wissenschaftliche, keine politische Veranstaltung sein.

Doch am Mittwoch hielt das angesehene Akademie- und Parteimitglied Boris Sawadowski, einer der Gründer der VARNITSO und renommierte Geißel der bürgerlichen Biologie, eine Rede und erklärte eher bekümmert als böse, »dass ich vom Stattfinden dieser Tagung offiziell erst am 30. Juli [also einen Tag vor ihrem Beginn] erfuhr ... seltsamerweise ... wurde mir, der einer schweren Sünde bezichtigt wird, nicht die Möglichkeit gegeben, mich mit den Thesen des Berichts [in dem er beschuldigt wird] bekannt zu machen, wurde ich nicht vorher von der Tagung benachrichtigt«.

»Ich glaube, dass eine so enge, beschränkte, einseitige Linie der Diffamierung nicht nur von Methoden, sondern auch von Menschen ... eine unzulässige Sache ist«, sagte Sawadowski, der alt und krank war und sein Leben auf Kuren in staatlichen Sanatorien reduziert sah. Dann wandte er sich direkt an den Widersacher: »Genosse Lyssenko [hat] die Pflicht, uns ... eine allseitige Begründung der neuen Lyssenko'schen Anschauungen zu geben ... Das ist eine sehr ernste Aufgabe, und sie zu bewältigen hat Genosse Lyssenko bisher offenbar noch nicht fertiggebracht.«[26]

Lyssenko und Present erschraken, fühlten sich durchschaut und mühten sich verzweifelt, Sawadowski mit Zwischenfragen das Wort abzuschneiden. Doch die Form musste gewahrt bleiben, und Sawadowski wurde zusätzliche Redezeit gewährt. Zum Abschluss seiner Ausführungen fragte er:

Für wen und wofür war es nötig, mich unter die Weismannisten und formalen Genetiker zu versetzen? Nur weil ich wiederholt auf die Fehler in den Arbeiten des Genossen Lyssenko hingewiesen habe und weiter hinweisen werde, nur weil ich ausgeführt habe, dass Genosse Lyssenko, der ein Novator auf einem Gebiet ist, auf anderen Gebieten zu einem großen Hemmschuh vieler notwendiger und nützlicher Richtungen geworden ist. Ich habe dies auch auf Sitzungen der Akademie und im Beisein des Genossen Lyssenko wiederholt ausgesprochen, ich verschweige das nicht. Aber ist es etwa deshalb nötig, mich in Verruf zu bringen und mir Etiketten aufzukleben?[27]

Der Saal war gerammelt voll mit Lyssenkos Gefolgschaft, sodass keine Aussicht bestand, den Spieß umzudrehen. Doch obwohl sie nur spärlich vertreten war, verschaffte sich die Opposition Gehör. Pjotr Shukowski, Mitglied der Lenin-Akademie, redete trotz Lyssenkos Störmanövern. »Nur einige Worte über Mendel«, sagte er. »Warum dekliniert man so häufig den Namen dieses hervorragenden Biologen, vor dessen Grabmal man sich verneigen sollte?« Er verstehe nicht, warum sich die Redner auf der Tagung in ihrem Spott über Mendel gegenseitig überböten, einen Mann, der doch nichts weiter gemacht habe als ein paar solide Beobachtungen zu Gesetzmäßigkeiten der Vererbung bei Erbsen. Mendel habe weder irgendetwas über Evolution geschrieben noch äußere Einflüsse auf die Vererbung ausgeschlossen. Es gebe also keinerlei Anlass zu der Annahme, dass Mendelismus und Mitschurinismus im Widerspruch zueinander stünden. Doch inzwischen sei es »so weit gekommen, dass sehr viele von Schreck befallen werden, sobald man das Wort ›Mutation‹ oder ›Chromosom‹ ausspricht«. Shukowski rief zur Einigkeit auf: »Wir sind alle Sowjetmenschen, wir sind alle Patrioten. Die einen gingen persönlich an die Front, die anderen schickten ihre Kinder. Wir alle haben uns für die Heimat geschlagen. Muss man die Sache wirklich so weit treiben, dass man aufhört, den Professor Shukowski zu grüßen?«[28]

Er bekam Beifall, obwohl er natürlich ganz und gar nicht im Sinne der Veranstaltung gesprochen hatte: Einheit war das Letzte, was die Tagung herbeiführen sollte.

Die Katze war aus dem Sack. Die paar schwer zum Schweigen zu bringenden Stimmen ließen, indem sie die Rechtmäßigkeit der August-Tagung anzweifelten, dem Zentralkomitee keine Wahl, es musste eingreifen – Tarnung und Raffinesse nützten nichts mehr. Die Entscheidung gegen Mendels Genetik wurde publik und Stalins Rolle in dem abgekarteten Spiel bekannt.

Juri Shdanow entschuldigte sich bei Stalin für die Kritik an Lyssenko, der Brief sollte in der *Prawda* veröffentlicht werden. Am Abend des 6. August zitierte Stalin Lyssenko zu sich und diktierte ihm den ersten Absatz der Abschlussrede, die er am folgenden Tag halten sollte, in die Feder.

»Bevor ich zu meinem Schlusswort übergehe«, verkündete

Lyssenko anderntags, »halte ich es für meine Pflicht, folgende Erklärung abzugeben: In einer Zuschrift werde ich gefragt, welche Stellung das Zentralkomitee der Partei zu meinem Referat einnimmt. Ich antworte: Das ZK der Partei hat mein Referat geprüft und gutgeheißen.«[29]

Das war und ist, schreibt der Evolutionsbiologe Stephen Jay Gould, »die vielleicht erschreckendste Passage der gesamten Wissenschaftsliteratur des zwanzigsten Jahrhunderts«.[30]

Das Protokoll vermerkt zum Auftritt Lyssenkos: »Stürmischer Beifall, der in eine Ovation übergeht. Alle erheben sich von ihren Plätzen.«

19. HÖHERE NERVENTÄTIGKEIT

Stell dir vor, jemand will dich genauer kennenlernen.
Er fertigt eine Fotografie von deinem Schädel an, und
wenn der Schädel den einen oder anderen Gedanken
enthält, werden sie auf dem Negativ wie schwarze
Flecken oder schneckenartige Spiralen oder in sonst einer
hässlichen Form erscheinen.
Wenn er es wünscht, kann er versuchen, dein Gewissen
zu fotografieren, und auch dieses Negativ wird dieselben
Wucherungen und Flecken zeigen.
Kurz, jeder Mensch wird nun durchschaubar werden,
egal wie dick und undurchdringlich deine Haut sein mag,
das neue Licht macht sie durchsichtig wie Glas.[1]

Maxim Gorki, 1896

Boris Jefimows Cartoon zu dem Artikel »Fliegenliebhaber,
Menschenhasser«, der 1949 in der populären Zeitschrift *Ogonjok*
erschien, macht aus der Genetik eine faschistische Aggression.

Während der August-Tagung veröffentlichte die *Prawda* Leserbriefe. Wissenschaftler, die einst Mendel'sche Lehren vertreten hatten, gingen einer nach dem anderen in die Knie, übten Selbstkritik und wandelten sich in wahren Bekehrungsorgien vom Saulus zum Paulus, also zu Mitschurinisten. Das waren taktische Manöver, leicht nachvollziehbar angesichts der nur wenige Jahre zurückliegenden »Säuberungen«, die diese Männer noch frisch in Erinnerung hatten.

Schwerer wog es da schon, wie Alexander Oparin, seines Zeichens Mitglied der Akademie der Wissenschaften, reagierte. Der Biochemiker, bekannt vor allem wegen seiner kühnen Hypothesen zur Entstehung des Lebens, wusste ganz genau, was Genetik bedeutet. Nichtsdestoweniger verfasste er exakt in diesem Moment einen ganzseitigen Beitrag für die *Prawda*, geiferte wider die »engstirnigen Oberpriester, die mit Taufliegen herumspielen«, und rief das Präsidium der Akademie der Wissenschaften auf, sich von der Genetik zu distanzieren.

Und so geschah es. Zwischen dem 24. und 26. August 1948 trat das Präsidium zu einer der bei den bolschewistischen Geldgebern so beliebten hochnotpeinlichen Sitzungen zusammen, die unter dem Motto »Kritik und Selbstkritik« veranstaltet wurden. Nikolai Wawilows Bruder Sergej biss die Zähne zusammen und nahm es als Akademiepräsident auf sich, die »Schuld« an der Förderung der Genetik seitens seiner Institution zu gestehen. Seinen Kollegen warf er Neutralität vor, den Versuch, beide Richtungen der Biologie ausgewogen zu betrachten.

Auf dieser Sitzung wurde Stalin-Preisträger Leon Orbeli, der bis dahin den Fachbereich Biologische Wissenschaften geleitet hatte, seines Amtes enthoben und Oparin (der eine beachtliche Liste wissenschaftlicher Leistungen vorweisen konnte) auf seine Stelle gesetzt – immerhin nicht, was naheliegend gewesen wäre, Trofim Lyssenko. Oparin versprach, dass alle naturwissenschaftlichen Experimentatoren ihre Arbeit einer Fundamentalkritik unterziehen und die »servile Kriecherei vor der ausländischen Pseudowissenschaft« einstellen würden.

Die im Angesicht höchster politischer Missbilligung geäußerten Lippenbekenntnisse der experimentell arbeitenden Genetiker reichten bei weitem nicht aus. Im September und Oktober mussten sie zusehen, wie ihre *Drosophila*-Stämme zerstört und ihre Literatur aus den Bibliotheken entfernt wurden. Unterrichtspläne und Lehrbücher mussten umgeschrieben werden, um den Sieg des Mitschurinismus fest zu verankern.[2] Hunderte von Dekreten wurden erlassen, füllten Pinnwände und Tagesordnungen in Ministerien, Büros, Leitungsgremien, Verlagen, Universitäten, Instituten, Versuchsstationen, Redaktionen … Die Unterdrückung hielt über Jahre an. Die Genetikerin Raissa Berg schreibt:

> 1951 wurden die Namen der berühmtesten Genetiker in sämtlichen Büchern mit Ausziehtusche übermalt … Ich habe die Prozedur in der Bibliothek der Geographischen Gesellschaft mit eigenen Augen gesehen. Mein Vater war 1950 gestorben. Jeder Hoffnung auf Fortsetzung meiner Populationsforschung beraubt, spürte ich in Archiven und eben der Bibliothek der Geographischen Gesellschaft dem wissenschaftlichen Lebensweg meines Vaters nach. Anfangs begriff ich noch nicht einmal, was da vorging.[3]

Eine Woche nach der Tagung kam es zu den ersten Entlassungen. In Forschung und Lehre, Fachorganen und anderen Schaltstellen des Wissenschaftsbetriebs ersetzten Leute aus Lyssenkos Clique die »reaktionären Anhänger des Mendelismus-Morganismus«. Tausende wurden aus ihren Laboratorien und Seminarräumen vertrieben und mussten sich nach einer neuen Arbeit – als Übersetzer oder Buchhalter oder was immer sie finden konnten – umsehen. Soj Nikoro, die einst Sergej Tschetwerikow assistiert hatte, schlüpfte als Pianistin in einem Klub unter. Die meisten versauerten auf trostlosen landwirtschaftlichen Versuchsstationen fernab der Hauptstadt, ihre geballte Erfahrung blieb ungenutzt.

Nikolai Dubinin, eine Zielscheibe für Lyssenkos Angriffe während der August-Tagung, wurde aus Kolzows Institut gedrängt, das Institut selbst geschlossen. Wladimir Sukatschew, Botaniker und Pionier der Umweltforschung, verschaffte ihm eine Stelle am

Institut für Forstwirtschaft im Ural. Dort beobachtete Dubinin fünf Jahre lang Vögel.

Der ebenfalls entlassene Getreidespezialist Anton Shebrak – auch *sein* Institut war aufgelöst worden – schickte eine Blabla-Selbstkritik an die *Prawda*, ergatterte eine Stelle am Pharmazeutischen Institut in Moskau und gründete sofort auf eigene Faust ein geheimes kleines Genetik-Zentrum. Dmitri Sabinin, Professor für Pflanzenphysiologie an der Moskauer Universität, der für Lyssenkos Vorlesungen nur Spott übrig hatte, wurde aus Moskau verbannt, zog eine Weile arbeitslos von Ort zu Ort und nahm sich schließlich 1951 mit einem Kopfschuss das Leben.

Am 24. September 1948 legte Hermann Muller, der inzwischen, zurück in den USA, an der Indiana University arbeitete,[4] ostentativ seine Mitgliedschaft in der Sowjetischen Akademie der Wissenschaften nieder, und praktisch alle ausländischen Mitglieder folgten diesem Beispiel. Muller bezeichnete das Vorgehen der Akademieführung als »beschämend« und verglich es mit Nazimethoden. Leslie Dunn schrieb er 1949: »Nach dreizehn Jahren vergeblichen Bemühens sehe ich nicht die geringste Chance, in diesem Punkt mit sowjetischen Behörden auf einen Nenner zu kommen, und ich glaube, das Einzige, was zu tun übrig bleibt, ist, die Dinge beim Namen zu nennen.«[5]

Der Pro-Mitschurin-Feldzug 1948 lief allem Anschein nach aus dem Ruder und griff auch auf Fachgebiete über, die nichts mit Genetik, ja nicht einmal mit Biologie zu tun hatten. Ein Herausgeber einer Fachzeitschrift klagte über seinen ständigen »Kampf gegen den Morganismus« des Chefredakteurs, Lehrbuchautoren deckten »idealistische Inhalte« in Werken von Konkurrenten auf (manche fielen sogar über ihre Koautoren her), Forscher bezichtigten Kollegen »antimitschurinistischer Tendenzen« oder einer »Servilität gegenüber dem Westen«. Führende Köpfe auf so biologiefernen Gebieten wie Physik und Linguistik kamen zusammen, um ihre Fächer »im Licht der Entscheidungen der Tagung der Lenin-Akademie der landwirtschaftlichen Wissenschaften« zu reorganisieren. Chemiker fanden ihre Mendels und Morgans in westlichen Forschern wie Linus Pauling oder Christopher Ingold und ihren Mitschurin in Alexander Butlerow, den sie zum Begründer der russischen Chemie erkoren. Sie prägten sogar den Ausdruck »Ingoldist-Paulingist«, mit dem sie Widersacher verteufelten. Das alles hatte nichts mit politischer Überzeugung zu tun. Es war reiner Selbstschutz.

Der Lärm in Fächern jenseits der Genetik kaschierte in Wahrheit einen eklatanten Mangel an wirksamen Maßnahmen. Die Verantwortlichen in allen Disziplinen hatten den Großen Terror überlebt und dabei ihre Lektion gelernt: Sie nutzten die Mitschurin-Kampagne für eigene Zwecke, bekundeten leutselig ihre Loyalität, denunzierten Leute, die sie nicht leiden konnten, und überzogen die wie auch immer geartete Forschung, die sie gerade betrieben (und die nur selten einen Bezug zur Genetik hatte), mit einer Schutzschicht aus politischem Jargon.

Wer die »Säuberung« aus eigenem Antrieb initiierte, konnte unter dem Flor geheuchelter Polithysterie ganz normal weiterarbeiten. Psychologen, Hygieniker, Erziehungswissenschaftler und Sportpädagogen bewahrten ihr Fach (und ihre Stellen und ihr Einkommen) mit demonstrativer Konformität. Die Wissenschaftsakademien Estlands, Lettlands, Litauens und anderer Republiken verabschiedeten Resolutionen zur Notwendigkeit, »Mendelianer« ihrer Aufgaben zu entbinden. Auf die Straße gesetzt wurde niemand. Bedeutende Einrichtungen wie die Akademie der Wissenschaften veranstalteten einen Riesenrummel um die Entlassung von Leuten, die das Zentralkomitee bereits per Anweisung geschasst hatte. Wer nicht vom Zentralkomitee gekündigt wurde, hatte gute Chancen, seine Stelle zu behalten. Schlimmstenfalls wurde man zwischen den verschiedenen Außenstellen und Abteilungen im Land herumgeschoben.

Auch in der Medizin war die August-Tagung weniger Weckruf für treue Genossen als vielmehr willkommener Anlass, um innerinstitutionelle Kämpfe auszufechten. Konflikte, die seit Mitte der dreißiger Jahre gegärt hatten, brachen nun offen aus.

Der medizinische Verwaltungsapparat – eigentlich waren es sogar zwei Institutionen, die um die Vorherrschaft im öffentlichen Gesundheitswesen rangen – hatte sich zu einer monströsen Bürokratie aufgebläht. Zu viele alte Männer saßen auf zu vielen Chefsesseln, und zu viele jüngere Männer und Frauen kämpften um die Brosamen, die vom Tisch fielen. Das Problem war 1934 entstanden. In jenem Jahr hatte die Regierung, geleitet von der Vision einer flächendeckenden medizinischen Versorgung, das Allunionsinstitut für experimentelle Medizin geschaffen, eine Dachorganisation, die, ähnlich wie die Lenin-Akademie, etliche Institute beaufsichtigte. Nach einem weiteren Expansionsschub im Jahr 1944 war aus ihr die wahrhaft gigantische Akademie der Medizinischen Wissenschaften geworden.

Und doch gab es noch eine größere medizinische Organisation, und das war das Gesundheitsministerium, das 1936/37 auf die gesamte Sowjetunion ausgedehnt worden war. Jahrelang hatten sich beide Kolosse parallel um die gleichen Belange gekümmert, ohne sich gegenseitig allzu sehr ins Gehege zu kommen. Fast alle, die in der einen Institution eine leitende Position einnahmen, hatten auch einen offiziellen Posten in der anderen. Diese doppelte Zuständigkeit war in der Notzeit nach dem Krieg nicht länger tragbar. Fünfzehn konfliktreiche Jahre folgten.

Wie Kampfhunde fielen medizinische Disziplinen übereinander her, größere schluckten kleinere, und am Ende blieb nur eine übrig: die Physiologie. Seit 1936, seit dem Missbrauchsdekret, mit dem die Pädologie als Konkurrenzdisziplin ausgeschaltet worden war, hatte die Physiologie die Bereiche Psychologie, Psychiatrie und Pädagogik durchwuchert und sich schließlich in Theoriebildung wie Forschungspraxis zur Basis der gesamten sowjetischen Medizin gemausert. Die Volkskommissariate – später Ministerien – für Gesundheitswesen, für Landwirtschaft und für Bildung, die Akademie der Wissenschaften, das Komitee für höhere Bildung und sogar die Rote Armee leisteten sich eigene Abteilungen für Physiologie.

Die Parole von der Notwendigkeit, »reaktionär-idealistische biologische Vorstellungen aus der Medizin zu entfernen«, bot die willkommene Chance, frischen Wind in diese schwerfällige Disziplin zu bringen und die alte Garde abzuschütteln. Das Hauptproblem dabei war: Ein triftiger Grund musste her, um zum Angriff zu blasen. Gab es da nicht vielleicht einen Zusammenhang zwischen Physiologie und Genetik?

Die Akademie der Medizinischen Wissenschaften lud Lyssenko zu ihrer Tagung im September 1948 ein und hoffte auf seine Vorschläge, doch selbst er war um eine Idee verlegen: »Es gibt keine direkte Verbindung zwischen Mitschurins Lehre und der Medizin.«

Die Herren ruhten nicht eher, bis sie einen würdigen Gegner ihrer »sowjetischen progressiven materialistischen medizinischen Wissenschaft« ausgespäht hatten, und das war Lina Solomonowna Stern, die Entdeckerin der Blut-Hirn-Schranke und Direktorin des Physiologischen Wissenschaftlichen Forschungsinstituts in Moskau. Sie galt in Akademiekreisen als sauertöpfische Altbolschewikin (nicht nur Pawlow fand sie unausstehlich), die sich erdreistet hatte, internationale Anerkennung für ihre Arbeit zu erwerben.

Lina Stern gehörte noch zu der russischen Frauengeneration, die in die Schweiz gehen musste, um höhere Bildung zu erwerben. Von Anfang an hatte sie mit der Revolution sympathisiert und war 1923 auf Einladung der Sowjets zurückgekehrt, zu einer Zeit, in der viele ihrer Altersgenossen alles darangesetzt hatten, um Russland zu verlassen. Von 1934 an hatte sie eine Vorzugsbehandlung genossen und sogar ein Auto von der Regierung gestellt bekommen. 1939 wurde sie als erste Frau Vollmitglied der Akademie der Wissenschaften und wenig später auch in die Akademie der Medizinischen Wissenschaften gewählt. Ihre führende Rolle im Jüdischen Antifaschistischen Komitee während des Krieges wird ihr sicher am meisten geschadet haben – die staatliche Kampagne gegen internationale Kontakte, gegen jedweden Kosmopolitismus spielte unvermeidlich der nicht sehr ausgeprägten, aber hartnäckigen antisemitischen Stimmung unter ihren Landsleuten in die Hände.

Der Absturz war jäh. Stern wurde auf der Tagung der Akademie der Medizinischen Wissenschaften verurteilt, wenige Wochen später auf einer gemeinsamen Tagung der Akademie der

Wissenschaften und der Moskauer Gesellschaft für Physiologie wegen unwissenschaftlichen Denkens, Untergrabung von Pawlows Ideen, Illoyalität und Westkontakten getadelt und am Physiologischen Institut gekündigt.[6]

In Lina Stern hatten die Mediziner ihren kosmopolitischen Sündenbock gefunden, ihren Nikolai Kolzow, ihren Nikolai Wawilow. Jetzt brauchten sie nur noch einen zeitgenössischen Helden, einen Trofim Lyssenko der Medizin. Mit einer handgestrickten Version der Biologie und dem Segen der Partei warf Olga Lepeschinskaja, die zum bolschewistischen Urgestein gehörte und mit Stalin persönlich befreundet war, ihren Hut in den Ring:

> Welch ein Glück! Am Ende trug der dialektische Materialismus den Sieg davon, die Idealisten sind paralysiert und werden wie einst die Kulaken liquidiert. Um zu verhindern, dass sie den Fortschritt der Wissenschaft hemmen, und um ihre idealistische Propaganda zu unterbinden ... müssen sie aus allen Leitungsfunktionen entfernt werden. Bei Renegaten ist äußerste Wachsamkeit angebracht, so mancher könnte Kreide gefressen haben, nur um seine Haut zu retten.[7]

Olga Lepeschinskaja, die sich selbst als »innovative Materialistin« und ihre Widersacher (Zytologen, Histologen und Morphologen) als »Idealisten und Reaktionäre« bezeichnete, setzte sich mit ihren Winkelzügen nicht durch, und die sowjetische Medizin kam eine Zeitlang auch ohne lebende Identifikationsfigur gut zurecht. Schließlich hatte sie eine Lichtgestalt vorzuweisen, die viel berühmter war, als es Mitschurin je werden konnte: Iwan Pawlow.

Wie war aus dem weltberühmten Staatsfeind das größte Genie der UdSSR geworden? Alter und Eitelkeit spielten bei dieser Wandlung sicher eine Rolle. In seinen letzten Lebensjahren war Pawlow ein überaus wohlhabender Mann, der ungeahnte Privilegien genoss. Als er sich beschwerte, dass der Straßenlärm vor dem Institut für experimentelle Medizin die Hunde störe, wurde der Verkehr umgeleitet. Als er erkrankte und der Arzt ihm

Champagner verschrieb, wurde am nächsten Tag eine Kiste dieser Medizin aus Helsinki angeliefert. Als er mehr Platz für sein Physiologisches Institut am Sitz der Akademie der Wissenschaften brauchte, wurde deren Präsident aus seiner dortigen Wohnung komplimentiert. Pawlow wurde im Lincoln durchs Land chauffiert, in seiner Speisekammer stapelten sich importierte Lebensmittel.

Zu seinem 85. Geburtstag wurde das Budget seines Instituts für experimentelle Genetik höherer Nerventätigkeit in Koltuschi massiv aufgestockt. Koltuschi war ein Forschungszentrum mit angeschlossener Kolchose zur Versorgung der Mitarbeiter (»das Magnitostroi oder Dnjeprstroi der Medizin«, hieß es in einem Zeitungsartikel). Dort studierte Pawlow an den Affen Rosa und Rafael bedingte Reflexe, um der Eugenik ein solides Fundament zu verschaffen. Sie sei, erklärte er Journalisten, »die Wissenschaft von der Entwicklung eines verbesserten Menschentypus« – und das zu einer Zeit, in der Nikolai Kolzow und Solomon Lewit wegen ihres Interesses an Eugenik beruflich und privat in den Ruin getrieben wurden.

Pawlows Bereitschaft, die Segel vor den herrschenden Kreisen zu streichen, war aber auch von der Angst um seinen Sohn Wsewolod motiviert, der als Offizier bei der Weißen Armee gedient hatte.

Zunächst war er nur darauf bedacht, jegliche abfällige Äußerung über das Sowjetsystem zu unterlassen, doch kurz vor seinem Tod wandelte sich die stillschweigende Akzeptanz in offene Unterstützung. Als er der Regierung im August 1935 bei einem festlichen Empfang im Kreml für die großzügige Unterstützung dankte und bescheiden fragte, ob er diese mit seiner Arbeit überhaupt verdiene, rief Molotow: »Da haben wir keine Zweifel, natürlich tun Sie das!« Daraufhin revanchierte sich Pawlow für das Kompliment:

Wie Sie wissen, bin ich Experimentator durch und durch. Mein Leben lang habe ich experimentiert. Auch unsere Regierung experimentiert, aber in unvergleichlich größerem Maßstab. Ich möchte die siegreiche Vollendung des historischen Gesellschaftsexperiments unbedingt noch erleben.[8]

Einige Monate später, am 27. Februar 1936, erlag Iwan Pawlow einer Lungenentzündung. Der Staat hatte nun freie Hand, das Ansehen des berühmten Mannes nach eigenem Gutdünken zu nutzen und zu gestalten. Der hundertste Geburtstag im September 1949 lieferte den Anlass, ihn mit einer breit angelegten Pressekampagne zum Gründungsvater der sowjetischen Wissenschaft zu stilisieren. Auf der Titelseite der *Prawda* prangte die Schlagzeile »Ein großer Sohn des russischen Volkes« über einem Artikel, der die Leser belehrte, dass »alle sowjetischen Menschen Pawlow ins Herz geschlossen« hätten und dass ihm auch die persönliche Unterstützung Lenins und Stalins zuteilgeworden sei. Er habe »eine neue Ära in der Physiologie« eingeläutet und unentwegt gegen »reaktionäre, idealistische, irrige Theorien ... der Bourgeoisie in den Vereinigten Staaten, Großbritannien und anderen kapitalistischen Ländern« gekämpft. Insbesondere seit der Revolution habe Pawlow gewaltige wissenschaftliche Fortschritte erzielt und sich »selbstlos in den Dienst seines sozialistischen Vaterlands und der Sowjetbürger gestellt«.[9]

Da niemandem eine einleuchtende Verbindung zwischen Medizin und der Agrarkontroverse einfiel, nahm sich die Akademie der Medizinischen Wissenschaften in ihrer September-Tagung Pawlows Vermächtnis vor. Womöglich lieferte ihr Gründungsvater einen politisch brauchbaren Bezug zur Genetik.

Iwan Rasenkow, stellvertretender Vorsitzender und Pawlow-Schüler, erinnerte die Anwesenden an die Versuche, die sein Kollege Nikolai Studenzow mit Mäusen durchgeführt hatte:

In einer ganzen Reihe von Experimenten konnte nachgewiesen werden, dass sich typische Charakteristika der höheren Nerventätigkeit unter Einfluss äußerer, von der Versuchsanordnung festgelegter Faktoren radikal verändern. Pawlows Position passt in diesem Punkt nahtlos zu seiner Ablehnung von Morgans Auffassung in Bezug auf die Vererbung erworbener Fähigkeiten. Er glaubte an die Möglichkeit einer solchen Übertragung, was zu dem Zerwürfnis mit Morgan und zur Entwicklung spezieller Experimente führte.[10]

Rasenkow behauptete also, Pawlow habe Forschungen geleitet, die bewiesen hätten, dass erworbene Verhaltensweisen vererbt würden, und über diese Frage sei es zum Bruch mit der internationalen Genetik-Community gekommen. Eine hübsche Geschichte – und eine komplette Umkehrung des tatsächlichen Geschehens.

Da erhob einer die Stimme: Leon Abgarowitsch Orbeli, ein aus Armenien stammender Physiologe, der erst kurz zuvor als Leiter des Fachbereichs Biologie an der Akademie der Wissenschaften abgetreten war, hatte Pawlow besser gekannt als jeder andere Teilnehmer der Konferenz. Mit siebzehn hatte er 1899 ein Studium an der Militärmedizinischen Akademie in Sankt Petersburg begonnen und dort die Vorlesungen Pawlows besucht. Später hatte er dort und in verschiedenen anderen Institutionen zum engsten Mitarbeiterkreis des berühmten Forschers gehört und als treuer Gefolgsmann nach Pawlows Tod faktisch dessen Imperium geerbt, die wissenschaftliche Leitung von drei Instituten und 28 Laboratorien in und um Leningrad. Außerdem stand er an der Spitze des Allunionsinstituts für experimentelle Medizin mit 3000 Mitarbeitern, der Militärmedizinischen Akademie sowie der Allunionsgesellschaft für Physiologie und gehörte zahlreichen Regierungsausschüssen an. Er erinnerte sich sehr genau an Studenzows Experimente.

Es muss für Rasenkow zutiefst beschämend gewesen sein, als Leon Orbeli detailliert den Hergang von Studenzows Experimenten und Pawlows spätere Untersuchungen zur Vererbung erworbener Verhaltensweisen schilderte. Diese Versuche hätten gezeigt, dass erworbene Verhaltensweisen nicht vererbbar seien, konstatierte Orbeli, und Pawlow habe die Studien noch nicht einmal für besonders wichtig gehalten.

Orbeli stand in der Verwaltungshierarchie zu weit oben, als dass man ihn frontal hätte angreifen können. Lyssenko reagierte verhältnismäßig diplomatisch und schlug vor, Orbeli solle gemeinschaftliche Experimente organisieren: »Lasst uns an Wildvögeln, Mäusen und Ratten die Vererbung bedingter Reflexe und ihre Transformation in unbedingte Reflexe beweisen.« Und Orbeli möge doch unterdessen bitte schön die Genetiker unter den wissenschaftlichen Mitarbeitern in Koltuschi aussondern.

Orbeli stellte keinem den Stuhl vor die Tür, ließ lediglich Mendels Büste einlagern, die Pawlow 1934 vor dem Eingang hatte aufstellen lassen. (Und doch blieb die Lage in Koltuschi so angespannt, dass der begabte Genetiker R. A. Masing, ein Schüler Filiptschenkos, sämtliche *Drosophila*-Versuche einstellte und die Stämme ohne Orbelis Wissen freiließ.[11])

Die gemeinschaftlichen Experimente fanden nie statt. Orbeli nutzte Lyssenkos Vorschlag als rhetorisches Feigenblatt und nahm die »Vererbung bedingter Reflexe« in die Forschungspläne seiner Institute auf. Wiktor Fedorow, sein Assistent, bekam den Auftrag, die Vererbung erworbener Eigenschaften an Mäusen zu erforschen; auf dessen Nachfrage zur Ausgestaltung der Versuche beschied ihm sein Chef: »Darüber reden wir später, im Augenblick geht es darum, das Vorhaben mit dem richtigen Etikett zu versehen. Ich finde ›Verstetigung von Veränderungen funktionaler Eigenschaften des Nervensystems‹ ganz gut.« Der »korrigierte« Forschungsplan wurde dann auch von der Akademie der Medizinischen Wissenschaften gebilligt. Fedorows Mäuseexperimente waren die einzige Studie, die Orbeli je an seinen Instituten zum Thema »Vererbung erworbener Verhaltensweisen« durchführen ließ, auch wenn diese Formel fortan in praktisch allen Forschungsanträgen und Berichten auftauchte, die seine Unterschrift trugen. Natürlich zeigte auch Fedorows Arbeit, dass das so benannte Phänomen nicht existierte.

Orbelis Aufstieg zu einer solchen Machtstellung in der Physiologie war nicht ohne Anfeindungen vonstattengegangen. Pawlow hatte ihn eindeutig zum Nachfolger bestimmt, doch Pawlows Familie mochte Orbeli aus irgendeinem Grund nicht und protestierte, als er völlig legal und mit Anstand die Leitung von Pawlows Instituten übernahm. Auch einige von Pawlows weniger bekannten Kollegen lehnten ihn und seinen Zugang zur Physiologie ab.

Entgegen den Erwartungen mancher Kollegen legte es Orbeli nicht darauf an, dass sich die Zunft sklavisch genau an Forschungsprojekte hielt, die Pawlow selbst vorgegeben hatte, sondern er erwartete, dass die Physiologie über Pawlow hinaus zu neuen Horizonten vorstoßen werde. Diese Haltung hatte er bereits zu Lebzeiten seines Mentors vertreten (die beiden hatten sich legendäre Wortgefechte geliefert). Der Tod des großen Meisters tat Orbelis Ehrgeiz keinen Abbruch.

Pawlows einstige Mitläufer wollten Orbeli absägen. Sie schwärzten ihn bei der Partei an, warfen ihm »Fehlverhalten«, »monopolistisches Verhalten« und »Verrat an Pawlows Vermächtnis« vor. Bei Juri Shdanow rannten sie mit ihren Verleumdungen offene Türen ein. Der wollte seine Scharte in Sachen Lyssenko auswetzen und arbeitete »hart an der Korrektur früherer Fehler«, wie er Stalin schrieb. Er sei zu der Überzeugung gekommen, dass Pawlows wissenschaftliches Vermächtnis nicht angemessen weitergeführt werde. Sein Nachfolger vereine zu viel Macht auf sich. »Es ist höchste Zeit, Orbelis Monopolstellung in der Fortentwicklung der Pawlow'schen Wissenschaft zu zerschlagen und seine Fehler einer Kritik zu unterziehen.«[12]

Shdanow sprach endlich Stalins Sprache. Der antwortete zustimmend und gab auch gleich noch ein paar Ratschläge zur effizienten Durchführung der Aktion:

Während Orbeli sich zu Unrecht als Pawlows wichtigster Schüler aufgespielt hat, hat er zugleich jede Klausel und jede Doppeldeutigkeit gegen ihn verwendet. Seine feigen, hinterhältigen Angriffe sollten Pawlow vom Thron stoßen und entehren ... Je eher Orbeli enttarnt und je gründlicher sein Monopol zerstört wird, desto besser.[13]

Stalin und Juri Shdanow erkoren Konstantin Michailowitsch Bykow zu ihrem Vollstrecker. Bykow, der neue Direktor des Instituts, das die mittlerweile in Ungnade gefallene Lina Stern einst geleitet hatte, war nicht sehr glücklich über den Auftrag, für den er als politisch willfähriger, orthodoxer Pawlowianer prädestiniert zu sein schien. »Wir sind schuld«, meinte Stalin, »dass Bykows erleuchtende Forschung ein Schattendasein führte, während ein x-beliebiger Meteor wie Lina Stern an die Spitze katapultiert wurde. Es ist Zeit, mit dieser Schande aufzuräumen.«[14]

Bykow sah das anders. Er war wie Sergej Wawilow der Meinung, dass Orbeli und sein Pawlow-Institut wichtige Arbeit leisteten. »Es stimmt«, bestätigte Stalin Juri Shdanow, »[Bykow] geht recht ängstlich an die Sache heran und will keinen Schlamassel.«

Im Grunde seines Herzens war Bykow ein Friedensstifter, der die europäische Kultur verehrte und sich vor den Machthabern im Kreml fürchtete. Es ist berichtet worden, dass er nach einem Aufenthalt in Bukarest gesagt habe:

> Der französische und deutsche Einfluss ist dort noch zu spüren. Sie haben ihn noch nicht zerstört und profitieren davon. In ihrer Gesellschaft habe ich mich wie ein Mensch gefühlt. Die angenehme Umgebung tat so gut, ich fühlte mich gesund und hatte nicht einmal die üblichen Verdauungsprobleme. Das nenne ich Wohlbefinden! Kaum war ich zurück, ging die alte Leier wieder los – Depressionen, Erschöpfung, Ärger, die bedrohliche Atmosphäre.[15]

Doch Stalin, Shdanow und nicht zuletzt Bykow hatten Glück: Es bedurfte keiner großen Anstrengungen, um Orbeli loszuwerden.

Im Sommer 1950 organisierte Juri Shdanow eine Konferenz, auf der die Akademie der Wissenschaften und die Akademie der Medizinischen Wissenschaften untereinander beraten sollten, wie sie noch strikter auf »Pawlow-Kurs« gehen könnten. Das Treffen glich in vieler Hinsicht der verhängnisvollen August-Tagung der Lenin-Akademie 1948 – es fand sogar am selben Ort statt, im Moskauer Haus der Wissenschaften –, nur das Drehbuch, geschrieben im Wissenschaftssekretariat des Zentralkomitees, war detaillierter und verzeichnete genau, wer im Recht und wer schuld war. Juri Shdanow führte Regie.

Die Tagung mit über tausend Teilnehmern und Gästen aus

über fünfzig Städten begann am 28. Juni 1950. Die Akademien der Wissenschaften sämtlicher Sowjetrepubliken schickten Vertreter. Die Kosten beliefen sich auf fast eine halbe Million Rubel, einschließlich Fahrkarten, Unterbringung (die Gäste übernachteten in den Luxushotels Moskwa, Grand und Europa), Bustransfer, Stenographenhonoraren, Blumenschmuck und Plakaten. Die *Prawda* berichtete täglich.

Bykow trat mit einem von Stalin redigierten und abgesegneten Manuskript ans Rednerpult. In der Sowjetunion, erklärte er, gebe es echte Pawlowianer, und es gebe falsche Pawlowianer, und zu dieser zweiten Gruppe gehöre Orbeli. Und dann verkündete er, Genosse Stalin dringe auf Kritik und Selbstkritik während des Treffens.[16]

Einige Tage war es alles andere als klar, welchen Ausgang die Veranstaltung nehmen würde – die alten Pawlowianer hätten genauso gut Bykows Absetzung verlangen können wie die Entbindung Orbelis von seinen unzähligen Aufgaben. Am Ende war es Orbeli selbst, der sich mit seiner Reaktion alle Chancen verbaute. Angesichts der primitiven Vorwürfe sprang er nicht über das hingehaltene Stöckchen: Bekenne, dass du als guter Wissenschaftler deine eigenen Interessen verfolgt und das dir anvertraute Gebiet entsprechend zurechtgebogen hast. Stattdessen redete er den Angreifern ins Gewissen:

Wenn im Vorfeld festgelegt wird, dass einzelnen Personen schwerwiegende Vergehen vorgeworfen werden sollen, verlangen die Spielregeln einer freien wissenschaftlichen Diskussion, dass sie die Vorwürfe und Anschuldigungen vorher erfahren. Selbst Kriminelle erhalten eine Anklageschrift, damit sie ihre Verteidigung vorbereiten können. In unserem Fall wurde das unterlassen, und wir, die Angeklagten, befinden uns in einer schwierigen Situation ...[17]

Orbelis Verteidigung versetzte sein eigenes Lager in Angst und Schrecken. Aufgerufen, ihre Meinung zu äußern, erklärten selbst enge Mitarbeiter, sie seien abgestoßen von seinem Mangel an aufrichtiger Selbstkritik.

Am letzten Tag, dem 4. Juli, trat Orbeli erneut ans Mikrophon und versicherte, ihm sei »sofort klar geworden, dass meine erste Rede fehlerhaft und unbefriedigend war«, ihr Inhalt sei, sagte er, auf seine mangelnde Erfahrung mit dieser Art von Auseinandersetzung zurückzuführen, und er versprach, sich der »Selbstkritik« stärker zu öffnen.

Das reichte nicht. Orbeli wurde aller Ämter in beiden Akademien enthoben und später auch von seiner Herausgebertätigkeit für verschiedene Fachzeitschriften und das populärwissenschaftliche Magazin *Priroda* (Natur) entbunden.

Orbeli war kaltgestellt; Pawlows Ideen herrschten unangefochten, wurden nicht mehr von kosmopolitischer Verderbnis bedroht, und die eben noch quicklebendige Physiologie verknöcherte über Nacht, verkümmerte zu einem weiteren Spielbrett, auf dem sich altgediente Bolschewiki im Allgemeinen und Josef Stalin im Besonderen austoben konnten.

Zur Proaganda, mit der 1948 die russische über die westliche Wissenschaft gestellt wurde, gehörten Lobpreisungen Mitschurins und Lyssenkos in Lied und Literatur. Darauf achtete Stalin höchstpersönlich. Volkstümliche Verse kamen in Mode:

Lass mich singen
vom ewigen Ruhm des Akademikers Lyssenko.
Er geht den Mitschurin-Pfad
mit festem Schritt ...[18]

Höhepunkt der Mitschurin-Propaganda waren die Feierlichkeiten zum fünfzigsten Geburtstag des »berühmten Erben der Lehren Mitschurins, T. D. Lyssenko«. In allen wissenschaftlichen Einrichtungen hing Lyssenkos Porträt, es gab Büsten und Reliefs von ihm, Denkmäler wurden zu seinen Ehren errichtet. Alle Zeitungen, regionale wie überregionale, gratulierten ihm zum Leninorden, der ihm »für außergewöhnliche Beiträge zur Entwicklung der fortschrittlichen sowjetischen Wissenschaft« verliehen wurde.

Und die Absurditäten nahmen kein Ende. Am 22. Mai 1950 lud Alexander Oparin, Leiter der Abteilung Biologie in der Akademie der Wissenschaften, Olga Lepeschinskaja ein, den Stalinpreis entgegenzunehmen. Trotz zahlreicher Sodabäder, die sie früher als Jungbrunnen empfohlen hatte, war sie in ihren späteren Jahren etwas senil geworden und ging ganz in der mystischen Vorstellung einer »vitalen Substanz« auf. In ihrem »Labor« beschäftigte sie nahe wie entfernte Verwandte mit dem Zerstoßen von Rote-Bete-Samen. So sollte bewiesen werden, dass alle Teile pflanzlicher Ovuli keimen. Auch behauptete sie, dass sich lebende Zellen aus nichtzellulärem Material bilden könnten, und gab vor, sie habe diesen Vorgang mit der Kamera aufgenommen. (In Wirklichkeit hatte sie den Verfall absterbender Zellen gefilmt und den Film dann rückwärts durch den Projektor laufen lassen.) Lyssenko war begeistert: Lepeschinskaja habe gezeigt, dass Zellen eben nicht notwendigerweise aus anderen Zellen hervorgehen müssten, und diese Entdeckung sollte, riet er, als Grundlage für eine neue, sehr fruchtbare Theorie der Entstehung der Arten dienen.

Alle anderen schwiegen betreten. »In späteren Jahren gaben sie sich redlich Mühe, sich von dem Dreck reinzuwaschen«, schrieb der Physiker und Zeitzeuge Jakow Rapoport, »aber Tatsache ist, dass sich kein einziger Giordano Bruno unter ihnen fand.«[19] Aber was machte das schon? Die Lepeschinskaja mochte zeit ihres Lebens eine lausige Wissenschaftlerin gewesen sein, aber sie gab einen tollen Mythos ab. Stoff für Gedichte. Die Heldin unzähliger Stücke. In Schulbüchern und an der Universität wurde sie als Urheberin der größten biologischen Entdeckung aller Zeiten gefeiert.

Man musste nicht lange darauf warten, dass Stalin Olga Lepeschinskajas abstruser »Entdeckung« Anerkennung verschaffte. Der Personenkult hatte die Naturwissenschaften fest im Griff, und also schwärmte Lyssenko: »Stalins Lehre, in der schrittweise, versteckte und unmerkliche quantitative Änderungen zu schnellen, grundlegenden qualitativen Veränderungen führen, ermöglichte es den sowjetischen Biologen, im Pflanzenreich den gleichen Vorgang in der Transformation von einer Art in die andere zu entdecken.«[20] Sein Journal *Agrobiologija* präsentierte gefälschte Berichte über solche Umwandlungen: Weizen zu Roggen, die Kulturformen von Hafer und Gerste in die Wildform, Kohl in Rüben und Raps, Sonnenblumen in Teufelszwirn, Kiefern in Tannen – Wunder über Wunder, Stalin sei Dank …

И ЗАСУХУ
ПОБЕДИМ!

20. »DIE AGONIE WAR ENTSETZLICH«

Man kann nicht von jedem Heldenmut erwarten.

Jakow Rapoport, *The Doctors' Plot*

Im Dezember 1948 kam der Farbfilm *Mitschurin (Die Welt soll blühen)* in russische Kinos und wurde später auch im Ausland gezeigt. Die Musik hatte Dmitri Schostakowitsch komponiert, die Hauptrolle spielte Grigori Below, damals einer der beliebtesten Schauspieler, Drehbuchautor und Regisseur war der international renommierte ukrainische Filmemacher Oleksandr Dowshenko.

»Die Vorgaben für *Mitschurin* sind da, gedreht wird bei Mosfilm«, schrieb Dowshenko 1946 in sein Tagebuch.

»Wir besiegen die Dürre!«: Stalin plant Aufforstungen, um das russische Klima zu optimieren. Plakat von Wiktor Goworkow, 1949.

Vor elf Jahren, nach *Aerograd*, habe ich bei Mosfilm aufgehört und dankte Gott auf den Knien, dass er mich von dieser verfluchten Lasterhöhle befreit hat. Nie und nimmer wollte ich zurück, unter keinen Umständen zurück zu Mosfilm, die Vollidioten verdrehen und pervertieren einfach alles. Nun ja, da bin ich wieder ...

Aerograd (1935), ein Film, der in der nahen Zukunft an der Grenze zu Japan spielt, war sehr erfolgreich. Das verschaffte Dowshenko eine gewisse Narrenfreiheit, dank derer er in der Ukraine *Schtschors* realisieren konnte, ein Heldenepos um einen Partisanenführer zur Zeit des Bürgerkriegs. Die Glückssträhne war kurz: Die nächste Produktion, der Dokumentarfilm *Bitwa sa naschu Sowjetskuju Ukrainu* (Schlacht um unsere sowjetische Ukraine, internationaler Titel: *Ukraine in Flames*), verurteilte Stalin wegen »nationalistischer Tendenzen«, und kein Geringerer als Lawrenti Berija bestellte Dowshenko nach Moskau ein. Der Regisseur kassierte eine Verwarnung.

Ihm blieb keine Wahl, wenn er weiterhin seinen Beruf ausüben wollte. Also drehte er in Moskau *Die Welt soll blühen*, zumal er glaubte, er könne sich in dem Mitschurin-Stoff gemütlich einrichten. »Das Thema ist zu russisch«, schrieb er, »als dass ich als ukrainischer ›Nationalist‹ beschimpft werden könnte.« Und es sollte sein erster Farbfilm werden, das Budget war buchstäblich unbegrenzt, er konnte klotzen – eine tolle Chance!

Mit dem Stoff war Dowshenko vertraut. Er hatte vor Jahren ein Theaterstück über Iwan Mitschurin geschrieben, das nur ein bisschen bearbeitet werden musste. Der Plot war lahm, zu poetisch, zu sehr Lobgesang auf die Natur. Mosfilm wollte pointierte Dialoge, Konfliktlinien mussten her, die Leistungen und die internationale wissenschaftliche Bedeutung des bescheidenen Pflanzenzüchters herausgearbeitet werden. Dazu bedurfte es einiger fieser Charaktere, rücksichtsloser Ausländer, dunkler Gestalten, vor denen Mitschurins Verdienste als original russisches Genie und Mann des Volkes umso heller erstrahlten ...

Die Dreharbeiten dauerten vier Jahre, und Dowshenko hasste jede Minute des fertigen Films.

Ich habe diesen Film aus der blanken Erde gezogen, unter Schmerzen, mit mehreren Herzattacken und im Kampf gegen geistlose Bürokraten. Nach übermenschlichen Anstrengungen, endlich, entwickelte der Film so etwas wie Leben und gefiel sogar cineastischen Snobs. Aber dann fand ich mich vor dem sagenumwobenen Obersten Kunstrat wieder, der musste den Film abnehmen, und anschließend lief der Minister damit zum Großen Führer, dem größten Sterblichen seit Anbeginn der Zeit, und das Höchste Wesen verbot mein Werk ... Jetzt hat mich die Filmbehörde wieder auf der Folterbank, tagein, tagaus sitze ich am Schreibtisch. Ich muss alles wegwerfen, was ich bisher geschrieben habe, alles streichen, woran ich hänge, was ich aus vielen Teilen zart komponiert habe, und jetzt soll ich einen Zwitter produzieren – ein altes Poem über seine Arbeit und eine neue Story über Zuchtwahl. Mir blutet das Herz. Oft stehe ich nach einem anstrengenden Arbeitstag auf und sehe mir an, wie viel ich geschafft habe, und es ist erschütternd wenig. Und ich bin so erschöpft, als hätte ich den ganzen Tag schwere Steine geschleppt.[1]

Schostakowitsch quälte sich nicht minder mit der Filmmusik. Es gibt zwar keine schriftlichen Belege, was er von dem Film hielt, aber seine haarsträubende Partitur spricht für sich. Am 12. Dezember 1948 klagte er in einem Brief an seinen Freund Isaak Glikman: »Ich fühle mich körperlich ausgelaugt ... Ich habe häufig Kopfschmerzen, und außerdem bin ich permanent nervös. Kurzum, mir ist zum Kotzen zumute.« Aber das musste er durchstehen. 1948 hatte ihn die Kommunistische Partei zum zweiten Mal verurteilt, die Aufführung seiner Werke verboten und seine Lehrtätigkeit unterbunden. Ihm blieb nur das Komponieren von Filmmusik, um sich finanziell über Wasser zu halten. Außerdem hatte offenbar Stalin höchstpersönlich entschieden, dass Schostakowitsch die Partitur schreiben sollte. Der Druck war kaum auszuhalten.

Der Plot[2] geht ungefähr so: Ein Obstgarten direkt an der Eisenbahntrasse nach Rjasan wird von einem alten Mann bewirtschaftet, der seinen Lebensunterhalt mit dem Reparieren von

Uhren verdient. Er hat eine Monatskarte für den Zug, fährt oft mit ihm hin und her und verkauft unterwegs eine Broschüre an Mitreisende. Sie beschreibt die Apfelsorten in seinem Obstgarten. Es sind keine normalen Äpfel. Alle bewundern seinen Obstgarten. Er ist der Stolz der Stadt.

Eines Tages beschließt der alte Mann, eine neue Apfelsorte zu züchten, die selbst im trockenen, kalten Norden Russlands gedeiht. Er erwirbt ein Grundstück am Fluss mit scheinbar völlig unfruchtbarem Boden – er besteht nur aus Kies und Sand – und versetzt seine Bäume vom Obstgarten an den Fluss, wobei ihm seine Frau hilft. Während sie ihm zur Hand geht, beißt sie sich auf die Lippen, und die Nachbarn denken, der alte Mann habe den Verstand verloren.

Mitschurin überwindet alle Hindernisse, die sich ihm in den Weg stellen, er bewältigt Frustrationen und Enttäuschungen bei der Verwirklichung seines verrückten Traums: Eines Tages sollen überall in seinem kalten, rauen Land Obstbäume blühen. Er arbeitet mit aller Kraft an diesem Ziel. Dann stirbt seine Frau, der einzige Mensch, der wirklich an ihn geglaubt hat. Sie stirbt, Mitschurin tritt in die Nacht, der Wind heult, wirbelt Herbstlaub durch die Luft. Der Schrecken des Todes rückt dem Kinobesucher auf den Leib. Es ist zu Recht eine von Dowshenkos berühmtesten Einstellungen – und die letzte, die in diesem Film etwas taugt.

Ab jetzt wird nur noch gebrüllt. Kataschew, eine erfundene Figur, erzählt Mitschurin von Genen, Chromosomen und Mutationen, und der alte Mann antwortet, die Biologie müsse von ihrem hohen Ross herunter und die Sprache des Volkes sprechen, statt sich in nebulöse Höhen zu versteigen. Zwei schmerbäuchige kapitalistische US-Professoren wollen ihn mit Säcken voll Gold und der Verheißung von Ruhm nach Amerika locken. Mitschurin hält ihnen eine nach Veilchen duftende Lilie unter die Nase. (Wann immer seine Ideen angezweifelt werden, greift er in eine Tasche oder eine Schublade und zückt – *eh, presto!* – eine Pflanze, die den Gegnern den Wind aus den Segeln nimmt.) Das sei eine Hybride aus Veilchen und Lilie, verkündet er. »Und das ist das Problem für die Mendelianer – sie können nicht erklären, wie Hybriden zustande kommen.« Die Kapitalisten treten fluchend den Rückzug an.

Ein Priester wackelt mit dem Finger und ruft: »Mach aus Gottes Garten kein Bordell!« Der Gärtner hört nicht auf den Mann, konzentriert sich nur noch entschlossener auf die Arbeit.

Schließlich wird der Zar gestürzt, einfache Menschen kommen an die Macht. Sie verstehen Mitschurin. Sie verstehen alles. Sie machen phantastische Vorschläge, und Mitschurin gelingen mehrere wichtige Entdeckungen. In einer langen, lyrischen Passage steht er auf einer Leiter im Obstgarten und bewegt die Arme wie ein Dirigent.

Das ist die Moral. Sei rein. Brenne. Konzentriere dich. Schwätz nicht. Mach deine Arbeit. Folge deinem Traum. Verzweifle nicht: Die Natur wird's richten.

Nikita Chruschtschow sagte in seiner berühmten Geheimrede im Februar 1956, mit der er die Entstalinisierung einleitete:

> Alle, die sich auch nur etwas für die Lage im Lande interessierten, sahen die schwierige Situation in der Landwirtschaft, doch Stalin nahm diese nicht wahr ... Das Land und die Landwirtschaft kannte er nur aus Filmen. Und die Filme beschönigten, lackierten den Zustand in der Landwirtschaft. In vielen Filmen wurde das Kolchosleben so dargestellt, dass die Tische sich unter den Truthähnen und Gänsen bogen. Offensichtlich meinte Stalin, dass es so in Wirklichkeit sei.[3]

1947 und 1948 wurde mehr Getreide geerntet als im Katastrophenjahr 1946, aber immer noch weniger als vor der Revolution. Stalin frönte seinem Hang zu leinwandreifer Herrschergestik jenseits der Filmstudios: Am 20. Oktober 1948 unterzeichnete er mit viel Aplomb den »Großen Plan zur Umgestaltung der Natur«.

Weiträumige Aufforstungen, Anbaurotation und der Bau von Stauseen und Wasserspeichern sollten hohe Erträge und stabile Ernten in Steppen- und Waldsteppenzonen des europäischen Teils der UdSSR sichern. Es war mehr als die Grille eines Diktators. Land- und Forstwirtschaftsexperten hatten Empfehlungen zusammengetragen, welche die ökologischen Erkenntnisse aus gut fünf Jahrzehnten reflektierten. Schon 1892 kam der einflussreiche Bodenkundler Wassili Dokutschajew, der von Zar Alexander III. beauftragt worden war, die Ursachen der verheerenden Dürre 1891 zu untersuchen, zu dem Ergebnis, dass über Jahrhunderte betriebener planloser Ackerbau die russische Steppe zerstört hatte, und forderte eine Reihe von Wasserschutzmaßnahmen. Unter anderem sollte im Süden ein breiter Waldgürtel aufgeforstet werden, der wie früher Süd- und Zentralrussland unter einem einzigen Blätterdach vereinte.

Der Stalin-Plan hauchte Dokutschajews Vision neues Leben ein. In drei Jahrzehnten sollten annähernd sechs Millionen Hektar Wald gepflanzt werden, eine Fläche, größer als alle Wälder Westeuropas zusammen. Sie sollte die trockenen Winde aus Kasachstan und der Wüste Zentralasiens aufhalten und so die regelmäßigen Dürren verhindern. Sieben weitere Waldgebiete von jeweils mehreren tausend Kilometern Länge in Nord-Süd-Richtung waren für die Steppenregionen entlang der Wolga geplant.

Der Löwenanteil der Aufforstungsarbeit wurde dem Landwirtschaftsministerium zugeschoben, das kaum über Forstfachleute verfügte und obendrein auch noch widersprüchliche Anweisungen erhielt. Ein Funktionär aus der Provinz Kursk erinnerte sich später, er habe den Auftrag bekommen, aus dem Nichts und ohne jegliche Hilfe und fachliche Beratung »fünf Hektar Schutzwald für Felder, vier Hektar Wald an Erosionsrinnen, eine Baumschule mit eineinhalb Hektar Fläche und zwei Wasserreservoire anzulegen, dazu 50 000 Setzlinge zu ziehen sowie 90 Kilogramm Eicheln zu sammeln«.[4]

Die Architekten des Stalin-Plans erweiterten die seit langem diskutierte Aufforstung um technokratisch-utopische Komponenten. Am folgenreichsten war die größenwahnsinnige Idee, alle fünf großen Flüsse der UdSSR – Wolga, Don, Dnjepr, Kama und Swir – miteinander zu verbinden und Kanäle, Dämme, Staubecken, Bewässerungsanlagen und Wasserkraftwerke zu bauen. Im Zentrum des Projekts stand die Nutzung der Wolga, die sich von der Quelle in der Oblast Nowgorod bis zur Mündung ins Kaspische Meer über gut 3500 Kilometer erstreckt und damit der längste Strom Europas ist.

Die Wolga wird überwiegend von Schmelzwasser gespeist; sich selbst überlassen würde sie im Spätherbst und Frühjahr das meiste Wasser führen, jedoch ausgerechnet in der sommerlichen Wachstumsphase, wenn das Wasser in der Landwirtschaft am dringendsten gebraucht wird, nur einen Bruchteil dieser Menge. Bereits vor dem Zweiten Weltkrieg hatte die Sowjetunion mit Großprojekten wie dem Bau von Dämmen und Stauanlagen begonnen, die den Wasserstand im Jahresverlauf ausgleichen, den Fluss durchgängig schiffbar machen und mit dem Don und anderen Flüssen verbinden sollten, aber das alles wurde während der Kämpfe zerstört. Die Wehrmacht sprengte Brücken, Fabriken und Wasserkraftwerke, darunter die zur Ikone erhobene Saporischschja-Talsperre am Dnjepr. Nach dem Krieg entstanden allein entlang der Wolga zwölf riesige Wasserkraftwerke, die den Strom buchstäblich zum Stehen brachten. Dafür wurden Tausende Quadratmeter Land aufgegeben und rund eine halbe Million Menschen umgesiedelt. Häuser, Kirchen, Schulen und Äcker und nicht zuletzt die Spuren der deutschen Invasion verschwanden in den Fluten. Allein im Rybinsker Stausee, eine Zeitlang der größte künstliche See der Welt, gingen sechs Städte und Hunderte von Dörfern unter.

Die Symbolkraft des Stalin-Plans war gewaltig. Der Sowjetbürger sollte nach dem Sieg über Deutschland an die alten Ziele der Revolution anknüpfen und den heroischen Kampf um einen mehr vernunftgemäßen, menschlicheren Planeten wieder aufnehmen. Hunderte von Autoren überboten sich gegenseitig, um die weltverändernde Kraft der sowjetischen Wissenschaft zu preisen. Wochenschau und Kinofilme zeigten wieder und wieder kilometerlange Eichenwälder, die den trockenen Wüstenwinden die Kraft nähmen, Zeitungen und Broschüren erzählten von Kindern, die auf Streifzügen durch einstige Wüstenregionen die dort üppig gedeihenden Beeren und Früchte pflückten, und Dmitri Schostakowitsch wurde ein patriotisches Oratorium, *Das*

Lied von den Wäldern, abverlangt, das er offenbar mit dem (nur knapp verfehlten) Ziel komponierte, noch schlechtere Musik abzuliefern als für den Film *Die Welt soll blühen*.

Ein Artikel über die Neugestaltung der belebten Natur von Isaak Present gibt den Geist der Kampagne treffend wieder. »Bourgeoise Professoren versichern uns, die Natur werde menschliche Eingriffe nicht tolerieren und sich mit Naturkatastrophen für die Verstöße gegen ihre gesetzmäßigen Abläufe rächen«, schreibt er und tut die Kritiker als fehlgeleitete Schwarzmaler ab. Dann beruft er sich auf Lyssenkos »Entdeckung«, kleine Bäumchen würden nicht vom Unkraut erstickt, wenn im Umkreis Getreide wächst (was, nebenbei bemerkt, nicht stimmt), woraufhin er ins Schwärmen gerät:

Getreidefelder schützen Wälder, und Wälder schützen Getreidefelder – Brot und Bäume – was für ein schönes Bild für den gemeinschaftlichen Kampf im grünen Reich der Pflanzen! Und erst die Teiche und Stauseen! Zu keinem früheren Zeitpunkt in der Geschichte der Erde hat der Wasserbau in diesen Größenordnungen existiert und existieren können! ... Voll Freude kreieren sowjetische Biologen neue Lebensformen, sie erneuern und bereichern die Natur und tragen so zusammen mit allen anderen Sowjetbürgern zum Aufbau des Kommunismus bei.[5]

Lyssenko wurde erst sehr spät in den Stalin-Plan eingebunden. Mit der Entwicklung von Waldgürteln zum Erosionsschutz in den dreißiger und vierziger Jahren hatte er nichts zu tun gehabt, und vor 1948 hatte er auch keine Artikel zur Biologie von Bäumen veröffentlicht. Engagiert als Berater der Behörde für Windschutzbepflanzung, verstieg er sich unverzüglich zu prometheischen Versprechungen. Er glaubte, alle Pflanzen besäßen einen Mechanismus, den er »Selbstausdünnung« nannte, und diese Eigenschaft würde es ihnen in den frühen Phasen ihrer Entwicklung ermöglichen, sich gemeinsam gegen Unkraut jeglicher Art durchzusetzen. Zu gegebener Zeit, behauptete er, opferten sich dann die kleineren Schösslinge für den stärksten unter ihnen.[6]

Das war die Grundidee von Lyssenkos Forstwirtschaft. Um Eichen zu pflanzen, wurden »Nester« angelegt: ein Loch in der Mitte und in gleichen Abständen um diese Stelle herum wie bei einem Pluszeichen vier Hilfslöcher. Die Anordnung, erläuterte Lyssenko, erlaube es den Eichenstämmchen, sich gegenseitig effizient gegen Unkraut zu wehren, und sie sei die einfachste, schnellste Methode der Aufforstung. Drei Personen könnten so einen Hektar Eichenwald pro Tag per Hand anlegen – was sonst ein Jahrzehnt oder länger dauere, lasse sich auf wenige Stunden reduzieren.

Die so gepflanzten Wälder überlebten nicht lange. Alle im Ural gepflanzten Eichennester waren bereits im September 1951 leer, 1952 war die Hälfte aller nach der Nestmethode aufgeforsteten Flächen frei von Bäumen. Die ersten beiden Waldgürtel erwiesen sich praktisch als Totalausfälle.

Die gewaltigen Dimensionen des Plans forderten Irrtümer und gigantische Verluste geradezu heraus, boten aber auch Schlupflöcher für echte Wissenschaft, die sonst womöglich als »antimitschurinistisch« ausgemerzt worden wäre. Während Lyssenko die Behörde für Windschutzbepflanzung aufmischte, studierte ein anderes Verwaltungsorgan, die »Übergreifende wissenschaftliche Expedition für Fragen des feldschützenden Waldbaus«, die Bedingungen vor Ort und gab den Arbeitern konkrete fachliche Anleitung. Leiter der Expedition war der Forstwissenschaftler Wladimir Nikolajewitsch Sukatschow, dessen 1944 gegründetes Forstinstitut buchstäblich das letzte verbliebene Bollwerk gegen Lyssenko war.

Sukatschows Expedition war eine Arche Noah für Genetiker, er versuchte so viele verfolgte Kollegen wie möglich zu retten. Sergej Iwanowitsch Wawilow, der Präsident der Akademie der Wissenschaften, unternahm unter der Hand, was in seiner Macht stand, um die Genetik zu bewahren, und informierte Sukatschow über geeignete Kandidaten für das Projekt.

Der Stalin-Plan schützte einige Wissenschaftler, die als politisch unzuverlässig galten. Wesentlich mehr Schutz genossen Physiker, die ungefähr zur selben Zeit kurz vor Vollendung der sowjetischen Atombombe standen. Natürlich genossen sie Privilegien. Igor Kurtschatow bekam ein elegantes zweistöckiges Palais mit Marmorkaminen, Holzvertäfelung und feudalem Treppenaufgang. Für die Innenausstattung wurden 1946 italienische Kunsthandwerker nach Russland geholt. Wichtiger noch, die beteiligten Physiker konnten auf ein gewisses Maß an Toleranz zählen.

Der Kelch einer August-Tagung wie die an der Lenin-Akademie ging an ihnen vorüber, Kurtschatow und seine Kollegen blieben von jedweder politischen Erziehung verschont.[7] Behelligt die Physiker nicht mit politischen Seminaren, hatte Stalin gesagt, lasst sie in Ruhe arbeiten. Er schimpfte sogar mit Kurtschatow, er fordere nicht genug: »Wenn ein Baby nicht weint, weiß die Mutter nicht, was es braucht. Bitten Sie mich also um was Sie wollen. Ich werde es Ihnen nicht abschlagen.«[8]

Verkehrte Welt, aber hatte sie Bestand? Es gab keine Garantie, für nichts und niemanden. Damals kursierte eine Anekdote, in der Stalin zu Berija sagt: »Lass sie in Frieden. Wir können sie doch später immer noch erschießen.« Dennoch, in Stalins Reich kam die Physiker-Community einer Zivilgesellschaft am nächsten, und das war ihnen bewusst.

Juli Chariton leitete die eigentliche Fertigung der Bomben in einer geheimen Einrichtung tief in den Wäldern an der Wolga. Sein Labor war in einer Fabrik untergebracht, die im Krieg Munition produziert hatte und ihrerseits auf dem Gelände des Klosters von Sarow stand, das vor der Revolution eine der heiligsten Stätten der russisch-orthodoxen Kirche gewesen war. Der Ortsname verschwand für die nächsten vierzig Jahre von allen sowjetischen Landkarten und sonstigen offiziellen Dokumenten, intern wurde Sarow unter Postschließfach Arsamas-16 geführt.

Arsamas-16 wuchs zu einer Stadt mit 80 000 Einwohnern heran und war im Vergleich zum hungergeplagten Moskau ein Paradies. Die versprengten Ressourcen eines zerstörten Landes wurden für die Bombe mobilisiert. Laut CIA waren 330 000 bis 460 000 Personen beteiligt. Der Physiker Andrej Sacharow, der ab 1948 in Arsamas-16 an der Entwicklung thermonuklearer Waffen arbeitete, berichtete später – da war er schon zum Regimekritiker geworden –, wie zwischen 1950 und 1953 Sträflingskolonnen, eskortiert vom Wachschutz, an seinem Fenster vorbeimarschiert seien. Ein Aufstand erstarb im Kugelhagel, alle Beteiligten wurden erschossen. Viele Häftlinge wurden nie entlassen, sondern als besonders gefährlich eingestuft und nach Kolyma in die Goldminen entsorgt.

Im Sommer 1949 war alles für einen ersten Atomtest im kasachischen Semipalatinsk bereit.

Die Gegend war öde und karg, für Menschen zum Leben ungeeignet. So weit der Blick reichte, nichts als Sand und Steine, dazwischen hier und da ein paar zähe Sträucher. Keine Siedlungen, keine Bäume, kaum Vögel. Schon am frühen Morgen sengende Hitze, gegen Mittag Spiegelungen von Seen und Bergen in der flirrenden Luft.

Rund um den Turm mit der Bombe standen Neubauten aus Holz. Lokomotiven und Waggons, Panzer und Artilleriegeschütze waren in der ganzen Umgebung verteilt worden. Nahebei hatte man Tiere in offene Pferche oder geschlossene Ställe getrieben, weil man die Auswirkungen der Strahlung untersuchen wollte.

Lawrenti Berija traf ein. Immer noch misstrauisch gegenüber seinen Wissenschaftlern, ließ er sich von zwei Russen begleiten, die den amerikanischen Atomtest 1946 im Bikini-Atoll beobachtet hatten und nun die Authentizität der Explosion bestätigen sollten. Ohne jede Zeremonie wurde der Befehl gegeben, die Bombe zu zünden. Kurtschatow öffnete die Tür – es sollte dreißig Sekunden dauern, bis die Schockwelle den Kommandoposten erreichte. Die Anzeige sprang auf null, Licht flutete in den Raum, wurde kurz schwächer, dann sehr rasch sehr viel heller. Ein weißer Feuerball verschlang den Turm und schoss dann, seine Farbe verändernd, in rasender Geschwindigkeit empor. Die Druckwelle fegte alles hinweg, was ihr in die Quere kam: Häuser, Maschinen, Felsen, Zäune, Balken. Der Atompilz stieg etwa acht Kilometer in die Höhe, bis er schließlich seine Form verlor und sich in Wolkenfetzen auflöste.

»Ist alles richtig gelaufen?«, fragte Berija seine Begleiter. »Kurtschatow hat uns nicht reingelegt?« Nachdem man ihm versichert hatte, dass der Atomtest erfolgreich verlaufen sei, befahl er, unverzüglich zu Stalin durchgestellt zu werden. In Moskau war es zwei Stunden früher, und Stalins Sekretärin warnte Berija, der Chef schlafe noch. »Es ist dringend, wecken Sie ihn auf!«, beharrte Berija.

Schließlich meldete sich Stalin am Telefon. »Was willst du?«, knurrte er. »Warum rufst du an?«

»Ist alles glattgelaufen«, verkündete Berija.

»Weiß ich schon«, sagte Stalin und legte auf.

Berija war außer sich vor Zorn. »Wer hat es ihm gesagt?«, brüllte er. »Ihr hintergeht mich! Sogar hier spioniert ihr mir nach! Ich mach euch zu Kleinholz!«[9]

Berijas Angst war berechtigt. Stalins Geisteskräfte ließen nach, und je mehr er den Bezug zur Realität verlor, desto gefährlicher wurde er auch für die Menschen in seiner direkten Umgebung. »Von Jahr zu Jahr wurde jetzt deutlicher, dass Stalin geistig und körperlich verfiel«, schrieb Chruschtschow in seinen Erinnerungen. »Besonders auffallend waren die zunehmende Geistesverwirrung und der Gedächtnisschwund.« Stalins Verdächtigungsmanie richtete sich jetzt selbst gegen Angehörige seiner engsten Mitarbeiter. 1949 landete Molotows Frau im Gefängnis. Stalin ließ sogar eigene Verwandte verhaften und in Lager stecken. 1951 bekannte er Chruschtschow, damals sein engster Berater, er sei am Ende, traue niemandem, nicht einmal sich selbst.[10]

Stalins Paranoia und sein immenser Überlebensinstinkt verleiteten ihn zu immer kurioseren Äußerungen. Unfähig, sich selbst zu trauen, legte er sich die Theorie zurecht, dass Menschen komplett »lesbar« seien oder es zumindest sein sollten. Dazu müsse nur eine vollständig auf Sprache aufgebaute Theorie des Denkens entwickelt werden. Alles am Menschen lasse sich in Worte fassen, behauptete er 1949. »Was ein Mensch vor sich selbst versteckt, verheimlicht er der Gesellschaft. In der Sowjetgesellschaft ist alles in Worten ausgedrückt, es gibt keine nackten Gedanken.

Das Einzige, was existiert, sind Worte.«[11] Am Ende seines Lebens war er überzeugt, dass selbst das Innerste des Menschen lesbar sei, denn wäre es nicht lesbar, könnte es nicht existieren.

Die verschrobenen Phantasien eines alten Mannes – selbst eines Mannes mit dem Finger am roten Knopf für das atomare Desaster – hätten den Lauf der Geschichte nicht sonderlich beeinflusst. Das Ungewöhnliche an Stalins finalen geistigen Manövern war, dass sie massiv auf die reale Welt durchschlugen. Mit wahnwitziger Effizienz schuf er noch einmal eine neue historische und politische Lage, sein Meisterstück, erschreckend und bösartig. Ja, er hatte den Bezug zur Wirklichkeit verloren – aber er nahm das ganze Land mit auf den Horrortrip.

Die finalen Winkelzüge begannen mit der Liquidierung von Mitstreitern, die nach dem Zweiten Weltkrieg für Stalins Geschmack zu viel Macht angesammelt hatten. Zu den ersten Opfern gehörte 1948 Andrej Shdanow. Er war gesundheitlich bereits angeschlagen, und während die August-Tagung der Lenin-Akademie näher rückte, gewährte das Politbüro ihm zwei Monate Erholungsurlaub. Die Abreise aus Moskau war der Anfang vom Ende seines Aufstiegs. Im Juli verloren zwei seiner Schützlinge ihre Posten. Er selbst wurde von Ärzten behandelt, die mit seiner Krankengeschichte nicht vertraut waren und ihm statt Ruhe Sporttraining und schädliche Massagen verordneten. Nur die Kardiologin Lydia Timaschuk diagnostizierte seine Herzinfarkte korrekt, wurde aber überstimmt, und Shdanow musste zu langen Spaziergängen im Park antreten. Timaschuk schrieb entsetzt an Stalin und warnte vor den Folgen dieser Behandlungsmethode ihrer Kollegen. Stalin erhielt den Brief, legte ihn zu den Akten und unternahm nichts. Andrej Shdanow starb Ende August und wurde feierlich an der Kremlmauer beigesetzt. Stalin war einer der Sargträger. Nach der Veranstaltung betrank er sich bis zur Besinnungslosigkeit.

Kaum war Shdanow bestattet, schwappte erneut eine Welle der »Säuberungen« durch Leningrad, die diesmal seinen Vasallen und Schützlingen galten. Rund siebzig hochrangige Kader mitsamt Familienangehörigen wurden wegen diverser Vergehen in inszenierten Prozessen verurteilt. Von Shdanows Statthaltern sprang der reaktivierte Staatsterror zu deren Nutznießern über und breitete sich bis in weit vom Epizentrum entfernte Gegenden wie Nowgorod oder die Krim aus.[12]

Stalin brauchte drei Jahre, um den vorgeblichen Anlass zu dieser Säuberung – Andrej Shdanows unerwarteten, verdächtigen Tod – in das Ergebnis einer jüdischen Verschwörung und, daraus abgeleitet, in eine antisemitische Hetzkampagne umzuformen.

Judenfeindliche Ressentiments waren in Russland und den angegliederten Republiken nichts Neues, ungeachtet aller Lippenbekenntnisse der Bolschewiki gegenüber den verdienstvollen jüdischen Mitbürgern. Nun zog die Presse gegen den »vaterlandslosen Kosmopolitismus« zu Felde – eine Kampagne, die noch Andrej Shdanows Handschrift trug – und schürte so die Vorurteile. Auch das im Krieg von der Regierung finanzierte Jüdische Antifaschistische Komitee geriet ins Visier. Erst kam dessen einstiger Vorsitzender, der Schauspieler Solomon Michoels, bei einem höchst dubiosen Autounfall ums Leben, dann wurden im Januar 1949 die übrigen Mitglieder verhaftet und wegen Spionage für die USA vor Gericht gestellt. (Einige Journalisten gingen noch einen Schritt weiter, indem sie behaupteten, Lina Stern und andere aus ihrem Dunstkreis seien an einer Verschwörung beteiligt, die das Ziel habe, einen jüdischen Staat auf der Krim zu gründen.)

Alle wurden gefoltert. Alle legten »Geständnisse« ab. Semjon Ignatjew, der neue Minister für Staatssicherheit, forderte, »alle jüdischen Nationalisten – amerikanische Spione – … außer Stern zum Tode durch Erschießen zu verurteilen. Stern sollte für zehn Jahre in eine abgelegene Gegend verbannt werden.«[13]

Am 12. August 1952 wurde das Urteil vollstreckt. Dreizehn der fünfzehn Beschuldigten wurden unter Geheimhaltung exekutiert, ihre Familien nach Sibirien oder Kasachstan deportiert. Einer starb im Gefängnis. Stern wurde für fünf Jahre nach Kasachstan verbannt.[14]

Schon bald darauf wurde aus der »antikosmopolitischen« Kampagne ganz offen, ohne jegliche politische Verbrämung, eine Kampagne gegen die Juden im gesamten Sowjetreich. Und sie traf unterschiedslos jeden, der politische Werdegang spielte kaum noch eine Rolle. Abram Ioffe, dem Gründer der sowjetischen Physik, wurde vorgeworfen, er habe sich in offiziellen Unterlagen fälschlich als Russe ausgegeben. Am 5. Juli 1951 schrieb er dem Personalbüro des Leningrader Physikalisch-technischen Instituts: »Hinsichtlich der Unstimmigkeiten in meinen Papieren zur Frage meiner Nationalität bitte ich darum, diese entsprechend der Herkunft meiner Eltern als jüdisch festzulegen.« Er wurde daraufhin seiner Aufgaben als Institutsleiter entbunden.

Ein weiteres hochrangiges Opfer war Isaak Present, der anonym als Jude denunziert wurde. Er war dafür bekannt, dass er seit Jahren seine Studentinnen sexuell belästigte,[15] und kaum jemand weinte ihm eine Träne nach. »Wisst ihr, wer gerade hier war?«, eröffnete Grigori Roskin seinen Mitarbeitern eines Morgens. Der Mediziner, der, wie geschildert, gemeinsam mit seiner Frau Nina Kljujewa das Krebsmedikament Cruzin entwickelt hatte und in dem Zusammenhang unter anderem von Present an den Pranger gestellt worden war, schäumte vor Empörung über den »komischen Zwerg«. »Dieses Arschloch!«, tobte Roskin. »Er wollte Cruzin, aber von mir kriegt er das nicht.« (Present starb Jahre später, 1969, an Krebs, wenige Tage nachdem er aus der Lenin-Akademie geflogen war.)[16]

Der »Ärztekomplott« wurde am 13. Januar 1953 in der *Prawda* »enthüllt«. In einem heftig von Stalin redigierten Artikel mit der Überschrift »Niederträchtige Spitzel und Mörder in der Maske von Professoren und Doktoren« berichtete die Nachrichtenagentur TASS: »Die Organe der Staatssicherheit haben eine Terrorgruppe in der Ärzteschaft ausgehoben, die es sich zum Ziel gesetzt hatte, prominente sowjetische Patienten durch falsche medizinische Behandlung vorzeitig ums Leben zu bringen.«

Andrej Shdanow wurde als Beispiel genannt und sein Fall aufgebauscht, obwohl er faktisch in der Versenkung verschwunden war – die *Prawda* hatte seinen ersten Todestag im Jahr 1949 mit gerade mal einem Beitrag auf Seite 3 gewürdigt.

Am 20. Januar 1953 weilte Lydia Timaschuk – die Ärztin, die

ihren Kollegen im Fall Shdanow eine Fehldiagnose vorgeworfen hatte – im Kreml, um Stalins persönlichen Dank für ihren »großen Mut« entgegenzunehmen. Einen Tag später wurde ihr der Leninorden für ihr Bemühen verliehen, das Leben eines Sowjetbürgers aus den Klauen jüdischer Verschwörer zu retten. Ihre Briefe ans Politbüro und an Stalin wurden ausgegraben. Ganz offensichtlich war es der »Konspiration« gelungen, dafür zu sorgen, dass sie die Empfänger leider nicht erreicht hatten ... Timaschuk wurde zur Lichtgestalt im Ärztekomplott stilisiert, man widmete ihr Gedichte und verglich sie mit Jeanne d'Arc.

Neun Ärzte, darunter sieben Juden, wanderten ins Gefängnis. Jakow Rapoport, der junge Mediziner, der einst Olga Lepeschinskajas »bahnbrechende« Entdeckungen so sarkastisch kommentiert hatte und eine Zeitlang Stalins Leibarzt gewesen war, gehörte dazu.

Natalja Rapoport, seine Tochter, beschrieb die Stimmung nach der angeblichen Enthüllung: »Viele Menschen verweigerten die Behandlung durch jüdische Ärzte, ein Pogrom lag in der Luft ... Gerüchte liefen um, in Sibirien sollten Lager eingerichtet werden, in denen die anderen, die unschuldigen Juden vor dem Hass der Massen ›beschützt‹ werden könnten.«[17]

Das Ärztekomplott war eine Glanzleistung politischer Manipulation. Es lieferte das Alibi für Shdanows Tod und hielt das Land mit der Angst vor einer neuen Verschwörung auf Trapp. Gleichzeitig ist es auf bedrückende Weise hohl. Stalins staatlich geförderter Antisemitismus schlug in der Sowjetunion keine Wurzeln. Nach seinem Tod versandete die Kampagne binnen Tagen. Warum war er so versessen darauf, Hass zu schüren, der weder ihm noch dem Staat Vorteile brachte? Die unmittelbaren Opfer der Affäre, die Ärzte, die angeblich hohe Parteikader umgebracht hatten, waren ebendies: nicht weniger und nicht mehr als Ärzte, sie hatten keinen großen Einfluss, keine Macht, waren ersetzbar, ein Telefonanruf hätte genügt. Wozu dieser nationale Skandal? Stalin hatte körperlich und geistig stark abgebaut, seine Welt war auf einige Zimmer und eine Handvoll Ärzte zusammengeschnurrt. Und weil er ihnen genauso wenig wie allen anderen Menschen traute, tat er, was er immer getan hatte: Er vernichtete sie. Und dazu verwendete er die Waffen, die er immer verwendet hatte: atemberaubenden menschenverschlingenden Terror.

Stalins letzte Stunden waren qualvoll. Nach einem Infarkt kämpften die Ärzte panisch um sein Leben, versuchten alles, setzten sogar Blutegel an. Seine Tochter Swetlana berichtete später in ihren Erinnerungen:

> Die Agonie war entsetzlich, sie erwürgte ihn vor aller Augen ... offenbar in der letzten Minute öffnete er plötzlich die Augen und ließ seinen Blick über alle Umstehenden schweifen. Es war ein furchtbarer Blick, halb wahnsinnig, halb zornig, voll Entsetzen vor dem Tode ...[18]

Am 5. März 1953, 21:50 Uhr, endete die Herrschaft eines der größten Massenmörder der Geschichte.

21. DIE ABLÖSUNG

*Jede wirkmächtige Theorie auf dieser Welt, die eine
große Gruppe von Phänomenen erklärt, trägt ihre eigene
Karikatur in sich.*[1]

Richard Levins und Richard Lewontin, 1985

Kurz nach dem Tod des Diktators machte sein Stellvertreter und
designierter Nachfolger, Lawrenti Berija, die Hintergründe des
angeblichen Ärztekomplotts öffentlich und ließ Anklage erheben,
weil die Geständnisse durch Folter erzwungen worden waren.
Es gab etliche Reformvorschläge, doch Berija setzte vergeblich
darauf, sich neu zu erfinden – Chruschtschow und andere Spit-
zenkader verschworen sich gegen den Mann, der das sowjetische Atomprojekt leitete und dieses Wissen für den Griff nach
der Macht instrumentalisieren wollte. Am 26. Juni 1953 wurde
Berija verhaftet, als Agent des internationalen Imperialismus

Der Kreis schließt sich: Nikolai Timofejew-Ressowski
(links) und der Mathematiker Alexej Ljapunow 1957 bei
»wernadskologischen« Studien mit radioaktiven Isotopen auf einer
Versuchsstation in der Nähe des Miassowo-Sees.

455

angeklagt, in einem Prozess unter Ausschluss der Öffentlichkeit verurteilt und am 23. Dezember erschossen.

Chruschtschow stieg zum Generalsekretär der KPdSU auf, also wählte ihn die Akademie der Wissenschaften pflichtschuldigst zum Mitglied ehrenhalber und erlebte eine Überraschung: Chruschtschow lehnte den Titel ab. Er wolle sich nicht als Wissenschaftler ausgeben, sagte er.

Viele bekundeten ihre Erleichterung ob Chruschtschows Bescheidenheit und begrüßten sein Angebot, die Zwangsheirat von Wissenschaft und Regierung in eine freundschaftliche Arbeitsbeziehung umzuwandeln. Aber die Geste des neuen Mannes an der Spitze überzeugte nicht jeden. Die Genetikerin Raissa Berg etwa prophezeite: »Das bedeutet, dass er die Akademie der Wissenschaften zerschlagen wird.«

Doch trat bei Chruschtschow rasch ein Problem zutage: Er war genauso anfällig für russische Volksweisheiten wie jeder andere Politiker seiner Generation und mächtig stolz auf die Häppchen solcher Weisheiten, die auf dem eigenen Mist gewachsen waren. Zwar erklärte er einmal vor Agrarexperten, da es ihm an ihrem Fachwissen mangle, sollten sie ihn darauf aufmerksam machen, wenn er sich irre, und verursachte damit eine kleine Sensation. Aber als ihn einige beim Wort nahmen und seine mit Nachdruck betriebene Politik kritisierten, Mais in dafür ungeeigneten Regionen anbauen zu lassen, beschimpfte er sie wüst: Wovon sie eigentlich redeten? Schließlich habe er doch selbst schon im Garten seiner Datscha bei Moskau Mais angepflanzt![2]

Im Rückblick betrachtet, war es nur eine Frage der Zeit, bis Chruschtschow Lyssenkos Einfluss verfiel, und zwar uneingeschränkt und vorbehaltlos in einem Maße, wie es Stalin niemals zugelassen hätte.

Zu Beginn von Chruschtschows Regierungszeit existierte ein gewisser Pluralismus. Stern kehrte aus der Verbannung zurück, Wladimir Engelhardt, ein Befürworter der Genetik, löste Oparin als Sekretär der Abteilung Biologie an der Akademie der Wissenschaften ab, Orbeli erhielt auf einer Tagung der Physiologischen Gesellschaft minutenlangen Applaus.

Andererseits saßen Lyssenkos Anhänger immer noch in Ministerien, Akademien und Universitäten fest im Sattel.

Für Lyssenko lag die größte Gefährdung seiner Position nicht darin, dass sich die alten Frontlinien in der Biologie wieder aufbauten – er hatte längst gelernt, sie sich zunutze zu machen –; was ihn bedrohte, war die Art, wie sich seine alten Feinde zu einer neuen Bewegung formierten, die er nicht verstand und die sich seiner Kontrolle entzog.

Die Genetik kam wieder in Schwung, aber nicht an biologischen Instituten (die waren in der Hand seiner Anhänger), sondern unter dem Dach von Einrichtungen, die der physikalischen oder chemischen Forschung dienten.

Drei Jahre nach Stalins Tod war die sowjetische Genetik, wenn auch getarnt hinter fremdartig klingenden Bezeichnungen wie »Radiobiologie« oder »Strahlen-Biophysik« oder »Physikochemische Biologie«, faktisch wiederauferstanden. Die im Kalten Krieg privilegierte Physik eilte der Genetik zu Hilfe, einem Feld, das sich für Physiker zu faszinierendem Neuland entwickelte, seit Niels Bohr begonnen hatte, von einer »Quantenbiologie« zu träumen. Sie versprachen sich von der Genetik nicht weniger als eine chemische oder gar physikalische Erklärung des Lebens.

Igor Kurtschatow versammelte unter dem Dach seines Instituts für Atomenergie ein halbes Dutzend Einrichtungen für genetische Forschung. Pjotr Kapiza, von Januar 1955 an wieder Direktor des Instituts für physikalische Probleme, sponserte eine Großveranstaltung zur Molekulargenetik: Igor Tamm und der »wegen seiner überragenden wissenschaftlichen Erfolge auf Bewährung entlassene« Nikolai Timofejew-Ressowski sprachen vor einem überfüllten Auditorium, ein Ereignis, das an einem biologischen Institut der Sowjetunion undenkbar gewesen wäre.

Ein Jahr später, im Frühjahr 1956, hielt die Genetik wieder Einzug in die Staatliche Moskauer Universität. Wie ein Lauffeuer verbreitete sich die Nachricht, dass Timofejew-Ressowski, dieser infame Verräter und Nazikollaborateur, an der biologischen Fakultät einen Vortrag halten wolle. Der junge Radiobiologe Gennadi Polikarpow erinnerte sich, wie sein Chef, Boris Tarussow,

den Genetiker durch die Laboratorien der Universität führte –
»entgegen der kategorische Anweisung des Dekans, ›vor diesem
Mendel-Morgan-Weismannisten die Tür zuzuschlagen‹«.[3]

Jetzt war der Moment gekommen, Farbe zu bekennen. Polikarpow und ein halbes Dutzend anderer Doktoranden standen
bereit, um Timofejew-Ressowski durch einen Nebeneingang ins
Innere zu führen. Der Haupteingang war ihm versperrt, denn
dort war der Pförtner vom Dekan alarmiert und angewiesen
worden, dem Besucher strikt den Zutritt zu verwehren. Als
Timofejew-Ressowski eingetroffen war – nicht heimlich, aber
doch diskret –, geleiteten ihn die jungen Wissenschaftler ins Gebäude. Der Biologe Wladimir Iwanowitsch Korogodin, damals
Student, erinnerte sich später:

> Ich fand heraus, wo der Vortrag stattfand, und ging hin ... Der
> Hörsaal war überfüllt. Dann trat ein stämmiger Mann mit wilder
> Mähne von hinten aufs Podium. Er ließ den Blick übers Publikum
> schweifen, hängte seine Jacke über den Stuhl und begann zu re-
> den ... und sein Vortrag war so lebendig, so etwas hatten wir noch
> nie gehört ... wir kehrten danach beseelt und überwältigt in den
> Seminarraum zurück.[4]

Timofejew-Ressowskis Bewegungsfreiheit war eingeschränkt. In
der Hauptstadt durfte er nicht leben und arbeiten, und so kehrte
er in den Ural nach Swerdlowsk zurück, wo er ein biophysika-
lisches Labor als Abteilung der dort ansässigen Dependance der
Akademie der Wissenschaften organisierte. Zudem gründete
er eine Versuchsstation mit angeschlossener Sommerschule am
nahen Miassowo-See im Ilmen-Nationalpark, eine Institution,
deren Forschungs- und Lehrplan »von der Astronomie bis zur
Gastronomie« reichte.

Die Sommerschule mit ihren über hundert Teilnehmern, darunter ehemalige Scharaschka-Insassen aus Objekt 0211, hauchte
Mendels Genetik neues Leben ein. Der Umgangston war wunder-
bar lässig. Trotz des gewaltigen Pensums schien es so etwas wie
einen Arbeitstag nicht zu geben. »Forschung sollte man nicht mit

verbissener Ernsthaftigkeit betreiben«, lautete ein Motto Timofejew-Ressowskis. Die Tage waren angefüllt mit Laborversuchen, Exkursionen durchs Reservat, Diskussionen, Essen, Vorträgen (manchmal direkt im See – die Sommerhitze konnte erdrückend sein) und Blödeleien. Korogodin: »Die Miassowo-Absolventen trugen ein unsichtbares Gütesiegel, so wie Muslime, die die Pilgerreise nach Mekka hinter sich haben.« Eine solch lebendige Atmosphäre und geistige Freiheit zu schaffen war ein hartes Stück Arbeit, die überwiegend an Timofejew-Ressowskis Frau Jelena hängen blieb. Als unermüdliche Briefeschreiberin sorgte sie mit viel Taktgefühl für den reibungslosen Betrieb der Schule. Ein Satz wie »Recht skurril, der Herr!«, geäußert natürlich außer Hörweite desselben, war so ziemlich das Unhöflichste, was ihr je über die Lippen kam.[5]

Das Unterfangen, die sowjetische Genetik als Zweig der Physik zu etablieren, ließ sich zunächst ohne Fürsprecher nicht bewerkstelligen. Im Lauf der fünfziger Jahre entwickelte sich allerdings eine Disziplin, die eine Aussicht bot, die Genetik auf eine neue Basis zu stellen – weg von der Naturgeschichte hin zu einer Wissenschaft, die sich mit der Frage befasste, wie Information reproduziert, übermittelt und ausgetauscht wird.

Die sowjetische Kybernetik geht auf Alexej Andrejewitsch Ljapunow zurück, einen Schüler des Anfang der dreißiger Jahre am Moskauer Steklow-Institut lehrenden berühmten Mathematikers Nikolai Lusin. Dank seines geradezu enzyklopädischen Interessenspektrums stand Ljapunow mit führenden Genetikern des Landes in Kontakt. Ende der vierziger Jahre rief er bei sich zu Hause eine Art Privatseminar ins Leben, das zunächst aus seinen beiden Töchtern und einigen ihrer Freundinnen bestand. Dort brachte er den Mädchen die Grundlagen der Genetik bei, was dazu führte, dass sich seine Töchter, als sie sich 1954 am Fachbereich Biologie der Moskauer Staatsuniversität immatrikulierten, praktisch als Einzige in der klassischen Genetik auskannten. Ljapunows Studienkreis bekam Zuwachs, je mehr sich die zunehmend beeindruckende Liste der Gastredner unter

Moskauer Studenten herumsprach: Dubinin, Sacharow, Timofejew-Ressowski, Sawadowski, Shebrak ...

Dieser Zirkel konnte Ljapunow, der als Parteimitglied damals
an Geheimprojekten arbeitete,[6] gefährlich werden. Lyssenkos
Moskauer Kollegen mokierten sich über die »Jung-Morganis-
ten« und streuten Märchen von der »formalistischen Genetik«
aus. »In der Wohnung von Professor Ljapunow treffen sich Studenten und verunglimpfen Lyssenko«, schäumte ein Professor.
Obendrein dachten sich diese Studenten auch noch Spottlieder
aus, die sie fröhlich im Labor anstimmten, Verse, die, so die Beschwerde, in obszönster Weise »Lyssenko und Mitschurins Lehre
in Misskredit« brächten.

Doch alle Versuche, Ljapunows Töchter aus der Komsomol
auszuschließen – was todsicher zu ihrer Exmatrikulation geführt
hätte –, scheiterten. Ihr Vater war loyales Parteimitglied und arbeitete verantwortungsvoll in einem Gebiet weit weg von Lyssenkos Einflussbereich. Lyssenko musste zuschauen, wie Ljapunows
Genetiker-Freunde von Menschen, die nichts mit seiner »Agrobiologie« am Hut hatten, unter die Fittiche genommen wurden:
von Militärs. Kybernetik und Programmierung entwickelten sich
im Kalten Krieg zu Schlüsseldisziplinen.

Die Genetiker betrachteten Kybernetik mit freundlicher Ironie. »Ljapunow ist ein Herzchen«, schrieb Timofejew-Ressowski. »Erst führt er einen mit großer Begeisterung auf den falschen
Weg, und später, wenn er seinen Irrtum bemerkt, führt er einen
mit der gleichen Begeisterung auf einen anderen Weg, und der ist
dann genauso falsch wie der erste.« Timofejew-Ressowski nahm
seinen Freund gnadenlos auf die Schippe, etwa in seinen privaten
Briefen an ihn, in denen er das Wort »Kybernetik« grundsätzlich
im Sinne von »Schlamassel« verwendete. Er habe, schrieb er zum
Beispiel, einen Brief in einen falschen Umschlag gesteckt – »was
für eine Kybernetik!«. Er rührte damit an ein zentrales Problem
der neuen Disziplin: Sie gehörte seiner Meinung nach zu den
Ideen, die die Leute übernehmen, ohne lange über ihre Konsequenzen nachzudenken. »Jeder, der mit Mathematikern in mehr
oder weniger regelmäßigem Kontakt steht«, schrieb er, nur halb

im Scherz, »kann sich leicht das katastrophale Bild von der Welt ausmalen, das entstünde, wenn man unser Leben und Treiben mathematisieren würde.«

Trotzdem reizte ihn die Verbindung von Genetik und Kybernetik. »Vielleicht«, schrieb er, »wäre es besser [für die Kybernetiker], sie würden sich von dem Anspruch befreien, gleich alle Probleme der Welt zu lösen, und stattdessen gemeinsam [mit Biologen] den Versuch unternehmen, mathematische und Computermodelle vereinfachter ökologischer Systeme zu entwickeln.«

Privat schrieb er Ljapunow am 5. Oktober 1957:

> Ich habe mich mal hingesetzt und für euch Kybernetiker [den Artikel] »Mikroevolution« geschrieben. Zum einen habe ich mich bemüht, alles Wesentliche zu erfassen, und zum andern, mich einfach auszudrücken. Herausgekommen sind zwei Abschnitte in aphoristischer Form, etwas anderes als alles Geschreibsel über die Evolution.«[7]

Timofejew-Ressowski unterteilte die Natur in vier ineinander verschränkte »Organisationsebenen«: Zelle, Organismus, Population und Ökologie. Ljapunow verstand sie als kybernetische »Kontrollsysteme« mit jeweils eigenen Mechanismen des Informationsaustausches. Er fand, sie hätten auf dem Weg, ein Modell von Leben als Information zu entwickeln, ein gutes Stück zurückgelegt.

Genetik sei somit eine Informationswissenschaft:

> Sieht man genauer hin, entpuppt sich Vererbung als Weitergabe von Erbinformation der Eltern an ihre Nachkommen. Es ist Aufgabe der Genetik, Struktur und Mechanismen der materiellen Kodierung dieser Information sowie die Formen zu untersuchen, in denen sie im Laufe der individuellen Entwicklung eines neuen Organismus in Erscheinung tritt.[8]

System- und informationstheoretisches Denken war sowjetischen Philosophen aus Alexander Bogdanows Werken, vor allem der *Allgemeinen Organisationslehre (Tektologie)*, vertraut. Doch während diese in der UdSSR lange Zeit verboten waren, hielt die Kybernetik im Westen durch Norbert Wieners Schriften in fast allen Bereichen bis hin zu den Sozialwissenschaften Einzug. Die Ironie dieser Entwicklung – dass jetzt Modelle einer rationalen, wissenschaftlich fundierten Regierung und sozialen Steuerung ausgerechnet von Amerikanern in Anlehnung an eine Wissenschaft konzipiert wurden, die Lenin höchstpersönlich auf den Index gesetzt hatte – konnte Leuten mit Einblick in Ideengeschichte nicht verborgen bleiben, und einem Mann verschaffte sie im Besonderen ein Damaskus-Erlebnis.

Arnošt Kolman war einer der doktrinärsten Philosophen der Stalin-Ära. Der einstige Berufsrevolutionär und Spion hatte 1931 auf dem Internationalen Kongress für Wissenschaftsgeschichte Boris Gessen bespitzelt, er hatte Solomon Lewit in dem von ihm herausgegebenen Parteiorgan *Unter dem Banner des Marxismus* unzählige Male faschistischer Tendenzen beschuldigt und 1939 in der Debatte zwischen Lyssenko und Genetikern alles andere als unparteiisch agiert. Ab Kriegsbeginn wieder verstärkt im öffentlich-politischen Raum tätig, half er der Kommunistischen Partei der Tschechoslowakei, die Wissenschaftler des Landes unter Kontrolle zu bringen. Der Lohn für seinen unermüdlichen Einsatz im Dienst des Staates war absehbar: 1948 wurde er zurückgerufen und verbrachte die folgenden drei Jahre in der Lubjanka.

Das scheint eine heilsame Erfahrung gewesen zu sein. Von allen Rechtfertigungsversuchen, die Stalins Handlanger nach dessen Tod publizierten, sind Kolmans Memoiren die interessantesten und auf ihre Weise auch die überzeugendsten. Im Rückblick auf seine Jahre als Parteiphilosoph räumte er immerhin ein: »So kam es, dass wir letzten Endes viel Porzellan zerschlugen, oft das Kind mit dem Bade ausschütteten und viele wertvolle Gelehrte, die dann Repressionen ausgesetzt wurden und umkamen, ungerecht beschuldigten.«

Im Sommer 1953, ein halbes Jahr nach seiner Entlassung aus der Lubjanka und seiner Rehabilitierung, machte Kolman Urlaub in einem Dorf am Schwarzen Meer. Als er eines Abends an dem Häuschen vorbeispazierte, in dem ein alter Freund von ihm, der Philosoph Wiktor Kolbanowski, wohnte, hörte er, wie dieser emsig in die Schreibmaschinentasten hackte. Am nächsten Tag, so Kolman, habe Kolbanowski ihm auf seine Nachfrage hin erzählt, dass er an einem Aufsatz über Kybernetik arbeite.

Natürlich war es ein Aufsatz *gegen* Kybernetik. Seit 1951 sorgte sie im Diskurs der Sowjetunion für Gesprächsstoff – als schlagendes Beispiel für »eine neuere ›Scheinwissenschaft‹ amerikanischen Ursprungs«. »Zeitgenössische Technokraten« der Vereinigten Staaten, hieß es, hätten sich konspirativ zusammengeschlossen, »um ›Fehlfunktionen‹ der Gesellschaft mittels exakter mathematischer Formeln anzugehen, ›wissenschaftlich‹ zu erklären und zu ›reparieren‹«.

Kolman war von dieser neuen Wissenschaft, die Steuerungsprozesse in Automaten, in Lebewesen und in der Gesellschaft untersuchte, elektrisiert. Sie weckte alte Hoffnungen in ihm. Als junger Mann hatte er eine Sammlung futuristischer Phantasien über Leben und Technik der Zukunft publiziert, und in der Zeit seiner Verhaftung hatte er mitten in der Arbeit an einem Buch über mathematische Logik gesteckt, in dem er die These vertrat, Maschinen könnten eines Tages logische Operationen ausführen. Die Kybernetik war für ihn eine Offenbarung, und er redete auf seinen Freund ein, um ihn von der Veröffentlichung abzubringen: »Schließlich könne er, der weder Mediziner noch Psychologe noch Mathematiker sei und die Arbeit Wieners überhaupt nicht gelesen habe, doch so etwas nicht schreiben. Er könne doch nicht allen Ernstes annehmen, dass die Amerikaner Millionen für die Aufstellung von elektronischen Geräten vergeudeten, wenn diese nur fauler Zauber seien.«[9]

Kolbanowski ließ sich nicht abhalten und veröffentlichte seine Polemik unter dem Pseudonym »Materialist« in einer führenden sowjetischen Philosophiezeitschrift. Kolman versuchte indes, so viel wie möglich über Kybernetik in Erfahrung zu bringen. Das Gründungswerk der Disziplin, Norbert Wieners *Kybernetik – Regelung und Nachrichtenübertragung in Lebewesen und in der Maschine* von 1948, gab es im Bestand der Moskauer Lenin-Bibliothek, doch dort erfuhr er, dass es verboten war und unter Verschluss gehalten wurde. Daraufhin protestierte er beim zuständigen Sekretär im Zentralkomitee – und das Wunder geschah: Er durfte das Buch lesen.

Im November 1954 lud das Parteiinstitut für Sozialwissenschaften Kolman zu einem Vortrag über philosophische Probleme der Naturwissenschaften ein. Er überraschte sein Publikum mit einem Plädoyer für die Kybernetik: »Alle griffen mich scharf an. Man belegte mich mit Epitheta wie ›Mechanist‹, ›Idealist‹ oder ›Verehrer bourgeoiser Mode‹ und wer weiß, womit noch ... Die Diskussion des Vortrages zog sich über einige Versammlungen des Lehrstuhls hin ... Nur ein Einziger, der Doktorand Schajatin, hatte den Mut, mich in Anwesenheit seiner Professoren zu unterstützen.«[10]

Es dauerte eine Weile, bis er seinen Vortrag bei einem Verlag untergebracht hatte, doch seine Hartnäckigkeit lohnte sich. 1958 organisierte die Akademie der Wissenschaften schließlich einen Ausschuss, der die Möglichkeiten der Kybernetik erkunden sollte, und betraute Aksel Iwanowitsch Berg, der sich als hochrangiger Marineoffizier und stellvertretender Verteidigungsminister Verdienste erworben hatte, mit dem Vorsitz. Und der holte Kolman an Bord.

Der erste speicherprogrammierte Digitalrechner der Sowjetunion, der von zwölf Konstrukteuren und fünfzehn Technikern unter der Leitung des Direktors des Kiewer Instituts für Elektroingenieurwesen Sergej Lebedew entwickelte MESM, war im Dezember 1951 fertig und damit der erste funktionierende Computer auf dem gesamten europäischen Kontinent.

Genutzt wurden diese Rechenanlagen fast ausschließlich von den Forschern des Nuklearwaffenprojekts (unter Leitung von Igor Kurtschatow) und den mit der Entwicklung ballistischer Raketen und Raumsonden befassten Ingenieuren (unter Leitung von Sergej Koroljow). Der Kosmonaut Georgi Gretschko, der Mitte der fünfziger Jahre am Rechenzentrum der Akademie mit dem BESM (dem Nachfolger des MESM) arbeitete, berichtete später: »Kurtschatows Leute nutzten ihn tagsüber, nachts waren Koroljows Leute dran. Und für den gesamten Rest der Sowjetwissenschaft galt: mal fünf Minuten fürs Institut für Theoretische Astronomie, mal eine halbe Stunde für die Chemieindustrie.«

Um 1960 hatte die Kybernetik alle Merkmale der von den Bolschewiki so sehnlich herbeigewünschten »*einen* Wissenschaft«. Es gab kaum eine Disziplin, die nicht unter ihren Schirm zu passen schien. Nikolai Bernsteins Bewegungsstudien lebten unter der Bezeichnung »physiologische Kybernetik« fort und fanden sogar ihren Weg in das Raumfahrtprogramm der Sowjets, wo mit ihrer Hilfe untersucht wurde, wie zielsicher sich Kosmonauten unter den Bedingungen der Schwerelosigkeit im Raum bewegen könnten. So unterschiedliche Disziplinen wie strukturelle Linguistik (»kybernetische Linguistik«), experimentelles Design (»technische Kybernetik«) oder Rechtsstudien (»juristische Kybernetik«) fanden Schutz unter dem neuen Dach und waren zweifellos fest vom Nutzen kybernetischer Metaphern überzeugt.

Je weiter sich die sowjetische Gesellschaft vom Stalinismus löste, desto radikaler wurde sie von der Kybernetik durchdrungen, bis deren Manager schließlich ernsthaft für die »Kybernetisierung« aller Wissenschaften plädierten. Im November 1961 sprach Aksel Berg an der Staatlichen Moskauer Universität begeistert von der Aussicht, Methoden und Instrumente zur Steuerung der gesamten Volkswirtschaft zu entwickeln und damit eine optimale Führung durch die Regierung zu gewährleisten.

Davon hatte schon Bogdanow geträumt. Und nicht nur er: Die nach wissenschaftlichen Grundsätzen handelnde Regierung war der Gral jedes Marxisten.

1953 hätte niemand geglaubt, dass Lyssenko am Ruder bleiben würde. Erst starb sein Schutzherr Josef Stalin, und dann geriet er auch noch in die »Hainbuchenaffäre«, einen Skandal von einem Ausmaß, das jeden Wissenschaftler mit Gewissen dazu veranlasst hätte, sich einen neuen Job zu suchen.

Die November-Dezember-Ausgabe 1953 des *Botanitscheski Shurnal* brachte die Geschichte ins Rollen. A. A. Ruchkian (der sich später als Schafzüchter einen Namen machte) nahm eine der von Lyssenko gefeierten »sprunghaften Umwandlungen der einen Art in die andere« unter die Lupe, über die Lyssenkos Zeitschrift *Agrobiologija* 1952 berichtet hatte: den Fall einer Hainbuche, die sich hatte überreden lassen, als Haselnussbaum auszutreiben. Ruchkian hatte entdeckt, dass der bewusste Ast, der alle so in Aufregung versetzt hatte, schlicht in eine Astgabel gepfropft worden war. Es war ihm sogar gelungen, den Mann ausfindig zu machen, der das Werk 1923 vollbracht hatte.

Ruchkian verhielt sich ausgesprochen anständig, indem er betonte, dass ein durch Dritte verursachter Betrugsfall keineswegs Lyssenkos Forschungen zur Artentransformation insgesamt diskreditiere. Doch Lyssenko verschmähte die würdevolle Ausflucht, die ihm geboten wurde. Er bekam noch vor der Veröffentlichung Wind von dem Beitrag und schrieb an den Herausgeber, einzig der ursprüngliche Bericht seines Kollegen S. K. Karapetian sei korrekt. Die Hainbuche habe sich in einen Haselnussbaum verwandelt, und dabei bleibe es.

Das *Botanitscheski Shurnal* war anderer Auffassung. Es veröffentlichte Ruchkians Exposé, Lyssenkos Brief – und Fotos, die die Pfropfstelle eindeutig belegten. Jetzt ging es nicht mehr um Lyssenkos Theorie der Artentransformation, sondern um seine Integrität.

Eine Zeitlang blies ihm der Wind ins Gesicht. In der schönen neuen Welt des Messens und Prüfens, wie es die neue Wissenschaft der Kybernetik forderte, war Lyssenkos monolithisches Profil in der Öffentlichkeit kaum noch aufrechtzuerhalten. Der Staat hungerte so sehr nach Information, dass er die wissenschaftliche und technische Literatur aus dem Ausland möglichst schnell lesen wollte. Die Akademie erweiterte ihr kleines Institut für Wissenschaftliche Information, stellte Hunderte Forscher ein und stattete sie mit allem aus, was sie zur Übersetzung und Verbreitung der neuesten Publikationen benötigten. Zusätzliche Technik- und Agrarattachés sollten an sowjetischen Botschaften relevante Informationen sammeln. Am 2. Februar 1956 veröffentlichte die *Iswestija* den Bericht eines Wissenschaftlers, der als Teilnehmer einer Landwirtschaftsdelegation die USA bereist hatte. Er öffnete den Lesern die Augen: »In den USA und Kanada trafen wir keinen einzigen Farmer, der Mais aus eigenem Samen angebaut hätte ... Die Reise hat uns überzeugt, dass unsere Kenntnisse über wissenschaftliche Errungenschaften des Auslands äußerst bescheiden sind.«[11]

Im April 1956 legte Lyssenko den Vorsitz in der Lenin-Akademie der landwirtschaftlichen Wissenschaften nieder. Weltweit begrüßten die Zeitungen seinen Fall, die *New York Times* titelte: »Stalins Protegé Lyssenko tritt ab«.

Endlich konnten Agrarwissenschaften und Biologie in der UdSSR Luft holen, vielleicht sogar aufholen, was andere Disziplinen an erstaunlichen Fortschritten voraushatten. Die Sowjetunion war schließlich Atommacht, hatte in der Vergangenheit mehr in wissenschaftliche Forschung und Entwicklung investiert als jeder andere Staat, der Anteil von Wissenschaftlern und Ingenieuren an der Gesamtbevölkerung war hoch. Lyssenkos Hegemonie war ein schrecklicher Irrtum und Unfall, mehr nicht. Ein Irrtum. Ein Unfall.

Doch die institutionellen Schwächen, die Lyssenkos Aufstieg ermöglicht hatten, dauerten fort. Die Zentralisierung, die Ausrichtung des ganzen Staates auf einen Führer und die Verpflichtung dieses Führers, sich als einfacher Mann aus dem Volk zu gebärden, spielten Lyssenko in die Hände, selbst jetzt noch.

Der Führer dieser neuen, offeneren, vordergründig rationaleren Sowjetunion, Nikita Chruschtschow, hatte freimütig eingeräumt, nichts von Wissenschaft zu verstehen, aber dieses Bekenntnis, so tröstlich es für Laien klingen mochte, hatte eine Schattenseite. Chruschtschow beurteilte konkurrierende Vorschläge zur Landwirtschaft nach Gefühl, interessierte sich nur für rasche Lösungen und sofortige Erträge und betrachtete Rücklagen als Verluste. Wie anders könnte man seine katastrophale Kampagne »Jungfräuliches Land« verstehen? Der 1953 verabschiedete Plan sah vor, dreizehn Millionen Hektar bislang nicht kultivierten, strohtrockenen Landes unter den Pflug zu bringen und Hybridmais auf dem rechten Wolgaufer, im Nordkaukasus, in Westsibirien und im Norden von Kasachstan auszusäen. Lyssenko, der jeglichen Anbau von Hybridmais in der Sowjetunion bislang verhindert hatte, tat, als wäre nichts gewesen, und bot auf dem legendären XX. Parteitag 1956 demütig eine »Quadratcluster«-Pflanzmethode an, die, wie er versicherte, die Feuchtigkeit im Boden halten und akkumulieren würde.

Lyssenkos Ruckzuckmentalität bei der Beseitigung von Problemen gefiel Chruschtschow. Das war doch jemand, mit dem man zusammenarbeiten konnte (also jemand, der nicht widersprach). Chruschtschows berüchtigte Sturheit und die Warmherzigkeit und Treue, die er seinen Freunden gegenüber bewies, waren nicht voneinander zu trennen. Im Mai 1962 etwa nahm er an einem Presseausflug in die Leninberge zu Lyssenkos Forschungsstation teil, und diese Exkursion fand zufällig in einem Moment statt, als die Akademiekommission für Molekularbiologie Lyssenko gerade gerügt hatte. Sie wurde umgehend aufgelöst, und das Zentralkomitee konfiszierte sämtliche Unterlagen. Um Chruschtschow vor einer peinlichen Situation zu schützen, räumten *Prawda* und *Iswestija* Lyssenko viel Platz für einen langen, vom Zentralen Exekutivkomitee unbearbeitet durchgereichten Artikel ein, in dem er erneut seine immer absurder werdenden Überzeugungen ausbreiten konnte.

1963 wurden zwei Lyssenkoisten für den Leninpreis vorgeschlagen: Alexander Samsonowitsch Musijko, Leiter des Instituts für Pflanzenzucht und Genetik, und Wassili Remeslo, ein führender Weizenzüchter. In geheimer Wahl stimmte die Jury gegen beide. Normalerweise wurden deren Entscheidungen angenommen, doch diesmal geschah etwas anderes. Am 13. April, eine Woche vor Bekanntgabe der Preisträger, bekam Chruschtschow einen Tobsuchtsanfall und wünschte, die Jury möge sich eines Besseren besinnen. Doch sie blieb bei ihrem Beschluss.

Ein Jahr verstrich, und immer noch wurden die lyssenkoistischen Kandidaten zurückgewiesen, was Lyssenko nicht davon abhielt, 1964 weiteres Öl ins Feuer zu gießen und zusätzlich Nikolai Iwanowitsch Nushdin zu nominieren, ein Affront, der die Akademie in Aufruhr versetzte. Nushdin hatte unter Hermann Muller bei Wawilow gearbeitet, viele waren überzeugt, dass er Anteil an der Verhaftung von Timofejew-Ressowski und Wawilow hatte. Andrej Sacharow trat als Sprecher einer große Gruppe von Mathematikern, Physikern, Chemikern, Astronomen und Kybernetikern auf, die sich Lyssenkos Vorschlag widersetzten: »Das korrespondierende Mitglied N.I. Nushdin ... ist ... verantwortlich für den schmählichen Rückstand der sowjetischen Biologie, insbesondere auf dem Gebiet der modernen wissenschaftlichen Genetik, für die Verbreitung pseudowissenschaftlicher Ansichten und Hochstapelei, für die Unterdrückung der wahren Wissenschaft und der wahren Wissenschaftler; für die Verfolgungen, die Entehrung, den Arbeitsentzug, die Entlassung und sogar für die Verhaftung und den Tod vieler Wissenschaftler.«[12] Nushdin wurde nicht nur abgelehnt, sondern öffentlich bloßgestellt. Wutschnaubend verließ Lyssenko die Tagung und sann auf Rache.

Chruschtschow reagierte noch extremer: Er drohte, die Akademie zu einem »Komitee für wissenschaftliche Fragen« hinabzustufen. Doch gerade diese erklärte Bereitschaft, die wissenschaftliche Basis zu zerstören, um Lyssenko zu stützen, brachte ihn letztlich zu Fall. Als er kurz darauf erfuhr, dass die Timirjasew-Akademie für Landwirtschaft Lyssenkos institutionelle Kontrolle abgeschüttelt hatte und dessen Anweisungen ignorierte, erließ er umgehend eine nicht mit der Partei abgestimmte (und rasch zurückgenommene) Order, das Institut zu schließen.

Am 13. Oktober 1964 bekam Jakow Rapoport, der jüdische Mediziner, der in das Ärztekomplott verwickelt gewesen war, einen denkwürdigen Anruf. Normalerweise waren offizielle Stellen für ihn eine Bedrohung, doch diesmal meldete sich am anderen Ende der Leitung der Sekretär für landwirtschaftliche Angelegenheiten beim Obersten Sowjet und bat höflich um einen ausführlichen Artikel über die Errungenschaften der Genetik.

Während sich Rapoport leicht verwirrt an die Arbeit machte, zwang das Zentralkomitee der Kommunistischen Partei Chruschtschow zum Rücktritt. Es war einfach zu peinlich, immer größere Mengen Getreide aus Kanada und den USA importieren zu müssen, und wenn es etwas gab, das noch peinlicher war, dann wohl die Kubakrise. »Man hat viele äußerst kritikwürdige Dinge diskutiert, die Chruschtschow zu verantworten hatte«, schrieb die Genetikerin Raissa Berg, »darunter die vorbehaltlose Unterstützung Lyssenkos und insbesondere die Affäre um Nushdins und Remeslos Aufnahme in die Akademie der Wissenschaften, deren Weigerung Chruschtschow sanktionieren wollte.«[13] Chruschtschow verzichtete auf sein Amt und wurde mit einem ruhigen Lebensabend belohnt. Er lebte friedlich in Moskau, verfasste seine Memoiren und starb am 11. September 1971.

Einen Tag nach seinem Rücktritt wurde Rapoports Artikel zur Veröffentlichung in der Zeitschrift *Selskaja Shisn* (Landleben) freigegeben. Im folgenden Februar wurde Lyssenko seines Amtes als Leiter des Akademie-Instituts für Genetik enthoben und durch seinen alten Rivalen Nikolai Dubinin ersetzt. Fachleute schrieben neue Biologiebücher, und Lyssenko verschwand für immer aus den Lehrplänen von Schulen und Universitäten.

Lyssenko hatte nun keine Institution mehr hinter sich und auch keinen Schutzherrn auf höchster politischer Ebene, und doch war er nicht am Ende. Er blieb der bodenständige Wissenschaftler aus dem Volk, den die Nation liebte, und fuhr damit fort, einfache, folkloristische Ratschläge in Sachen Landwirtschaft zu versprühen. Inzwischen hatte er sich auf Milchkühe kapriziert. Das Desaster ließ nicht lange auf sich warten. Und dieses Mal erholte sich Lyssenko nicht mehr.

Im Mai 1957 hatte Chruschtschow dem Land verordnet, die USA in der Milchproduktion zu überholen. Schon zwei Monate später verkündete Lyssenko seine Lösung des Problems. Er habe auf seinem Hof in den Leninbergen einen Weg gefunden, Jersey-Bullen mit normalen Milchkühen zu kreuzen, was zu höheren Erträgen führe, die sich mit jeder neuen Generation steigern ließen.

Der letzte Punkt ist wichtig. Es stimmt: Kreuzt man einen reinrassigen Jersey-Bullen mit einer Feld-Wald-und-Wiesen-Kuh, erhält man Kühe mit höherer Milchleistung. Das Problem ist: Mit jeder folgenden Generation sinkt die Milchleistung wieder. Der Erbvorteil der Jersey-Rinder lässt sich nicht dauerhaft einkreuzen.

Das bestritt Lyssenko. Gewiss, man müsse bestimmte Vorkehrungen treffen, besonders große Tiere auswählen und die trächtigen Kühe gut füttern, aber dann gebe jede weitere Generation Milch mit dem Butterfettvolumen reinrassiger Jersey-Rinder. Die Tiere brauchten noch nicht mal spezielles Futter. Egal welche Bullen man nehme, man könne sicher sein, dass sich Ertrag und Qualität der Milch auf gleich hohem Niveau hielten.

Kolchosen und Staatsbetriebe bestellten auf Empfehlung des Agrarministeriums Bullen bei Lyssenko. Der verdiente gut daran, seinem Hof floss mehr und mehr Geld zu. Doch dann, im Januar 1965, trat das Fiasko offen zutage: Die einheimischen Rassen waren in einem Durcheinander von Einkreuzungen verloren gegangen. Ein achtköpfiges Komitee der Akademie der Wissenschaften brach auf, um Lyssenkos Hof gründlich zu untersuchen. Es hockte mehr als fünf Wochen lang über den Büchern, kontrollierte Feldfrüchte und Vieh, Bilanzen, Ertragsberechnungen, Düngemittelverbrauch, Milch- und Eierproduktion, Daten zu Erwerb und Verkauf von Rindern. Zum ersten Mal wurden Lyssenkos Behauptungen einer ernsthaften wissenschaftlichen und statistischen Prüfung unterzogen.

Am 2. September 1965 stellte das Komitee seine Ergebnisse vor: Der Hof in den Leninbergen erziele hohe Erträge und entsprechende Einnahmen, aber das sei bei fünfhundert Hektar urbarem Ackerland, fünfzehn Traktoren, elf Automobilen, zwei Bulldozern, zwei Baggern und zwei Mähdreschern auch zu erwarten. Außerdem müsse Lyssenko kein Getreide an den Staat abliefern, er bekomme günstigere Konditionen, höhere Zuschüsse und mehr Elektrizität als seine Nachbarn. Das alles eingerechnet, könne man, schloss das Komitee, die Wirtschaftlichkeit des Hofes höchstens als mittelmäßig einstufen.

Vielleicht hätte sich Lyssenko auch diesmal irgendwie durchgemogelt. Er hatte Schlimmeres überlebt. Aber die Kühe gaben ihm den Rest: In den letzten zehn Jahren, so der Bericht des Komitees, sei die durchschnittliche Milchleistung von fast 7000 Litern auf unter 4500 Liter pro Kuh gesunken, und diese rückläufige Entwicklung setze sich weiterhin von Generation zu Generation fort. Wegen Lyssenkos minderwertigen Bullen gebe es keine reinrassigen Herden mehr. Die Behebung des Schadens werde Jahrzehnte dauern.

Lyssenkos Ruf war endgültig ruiniert. Den Hof durfte er behalten, doch sein Journal *Agrobiologija* musste zwei neuen Zeitschriften, *Genetika* und *Ontogenes*, weichen, und die Büste von Mendel, dem Vater der klassischen Genetik, wurde aus dem Depot geholt und wieder da aufgestellt, wo sie der große Iwan Pawlow einst eingeweiht hatte: vor dem Eingang zu seinem Institut in Koltuschi.

EPILOG: ZUSCHANDEN

Ohne Wissenschaft hat Demokratie keine Zukunft.

Maxim Gorki, April 1917

Nikolai Fjodorowitsch Fjodorow scherte sich nicht um sein Renommee, er schrieb ohne jeden Ehrgeiz, und seine Schriften sind nur deshalb erhalten, weil seine Jünger nach seinem Tod 1903 gewissenhaft jedes von ihm beschriebene Stück Papier aufbewahrten.[1]

Nachdem Fjodorow an verschiedenen Provinzschulen Geschichte unterrichtet hatte, zog er nach Moskau, wo er von 1874 bis 1899 als Bibliothekar im Rumjanzew-Museum arbeitete. »Er ist sechzig«, schrieb Lew Tolstoi, »lebt von Almosen, gibt alles

»… und das sind keine imaginären und keine theoretischen
Grenzen – sie sind real.« Schiffe, die einst auf dem Aralsee fuhren,
verrotten auf dem ehemaligen Seegrund (Aufnahme von 2003).

weg, was er hat, ist immer fröhlich und gütig.« Vor der Revolution war er eine Kultfigur, zu seinen Anhängern zählten der Esoteriker P. D. Ouspensky, der Schriftsteller Fjodor Dostojewski und der Schöpfer der Raketengrundgleichung Konstantin Eduardowitsch Ziolkowski.

Ungewöhnlich für einen Russen jener Zeit war, dass Fjodorow die Bevölkerungstheorie des britischen Nationalökonomen (und Pfarrers) Thomas Malthus ernst nahm. Malthus prognostiziert in seinem 1798 zunächst anonym veröffentlichten *Essay on the Principle of Population*, dass die Menschen bei stetigem exponentiellem Wachstum der Weltbevölkerung die Ressourcen verbrauchen würden, bis sie sich durch Armut, Hunger, Krankheiten und Kriege selbst ausgelöscht hätten. Utopisten wie William Godwin, die glaubten, Gott werde genug Nahrung erschaffen, um alle hungrigen Mäuler zu stopfen, hielt Malthus entgegen, Gott habe schon genug Mäuler für die zur Verfügung stehende Nahrung erschaffen.

Auch Fjodorow machte sich Sorgen wegen auf lange Sicht drohenden Überbevölkerung und verfiel auf eine Science-Fiction-Lösung: Weltraumkolonien. (Auch die Besiedlung der Meere zog er in Erwägung.) Die menschliche Evolution, schreibt er in seinem postum herausgegebenen Werk *Filosofija obschtschego dela* (Philosophie der gemeinsamen Tat), stehe mit der technischen Entwicklung im Zusammenhang. Deswegen würden unsere Nachfahren eines Tages auf Verdauungsapparat und Sexualorgane verzichten und sich direkt von kosmischer Energie ernähren, spirituelle Vollkommenheit erlangen und unsterblich werden.

Fjodorows »Kosmismus« fand Anklang, nicht weil er so ungestüm und apokalyptisch daherkam, sondern, ganz im Gegenteil, weil er zwischen all den Millenniumsergüssen, Kulten und Glaubensvorstellungen, die im ausgehenden neunzehnten Jahrhundert in Russland im Schwange waren, angenehm rational wirkte.

Tatsächlich spielte Fjodorow als geistiger Anstifter der Revolution von 1917 eine ebenso wichtige Rolle wie Karl Marx. Seine Ideen hatten einen gewaltigen und lange anhaltenden Einfluss auf die Bolschewiki. Das zeigt sich schon bei oberflächlichem Blättern in den Schriften von Lenin, Bogdanow, Gastew oder Lunatscharski und vielen anderen.

Ein weiterer alter Bolschewik, Leo Trotzki, schrieb 1922:

> Der Mensch wird endlich darangehen, sich selbst zu harmonisieren. Er wird es sich zur Aufgabe machen, der Bewegung seiner eigenen Organe – bei der Arbeit, beim Gehen oder im Spiel – höchste Klarheit, Zweckmäßigkeit, Wirtschaftlichkeit und damit Schönheit zu verleihen. Er wird den Willen verspüren, die halb bewussten und später auch die unterwussten Prozesse im eigenen Organismus: Atmung, Blutkreislauf, Verdauung und Befruchtung zu meistern, und wird sie in den erforderlichen Grenzen der Kontrolle durch Vernunft und Willen unterwerfen. Das Leben, selbst das rein psychologische, wird zu einem kollektiv-experimentellen werden. Das Menschengeschlecht, der erstarrte Homo sapiens, wird erneut radikal umgearbeitet und – unter seinen eigenen Händen – zum Objekt kompliziertester Methoden der künstlichen Auslese und des psychophysischen Trainings werden … Der Mensch wird sich zum Ziel setzen, seiner eigenen Gefühle Herr zu werden, seine Instinkte auf die Höhe des Bewusstseins zu erheben – einen höheren gesellschaftlich-biologischen Typus, wenn man so will – den Übermenschen zu schaffen …[2]

Trotzki war ein notorischer Aufschneider, klar – aber wer von der Truppe wäre das nicht gewesen? In seinem 1906 erschienenen Roman *Die Mutter* lässt Maxim Gorki den Agitator Rybin sagen: »Und mögen noch Tausende sterben, damit das Volk auf der ganzen Erde zum Leben aufersteht! Das ist es. Sterben ist leicht. Wenn dann nur auferstehen! Wenn die Menschen sich nur erheben!«

Anatoli Lunatscharski schrieb ein zweibändiges Werk, *Religija i sozialism* (Religion und Sozialismus, 1908, 1911), um für eine kollektivistische Kultur zu werben, in der die Massen lernen, »für das Allgemeinwohl zu sterben« und »sich zu opfern für diese Konzeption« eines Sozialismus, der »nicht mit dem ›Ich‹

beginnt, sondern mit unserem ›Wir‹«. In einer zukünftigen sozialistischen Gesellschaft, schrieb ein Anhänger Bogdanows, »werden die Menschen unsterblich sein« in dem Sinne, dass sie »ihr ›Ich‹ über die Begrenzungen des Individualismus hinaus zu einer Hinwendung zur Gemeinschaft entwickeln«.

Vielleicht hätten sie sich ihre Wünsche ein klein wenig besser überlegen sollen. Einige der alten Recken versuchten noch, die Notbremse zu ziehen.

Alexander Bogdanow hingegen stieg einfach aus.

Als sein Schwager und langjähriger Kampfgenosse Anatoli Lunatscharski unter Lenin Volkskommissar für Bildungswesen wurde, bot er ihm eine Stelle in seinem Ministerium an. Bogdanows Antwort war markig: »Ein Bajonett ist nicht kreativ, und wenn es noch so oft genutzt wird.«[3] Er hatte im Umsturz 1917 keine Rolle gespielt, und er glaubte nicht an Lenins Regierung.

> Wenn grobschlächtige Schachspieler wie Lenin oder selbstgefällige Schauspieler wie Trotzki diesen Soldatensozialismus durchpeitschen, meinetwegen. Aber dass du da mittust, finde ich furchtbar, erstens weil du schrecklich desillusioniert sein wirst und zweitens weil du viel mehr hättest erreichen können, Dinge, die zwar im Moment nicht so spektakulär, aber trotzdem wichtig und viel nachhaltiger wären.

Bogdanow spielte auf den lang gehegten Traum beider Männer von einer eigenständigen Kultur der Arbeiterklasse an. Ein politischer Umsturz ohne Kulturrevolution war in Bogdanows Augen sinnlos. An anderer Stelle schrieb er: »Wenn die Kräfte nicht ausreichen, [eine proletarische Kultur] zu schaffen, hätte die Arbeiterklasse kein Ziel, das sie anstreben könnte, außer von einer Sklaverei in die andere zu wechseln, vom Joch der Kapitalisten ins Joch von Ingenieuren und Gebildeten.«[4]

Ein sozial niedriger angesiedelter oder auch nur weniger gutmütiger Mann[5] hätte sich über den Brief geärgert. Lunatscharski jedoch gab dem Experiment seines Kampfgenossen eine Chance – das Bildungskommissariat gründete Proletkult. Dieser Dachverband proletarischer Kultur- und Bildungsorganisationen trat im September 1918 zur ersten Versammlung zusammen, und zum Erstaunen der Initiatoren hatte das Projekt, mit wenig mehr als guten Absichten ins Leben gerufen, durchschlagenden Erfolg.[6]

In jeder Fabrik entstanden Proletkult-Zellen, verstreut übers ganze Land beschäftigten sich rund 80 000 Werktätige in unzähligen eigens dafür eingerichteten Arbeitsräumen und Ateliers mit Kunst und Wissenschaft.

Die rasante Entwicklung brachte ein buntes Sammelsurium von Werkstätten, Klubs, Theatern und Arbeitskreisen hervor. Bogdanow hatte keine Chance, die ideologische Ausrichtung zu steuern. Aber das war gar nicht schlecht. Auf dem Höhepunkt war buchstäblich jeder wichtige Künstler, Musiker und Schriftsteller Russlands bei Proletkult aktiv. Experimentelle Kunst, Musik und Theater florierten. Tula verfügte über Symphonie-, Blas- und Volksmusikorchester; proletarische Sänger bekamen dort Einzelunterricht in Solo- und Operngesang. Selbst im winzigen Archangelsk am Weißen Meer gründete sich ein Chor.

Ideologische Einheitlichkeit war sowieso nicht Bogdanows Sache, die Arbeiterkultur sollte antiautoritär sein und sich von unten organisieren.[7]

Bogdanow scheiterte daran, Proletkult sinnvoll zu führen. Seine Tektologie, die von Ernst Mach inspirierte »Wissenschaft der Organisation«, erreichte jedoch rund eine halbe Million Arbeiter und Arbeiterinnen. Wie groß der Einfluss von Bogdanows Philosophie war, wurde Lenin 1919 auf einer Konferenz sowjetischer Pädagogen klar, und er erklärte daraufhin Proletkult den Krieg. Auf ihrem zweiten Kongress 1920 löste er die Bewegung im Namen des Zentralkomitees der Kommunistischen Partei auf,[8] und kurz darauf wurde Lunatscharskis Volkskommissariat geschlossen.

Alexander Bogdanow gehörte zu den Menschen, die Kriege verlieren, aber jede Schlacht gewinnen. Auf Capri, zu Gast bei Gorki, schlug er Lenin im Schach, aber er versöhnte sich nicht mit dem früheren Freund, hat es vielleicht nicht einmal versucht. Er gehörte einem Kreis an, der sich wenig später als die bei weitem einflussreichste Clique in der Partei etablierte. Doch Bogdanows Interesse an Politik war erloschen, er ließ die Finger davon, selbst als ihm die Macht auf dem Silbertablett präsentiert wurde. Stattdessen begeisterte ihn Science-Fiction, er schrieb, wie erwähnt, zwei Romane, *Der rote Planet* und *Ingenieur Manny*, in denen sein philosophisches System bereits angelegt war, doch bevor er die Tektologie ganz entfalten konnte, war er, wie er es selbst ausdrückte, zum »offiziellen Teufel vom Dienst« geworden, »dem man abzuschwören hatte«.

Proletkult kümmerte noch einige Jahre vor sich hin und ging dann ein, während Bogdanow weiterhin als Schriftsteller arbeitete. Er war der Überzeugung, letztlich könne alles aus allem erklärt werden, was ihn eher zum Alchemisten als zum Wissenschaftler machte. Bogdanow sah die Science-Fiction, seine Mars-Prophetien, als Vorbereitung für Science, für die richtige Wissenschaft, und begann, ein »wissenschaftliches Institut zur Erforschung der Bluttransfusion« zu leiten. Er verließ sich auf Analogieschlüsse, nahm Hypothesen für Fakten und – besonders verräterisch – bat niemals Kollegen um eine Begutachtung seiner Versuche. Er veröffentlichte auch keine Artikel, die wissenschaftlich-akademischen Anforderungen genügt hätten, nur PR-Texte in den Parteiblättern. Darin ähnelte er wie niemand sonst Trofim Lyssenko, ja, durch sein Beispiel machte er den Aufstieg Lyssenkos politisch möglich.

Bogdanow war Lamarckianer, träumte selbst von dem, was er in seiner Science-Fiction beschrieb: Bluttransfusionen gleichen individuelle und geschlechtliche Unterschiede zwischen seinen Mars-Protagonisten aus, und ihre Lebenserwartung steigt dank der Vererbung erworbener Eigenschaften ihrer Vorfahren (eine These, die Francis Galton bereits vierzig Jahre zuvor mit Versuchen an Kaninchen widerlegt hatte). Zu Bogdanows Umzug vom Luftschloss ins Labor kam es, als Leonid Krasin, der ebenfalls 1909 aus der Partei ausgeschlossen worden war, ihn 1921 mit auf eine Geschäftsreise nach London nahm, wo er zufällig auf das Buch *Blood Transfusion* von Geoffrey Keynes (dem jüngeren Bruder des berühmten Ökonomen) stieß.

Zwei Jahre lang experimentierte er für sich privat.[9] Als Krasin, inzwischen russischer Botschafter in Großbritannien, erkrankte, behandelte Bogdanow ihn mit einer Bluttransfusion, woraufhin sich Krasins Zustand erheblich verbesserte. Die Wunderheilung verschaffte Bogdanow einen Termin beim Generalsekretär der Kommunistischen Partei, Josef Stalin. Damals war Russland überhaupt nicht für Bluttransfusionen eingerichtet. Bogdanow wurde Leiter eines neuen Instituts und zog ins klassizistische Igumnow-Palais in Moskau (heute Teil der französischen Botschaft). Bis dahin hatten es Fabrikarbeiter als Kulturklub genutzt. Neue Schlösser, über Nacht ausgewechselt, verwehrten ihnen fortan den Zutritt.

Emsig rührte Bogdanow die Werbetrommel für Bluttransfusionen als »Universalmethode« zur körperlichen Verjüngung – Blut, erklärte er, sei *der* Urstoff, der Organe, Gewebe und Zellen zu einer Einheit verbinde. In der chemischen Zusammensetzung des Blutes spiegle sich die Aktivität des Gesamtorganismus wider. Transfusionen sorgten für besseren Schlaf und frischeres Aussehen, sie stärkten die Sehkraft und schützten vor frühzeitiger Ermüdung, und obwohl sich bereits ein Kunde in seinem Institut mit Syphilis infiziert hatte, versicherte er zudem, dass die Blutübertragung völlig ungefährlich sei.

Am 28. März 1928 tauschte er bei einem seiner »marsianischen« Versuche Blut mit einem Studenten. Die Blutgruppe passte, aber Bogdanow erlitt eine heftige Immunreaktion, vielleicht weil sein Körper nach elf vorangegangenen ähnlichen Experimenten mit fremden Antikörpern überschwemmt war. Trotz sofortiger Therapie starb Alexander Bogdanow zwei Wochen später im Alter von 54 Jahren.

Andere stellten sich den neuen Sowjetmenschen anders vor. Alexej Gastew wollte die Revolution ebenfalls nutzen, um Leben und Kultur neu zu gestalten, und fragte rhetorisch: »Müssen wir, wenn wir von vorn anfangen, auf jenen ›Schätzen‹ aufbauen, die von den Adelshäusern auf uns gekommen sind, den ›Denkmälern‹ der Künste, Gewohnheiten und Lebensweisen, oder sollten wir das Gesicht einer neuen Kultur enthüllen, die aus Technik und Industrie geboren ist?«[10]

Die Zukunft lockte: »Wir sollten endlich aufhören«, forderte Gastew in seiner instituteigenen Vierteljahreszeitschrift, »Menschen sentimental zu betrachten. Wir sollten endlich anfangen, die Gesellschaft nicht nur zu erforschen und zu analysieren, sondern neu zu erschaffen: neue soziale Normen, neue Bewegungsabläufe, neue Verhaltensmuster.« Sein Institut, das der Einübung der Arbeiter in den Umgang mit Industriemaschinen diene, sei »das Schlachtfeld, auf dem die neue, technische Kultur gegen die historisch überlieferte humanitäre Verträumtheit« kämpfe. Und sie siegte. Die Stachanow-Welle entsprach ganz seinem Denken. Schon 1923 warb er für die Auszeichnung »Held der Arbeit«: Wer herausragende Leistungen vollbringe, solle vor Tausenden von Arbeitern geehrt werden.[11]

Bogdanow warf Gastew vor, er verwechsle Arbeitstechniken und Produktionsfertigkeiten mit Kultur. Das Leben der Werktätigen bestehe nicht nur aus Arbeit. »Es ist nicht sinnvoll, ein Stück herauszubrechen, gleichgültig wie groß dessen Bedeutung ist.« Grundsätzlicher noch sah Bogdanow die Gefahr, dass Gastews »finster-phantastische« Agenda zu einer Bündelung aller kreativen, originellen Funktionen in der Hand einiger weniger ausgebildeter Ingenieure führen könnte.[12]

Die Furcht war begründet. Letztlich hat es der Sowjetstaat während seines gesamten Bestehens nicht geschafft, verbindliche, dauerhafte und ideologisch kohärente Formen für die Rituale zu finden, mit denen die wichtigsten Ereignisse im Leben eines Menschen begangen werden. Es gab keine sowjetische Trauzeremonie, die den Namen verdient hätte, keine Bestattungs- und Trauerzeremonie, kein Äquivalent zur Taufe.[13]

Unter Stalin nahm der »neue Sowjetmensch« seine letzte Gestalt an, und sein wichtigstes, schauerlichstes Merkmal war Alterslosigkeit.

Damit meine ich nicht in erster Linie die Suche nach lebensverlängernden Maßnahmen, die gewiss eines von Stalins Lieblingsprojekten war. Sie ist zeittypisch, die sowjetische Variante nur die ideologisch aufgeblähte Version des uralten Wunsches der Reichen und Mächtigen, ihren Wohlstand ewig zu genießen, getreu dem Motto: Wenn wir nichts mitnehmen können, bleiben wir eben hier.[14] Alte, hinfällige Männer vertrauten mit religiöser Inbrunst auf die Wissenschaft, Bolschewiki wie Gorki und Lunatscharski setzten auf die jeweils neueste Verjüngungstechnik, ließen sich Affendrüsen implantieren, sterilisieren, nahmen Olga Lepeschinskajas Sodabäder (*die* sollten wir auf keinen Fall vergessen) und schluckten Gravidan, ein komisches Pulver, gewonnen aus dem Urin schwangerer Frauen. Wie in allen Regionen der Erde klebten die Führer auch in der Sowjetunion an der Macht, präsentierten der Nation keine Nachfolger, traten trotz schrecklicher Krankheiten und Behinderungen nicht ab, wild entschlossen, die Fäden nie und nimmer aus der Hand zu geben.

Doch lassen wir all das auf sich beruhen. Das eigentlich Abstoßende an der Unsterblichkeit ist die Art, wie sie das Leben an beiden Enden aushöhlt. Wenn es weder Vergreisung noch Tod gibt, verkümmern auch Geburt, Kindheit und Jugend, werden zu Übergangsstadien, wie Larven, bevor sie schlüpfen. Lange kannte Russland keine Jugendkultur, wohl aber viele Mittel und Wege, junge Menschen zu lenken und zu indoktrinieren. Die nachwachsende Generation wuchs nicht in eine lebendige Ideologie hinein, sondern wurde in genehme Verhaltensmuster gepresst. Jungpioniere und Komsomolzen wurden am Schlafittchen ins Erwachsenendasein gezerrt, Widerstand zwecklos. Einmal aus den Windeln heraus, hatten sie verantwortungsvolle junge Leute zu sein, die in der Propaganda allgegenwärtig waren.

Man kann den Prozess in Gastews Journal verfolgen. Die frühen Ausgaben sind aufgeschlossen für internationale Entwicklungen und beziehen sich häufig auf Ergonomieberater und Industriedesigner in Deutschland und den USA. Als der Erste Fünfjahresplan in Angriff genommen wurde, konzentrierte sich Gastews Institut auf Maschinen, Produktionsplanung und den ökonomischen Ausstoß, der Mensch geriet mehr und mehr aus dem Fokus. Auf eine Art war das aufregend. Es ging nicht länger nur darum, wie man einen Hammer schwingt. Im Institut erschienen Handbücher für den Aufbau ganzer Fabriken, von der Architektur bis zur Arbeitsorganisation. Doch mit den ruhmheischenden Vorführungen technischer Fortschritte ging auch eine wachsende Entfremdung vom Leben der Arbeiter einher. Und, was noch schlimmer war, die Seiten wurden zunehmend mit Stalin-Bildern und Stalin-Zitaten und Lobeshymnen auf Stalin und Anrufungen des großen Führers gefüllt.

Die letzte Nummer erschien 1938. Längst war klar: Treueschwüre und Kotaus schützten vor Verfolgung nicht. Am Abend des 7. September wurde Gastew vom NKWD abgeholt, seine im selben Gebäude wie sein Zentralinstitut für Arbeit eingerichtete Wohnung durchsucht, seine Papiere beschlagnahmt. Ein halbes Jahr später verkündete ein Gericht – welches auch immer – das Urteil über ihn: zehn Jahre Zwangsarbeit. Es wurde nicht vollstreckt. Alexej Kapitonowitsch Gastew starb am 1. Oktober 1941 in einem Moskauer Vorort, durchsiebt von den Kugeln eines Hinrichtungskommandos. Die Sowjetunion war zur grausig-finsteren Parodie auf sein Poem »Express« verkommen.

Ihre Landkarte war wegen Gulag und Arbeitslagern, dem Treibstoff der Sklavenökonomie des NKWD, von Zahlen, Akronymen und Decknamen übersät. Mitte der fünfziger Jahre gehörte das menschenverachtende Vokabular der Nomenklatura fest zur Alltagssprache der sowjetischen Rüstungsindustrie, ein unübersichtliches Konglomerat von Instituten, Fabriken und Ministerien, manchen Berichten zufolge bis zu vierzig Prozent der sowjetischen Volkswirtschaft. Hunderttausende Arbeiter lebten ihr kleines Leben in Postfächern, Sondereinrichtungen, geheimen Städten und fiktiven Adressen.

Der Übergang vom Gulag zur Militärökonomie war leicht. Häufig durften gefangene Wissenschaftler nach der Arbeit nach Hause gehen und dort übernachten. Sergej Koroljow spottete, die Kerle, die man ihm in seiner Zeit als Chefplaner des sowjetischen Weltraumprogramms als Personenschützer zur Seite gestellt habe, seien wahrscheinlich dieselben, die ihn in der Scharaschka bewacht hätten. Ihre Arbeit sei in beiden Fällen die-selbe – Wissenschaftler von der Außenwelt abzuschirmen.

Spätestens mit Andrej Sacharow, der Wissenschaft und Staats-bürgerkunde als ein und dasselbe verstand, durchbrachen die Wissenschaftler die Isolation und traten für Bürgerrechte ein. Sacharow konnte 1968 dank seiner im Kalten Krieg privilegier-ten Position den Essay *Wie ich mir die Zukunft vorstelle. Gedan-ken über Fortschritt, friedliche Koexistenz und geistige Freiheit* publizieren, in dem er dafür plädierte, die Regeln der wissen-schaftlichen Diskussion auf das öffentliche Leben zu übertragen: »Die internationale Politik muss mit wissenschaftlicher Metho-dik und demokratischem Geist erfüllt sein, muss das Bestreben haben, alle Tatsachen, Ansichten und Theorien furchtlos zu be-rücksichtigen, muss ihre exakt formulierten Haupt- und Zwi-schenziele der Öffentlichkeit bekannt geben und in prinzipieller Folgerichtigkeit verfahren.« Sacharow sah, genauso wie Gorki, Bogdanow, Lenin und Marx, die Wissenschaft als Vorbild der Politik. Politiker brauchten nur zu lernen, gute Wissenschaftler zu sein.[15]

Der Glaube an die zivilgesellschaftliche Kraft der Wissen-schaft zündete nicht. Statt den Staat zu reformieren, schwächten ihn die Dissidenten und beschleunigten seinen Untergang. Und das in einem Land, dessen Gründungsväter sich einst dem Ideal der wissenschaftlich fundierten Regierung verschrieben und von einer Gesellschaft geträumt hatten, die sich auf exakte Beobach-tung gründen und von eherner mathematischer Logik gelenkt werden sollte (nachzulesen etwa in Maxim Gorkis Vortrag »Wis-senschaft und Demokratie« von 1917). Wie war das möglich?

Gorki glaubte, wie Sacharow ein halbes Jahrhundert spä-ter, eine der Wissenschaft verpflichtete Gesellschaft würde über Nacht zivile Institutionen entwickeln. Die Bolschewiki verban-den mit wissenschaftlicher Politik nicht zuletzt die Hoffnung, den Westen mit einem Satz einzuholen und dem nachzaristischen Russland die beschwerlichen Jahre ziviler Entwicklung zu er-sparen.

An diesem Traum scheiterte die Revolution 1917, scheiterte

Lenin, scheiterte Stalin (der ihn eben auch träumte). Ein halbes Jahrhundert später träumte ihn Sacharow immer noch. Und er blieb ein Traum.

Sein wiederholtes Scheitern war nur zum Teil ein Unfall der Geschichte, nur zum Teil schlechtes Timing, nur zum Teil das persönliche Scheitern einzelner Männer und Frauen. Er scheiterte und scheitert bis heute, weil die einzelnen Forschungszweige nicht zu einer kohärenten, einheitlichen Wissenschaft zusammenfinden, die Politik handhaben könnte.

Am längsten zog sich das Scheitern von Psychologie und Physiologie hin, sie mochten sich (um Trotzki zu paraphrasieren) nicht in der Mitte treffen, und das trug erheblich dazu bei, dass Sacharow samt Freunden und Mitarbeitern schon bald in Irrenanstalten gesteckt wurden und mit ihnen viele andere hoffnungslose Träumer, Dissidenten, »philosophisch infiltrierte« Querulanten.

Politische Gegner in Irrenanstalten zu entsorgen hat in Russland Tradition. Die Zaren hielten es so, lange bevor es Bolschewiki gab, und die Sowjetführung übernahm die Sitte. Nervenkliniken waren immer noch besser als die Verbannung nach Sibirien – die Einweisung galt als ein Akt der Nachsicht.

Neu waren allerdings die fadenscheinigen Begründungen, mit denen politischer Protest pathologisiert wurde. Daran waren nicht sowjetische Politiker, sondern sowjetische Psychiater schuld. Ihre extrem reduktionistischen, doktrinären, starren und schlicht falschen Modelle der menschlichen Psyche ermöglichten immer neue Verhaftungswellen.

Ende der vierziger Jahre wurde der Kliniker Andrej Wladimirowitsch Sneshnewski in ein Fachgremium berufen, das ein Handbuch der Neuropathologie und Psychiatrie vorbereiten sollte. Die Erstausgabe war voll absehbarer stalinistischer Phrasen – der Leser wurde ermahnt, »dem Kampf für die wissenschaftliche Reinheit unserer Disziplin, dem Kampf gegen feindliche Lehren und ihre Mittelsleute sowie der Demaskierung der kapitalistisch-antinationalen Ausrichtung der Neuropathologie und Psychiatrie in den kapitalistischen Ländern besondere Aufmerksamkeit zu widmen«.

Nach Stalins Tod wurden diese Passagen vollständig getilgt. Sneshnewski fügte Kapitel ein, in denen er die Leistungen des deutschen Psychiaters Emil Kraepelin und dessen Bemühen um eine praktikable, verständliche Klassifizierung der Geisteskrankheiten würdigte.

So weit, so gut, sollte man meinen – es gab nur einen Schönheitsfehler: Sowjetische Psychiater verstanden praktisch nichts von menschlicher Psychologie. Sie hatten nichts darüber gelernt. Sie sollten Pawlowianer sein, und da Pawlow nichts zu Psychoanalyse, Sozialpsychologie, Individualpsychologie oder analytischer Psychologie geschrieben hatte, war auch niemand anders dazu befugt.[16] Pawlow hatte sich ein scherzhaftes System von Strafen für seine Nachwuchskräfte ausgedacht, wenn sie dabei ertappt wurden, das Verhalten von Versuchstieren zu psychologisieren. In grotesker Überdehnung dieser Idee wurde sowjetischen Psychiatern beigebracht, psychologische Begriffe und Ausdrücke seien subjektiv, idealistisch und unwissenschaftlich. Ihr Gebrauch war verboten.

Unter Sneshnewskis Leitung – er war ein Macher, kein Denker[17] – begannen diese auf schmaler Spur ausgebildeten Spezialisten nun, Klienten und Patienten nach einer Taxonomie einzuteilen, die bis heute vage und anfällig für Marotten und Moden geblieben ist.

Wenn das einzige Werkzeug, das man besitzt, ein Hammer ist, sieht alles wie ein Nagel aus. Bewaffnet mit Sneshnewskis ungenauem Handbuch und ohne psychologisches Verständnis, sahen sowjetische Psychiater in jedem einen potenziellen Schizophrenen. Und während im Westen zwischen 1950 und 1970 psychisch Kranke möglichst ambulant behandelt wurden, wuchs die Kapazität der Nervenkliniken in der UdSSR fast auf das Dreifache und die Zahl der Psychiater fast auf das Vierfache an.

Zu den Symptomen der Schizophrenie gehörte laut sowjetischen Lehrbüchern »Ambivalenz«, und so musste man sich davor hüten, etwa zuzugeben, dass man einen Verwandten nicht mochte, manche Menschen nicht sympathisch fand oder offizielle Veranstaltungen möglichst mied. Dieses bequeme Denken auf Politik auszuweiten war leicht oder sogar unvermeidlich. An »philosophischer Intoxikation« und damit an Schizophrenie litt, wer die Obrigkeit mit marxistischer Terminologie kritisierte. Ende Mai 1970 wurde dem Biologen Shores Medwedjew »schleichende Schizophrenie« attestiert. Er hatte im Westen das Buch *Der Fall Lyssenko* veröffentlicht und wurde dafür in die psychiatrische Klinik von Kaluga 150 Kilometer südwestlich von Moskau eingeliefert. In seinen Erinnerungen schreibt Andrej Sacharow, der sich energisch für Medwedjew einsetzte, die Diagnose habe sich »auf seine Schriften [gestützt] – sowohl über Biologie als auch Politik – … die angeblich die Spaltung seiner Persönlichkeit bewiesen … Zudem beweise sein gesamtes Verhalten mangelnde soziale Anpassung.«[18] In der geschlossenen Abteilung lernte Medwedjew andere Insassen kennen. Ein Mann hatte Flugblätter gegen das örtliche Parteikomitee geklebt, Diagnose: »schlecht an die Bedingungen des sozialen Umfelds angepasst«, Therapie: starke Beruhigungsmittel, die, so Ärzte, »die Persönlichkeitsstruktur verändern« sollten. Ein vierundzwanzigjähriger Insasse hatte den Komsomol einen Haufen Sesselpupser genannt, litt also offensichtlich an »reformistischen Wahnvorstellungen« und wurde seit drei Monaten regelmäßig Insulinschocks ausgesetzt.

Eine Frau, die sich beim Staatsanwalt beschwert hatte, ein junger Mann, der aus der Partei austreten wollte, ein litauischer Ingenieur, der ein Denkmal für die sowjetischen Gefallenen nur unter der Bedingung bauen wollte, dass auch die Opfer des stalinistischen Terrors eines bekämen, junge »Hippies«, Gläubige, Wehrdienstverweigerer: Alle wurden in der Psychiatrie »behandelt«.

Als die Sowjetunion unerwartet zusammenbrach, war sie zu dem geworden, was seine Gründer sich erträumt hatten: ein wissenschaftlicher Staat.

Der Ostblock konnte sich in den achtziger Jahren rühmen,

doppelt so viele Wissenschaftler im Verhältnis zur Gesamtbevölkerung zu haben wie die USA und Westeuropa, er unterhielt den größten, bestfinanzierten wissenschaftlichen Apparat der Welt. Die Sowjetunion war ein waidwunder Riese, von den einen glorifiziert, von anderen mit Hohn bedacht. Sie brüstete sich mit dem ältesten, größten Gesundheitsdienst der Welt, doch ein Viertel ihrer Studienzeit verbrachten angehende Mediziner in politischen Schulungskursen – für Chirurgie war weniger Zeit angesetzt.[19] Sie unterhielt das vielleicht erfolgreichste und sicherlich konsequenteste Raumfahrtprogramm, doch institutionelle und persönliche Rivalitäten verhinderten, dass die Sowjets als Erste auf dem Mond landeten. Sie schwor auf die größte, höchstentwickelte Planwirtschaft, doch leere Regale in den Supermärkten machten sie zum Gespött der Welt. Die kollektivierte Landwirtschaft strebte jahrzehntelang danach, die Kornkammer der Welt zu sein, doch von Chruschtschows Zeiten an musste Russland bis 1991 Getreide aus den USA und Kanada importieren, um alle Einwohner satt zu kriegen.

Die sowjetische Wissenschaft war außergewöhnlich und hätte viel mehr Wunder wirken sollen, als sie es tat. Das ganze Projekt der Bolschewiki war außergewöhnlich, das Unterfangen, die alten Grenzen des Zarenreichs so weit auszudehnen und neu zu festigen, bis die UdSSR das größte Staatsterritorium der Welt hatte. Und trotzdem erstaunen weniger die Errungenschaften – Millionenstädte im tiefsten Sibirien, Minen, Eisenbahnen, Dämme – als vielmehr die ungeheure Verschwendung, die diese Errungenschaften mit sich brachten. Die Plünderung Russlands war keine Spezialität der Bolschewiki. Bereits 1911 hatte Wladimir Wernadski auf der Suche nach radioaktivem Gestein am Ilmensee himmelschreiende Verhältnisse in einer Region beobachtet, die zweihundert Jahre lang planlos ausgebeutet worden war:

Der Ural ist durch die verheerende Plünderung seiner Reichtümer schrecklich zugerichtet ... Wäldern, Edelsteinminen, Straßen, Lebensformen – allen sieht man die vorsintflutliche Regierungsstruktur und die Anarchie an, die überall herrscht! Du kannst dir die

Barbarci nicht vorstellen, die man in der berühmten Mursinka-Region und deren Umgebung antrifft! Dabei ist hier viel Wohlstand. In zweihundert Jahren nicht eine vernünftige Straße! Die Wälder brennen sinnlos ab. Beim Abbau von Edelsteinen wird fast die Hälfte zerstört, künftige Arbeiten werden praktisch unmöglich gemacht.[20]

1920 erklärte Lenin die Gegend auf Wernadskis Betreiben hin zum ersten sowjetischen Naturschutzreservat. Für kurze Zeit schien es, als würde die revolutionäre Regierung die damals neue Umweltwissenschaft unterstützen und das Land für seine Menschen schützen.

Die guten Absichten überlebten den verzweifelten Kampf um die Industrialisierung der Nation nicht. Ingenieur Pjotr Paltschinski hielt das moralische und praktische Versagen der Regierung schonungslos fest. Der »heldenhafte« Bau des Dnjepr-Stausees war ökologisch wie menschlich eine Katastrophe. Keiner hatte daran gedacht, erst einmal vernünftige Karten zu erstellen, deswegen wusste niemand, wie groß die Überflutungsfläche sein würde. Keiner hatte den Verlust von Ackerland in die Berechnung der Kosten einbezogen. Ähnlich scharf fällt seine Kritik am Stahlwerk Magnitostroi aus. Es gab keine Stadt in der Nähe, also musste eine aus dem Boden gestampft werden für die Bauarbeiter. Die gigantische Fabrikanlage wurde nach dem nahegelegenen Magnetberg benannt, aber niemand hatte sich um eine solide Einschätzung bemüht, wie viel Erz nun tatsächlich dort lag. Und am ärgerlichsten war, dass es keine Kohle in der Umgebung gab, die musste von weit her per Zug angeliefert werden.

Die Regierung ignorierte die Bedenken Paltschinskis (der zum Lohn 1929 exekutiert wurde) und engagierte amerikanische Ingenieure aus Gary, Indiana, für die Planung des Hüttenwerks. Für sie wurde eine hübsche Enklave, genannt Amerikanka, gebaut, die hatte sogar Tennisplätze, während die 200000 Arbeiter in Zelten und Lehmhütten zwischen offenen Abwasserkanälen direkt im Abwind der fauchenden Hochöfen hausten.

Wladimir Wernadski, der ewige Visionär, verstand die Intention der Regierung hinter diesem kurzsichtigen Aktionismus. Am

7. April 1926 wies er die Teilnehmer am Allunionskongress der KEPS, der Kommission zur Erforschung der natürlichen Produktivkräfte Russlands, darauf hin, dass auch ein fortschrittliches Gesellschaftssystem nichts an den Naturgesetzen würde ändern können:

> Die [natürlichen Produktiv-]Kräfte sind ... endlich, sie haben Grenzen, und das sind keine imaginären und keine theoretischen Grenzen – sie sind real. Sie können von wissenschaftlichen Studien beziffert werden und stellen eine unüberwindbare Grenze unserer Produktionskapazität dar.[21]

Der Stalin-Plan für die Große Umwandlung der Natur war nur das grandioseste Denkmal der Weigerung des sowjetischen Staates, die physischen Limits der Zukunft anzuerkennen. Die natürlichen Ressourcen wurden nicht in den Preis einberechnet. Sie durften nicht in Privatbesitz sein, waren aber gleichzeitig nichts wert: ein freies Gut. Kein Wunder, dass Bodenschätze, Energie und Material ohne Rücksicht auf Verschwendung und Verluste genutzt wurden.

Projekte wurden eher für den Grad der Kühnheit und ihre Ausmaße denn für ihre Nützlichkeit gerühmt, etwa der wirtschaftlich unbedeutende Weißmeerkanal, in Rekordzeit gebaut, aber ohne ordentliche Befestigung und viel zu flach. Er kostete Tausende Menschenleben, wurde aber von Presse und Künstlern als einzigartiger Erfolg für die Industrialisierung Russlands gefeiert. Zwangsarbeit, Unterernährung und mangelhafte Ausrüstung wurden der Nation als kreative Leistung des politisch bewussten Proletariats verkauft.

Nikita Chruschtschow, der den Stalin-Plan mitsamt einer unvorstellbar großen Fläche toter und sterbender Wälder erbte, warf einen Blick auf die sich abzeichnenden Kosten und schloss die zuständige Behörde per Dekret. Sämtliche Windschutzbepflanzungen wurden aufgegeben. Die Ausmaße des Problems kann man sich vielleicht besser vorstellen, wenn man bedenkt, dass russische Wälder mehr als ein Fünftel der weltweiten Waldfläche ausmachen. In den sechziger Jahren endeten zwanzig Prozent des russischen Holzes als Späne, Abfall und Sägemehl. Bis zu vierzig Prozent der Ernte wurden zu Feuerholz verarbeitet oder weggeworfen. Millionen Kubikmeter Holz verrotteten in Lagerhäusern an den Unterläufen von Flüssen.[22]

Chruschtschow und sein Nachfolger Breshnew stutzten den Plan von 1948 nicht so sehr im Maßstab zurecht, sie überlagerten ihn eher mit eigenen überambitionierten Vorhaben. Mitte der fünfziger Jahre waren praktisch alle Flüsse im europäischen Teil Russlands für die Stromerzeugung gezähmt und extrem verschmutzte Todeszonen. Bewässerungskanäle wurden als einfache, unbefestigte Rinnen angelegt, in denen die Hälfte des Wassers versickerte und ungewollte Sumpfgebiete von einer Fläche größer als Frankreich erzeugte.[23]

Der Aralsee, dessen Zuflüsse für einen desaströsen Baumwollanbau umgeleitet wurden, ist in der Ausdehnung zwischen 1960 und 1991 um mehr als die Hälfte, seine Wassermenge sogar um drei Viertel geschrumpft. Das Klima um den See hat sich natürlich verändert. Rund 43 Millionen Tonnen Staub und Salz pro Jahr werden durch Stürme aufgewirbelt. Die Salze sind für Pflanzen giftig und machen die Anwohner krank.

Nachdem der europäische Landesteil gezähmt war, wandte sich Chruschtschow Sibirien zu. Die riesigen Bautrusts der Stalin-Ära wurden noch größer, wuchsen auf bis zu 80 000 Mitarbeiter an, von denen keiner entlassen werden konnte, weil das gesetzlich verboten war. Sobald ein Projekt abgeschlossen war, musste ein neues her, um die Leute zu beschäftigen. Die Trusts erkundeten das Land, um neue Baustellen aufzutun. Man kann auf der Landkarte nachvollziehen, wie sie Jahr für Jahr und Jahrzehnt um Jahrzehnt den Flussläufen folgend einen Staudamm und eine Talsperre nach der anderen hochzogen.

Eine Folge dieser Bautätigkeit war die Umweltverschmutzung. Zwischen 1948 und 1951 leitete Tscheljabinsk-40 (heute Osjorsk) 76 Kubikmeter zum Teil stark radioaktiv belastete Abwässer in die Tetscha ein. Der Fluss und die Auenlandschaft entlang der Ufer sind verseucht, zehntausend Menschen wurden 1951 umgesiedelt, Zwangsarbeiter bauten Dämme und Rückhaltebecken, damit die Giftbrühe nicht in den Ob gelangte.

1957 kontaminierte ein Atomunfall – eine gewaltige Explosion in der Kyschtym-Deponie bei Sungul – die Gegend erneut. Die Rauchfahne stieg einen Kilometer hoch, setzte rund 100 000 Menschen einer nachweislich gesundheitsschädlichen Strahlenbelastung aus und schuf eine mehrere hundert Quadratkilometer große Todeszone. Fur die Wissenschaftler war die Region im Ostural ein einzigartiges Gelände, wo sie die ökologischen Folgen radioaktiver Verseuchung untersuchen konnten, aber den Atommüll aufzuräumen war ein Riesenproblem. Im trockenen Sommer 1967 verdunstete der Karatschai-See, der Wind blies verstrahlten Staub über fünfzig Kilometer weit, rund 41 000 Menschen waren betroffen.

1968 fand die sowjetische Regierung endlich eine todsichere Methode, dafür zu sorgen, dass niemand Zutritt zu den hochbelasteten Landstrichen bekam: Sie erklärte das Gebiet zum Naturschutzreservat.

* * *

Wenn du rein und selbstlos und zielorientiert bist, dann kannst du dir die Welt nach deinen Wünschen einrichten – das war das Versprechen der Bolschewiki. Glaub an deine Träume. Widme dich ihnen mit ganzem Herzen. Konzentriere dich auf die Arbeit. Lass dich von Hindernissen nicht aufhalten. Und gib auf keinen Fall der Realität Raum, das kostet nur Kraft.

Tue mit Hingabe, was zu tun ist. Erfülle deinen verrückten Traum. Verzweifle nicht.

In den Jahrzehnten seit Stalins Tod hat die ganze Welt, wenn auch in sehr unterschiedlichem Ausmaß, danach gestrebt, ihren verrückten Traum von sauberem Wasser, Abwasserentsorgung, Krankenhäusern, Straßen, Schulen und zivilisatorischen Einrichtungen zu erfüllen. Und gerade jetzt erst erkennen wir die ungewollten Folgen dieser ungleich verteilten gewaltigen Anstrengung, die globale Entwicklung voranzutreiben. Während ich dies schreibe, verbrauchen Menschen ein Viertel mehr, als unser Planet langfristig hergibt. Mit anderen Worten, die Erde benötigt ein Jahr und drei Monate, um zu erzeugen, was die Menschheit in einem Jahr verbraucht.

Es dauert, bis sich natürliche Ressourcen akkumulieren. Jeder denkt dabei sofort an Öl, aber mit Wäldern, Böden und Grundwasser ist es dasselbe, sind sie einmal verbraucht, sind sie weg. Abwarten bringt sie nicht zurück, denn die Mechanismen, die zu ihrer Entstehung geführt haben, sind gestört.

Wenn das Buch erscheint, brauchen wir eineinhalb Erden, um unseren Verbrauch zu gewährleisten. Zehn Jahre später werden es zweieinhalb Erden sein. (Bogdanow war vor uns dort: Der Höhepunkt seines utopischen Romans *Der rote Planet* ist eine Unterhaltung zwischen Marsmenschen, ob sie uns auslöschen sollen, um sich mehr natürliche Ressourcen zu verschaffen.)

Wir leben in Millenniumszeiten. Manche glauben an ein Ende, den Kollaps, die Apokalypse. Die meisten sind davon überzeugt, dass wir dank Wissen und Technik bald die letzten zehntausend Jahre menschlicher Erfahrungen auf dem Planeten ausblenden und vergessen können. Wir sind alle kleine Stalinisten, die sich auf die Effizienz der Wissenschaft verlassen: Sie soll uns aus jedem Schlamassel retten, und deshalb wollen wir nicht wahrhaben, was Wissenschaft wirklich zu leisten vermag, und hören nicht darauf, was Wissenschaftler dazu sagen.

Ich glaube, es liegt etwas erbärmlich Unvermeidbares, etwas bewundernswürdig Menschliches in der Art, wie die Sowjetunion einer Welt voll Mangel und Armut entgegentrat und das Land mit dem unbeständigen Leuchten der Wissenschaft erhellen wollte. Trotz allen Terrors, aller Idiotien und Verbrechen ist es auch eine Geschichte von Mut, Ideenreichtum und Genie.

Ich fürchte, wir werden uns nicht annähernd so gut schlagen.

London 2016

DANK

Der Leser hat Glück: Als Autor, der keiner Universität angehört, muss ich nicht jeder Koryphäe, Fakultät und Bibliothek danken, deren Handtücher ich mit meinem Schweiß verfärbt habe. Wer noch lebt und in die Bibliographie aufgenommen wurde, weiß, dass ich in seiner Schuld stehe und wie viel ich ihr oder ihm verdanke. (Die Mitarbeiter der Wellcome Library in London sind mächtige kleine Götter.)

Wichtiger ist mir, jene Leute zu erwähnen, die unter meiner fixen Idee leiden mussten, sie duldeten oder mich manchmal sogar bestärkten und unterstützten. Natürlich gehen alle Fehler im Text auf mein Konto, aber dass ich das Projekt in Angriff nahm, ist allein ihre Schuld.

Will Hammond von Penguin Books säte mit der Bemerkung, eine Biographie von Alexander Lurija könne Interessantes zutage fördern, den ersten Samen. Anna Davis kommentierte meine unzähligen Fehlstarts, Kurzmemos und Absichtserklärungen. Mein Agent Peter Tallack (Freunde nennen ihn »The Science Factory«) luchste mir erst ein dickes Exposé und dann immer neue Teile ab, während das Projekt anschwoll und abblätterte und anschwoll und abblätterte, wie eine besonderen Qualen ausgesetzte Statuette von Alberto Giacometti.

Einen Lektor habe ich komplett verheizt (Neil Belton – Sie waren phantastisch und freundlich und hätten Besseres verdient) und wurde dann schließlich von Julian Loose bei Faber zartfühlend betreut, der sich zu meinem Erstaunen als noch härtere Sowjet-Nuss erwies als Neil.

Manche Bücher muss man erst einmal erzählen, bevor man mit dem Schreiben beginnt. Durch eine Verkettung glücklicher Umstände geriet ich von Stephen Dalziel über mehrere tolle Zwischenstationen an Julian Gallant und die intellektuelle Oase namens Puschkin-Haus, wo ich abseits ausgetretener Pfade die russische Wissenschaft erkunden durfte, noch bevor ich einen Ausweis dafür hatte. Rhidian Davis vom British Film Institute, Doug Millard von Londoner Science Museum und Louis Savy vom Sci-Fi-London-Filmfestival gaben mir die Möglichkeit, die Story einem Publikum vorzutragen.

Das Buch wäre besser (und kürzer) geworden, hätte ich die Geistesgegenwart gehabt, Unterhaltungen mit Freunden mitzuschneiden. Stephen Jelley, Simon Spanton, Meghna Jayanth, Matthew Cobb und Oliver Morton: Danke. (Und natürlich Dank an Daniel Brown, meine graue Eminenz.) In meinem Brotjob haben Sumit Paul-Choudhuray und Liz Else einen ruhigen, kühl-amüsierten Blick auf das Projekt geworfen, ohne ihre Ermunterung und Geduld wäre ich niemals fertig geworden.

Und schließlich Lydia Nicholas, die schneller denkt, redet, fühlt und handelt als irgendjemand sonst unter der Sonne. Mal abgesehen von der praktischen Unterstützung (die war erheblich): Wenn dieses Buch einen Funken Leben enthält (was ich hoffe), dann wegen ihr.

REGISTER

ANMERKUNGEN

VORWORT

1 Alexander R. Lurija, »Kleines Porträt eines großen Gedächtnisses«, in: ders., *Der Mann, dessen Welt in Scherben ging.*

2 Die Umbenennung des sehr deutsch klingenden Namens Sankt Petersburg zu Petrograd erfolgte im August 1914, das Datum lässt den Grund erahnen.

3 Wenn man die orthodoxen julianischen Datierungen in ihr gregorianisches Äquivalent umrechnet (wie ich es im ganzen Buch getan habe), war die Oktoberrevolution eine Novemberrevolution. Russland führte den gregorianischen Kalender 1918 ein.

PROLOG

1 Zitiert nach Kendall E. Bailes, *Science and Russian Culture in an Age of Revolutions: V. I. Vernadsky and His Scientific School, 1863–1945*, S. 99.

2 Richard Pipes, *Rußland vor der Revolution. Staat und Gesellschaft im Zarenreich*, S. 92.

3 Was an Getreide nicht exportiert wurde, wurde zum Großteil zu Wodka verarbeitet. Vgl. Patricia Herlihy, *The Alcoholic Empire: Vodka and Politics in Late Imperial Russia.*

4 Sowjetische Historiker bezeichnen diese Politik nach Graf Alexej Andrejewitsch Araktschejew (1769–1834) als Araktschejew-System. Der General war berühmt für die Gründung von Strafkolonien, in denen die Delinquenten eine Kombination von harter Feldarbeit und militärischem Drill erwartete. Vgl. Richard Stites, *Revolutionary Dreams: Utopian Vision and Experimental Life in the Russian Revolution.*

5 Michael Haynes und Rumy Husan, *A Century of State Murder? Death and Politics in Twentieth-Century Russia*, S. 28.

6 Jeffrey Burds, *Peasant Dreams and Market Politics: Labor Migration and the Russian Village, 1861–1905*, S. 34.

7 Ebenda, S. 74.

8 Edvard Radzinsky, *Alexander II: The Last Great Tsar*, S. 413.

ERSTER TEIL: KONTROLLE (1905–1929)

KAPITEL 1

1 Zitiert nach David Holloway, *Stalin and the Bomb: The Soviet Union and Atomic Energy, 1939–1956*, S. 112.

2 Zitiert nach Bailes, *Science and Russian Culture*, S. 9.

3 Ebenda, S. 17.

4 Ebenda, S. 26.

5 Die Einschränkungen, denen Frauen unterworfen waren, und deren Wege, sie zu umgehen, führten mitunter zu seltsamen Schlagzeilen. Zum Beispiel wurden einige Jüdinnen enttarnt, die sich, um in Sankt Petersburg Wohnrecht zu erhalten, als Prostituierte hatten registrieren lassen, in Wirklichkeit aber Medizinvorlesungen und Privatseminare speziell für Frauen besuchten. Die Geschichte (die zu hundert Prozent stimmt) ist eine so wunderbare Kombination von Obszönität und hoher Gesinnung, dass sie bis zum Ende des Ersten Weltkriegs in nicht weniger als vier Spielfilmen erzählt wurde. Vgl. Benjamin Nathans, *Beyond the Pale: The Jewish Encounter with Late Imperial Russia*. Lesenswert sind auch Ann Hibner Koblitz, *Science, Women and Revolution in Russia*, sowie Samuel D. Kassow, *Students, Professors, and the State in Tsarist Russia*.

6 V. I. Vernadsky, *Geochemistry and the Biosphere*.

7 Zu Wernadskis visionärem Spätwerk vgl. Arsenii Borisovich Roginsky, Felix F. Perchenok und Vadim M Borisov, »Community as the Source of Vernadsky's Concept of Noosphere«, *Configurations* 1/1993, S. 415, sowie Akop P. Nazaretyan, »Big (Universal) History Paradigm: Versions and Approaches«, *Social Evolution and History* 4/2005, S. 61–86.

8 Aus dem Polizeibericht über Wernadski, zitiert nach Bailes, *Science and Russian Culture*, S. 65.

9 David Moon, »The Environmental History of the Russian Steppes: Vasilii Dokuchaev and the Harvest Failure of 1891«, S. 158.

10 Die Frage ist nicht fair. Im Verhältnis zur Größenordnung der Ka-

tastrophe waren die Regierungsmaßnahmen effizient. 1893 lief die russische Wirtschaft wieder wie vor der Hungersnot. Aber damals war keiner in der Stimmung, positive Meldungen wahrzunehmen. Vgl. James Y. Simms, »The Economic Impact of the Russian Famine of 1891–92«, S. 70.

11 Zitiert nach Bailes, *Science and Russian Culture*, S. 65.

12 Wernadski nennt konkret die Philippinen, vgl. Kassow, *Students, Professors, and the State in Tsarist Russia*, S. 217.

13 Ebenda, S. 227.

14 Ebenda, S. 253.

15 Ebenda, S. 266.

16 W. I. Lenin, »Politischer Streik und Straßenkampf in Moskau« (1905), S. 352.

17 Kurt Johansson und A. K. Gastev, *Aleksej Gastev. Proletarian Bard of the Machine Age*, S. 29.

18 Kassow, *Students, Professors, and the State in Tsarist Russia*, S. 356.

19 Bailes, *Science and Russian Culture*, S. 140.

20 R. Fando, »The Unknown about a Well-known Biologist«, S. 165 f.

· KAPITEL 2

1 Johansson und Gastev, *Aleksej Gastev*, S. 65 f.

2 In seiner *Optik* (1704), dem berühmten Buch über die Farben, die zusammen weißes Licht ergeben, schreibt Isaac Newton, seine Mechanik versage vollständig, wenn es darum gehe, die Farben zu beschreiben, die nach der Brechung von Sonnenlicht durch ein Prisma an der Wand sichtbar werden; mittels seiner Mechanik lasse sich nur die Spannbreite des Regenbogens messen.

3 Marx war nicht der Einzige. Nach dem Ersten Weltkrieg stand die Idee einer »rationalen Regierung« weltweit hoch im Kurs. Die Staaten hatten während des Kriegs ihre Volkswirtschaften gelenkt – warum nicht auch im Frieden? Thorstein Veblen forderte 1921 in seinem Buch *The Engineers and the Price System* für die USA Kommissionen (die er Sowjets nannte) zur Lenkung einer »rationalen« Wirtschaft.

4 W. I. Lenin, »Was sind die ›Volksfreunde‹ und wie kämpfen sie gegen die Sozialdemokraten?«, S. 333 f.

5 Vgl. Georgii D. Gloveli, »›Socialism of Science‹ versus ›Socialism of Feelings‹: Bogdanov and Lunacharsky«, S. 44.

6 Anthony Mansueto, »From Dialectic to Organization: Bogdanov's Contribution to Social Theory«; George E. Gorelik, »Bogdanov's Tektology: Its Nature, Development and Influence«.

7 Gründlicher als diese sarkastischen Zeilen informiert Arran Gare, »Aleksandr Bogdanov's History, Sociology and Philosophy of Science«.

8 Lenin war ein Deckname, angenommen um 1900.

9 Vgl. Robert C. Williams, »Collective Immortality: The Syndicalist Origins of Proletarian Culture, 1905–1910«, S. 391.

10 Henry Adams, *Die Erziehung des Henry Adams. Von ihm selbst erzählt*, S. 706 f.; vgl. ebenda, S. 715.

11 Nobelpreisträger Iwan Pawlow und seine Mitarbeiter hatten große Schwierigkeiten, konsistente Messdaten von ihren Hunden zu erhalten. Ein Assistent verließ das Team, weil den Versuchstieren der Geifer lief, wenn sie ihn nur sahen, ob sie nun hungrig waren oder nicht. Er wanderte in die Schweiz aus und wurde Psychiater.

12 Katherine Arens, »Mach's ›Psychology of Investigation‹«. Eine gute Biographie hat John T. Blackmore verfasst: *Ernst Mach: His Work, Life, and Influence*.

13 W. I. Lenin: *Materialismus und Empiriokritizismus. Kritische Bemerkungen über eine reaktionäre Philosophie*, in: *Werke*, Bd. 14, S. 260.

14 Maxim Gorki, »W. I. Lenin«, S. 45.

15 Ebenda, S. 47.

16 W. I. Lenin, *Materialismus und Empiriokritizismus*, S. 231 und 261.

17 Der russische Physiker Jakow Frenkel (1894–1952) befand, eigentlich sei jedes Wort zu viel über die wenigen Behauptungen, auf die sich das Buch reduzieren lasse, und spätere Kommentatoren waren nicht gnädiger. Der Historiker Paul Josephson brachte es 1991 auf den Punkt: »Typisch für *Materialismus und Empiriokritizismus* sind vulgärmarxistische Verallgemeinerungen, ermüdende Hasstiraden und exzessiv lange Zitate von Widersachern, die kurz mit hochmütigem Spott abgefertigt werden. Wären die Bolschewiki 1917 nicht an die Macht gekommen, würde Lenins Buch heute wohl kaum noch gelesen werden.« Vgl. Paul R. Josephson, *Physics and Politics in Revolutionary Russia*, S. 250.

18 Vgl. Diane Koenker, William G. Rosenberg und Ronald Grigor Suny, *Party, State, and Society in the Russian Civil War: Explorations in Social History*, S. 286.

19 Bailes, *Science and Russian Culture*, S. 186.

20 Bailes, *Technology and Society under Lenin and Stalin*, S. 55.

21 Ebenda, S. 56.

22 Bailes, *Science and Russian Culture*, S. 151.

23 Matthew Rendle, »Revolutionary Tribunals and the Origins of Terror in Early Soviet Russia«.

24 Haynes und Husan, *A Century of State Murder?*, S. 53.

25 Solomon Volkov, *St. Petersburg: A Cultural History*, S. 211.

26 Lennard David Gerson, *The Secret Police in Lenin's Russia*, S. 183.

27 Douglas R. Weiner erfasst Dsershinskis beinah moralisch zu nennende Läuterung sehr genau, vgl. Weiner, »Dzerzhinskii and the Gerd Case: The Politics of Intercession and the Evolution of ›Iron Felix‹ in NEP Russia«.

28 Vaclav Smil, *The Earth's Biosphere: Evolution, Dynamics, and Change*, S. 5.

KAPITEL 3

1 W. I. Lenin, »VIII. Parteitag der KPR(B), 18.–23. März 1919«, S. 164 f.

2 Kaum hatte James P. Goodrich als republikanischer Gouverneur von Indiana abgedankt, beauftragte ihn Präsident Herbert Hoover, die Hilfslieferungen der American Relief Administration für Russland zu koordinieren. Zu weiteren seiner Eindrücke aus Russland und zu seinem Engagement für die Sowjetunion vgl. Dane Starbuck, *The Goodriches: An American Family*.

3 Daniel P. Todes, »Pavlov and the Bolsheviks«, S. 384.

4 Mit einem Mikrotom können extrem dünne Scheiben geschnitten werden, die sich für die Untersuchung auf dem Objektträger unterm Mikroskop eignen. (Ein Makrotom ist eine Präzisionssäge, die benutzt wird, um größere anatomische Sektionen durchzuführen.)

5 Josephson, *Physics and Politics in Revolutionary Russia*, S. 77.

6 Nikolai Krementsov, *Stalinist Science*, S. 14.

7 Zitiert nach Igor G. Loskutov, *Vavilov and His Institute: A History of the World Collection of Plant Genetic Resources in Russia*, S. 18.

8 Zitiert nach Peter Pringle, *The Murder of Nikolai Vavilov: The Story of Stalin's Persecution of One of the Great Scientists of the Twentieth Century*, S. 92.

9 Zitiert nach Loskutov, *Vavilov and His Institute*, S. 23.

10 Zitiert nach Leonid Rodins Einführung zu N. I. Vavilov, *Five Continents*, S. xxi.

11 Barbara Walker, »Kruzhok Culture: The Meaning of Patronage in the Early Soviet Literary World«.

12 Viacheslav Ivanov, »Why Did Stalin Kill Gorky?«, S. 52 f.

13 Pringle, *The Murder of Nikolai Vavilov*, S. 85.

14 W. I. Lenin, »XI. Parteitag der KPR(B), 27. März–2. April 1922«, S. 275.

15 Loren R. Graham, *Science in Russia and the Soviet Union: A Short History*, S. 89.

16 Lenin an Gorki, 5. Juli 1919 und 9. August 1921, in: *Lenin und Gorki. Eine Freundschaft in Briefen*, S. 192 und 238.

17 Lenin an Gorki, 15. September 1919, ebenda, S. 203 und 202.

18 Stuart Finkel, »Purging the Public Intellectual: The 1922 Expulsions from Soviet Russia«, S. 589.

19 A. E. Fersman, Rede (russisch), in: *Problemy organisaziji nauki w trudach sowjezkich utschjonych 1917–1930*, S. 201.

KAPITEL 4

1 Alexej Gastew, »Narodnaja wiprawka«, in: *Poesija rabotschego udara* (Poesie des Arbeitsschlags), S. 258.

2 Kendall E. Bailes, »Alexej Gastev and the Soviet Controversy over Taylorism, 1918–24«.

3 Gastew, »Aus dem Tagebuch eines Straßenbahnfahrers« (1910), in: Johansson und Gastev, *Aleksej Gastev*, S. 26.

4 Robert C. Williams, »Collective Immortality: The Syndicalist Origins of Proletarian Culture, 1905–1910«, S. 395.

5 Stites, *Revolutionary Dreams*, S. 150 f.

6 Patricia Carden, »Utopia and Anti-Utopia: Aleksei Gastev and Evgeny Zamyatin«, S. 5.

7 Alexej Gastew, »Dampfpfeifen« (»Gudki«). Deutsche Übersetzung aus: Wolfgang Mende, *Musik und Kunst in der sowjetischen Revolutionskultur* (Köln etc.: Böhlau, 2009), S. 80.

8 Die Bolschewiki schickten Agitprop-Züge, -Lastwagen und -Schiffe in die entlegensten Regionen Russlands, um die Menschen mit Vorträgen, Autorengesprächen, Büchern, Flugschriften, Druckerpressen und Filmprojektoren über ihre neue Regierung zu informieren.

9 Zitat nach Johansson und Gastev, *Aleksej Gastev*, S. 68.

10 In Newcastle ist Samjatin vermutlich auf das andere große Vorbild von *Wir* gestoßen, die ausgesprochen gruselige Kurzgeschichte »The New Utopia« von Jerome K. Jerome, besser bekannt als der Autor von *Drei Männer im Boot*.

11 Jewgenij Samjatin, *Wir*, S. 18 und 197.

12 Aleksej Gastev, *Ein Packen von Ordern*.

13 Johansson und Gastev, *Aleksej Gastev*, S. 110. Oblomow, der Titelheld eines Romans von Iwan Gontscharow, ein junger Adliger, ein totaler Schwächling, braucht geschlagene fünfzig Seiten, um sich vom Bett zum Stuhl zu schleppen. Er ist nicht krank. Er ist lediglich nicht in der Lage, die kleinste Entscheidung zu treffen.

14 W. I. Lenin, »Das Taylorsystem – die Versklavung des Menschen durch die Maschine« (1914), S. 145 f.

15 N. Krupskaja, »Sistema Teilora i organisazija raboty sowezkich utschreshdeni«.

16 Zitiert nach R. S. Schultz und R. A. McFarland, »Industrial Psychology in the Soviet Union«, S. 265.

17 Zitiert nach Vera L. Talis, »New Pages in the Biography of Nikolai Alexandrovich Bernstein«.

18 Gastews Sohn erzählt von der Sozialingenieurmaschine seines Vaters in *The Engineers' Plot*, der ersten Folge von Adam Curtis' Fernsehdokumentation *Pandora's Box* (BBC 1992), die die Dinge zum Fürchten präzise auf den Punkt bringt.

19 Bailes, »Alexej Gastev and the Soviet Controversy over Taylorism, 1918–24«. Vgl. auch Daniel A. Wren und Arthur G. Bedeian, »The Taylorization of Lenin: Rhetoric or Reality?«. Vorübergehend verhieß die Taylor'sche Disziplin der »Psychotechnik«, sie könne für jeden Arbeitsplatz ein rationales, aufgeklärtes Management schaffen. Einen zeitgenössischen Bericht liefern R. S. Schultz und

R. A. McFarland in »Industrial Psychology in the Soviet Union«. Eine aktuellere Sicht bietet Zenovia A. Sochor, »Soviet Taylorism Revisited«.

20 Zitiert nach Jean-Gaël Barbara, Jean-Claude Dupont und Irina Sirotkina (Hg.), *History of the Neurosciences in France and Russia: From Charcot and Sechenov to IBRO*, S. 188.

21 Zitiert nach Julia Kursell, »Piano Mécanique and Piano Biologique: Nikolai Bernstein's Neurophysiological Study of Piano Touch«.

22 Irina E. Sirotkina und Elena V. Biryukova, »Futurism in Physiology: Nikolai Bernstein, Anticipation, and Kinaesthetic Imagination«.

23 Onno G. Meijer und Sjoerd M. Bruijn, »The Loyal Dissident: N. A. Bernstein and the Double-Edged Sword of Stalinism«, S. 209.

24 N. A. Bernstein, »Biomechanika i fisiologija dwishenyj«, in: *Isbranije psichologitscheskije trudy*, S. 462.

25 Alex Kozulin, *Psychology in Utopia: Toward a Social History of Soviet Psychology*, S. 67.

26 Ebenda, S. 65.

KAPITEL 5

1 Lew Wygotski, »Das Bewußtsein als Problem der Psychologie des Verhaltens«, S. 204.

2 Daniel P. Todes, *Pavlov's Physiology Factory: Experiment, Interpretation, Laboratory Enterprise*, S. 57.

3 David Joravsky, *Russian Psychology: A Critical History*, S. 80.

4 S. V. Anichkov, »How I Became a Pharmacologist«.

5 William James, *The Principles of Psychology*, Band 1, S. 192.

6 William James, *Psychology: The Briefer Course*, S. 335.

7 Leo Trotzki, »Kultur und Sozialismus« (1927).

8 Ebenda.

9 Galina Kichigina, *The Imperial Laboratory: Experimental Physiology and Clinical Medicine in Post-Crimean Russia*.

10 Zu Bechterews energischem, unspezifischem Umgang mit seinem Forschungsgegenstand vgl. M. A. Akimenko, »Vladimir Mikhailovich Bekhterev«. Bechterew war wie Pawlow ein unglaubliches Arbeitstier, hielt zwischen seinen Vorlesungen Hypnosesitzungen

im Nachbarhörsaal ab und empfing bis in die frühen Morgenstunden Patienten, manchmal über vierzig Personen.

11 Iwan P. Pawlow, »Experimentelle Psychologie und Psychopathologie an Tieren«, S. 8.

12 B. F. Lomow, W. A. Kolzowa und E. I. Stepanowa, »Otscherk shisni i nautschnoi dejatelnosti Wladimira Michailowitscha Bechterewa«. Zur Rivalität der beiden Männer siehe auch Robert Boakes, *From Darwin to Behaviourism: Psychology and the Minds of Animals*, und Slava Gerovitch, »Love-Hate for Man-Machine Metaphors in Soviet Physiology: From Pavlov to ›Physiological Cybernetics‹«.

13 Todes, »Pavlov and the Bolsheviks«, S. 386 f.

14 Lenin an G. E. Sinowjew, 25. Juni 1920. Zitiert nach Abbott Gleason, Peter Kenez und Richard Stites (Hg.), *Bolshevik Culture: Experiment and Order in the Russian Revolution*, S. 102 (leicht adaptiert).

15 Todes, »Pavlov and the Bolsheviks«, S. 392. Das Dekret ist zitiert nach: W. J. Lenin, Werke, Band 32, S. 56 f.

16 Nach seiner Entlassung fand Tschelpanow Arbeit an der Staatsakademie für ästhetische Wissenschaften und widmete sich in Forschung und Lehre Themen wie »primitive« Kreativität, Kinderzeichnungen und verwandten Fragen zur ästhetischen Wahrnehmung. Die Akademie wurde 1930 geschlossen, und er war wieder arbeitslos. Die Leidensjahre verbitterten den Mann, eine seiner Töchter starb, eine andere emigrierte, und sein Sohn wurde während des Großen Terrors verhaftet und erschossen. Tschelpanow starb völlig verarmt 1936.

17 Zitiert nach: Irina Sirotkina, »When Did ›Scientific Psychology‹ Begin in Russia?«.

18 Vgl. Alexander R. Lurija, *Romantische Wissenschaft. Forschungen im Grenzbezirk von Seele und Gehirn*, S. 30 f. Zum immer angespannteren Verhältnis der Bolschewiki zur Psychoanalyse vgl. Alexander M. Etkind, *Eros des Unmöglichen. Die Geschichte der Psychoanalyse in Russland*. Vgl. auch Martin A. Miller, »Freudian Theory under Bolshevik Rule: The Theoretical Controversy during the 1920 s«; Alberto Angelini, »History of the Unconscious in Soviet Russia: From Its Origins to the Fall of the Soviet Union«.

19 A. R. Luria, *The Autobiography of Alexander Luria: A Dialogue with The Making of Mind*, S. 22.

20 Ebenda, S. 5.

21 Alexander R. Lurija, *Romantische Wissenschaft*, S. 49 f.

22 Zur frühen Zusammenarbeit von Lew Wygotski und Alexander Lurija vgl. T. V. Akhutina, »L. S. Vygotsky and A. R. Luria: Foundations of Neuropsychology«.

23 Wygotskis Dissertation ist die Grundlage eines bekannteren Werks, *Psychologie der Kunst*, ursprünglich 1925, in deutscher Übersetzung von Helmut Barth 1976 beim Verlag der Kunst VEB in Dresden erschienen. In englischer Übersetzung unter https://www.marxists.org/archive/vygotsky/works/1925/ abrufbar.

24 Alex Kozulin, *Psychology in Utopia*, S. 82.

25 Ebenda, S. 108.

26 Gita L. Vygodskaya, »[Lev Vygotsky] His Life«.

27 In jüngster Zeit sind viele Arbeiten über Sabina Spielrein veröffentlicht worden, und David Cronenberg hat sogar einen Spielfilm, *Eine dunkle Begierde*, über ihre Beziehung zu Jung und Freud gedreht. Nur wenige Vertreter der Zunft sind so geistreich wie Jerry Aldrige, »Another Woman Gets Robbed? What Jung, Freud, Piaget, and Vygotski Took from Sabina Spielrein«.

28 Frank Brenner, »Intrepid Thought: Psychoanalysis in the Soviet Union«. Vgl. auch Wera Schmidt, *Psychoanalytische Erziehung in Sowjetrußland. Bericht über das Kinderheim-Laboratorium in Moskau.*

29 Brief an Lew Sacharow, 15. Februar 1926, in: *The Vygotsky Reader.*

30 Zitiert nach Joravsky, *Russian Psychology*, S. 229.

31 Miller, »Freudian Theory under Bolshevik Rule: The Theoretical Controversy during the 1920 s«, S. 644. Vgl. auch Trotzki, »Kultur und Sozialismus«.

32 Zitiert nach T. V. Akhutina, »L. S. Vygotsky and A. R. Luria«, S. 169.

33 Zitiert nach A. R. Luria und L. S. Vygotsky, *Ape, Primitive Man, and Child: Essays in the History of Behavior*, S. 15.

34 Ebenda, S. 77 f.

35 Den informativsten Bericht über die Expedition nach Usbekistan bietet Lurijas Buch *Cognitive Development*, das nach der 1974 erschienenen russischen Ausgabe ins Englische übersetzt wurde. Vgl. auch A. R. Luria, *Die historische Bedingtheit individueller Erkenntnisprozesse.*

36 V. Nell, »Luria in Uzbekistan: The Vicissitudes of Cross-Cultural Neuropsychology«, S. 51.

37 L. S. Vygotsky, »Letters to Students and Colleagues«, zitiert nach Jenniver Fraser und Anton Yasnitsky, »Deconstructing Vygotsky's Victimization Narrative: A Re-Examination of the ›Stalinist Suppression‹ of Vygotskian Theory«, Fußnote 43.

KAPITEL 6

1 Conway Zirkle, *Death of a Science in Russia: The Fate of Genetics as Described in Pravda and Elsewhere*, S. 51.

2 Der Einwand gegen die natürliche Selektion, dass sinnvolle Neuerungen wie ein Tropfen im Ozean verschwinden, lange bevor die natürliche Selektion eine Chance hat, sie zu verbreiten, formulierte als Erster Fleeming Jenkin in seiner Besprechung von *The Origin of Species*. Die Argumente des Edinburgher Professors für Ingenieurwesen schreckten Darwin so sehr auf, dass er in der sechsten Auflage seines Hauptwerks ein Kapitel einfügte, in dem er auf Lamarcks Vorstellungen von der Vererbung erworbener Merkmale zurückgriff. Vgl. auch Arthur Koestler, *Der Krötenküsser. Der Fall des Biologen Paul Kammerer*, S. 75 f.

3 Das gilt für die gesamte Sowjetzeit. 1947 hielt ein Besucher fest: »Zweifellos ist nirgends in der Welt – nicht einmal in Amerika – die Wissenschaft so populär wie in Rußland. Zeitungen, Bücher, Vorträge, Filme, Ausstellungen in Parks und Museen und öffentliche Ehrungen von Wissenschaftlern und ihren Entdeckungen bringen dem Volk ständig die Bedeutung der Wissenschaft zum Bewußtsein. Es gibt sogar eine jährliche ›Physik-Olympiade‹ für die Moskauer Schuljugend, bei der es wie auf einem Tennis-Turnier zugeht: Die Schüler lösen ihre Aufgaben um die Wette, im Anschluß daran werden ihnen in der Universität die Lösungen anhand von Experimenten vorgeführt. Die Preisträger nehmen dann unter allgemeinem Beifall ihre Preise aus den Händen eines berühmten Physikers entgegen.« Eric Ashby, *Als Wissenschaftler in Rußland*, S. 197 f.

4 Édouard Herriot, *La Russie nouvelle*, zitiert nach Ashby, *Als Wissenschaftler in Rußland*, S. 197.

5 S. P. Fjodorow, »Chirurgie am Scheideweg« [russisch].

6 Der Prozess gegen John Thomas Scopes in Dayton, Tennessee, wurde in der internationalen Presse verfolgt. Der Lehrer wurde zu einer Geldstrafe von 100 Dollar verurteilt, weil er an einer staatlichen Schule die Evolutionslehre unterrichtet hatte, ein Verstoß gegen den 1925 verabschiedeten Butler Act. Das Urteil wurde von der nächsten Instanz aufgehoben, und das gilt als Sieg der Evolutionsbefürworter. Faktisch war es genau das Gegenteil, denn der Butler Act wurde nicht nur von Tennessee nicht abgeschafft, sondern von mehreren anderen US-Bundesstaaten übernommen, in denen daraufhin die Evolutionstheorie über Jahre aus dem Lehrplan gestrichen wurde.

7 Die hübsche Redewendung stammt nicht von mir, sondern von einem Soldaten, der bei einen Feldvortrag über Darwins Theorie von William Bateson reagierte. Der Pionier der Genetik sprach von einem »Geistesblitz unwissender Inspiration«. Vgl. Koestler, *Der Krötenküsser*, S. 40.

8 Vgl. A. E. Gaissinovitch, »The Origins of Soviet Genetics and the Struggle with Lamarckism, 1922–1929«, S. 17.

9 Ebenda.

10 Koestler, *Der Krötenküsser*, S. 29.

11 Ebenda, S. 11 f.

12 Ebenda, S. 1 [englische Ausgabe, *The Case of the Midnight Toad*, 1975].

13 Vgl. David Joravsky, »Soviet Marxism and Biology before Lysenko«, S. 93.

14 Serebrowskis Vater war Architekt und als überzeugter Linker mit Alexander Bogdanow und dem späteren Volkskommissar für Bildung, Anatoli Lunatscharski, befreundet.

15 I. P. Pavlov, »New Research on Conditioned Reflexes«, zitiert nach N. F. Suvorov und V. N. Andreeva, »Problems of Inheritance of Conditioned Reflexes in Pavlov's School«.

16 V. V. Babkov, »The Theoretical-Biological Concept of Nikolai K. Kol'tsov«. Vgl. auch Sergei Fokin, »Russian Zoologists in Naples«.

17 Daniil Granin, *Der Genetiker. Das Leben des Nikolai Timofejew-Ressowski, genannt Ur*, S. 66 f.

18 Zu den bescheidenen Mitteln und der globalen Bedeutung dieses Räumchens vgl. Robert E. Kohler, *Lords of the Fly: Drosophila Genetics and the Experimental Life*.

19 S. S. Tschetwerikow, »Wolny shisni« (1905), zitiert nach Mark B. Adams, »Towards a Synthesis: Population Concepts in Russian Evolutionary Thought, 1925–1935«. Zu Tschetwerikows Werk vgl. Mark B. Adams, »The Founding of Population Genetics: Contributions of the Chetverikov School 1924–1934«.

20 Für Muller waren Gene Anfang und Ende aller Lebensprozesse, er mutmaßte, sie entstünden gleichzeitig mit dem Wachstum und dem Leben selbst. Thomas Hunt Morgan hingegen weigerte sich, über die Natur der Gene zu spekulieren. In seinem Vortrag anlässlich des Nobelpreises sagte er: »Auf der Ebene, auf der genetische Experimente angesiedelt sind, ist es völlig unerheblich, ob Gene hypothetische Einheiten oder materielle Partikel sind.« Dieses permanente Ausweichen machte Muller wahnsinnig. Vgl. Thomas H. Morgan, »The Relation of Genetics to Physiology and Medicine: Nobel Lecture«.

21 Vgl. Granin, *Der Genetiker*, S. 88.

22 S. S. Chetverikov, »On Certain Aspects of the Evolutionary Process from the Standpoint of Modern Genetics«, S. 171.

23 Chapeau, Darwin: Auf den Galapagos-Inseln gibt es fünfzehn Finkenarten. Als sich Charles Darwin dort 1835 aufhielt, beauftragte er seinen Diener, Exemplare für die Sammlung der HMS *Beagle* zu schießen. Die Bedeutung für seine Evolutionstheorie dämmerte ihm erst später. Die Galapagos-Finken unterscheiden sich im Wesentlichen durch Größe und Gestalt ihrer Schnäbel, weil sie sich verschiedenen Futterquellen angepasst haben.

24 Marina Bentivoglio, »Cortical Structure and Mental Skills: Oskar Vogt and the Legacy of Lenin's Brain«.

25 Die Geschichtsschreibung hat Cécile Vogt trotz ihrer bahnbrechenden Arbeiten über die Huntington-Krankheit links liegen lassen, ihr Lebenswerk wird meist ihrem Ehemann zugeschlagen. Die Zeitgenossen wussten es besser. Der Neurologe Igor Klutzo hatte sie zum Beispiel als sehr kluge Frau in Erinnerung und sprach von der vielleicht intelligentesten Person, die er je kennengelernt habe. Vgl. G. W. Kreutzberg, »If You Had Met Him, You Would Know«. Oskar Vogt bestätigte das nur zu gern: Bei vielen der unter beider Namen erschienenen Beiträge ist sie die Hauptautorin.

26 Jochen Richter, »Pantheon of Brains: The Moscow Brain Research Institute 1925–1936«.

27 Bentivoglio, »Cortical Structure and Mental Skills«, S. 293.

28 Der zweite Teil seines Nachnamens, Ressowski, weist auf diese Herkunft hin. Die Erstgeborenen adeliger Familien trugen oft solche Doppelnamen, eine affektierte Angewohnheit, die sich nach 1917 verlor.

29 N. V. Timofeev-Resovskij, *Vospominanija: Istorii, rasskazannye im samim, s pis'mami, fotografijami i dokumentami*, S. 106.

30 Granin, *Der Genetiker*, S. 79 f., das folgende Zitat S. 89.

KAPITEL 7

1 Zitiert nach Mark B. Adams (Hg.), *The Wellborn Science. Eugenics in Germany, France, Brazil, and Russia*, S. 162.

2 Zitiert nach Karl Pearson, *The Life, Letters and Labours of Francis Galton*, S. 78.

3 Edward J. Larson, »Biology and the Emergence of the Anglo-American Eugenics Movement«, S. 173.

4 Nikolai Krementsov, »From ›Beasty Philosophy‹ to Medical Genetics: Eugenics in Russia and the Soviet Union«, S. 66.

5 Rede auf dem Jahrestreffen der Russischen Gesellschaft für Eugenik am 20. Oktober 1921, *Russki ewgenitscheski shurnal* [Russischen Journal für Eugenik] 1/1 (1922), S. 3–27. Zitiert nach der Übersetzung in: V. V. Babkov, *The Dawn of Human Genetics*, S. 71.

6 B. M. Sawadowski, *Pod snamenem marksisma* [Unter dem Banner des Marxismus] 10/11 (1925), S. 100, 106. Zitiert nach der Übersetzung in: V. V. Babkov, *The Dawn of Human Genetics*, S. 475.

7 Sloan, Phillip R., und Brandon Fogel (Hg.), *Creating a Physical Biology: The Three-Man Paper and Early Molecular Biology*, S. 20.

8 H. J. Muller, »The Measurement of Gene Mutation Rate in Drosophila, Its High Variability, and Its Dependence upon Temperature«.

9 Zitiert nach Gaissinovitch, *The Origins of Soviet Genetics*, S. 49.

10 *Mediko-biologitscheski shurnal* 4–5 (1929). Zitiert nach der Übersetzung in: Babkov, *The Dawn of Human Genetics*, S. 552–565.

11 Ebenda, S. 505–516.

12 Und es gab sogar Schlager, die den Wissenschaftler feierten. In einem beliebten Lied von 1959 heißt es: »Halt dich fest, Geologe, halte durch, Geologe, du bist der Bruder von Wind und Sonne!« Vgl. Alla Bolotova, »Colonization of Nature in the Soviet Union: State Ideology, Public Discourse, and the Experience of Geologists«.

13 Bednys Lebensgeschichte ist ziemlich faszinierend. Vgl. Robert Horvath, »The Poet of Terror. Dem'ian Bednyi and Stalinist Culture«.

14 Ein regionaler Funktionär, dessen Name nicht genannt wird, bekommt Beklemmungen angesichts der Aussichten, die er so zusammenfasst: »Alle Frauen im Alter ab achtzehn Jahren werden hiermit zum Staatseigentum erklärt. Unverheiratete Mädchen müssen sich im Amt für freie Liebe beim Wohlfahrtskommissariat registrieren lassen, sobald sie das achtzehnte Lebensjahr erreichen. Bei Zuwiderhandlung drohen schwere Strafen. Jede beim Amt für freie Liebe registrierte Frau hat das Recht, sich einen Mann über siebzehn Jahren auszusuchen. Interessenten erhalten einmal im Monat einen Mann oder eine Frau ihrer Wahl ... Die Nachkommen, die aus solchen Kooperationen hervorgehen, sind Eigentum der Republik.« Vgl. Kozulin, *Psychology in Utopia*, S. 84.

15 Kirill Rossiianov, »Beyond Species. Il'ya Ivanov and His Experiments on Cross-Breeding Humans with Anthropoid Apes«, S. 286.

16 Eine Frau, »G« aus Leningrad, schrieb Iwanow am 16. März 1928: »Lieber Professor ... Mein Privatleben ist zerstört, ich sehe keinen Sinn mehr im Leben ... Aber wenn ich der Wissenschaft einen Dienst erweisen kann, würde ich das gern tun und wende mich daher an Sie. Bitte weisen Sie mich nicht zurück ... Bitte nehmen Sie mich für das Experiment.« Der Versuch wurde auf Juni 1929 verschoben, Iwanow schickte G ein Telegramm: »Orang-Utan verstorben. Suchen Ersatz.« Doch dazu kam es nicht. Vgl. Rossiianov, »Beyond Species«, S. 306 f.

17 Charlotte Köhn-Behrens (Hg.), *Was ist Rasse? Gespräche mit den größten deutschen Forschern der Gegenwart*, S. 35.

18 Gaissinovitch, »The Origins of Soviet Genetics«, S. 17.

19 *Konferenzija po medizinskoi genetike* [Tagung zur medizinischen Genetik], 1934, S. 16. Zitiert nach der Übersetzung in: Babkov, *The Dawn of Human Genetics*, S. 546.

KAPITEL 8

1 Josef Stalin, »Rede auf dem VIII. Kongress des Leninschen Kommunistischen Jugendverbands der Sowjetunion« (16. Mai 1928), S. 46.

2 Stuart Finkel, »Purging the Public Intellectual: The 1922 Expulsions from Soviet Russia«, S. 604.

3 Kendall E. Bailes, »The Politics of Technology: Stalin and Technocratic Thinking among Soviet Engineers«, S. 462.

4 Hiroaki Kuromiya, »The Crisis of Proletarian Identity in the Soviet Factory, 1928–1929«.

5 Kendall E. Bailes, *Technology and Society under Lenin and Stalin*, S. 170.

6 Douglas R. Weiner, »Dzerzhinskii and the Gerd Case«.

7 Zitiert nach Bailes, *Technology and Society under Lenin and Stalin*, S. 81.

8 Zum politischen Kontext der grotesken Absurditäten des Verfahrens vgl. Kendall E. Bailes, »The Politics of Technology: Stalin and Technocratic Thinking among Soviet Engineers«.

9 Eugene Lyons, *Assignment in Utopia*, S. 127.

10 Sheila Fitzpatrick, *Cultural Revolution in Russia, 1928–1931*, S. 10.

11 J. W. Stalin, »Über die Arbeiten des vereinigten Aprilplenums des ZK und der ZKK«, S. 34.

12 Sheila Fitzpatrick, *The Cultural Front: Power and Culture in Revolutionary Russia*, S. 54.

13 A. W. Lunatscharski, »Intelligenzija i jejo mesto w sozialistitscheskom strojtestwe« [Die Intelligenzija und ihre Rolle im sozialistischen Aufbau].

14 James T. Andrews, *Science for the Masses: The Bolshevik State, Public Science, and the Popular Imagination in Soviet Russia, 1917–1934*, S. 138.

15 Nach seiner Rückkehr aus der Verbannung baute sich Tschetwerikow ab 1935 eine neue Karriere als Biologe in Gorki auf, wo er sich auf die Erforschung von Seidenraupen spezialisierte. Im Winter 1937 trat der Wissenschaftssekretär des Landwirtschafts-

ministeriums mit der Bitte an ihn heran, für das russische Klima geeignete Seidenraupenkulturen zu züchten. Seide wurde für Fallschirme benötigt, und Japan schied als verlässlicher Partner aus. 1944 wurde eine Monographie über sechs Jahre Seidenraupenforschung zur Veröffentlichung an die Lenin-Akademie geschickt. Der Oberste Sowjet verlieh Tschetwerikow eine Medaille. Doch diese Ehrung trug nicht zu seiner Rettung bei: 1948 verlor er den Posten an der Universität von Gorki, und er starb elf Jahre später in Armut, erblindet und völlig vergessen.

16 Andrews, *Science for the Masses*, S. 139.

17 Michael David-Fox, »Symbiosis to Synthesis: The Communist Academy and the Bolshevization of the Russian Academy of Sciences, 1918–1929«.

18 Aleksey E. Levin, »Expedient Catastrophe: A Reconsideration of the 1929 Crisis at the Soviet Academy of Science«, S. 265.

19 Zitiert nach Todes, »Pavlov and the Bolsheviks«, S. 399 f.

20 Zitiert nach Todes, *Ivan Pavlov: A Russian Life in Science*, S. 577.

KAPITEL 9

1 Karl Marx, »Ökonomisch-philosophische Manuskripte aus dem Jahre 1844« [Abschnitt »Privateigentum und Kommunismus«], S. 544.

2 Kees Boterbloem, *The Life and Times of Andrei Zhdanov, 1896–1948*, S. 65.

3 Zitiert nach Fitzpatrick, *The Cultural Front*, S. 112.

4 Bailes, *Technology and Society under Lenin and Stalin*, S. 363.

5 Joravsky, *The Lysenko Affair*, S. 42.

6 Ebenda, S. 49.

7 Ebenda, S. 80.

8 Ashby, *Als Wissenschaftler in Rußland*, S. 29.

9 Bei dem von Stalin einberufenen Treffen der Gesellschaft materialistischer Biologen erklärte deren frisch berufener Vorsitzender, der Embryologe Boris Tokin, die »extremen Morganisten« seien zu »Gefangenen der modernen bourgeoisen Genetik« geworden. Er warf ihnen vor, sie hätten die Auffassung vom »Primat der Gene« einfach übernommen und eine völlig unkritische »Haltung gegen-

über Weismanns Lehre von der Kontinuität des Keimplasmas« entwickelt. Um die Jahrhundertwende hatte der deutsche Zytologe August Weismann die These aufgestellt, das Erbgut – für das er den Begriff »Keimplasma« prägte – bleibe im Gegensatz zu dem sich im Laufe des Lebens wandelnden Körper (dem »Soma«) im Prinzip ad infinitum unverändert.

10 Vadim J. Birstein, *The Perversion of Knowledge: The True Story of Soviet Science*, S. 257 f.

11 Douglas R. Weiner, »Community Ecology in Stalin's Russia: ›Socialist‹ and ›Bourgeois‹ Science«, S. 694.

12 Nils Roll-Hansen, *The Lysenko Effect: The Politics of Science*, S. 87.

13 Der dialektische Materialismus kennt keine absoluten oder unveränderlichen Kategorien. Die Welt ist aus seiner Sicht ein komplexes Zusammenspiel von Prozessen, die in Wellenbewegungen auftreten und vergehen. (Friedrich Engels, der ihn begründete, hatte großen Spaß am Schnabeltier: Wo *das* wohl in einer absoluten Ordnung der Dinge seinen Platz hätte?) Für den dialektischen Materialismus gibt es keine »Idee« hinter einer Dampfwolke, einer Wasserpfütze oder einem Eisblock. Es gibt nur Strukturen, die, reagierend auf den Wandel ihrer Umgebung, einander ablösen. Desgleichen gibt es keine »Idee« hinter dem Denken. Keine Seele. Keinen Engel, der mitschreibt. Nur den Tanz von Wechselwirkungen, die sich in einem globalen Netzwerk durch das Nervensystem jedes Einzelnen über die Gesellschaft bis hin zur physischen Welt ausbreiten. Die Veränderungen hinterlassen bleibende Spuren, während die Zeit unaufhaltsam voranschreitet. Anders ausgedrückt (und genau deshalb wirkte der dialektische Materialismus so stark auf die Wissenschaften): Zeit ist real, und alles hat eine Geschichte. Für Wissenschaftler an der Wende zum zwanzigsten Jahrhundert war das, je nach Fachgebiet, entweder eine Binsenweisheit (für Biologen), eine verstörende Idee (für Chemiker) oder schlicht blanker Unsinn (für Physiker). Vgl. dazu die kurze, wohlwollende Darstellung von Ernst Mayr, »Roots of Dialectical Materialism«.

14 Nikolai Krementsov, »Darwinism, Marxism, and Genetics in the Soviet Union«.

15 Joravsky, *The Lysenko Affair*, S. 238.

16 Ted Benton, *The Greening of Marxism*, S. 124.

17 Douglas R. Weiner, *Models of Nature: Ecology, Conservation and Cultural Revolution in Soviet Russia*, S. 182.

18 Boris Konstantinowitsch Fortunatow, »O generalnom plane rekonstruktsiji promijslowoi faunij jewropeiskoi tschasti SSSR i Ukrainij«.

19 Weiner, »Community Ecology in Stalin's Russia«.

KAPITEL 10

1 Kendall E. Bailes, »Soviet Science in the Stalin Period: The Case of V. I. Vernadskii and His Scientific School, 1928–1945«, *Slavic Review* 45/1 (1986), S. 33 f.

2 Margarita Fofanowa, *O Wladimire Ilitsche Lenine. Wospominanija*, S. 175 f.

3 Nils Roll-Hansen, »Wishful Science: The Persistence of T. D. Lysenko's Agrobiology in the Politics of Science«, S. 171.

4 Maurice Hindus, »Henry Ford Conquers Russia«, S. 282. Vgl. auch Kendall E. Bailes, »The American Connection: Ideology and the Transfer of American Technology to the Soviet Union, 1917–1941«.

5 L. C. Dunn, »Soviet Biology«.

6 Pringle, *The Murder of Nikolai Vavilov*, S. 36.

7 Joravsky, *The Lysenko Affair*, S. 31.

8 F. K. Bakhteyev, »Reminiscences of N. I. Vavilov (1887–1943) on the Eightieth Anniversary of His Birthday«, S. 81.

9 Joravsky, *The Lysenko Affair*, S. 25.

10 Roll-Hansen, *The Lysenko Effect*, S. 90.

11 Pringle, *The Murder of Nikolai Vavilov*, S. 153.

12 »Russia: Collective Congress«, *Time*, 25. Februar 1935.

13 Zitiert nach Shores A. Medwedjew, *Der Fall Lyssenko*, S. 27.

14 Semjon Resnik, *Nikolai Wawilow*, S. 267.

15 Es gab eine umfangreiche Literatur, die alsbald unter dem Schlagwort Mitschurinismus geführt, propagiert und später karikiert wurde. Vgl. Douglas R. Weiner, »The Roots of ›Mitchurinism‹: Transformist Biology and Acclimatization as Currents in the Russian Life Sciences«.

16 Joravsky, *The Lysenko Affair*, S. 190.

17 Roll-Hansen, *The Lysenko Effect*, S. 118.

18 N. I. Vavilov, *Five Continents*, S. 58.

19 Roll-Hansen, *The Lysenko Effect*, S. 135.

KAPITEL 11

1 Zitiert nach Valery N. Soyfer, »New Light on the Lysenko Era«, S. 417.

2 Wadim Safonow, *Die Welt soll blühen*, S. 146 f.

3 Audra J. Wolfe, »What Does It Mean to Go Public? The American Response to Lysenkoism, Reconsidered«, S. 53.

4 William deJong-Lambert, »Hermann J. Muller, Theodosius Dobzhansky, Leslie Clarence Dunn, and the Reaction to Lysenkoism in the United States«, S. 87.

5 Barry Mendel Cohen, »Nikolai Ivanovich Vavilov: The Explorer and Plant Collector«.

6 *Proceedings of the International Congress of Genetics* (1932), S. 150.

7 Gary Paul Nabhan, *Where Our Food Comes from: Retracing Nikolay Vavilov's Quest to End Famine*, S. 129.

8 Roll-Hansen, *The Lysenko Effect*, S. 134.

9 Zitiert nach Igor G. Loskutov, *Vavilov and His Institute*, S. 97.

10 Nikolai Krementsov, *International Science between the World Wars: The Case of Genetics*, S. 41.

11 Nabhan, *Where Our Food Comes from*, S. 164.

12 James F. Crow, »Sixty Years Ago: The 1932 International Congress of Genetics«.

13 Leslie C. Dunn, *The Reminiscences of Leslie Clarence Dunn*.

14 William deJong-Lambert, *The Cold War Politics of Genetic Research: An Introduction to the Lysenko Affair*, S. 32.

15 Jeffrey Burds, *Peasant Dreams and Market Politics*, S. 91.

16 Maurice Gershon Hindus, *Red Bread: Collectivization in a Russian Village*, S. 53.

17 Fitzpatrick, *Cultural Revolution in Russia, 1928–1931*, S. 2.

18 Als dieses Buch 2016 in Druck ging, erschien eine sehr faszinierende Neubewertung des sowjetischen Lamarckismus, vgl. Loren R. Graham, *Lysenko's Ghost: Epigenetics and Russia*.

19 J. W. Stalin, »Über die Aufgaben der Wirtschaftler«, S. 30.

20 Pringle, *The Murder of Nikolai Vavilov*, S. 177.

21 Soyfer, »New Light on the Lysenko Era«, S. 417.

22 Roll-Hansen, *The Lysenko Effect*, S. 162.

23 Zitiert nach Igor G. Loskutov, *Vavilov and His Institute*, S. 97.

24 Roll-Hansen, *The Lysenko Effect*, S. 167.

25 O. M. Targulian, »Strittige Fragen der Genetik und Selektion. Bericht von der vierten Sitzung der Akademie, 19.–27. Dezember 1936«, zitiert nach Medwedjew, *Der Fall Lyssenko*, S. 42.

26 Joravsky, *The Lysenko Affair*, S. 90.

27 Zitiert nach Roll-Hansen, *The Lysenko Effect*, S. 175.

28 Ebenda, S. 181.

29 Lyssenkos Rede wurde am 15. Februar 1935 in der *Prawda* abgedruckt. Deutsche Fassung zitiert nach Medwedjew, *Der Fall Lyssenko*, S. 32 f.

30 Valery N. Soyfer, »Tragic History of the VII International Congress of Genetics«, S. 4.

KAPITEL 12

1 Josef W. Stalin, »Über die Aufgaben der Wirtschaftler«, S. 30 f.

2 Wiacheslav Ivanov, »Why Did Stalin Kill Gorki?«, S. 61.

3 Maxim Gorki (Hg.), *Belomorsko-Baltijskij kanal imeni Stalina*, Moskau 1934; zitiert nach der englischen Ausgabe, *The White Sea Canal: Being an Account of the Construction of the New Canal between the White Sea and the Baltic Sea*.

4 Zitiert nach Alla Bolotova, »Colonization of Nature in the Soviet Union«, S. 110.

5 R. S. Schultz, »Industrial Psychology in the Soviet Union«, S. 265.

6 Helen Rappaport, *Joseph Stalin: A Biographical Companion*, S. 258.

7 V. Andrle erörtert die politische Nutzung des Stachanowismus in seiner Untersuchung »How Backward Workers Became Soviet: Industrialization of Labour and the Politics of Efficiency under the Second Five-Year Plan, 1933–1937«. Neben allem anderen lenkte die Unruhe die Werktätigen auch von ihren Geldsorgen ab: Während des ersten Fünfjahresplans sank der durchschnittliche Industriearbeiterlohn.

8 Ein frappierender Versuch, Sibirien mit Freiwilligen zu besiedeln, war die Gründung von Birobidshan an einem Nebenfluss des Amur

weit im Osten als Siedlungsgebiet für Juden in den zwanziger Jahren. Trotz vieler ernsthafter, durchdachter Anreize scheiterte das Projekt.

9 Edwin Bacon, *The Gulag at War: Stalin's Forced Labour System in the Light of the Archives*, S. 48.

10 Ivanov, »Why Did Stalin Kill Gorky?«, S. 64.

11 Mit der Mär vom Mordkomplott zwei Jahre nach Gorkis Tod entledigte sich Stalin auch der Ärzte, die sich geweigert hatten, einen vorformulierten Todesschein für seine Frau Nadeshda Allilujewa zu unterschreiben. Pletnew hatte die Behauptung, sie sei an einer Blinddarmentzündung gestorben, nicht anerkannt. Tatsächlich hatte sie sich in den Kopf geschossen.

12 Simon Montefiore, *Stalin. Am Hof des roten Zaren*, S. 618.

13 Zitiert nach David Holloway, *Stalin and the Bomb*, S. 27. Zum Wortlaut des Befehls Nr. 00447 vgl. http://www.1000dokumente. de/index.html?c=dokument_ru&dokument=0010_bes&object= translation&st=&l=de.

14 Vgl. Robert A. McCutcheon, »The 1936–1937 Purge of Soviet Astronomers«, und A. I. Eremeeva, »Political Repression and Personality: The History of Political Repression against Soviet Astronomers«.

15 Brief vom 12. September 1920, zitiert nach Albrecht Fölsing, *Albert Einstein. Eine Biographie* (Frankfurt am Main: Suhrkamp, 1963), S. 513.

16 Milena Wazeck, *Einsteins Gegner. Die öffentliche Kontroverse um die Relativitätstheorie in den 1920er Jahren*, S. 309.

17 Paul R. Josephson, *Physics and Politics in Revolutionary Russia*, S. 229–231.

18 Loren R. Graham, »The Socio-Political Roots of Boris Hessen: Soviet Marxism and the History of Science«, S. 711.

19 N. I. Vavilov, »The Problem of the Origin of the World's Agriculture in the Light of the Latest Investigations«. Diesen Text und die Beiträge der anderen sowjetischen Konferenzteilnehmer gab der Leiter der Delegation, Nikolai Bucharin, innerhalb von vierzehn Tagen für die sofortige mehrsprachige Veröffentlichung heraus.

20 Roll-Hansen, »Wishful Science«, S. 175.

21 In Büchern, die in hohen Auflagen erschienen und immer wieder

nachgedruckt wurden, suchten sowohl Eddington als auch Jeans Trost in der Art und Weise, wie Relativitätstheorie und Quantenmechanik jede Hoffnung im Keim erstickten, die Wissenschaft könne wechselseitig widerspruchsfreie Antworten auf alle Fragen liefern. Sir Arthur Eddington schrieb, die Revolution der Quantenmechanik zeige, dass alles Einbildung sei, dass die Realität in ihrem tiefsten Grund, den Wirkungsquanten und dem Teilchenverhalten, jeder Logik entbehre. Und Sir James Jeans befand, das Universum beginne eher einem großen Gedanken als einer großen Maschine zu ähneln, der Verstand sei kein »akzidentieller Eindringling« mehr, sondern »Schöpfer und Herr im Reich der Materie«. Das Genre, dem ihre Bücher zugerechnet wurden, war um 1930 bereits fest etabliert. 1920 prägte John Sullivan, selbst Autor populärwissenschaftlicher Werke, dafür das Bonmot, derlei Arbeiten wirkten, als seien sie in enger Zusammenarbeit eines Physikprofessors mit einem Erzbischof und einer Wahrsagerin entstanden.

22 Newtons Gesetze beruhen auf formaler Logik, also der Logik, nach der 1 plus 1 gleich 2 ist und niemals 3. Sie ist uns im Alltag so vertraut, dass sie uns als gesunder Menschenverstand erscheint. Doch sie gerät ins Schleudern, sobald sie auf Prozesse der Verwandlung, die Entstehung von Neuem (Emergenz) angewendet wird. Ein Ei plus ein Ei sind gleich zwei Eier, es sei denn, aus einem ist das Küken geschlüpft. Wenn es zwei Eier gibt, doch das eine haben Sie und das andere Ihr Schwager, und der kommt zu spät zum Abendessen, was hilft Ihnen dann das zweite Ei? Was sind die Worte »plus« und »ist gleich« dann noch wert? Das sind nicht ganz ernst gemeinte Beispiele, in denen sich ein schwerwiegendes Problem für die formale Logik und Newtons Modell offenbart: »Es ist unmöglich, zweimal in denselben Fluss zu steigen«, hat Heraklit geschrieben (Fragment 96), und in Leo Trotzkis »ABC der materialistischen Dialektik« (1939) heißt es: »Der grundlegende Fehler des üblichen Denkens liegt darin, dass es sich mit bewegungslosen Eindrücken der Wirklichkeit zufriedengibt, die aus ewiger Bewegung besteht.«

23 Ioffes großspuriges Gehabe hatte ihm einen wenig hilfreichen Ruf eingebracht. 1928 veranstaltete der russische Physikerverband seinen sechsten nationalen Kongress, um Versuchsergebnisse zu erörtern, die die Quantenmechanik stützten. Nach viertägigen De-

batten im Leningrader Gelehrtenklub bestiegen die Physiker einen Zug nach Nishni Nowgorod und fuhren von dort mit dem Dampfer *Alexej Rykow* die Wolga hinunter. In Nishni Nowgorod, Kasan und Saratow hielten sie öffentliche Vorträge und diskutierten mit den Zuhörern. Die Teilnehmer waren begeistert. »Wie viele neue Kontakte auf der Wolga entstanden sind!«, schwärmte der Physiker und Historiker Toritschan Pawlowitsch Krawez. »Wie viele interessante Versammlungen im Salon des Schiffs veranstaltet wurden! Wie viele persönliche, gehaltvolle Gespräche mit einzelnen Gelehrten zustande kamen, während man gemächlich übers Deck schlenderte und den Blick über die weite, melancholisch stimmende Landschaft schweifen ließ, die an uns vorüberzog!« Doch die zunehmend klassenbewusste Partei nahm die Flussfahrt als Beweis für den elitären Dünkel der Vereinigung. Der russische Physikerverband trat danach nur noch einmal zusammen – um sich aufzulösen.

24 Karl Hall, »The Schooling of Lev Landau: The European Context of Postrevolutionary Soviet Theoretical Physics«.

25 Josephson, *Physics and Politics in Revolutionary Russia*, S. 317.

26 Mit seinen Kommilitonen Gamow, Iwanenko und Bronstein hatte Lew Landau den ordentlichen Professoren an der Leningrader Universität das Leben zur Hölle gemacht. Kamen sie zu ihren Vorlesungen, wurden sie von Plakaten begrüßt, die, gut sichtbar an die Wände geklebt, ihre gesammelten »physikalischen Dummheiten« auflisteten, von simplen Rechenfehlern bis hin zu abstrusen Hypothesen. Die Witzbolde verloren dabei mitunter das Augenmaß, schickten Boris Gessen auch dann noch ein höhnisches Telegramm, als dieser Einstein gegen die Front reaktionärer Kritik verteidigte. Der beschämende, halsbrecherische Ausrutscher trug Ioffe einen öffentlichen Rüffel ein und führte zu Landaus Entschluss, Leningrad zu verlassen.

27 Petr Leonidovich Kapitsa, *Letters to Mother: The Early Cambridge Period*, S. 46.

28 Kapiza war sehr stolz auf diese Technik und demonstrierte seinen Besuchern gern die magnetischen Effekte, die er mit der Maschine erzeugen konnte.

29 Kapiza scheint selbst zu seinem »Arrest« beigetragen zu haben. Entgegen dem gewohnten Prozedere hatte er es versäumt, vorher

beim russischen Konsulat eine Bestätigung einzuholen, dass er wieder ausreisen dürfe. Und er hatte – so jedenfalls berichtete es Ernest Rutherford, sein Förderer und Arbeitgeber in Cambridge – »in einer seiner großspurigen Anwandlungen, die ihn in Russland überkamen, gegenüber sowjetischen Ingenieuren geäußert, er – und nur er – könne die gesamte Struktur der elektrischen Energietechnik innerhalb seiner beruflich aktiven Zeit von Grund auf erneuern« – eine verlockend klingende Bemerkung in einem Land, dem Lenin eingeschärft hatte, allein die Elektrifizierung könne dem Sozialismus zum Erfolg verhelfen.

30 Lawrence Badash, *Kapitza, Rutherford, and the Kremlin*, S. 54.

31 Alexej B. Kojevnikov, *Stalin's Great Science: The Times and Adventures of Soviet Physicists*, London: Imperial College Press, 2004, S. 100.

32 Stalins Entourage war bestrebt, die Praxis von Kritik und Selbstkritik, selbst auf höchster Regierungsebene, beizubehalten; vgl. J. A. Getty, »Samokritika Rituals in the Stalinist Central Committee 1933–38«.

33 Brief an Waleri Meshlauk, 5. Juli 1935, in: *Kapitza in Cambridge and Moscow: Life and Letters of a Russian Physicist*, S. 328.

34 Krementsov, *Stalinist Science*, S. 40 f.

35 Joravsky, *Soviet Marxism and Natural Science*, S. 258.

KAPITEL 13

1 Zitiert nach Phillip R. Sloan und Brandon Fogel (Hg.), *Creating a Physical Biology*, S. 61.

2 Mit Mullers frühen Nöten hat sich sein Biograph Elof A. Carlson sehr sensibel befasst: *Hermann Joseph Muller 1890–1967*.

3 H. J. Muller, »The Dominance of Economics over Eugenics«.

4 »Further Studies on the Nature of Gene Mutation«.

5 Yakov G. Rokityanskij, »N. V. Timofeeff-Ressovsky in Germany (July 1925 – September 1945)«.

6 Die Abhandlung *Über die Natur der Genmutation und der Genstruktur* (Berlin: Weidmannsche Buchhandlung, 1935) bekam zunächst ein »Begräbnis erster Klasse«, wie sich Delbrück ausdrückte, in der »Fachgruppe VI Biologie« der *Nachrichten von der Gesellschaft der Wissenschaften zu Göttingen*. Der Physiker

Erwin Schrödinger rettete die Abhandlung vor dem Vergessen, indem er in seinem Buch *Was ist Leben?* ein Loblied auf sie sang und den Inhalt (nicht allzu korrekt) zusammenfasste. Jahre später, am 1. Oktober 1970, schrieb Delbrück an Timofejew, beim Wiederlesen des Büchleins, das in eine sehr spezielle sattgrüne Kartonage eingebunden war (weswegen es auch als »grünes Pamphlet« bekannt ist, doch meistens spricht man von der »Dreimännerarbeit der Genetik«), sei die »Erinnerung an die trauten, enthusiastischen Treffen bei Dir oder bei uns zu Hause« zurückgekehrt, »wo wir die ersten Abenteuer in unserem Bemühen erlebten, Genetik und Physik zusammenzubringen« (zitiert nach Sloan und Brandon (Hg.), *Creating a Physical Biology*, S. 61).

7   Susan Gross Solomon (Hg.), *Doing Medicine Together: Germany and Russia between the Wars*, S. 354.

8   Hermann Joseph Muller, *Out of the Night: A Biologist's View of the Future*, S. 113 und 122.

9   Zitiert nach Babkov, *The Dawn of Human Genetics*, S. 643. Vgl. auch Larson, »Biology and the Emergence of the Anglo-American Eugenics Movement«, sowie Diane B. Paul, »›Our Load of Mutations‹ Revisited«.

10   Einer Quelle zufolge wurde der Übersetzer, der das Manuskript ins Russische übertragen hatte, später verhaftet und erschossen.

11   Vgl. Krementsov, *International Science between the World Wars*.

12   Leo Trotzki, *Mein Leben. Versuch einer Autobiographie*, S. 302.

13   Joravsky, *The Lysenko Affair*, S. 218.

14   Loren R. Graham, *Science and Philosophy in the Soviet Union*, Fußnote 58.

15   Eine genaue linguistische Analyse von Lyssenkos Taktik liefert Dmitri Stanchevici in seinem Buch *Stalinist Genetics: The Constitutional Rhetoric of T. D. Lysenko*. Vgl. auch Paul M. Dombrowski, »Plastic Language for Plastic Science: The Rhetoric of Comrade Lysenko«.

16   Zitiert nach Joravsky, *The Lysenko Affair*, S. 104.

17   Roll-Hansen, *The Lysenko Effect*, S. 203.

18   Pringle, *The Murder of Nikolai Vavilov*, S. 211.

19   H. J. Muller an Julian Huxley, 9. und 11. März 1937, Lilly Library. Vgl. Mark B. Adams, »The Politics of Human Heredity in the USSR, 1920–1940«.

20 Die Botschaft wurde ein Jahr später bekräftigt, kurz nachdem er die amtliche Anweisung erhalten hatte, unverzüglich in die Sowjetunion zurückzukehren. Nikolai Kolzow gelang es, über die schwedische Botschaft einen Brief nach Berlin-Buch zu schmuggeln, in dem es heißt: »Wenn Du zurückkommen willst, kannst Du gleich nach Sibirien durchbuchen!«

21 Muller blieb während der Belagerung Madrids in Spanien auf der Seite der Internationalen Brigaden. Mit dem kanadischen Arzt Norman Bethune testete er neue Formen der Bluttransfusion, unter anderem mit aus Leichen gewonnenem Blut. Als die republikanische Armee kurz vor der Niederlage stand, erfuhr Julian Huxley von Mullers misslicher Lage und nahm Kontakt zu Francis Crew auf, der das Institut für Tiergenetik an der Edinburgher Universität leitete. Crew war überhaupt nicht begeistert von der Idee, Muller nach Edinburgh zu holen. Einem Kollegen schrieb er: »Huxley hat mir gerade geschrieben, ich solle für Muller einen Job finden, aber ich habe große Zweifel, dass mir das gelingt, und ich bin mir auch nicht ganz sicher, ob ich es überhaupt will.« Doch er folgte schließlich Huxleys Bitte, und diesmal hatte der Neubeginn für Muller positive Folgen. Er lernte Thea Kantorowicz kennen, die seine zweite Frau wurde, und zum ersten Mal – und ganz unerwartet – nahm sein Leben eine glückliche Wendung.

KAPITEL 14

1 Loren R. Graham, *Moscow Stories*, S. 124.

2 Roll-Hansen, *The Lysenko Effect*, S. 212.

3 Babkov, *The Dawn of Human Genetics*, S. 679.

4 Mark Popovsky, *The Vavilov Affair*, S. 152.

5 John Hawkes an Igor Loskutow, 1995, zitiert nach Igor G. Loskutov, *Vavilov and His Institute*. Zu Lyssenkos Beteiligung an den Angriffen gegen Wawilow siehe Bakhteyev, »Reminiscences of N. I. Vavilov«.

6 Calvin O. Qualset, »Jack R. Harlan (1917–1998): Plant Explorer, Archaeobotanist, Geneticist, and Plant Breeder«, S. 1. Vgl. auch Jack R. Harlan, *The Living Fields: Our Agricultural Heritage*.

7 N. A. Grigorian, »N. K. Kolzow und die Genetik höherer Nerventätigkeit« [russisch], *Priroda* 6/1992, S. 93–97.

8 Babkov, *The Dawn of Human Genetics*, S. 686–688.

KAPITEL 15

1 Zitiert nach Pringle, *The Murder of Nikolai Vavilov*, S. 238.

2 Joravski, *The Lysenko Affair*, S. 110.

3 Roll-Hansen, *The Lysenko Effect*, S. 69 f.

4 Krementsov, *Stalinist Science*, S. 76.

5 Vorsichtshalber sei angemerkt, dass es Zweifel an Jefrem Jakuschewskis Darstellung gibt. Wenn Wawilow Stalin tatsächlich getroffen hat, hielt Stalin dies jedenfalls nicht in seinem Notizbuch fest, was sehr ungewöhnlich wäre. Vgl. Loskutov, *Vavilov and His Institute*.

6 Krementsov, *International Science between the World Wars*, S. 66–68.

7 Gennady Andreev-Khomiakov, *Bitter Waters: Life and Work in Stalin's Russia*.

8 Bakhteyev, »Reminiscences of N. I. Vavilov«.

9 Sergej Wawilow, Sekretär der Akademie der Wissenschaften von 1945 bis zu seinem Tod 1951, überstand seine Amtszeit ohne größere politische Fehltritte. Seine Stellung zwischen zwei Stühlen war ein gefährlicher Drahtseilakt, aber nicht ungewöhnlich. Selbst Mitglieder des Politbüros wie Molotow oder Kalinin hatten unter ihren engsten Verwandten Strafgefangene. Sergej war ein Eigenbrötler, der leidenschaftlich gern bei Trödlern und Antiquaren nach seltenen Büchern fahndete. Er übersetzte Isaac Newtons *Lectiones Opticae* ins Russische. Gelegentlich hob er Entscheidungen, die er selbst mit seiner Unterschrift besiegelt hatte, still und heimlich wieder auf. Dmitri Roshdestwenski, Physiker und Industrieller, schrieb über ihn: »Er hat immer seine Rücktrittserklärung dabei, bereits unterschrieben, aber ohne Datum. Wenn der Augenblick da ist und er etwas völlig Unannehmbares akzeptieren müsste, ist er vorbereitet und kann dieses Schreiben aus der Tasche ziehen. Aber er wird nie wissen, ob der Augenblick nicht schon vorbei ist.« Alexej Kojevnikov, »President of Stalin's Academy: The Mask and Responsibility of Sergei Vavilov«.

535

10 Zitiert nach Pringle, *The Murder of Nikolai Vavilov*, S. 250.

11 Ausführlich und quälend genau schildert Vadim Birstein Wawilows Vernehmung in *The Perversion of Knowledge*, S. 223–229.

DRITTER TEIL: HERRSCHAFT (1941 – 1953)

KAPITEL 16

1 Nikita S. Chruschtschow, *Die Geheimrede Chruschtschows*, S. 70. Chruschtschow illustrierte seine Ausführungen zum Personenkult der Stalin-Ära mit Auszügen aus dem 1948 in Moskau und 1950 im Berliner Dietz Verlag erschienenen Band *Josef Wissariono-witsch Stalin. Kurze Lebensbeschreibung*, den Stalin höchstper-sönlich redigierte und eigenhändig mit zahlreichen zusätzlichen Lobhudeleien wie den zitierten Sätzen versah. Vgl. auch Vladimir Hachinski, »Stalin's Last Years: Delusion or Dementia?«.

2 Gennady Andreev-Khomiakov, *Bitter Waters*, S. 163 und 166.

3 Der amerikanische Journalist Harrison Salisbury beschrieb Shda-now als »dunkelhaarigen Mann mit braunen Augen, der zu-mindest in jungen Jahren recht attraktiv war. Doch wie bei vie-len Sowjetfunktionären forderten Überarbeitung, häufige Nacht-arbeit (wegen Stalins Gewohnheit, nächtliche Besprechungen anzusetzen), mangelnde Bewegung, die unzähligen üppigen Ban-kette ihren Tribut. Am Vorabend des Krieges war Shdanow über-gewichtig, hatte ein teigiges Gesicht und schlimmes Asthma. Als Kettenraucher steckte er sich eine Belomor nach der anderen an, bis der Aschenbecher auf seinem Schreibtisch überquoll.« Zi-tiert nach Boterbloem, *The Life and Times of Andrei Zhdanov*, S. 219.

4 Boterbloem, *The Life and Times of Andrei Zhdanov*, S. 235.

5 Weisung an den Stabschef der Deutschen Marine zur Zerstörung Leningrads vom 23. September 1941, vgl. https://de.wikipedia.org/wiki/Sankt_Petersburg#Leningrad.

6 Im Februar 1945 wurde Brücher angewiesen, die achtzehn unter seiner Aufsicht stehenden Forschungseinrichtungen zu zerstö-ren, damit sie nicht den anrückenden sowjetischen Streitkräften in die Hände fielen. Brücher weigerte sich, dem Befehl Folge zu leisten. Nach dem Krieg nahm er das russische Material zum Teil

mit nach Südamerika. Am 17. Dezember 1991 wurde Brücher fünfundsiebzigjährig in seinem Weinberg in der argentinischen Provinz Mendoza ermordet. Wahrscheinlich handelte es sich um einen Raubmord, doch die Polizei schloss auch einen Zusammenhang mit Kokainschmuggel nicht aus. Kurz vor seinem Tod hatte Brücher öffentlich über die Möglichkeit gesprochen, mit einer durch Viren hervorgerufenen Krankheit – der von Einheimischen Estella oder Kokawelke genannte Befall erwies sich später als Pilzinfektion – illegal angepflanzte Kokasträucher zu vernichten, ohne andere Pflanzen zu schädigen. Vgl. Carl-Gustaf Thornstrom und Uwe Hossfeld, »Instant Appropriation: Heinz Brücher and the SS Botanical Collecting Commando to Russia 1943«, sowie Daniel W. Gade, »Converging Ethnobiology and Ethnobiography: Cultivated Plants, Heinz Brücher, and Nazi Ideology«.

7   Lew Kopelew, *Tröste meine Trauer. Autobiographie 1947–1954*, S. 8 f.

8   Zu diesem in jeder Hinsicht überzeugenden Argument vgl. Oleg V. Khlevniuk, »The Objectives of the Great Terror, 1937–1938«.

9   1946 wurde offiziell die Bezeichnung »Ministerium« statt »Volkskommissariat« eingeführt.

10 Benjamin Zajicek, »Scientific Psychiatry in Stalin's Soviet Union: The Politics of Modern Medicine and the Struggle to Define ›Pavlovian‹ Psychiatry, 1939–1953«, S. 211.

KAPITEL 17

1   Richard L. Garwin, »Enrico Fermi and Ethical Problems in Scientific Research« (2001).

2   Yakov G. Rokityanskij, »N. V. Timofeeff-Ressovsky in Germany«, S. 576.

3   Mark Walker, Interview mit Nikolaus Riehl, 17. Oktober 1985.

4   Georgy S. Levit und Uwe Hossfeld, »From Molecules to the Biosphere: Nikolai V. Timoféeff-Ressovsky's (1900–1981) Research Program within a Totalitarian Landscape«.

5   Mark Walker, Interview mit Nikolaus Riehl, 17. Oktober 1985. Vgl. auch Riehls Buch *Zehn Jahre im goldenen Käfig*, S. 54.

6   Zitiert nach Yakov G. Rokityanskij, »N. V. Timofeeff-Ressovsky in Germany«, S. 578.

7 Zum Beispiel A. Kusmin, »K kakomu chramu ischtschem my do-
rogu?«, *Nasch sowremennik* 1988, Bd. 3, S. 154–164.

8 Alexander Solschenizyn, *Der Archipel Gulag, 1918–1956*, S. 202.

9 N. W. Timofejew-Ressowski, *Wospominanija*, S. 360.

10 Vadim A. Ratner, »Nikolay Vladimirovich Timofeeff-Ressovsky
(1900–1981): Twin of the Century of Genetics«, S. 936.

11 Enrico Fermi lockerte die Spannung unter den auf geeignete
Wetterbedingungen wartenden Kernwaffenentwicklern vor dem
Trinity-Test, dem ersten Atombombentest, mit einer Wette auf: Ob
ihre Bombe wohl die Atmosphäre in Brand setzen und, wenn ja,
lediglich New Mexico oder die ganze Welt zerstören würde?

12 David Holloway, *Stalin and the Bomb*, S. 60–69.

13 Paul R. Josephson, *Physics and Politics in Revolutionary Russia*,
S. 182.

14 Kojevnikov, *Stalin's Great Science: The Times and Adventures of
Soviet Physicists*, S. 135.

15 Klaus Fuchs kehrte im Juni 1946 nach Großbritannien zurück und
leitete die Abteilung für Theoretische Physik am Kernforschungs-
zentrum Harwell, wo die Briten ihre eigene Atombombe bauten.
Fuchs' Ruf als Spion überschattet einen viel interessanteren Punkt:
Er hat ganz wesentlich zu drei Atombombenprojekten beigetragen, dem amerikanischen, dem britischen und dem russischen. Vgl.
Matin Zuberi, »Stalin and the Bomb«.

16 Auf dem Papier war Sawenjagin ein hochrangiger Gulag-Bürokrat,
direkt der Hauptverwaltung der Lager der Bergbau- und metallur-
gischen Industrie unterstellt, doch als Chef der Neunten Hauptverwaltung des NKWD hatte er Sonderaufgaben, darunter die Überwachung von Labor Nr. 2. Zu seinen weiteren Berliner Tätigkeiten
siehe Pavel V. Oleynikov, »German Scientists in the Soviet Atomic
Project«.

17 Riehl, *Zehn Jahre im goldenen Käfig*, S. 115, 100 und 98.

18 Zitiert nach Oleynikov, »German Scientists in the Soviet Atomic
Project«, S. 10.

19 Mark Walker, Interview mit Nikolaus Riehl, 17. Oktober 1985. Die
beiden vorherigen Zitate stammen aus Riehls Buch *Zehn Jahre im
goldenen Käfig*, S. 20 f. und 29.

20 Als Leonid Kwasnikow, Spezialist für Auslandsspionage, Berija
von den neuesten Entwicklungen berichtete, drohte dieser: »Wenn

das eine Ente ist, sperre ich euch alle in den Keller.« Vgl. Holloway, *Stalin and the Bomb*, S. 211.

21 Kurtschatows Laborreaktor produziert bis heute seine 24 Kilowattstunden Strom und ist damit weltweit der älteste Reaktor, der noch in Betrieb ist.

22 Montefiore, *Stalin*, S. 576.

23 Alexej B. Kojevnikov, »Piotr Kapitza and Stalin's Government: A Study in Moral Choice«. Vgl. auch David Holloway, »The Scientist and the Tyrant«.

24 Holloway, *Stalin and the Bomb*, S. 139.

KAPITEL 18

1 *Chruschtschow erinnert sich*, S. 215.

2 Ashby, *Als Wissenschaftler in Rußland*, S. 130. Die drei folgenden Zitate ebenda, S. 138, 143 und 28.

3 Raissa Berg, *On the History of Genetics in the Soviet Union: Science and Politics: The Insight of a Witness: Final Report to National Council for Soviet and East European Research*, S. 28 f.

4 Robert C. Cook, »Lysenko's Marxist Genetics: Science or Religion?«.

5 Nikolai Krementsov, »A ›Second Front‹ in Soviet Genetics: The International Dimension of the Lysenko Controversy, 1944–1947«, S. 239.

6 Das prägnanteste – und lustigste – Resümee nach der Lektüre der englischen Ausgabe, *Heredity and Its Variability*, stammt von Eric Ashby: »Der Behauptung auf dem Schutzumschlag des Buches, dass ›ein sorgfältiges Studium dieser Texte jeden ernsthaften Biologiestudenten reich belohnen‹ werde, können wir nur mit Schrecken beipflichten.«

7 Zitiert nach Krementsov, »A ›Second Front‹ in Soviet Genetics«, S. 241.

8 Vgl. zum Beispiel H. J. Muller, »It Still Isn't a Science. A Reply to George Bernard Shaw«.

9 Die hartnäckigen Gerüchte über *Orango*, eine satirische Oper über die Nachtklubabenteuer eines aus Experimenten hervorgegangenen Affenmenschen, die Schostakowitsch 1932 begonnen und schnell wieder aufgegeben hatte, waren dem Ruf des Komponisten

nicht gerade zuträglich. Vgl. Gerard McBurneys Essay mit dem optimistischen Titel »Some Frequently Asked Questions about Shostakovich's ›Orango‹«.

10 Montefiore, *Stalin*, S. 619.

11 Krementsov, *Stalinist Science*, S. 137.

12 Bei Kriegsbeginn arbeitete Pawel Lyssenko als Industriechemiker am Institut für Kohlechemie in Charkiw. Seine Versuche zur Umwandlung von Kohle in Koks liefen gut, weckten den Neid von Kollegen und führten dazu, dass er denunziert und verhaftet wurde. Pawel hatte offenbar ähnlich wie Trofim Probleme damit, Freunde zu gewinnen: Seine Kollegen betrieben sogar seine Einberufung zur Armee (obwohl er als Wissenschaftler vom Wehrdienst befreit war). Er lief zu den deutschen Besatzern über, die von ihm so beeindruckt waren, dass sie ihn zum Bürgermeister ernannten. Nach ihrer Niederlage nahmen sie ihn mit auf den Rückzug, er landete schließlich in der amerikanischen Besatzungszone in München, wo er, wie US-Beamte feststellten, eine Firma zu leiten begann, die künstlichen Honig aus Rosskastanien herstellte.

13 Krementsov, *Stalinist Science*, S. 112.

14 Ethan Pollock, *Stalin and the Soviet Science Wars*, S. 47 f.

15 Ebenda.

16 Douglas R Weiner, *A Little Corner of Freedom: Russian Nature Protection from Stalin to Gorbachev*, S. 458, Fußnote 36.

17 Ebenda, S. 74.

18 Ebenda.

19 Ebenda.

20 Pollock, *Stalin and the Soviet Science Wars*, S. 50.

21 Krementsov, *Stalinist Science*, S. 165.

22 Zhores A. Medvedev, *The Unknown Stalin*, S. 183.

23 Zu Stalins Bearbeitungsstil vgl. Kirill O. Rossianov, »Editing Nature: Joseph Stalin and the ›New‹ Soviet Biology« sowie »Stalin as Lysenko's Editor: Reshaping Political Discourse in Soviet Science«.

24 Mark A. Popovsky, *Manipulated Science: The Crisis of Science and Scientists in the Soviet Union Today*, S. 149.

25 *Die Lage in der biologischen Wissenschaft. Tagung der Lenin-Akademie der landwirtschaftlichen Wissenschaften der UdSSR (31. Juli–7. August 1948). Stenographischer Bericht*, S. 196.

26 Ebenda, S. 416, 433 und 435.

27 Ebenda, S. 444 f.

28 Ebenda, S. 572, 578 und 582.

29 Ebenda, S. 758.

30 Stephen Jay Gould, *Wie das Zebra zu seinen Streifen kam*, S. 133.

KAPITEL 19

1 Zitiert nach John E. Bowlt und Olga Matich (Hg.), *Laboratory of Dreams: The Russian Avant-Garde and Cultural Experiment*, S. 92 (ursprünglich ein Artikel Gorkis in der *Samarskaja Gaseta*).

2 Ein besonders abstoßendes Beispiel ist die Monographie über Genetik und Selektion, die der Dekan der Biologischen Fakultät der Universität Leningrad, Nikolai Turbin, 1950 veröffentlichte. Das Buch, das bis Mitte der sechziger Jahre in Umlauf war, behandelt Themen wie »Der Kampf der fortschrittlichen Vererbungslehre Mitschurins gegen die reaktionäre Genetik von Mendel und Morgan«, »Die aus der Klassenideologie der imperialistischen Bourgeoisie erwachsenden Verfälschungen in der bourgeoisen Genetik«, »Der vollständige Bankrott des modernen Morganismus in Theorie und Praxis«, »Das goldene Zeitalter der Mitschurin-Genetik und -Selektion in der UdSSR« und so weiter. Die Scheinheiligkeit machte sogar den Autor krank. Nach 1950 setzte sich Turbin Stück für Stück, Satz für Satz vom Lyssenko-Lager ab und wechselte schließlich zur Weißrussischen Akademie der Wissenschaften in Minsk, wo er ab Mitte der fünfziger Jahre ein sehr respektables Zentrum für die genetische Erforschung von Mais aufbaute. Vgl. S. M. Gershenson, »The Grim Heritage of Lysenkoism: Four Personal Accounts. IV. Difficult Years in Soviet Genetics«.

3 Raissa Berg, *On the History of Genetics in the Soviet Union*.

4 Hermann Mullers Rückkehr in die USA gestaltete sich glücklich. Sein Chef, Fernandus Payne, der schon in Morgans Labor mit Taufliegen gearbeitet hatte, konnte mit seinem neuen Mitarbeiter umgehen – auf Nachfrage hin erwiderte er, er habe eh schon mehrere Primadonnen in seinem Team, da komme es auf eine mehr oder weniger nicht an. Vgl. J. F. Crow und S. Abrahamson, »Seventy Years Ago: Mutation Becomes Experimental«.

5 Audra J. Wolfe, »What Does It Mean to Go Public?«, S. 64f.

6 Zu Lina Sterns Laufbahn vgl. Alla A. Vein, »Science and Fate: Lina Stern (1878–1968), a Neurophysiologist and Biochemist«.

7 W. B. Gratzer, *The Undergrowth of Science*, S. 193.

8 Zitiert nach David Joravsky, »The Mechanical Spirit: The Stalinist Marriage of Pavlov to Marx«, S. 473.

9 Pollock, *Stalin and the Soviet Science Wars*, S. 144.

10 Zitiert nach Krementsov, *Stalinist Science*, S. 266.

11 Zum ideologischen Kampf um Pawlows Vermächtnis vgl. Suvorov und Andreeva, »Problems of the Inheritance of Conditioned Reflexes in Pavlov's School«.

12 Pollock, *Stalin and the Soviet Science Wars*, S. 146.

13 Ebenda.

14 Ebenda, S. 141.

15 Ebenda, S. 161.

16 Vgl. George Windholz, »The 1950 Joint Scientific Session: Pavlovians as the Accusers and the Accused«. Zu den Folgen der Tagung vgl. ders., »Soviet Psychiatrists under Stalinist Duress: The Design for a ›New Soviet Psychiatry‹ and Its Demise«.

17 Joravsky, *Russian Psychology: A Critical History*, S. 410.

18 Zitiert nach Medwedjew, *Der Fall Lyssenko*, S. 145. Vgl. Vance Kepley, »The Scientist as Magician: Dovzhenko's ›Michurin‹ and the Lysenko Cult«.

19 Giordano Bruno war ein italienischer Philosoph, der von der Inquisition 1600 auf dem Scheiterhaufen verbrannt wurde, weil er darauf beharrte, die Sterne seien weit entfernte Sonnen und das Universum sei unendlich und habe somit kein Zentrum.

20 Trofim Lyssenko, »Stalin i mitschurinskaja biologija«, zitiert nach Medwedjew, *Der Fall Lyssenko*, S. 148.

KAPITEL 20

1 Zitiert nach Mira und Antonín J. Liehm, *The Most Important Art: Eastern European Film after 1945*, S. 55.

2 Der Film wurde in der UdSSR unter dem Titel *Mitschurin* gezeigt, in der Sowjetischen Besatzungszone lief er unter dem Titel *Die Welt soll blühen*, und auf Englisch heißt er *Life in Bloom* (er wurde in der *New York Times* positiv besprochen).

3   Nikita S. Chruschtschow, *Die Geheimrede Chruschtschows*, S. 74 f.

4   Stephen Brain, »The Great Stalin Plan for the Transformation of Nature«, S. 684.

5   Zitiert nach Weiner, *A Little Corner of Freedom*, S. 89 f.

6   Marcel Penant, ein französischer Wissenschaftler und Kommunist, berichtete 1957 in *La Pensée*, er sei so entsetzt über Lyssenkos Behauptung gewesen, dass er zunächst geglaubt habe, es handle sich um einen Übersetzungsfehler, »bis Lyssenko sie in einer Unterredung, die er mir 1950 gewährte, Wort für Wort wiederholte ... Daraufhin erlaubte ich mir die Frage: ›Zugegeben, junge Bäume sollten in Gruppen angepflanzt werden, dann sind sie besser geschützt, aber finden Sie nicht, dass es notwendig ist, einige von ihnen nach ein paar Jahren zu entfernen?‹ – ›Nein‹, entgegnete Lyssenko und erklärte: ›Sie opfern sich für einen von ihnen auf.‹ – ›Sie meinen, einer entwickelt einen kräftigeren Wuchs, und die anderen verkümmern oder gehen zugrunde?‹, erwiderte ich. ›Keineswegs‹, beharrte er, ›sie opfern sich zum Wohle ihrer Art auf‹, und dann verfiel er in einen langen, völlig verworrenen Monolog und machte mich mit einer ›materialistischen‹ Erklärung platt, die eines Bernardin de Saint-Pierre würdig gewesen wäre und hart an der göttlichen Vorsehung vorbeischrammte.«

7   Peter Kneen, »Physics, Genetics and the Zhdanovshchina«.

8   Zitiert nach Montefiore, *Stalin. Am Hof des roten Zaren*, S. 575.

9   Zuberi, »Stalin and the Bomb«, S. 1147.

10   Holloway, *Stalin and the Bomb*, S. 273.

11   Caesar P. Korolenko und Dennis V. Kensin, »Reflections on the Past and Present State of Russian Psychiatry«, S. 54.

12   Eine umfassende Darstellung der Ereignisse bietet Benjamin Tromly, »The Leningrad Affair and Soviet Patronage Politics, 1949–1950«.

13   Joshua Rubenstein und Vladimir P. Naumov (Hg.), *Stalin's Secret Pogrom: The Postwar Inquisition of the Jewish Anti-Fascist Committee.*

14   Stalins Tod bewahrte Lina Stern davor, die Strafe komplett zu verbüßen. Über die zehn Monate in Dschambul, dem heutigen Taras, verlor sie nie ein Wort. Sie weigerte sich, über die schlimmen Erlebnisse in der Verbannung zu reden.

15   Ab 1948 lehrte Present an den Fachbereichen für Darwinismus

in Moskau und Leningrad und hielt dort Pflichtvorlesungen über Mitschurins Biologie. Seine Abschlussprüfungen hatten einen schlechten Ruf: Studentinnen mussten sie in seiner Privatwohnung ablegen. Gut beraten war, wer sich dort mit starkem männlichem Begleitschutz einfand.

16 Vadim J. Birstein, *The Perversion of Knowledge*, S. 260.
17 Jakow L. Rapoport, *Na rubeshe dwuch epoch* (Moskau 1988), zitiert nach der englischen Ausgabe, *The Doctors' Plot*, S. 74 und 79.
18 Swetlana Allilujewa, *Zwanzig Briefe an einen Freund*, S. 24 f.

KAPITEL 21

1 Richard Levins und Richard C. Lewontin, *The Dialectical Biologist*, S. 65.
2 David Joravsky, »The Stalinist Mentality and the Higher Learning«, S. 580.
3 G. G. Polikarpow, »Skizzen zu einem Porträt von Nikolai Timofejew-Ressowski« (russisch).
4 V. I. Korogodin, G. G. Polikarpov und V. V. Velkov, »The Blazing Life of N. V. Timofeeff-Ressovsky«.
5 V. I. Ivanov, »A True Scientist and a Most Amiable Person: To the Centenary of the Birthday of H. A. Timofeeff-Ressovsky«.
6 Vgl. Slava Gerovitch, *From Newspeak to Cyberspeak: A History of Soviet Cybernetics*.
7 Zitiert nach Granin, *Der Genetiker*, S. 324.
8 Sergej L. Sobolew und Alexej A. Ljapunow, »Kibernetika i estestwosnanije«.
9 Arnošt Kolman, *Die verirrte Generation. So hätten wir nicht leben sollen*, S. 223 f.
10 Ebenda, S. 225.
11 Graham, *Science and Philosophy in the Soviet Union*, S. 241.
12 Andrej Sacharow, *Mein Leben*, S. 275.
13 Berg, *On the History of Genetics in the Soviet Union*.

EPILOG

1   N. F. Fedorov, *What Was Man Created for? The Philosophy of the Common Task: Selected Works.*

2   Leo Trotzki, *Literatur und Revolution*, S. 214 f.

3   Zitiert nach Gloveli, »›Socialism of Science‹ versus ›Socialism of Feelings‹«, S. 43 und 49.

4   Arran Gare, »Aleksandr Bogdanov and Systems Theory«, S. 355.

5   Leo Trotzki schrieb, Lunatscharski habe sich von jedem »neuen philosophischen oder politischen Spielzeug« unwiderstehlich angezogen und dazu aufgefordert gefühlt, es auszuprobieren. Vgl. Gloveli, »›Socialism of Science‹ versus ›Socialism of Feelings‹«, S. 33.

6   John Biggart, *Alexander Bogdanov, Left-Bolshevism and the Proletkult 1904–1932.*

7   James D. White, »Alexander Bogdanov's Conception of Proletarian Culture«.

8   John Biggart, »Bukharin and the Origins of the ›Proletarian Culture‹ Debate«.

9   Bogdanows eigener Bericht über seine Arbeit wurde von J. Dursky ins Deutsche übersetzt und erschien 1924 unter dem Titel *Die Entwicklungsformen der Gesellschaft und die Wissenschaft. Kurzgefaßter Lehrgang in Fragen und Antworten* im Berliner Nike Verlag.

10 A. Gastew, *Ustanowka rabotschej sili*; Irina Lunacharskaja, »Why Did Commissar of Enlightenment A. V. Lunacharskii Resign?«, S. 326.

11 Johansson und Gastev, *Aleksej Gastev*, S. 129, Fußnote 30.

12 A. Bogdanow, »O tendenzijach proletarskoi kulturi (owtet A. Gastewu)« [Über Tendenzen in der proletarischen Kultur (die Rolle von A. Gastew)], *Proletarskaja Kultura* 9–10/1919, S. 46–52. Zitiert nach Sochor, »Soviet Taylorism Revisited«, S. 249.

13 Alexander M. Etkind, »Psychological Culture: Ambivalence and Resistance to Social Change«, S. 15.

14 Noch ein Fundstück zu Fjodorow: Es genügte dem Begründer des Kosmismus nicht, zu versichern, dass der Tod keine notwendige Bedingung des Lebens und somit vermeidbar sei; vielmehr erhob er es zu unserer moralischen Pflicht, Unsterblichkeit anzustreben. Er stellte sogar in Aussicht, dass wir unsere verblichenen Vorfahren ins Leben zurückholen könnten.

15 Holloway, *Stalin and the Bomb*, S. 367.

16 Korolenko und Kensin, »Reflections on the Past and Present State of Russian Psychiatry«.

17 Ein bemerkenswertes, nicht sonderlich schmeichelhaftes Porträt Sneshnewskis zeichnet Walter Reich: »The World of Soviet Psychiatry«.

18 Sacharow, *Mein Leben*, S. 344.

19 Sidney Bloch, »Psychiatry as Ideology in the USSR«, S. 128.

20 Zitiert nach Bailes, *Science and Russian Culture in an Age of Revolutions*, S. 125.

21 Weiner, *Models of Nature*, S. 44.

22 Paul R. Josephson, *Industrialized Nature: Brute Force Technology and the Transformation of the Natural World*.

23 B. S. Richter, »Nature Mastered by Man: Ideology and Water in the Soviet Union«.

BIBLIOGRAPHIE

Abraham, Ralph, »A Review of ›Geochemistry and the Biosphere: Essays by Vladimir I. Vernadsky‹«, *World Futures* 65 (2009), S. 436–441

Adams, Henry, *Die Erziehung des Henry Adams. Von ihm selbst erzählt.* Deutsch von Jonas Lesser (Zürich: Manesse, 1953)

Adams, Mark B., »Biology after Stalin: A Case History«, *Survey* 1977, S. 53–80

–, »Genetics and Molecular Biology in Khrushchev's Russia« (Dissertation, Harvard University, 1973)

–, »The Founding of Population Genetics: Contributions of the Chetverikov School 1924–1934«, *Journal of the History of Biology* 1/1 (1968), S. 23–39

–, »The Politics of Human Heredity in the USSR, 1920–1940«, *Genome* 31/2 (1989), S. 879–884

–, Hg., *The Wellborn Science: Eugenics in Germany, France, Brazil, and Russia* (Oxford/New York/Toronto: Oxford University Press, 1990)

–, »Towards a Synthesis: Population Concepts in Russian Evolutionary Thought, 1925–1935«, *Journal of the History of Biology* 3/1 (1970), S. 107–129

Adams, Mark B., Garland E. Allen und Sheila Faith Weiss, »Human Heredity and Politics«, *Osiris*, 2. series, 20 (2005), S. 232–262

Akhutina, T. V., »L. S. Vygotsky and A. R. Luria: Foundations of Neuropsychology«, *Journal of Russian and East European Psychology* 41 (2010), S. 159–190

Akimenko, M. A., »Vladimir Mikhailovich Bekhterev«, *Journal of the History of the Neurosciences* 16 (2007), S. 1 f.

Aldridge, Jerry, »Another Woman Gets Robbed? What Jung, Freud, Piaget, and Vygotsky Took from Sabina Spielrein«, *Childhood Education* 85 (2009), S. 318

Alexander, Denis, und Ronald L. Numbers, Hg., *Biology and Ideology from Descartes to Dawkins* (University of Chicago Press, 2010)

Allilujewa, Swetlana, *Zwanzig Briefe an einen Freund. Aus dem Russischen übertragen von Xaver Schaffgotsch. Wien: Verlag Fritz Molden, 1967

Andreev-Khomiakov, Gennady M., *Bitter Waters: Life and Work in Stalin's Russia*. Aus dem Russischen und mit einer Einführung von Ann Healy (Boulder/Oxford: Westview Press, 1997)

Andrews, James T., *Science for the Masses: The Bolshevik State, Public Science, and the Popular Imagination in Soviet Russia, 1917–1934* (College Station, TX: Texas A&M University Press, 2003)

Andrle, V., »How Backward Workers Became Soviet: Industrialization of Labour and the Politics of Efficiency under the Second Five-Year Plan, 1933–1937«, *Social History* 10 (1985), S. 147–169

Angelini, Alberto, »History of the Unconscious in Soviet Russia: From Its Origins to the Fall of the Soviet Union«, *The International Journal of Psychoanalysis* 89 (2008), S. 369–388

Anichkov, S. V., »How I Became a Pharmacologist«, *Annual Review of Pharmacology* 15 (1975), S. 1–10

Arens, Katherine, »Mach's ›Psychology of Investigation‹«, *Journal of the History of the Behavioral Sciences* 21 (1985), S. 151–168

Ashby, Eric, *Als Wissenschaftler in Rußland*. Deutsch von Gisela Reinhardt und Hanns H. Reinhardt (Göttingen: Musterschmidt Wissenschaftlicher Verlag, 1949)

A. W., »Michurin (1948)«, *New York Times*, 9. Mai 1949

Babkov, V. V., *The Dawn of Human Genetics*. Hg. von James Schwartz, aus dem Russischen von Victor Fet (Cold Spring Harbor Laboratory Press, 2013)

–, »The Theoretical-Biological Concept of Nikolai K. Kol'tsov«, *Russian Journal of Developmental Biology* 33 (2002), S. 255–262

Bacon, Edwin, *The Gulag at War: Stalin's Forced Labour System in the Light of the Archives* (Houndmills/Basingstoke/Hampshire/London: Palgrave Macmillan, 1996)

Badash, Lawrence, *Kapitza, Rutherford, and the Kremlin* (New Haven: Yale University Press, 1985)

Bailes, Kendall E., »The Politics of Technology: Stalin and Technocratic Thinking among Soviet Engineers«, *The American Historical Review* 79 (1974), S. 445–469

–, »Alexei Gastev and the Soviet Controversy over Taylorism, 1918–24«, *Soviet Studies* 29/3 (1. Juli 1977), S. 373–394

–, *Technology and Society under Lenin and Stalin: Origins of the Soviet Technical Intelligentsia, 1917–1941* (Princeton University Press, 1978)

–, »The American Connection: Ideology and the Transfer of American Technology to the Soviet Union, 1917–1941«, *Comparative Studies in Society and History* 23 (1981), S. 421–448

–, »Soviet Science in the Stalin Period: The Case of V. I. Vernadskii and His Scientific School, 1928–1945«, *Slavic Review* 45 (1986), S. 20–37

–, *Science and Russian Culture in an Age of Revolutions: V. I. Vernadsky and His Scientific School, 1863–1945* (Bloomington: Indiana University Press, 1990)

Baker, David B., *The Oxford Handbook of the History of Psychology: Global Perspectives* (Oxford/New York u.a.: Oxford University Press, 2012)

Bakhteyev, F. Kh., »Reminiscences of N. I. Vavilov (1887–1943) on the Eightieth Anniversary of His Birthday«, *Theoretical and Applied Genetics. International Journal of Plant Breeding Research* 38/3 (1968), S. 79–84

Barbara, Jean-Gaël, Jean-Claude Dupont und Irina Sirotkina (Hg.), *History of the Neurosciences in France and Russia: From Charcot and Sechenov to IBRO* (Paris: Hermann, 2011)

Bechterew, Wladimir Michailowitsch, Allgemeine Grundlagen der Reflexologie des Menschen. Leitfaden für das objektive Studium der Persönlichkeit. Mit einem Vorwort von Ad. Czerny. Nach der 3. [russischen] Aufl. hg. von Martin Pappenheim. Leipzig/Wien: Deuticke, 1926

Bedeian, Arthur G., und Carl R. Phillips, »Scientific Management and Stakhanovism in the Soviet Union: A Historical Perspective«, *International Journal of Social Economics* 17 (1990), S. 28–35

Bengtsson, Bengt Olle, und Anna Tunlid, The 1948 International Congress of Genetics in Sweden: People and Politics (Genetics Society of America)

Bentivoglio, Marina, »Cortical Structure and Mental Skills: Oskar Vogt and the Legacy of Lenin's Brain«, *Brain Research Bulletin* 47/4 (1998), S. 291–296

Benton, Ted, *The Greening of Marxism* (New York: Guilford, 1996)

Berg, Raissa L., *Acquired Traits: Memoirs of a Geneticist from the Soviet Union* (New York: Viking Penguin, 1988)

–, »In Defense of Timoféeff-Ressovsky«, *The Quarterly Review of Biology* 65 (1990), S. 457–479

–, *On the History of Genetics in the Soviet Union: Science and Politics: The Insight of a Witness: Final Report to National Council for Soviet and East European Research* (National Council for Soviet and East European Research, 1983)

Bernal, J. D., »The Biological Controversy in the Soviet Union and Its Implications«, *Modern Quarterly* 4 (1949), S. 204

Bernstein, N. A., »Biomechanika i fisiologija dwishenyj« [Biomechanik und Physiologie der Bewegung], *Isbrannyje psichologitscheskije trudy* [Ausgewählte psychologische Werke] (MPSI, 2008)

Biggart, John, *Alexander Bogdanov, Left-Bolshevism and the Proletkult 1904–1932* (University of East Anglia, 1989)

–, »Bukharin and the Origins of the ›Proletarian Culture‹ Debate«, *Soviet Studies* 39 (1987), S. 229–246

Birstein, Vadim J., *The Perversion of Knowledge: The True Story of Soviet Science* (Boulder, CO: Westview Press, 2001)

Blackmore, John T., *Ernst Mach: His Work, Life, and Influence* (Berkeley/Los Angeles/London: University of California Press, 1972)

Bloch, Sidney, »Psychiatry as Ideology in the USSR«, *Journal of Medical Ethics* 4/3 (1978)

Boakes, Robert, *From Darwin to Behaviourism: Psychology and the Minds of Animals* (Cambridge University Press, 1984)

Bogdanov, A. A., *The Struggle for Viability: Collectivism through Blood Exchange*. Hg. und übersetzt von Douglas W. Huestis (Philadelphia: Xlibris, 2001)

–, *Allgemeine Organisationslehre, Tektologie*. Aus dem Russischen von S. Alexander und R. Lang (Berlin: Organisation Verlagsgesellschaft, 1926)

Bolotova, Alla, »Colonization of Nature in the Soviet Union: State Ideology, Public Discourse, and the Experience of Geologists«, *Historical Social Research/Historische Sozialforschung* 29 (2004), S. 104–123

Boterbloem, Kees, *The Life and Times of Andrei Zhdanov, 1896–1948* (Montreal & Kingston/London/Ithaca: McGill-Queen's University Press, 2004)

Bowlt, John E., und Olga Matich, Hg., *Laboratory of Dreams: The Russian Avant-Garde and Cultural Experiment* (Stanford University Press, 1996)

Brackman, Roman, *The Secret File of Joseph Stalin: A Hidden Life* (London/Portland, OR: Frank Cass Publ., 2001)

Brain, Stephen, *Song of the Forest: Russian Forestry and Stalinist Environmentalism, 1905–1953* (University of Pittsburgh Press, 2011)

–, »Stalin's Environmentalism«, *Russian Review* 69 (2010), S. 93–118

–, »The Great Stalin Plan for the Transformation of Nature«, *Environmental History* 15/4 (1. Oktober 2010), S. 670–700

Brandenberger, David, »Stalin, the Leningrad Affair, and the Limits of Postwar Soviet Russocentrism«, *Russian Review* 63 (2004), S. 241–255

Brenner, Frank, »Intrepid Thought: Psychoanalysis in the Soviet Union« (World Socialist Web Site, 1999, abrufbar unter http://www.wsws.org/en/articles/1999/06/freu-j11.html)

Brown, Julie V., »Heroes and Non-Heroes: Recurring Themes in the Historiography of Russian-Soviet Psychiatry«, *Discovering the History of Psychiatry*, hg. von Mark S. Micale und Roy Porter (Oxford/New York u.a.: Oxford University Press, 1994), S. 297–307

Bryant, Louise, *Six Red Months in Russia* (New York: Arno Press, 1970)

Burds, Jeffrey, *Peasant Dreams and Market Politics: Labor Migration and the Russian Village, 1861–1905* (University of Pittsburgh Press, 1998)

Buzin, V. N., »Psychoanalysis in the Soviet Union: On the History of a Defeat«, *Russian Social Science Review* 36 (1995), S. 65–73

Carden, Patricia, »Utopia and Anti-Utopia: Aleksei Gastev and Evgeny Zamyatin«, *Russian Review* 46/1 (1987), S. 1–18

Carlson, Elof A., *Genes, Radiation, and Society: The Life and Work of H. J. Muller* (Ithaca/London: Cornell University Press, 1981)

–, *Hermann Joseph Muller 1890–1967* (National Academy of Sciences, 2009), http://bit.ly/1L3wiPY

–, *The Gene: A Critical History* (Philadelphia: Saunders, 1966)

Carter, Huntly, »Moscow's House of Science«, *The Sociological Review*, Band 19, 2 (1927), S. 168–171

Casimir, H. B. G., *Haphazard Reality: Half a Century of Science* (Amsterdam University Press, 1983)

Chamberlain, Lesley, *The Philosophy Steamer: Lenin and the Exile of the Intelligentsia* (London: Atlantic Books, 2006)

Charnley, Berris, »Experiments in Empire-Building: Mendelian Genetics as a National, Imperial, and Global Agricultural Enterprise«, *Studies in History and Philosophy of Science, Part A*, 44 (2013), S. 292–300

Chetverikov, S. S., »On Certain Aspects of the Evolutionary Process from the Standpoint of Modern Genetics« (1926). Hg. von I. Michael Lerner, aus dem Russischen von Malina Barker, *Proceedings of the American Philosophical Society* 105/2 (21. April 1961), S. 167–195

Chruschtschow, Nikita Sergejewitsch, *Die Geheimrede Chruschtschows. Über den Personenkult und seine Folgen. Rede auf dem XX. Parteitag der Kommunistischen Partei der Sowjetunion, 25. Februar 1956* (Berlin: Dietz, 1990)

–, *Chruschtschow erinnert sich. Die authentischen Memoiren.* Hg. von Strobe Talbott, nach der amerikanischen Ausgabe übersetzt von Margaret Carroux u. a. (Reinbek: Rowohlt Taschenbuch, 1992)

Cifali, Mireille, »Sabina Spielrein, a Woman Psychoanalyst: Another Picture«, *Journal of Analytical Psychology* 46 (2001), S. 129–138

Cigna, Arrigo A., und Marco Durante, Hg., *Radiation Risk Estimates in Normal and Emergency Situations* (The NATO Programme for Security through Science, Dordrecht: Springer, 2006)

Clark, Katerina, *Petersburg, Crucible of Cultural Revolution* (Cambridge, MA: Harvard University Press, 1995)

Clarke, Ruscoe, und Leonard Crome, »A Visit to Koltushi: The Study of Conditioned Reflexes«, *The Lancet*; ursprünglich publiziert als Band 1, Ausgabe 6866, 265 (1955), S. 712–716

Cohen, Barry Mendel, »Nikolai Ivanovich Vavilov: The Explorer and Plant Collector«, *Economic Botany* 45 (1969), S. 38–46

Conquest, Robert, *Harvest of Sorrow: Soviet Collectivisation and the Terror-Famine* (London: Pimlico, 2002)

–, *The Great Terror: A Reassessment* (Oxford/New York: Oxford University Press, 2007)

–, *Stalin. Der totale Wille zur Macht.* Deutsch von Udo Rennert und Andrea von Struve (München: Paul List, 1991)

Cook, Robert C., »Lysenko's Marxist Genetics: Science or Religion?«, *Journal of Heredity* 40/7 (1949)

Covington, Coline, und Barbara Wharton, *Sabina Spielrein: Forgotten Pioneer of Psychoanalysis* (London/New York: Brunner-Routledge, 2003)

Crow, James F., »A Diamond Anniversary: The First Chromosomal Map«, *Genetics* 118 (1988), S. 1–3

–, »N. I. Vavilov, Martyr to Genetic Truth«, *Genetics* 134 (1993), S. 1–4

–, »Plant Breeding Giants: Burbank the Artist; Vavilov, the Scientist«, *Genetics* 158 (2001), S. 1391–1395

–, »Sixty Years Ago: The 1932 International Congress of Genetics«, *Genetics* 131/4 (1992), S. 761–768

Crow, James F., und S. Abrahamson, »Seventy Years Ago: Mutation Becomes Experimental«, Genetics 147 (1997), S. 1491–1496

Curtis, Adam, »Pandora's Box«, *The Engineers' Plot* (BBC, 1992)

Daniels, Harry, Hg., *Introduction to Vygotsky* (London/New York: Routledge, 2. Aufl. 2005)

Daniels, Harry, Michael Cole, James V. Wertsch u. a., *The Cambridge Companion to Vygotsky* (Cambridge University Press, 2007)

Darlington, Cyril D., »Psychology, Genetics and the Process of History«, *British Journal of Psychology* 54 (1963), S. 293–298

–, *The Conflict of Science and Society* (London: Watts, 1948)

Darlington, Cyril D., und Kenneth Mather, *Genes, Plants and People: Essays on Genetics* (London: Allen & Unwin, 1950)

David-Fox, Michael, *Revolution of the Mind: Higher Learning among the Bolsheviks, 1918–1929* (Ithaca/London: Cornell University Press, 1997)

–, »Symbiosis to Synthesis: The Communist Academy and the Bolshevization of the Russian Academy of Sciences, 1918–1929«, *Symbiosis* 219 (1998), S. 43

Davies, Sarah, und James R. Harris, *Stalin: A New History* (Cambridge University Press, 2005)

deJong-Lambert, William, »Hermann J. Muller, Theodosius Dobzhansky, Leslie Clarence Dunn, and the Reaction to Lysenkoism in the United States«, *Journal of Cold War Studies* 15/1 (2013), S. 78–118

–, *The Cold War Politics of Genetic Research: An Introduction to the Lysenko Affair* (Dordrecht/Heidelberg/London/New York: Springer, 2012)

Delbrück, Max, und N. W. Timofeev-Ressovsky, »Cosmic Rays and the Origin of Species«, *Nature* 137 (1936), S. 358 f.

Die Lage in der biologischen Wissenschaft. Tagung der Lenin-Akademie der landwirtschaftlichen Wissenschaften der UdSSR (31. Juli–7. Au-

gust 1948). Stenographischer Bericht (Moskau: Verlag für fremdsprachige Literatur, 1949)

Dobzhansky, Th., »Animal Breeding under Lysenko«, *American Naturalist* 88 (1954), S. 165–167

Dombrowski, Paul M., »Plastic Language for Plastic Science: The Rhetoric of Comrade Lysenko«, *Journal of Technical Writing and Communication* 31/3 (2001), S. 293–333

Dongen, Jeroen Van, »On Einstein's Opponents, and Other Crackpots«, *Studies in History and Philosophy of Modern Physics* 41 (2010), S. 78–80

Dorozynski, Alexandre, *The Man They Wouldn't Let Die* (New York: Macmillan, 1965)

Dronin, Nikolai M., und Edward G. Bellinger, *Climate Dependence and Food Problems in Russia: 1900–1990: The Interaction of Climate and Agricultural Policy and Their Effect on Food Problems* (Budapest/New York: Central European University Press, 2005)

Dunn, L. C., »Soviet Biology«, *Science*, New Series, 99, Nr. 2561 (28. Januar 1944), S. 65–67

–, *The Reminiscences of Leslie Clarence Dunn*, Columbia University Oral History Collection, Teil 4, Nr. 5 (New York: Columbia University Press, 1975)

Easter, Gerald M., *Reconstructing the State: Personal Networks and Elite Identity in Soviet Russia* (Cambridge University Press, 2007)

Eaton, Katherine Bliss, *Daily Life in the Soviet Union* (Westport, CT: Greenwood, 2004)

Eilam, Gavriela, »The Philosophical Foundations of Aleksandr R. Luria's Neuropsychology«, *Science in Context* 16 (2003), S. 551–577

Engels, Friedrich, *Herrn Eugen Dührings Umwälzung der Wissenschaft (»Anti-Dühring«)* [1877/78], in: Karl Marx und Friedrich Engels, *Werke Band 20* (Berlin: Dietz, 1975), S. 5–303, https://marxwirklichstudieren.files.wordpress.com/2012/11/mew_band20.pdf

–, *Dialektik der Natur* [Skizzen, 1873–1883], in: Karl Marx und Friedrich Engels, *Werke Band 20* (Berlin: Dietz, 1975), S. 307–568, https:// marxwirklichstudieren.files.wordpress.com/2012/11/mew_band20. pdf

Eremeeva, A. I., »Political Repression and Personality: The History of

Political Repression against Soviet Astronomers«, *Journal for the History of Astronomy* 26 (1995), S. 297

Etkind, Alexander M., »Beyond Eugenics: The Forgotten Scandal of Hybridizing Humans and Apes«, *Studies in History and Philosophy of Biological and Biomedical Sciences* 39 (2008), S. 205–210

–, *Eros des Unmöglichen. Die Geschichte der Psychoanalyse in Russland*. Deutsch von Andreas Tretner (Leipzig: Gustav Kiepenheuer, 1996)

–, »Psychological Culture: Ambivalence and Resistance to Social Change«, in *First Nevada Conference on Russian Culture* (UNLV Center for Democratic Culture, 1992)

–, »Trotsky and Psychoanalysis«, *Partisan Review* 61 (1994), S. 303–308

Fando, R., »The Unknown about a Well-Known Biologist«, *Herald of the Russian Academy of Sciences* 78/2 (1. April 2008, S. 165 f.

Fando, R. A., und I. A. Zakharov, »An Unknown Page in the History of Russian Genetics: S. I. Alikhanyan's Letter to I. V. Stalin«, *Russian Journal of Genetics* 42 (2006), S. 1329–1340

Fedorov, N. F., *What Was Man Created for?: The Philosophy of the Common Task: Selected Works*. Hg. von Marilyn Minto, aus dem Russischen von Elisabeth Koutaissoff (London: Honeyglen, 1990)

Fersman, A. E., Rede, gehalten beim Jahrestreffen des Geographischen Instituts (russisch), in: *Problemy organisaziji nauki w trudach sowjezkich utschjonych, 1917–1930* (Moskau: Nauka, 1990)

Feuer, Lewis S., »Dialectical Materialism and Soviet Science«, *Philosophy of Science* 16 (1949), S. 105–124

Field, Mark G., *Soviet Socialized Medicine: An Introduction* (New York: Free Press, 1967)

Figes, Orlando, *Die Flüsterer. Leben in Stalins Russland*. Deutsch von Bernd Rullkötter (Berlin Verlag, 2008)

Filner, Robert E., »Science and Marxism in England, 1930–1945«, *Science and Nature* 3 (1980), S. 60–69

Finkel, Stuart, *On the Ideological Front: The Russian Intelligentsia and the Making of the Soviet Public Sphere* (New Haven/London: Yale University Press, 2007)

–, »Purging the Public Intellectual: The 1922 Expulsions from Soviet Russia«, *The Russian Review* 62 (2003), S. 589–613

–, »The Brains of the Nation«: The Expulsion of Intellectuals and the Politics of Culture in Soviet Russia, 1920–1924 (Dissertation, Stanford University, 2001)

Fisher, R. A., »What Sort of Man Is Lysenko?«, Occasional Pamphlet of the Society for Freedom in Science, 1948, S. 6–9

Fitzpatrick, Sheila, Cultural Revolution in Russia, 1928–1931 (Bloomington/Indianapolis: Indiana University Press, 1978)

–, Education and Social Mobility in the Soviet Union, 1921–1934 (Cambridge University Press, 1979)

–, Everyday Stalinism: Ordinary Life in Extraordinary Times: Soviet Russia in the 1930s (Oxford/New York u. a.: Oxford University Press, 2000)

–, Hg., Stalinism: New Directions (London: Routledge, 1999)

–, Stalin's Peasants: Resistance and Survival in the Russian Village after Collectivization (Oxford/New York u. a.: Oxford University Press, 1994)

–, The Commissariat of Enlightenment: Soviet Organization of Education and the Arts under Lunacharsky, October 1917–1921 (Cambridge University Press, 2002)

–, The Cultural Front: Power and Culture in Revolutionary Russia (Ithaca/London: Cornell University Press, 1992)

Fitzpatrick, Sheila, Alexander Rabinowitch und Richard Stites, Russia in the Era of NEP: Explorations in Soviet Society and Culture (Bloomington/Indianapolis: Indiana University Press, 1991)

Fitzpatrick, Sheila, und Katherine Verdery, »Tear off the Masks! Identity and Imposture in Twentieth-Century Russia«, The Journal of Modern History 79 (2007), S. 959

Fjodorow, S. F., »Chirurgie am Scheideweg« [russisch], Zeitschrift für Chirurgie 155/6 (1996), S. 114

Fofanowa, Margarita, O Wladimire Ilitsche Lenine. Wospominanija [Über Wladimir Ilitsch Lenin. Erinnerungen] (Moskau: Gospolitisdat, 1963)

Fokin, Sergei, »Russian Zoologists in Naples«, Science in Russia (2010), S. 71–78

Fortescue, Stephen, The Communist Party and Soviet Science (Baltimore: Johns Hopkins University Press, 1987)

Fortunatow, Boris Konstantinowitsch, »O generalnom plane rekonstruktsiji promijslowoi faunij jewropeiskoi tschasti SSSR i Ukrainij«

[Vom Generalplan für die Rekonstruktion der Wirtschaftsfauna im europäischen Teil der UdSSR und der Ukraine], *Priroda i sozjalistitscheskoe chosijaistwo* [Natur und sozialistische Wirtschaft] 6/1933, S. 90–109

Fraser, Jennifer, und Anton Yasnitsky, »Deconstructing Vygotsky's Victimization Narrative: A Re-Examination of the ›Stalinist Suppression‹ of Vygotskian Theory« (University of Toronto, 2014)

Gideon Freudenthal und Peter McLaughlin (Hg.), *The Social and Economic Roots of the Scientific Revolution: Texts by Boris Hessen and Henryk Grossmann* (Heidelberg/New York: Springer, 2009)

Fridman, E. P., und D. M. Bowden, »The Russian Primate Research Center – A Survivor«, *Laboratory Primate Newsletter* 48 (2009)

Fülöp Miller, René, *Geist und Gesicht des Bolschewismus. Darstellung und Kritik des kulturellen Lebens in Sowjet-Rußland* (Zürich: Amalthea, 1926); Neuausgabe unter dem Titel *Fantasie und Alltag in Sowjet-Russland. Ein Augenzeugenbericht* (Berlin: Elefanten Press, 1978)

Gade, Daniel W., Daniel W. Gade, »Converging Ethnobiology and Ethnobiography: Cultivated Plants, Heinz Brücher, and Nazi Ideology, *Journal of Ethnobiology* 26/1 (März 2006), S. 82–106

Gaissinovitch, A. E., »The Origins of Soviet Genetics and the Struggle with Lamarckism, 1922–1929«. Aus dem Russischen von Mark B Adams, *Journal of the History of Biology* 13/1 (1980), S. 1–51

Gajewski, W., »The Grim Heritage of Lysenkoism: Four Personal Accounts. II. Lysenkoism in Poland«, *Quarterly Review of Biology* 65 (1990), S. 423–434

Gall, Yasha, »The Botanist V. N. Sukachev and the Development of Darwin's Ideas in Russia«, *Ludus Vitalis* 17 (2009), S. 25–32

Ganson, Nicholas, *The Soviet Famine of 1946–47 in Global and Historical Perspective* (Houndmills/Basingstoke/Hampshire/London: Palgrave Macmillan, 2009)

Gantt, W. Horsley, »Reminiscences of Pavlov«, *Journal of the Experimental Analysis of Behavior* 20 (1973), S. 131–136

Gare, Arran, »Aleksandr Bogdanov: Proletkult and Conservation«, *Capitalism Nature Socialism* 5 (1994), S. 65–94

–, »Aleksandr Bogdanov and Systems Theory«, *Democracy and Nature* 6 (2000), S. 341–359

–, »Aleksandr Bogdanov's History, Sociology and Philosophy of Science«, *Studies in History and Philosophy of Science Part A*, 31 (2000), S. 231–248

Garwin, Richard L., »Enrico Fermi and Ethical Problems in Scientific Research«, Vortrag auf dem Kongress »Enrico Fermi und die moderne Physik« in Pisa am 19. Oktober 2001, https://fas.org/rlg/011019-fermi.htm

Gastev, A. K., *Poesija rabotschego udara* [Poesie des Arbeitsschlags] (Moskau: Chudoshestwennaja Literatura, 1971)

–, *Ein Packen von Ordern*. Aus dem Russischen von Cornelia Köster (Ostheim/Rhön: Peter Engstler, 1999)

Gates, R. Ruggles, »International Congress of Genetics«, *Nature* 120, 1. Oktober 1927, S. 495 f.

Geldern, James von, *Bolshevik Festivals, 1917–1920* (Berkeley: University of California Press, 1993)

Gerovitch, Slava, *From Newspeak to Cyberspeak: A History of Soviet Cybernetics* (Cambridge, MA/London: MIT Press, 2004)

–, »Love-Hate for Man-Machine Metaphors in Soviet Physiology: From Pavlov to ›Physiological Cybernetics‹«, *Science in Context* 15 (2002), S. 339–374

–, »›Russian Scandals‹: Soviet Readings of American Cybernetics in the Early Years of the Cold War«, *The Russian Review* 60 (2001), S. 545–568

Gershenson, S. M., »The Grim Heritage of Lysenkoism: Four Personal Accounts. IV. Difficult Years in Soviet Genetics«, *Quarterly Review of Biology* 65/4 (1990), S. 447–456

Gerson, Lennard D., *The Secret Police in Lenins's Russia* (Philadelphia: Temple University Press, 1976)

Getty, John Archibald, *Origins of the Great Purges: The Soviet Communist Party Reconsidered, 1933–1938* (Cambridge University Press, 1987)

–, »Samokritika Rituals in the Stalinist Central Committee 1933–38«, *Russian Review* 58 (1999), S. 49–70

Gill, Graeme J., *The Origins of the Stalinist Political System* (Cambridge University Press, 2002)

Glad, John, »Hermann J. Muller's 1936 Letter to Stalin«, *Mankind Quarterly* 43 (2003)

Glants, Musya, und Joyce Stetson Toomre, *Food in Russian History and Culture* (Bloomington/Indianapolis: Indiana University Press, 1997)

Gleason, Abbott, Peter Kenez und Richard Stites (Hg.), *Bolshevik Culture: Experiment and Order in the Russian Revolution* (Bloomington/Idianapolis: Indiana University Press, 1989)

Gloveli, Georgii D., »›Socialism of Science‹ versus ›Socialism of Feelings‹: Bogdanov and Lunacharsky«, *Studies in Soviet Thought* 42/1 (1. Juli 1991, S. 29–55

Golubev, G. N., *Nikolai Vavilov: The Great Sower: Pages from the Life of the Scientist.* Aus dem Russischen von Vadim Sternik (Moskau: Mir, Originalausgabe 1979, englische Ausgabe 1987)

Gordin, Michael D., Karl Hall und A. B. Kozhevnikov (Hg.), *Intelligentsia Science: The Russian Century, 1860–1960* (University of Chicago Press, 2008)

Gorelik, George E., »Bogdanov's Tektology: Its Nature, Development and Influence«, *Studies in Soviet Thought* 26 (1983), S. 39–57

Gorelik, George E., und Antonina W. Bouis, *The World of Andrei Sakharov: A Russian Physicist's Path to Freedom* (Oxford/New York u. a.: Oxford University Press, 2005)

Gorki, Maxim W., Hg., *Belomorsko-Baltijskij kanal imeni Stalina*, Moskau 1934; zitiert nach der englischen Ausgabe, *The White Sea Canal: Being an Account of the Construction of the New Canal between the White Sea and the Baltic Sea.* Hg. von Amabel Williams-Ellis, aus dem Russischen von L. Averbakh und S. G. Firin (London: John Lane, 1935)

–, »W. I. Lenin«, aus dem Russischen von Michael Pfeiffer, in: *Lenin und Gorki. Eine Freundschaft in Dokumenten*, hg. von Eva Kosing und Edel Mirowa-Florin, S. 25–79 (Berlin/Weimar: Aufbau, 1970)

Gormley, Melinda, »Geneticist L. C. Dunn: Politics, Activism, and Community« (Oregon State University, 2006)

Gould, Stephen Jay, *Wie das Zebra zu seinen Streifen kam. Essays zur Naturgeschichte.* Aus dem Englischen von Stephen Cappellari (Basel: Springer, 1996)

Graham, Loren R., *Moscow Stories* (Bloomington/Indianapolis: Indiana University Press, 2006)

–, *Science and Philosophy in the Soviet Union* (New York: Knopf, 1972)

–, *Dialektischer Materialismus und Naturwissenschaften in der UdSSR.* Deutsch von Wolfgang Hätscher u.a. (Frankfurt am Main: S. Fischer, 1974)

–, *Science and the Soviet Social Order* (Cambridge, MA: Harvard University Press, 1990)

–, »Science and Values: The Eugenics Movement in Germany and Russia in the 1920s«, *American Historical Review* 82 (1977), S. 1133–1164

–, *Science in Russia and the Soviet Union: A Short History* (Cambridge University Press, 1994)

–, *Science, Philosophy, and Human Behavior in the Soviet Union* (New York: Columbia University Press, 1987)

–, »The Formation of Soviet Research Institutes: A Combination of Revolutionary Innovation and International Borrowing«, *Social Studies of Science 5* (1975), S. 303–329

–, *The Ghost of the Executed Engineer: Technology and the Fall of the Soviet Union* (Cambridge, MA: Harvard University Press, 1993)

–, »The Socio-Political Roots of Boris Hessen: Soviet Marxism and the History of Science«, *Social Studies of Science* 15/4 (1985)

–, *What Have We Learned about Science and Technology from the Russian Experience?* (Stanford University Press, 1998)

–, *Lysenko's Ghost: Epigenetics and Russia* (Cambridge, MA: Harvard University Press, 2016)

Granin, Daniil, *Der Genetiker. Das Leben des Nikolai Timofejew-Ressowski.* Aus dem Russischen von Erich Ahrndt (Köln: Pahl-Rugenstein, 1988)

Gratzer, W.B., *The Undergrowth of Science: Delusion, Self-Deception, and Human Frailty* (Oxford/New York: Oxford University Press, 2000)

Green, Judy, und Jeanne LaDuke, *Pioneering Women in American Mathematics: The Pre-1940 PhD's* (American Mathematical Society, 2009)

Gregory, Paul R., *Lenin's Brain and Other Tales from the Secret Soviet Archives* (Stanford, CA: Hoover Institution Press, 2008)

Grigorenko, Elena L., Patricia Ruzgis und Robert J. Sternberg, *Psychology of Russia: Past, Present, Future* (Commack, NY: Nova Science Publishers, 1997)

Grigorian, N.A., »L.A. Orbeli – Outstanding Physiologist and Science

Leader of the Twentieth Century«, *Journal of the History of the Neurosciences* 16 (2007), S. 181–193

–, »N. K. Kolzow i experimentalnaja genetika wysschej nerwoi dejatelnosti« [N. K. Kolzow und die Genetik der höheren Nerventätigkeit], *Priroda* 6/1992, S. 93–97

Grigoriev, A. I., und N. A. Grigorian, »The Difficult Years of the Leader of Physiology«, *Herald of the Russian Academy of Sciences* 77 (2007), S. 254–261

Hachinski, Vladimir, »Stalin's Last Years: Delusion or Dementia?«, *European Journal of Neurology* 6/2 (1. März 1999)

Hagemeister, Michael, »Die Eroberung des Raums und die Beherrschung der Zeit. Utopische, apokalyptische und magisch-okkulte Elemente in den Zukunftsentwürfen der Sowjetzeit«, in: Jurij Murašov und Georg Witte (Hg.), *Die Musen der Macht. Medien in der sowjetischen Kultur der 20er und 30er Jahre* (München: Fink, 2003), S. 257–286

Haldane, J. B. S., »In Defense of Genetics«, *The Modern Quarterly* 4/3 (1949), S. 194–202

–, »Lysenko and Genetics«, *Science and Society* 4/4 (Herbst 1940), S. 433–437

Hall, Karl, »The Schooling of Lev Landau: The European Context of Postrevolutionary Soviet Theoretical Physics«, *Osiris* 23/1 (1. Januar 2008), S. 230–259

Hamilton, David, *The Monkey Gland Affair* (London: Chatto & Windus, 1986)

Hardcastle, John, »Of Dogs and Martyrs. Sherrington, Richards, Pavlov and Vygotsky«, *Changing English* 12 (2005), S. 31–42

Harlan, Jack R., *The Living Fields: Our Agricultural Heritage* (Cambridge/New York: Cambridge University Press, 1995)

Harland, S. C., »Nicolai Ivanovitch Vavilov, 1885–1942«, *Obituary Notices of Fellows of the Royal Society* 9 (1954), S. 259–264

Harré, Rom, *Pavlov's Dogs and Schrödinger's Cat: Tales from the Living Laboratory* (Oxford/New York u. a.: Oxford University Press, 2008)

Harrison, Mark, *The Soviet Economy in the 1920's and 1930's: A Survey of New Research in Britain and the U. S. A. (1966–1976)* (Department of Economics, University of Warwick, 1977)

Harwood, William Sumner, *The New Earth: A Recital of the Triumphs of Modern Agriculture in America* (New York: Macmillan, 1906)

Haymaker, W., »Cécile and Oskar Vogt, on the Occasion of Her 75th and His 80th Birthday«, *Neurology* 1 (1951)

Haynal, André, *Psychoanalysis and the Sciences: Epistemology – History* (Berkeley: University of California Press, 1993)

Haynes, Michael, und Rumy Husan, *A Century of State Murder?: Death and Policy in Twentieth-Century Russia* (Chicago: Pluto Press, 2003)

Healey, Dan, »Russian and Soviet Forensic Psychiatry: Troubled and Troubling«, *International Journal of Law and Psychiatry* 37 (2014), S. 71–81

Hellebust, Rolf, *Flesh to Metal: Soviet Literature & the Alchemy of Revolution* (Ithaca/London: Cornell University Press, 2003)

Herlihy, Patricia, *The Alcoholic Empire: Vodka and Politics in Late Imperial Russia* (Oxford/New York u. a.: Oxford University Press, 2002)

Herriot, Édouard, *Orient* (Paris: Hachette, 1934). Englische Ausgabe: *Eastward from Paris*. Übersetzt von Phyllis Marks Mégroz (London: V. Gollancz, 1934)

Hill, Alexander, »Soviet Planning for War, 1928–June 1941«, in: *A Companion to World War II*. Hg. von Thomas W. Zeiler und Daniel M. DuBois (Hoboken: Wiley-Blackwell, 2012), 91–101

Hill, Fiona, und Clifford G. Gaddy, *The Siberian Curse: How Communist Planners Left Russia out in the Cold* (Washington, D.C.: Brookings Institution Press, 2003)

Hindus, Maurice, *Broken Earth* (Vancouver: Read Books, 2006)

–, »Henry Ford Conquers Russia«, *The Outlook*, 29. Juni 1927, S. 280–282

–, *Red Bread: Collectivization in a Russian Village* (New York: J. Cape & H. Smith, 1931)

Hoffmann, David L., *Cultivating the Masses: Modern State Practices and Soviet Socialism, 1914–1939* (Ithaca/London: Cornell University Press, 2011)

Holloway, David, »Scientific Truth and Political Authority in the Soviet Union«, Government and Opposition 5 (1970), S. 345–367

–, »The Scientist and the Tyrant«, *New York Review of Books*, 1. März 1990

–, *Stalin and the Bomb: The Soviet Union and Atomic Energy, 1939–1956* (Yale University Press, 1994)

Homskaya siehe Khomskaia

Horvath, Robert, »The Poet of Terror. Dem'ian Bednyi and Stalinist Culture«, *Russian Review* 65/1 (1. Januar 2006), S. 53–71

Huestis, Douglas W., »Alexander Bogdanov: The Forgotten Pioneer of Blood Transfusion«, *Transfusion Medicine Reviews* 21 (2007), S. 337–340

Husband, William B., »›Correcting Nature's Mistakes‹: Transforming the Environment and Soviet Children's Literature, 1928–1941«, *Environmental History* 11 (2006), S. 300–318

Huschtscha, Lily, »›I Am Not a Supporter of Simplistic Explanations ...‹: An Interview with Zhores Medvedev«, *Biogerontology* 5 (2004), S. 129–136

Huxley, Julian, *Soviet Genetics and World Science: Lysenko and the Meaning of Heredity* (London: Chatto & Windus, 1949)

»›I Lived a Happy Life‹ – In Honor of the 90th Anniversary of the Birth of Timofeev-Resovskij«, *Priroda*, 1990, S. 68–104

International Congress of Genetics, und Reginald Crundall Punnett (Hg.), *Proceedings of the Seventh International Genetical Congress: Edinburgh, Scotland, 23.–30. August 1939* (Cambridge University Press, 1941)

Ivanov, Valery I., »A True Scientist and a Most Amiable Person: To the Centenary of the Birthday of H. A. Timofeeff-Ressovsky«. Aus dem Russischen von Irina V. Kronshtadtova, http://wwwinfo.jinr.ru/drrr/Timofeeff/auto/ea_e.html

Ivanov, Valery I., und N. A. Liapunova, »Nikolay W. Timofeeff-Ressovsky (1900–1981): An Essay on His Life and Scientific Achievements«, *Advances in Mutagenesis Research*, hg. von Günter Obe, Band 4 (Heidelberg/Dordrecht/New York: Springer, 1993)

Ivanov, Viacheslav, »Why Did Stalin Kill Gorky?«, *Russian Social Science Review*, 35/6 (1. November 1994), S. 49–92

James, William, *Psychology: The Briefer Course* (Mineola, NY: Dover Publications, 2001)

–, *The Principles of Psychology: Band 1* (Mineola, NY: Dover Publications, 2000)

Jensen, Kenneth Martin, *Beyond Marx and Mach: Aleksandr Bogda-nov's Philosophy of Living Experience* (Dordrecht/Boston/London: D. Reidel Publishing Company, 1978)

–, »Red Star: Bogdanov Builds a Utopia«, *Studies in East European Thought* 23 (1982), S. 1–34

Johansson, Kurt, und A. K. Gastev, *Aleksej Gastev, Proletarian Bard of the Machine Age* (Stockholm: Almqvist & Wiksell International, 1983)

Jones, Donald F., *Proceedings of the Sixth International Congress of Genetics, Ithaca, New York, 1932* (Brooklyn Botanic Garden, 1932)

Jones, Gareth Stedman, »Engels and the Genesis of Marxism«, *New Left Review* 1 (1977)

Joravsky, David, *Cultural Revolution and the Fortress Mentality* (Wilson Center, Kennan Institute for Advanced Russian Studies, 1981)

–, *Russian Psychology: A Critical History* (Cambridge, MA: Basil Blackwell, 1989)

–, »Soviet Marxism and Biology before Lysenko«, *Journal of the History of Ideas* 20/1 (1959), S. 85–104

–, *Soviet Marxism and Natural Science 1917–1932* (New York: Columbia University Press, 1961)

–, »Soviet Views on the History of Science«, *Isis* 46 (1955), S. 3–13

–, »The Impossible Project of Ivan Pavlov (and William James and Sigmund Freud)«, *Science in Context* 5 (1992), S. 265–280

–, *The Lysenko Affair* (Cambridge, MA/London: Harvard University Press, 1970)

–, »The Mechanical Spirit: The Stalinist Marriage of Pavlov to Marx«, *Theory and Society* 4/4 (1977)

–, »The Stalinist Mentality and the Higher Learning«, *Slavic Review* 42/4 (1983), S. 575–600

Josephson, Paul R., *Industrialized Nature: Brute Force Technology and the Transformation of the Natural World* (Washington/Covelo/London: Island Press/Shearwater Books, 2002)

–, *Physics and Politics in Revolutionary Russia* (Berkeley/Los Angeles/Oxford: University of California Press, 1991)

–, *Resources under Regimes: Technology, Environment, and the State* (Cambridge, MA/London: Harvard University Press, 2006)

–, »Science Policy in the Soviet Union, 1917–1927«, *Minerva* 26 (1988), S. 342–369

–, *Would Trotsky Wear a Bluetooth?: Technological Utopianism under Socialism, 1917–1989* (Baltimore: Johns Hopkins University Press, 2010)

Kammerer, Paul, The Inheritance of Acquired Characteristics. Nach dem unveröffentlichten Originalmanuskript ins Englische übertragen von A. Paul Maerker-Branden (New York: Boni and Liveright, 1924)

Kapitsa, Petr Leonidovich, *Letters to Mother: The Early Cambridge Period*. Hg. von David J. Lockwood (National Research Council Canada, 1989)

Kapitza in Cambridge and Moscow: Life and Letters of a Russian Physicist. Hg. von J. W. Boag, P. E. Rubinin und D. Shoenberg (Amsterdam/Oxford/New York/Tokio: New-Holland/Elsevier, 1990)

Kassow, Samuel D., *Students, Professors, and the State in Tsarist Russia* (Berkeley: University of California Press, 1989)

Kats, Yefim, »Bogdanov, Marx, and the Limits to Growth Debate«, *The European Legacy* 9 (2004), S. 305–316

Kedrov, F. B., *Kapitza – Life and Discoveries*. Nach der überarbeiteten Originalausgabe *Kapiza. Shisn i otkrytija* (1979) ins Englische übertragen von Mark Fradkin und hg. von John Crowfoot (Moskau: Mir, 1984)

Kepley, Vance, »The Scientist as Magician: Dovzhenko's ›Michurin‹ and the Lysenko Cult«, *Journal of Popular Film and Television* 8/2 (1980), S. 19

Kevles, Daniel J., *In the Name of Eugenics: Genetics and the Uses of Human Heredity* (Cambridge, MA/London: Harvard University Press, 2001)

Khlevniuk, Oleg V., »The Objectives of the Great Terror, 1937–1938«, in: David L. Hoffmann (Hg.), *Stalinism: The Essential Readings* (Malden, MA: Blackwell, 2003), S. 82–104

Khlevniuk, Oleg V., *Stalin: New Biography of a Dictator*. Aus dem Russischen von Nora Seligman Favorov (New Haven, CT: Yale University Press, 2015)

Khomskaia [im Englischen auch in der Schreibweise Homskaya], Evgenia D., *Alexander Romanovich Luria: A Scientific Biography*. Hg. von David E. Tupper, aus dem Russischen von Daria Kratova (New York: Kluwer Academic/Plenum Publishers, 2001)

Kichigina, Galina, *The Imperial Laboratory: Experimental Physiology and Clinical Medicine in Post-Crimean Russia* (Amsterdam/New York: Rodopi, 2009)

Kirschenmann, P., »On the Kinship of Cybernetics to Dialectical Materialism«, *Studies in Soviet Thought* 6 (1966), S. 37–41

Kitson, H.D., »Report of the Seventh International Congress on Psychotechnics«, *Journal of Applied Psychology* 15 (1931), S. 593

Kneen, Peter, »Physics, Genetics and the Zhdanovshchina«, *Europe-Asia Studies* 50 (1998), S. 1183–1202

Koblitz, Ann Hibner, *Science, Women and Revolution in Russia* (New York: Routledge, 2013)

Koenker, Diane, William Rosenberg und Ronald Suny, *Party, State and Society in the Russian Civil War: Explorations in Social History* (Bloomington/Indianapolis: Indiana University Press, 1989)

Koestler, Arthur, *Der Krötenküsser. Der Fall des Biologen Paul Kammerer*. Deutsch von Krista Schmidt (Wien: Czernin, 2010)

Kohler, Robert E., *Lords of the Fly: Drosophila Genetics and the Experimental Life* (University of Chicago Press, 1994)

Köhn-Behrens, Charlotte (Hg.), *Was ist Rasse? Gespräche mit den größten deutschen Forschern der Gegenwart* (München: Eher, 1934)

Kojevnikov, Alexei B., »Piotr Kapitza and Stalin's Government: A Study in Moral Choice«, *Historical Studies in the Physical and Biological Sciences* 22 (1991), S. 131–164

–, »President of Stalin's Academy: The Mask and Responsibility of Sergei Vavilov«, *Isis* 87/1 (1996), S. 18–50

–, »Rituals of Stalinist Culture at Work: Science and the Games of Intraparty Democracy circa 1948«, *Russian Review* 57 (1998), S. 25–52

–, *Stalin's Great Science: The Times and Adventures of Soviet Physicists* (London: Imperial College Press, 2004)

–, »The Great War, the Russian Civil War, and the Invention of Big Science«, *Science in Context* 15 (2002), S. 239–275

Kolchinsky, Eduard I., »Nikolai Vavilov in the Years of Stalin's ›Revolution from Above‹ (1929–1932)«, *Centaurus*, Band 56, 4 (2014)

Kolman, Arnošt, Hg., *Shisn i technika buduschtschego* [Leben und Technik der Zukunft](Moskau, 1928)

–, »A Life-Time in Soviet Science Reconsidered: The Adventure of Cybernetics in the Soviet Union«, *Minerva* 16 (1978), S. 416–424

–, *Die verirrte Generation. So hätten wir nicht leben sollen.* Überarbeitete und erweiterte Ausgabe, hg. von Hanswilhelm Haefs und František Janouch (Frankfurt am Main: Fischer Taschenbuch Verlag, 1982)

Kopelew, Lew, *Tröste meine Trauer. Autobiographie 1947–1954.* Aus dem Russischen von Heddy Pross-Weerth und Heinz-Dieter Mendel (Hamburg: Hoffmann und Campe, 1981)

Kornilow, K. N., *Einführung in die Psychologie* (Berlin: Volk und Wissen, 1950)

Korochkin, L. I., »Behavioral Genetics and Neurogenetics and Their Development in Russia«, *Russian Journal of Genetics* 40 (2004), S. 585–589

Korogodin, V. I., »Master: Recollection about N. V. Timofeeff-Ressovsky« (http://wwwinfo.jinr.ru/~drrr/Timofeeff/auto/korogodin_e. html)

Korogodin, V. I., G. G. Polikarpov und V. V. Velkov, »The Blazing Life of N. V. Timofeeff-Ressovsky«, *Journal of Biosciences* 25/2 (Juni 2000), S. 125–131

Korolenko, Caesar P., und Dennis V. Kensin, »Reflections on the Past and Present State of Russian Psychiatry«, *Anthropology and Medicine* 9/1 (2002), S. 51–64

Koshtoyants, Kh. S., *Essays on the History of Physiology in Russia.* Aus dem Russischen von David P. Boder, Kristan Hanes und Natalie O'Brien, hg. von Donald B. Lindsey (American Institute of Biological Sciences, 1964)

Kotkin, Stephen, *Magnetic Mountain: Stalinism as a Civilization* (Berkeley: University of California Press, 1995)

–, *Steeltown, USSR: Soviet Society in the Gorbachev Era* (Berkeley: University of California Press, 1991)

Kozulin, Alex, *Psychology in Utopia: Toward a Social History of Soviet Psychology* (Cambridge, MA: MIT Press, 1984)

Krementsov, Nikolai L., *A Martian Stranded on Earth: Alexander Bogdanov, Blood Transfusions, and Proletarian Science* (University of Chicago Press, 2011)

–, »Darwinism, Marxism, and Genetics in the Soviet Union«, in: Denis Alexander und Ronald L. Numbers (Hg.), *Biology and Ideology from Descartes to Dawkins* (Chicago University Press, 2010)

–, »A ›Second Front‹ in Soviet Genetics: The International Dimension of the Lysenko Controversy, 1944–1947«, *Journal of the History of Biology* 29/2 (1. Juni 1996), S. 229–250

–, »Big Revolution, Little Revolution: Science and Politics in Bolshevik Russia«, *Social Research* 73 (2006), S. 1173–1204

–, »From ›Beasty Philosophy‹ to Medical Genetics: Eugenics in Russia and the Soviet Union«, *Annals of Science* 68/1 (Januar 2011), S. 61–92

–, »Hormones and the Bolsheviks: From Organotherapy to Experimental Endocrinology, 1918–1929«, *Isis* 99 (2008), S. 486–518

–, *International Science between the World Wars: The Case of Genetics* (London/New York: Routledge, 2005)

–, *Stalinist Science* (Princeton University Press, 1997)

–, *The Cure: A Story of Cancer and Politics from the Annals of the Cold War* (University of Chicago Press, 2004)

Kreutzberg, Georg W., »If You Had Met Him, You Would Know«, *Brain Pathology* 2/4 (1. Oktober 1992), S. 365–369

Kreutzberg, Georg W., Igor Klatzo und Paul Kleihues, »Oskar and Cécile Vogt, Lenin's Brain and the Bumble-Bees of the Black Forest«, *Brain Pathology* 2 (1992), S. 363–369

Kropotkin, Peter, Gegenseitige Hilfe in der Tier- und Menschenwelt. Deutsch von Gustav Landauer. Unverkürzte Volksausgabe (Leipzig: Theod. Thomas, 1923)

Krupskaja, N., »Sistema Teilora i organisazija raboty sowezkich utschreshdeni« [Das Taylor-System und sowjetische Arbeitspraktiken], *Krasnaja Now* [Rotes Neuland], Bd. 1 (1921), S. 140–146.

Kupzow, Alexander J., »Vavilov's Law of Homologous Series at the Fiftieth Anniversary of Its Formulation«, *Economic Botany* 29 (1975), S. 372–379

Kuromiya, Hiroaki, »The Crisis of Proletarian Identity in the Soviet Factory, 1928–1929«, *Slavic Review* 44/1985, S. 286 f.

–, *Stalin's Industrial Revolution: Politics and Workers, 1928–1932* (Cambridge University Press, 1988)

Kursell, Julia, »Piano Mécanique and Piano Biologique: Nikolai Bernstein's Neurophysiological Study of Piano Touch«, *Configurations* 14/3 (2006), S. 245–273

Langdon-Davies, John, Russia Puts the Clock Back: A Study of Soviet Science and Some British Scientists (London: V. Gollancz, 1949)

Lanska, D. J., »Vogt, Cécile and Oskar«, in: *Encyclopedia of the Neurological Sciences*, hg. von Michael J. Aminoff und Robert B. Daroff (Amsterdam: Academic Press, 2. Aufl. 2014), 722–725

Lapo, Andrei V., »Why to Paris?«, Noosphere 14 (2002)

Larson, Edward J., »Biology and the Emergence of the Anglo-American Eugenics Movement«, in: Denis Alexander und Ronald L. Numbers (Hg.), *Biology and Ideology from Descartes to Dawkins* (University of Chicago Press, 2010)

Latash, Mark L., »Bernstein's ›Desired Future‹ and Physics of Human Movement«, in: Mihai Nadin (Hg.), *Anticipation: Learning from the Past* (Cham/Heidelberg/New York: Springer, 2015)

Lavretsky, H., »The Russian Concept of Schizophrenia: A Review of the Literature«, *Schizophrenia Bulletin* 24 (1998), 537–557

Lazcano, Antonio, »Historical Development of Origins Research«, *Cold Spring Harbor Perspectives in Biology* 2 (2010)

Lecourt, Dominique, *Proletarian Science?: The Case of Lysenko*. Aus dem Französischen von Ben Brewster (London: New Left Books, 1977)

Lenin, Wladimir I., *Was sind die »Volksfreunde« und wie kämpfen sie gegen die Sozialdemokraten?* (1894), *Werke, Band 1: 1893–1894*, S. 118–338 (Berlin: Dietz, 1961)

–, »Politischer Streik und Straßenkampf in Moskau«, *Proletari* 21, 17. (4.) Oktober 1905, *Werke, Band 9: Juni–November 1905*, S. 345–353 (Berlin: Dietz, 1957)

–, *Materialismus und Empiriokritizismus. Kritische Bemerkungen über eine reaktionäre Philosophie* (Sweno, Moskau 1909), *Werke, Band 14* (Berlin: Dietz, 7. Aufl., 1975)

–, »Das Taylorsystem – die Versklavung des Menschen durch die Maschine«, *Put Prawdy* 35, 13. März 1914, *Werke*, Bd. 20: Dezember 1913–August 1914, S. 145–147 (Berlin: Dietz, 1961)

–, »VIII. Parteitag der KPR(B), 18.–23. März 1919«, *Werke, Band 29: März–August 1919*, S. 125–211 (Berlin: Dietz, 9. Aufl., 1984)

–, »XI. Parteitag der KPR(B), 27. März–2. April 1922«, *Werke, Band 33: August 1921–März 1923*, S. 245–312 (Berlin: Dietz, 6. Aufl., 1977

Lenin und Gorki. Eine Freundschaft in Dokumenten, hg. von Eva Kosing und Edel Mirowa-Florin, aus dem Russischen von Sepp Görbert, Charlotte Kossuth und Michael Pfeiffer (Berlin/Weimar: Aufbau, 1970)

Lenin-Akademie, August-Tagung 1948 siehe *Die Lage in der biologischen Wissenschaft*

Lepeschinskaja, Olga Borisowna, »Ursprung der Zellen aus lebender Substanz und die Rolle der letzteren im Organismus«, *Zentralblatt für allgemeine Pathologie und pathologische Anatomie* 88 (1951), S. 128–131

Lerner, Vladimir, Jacob Margolin und Eliezer Witztum, »Vladimir Bekhterev: His Life, His Work and the Mystery of His Death«, *History of Psychiatry* 16 (2005), S. 217–227

–, »Vladimir Mikhailovich Bekhterev (1857–1927)«, *Journal of Neurology* 253 (2006), S. 1518 f.

Levin, Aleksey E., »Expedient Catastrophe: A Reconsideration of the 1929 Crisis at the Soviet Academy of Science«, *Slavic Review* 47/2 (1988), S. 261–279

Levina, Elena S., Vladimir D. Yesakov und Lev L. Kisselev, »Nikolai Vavilov: Life in the Cause of Science or Science at a Cost of Life«, *Comprehensive Biochemistry* 44 (2005), S. 345–410

Levins, Richard, und Richard C. Lewontin, *The Dialectical Biologist* (Cambridge, MA: Harvard University Press, 1985)

Levit, Georgy S., *Biogeochemistry – Biosphere – Noosphere: The Growth of the Theoretical System of Vladimir Ivanovich Vernadsky* (Berlin: Verlag für Wissenschaft und Bildung, 2001)

Levit, Georgy S., und Uwe Hossfeld, »From Molecules to the Biosphere: Nikolai V. Timoféeff-Ressovsky's (1900–1981) Research Program within a Totalitarian Landscape«, *Theory in Biosciences* 128/4 (16. Oktober 2009), S. 237–248

Leyda, Jay, *Kino: A History of the Russian and Soviet Film* (Princeton University Press, 1983)

Liehm, Mira, und Antonín J. Liehm, *The Most Important Art: Eastern European Film after 1945* (Berkeley: University of California Press, 1977)

Lomow, B. F., W. A. Kolzowa und E. I. Stepanowa, »Otscherk shisni i nautschnoi dejatelnosti Wladimira Michailowitscha Bechterewa« [Essay über Leben und Werk von W. M. Bechterew], in: W. A. Kolzowa (Hg.): *Objektivnaja psychologia* (Moskau: Nauka, 1991), S. 424–444

Loskutov, Igor G., *Vavilov and His Institute: A History of the World Collection of Plant Genetic Resources in Russia* (International Plant Genetic Resources Institute, 1999)

Lubrano, Linda L., »The Hidden Structure of Soviet Science«, *Science, Technology, and Human Values* 18 (1993), S. 147–175

Lubrano, Linda L., und Susan Gross Solomon, T*he Social Context of Soviet Science* (Boulder: Westview Press, 1980)

Lunacharskaia, Irina, »Why Did Commissar of Enlightenment A. V. Lunacharskii Resign?«. Aus dem Russischen von Kurt S. Schultz, *Russian Review* 51/3 (1992), S. 319–342.

Lunatscharski, A. W., »Intelligenzija i jejo mesto w sozialistitscheskom strojtestwe« [Die Intelligenzija und ihre Rolle im sozialistischen Aufbau], *Revoljuzija i kultura* 1/1927, S. 32 f.

Luria, A. R., *Cognitive Development, Its Cultural and Social Foundations* (Cambridge, MA / London: Harvard University Press, 1976)

–, *Die historische Bedingtheit individueller Erkenntnisprozesse.* Aus dem Russischen von R. Semmelmann (Weinheim u. a.: VCH, 1986)

–, »L. S. Vygotsky«, *Journal of Personality* 3 (1935), S. 238–240

–, »Neuropsychological Studies in the USSR: A Review (Part I)«, *Proceedings of the National Academy of Sciences of the United States of America* 70 (1973), S. 959–964

–, »Neuropsychological Studies in the USSR: A Review (Part II)«, *Proceedings of the National Academy of Sciences of the United States of America* 70 (1973), S. 1278–1283

–, *The Autobiography of Alexander Luria: A Dialogue with The Making of Mind.* Hg. von Michael Cole, aus dem Russischen von Karl E. Levitin (Mahwah, NJ: Erlbaum, 2006)

Luria, A. R., und L. S. Vygotsky, *Ape, Primitive Man, and Child: Essays in the History of Behavior* (New York: Harvester Wheatsheaf, 1992)

Lurija, Alexander R., *Der Mann, dessen Welt in Scherben ging. Zwei neurologische Geschichten.* Deutsch von Barbara Heitkam. Mit einer Einführung von Oliver Sacks (Reinbek: Rowohlt Taschenbuch Verlag, 1991)

–, *Romantische Wissenschaft. Forschungen im Grenzbezirk von Seele und Gehirn.* Übertragen und mit Anmerkungen versehen von Alexandre Métraux (Reinbek: Rowohlt Taschenbuch Verlag, 1993)

Lyons, Eugene, *Assignment in Utopia* (New Brunswick, NJ: Transaction Publishers, 1991)

Lyssenko, Trofim Denissowitsch, *Heredity and Its Variability.* Ins Englische übertragen von Theodosius Dobzhansky (New York: King's Crown Press, 1946)

–, »Referat des Akademiemitglieds T. D. Lyssenko: Über die Lage in der biologischen Wissenschaft« in: *Die Lage in der biologischen Wissenschaft. Tagung der Lenin-Akademie der landwirtschaftlichen Wissenschaften der UdSSR (31. Juli–7. August 1948). Stenographischer Bericht* (Moskau: Verlag für fremdsprachige Literatur, 1949), S. 9–59

–, *Agrobiologie: Arbeiten über Fragen der Genetik, der Züchtung und des Samenbaus.* Redigiert von W. Höppner (Berlin: Verlag Kultur und Fortschritt, 1951)

–, *New Developments in the Science of Biological Species* (Moskau: Verlag für fremdsprachige Literatur, 1951)

–, *Die Genetik.* Übersetzt und redigiert von W. Höppner (Berlin: Akademie-Verlag, 1953)

Maier, Charles S., *Between Taylorism and Technocracy: European Ideologies and the Vision of Industrial Productivity in the 1920s* (London: Weidenfeld & Nicolson, 1970)

Mansueto, Anthony, »From Dialectic to Organization: Bogdanov's Contribution to Social Theory«, *Studies in East European Thought* 48 (1996), S. 37–61

Marx, Karl, »Ökonomisch-philosophische Manuskripte aus dem Jahre 1844« [Abschnitt »Privateigentum und Kommunismus«], in: Karl Marx und Friedrich Engels, *Werke Band 40: Schriften, Manuskripte, Briefe bis 1844* (Berlin: Dietz, 1968, S. 465–588), https://marxwirk lichstudieren.files.wordpress.com/2012/11/mew_band40.pdf

Mayr, E., »Roots of Dialectical Materialism«, in: E. I. Koltschinski (Red.), *Na perelome. Sowezkaja biologija w 20–30ch godach*, Band 1, Sankt Petersburg 1997, S. 12–17, und unter http://bit.ly/1mhUW8Y

McBurney, Gerard, »Some Frequently Asked Questions about Shostakovich's ›Orango‹«, *Tempo* 64 (2010), S. 38–40

McCannon, John, *Red Arctic: Polar Exploration and the Myth of the North in the Soviet Union, 1932–1939* (Oxford/New York u. a.: Oxford University Press, 1998)

–, »The Commissariat of Ice: The Main Administration of the Northern Sea Route (GUSMP) and Stalinist Exploitation of the Arctic, 1932–1939«, *Journal of Slavic Military Studies* 20 (2007), S. 393–419

McCutcheon, Robert A., »The 1936–1937 Purge of Soviet Astronomers«, *Slavic Review* 50 (1991), S. 100–117

Medvedev, Zhores A., »Nikolai Wladimirovich Timoféeff-Ressovsky (1900–1981)«, *Genetics* 100 (1982), S. 1–5

–, *The Medvedev Papers*. Aus dem Russischen von Vera Rich (New York: St Martin's Press, 1971)

Medvedev, Zhores A., und Roy A. Medvedev, *The Unknown Stalin*. Aus dem Russischen von Ellen Dahrendorf (London / New York: I. B. Tauris, 2003)

Medwedjew, Shores A., *Der Fall Lyssenko. Eine Wissenschaft kapituliert*. Aus dem Russischen von Peter A. Weidner (Hamburg: Hoffmann und Campe, 1971)

Meijer, Onno G., und Sjoerd M. Bruijn, »The Loyal Dissident: N. A. Bernstein and the Double-Edged Sword of Stalinism«, *Journal of the History of the Neurosciences* 16/1–2 (2007), S. 206–224

Miller, Martin A., »Freudian Theory under Bolshevik Rule: The Theoretical Controversy during the 1920 s«, *Slavic Review* 44 (1985), S. 625–646

Montefiore, Simon, *Stalin. Am Hof des roten Zaren*. Deutsch von Hans Günter Holl (Frankfurt am Main: S. Fischer, 2005)

Moon, David, »The Environmental History of the Russian Steppes: Vasilii Dokuchaev and the Harvest Failure of 1891«, *Transactions of the Royal Historical Society* (6. Serie) 15 (2005), S. 149–174

Morgan, Thomas Hunt, *The Mechanism of Mendelian Heredity* (New York: Holt, 1915)

–, *Die stoffliche Grundlage der Vererbung*. Deutsch von Hans Nachtsheim (Berlin: Gebr. Borntraeger, 1921)

–, *Evolution and Genetics* (Princeton University Press, 1925)

–, »The Relation of Genetics to Physiology and Medicine«, Nobel Lecture, 4. Juni 1934, http://www.nobelprize.org/nobel_prizes/medicine/laureates/1933/morgan-lecture.html

–, *The Theory of the Gene* (New York: Hafner, 1964)

Muller, H. J., »Artificial Transmutation of the Gene«, *Science*, New Series, 66 (1927), S. 84–87

–, »It Still Isn't a Science. A Reply to George Bernard Shaw«, *Saturday Review of Literature*, 16. April 1949

–, »Observations of Biological Science in Russia«, *Scientific Monthly* 16 (1923), S. 539–552

–, *Out of the Night: A Biologist's View of the Future* (New York: Vanguard Press, 1935)

–, »The Dominance of Economics over Eugenics«, *Scientific Monthly* 37 (1933), S. 40–47

–, »Further Studies on the Nature of Gene Mutation«, in: Donald F. Jones, *Proceedings of the Sixth International Congress of Genetics, Ithaca, New York, 1932*; http://www.esp.org/books/6thcongress/ facsimile/contents/6th-cong-p213-muller.pdf

–, »The Measurement of Gene Mutation Rate in Drosophila, Its High Variability, and Its Dependence upon Temperature«, *Genetics* 1/3 (1928), S. 279–357

Nabhan, Gary Paul, *Where Our Food Comes from: Retracing Nikolay Vavilov's Quest to End Famine* (Washington, DC: Island Press / Shearwater Books, 2008)

Nadin, Mihai (Hg.), *Anticipation: Learning from the Past: The Russian / Soviet Contributions to the Science of Anticipation* (Cham / Heidelberg / New York: Springer, 2015)

Nathans, Benjamin, *Beyond the Pale: The Jewish Encounter with Late Imperial Russia* (Berkeley: University of California Press, 2004)

Naumov, I. V., *The History of Siberia*. Hg. und aus dem Russischen übersetzt von David Norman Collins, (London / New York: Routledge, 2006)

Nazaretyan, Akop P., »Big (Universal) History Paradigm: Versions and Approaches«, *Social Evolution and History* 4 (2005), S. 61–86

Nell, V., »Luria in Uzbekistan: The Vicissitudes of Cross-Cultural Neuropsychology«, *Neuropsychology Review* 9/1 (1999), S. 45–52

Newman, Fred, und Lois Holzman, *Lev Vygotsky: Revolutionary Scientist* (London / New York: Routledge, 1993)

Nikolaeva, Elena I., »Alexander Luria: Creator in the Perspective of Time«, in: Mihai Nadin (Hg.), *Anticipation: Learning from the Past: The Russian / Soviet Contributions to the Science of Anticipation* (Cham / Heidelberg / New York: Springer, 2015), S. 457–469

O'Connor, Timothy E., »Lunacharskii's Vision of the New Soviet Citizen«, *Historian* 53 (1991), S. 443–454

Oleynikov, Pavel V., »German Scientists in the Soviet Atomic Project«, *Nonproliferation Review* 7/2 (2000), S. 1–30

»On the 100th Anniversary of the Birth of Nikolai Petrovich Dubinin (1907–1998)«, *Russian Journal of Genetics* 43 (2007), S. 92–94

Oushakine, Serguei Alex., »The Flexible and the Pliant: Disturbed Organisms of Soviet Modernity«, *Cultural Anthropology* 19 (2004), S. 392–428

Ozernyuk, N.D., »Two Anniversaries of the Institute of Developmental Biology«, *Herald – Russian Academy of Science* 77 (2007), S. 634–639

Paul, Diane B., »A War on Two Fronts: J.B.S. Haldane and the Response to Lysenkoism in Britain«, *Journal of the History of Biology* 16 (1983), S. 1–37

–, »H.J. Muller, Communism, and the Cold War«, *Genetics* 119 (1988), S. 223–225

–, »›Our Load of Mutations‹ Revisited«, *Journal of the History of Biology* 20 (1987), S. 321–335

Paul, Diane B., und C.B. Krimbas, »Nikolai V. Timofeeff-Ressovsky«, 1992, http://edoc.mdc-berlin.de/9111

Pavlov, D.S., und V.S. Shishkin, »Significance of Biological Stations for Progress of Science and Education«, *Biology Bulletin of the Russian Academy of Sciences* 30 (2003), S. 422–424

Pavlov, Ivan Petrovich, *Die Arbeit der Verdauungsdrüsen. Vorlesungen.* Aus dem Russischen von A. Walther (Wiesbaden: Bergmann, 1898; Reprint: Nikosia: Verone, 2017)

–, »New Research on Conditioned Reflexes«, *Science* 58/1506 (1923), S. 359–361

Pawlow, Iwan Petrowitsch, »Experimentelle Psychologie und Psychopathologie an Tieren«, in: ders., *Die höchste Nerventätigkeit (das Verhalten) von Tieren. Sammlung von Artikeln, Berichten, Vorlesungen und Reden.* Aus dem Russischen von G. Volborth (München: Verlag von J.F. Bergmann, 1926)

–, *Auseinandersetzng mit der Psychologie.* Besorgt von Gerhard Baader und Ursula Schnapper (München: Kindler, 1973)

–, *Die bedingten Reflexe.* Hg. von Hans Drischel (München: Kindler, 1985)

–, *Sämtliche Werke.* Hg. von Lothar Pickenhain (Berlin: Akademie-Verlag, 1953/54)

Pearson, Karl, *The Life, Letters and Labours of Francis Galton* (Cambridge/New York/Melbourne u.a.: Cambridge University Press, 2011)

Perutz, M., »Physics and the Riddle of Life«, *Nature* 326 (1987), S. 1–20

Pethybridge, Roger W., »The 1917 Petrograd Soviet and the Centralist Issue«, *Government and Opposition* 5 (1970), S. 327–344

Petrov, R. V., »The Man Who Dared: Recollection about N. V. Timofeeff-Ressovsky« (http://wwwinfo.jinr.ru/~drrr/Timofeeff/auto/petrov_e.html)

Pipes, Richard, *Rußland vor der Revolution. Staat und Gesellschaft im Zarenreich*. Deutsch von Christian Spiel (München: Beck, 1977)

–, *Die Russische Revolution*, Band 3: *Rußland unter dem neuen Regime* (Rowohlt Berlin, 1999)

Piqueras, M., »Meeting the Biospheres: On the Translations of Vernadsky's Work«, *International Microbiology: The Official Journal of the Spanish Society for Microbiology* 1 (1998), S. 165–170

Podrabinek, Alexander, *Punitive Medicine*. Aus dem russischen Manuskript übersetzt von Alexander Lehrman (Ann Arbor: Karoma, 1980)

Poglazov, Boris Fedorovic, et al. (Hg.), *Evolutionary Biochemistry and Related Areas of Physicochemical Biology* (Bach Institute of Biochemistry and Russian Academy of Sciences, 1995)

Polikarpow, G. G., »Skizzen zu einem Porträt von Nikolai Timofejew-Ressowski« (russisch), Krymski Symposium, 9.–14. Oktober 2010, *Aktuelle Probleme der Genetik, Radiobiologie, Radioökologie und Evolutionstheorie*, Band 2, Dubna 2012 (http://wwwinfo.jinr.ru/~drrr/Timofeeff/auto/polikarpov_e.html)

Pollock, Ethan, *Stalin and the Soviet Science Wars* (Princeton University Press, 2006)

Pomper, Philip, *Trotsky's Notebooks, 1933–1935: Writings on Lenin, Dialectics, and Evolutionism* (New Nork: Columbia University Press / iUniverse, 1986); https://books.google.de/books?id=eAQ3iEh S3sIC&printsec=frontcover&hl=de&source=gbs_ge_summary_r&cad=0#v=onepage&q&f=false

Popovsky, Mark A., *The Vavilov Affair* (Hamden, CT: Archon Books, 1984)

–, *Manipulated Science: The Crisis of Science and Scientists in the Soviet Union Today* (New York: Doubleday, 1979)

–, »The Last Days of Nikolai Vavilov«, *New Scientist* 80 (1978), S. 509–511

Pringle, Peter, *The Murder of Nikolai Vavilov: The Story of Stalin's Per-*

secution of One of the Great Scientists of the Twentieth Century (New York: Simon & Schuster, 2008)

Przibram, Karl H., »In Memory of Alexander Romanovitsch Luria«, *Neuropsychologia* 16 (1978), 137–9

Pudowkin, Wsewolod, *Mechanika golownowo mosga* (internationaler Titel: *Mechanics of the Brain*) (Film, Moskau: Meshrabpom-Rus, 1926)

Putrament, A., »The Grim Heritage of Lysenkoism: Four Personal Accounts. III. How I Became a Lysenkoist«, *Quarterly Review of Biology* 65 (1990), S. 435–445

Qualset, Calvin O., »Jack R. Harlan (1917–1998): Plant Explorer, Archaeobotanist, Geneticist, and Plant Breeder«, in *The Origins of Agriculture and Crop Domestication* (International Plant Genetic Resources Institute, 1997)

Radzikhovskii, L. A., und E. D. Khomskaya, »A. R. Luria and L. S. Vygotsky: Early Years of Their Collaboration«, *Russian Social Science Review* 23 (1982), S. 34–52

Radzinsky, Edvard, Alexander II: The Last Great Tsar. Aus dem Russischen von Antonina W. Boius (New York: Free Press, 2005)

Rapoport, Jakov, *The Doctors' Plot*. Aus dem Russischen von N. A. Perova und R. S. Bobrova (London: Fourth Estate, 1991)

Rappaport, Helen, *Joseph Stalin: A Biographical Companion* (Santa Barbara/Denver/Oxford: ABC-CLIO, 1999)

Rassweiler, Anne D., *The Generation of Power: The History of Dneprostroi* (Oxford/New York u. a.: Oxford University Press, 1988)

Ratner, Vadim A., »Nikolay Vladimirovich Timofeeff-Ressovsky (1900–1981): Twin of the Century of Genetics«, *Genetics* 158/3 (1. Juli 2001), S. 933–939

Reich, Walter, »The World of Soviet Psychiatry«, *New York Times Magazine*, 30 Januar 1983

Rendle, Matthew, »Revolutionary Tribunals and the Origins of Terror in Early Soviet Russia«, Historical Research 84/226 (1. November 2011), S. 693–721

Resnik, Semjon, *Nikolai Wawilow* (Moskau: Molodaja Gwardija, 1968)

Richter, B. S., »Nature Mastered by Man: Ideology and Water in the Soviet Union«, *Environment and History* 3/1 (1997), S. 69–96

Richter, Jochen, »Pantheon of Brains: The Moscow Brain Research Institute 1925–1936«, *Journal of the History of the Neurosciences* 16 (2007), S. 138–149

Riehl, Nikolaus, Zehn Jahre im goldenen Käfig. Erlebnisse beim Aufbau der sowjetischen Uran-Industrie (Stuttgart: Dr. Riederer-Verlag, 1988)

Roach, Joseph, »The Future That Worked«, *Theater* 28 (1998), S. 19–26

Roberts, C. E. Bechhofer, *Through Starving Russia: Being a Record of a Journey to Moscow and the Volga Provinces, in August and September, 1921* (London: Methuen, 1921)

Rogers, James Allen, »Darwinism, Scientism, and Nihilism«, *Russian Review* 19 (1960), S. 10–23

–, »Russian Opposition to Darwinism in the Nineteenth Century«, *Isis* 65 (1974), S. 487–505

–, »The Reception of Darwin's Origin of Species by Russian Scientists«, *Isis* 64 (1973), S. 484–503

Rogger, Hans, »Amerikanizm and the Economic Development of Russia«, *Comparative Studies in Society and History* 23 (1981), S. 382–420

Roginsky, Arsenii B., Felix F. Perchenok und Vadim M. Borisov, »Community as the Source of Vernadsky's Concept of Noosphere«, *Configurations* 1 (1993), S. 415

Rokityanskij, Yakov G., »N. V. Timofeeff-Ressovsky in Germany (July 1925 – September 1945)«, *Journal of Biosciences* 30/5 (Dezember 2005), S. 573–580

Roll-Hansen, Nils, »A New Perspective on Lysenko?«, *Annals of Science* 42 (1985), S. 261–278

–, *The Lysenko Effect: The Politics of Science* (New York: Humanity Books, 2005)

–, »Wishful Science: The Persistence of T. D. Lysenko's Agrobiology in the Politics of Science«, *Intelligentsia Science: The Russian Century 1860–1960*, hg. von Michael D. Gordin, *Osiris* 23, 2008, S. 166–188

Rossiianov, Kirill O., »Beyond Species. Il'ya Ivanov and His Experiments on Cross-Breeding Humans with Anthropoid Apes«, *Science in Context* 15/2 (2002), S. 277–316

–, »Editing Nature: Joseph Stalin and the ›New‹ Soviet Biology«, *Isis* 84 (1993), S. 728–745

–, »Stalin as Lysenko's Editor: Reshaping Political Discourse in Soviet Science«, *Configurations* 1/1993, S. 439–456

Rubenstein, Joshua, und Vladimir P. Naumov, Hg., *Stalin's Secret Pogrom: The Postwar Inquisition of the Jewish Anti-Fascist Committee*. Aus dem Russischen von Laura Esther Wolfson (New Haven/London: Yale University Press/United States Holocaust Memorial Museum, 2001)

»Russia: Collective Congress«, *Time*, 25. Februar 1935, abrufbar unter http://www.time.com/time/magazine/article/0,9171,754543,00.html

»Russian Admits Ape Experiments«, *New York Times*, 19. Juni 1926

Sacharow, Andrej, *Mein Leben*. Deutsch von Annelore Nitschke (München: Piper, 1991)

Safonow, Wadim, Die Welt soll blühen. Eine populärwissenschaftliche Einführung in die Geschichte und Probleme der Biologie (Berlin: Verlag Kultur und Fortschritt, 1953)

Samjatin, Jewgenij, *Wir*. Aus dem Russischen von Gisela Drohla (Köln/Berlin: Kiepenheuer & Witsch, 1958)

Santiago-Delefosse, M.J., und J.-M.O. Delefosse, »Spielrein, Piaget and Vygotsky: Three Positions on Child Thought and Language«, *Theory und Psychology* 12 (2002), S. 723–747

Schmerling, Louis, *Vladimir Nikolaevich Ipatieff: November 21, 1867–November 29, 1952* (National Academy of Sciences, 1975)

Wera Schmidt, *Psychoanalytische Erziehung in Sowjetrussland. Bericht über das Kinderheim-Laboratorium in Moskau* (Leipzig/Wien/Zürich: Internationaler Psychoanalytischer Verlag, 1924, abrufbar unter https://archive.org/stream/Schmidt_1924_Psa_Kindererziehung_k#page/n33/mode/2up)

Schrödinger, Erwin, *Was ist Leben? Die lebende Zelle mit den Augen des Physikers betrachtet*. Aus dem Englischen von L. Mazurczak, Einführung von Ernst Peter Fischer (München/Zürich: Piper, 1987)

Schultz, R.S., und R.A. McFarland, »Industrial Psychology in the Soviet Union«, *Journal of Applied Psychology* 19/3 (1935), S. 265–308

Scott, John, *Behind the Urals: An American Worker in Russia's City of Steel* (Bloomington/Indianapolis: Indiana University Press, 1989)

Sechenov, Ivan M., *Reflexes of the Brain*. Aus dem Russischen von S. Belsky, hg. von Kh. S. Koshtoyants (Cambridge: MIT Press, 1970)

–, *Selected Psychological and Physiological Works* [German edition: 13 Arbeiten, davon 9 auf Deutsch] (Amsterdam: E.J.Bonset, 1968)

Service, Robert, *Lenin: A Biography* (Cambridge, MA: Harvard University Press, 2000)

–, *The Russian Revolution, 1900–1927* (Houndmills/Basingstoke/Hampshire/London: Palgrave Macmillan, 2009)

Shernock, Stanley Kent, »Continuous Violent Conflict as a System of Authority«, *Sociological Inquiry* 54 (1984), S. 301–329

Shoenberg, D., »Piotr Leonidovich Kapitza. 9 July 1894–8 April 1984«, *Biographical Memoirs of Fellows of the Royal Society* 31 (1985), S. 327–374

Shtilmark, F.R., *History of the Russian Zapovedniks, 1895–1995* [russische Ausgabe: *Istoriografija rossijskich sapovednikow*, Moskau 1996]. Übersetzt von G.U.Harper (Edinburgh: Russian Nature Press, 2003)

Siddiqi, Asif A., »Imagining the Cosmos: Utopians, Mystics, and the Popular Culture of Spaceflight in Revolutionary Russia«, in: Michael D. Gordin, Karl Hall und Alexei Kojevnikov (Hg.), *Intelligentsia Science* (University of Chicago Press, Reihe *Osiris*, Band 23, 2008)

–, »The Sharashka Phenomenon«, http://russianhistoryblog.org/2011/03/the-sharashka-phenomenon

Siegel, Katherine A.S., »Technology and Trade: Russia's Pursuit of American Investment, 1917–1929«, *Diplomatic History* 17 (1993), S. 375–398

Siegelbaum, Lewis H., »Soviet Norm Determination in Theory and Practice, 1917–1941«, *Soviet Studies* 36 (1984), S. 45–68

–, *Stakhanovism and the Politics of Productivity in the USSR, 1935–1941* (Cambridge University Press, 1988)

Simms, James Y., »The Crop Failure of 1891: Soil Exhaustion, Technological Backwardness, and Russia's ›Agrarian Crisis‹«, *Slavic Review* 41 (1982), S. 236–250

–, »The Economic Impact of the Russian Famine of 1891–92«, *Slavonic and East European Review* 60 (1982), S. 63–74

Sirotkina, Irina E., »Mental Hygiene for Geniuses: Psychiatry in the Early Soviet Years«, *Journal of the History of the Neurosciences* 16 (2007), S. 1 f.

–, »The Ubiquitous Reflex and Its Critics in Post-Revolutionary Russia«, *Berichte zur Wissenschaftsgeschichte* 32 (2009), S. 70–81

–, »When Did ›Scientific Psychology‹ Begin in Russia?«, *Physis. Rivista internazionale di storia della scienza* 43 (2006), S. 1 f.

Sirotkina, Irina E., und Elena V. Biryukova, »Futurism in Physiology: Nikolai Bernstein, Anticipation, and Kinaesthetic Imagination«, in: Mihai Nadin (Hg.), *Anticipation: Learning from the Past: The Russian / Soviet Contributions to the Science of Anticipation* (Chom / Heidelberg / New York: Springer, 2015), S. 269–286

Sloan, Phillip R., und Brandon Fogel (Hg.), *Creating a Physical Biology: The Three-Man Paper and Early Molecular Biology* (Chicago / London: University of Chicago Press, 2011)

Smil, Vaclav, *The Earth's Biosphere: Evolution, Dynamics, and Change* (Cambridge, MA / London: MIT Press, 2002)

Smith, Roger, Inhibition: *History and Meaning in the Sciences of Mind and Brain* (Berkeley: University of California Press, 1992)

Sobolew, Sergej L., und Alexej A. Ljapunow, »Kibernetika i estestwosnanie« [Kybernetik und Naturwissenschaft], in: P. Fedossejew (Hg.): *Filosofskije problemy sowremennogo estestwosnanija* [Philosophische Probleme der modernen Naturwissenschaft. Verhandlungen der Allunionskonferenz zu philosophischen Problemen der Naturwissenschaften], hg. von der Akademie der Wissenschaften der UdSSR (Moskau: Akademi nauk USSR, 1959), S. 251 f.

Sochor, Zenovia A., *Revolution and Culture: The Bogdanov–Lenin Controversy* (Ithaca / London: Cornell University Press, 1988)

–, »Soviet Taylorism Revisited«, *Soviet Studies* 33/2 (1981), S. 246–264

Solomon, Susan Gross, Hg., *Doing Medicine Together: Germany and Russia between the Wars* (Toronto / London: University of Toronto Press, 2006)

Solschenizyn, Alexander, *Der Archipel Gulag, 1918–1956. Versuch einer künstlerischen Bewältigung.* Deutsch von Anna Peturnig (Bern / München: Scherz, 1974)

»Soviet Backs Plans to Test Evolution«, *New York Times*, 17. Juni 1926

Soyfer, Valery N., *Lysenko and the Tragedy of Soviet Science.* Aus dem Russischen von Leo und Rebecca Gruliov (New Brunswick: Rutgers University Press, 1994)

–, »New Light on the Lysenko Era«, *Nature* 339, Nr. 6224 (1989), S. 415–420

–, »Radiation Accidents in the Southern Urals (1949–1967) and Human Genome Damage«, *Comparative Biochemistry and Physiology Part A: Molecular and Integrative Physiology* 133 (2002), S. 715–731

–, »The Consequences of Political Dictatorship for Russian Science«, *Nature Reviews Genetics* 2 (2001), S. 723–729

–, »Tragic History of the VII International Congress of Genetics«, *Genetics* 165/1 (2003), S. 1–9

–, *Wlast i nauka: istorija rasgroma genetiki w USSR* [Macht und Wissenschaft. Geschichte der Zerschlagung der Genetik in der UdSSR] (Moskau: Lasur, 1993)

Spencer, L. J., »Memorial of Alexander Evgenievich Fersman«, *American Mineralogist* 31 (1946), S. 173–178

Stack, Megan, »Research Monkeys Languish in a State of Limbo«, Latimes.com, 12. April 2008

Stalin, J. W., *Zu den Fragen des Leninismus* (Moskau/Leningrad 1926), in: *Werke, Band 8: Januar–November 1926* (Berlin: Dietz, 1952), 12–52; http://www.stalinwerke.de/band08/band08.pdf

–, »Über die Arbeiten des vereinigten Aprilplenums des ZK und der ZKK« (*Prawda*, 18. April 1928), in: *Werke, Band 11: 1928–März 1929* (Berlin: Dietz, 1954), S. 22–34, http://ciml.250x.com/archive/stalin/german/stalinwerke_11.pdf

–, »Rede auf dem VIII. Kongress des Leninschen Kommunistischen Jugendverbands der Sowjetunion« (16. Mai 1928), *Werke, Band 11: 1928–März 1929* (Berlin: Dietz, 1954), S. 41–46, http://ciml.250x.com/archive/stalin/german/stalinwerke_11.pdf

–, »Vor Erfolgen vom Schwindel befallen. Zu den Fragen der kollektivwirtschaftlichen Bewegung« (*Prawda*, 2. März 1930), *Werke, Band 12: April 1929–Juni 1930* (Berlin: Dietz, 1954), S. 102–105; http://www.stalinwerke.de/band12/band12.pdf

–, »Über die Aufgaben der Wirtschaftler. Rede auf der ersten Unionskonferenz der Funktionäre der sozialistischen Industrie« (4. Februar 1931), *Werke, Band 13: Juli 1930–Januar 1934* (Berlin: Dietz, 1955), S. 26–32, http://www.stalinwerke.de/band13/band13.pdf

–, »Rede im Kremlpalast vor den Absolventen der Akademien der Roten Armee« (4. Mai 1935), Werke, Band 14: Februar 1934–April 1954 (Dortmund 1976), S. 20–23; http://www.stalinwerke.de/band14/band14.pdf

Stanchevici, Dmitri, *Stalinist Genetics: The Constitutional Rhetoric of T. D. Lysenko* (Amityville, NY: Baywood, 2012)

Starbuck, Dane, *The Goodriches: An American Family* (Liberty Fund, 2001)

Stites, Richard, *Revolutionary Dreams: Utopian Vision and Experimental Life in the Russian Revolution* (Oxford/New York u.a.: Oxford University Press, 1991)

–, »Trial as Theatre in the Russian Revolution«, *Theatre Research International* 23 (1998), S. 7

Stockdale, Melissa, »The Russian Experience of the First World War«, in: Abbott Gleason (Hg.), *A Companion to Russian History* (Malden, MA: Wiley-Blackwell, 2009), S. 311–334

Stone, David R., »Russian Civil War (1917–1920)«, in: *The Encyclopedia of War*. Hg. von Gordon Martel (London, Wiley-Blackwell, 2011)

Suny, Ronald Grigor, ›Stalin and His Stalinism: Power and Authority in the Soviet Union, 1930–1953‹, in David L. Hoffmann (Hg.), Stalinism (Blackwell, 2003), 9–34

Suvorov, N. F., und V. N. Andreeva, »Problems of the Inheritance of Conditioned Reflexes in Pavlov's School«, *Neuroscience and Behavioral Physiology* 21/1 (1. Januar 1991), S. 8–16

Svidersky, V. L., »Orbeli and Evolutionary Physiology«, *Journal of Evolutionary Biochemistry and Physiology* 38 (2002), S. 513–536

Swanson, James M., »The Bolshevization of Scientific Societies in the Soviet Union: A Historical Analysis of the Character, Function, and Legal Position of Scientific and Scientific-Technical Societies in the USSR, 1929–1936« (Indiana University, 1968)

Swianiewicz, S., »Coercion and Economic Growth«, *The Political Quarterly* 31 (1960), S. 453–465

Talis, Vera L., »New Pages in the Biography of Nikolai Alexandrovich Bernstein«, in: Mihai Nadin (Hg.), *Anticipation: Learning from the Past* (Cham/Heidelberg/New York: Springer, 2015), S. 313–328

Thornstrom, Carl-Gustaf, und Uwe Hossfeld, »Instant Appropriation: Heinz Brücher and the SS Botanical Collecting Commando to Russia 1943«, *Plant Genetic Resources Newsletter* 129 (März 2002), S. 54–57

Thurston, Robert W., »The History of Torture Shows It Does Not Work«, *History News Network*, 2009

Timofejew-Ressowski, N. W., *Wospominanija: Istorii, rasskasanije im samim, s pismami, fotografijami i dokumentami* [Erinnerungen. Geschichten, von ihm selbst erzählt in Briefen, Photos und Dokumenten] (Moskau: Soglasije, 2000)

Tirard, S. P., »Origin of Life and Definition of Life, from Buffon to Oparin«, *Origins of Life and Evolution of the Biosphere* 40 (2010), S. 215–220

Todes, Daniel P., »Darwin's Malthusian Metaphor and Russian Evolutionary Thought, 1859–1917«, *Isis* 78 (1987), 537–551

–, *Darwin without Malthus: The Struggle for Existence in Russian Evolutionary Thought* (Oxford/New York u. a.: Oxford University Press, 1989)

–, *Ivan Pavlov: A Russian Life in Science* (Oxford/New York u. a.: Oxford University Press, 2014)

–, »Pavlov and the Bolsheviks«, *History and Philosophy of the Life Sciences* 17/3 (1995), S. 379–418

–, *Pavlov's Physiology Factory: Experiment, Interpretation, Laboratory Enterprise* (Baltimore: Johns Hopkins University Press, 2001)

Tromly, Benjamin, »The Leningrad Affair and Soviet Patronage Politics, 1949–1950«, *Europe–Asia Studies* 56/5 (2004), S. 707–729

Trotzki, Leo, »Kultur und Sozialismus« (1927), https://sites.google.com/site/sozialistischeklassiker2punkt0/trotzki/1926/leo-trotzki-kultur-und-sozialismus

–, *Mein Leben. Versuch einer Autobiographie.* Nach dem russischen Manuskript übersetzt von Alexandra Ramm (Berlin: S. Fischer, 1930)

–, *Literatur und Revolution.* Aus dem Russischen von Eugen Schäfer und Hans von Riesen (Essen: Mehring Verlag, 1994)

–, *Problems of Everyday Life: And Other Writings on Culture and Science* (New York: Monad/Pathfinder Press, 1973)

Tschernyschewski, Nikolai Gawrilowitsch, *Was tun? Aus Erzählungen von neuen Menschen.* Aus dem Russischen von M. Hellmann und Hermann Gleistein (Berlin und Weimar: Aufbau-Verlag, 5. Aufl. 1979)

Tschetwerikow, S. S., »Wolny shisni« [Wellen des Lebens], *Dnewnik zootdelenija* 3/6 (1905)

Tschetwerikow siehe auch Chetverikov

Vaingurt, Julia, »Poetry of Labor and Labor of Poetry: The Universal Language of Alexei Gastev's Biomechanics«, *Russian Review* 67 (2008), S. 209–229

Valkova, Olga, »The Conquest of Science: Women and Science in Russia, 1860–1940«, *Osiris* 23 (2008), S. 136–165

Vavilov, N. I., *Five Continents.* Aus dem Russischen von L. E. Rodin (IPGRI [heute Bioversity International], 1997)

–, *The Origin, Variation, Immunity and Breeding of Cultivated Plants: Selected Writings.* Aus dem Russischen von Kenneth Starr Chester (New York: Chronica Botanica, 1951)

–, »The Problem of the Origin of the World's Agriculture in the Light of the Latest Investigations«, *Science at the Crossroads* (London: Frank Cass and Co., 1931); https://www.marxists.org/subject/science/essays/vavilov.htm

Vein, Alla A., »Science and Fate: Lina Stern (1878–1968), a Neurophysiologist and Biochemist«, *Journal of the History of the Neurosciences* 17/2 (2008), S. 195–206

Vein, Alla A., und Marion L. C. Maat-Schieman, »Famous Russian Brains: Historical Attempts to Understand Intelligence«, *Brain* 131 (2008), S. 583–590

Veresov, N., »Nikolai Bernstein: The Physiology of Activeness and the Psychology of Action«, *Journal of Russian and East European Psychology* 44 (2006), S. 3–11

Vernadskij, Vladimir I., *Der Mensch in der Biosphäre. Zur Naturgeschichte der Vernunft.* Hg. von Wolfgang Hofkirchner, aus dem Russischen von Felix Eder und Peter Krüger (Frankfurt am Main / Berlin / Bern: Peter Lang, 1997)

Vernadsky, Vladimir I., *150 Years of Vernadsky: The Biosphere: Volume 1.* Hg. von Jason A. Ross, aus dem Russischen von Meghan K. Rouillard (CreateSpace.com, 2014)

–, *Geochemistry and the Biosphere.* Hg. von Frank B. Salisbury, aus dem Russischen von A. L. Yanshin (Santa Fe: Synergetic Press, 2007)

–, *The Biosphere* [*Biosfera*, 1926]. Aus dem Russischen von David B. Langmuir (New York: Springer / Copernicus, 1997)

Vernadsky, Vladimir I., und Meghan K. Rouillard, *150 Years of Vernadsky: The Noosphere: Volume 2.* Hg. von Jason A. Ross (CreateSpace. com, 2014)

Vöhringer, Margarete, »Pudovkin's ›Mechanics of the Brain‹ – Film as

Physiological Experiment«, *The Virtual Laboratory* (Max Planck Institute for the History of Science, 2001)

Volkov, Solomon, *St Petersburg: A Cultural History*. Aus dem Russischen von Antonina W. Bouis (New York/London: Free Press, 1995)

Voren, Robert Van, »Political Abuse of Psychiatry – an Historical Overview«, *Schizophrenia Bulletin* 36 (2010), S. 33–35

Vucinich, Alexander, *Darwin in Russian Thought* (Berkeley: University of California Press, 1988)

–, *Einstein and Soviet Ideology (Stanford Nuclear Age)* (Stanford University Press, 2000)

–, *Empire of Knowledge: The Academy of Sciences of the USSR (1917–1970)* (Berkeley: University of California Press, 1984)

–, »Ivan Pavlov: Science, Philosophy and Ideology«, *Texas Reports on Biology and Medicine* 32 (1974), S. 107–120

–, *Science in Russian Culture, 1861–1917* (Stanford University Press, 1970)

–, *Social Thought in Tsarist Russia: The Quest for a General Science of Society, 1861–1917* (University of Chicago Press, 1976)

–, »Soviet Marxism and the History of Science«, *Russian Review* 41 (1982), S. 123–143

Vygodskaya, Gita L., »His Life«, *School Psychology International* 16/2 (1. Mai 1995), S. 105–116

Vygodskaya, Gita L., und T.M. Lifanova, »Lev Semenovich Vygotsky Part 1: Life and Works«, *Journal of Russian and East European Psychology* 37 (1999), S. 3–31

–, »Lev Semenovich Vygotsky Part 2: Through the Eyes of Others«, *Journal of Russian and East European Psychology* 37 (1999), S. 32–90

Vygotsky, L.S., »Letters to Students and Colleagues«, *Journal of Russian and East European Psychology* 45/2 (2007), S. 11–60

–, *Mind in Society: The Development of Higher Psychological Processes*. Hg. von Michael Cole u.a. (Cambridge, MA: Harvard University Press, 1978)

–, *The Vygotsky Reader*, hg. von René van der Veer und Jaan Valsiner (Oxford UK/Cambridge, MA: Basil Blackwell, 1994)

Walker, Barbara, »Kruzhok Culture: The Meaning of Patronage in the Early Soviet Literary World«, *Contemporary European History* 11 (2002), S. 107–123

Walker, Mark, Interview mit Nikolaus Riehl, 13. Dezember 1984, American Institute of Physics (https://www.aip.org/history-programs/niels-bohr-library/oralhistories/ 4844-1)

–, Interview mit Nikolaus Riehl, 17. Oktober 1985, American Institute of Physics (https://www.aip.org/history-programs/niels-bohr-library/oralhistories/4844-2)

Walker, Shaun, »Stalin's Space Monkeys – Science, News«, *Independent*, 15 April 2008

Wawilow siehe unter Vavilov

Wazeck, Milena, *Einsteins Gegner. Die öffentliche Kontroverse um die Relativitätstheorie in den 1920er Jahren* (Frankfurt am Main: Campus, 2009)

Weiner, Douglas R., *A Little Corner of Freedom: Russian Nature Protection from Stalin to Gorbachev* (Berkeley: University of California Press, 1999)

–, »Community Ecology in Stalin's Russia: ›Socialist‹ and ›Bourgeois‹ Science«, *Isis* 75/4 (1984), S. 684–696

–, »Dzerzhinskii and the Gerd Case: The Politics of Intercession and the Evolution of ›Iron Felix‹ in NEP Russia«, *Kritika* 7/4 (22. September 2006), S. 759

–, *Models of Nature: Ecology, Conservation, and Cultural Revolution in Soviet Russia* (Bloomington/Indianapolis: Indiana University Press, 1988)

–, »The Historical Origins of Soviet Environmentalism«, *Environmental Review* 6 (1982), 42–62

–, »The Roots of ›Mitchurinism‹: Transformist Biology and Acclimatization as Currents in the Russian Life Sciences«, *Annals of Science* 42 (1985), S. 243–260

Weismann, August, *Aufsätze über Vererbung und verwandte biologische Fragen* (Jena: Fischer, 1892)

Weiss K. M., »›There Is No Intra-Specific Struggle in Nature‹: Can We Inherit the Lessons of Lysenko's Time, in Our Own Time?«, *Evolutionary Anthropology* 18 (2009), S. 50–54

Wernadski siehe unter Vernadsky

Wetter, Gustav A., *Der dialektische Materialismus: Seine Geschichte und sein System in der Sowjetunion* (Freiburg: Herder, 5. Aufl. 1960)

–, »Ideology and Science in the Soviet Union – Recent Developments«, *Daedalus* 89 (1960), S. 581–603

White, James D., »Alexander Bogdanov's Conception of Proletarian Culture«, *Revolutionary Russia* 26/1 (2013), S. 52–70

–, »Bogdanov in Tula«, *Studies in Soviet Thought* 22 (1981), S. 33–58

Williams, Robert C., »Collective Immortality: The Syndicalist Origins of Proletarian Culture, 1905–1910«, *Slavic Review* 39/3 (1980)

Windholz, George, »Pavlov's Conceptualization of Paranoia within the Theory of Higher Nervous Activity«, *History of Psychiatry* 7 (1996), S. 159–166

–, »Soviet Psychiatrists under Stalinist Duress: The Design for a ›New Soviet Psychiatry‹ and Its Demise«, *History of Psychiatry* 10 (1999), S. 329–347

–, »The 1950 Joint Scientific Session: Pavlovians as the Accusers and the Accused«, *Journal of the History of the Behavioral Sciences* 33 (1997), S. 61–81

Wolfe, Audra J., »What Does It Mean to Go Public? The American Response to Lysenkoism, Reconsidered«, *Historical Studies in the Natural Sciences* 40/1 (2010), S. 48–78

Wolfe, Ross, »The Ultra-Taylorist Soviet Utopianism of Aleksei Gastev«, *The Charnel-House*, 7. Dezember 2011; http://thecharnelhouse.org

Wren, Daniel A., und Arthur G. Bedeian, »The Taylorization of Lenin: Rhetoric or Reality?«, *International Journal of Social Economics* 31/3 (1. März 2004), S. 287–99

Wygotski, Lew, »Das Bewusstsein als Problem der Psychologie des Verhaltens« (1925), in: ders., *Ausgewählte Schriften, Band 1: Arbeiten zu theoretischen und methodologischen Problemen der Psychologie.* Hg. von Joachim Lompscher, aus dem Russischen von Ruth Kossert (Berlin: Volk und Wissen, 1985; Köln: Pahl-Rugenstein, 1985)

–, »Die Krise der Psychologie in ihrer historischen Bedeutung« (1927), in: *Ausgewählte Werke, Band 1* (dito)

–, *Psychologie der Kunst.* Aus dem Russischen von Helmut Barth (Dresden: VEB Verlag der Kunst, 1976)

Wygotski siehe auch unter Vygotsky

Wynne, Clive D. L., »Kissing Cousins«, *New York Times*, 12. Dezember 2005

–, »Rosalia Abreu and the Apes of Havana«, *International Journal of Primatology* 29 (2008), S. 289–302

Yakovlev, Y. A., *Red Villages: The 5-Year Plan in Soviet Agriculture*. Aus dem Russischen von Anna Louise Strong (London: Martin Lawrence, 1931)

Yashin, D. I., *Experiments in the Revival of Organisms* (Soviet Film Agency, 1940).

Yasnitsky, Anton, »Vygotsky Circle during the Decade of 1931–1941: Toward an Integrative Science of Mind, Brain, and Education« (University of Toronto, 2009)

Yasnitsky, Anton, und M. Ferrari, »From Vygotsky to Vygotskian Psychology: Introduction to the History of the Kharkov School«, *Journal of the History of the Behavioral Sciences* 44 (2008), S. 119–145

Yassour, Avraham, »Bogdanov-Malinovsky on Party and Revolution«, *Studies in Soviet Thought* 27 (1984), S. 225–236

–, »The Empiriomonist Critique of Dialectical Materialism: Bogdanov, Plekhanov, Lenin«, *Studies in Soviet Thought* 26 (1983), S. 21–38

Young, Robert M., »Evolutionary Biology and Ideology: Then and Now«, *Science Studies* 1 (1971), S. 177–206

–, »Malthus and the Evolutionists: The Common Context of Biological and Social Theory«, *Past and Present* 1969, S. 109–145

Zajicek, Benjamin, »Scientific Psychiatry in Stalin's Soviet Union: The Politics of Modern Medicine and the Struggle to Define ›Pavlovian‹ Psychiatry, 1939–1953« (University of Chicago, 2009)

Zakharov, I. K., L. D. Kolosova und V. K. Shumny, »Raisa L'vovna Berg (March 27, 1913–March 1, 2006)«, *Russian Journal of Genetics* 42 (2006), S. 1470–1473

Zhinkin, L. N., und V. P. Mikhailov, »On ›The New Cell Theory‹: Two Soviet Authors Critically Review Recent Soviet Work on the Origin of the Cell«, *Science* 128 (1958), S. 182–186

Ziegler, Charles E., *Environmental Policy in the USSR* (Amherst: University of Massachusetts Press, 1987)

Zimmer, Karl Günther, »N. W. Timoféeff-Ressovsky 1900–1981«, *MUT Mutation Research – Fundamental and Molecular Mechanisms of Mutagenesis* 106 (1982), S. 191–193

Zirkle, Conway, *Death of a Science in Russia: The Fate of Genetics as Described in Pravda and Elsewhere* (Philadelphia: University of Pennsylvania Press, 1949)

Zuberi, Matin, »Stalin and the Bomb«, *Strategic Analysis* 23/7 (1999), S. 1133–1153

Zwerewa, G. W., »Professor I. I. Iwanow – Osnowopoloshnik iskustwennogo osemenenija shiwotnych«, *Veterinarija* 7 (1970), S. 88–90

BILDNACHWEIS

Sowjetische Bürgerwissenschaft: ein Aero-Veloziped, erfunden von einem Moskauer Arbeiter. *Bettmann/Getty* S. 27

Wladimir Wernadski mit Freunden an der Universität von Sankt Petersburg. *Mit freundlicher Genehmigung von Synergetic Press/Kommission zur Ausarbeitung des wissenschaftlichen Erbes des Akademiemitglieds W.I. Wernadski, Präsidium der Russischen Akademie der Wissenschaften* S. 29

Lenin und Bogdanow beim Schachspiel auf Capri. S. 46

Paul Dirac und andere Gäste des VI. Nationalkongresses des Russischen Physikerverbands bei einer Fahrt auf der Wolga. *AIP Emilio Segrè Visual Archives* S. 77

Biometrische Studien an Alexej Gastews Zentralinstitut für Arbeit. S. 91

Wsewolod Pudowkins Film *Die Mechanik des Gehirns: Das Verhalten von Tieren und Menschen* popularisierte Iwan Pawlows Physiologie als »materialistische« Wissenschaft. S. 110

Szenenbild aus dem Film *Salamandra* (1928). S. 141

Abschnitt der Sammlung des Moskauer Instituts für Hirnforschung. *Mit freundlicher Genehmigung von Alla A. Vein* S. 173

Modell des Stahlwerks von Magnitogorsk, präsentiert auf der Weltausstellung 1939 in New York. *Sovfoto/UIG via Getty Images* S. 195

Arbeiter, die ihre Zustimmung zu Urteilen der Schauprozesse zeigen (1936). *Sovfoto/UIG via Getty Images* S. 197

Iwan Mitschurin mit einem Assistenten. *Sputnik/Science Photo Library* S. 217

Weizenproben aus der Sammlung des Instituts für angewandte Botanik. *Sputnik/Alamy* S. 233

Kinder ernten Kartoffeln in der gefrorenen Erde von Donezk. S. 251

Bergmann und Nationalheld Alexej Stachanow. *Sputnik/Alamy Stock Photo* S. 273

Nikolai Timofejew-Ressowski, Cécile und Oskar Vogt, Hermann Muller in Berlin-Buch. S. 302

Trofim Lyssenko misst die Ährenlänge von Weizen. *Hulton-Deutsch Collection/Corbis* S. 320